Entscheidungen

des

Reichsgerichts.

Herausgegeben

von

den Mitgliedern des Gerichtshofes
und der Reichsanwaltschaft.

Entscheidungen in Zivilsachen.

120. Band.

Berlin und Leipzig 1928
Walter de Gruyter & Co.
vormals G. J Göschen'sche Verlagshandlung - J. Guttentag, Verlagsbuchhandlung - Georg Reimer - Karl J. Trübner - Veit & Comp.

Entscheidungen

des

Reichsgerichts

in

Zivilsachen.

---

120. Band.

Mit Anhang: Entscheidungen des Staatsgerichtshofs.

Berlin und Leipzig 1928

Walter de Gruyter & Co.

vormals G. J. Göschen'sche Verlagshandlung - J. Guttentag, Verlagsbuchhandlung - Georg Reimer - Karl J. Trübner - Veit & Comp.

Druck von Metzger & Wittig in Leipzig

Inhalt.

I. Bürgerliches Recht.

a. Reichsrecht.

Nr. Seite

2. Aufwertung eines Pachtinventar-Wertes, der aus Anlaß der Rückgabe der Pachtung in Papiermark geschätzt wurde. Berücksichtigung des Umstands, daß der Pächter den Pachtzins in entwertetem Gelde gezahlt hat? 6
3. Kann sich der Verpächter gegenüber dem Anspruch des Pächters auf den bei Rückgabe der Pachtung in fester Währung geschätzten Pachtinventar-Preis darauf berufen, daß der Pächter den Pachtzins in entwertetem Gelde gezahlt habe? 10
4. Inwieweit hindert die Eintragung der Vormerkung einer Hypothek, daß eine gelöschte Hypothek in Höhe der Aufwertung an früherer Rangstelle wieder eingetragen wird? 13
5. Ist ein Todesfall, verursacht durch nicht voraussehbares Austreten von Kohlenoxydgas aus einem Zimmerofen, als Unfall im Sinne der allgemeinen Versicherungsbedingungen des Unfallversicherungs-Verbands anzusehen? Vergiftung als Unfall? 18
6. Unter welchen Voraussetzungen gilt für die Parteien eines Mietverhältnisses die gesetzliche Miete? 21
7. Über den Einfluß der unheilbaren Nichtigkeit von Generalversammlungs-Beschlüssen einer Aktiengesellschaft auf die Rechtsgültigkeit späterer derartiger Beschlüsse 28
8. Begeht ein in Doppelehe lebender Ehemann durch geschlechtlichen Verkehr mit seiner nunmehrigen Frau schon dann einen die Scheidung der früheren Ehe rechtfertigenden Ehebruch, wenn seine Annahme, diese Ehe sei nichtig, auf Fahrlässigkeit beruht, oder liegt ein solcher Ehe-

Nr. Seite

bruch nur dann vor, wenn er die Rechtsbeständigkeit seiner früheren Ehe kennt? 35

9. Geht ein Schaden, der dadurch verursacht worden ist, daß das Schiff infolge nicht gehöriger Beladung nicht seetüchtig war, zu Lasten des Versicherers oder des Versicherungsnehmers? 39

10. Über Art und Umfang der Haftung des Verfrachters gegenüber den Befrachtern für die Reisetüchtigkeit des Schiffes und zur Frage der Freizeichnung des Verfrachters von dieser Haftung 42

11. Über die Unterlassungsklage, die ein Verband zur Förderung gewerblicher Interessen (§ 13 UnlWG.) anstrengt. Steht ihr der Umstand entgegen, daß gegen denselben Beklagten schon der durch dessen Wettbewerb unmittelbar Verletzte Klage auf Unterlassung erhoben hat? Sittenwidrigkeit vertragswidriger Rabattgewährung? Verstößt es gegen die guten Sitten, wenn dem vertragsuntreuen Abnehmer (Wiederverkäufer) für den Fall der Nichteinhaltung der „Markenpreise" Liefersperre angedroht wird? 47

12. Gesellschaft m. b. H. Ist die Zusage der Verschaffung von Geschäftsanteilen eines Dritten oder ein Garantieversprechen dieses Inhalts formpflichtig nach § 15 Abs. 4 GmbHG? 54

15. Was muß ein Beamter zu seiner Entlastung beweisen, wenn er für das Abhandenkommen einer in seine amtliche Obhut gelangten Sache verantwortlich gemacht wird? 67

16. Zwischenstaatliches Privatrecht. Anwendung deutschen Rechts, wenn zwischen einem deutschen Versicherer und einem deutschen Versicherungsnehmer im Ausland eine Versicherung in ausländischer Währung abgeschlossen worden ist? Übernahme der in Österreich abgeschlossenen Versicherungen einer deutschen Gesellschaft durch eine österreichische Versicherungsgesellschaft; Befreiung der deutschen Gesellschaft von der Vertragshaftung bei Anwendung deutschen Rechts? Regeln das Aufwertungsgesetz und die dazu erlassenen Verordnungen auch die Aufwertung von Versicherungsansprüchen, die auf Auslandswährung lauten? Zulässigkeit freier Aufwertung einer auf österreichische Kronen lautenden Forderung nach deutschem Recht? 70

17. Über Wertersatzansprüche und Valutaschulden im Zusammenhang mit dem Verfall der deutschen Währung 76

19. Kann ein im Jahre 1917 von einer preußischen Stadtgemeinde für Kriegszwecke aufgenommenes Darlehen, wofür der Darlehensgeber als Sicherheit an Stelle eines Schuldscheins ein Sparkassenbuch der

Nr. Seite

städtischen Sparkasse erhalten hat, als Schuldschein-Darlehen im Sinne des § 30 Abs. 3 AnlAblG. angesehen werden? Beseitigt die Vereinbarung späterer Ausstellung eines Schuldscheins durch die Gemeinde den Mangel eines solchen? Begriff des Sparguthabens im Sinne des § 55 AufwG. 85

21. Sind § 1 UnlWG. und § 826 BGB. bei allen Gegenständen gewerblicher Schutzrechte vor Erwerb und nach Ablauf des Sonderrechtsschutzes gleichmäßig anwendbar unter dem Gesichtspunkt unzulässiger Aneignung eines mit Mühe und Kosten errungenen fremden Arbeitsergebnisses? Zusammenfallen der Anwendungsbereiche des Geschmacksmustergesetzes und des UnlWG.? Wann stellt die Nachbildung eines Gegenstandes, der weder Patent- noch Gebrauchsmusterschutz genossen hat, eine gegen Wettbewerbsgrundsätze verstoßende Ausnutzung fremder Arbeit dar? 94

22. Über Tarifberechnung bei Chemikalien, wenn zwar der versandte Stoff eine andere chemische Verbindung ist als der im Tarif genannte, wenn aber beide aus dem nämlichen Abfallerzeugnis hergestellt und in gleicher Weise wirtschaftlich verwertet werden 101

23. Verliert der Gläubiger seine persönliche Forderung, wenn er erst nach dem 1. Januar 1926 den persönlichen Schuldner der Aufwertungsstelle angibt oder seine frühere Angabe durch Benennung des wirklichen Schuldners berichtigt? 104

24. Wirkt die Vermutung des § 1362 Abs. 1 BGB. auch dann, wenn der Konkursverwalter eine Rechtshandlung des Gemeinschuldners als unentgeltliche Verfügung nach § 32 Nr. 2 KO. ansicht und sich darauf beruft, daß die von der Ehefrau dem Mann als angebliche Gegenleistung gewährten Sachen von vornherein dessen Eigentum gewesen seien? . 107

25. Ist die Eintragung der Pfändung oder der Verpfändung einer bei Bestellung einer Höchstbetragshypothek dem Eigentümer nur vorläufig zustehenden Eigentümergrundschuld ohne weiteres deshalb unwirksam, weil die Eintragung wegen der Vorschrift des § 40 GBO. nicht hätte erfolgen dürfen? 110

26. Unterliegt der Formvorschrift des § 313 BGB. ein Vergleich, durch den sich der Schwarzverkäufer nach Auflassung und Eintragung des Käufers im Grundbuch verpflichtet, das Grundstück dem Käufer zu belassen und zur Erteilung der nach dem preußischen Grundstücksverkehrs-Gesetz erforderlichen behördlichen Genehmigung mitzuwirken? 114

27. Kann das Grundbuchamt durch einstweilige Verfügung zur Vornahme oder Unterlassung einer Amtshandlung angehalten werden? Recht-

Nr. Seite

liche Bedeutung einer einstweiligen Verfügung, die dem Käufer eines Grundstücks verbietet, die zum Eigentumserwerb erforderliche Eintragung im Grundbuch herbeizuführen. Anwendbarkeit des § 878 BGB. auf ein durch einstweilige Verfügung begründetes Erwerbsverbot? 118

28. Über die außervertragliche Sorgfaltspflicht des Schleppschiffahrts-Unternehmers für den geschleppten Kahn. Muß die Schiffsbesatzung auch beim Fehlen einer vertraglichen Beziehung zwischen dem Unternehmer und dem Kahneigner Hilfe leisten, wenn der Kahn auf Ersuchen des Kahnschiffers an Land gesetzt wird und zu sinken droht? 121

29. Gilt § 139 BGB. nur für teilweise nichtige oder auch für solche Rechtsgeschäfte, die wegen Fehlens der erforderlichen Genehmigung teilweise unwirksam sind? Kann der Vertragsgegner, der gemäß § 179 BGB. gegen den Vertreter ohne Vertretungsmacht den Erfüllungsanspruch gewählt hat, unter den Voraussetzungen des § 326 BGB. zum Schadensersatzanspruch übergehen? Haftung wegen Verschuldens beim Vertragsschluß 126

30. Begriff des übermäßigen Gewinns (PrTrVo. vom 13. Juli 1923 § 4) und der unangemessenen Vergütung (MieterschutzG. § 49a) bei der Vermietung von Räumen 130

31. Richtet sich der Anspruch des Gesellschafters einer Kommanditgesellschaft auf Auszahlung seines Gewinnanteils nur gegen die Gesellschaft oder auch gegen die anderen Gesellschafter? Findet die Vorschrift des § 122 Abs. 1 HGB., daß der Gesellschafter einer offenen Handelsgesellschaft die Auszahlung seines vollen Gewinnanteils für das letzte Geschäftsjahr nur insoweit verlangen kann, als sie nicht der Gesellschaft zum offenbaren Schaden gereicht, auf den Kommanditisten Anwendung, dem vertragsmäßig das Recht eingeräumt ist, in dem im § 122 Abs. 1 bezeichneten Umfang Geld aus der Gesellschaftskasse zu erheben? . . 135

33. Über die Sittenwidrigkeit eines Vertrags, worin ein gemeinnütziges Siedlungsunternehmen gegen Entgelt auf die Ausübung seines gesetzlichen Vorkaufsrechts verzichtet 144

34. Kann der Gläubiger einer Hypothekenforderung die im Kaufvertrag über das belastete Grundstück vom Erwerber erklärte Schuldübernahme noch im Laufe des Aufwertungsverfahrens wirksam genehmigen? 151

35. Über die Pflichten der Halter und Führer von Kraftfahrzeugen. Begriff des Halters eines Kraftfahrzeugs 154

36. Über die Haftung einer Gemeinde gegenüber einer Krankenkasse, die den Gemeindevorstand mit den Geschäften einer von ihr eingerichteten

Nr. Seite

Zahlstelle betraut hat, wenn ein von jenem in der Zahlstelle beschäftigter Dritter dort eingegangene Kassenbeiträge veruntreut 162

37. Bedarf ein Kaufvertrag über das vom Eigentümer selbst zu schlagende Holz eines Waldgrundstücks der Genehmigung gemäß der Bekanntmachung über den Verkehr mit landwirtschaftlichen Grundstücken vom 15. März 1918? 165

38. Gibt es eine Auslegungsregel, wonach die Übernahme einer für den Verkäufer eingetragenen Eigentümergrundschuld in Anrechnung auf den Kaufpreis die Kaufpreisforderung nicht tilgt, sondern nur sichert? 166

39. Begriff der Geschäftsunfähigkeit im Sinne des § 104 Nr. 2 BGB. . 170

41. Über die Gültigkeit von Satzungsbestimmungen einer Akt.-Ges., die den allmählichen Übergang der Aktienrechte auf den am Unternehmen beteiligten Staat bezwecken 177

42. Ist der Bezirksdirektor einer Feuerversicherungs-Gesellschaft deren Erfüllungsgehilfe, wenn er gemäß dem Versicherungsvertrag zur Abwendung oder Minderung des Schadens Weisungen und Verbote erläßt, die der Versicherungsnehmer bei Gefahr des Verlustes des Anspruchs aus dem Versicherungsfall zu befolgen hat? 182

45. Kann der Konkursverwalter aus eigenem Recht einen Schadensersatzanspruch wegen unerlaubter Handlung geltend machen, die eine Schädigung der Gesamtheit der Konkursgläubiger herbeigeführt hat? 189

46. Nachfristsetzung (§ 326 BGB.); Erfordernisse. Kann beim gegenseitigen Vertrag, besonders beim Sukzessivlieferungsgeschäft, der im Verzug befindliche Teil, wenn inzwischen eine Leistung des andern Teils fällig geworden ist, daraufhin die eigene Leistung verweigern oder ein Zurückbehaltungsrecht geltend machen? 193

48. Wann kann jemand, der sich für einen andern, ohne in dessen Schuld miteinzutreten, nur wechselmäßig verpflichtet hat, aus dem Schuldverhältnis des andern eine Einrede gegen den Wechselanspruch ableiten? Gilt die Regel, wonach ein Wechselregreßschuldner nur zur Tilgung seiner eigenen Verpflichtung zahlt, auch dann, wenn der Zahlende der Aussteller des Wechsels ist und der Bezogene aus Gefälligkeit gegen ihn akzeptiert hat? Zum Begriff des Pfandindossaments 205

49. Zur Auslegung von § 21 Abs. 2 AufwG. 211

50. Wirksamkeit einer Anmeldung zur Aufwertung kraft Rückwirkung, die schon vor dem Inkrafttreten des AufwG. bewirkt wurde 217

Nr. Seite

52. Gebrauchsmusterschutz; seine allgemeinen Voraussetzungen. Wie ist der Gegenstand eines Gebrauchsmusters nach § 2 Abs. 2 GebrMG. zu bestimmen? Rechtliche Beurteilung von Schutzansprüchen, die nach Eintragung eines Gebrauchsmusters eingereicht worden sind 224

53. Bewirkt die Zurücknahme der Anmeldung des Anspruchs auf Aufwertung einer gelöschten Papiermarkhypothek ohne weiteres das Erlöschen des Gläubigerrechts, wenn ihr die Absicht zugrundeliegt, auf die aufzuwertende Hypothek zu verzichten, oder wird der Verzicht auf die Aufwertungshypothek erst wirksam, wenn er ins Grundbuch eingetragen ist? 230

54. Welchen Einfluß hat die Entwertung eines unter der Herrschaft des Preußischen Allgemeinen Landrechts einer Kirchengemeinde vermachten Kapitals auf die Fortdauer der Verpflichtung der Gemeinde, entsprechend der ihr vom Erblasser gemachten Auflage sein Erbbegräbnis instandzuhalten? 237

56. Über die persönliche Haftung des im eigenen Namen verhandelnden Vertreters für Verschulden bei Vertragsschluß (culpa in contrahendo). Zur Haftung des sachlich am Vertragsschluß beteiligten Vertreters, der aus formalen Gründen für einen andern auftritt und abschließt . . 249

57. Ist eine formlose Vereinbarung über die Aufwertung wirksam, nachdem der Gläubiger die Anmeldefrist des § 16 AufwG. versäumt hat? 253

58. Über Haftung für Schaden, der durch eine verkehrsgefährdende Anlage verursacht worden ist. Prima facie-Beweis 258

59. Kann der Patentinhaber auf Unterlassung klagen, wenn der Eingriff in das Patent durch polizeiliche Sicherheitsvorschriften veranlaßt worden ist? 264

60. Unklarheiten in Beförderungstarifen. Internationales Übereinkommen über den Eisenbahn-Frachtverkehr. Begriff der Umstationierung von Privatwagen 268

62. Ist deutsches oder polnisches Recht maßgebend für die Frage der Aufwertbarkeit der einem Inländer zustehenden persönlichen Forderung aus einem Markdarlehen, für das im später polnisch gewordenen Teil Oberschlesiens Hypothek bestellt worden war? 277

63. Kann der Schuldner, der aus Unkenntnis einer ihm gegen den Gläubiger zustehenden Forderung die Aufrechnung versäumt und seine Schuld an den Gläubiger bezahlt hat, das Gezahlte zurückfordern und noch nachträglich aufrechnen? 280

Nr. Seite

64. Über den Verkauf sämtlicher Geschäftsanteile einer Gesellschaft m. b. H., namentlich einer Grundstücksgesellschaft; stellt er regelmäßig auch eine Veräußerung des Unternehmens selbst dar und finden dabei auch ohne besondere Vertragsbestimmung die gesetzlichen Vorschriften über Rechts- und Sachmängel Anwendung? Muß auch bei Grundstücksverkäufen aus der Zeit nach Erlassung der 3. StNotVo. der Verkäufer den Käufer von der Aufwertungsschuld befreien, die gemäß den Vorschriften des AufwGes. über Aufwertung kraft Rückwirkung nach der Löschung von Hypotheken bestehen geblieben ist? Über die entsprechende Anwendung der in RGZ. Bd. 112 S. 329 ausgesprochenen Grundsätze auf Kaufabschlüsse, die in der ersten Zeit nach Festigung der deutschen Währung gegen einen wertbeständigen Preis vorgenommen wurden 283

65. Kann der Veräußerer eines Grundstücks, das bei Kaufabschluß nach dem Inhalt des Grundbuchs lastenfrei war, vom gutgläubigen Erwerber Ausgleichung verlangen, wenn er auf Aufwertung der persönlichen Schuld aus der gelöschten Hypothek in Anspruch genommen wird? . 292

66. In welchem Umfang steht dem Gläubiger der Versteigerungserlös von Wertpapieren zu, die er von seiner Bank zu verlangen hatte, wenn die Papiere in London hinterlegt, dann während des Krieges versteigert und die Erlöse buchmäßig der Bank gutgebracht worden waren? . . 297

67. Ist eine Konkursforderung, die einem Mitglied des Vorstands einer in Konkurs geratenen Akt.-Ges. wegen seiner Gehaltsansprüche aus der Zeit vor Konkurseröffnung gegen die Gesellschaft zusteht, gemäß § 61 Nr. 1 KO. bevorrechtigt? 300

68. Können Anordnungen, die jemand auf Grund irrtümlich angenommener Vertragsbeziehungen einem andern gegenüber trifft, zum Schadensersatz aus unerlaubter Handlung verpflichten? Unterschied zwischen Vornahme eines Staatshoheitsaktes und einer Maßnahme der staatlichen Vermögensverwaltung. Offizier als verfassungsmäßig berufener Vertreter des Reiches? 304

69. Kann die in Art. 19 Abs. 2 Satz 1 DurchfVo. z. AufwG. vom 29. Novbr. 1925 vorgesehene Vereinbarung auch noch nach der Einzahlung auf das Sparkassenbuch wirksam getroffen werden? Ist für die Aufrechnung Satz 1 oder Satz 2 des Art. 19 Abs. 1 maßgebend, wenn das Sparkassenguthaben zwar vor dem 15. Juni 1922 erworben, aber die Vereinbarung, daß es zur Abtragung einer Hypothek oder Grundschuld zu dienen bestimmt sei, erst nach dem 14. Juni 1922 getroffen wurde? 307

70. Eisenbahnfrachtverkehr. Können wertvollere Felle als Kostbarkeiten gelten? Muß die Bahn bei Annahme eines Frachtstücks, als dessen

Nr. Seite

Inhalt „Felle“ angegeben sind, zur Wahrung ihrer Rechte veranlassen, daß der Absender die Art der Felle näher angebe? Wann haftet die Bahn bei Ausschluß der Haftung aus dem Frachtvertrag außervertraglich? Ist bei gleichzeitigem Abhandenkommen von Frachtgut und Frachtbrief bis auf weiteres anzunehmen, daß Bahnangestellte dabei beteiligt sind? 313

72. Steht den nach § 1 des Reichsges. vom 12. Septbr. 1919 in den Ruhestand versetzten Beamten ein lebenslänglicher Anspruch auf zehnprozentige Erhöhung ihres jeweiligen Ruhegehalts als wohlerworbenes Recht im Sinne des Art. 129 RVerf. zu, gleichviel nach welcher Besoldungsordnung das Ruhegehalt berechnet ist? 321

73. Verhältnis zwischen dem eingetragenen Warenzeichen und der Vorbenutzung des Zeichens 325

74. Ist bei Berechnung des Goldmarkbetrags einer aufzuwertenden Hypothek der Erwerb auf Grund der Auseinandersetzung einer offenen Handelsgesellschaft ebenso zu behandeln wie der Erwerb durch Auseinandersetzung einer Gemeinschaft im Sinne von § 3 Abs. 1 Nr. 4 AufwG.? 331

75. Begründet die durch den Liquidator einer Gesellschaft m. b. H. bewirkte Übertragung des Vermögens der Gesellschaft auf die Gesellschafter oder auf einen von ihnen, der zugleich Treuhänder der übrigen ist, eine Übernahme des Vermögens als ganzen im Sinne von § 3 Abs. 1 Nr. 8 AufwG.? 334

77. Aufwertungsgesetz. Umwandlung einer Forderung aus Beteiligungsverhältnis in eine Darlehensforderung; Rechtsfolgen. Verhältnis der Abs. 2 u. 3 des § 66 AufwG. zueinander 340

78. Unmöglichkeit der Leistung; Herausgabe des Ersatzes. Über den Anspruch eines Bankkunden aus § 281 BGB. gegenüber seinem deutschen Bankier, der vollbezahlte Effekten des Kunden bei einem englischen Bankier ins Depot gelegt hatte, wenn letzterer die Effekten im Kriege zur Deckung seiner Forderung gegen den deutschen Bankier zwangsweise verkauft hat, ohne daß dieser jemals über den Verkaufserlös verfügen konnte 347

79. Aufwertungsnovelle. Gilt ihr § 14 (Reichsges. vom 9. Juli 1927) auch gegenüber einem Rechtsnachfolger des Grundstückserwerbers, von dem oder für dessen Rechnung die Hypothek abgelöst worden ist? 352

80. Hemmung der Verjährung. Wann endet die Hemmung bei Aufwertungsansprüchen, wenn sie in der Unmöglichkeit gerichtlicher Geltendmachung solcher Ansprüche ihren Grund hat? Über den Beginn des Laufes (Weiterlaufes) der Verjährungsfrist bei Ansprüchen der in § 196 Abs. 1 Satz 1 BGB. bezeichneten Art 355

Nr. Seite

81. Unheilbare Nichtigkeit von Generalversammlungs-Beschlüssen einer Akt.-Ges. Nach welchen Grundsätzen sind rückständige Einlagen auf Aktien umzuwerten, wenn die Gesellschaft in Konkurs geraten ist und die vor Konkurseröffnung gefaßten Umstellungs- und Umwertungsbeschlüsse zwar im Handelsregister eingetragen, aber unheilbar nichtig sind? Gilt § 15 HGB. auch für das Verhältnis zwischen Gesellschaft und Aktionären? 363
83. Höchstbetragshypothek. Ist die durch sie gesicherte Forderung auch dann eine durch Hypothek gesicherte Forderung im Sinne von § 9 AufwG., wenn noch nicht feststeht, welche bestimmten Forderungen durch die Höchstbetragshypothek gesichert werden sollen? 398
84. Dauer und Verlust des Ausstattungsbesitzes. Sind gegenüber der Popularklage aus § 9 Abs. 1 Nr. 2 WZG. Einwendungen aus der Person des Popularklägers zulässig, insbesondere die Einrede der Arglist? 402
85. Über das Gewinnbeteiligungsrecht des stillen Gesellschafters 410

b. Landesrecht.

40. Preußisches Enteignungsgesetz. Sind bei der Aufwertung der Enteignungsentschädigung dem Enteigneten auch Zinsen aus dem Reichsmarkbetrag seit dem für die Wertermittlung maßgebenden Stichtag zuzusprechen? 174

II. Öffentliches Recht.

13. Ist der Begriff „Spezialvollmacht" im § 119 Abs. 2 des preuß. Allg. Berggesetzes im Sinne einer Vollmacht zu verstehen? Über die Versteuerung dieser „Spezialvollmacht" 59
14. Kann die ohne Kündigungsvorbehalt geschehene Anstellung eines Reichsbeamten wegen Irrtums angefochten werden, wenn der Vorbehalt nur infolge eines Versehens nicht in die Anstellungsurkunde aufgenommen worden ist? 63
15. Was muß ein Beamter zu seiner Entlastung beweisen, wenn er für das Abhandenkommen einer in seine amtliche Obhut gelangten Sache verantwortlich gemacht wird? 67

Nr. Seite

22. Über Tarifberechnung bei Chemikalien, wenn zwar der versandte Stoff eine andere chemische Verbindung ist als der im Tarif genannte, wenn aber beide aus dem nämlichen Abfallerzeugnis hergestellt und in gleicher Weise wirtschaftlich verwertet werden 101
36. Über die Haftung einer Gemeinde gegenüber einer Krankenkasse, die den Gemeindevorstand mit den Geschäften einer von ihr eingerichteten Zahlstelle betraut hat, wenn ein von jenem in der Zahlstelle beschäftigter Dritter dort eingegangene Kassenbeträge veruntreut . . . 162
47. Über die Staatsangehörigkeit der Frau eines durch den Versailler Vertrag zum Franzosen gewordenen Elsaß-Lothringers, die von der Möglichkeit Französin zu werden, keinen Gebrauch gemacht hat . . 198
51. Unter welchen Voraussetzungen ist die Polizei befugt, Privatwohnungen zur Unterbringung von Obdachlosen zu beschlagnahmen? 220
60. Unklarheiten in Beförderungstarifen. Internationales Übereinkommen über den Eisenbahn-Frachtverkehr. Begriff der Umstationierung von Privatwagen. 268
72. Steht den nach § 1 des Reichsges. vom 12. Septbr. 1919 in den Ruhestand versetzten Beamten ein lebenslänglicher Anspruch auf zehnprozentige Erhöhung ihres jeweiligen Ruhegehalts als wohlerworbenes Recht im Sinne des Art. 129 RVerf. zu, gleichviel nach welcher Besoldungsordnung das Ruhegehalt berechnet ist? 321
76. Verliert ein preuß. Beamter durch Verurteilung zu Festungshaft von längerer als einjähriger Dauer wegen Beihilfe zum Hochverrat auch dann ohne weiteres sein Amt, wenn im Strafurteil nicht auf Verlust der bekleideten öffentlichen Ämter erkannt worden ist? 337
82. Ministerruhegehalt. Sind die Vorschriften der Art. 12 u. 13 des württemberg. Gesetzes über die Dienstverhältnisse der Minister, soweit sie dem Gesetze rückwirkende Kraft beilegen, mit der Reichsverfassung vereinbar? 374

III. Gerichtliches Verfahren.

1. Ist die mit festem Endpunkt bestimmte Nachweisfrist (§ 519 Abs. 6 ZPO.) ebenso wie die nach einem Zeitraum bestimmte Frist zu behandeln in Bezug auf die Frage, wann die durch Einreichung eines Armenrechtsgesuchs bewirkte Hemmung ihr Ende erreicht? 1
18. Ist der Beschluß, durch den die Aufwertungsstelle das Verfahren aussetzt, mit der einfachen oder mit der sofortigen Beschwerde anfechtbar? Hat die Aufwertungsstelle das Verfahren auch dann aus-

Nr. Seite

zusetzen, wenn der Schuldner den dort angemeldeten Anspruch offensichtlich unbegründeterweise bestreitet? 83

20. Über die Verpflichtung des zur Läuterung eines eidbedingten Urteils berufenen Gerichts zu erneuter selbständiger Prüfung der Sache, wenn der Schwurpflichtige von mehreren durch ihn zu beschwörenden Tatsachen nachträglich eine einzelne zugesteht, im übrigen aber zur Eidesleistung bereit ist. Genügt in solchem Falle zum Ausspruch der für die völlige Eidesverweigerung vorgesehenen Folge schon der Zweifel, ob das frühere Gericht diese Sachlage der völligen Eidesverweigerung gleichgestellt hätte? 91

31. Muß die Klage des Gesellschafters einer Kommanditgesellschaft auf Auszahlung seines Gewinnanteils ausschließlich gegen die Gesellschaft gerichtet werden, oder kommen dabei auch die anderen Gesellschafter als Mithaftende in Betracht? 135

32. Hat ein vor Einlegung der Berufung eingereichtes Armenrechtsgesuch fristhemmende Wirkung, wenn der Vorsitzende des Berufungsgerichts nach Einlegung der Berufung die Frist für den Nachweis der Zahlung der Prozeßgebühr nur für den Fall bestimmt, daß das Armenrecht nicht bewilligt wird, und wenn die Geschäftsstelle erst nach Versagung des Armenrechts die Prozeßgebühr berechnet, dem Berufungskläger bekanntgibt und von ihm einfordert? 142

39. Gegen welches Urteil ist die Nichtigkeitsklage des § 578 Abs. 1 ZPO. zu richten? Steht ein die Revision als unzulässig verwerfender Beschluß im Sinne des § 584 Abs. 1 ZPO. einem Urteil gleich? . . . 170

43. Wem ist nach § 520 Abs. 1 ZPO. der Termin für die mündliche Verhandlung bekannt zu machen? Begriff der Instanz in §§ 176 und 210a ZPO. Unabwendbarer Zufall in § 233 Abs. 1 das. 183

44. Unterbricht der Tod eines Rechtsmittelklägers, der durch einen Prozeßbevollmächtigten vertreten ist, den Lauf der Frist zum Nachweis der Zahlung der zu entrichtenden Prozeßgebühr? 188

45. Liegt Klagänderung vor, wenn eine zunächst aus § 31 Nr. 1 KO. verfolgte Anfechtung später auf § 40 Abs. 2 Nr. 1 das. gestützt wird? 189

47. Über die Nachprüfbarkeit der Anwendung des § 15 hess. AG. z. BGB. in der Revisionsinstanz 198

50. Wirksamkeit einer Anmeldung zur Aufwertung kraft Rückwirkung, die schon vor dem Inkrafttreten des AufwG. bewirkt wurde . . . 217

55. Zustellung nicht verkündeter Urteile. Zurücknahme eines Rechtsmittels unter Angabe des Grundes. Wiedereinsetzung in den vorigen Stand gegen Ablauf der Berufungsfrist; Bedeutung des Umstands, daß das Rechtsmittel zunächst ordnungsmäßig eingelegt, dann aber irrtümlich zurückgenommen und nach Ablauf der Notfrist erneut eingelegt worden

Nr. Seite

ist. Belehrungs- und Nachprüfungspflicht des Prozeßbevollmächtigten hinsichtlich der Zustellung nicht verkündeter Urteile und des Beginns der Rechtsmittelfrist 243

61. Ist im Verfahren vor der Aufwertungsstelle nach Ablauf der Frist für die sofortige Beschwerde noch eine Beschwerde als Anschlußbeschwerde zulässig? 274

71. Wie weit reicht die Rechtskraft, wenn ein Anspruch als Teilanspruch erhoben und teilweise zugesprochen, teilweise abgewiesen wird? . . . 317

Anhang: Entscheidungen des Staatsgerichtshofs.

1. Ist das Reich verpflichtet, die Mehrkosten an Pensionen usw. zu tragen, die durch Erstreckung der sächs. Verordnung vom 15. Oktober 1926 auf die Altpensionäre der auf das Reich übergegangenen sächs. Zoll- und Steuerverwaltung entstehen? 1*

2. Zurückweisung der Einrede der Unzuständigkeit des Staatsgerichtshofs für das Deutsche Reich in der mecklenburg-schwerinschen verfassungsrechtlichen Streitsache betreffend die Verfassungswidrigkeit des Landtagswahlgesetzes i. d. F. vom 13. April 1927 . . . . 19*

Sachregister 413

Gesetzesregister 422

Zusammenstellung nach der Zeitfolge 434

Zusammenstellung nach Oberlandesgerichtsbezirken 439

Berichtigungen 440

1. Ist bei der Fristsetzung nach § 519 Abs. 6 ZPO. die mit einem festen Endpunkt bestimmte Nachweisfrist der nach einem Zeitraum bestimmten Nachweisfrist gleich zu behandeln in Bezug auf die Frage, wann die durch Einreichung eines Armenrechtsgesuchs gehemmte Frist ihr Ende erreicht?

Vereinigte Zivilsenate. Beschl. v. 5. März 1928 i. S. L. (Kl.) w. M. (Bekl.). IB 1/28.

I. Landgericht Insterburg.
II. Oberlandesgericht Königsberg.

Die Frage ist bejaht worden aus folgenden

Gründen:

Der § 519 Abs. 6 ZPO. handelt von der Frist, die der Vorsitzende zum Nachweis der Zahlung der für die Berufungsinstanz erforderten Prozeßgebühr zu setzen hat. Im Satz 4 daselbst sind Vorschriften über die Hemmung der Frist durch ein vor deren Ablauf eingehendes Armenrechtsgesuch enthalten. Bis zum Ablauf von zwei Wochen nach Zustellung des auf das Gesuch ergehenden Beschlusses oder bis zur Zustellung des auf eine Beschwerde ergehenden Beschlusses soll die Frist gehemmt sein. Hierdurch wird die wirtschaftlich schwache Prozeßpartei davor geschützt, daß die Nachweisfrist abläuft, ehe über ihr Armenrechtsgesuch entschieden worden ist.

Diese Vorschrift gibt zu Zweifeln keinen Anlaß, wenn die Frist nach einem Zeitraum (z. B. einem Monat oder mehreren Wochen) bestimmt wird. Es ist aber vielfach üblich, der Partei die Frist dadurch anschaulicher zu machen, daß sie nicht nach dem von der Zustellung ab laufenden Zeitraum, dessen Ende dann erst berechnet werden muß, sondern von vornherein — unabhängig vom Tag der Zustellung — nach dem Endtage bezeichnet wird. Nach der früher einheitlichen Rechtsprechung des Reichsgerichts wurde in Bezug auf die Frage, wann die durch Einreichung eines Armenrechtsgesuchs gehemmte Frist ihr Ende erreicht, die mit einem festen Endpunkte gesetzte Frist der nach einem Zeitraum bestimmten Frist völlig gleich behandelt (vgl. die Entscheidungen vom 27. November 1925 VI 379/25 RGZ. Bd. 112 S. 141, vom 10. Juli 1926 II B 19/26 RGZ. Bd. 114 S. 280, vom 7. Dezember 1926 VII B 3/26, vom 19. Januar 1927 I B 2/27, vom 24. Januar 1927 V B 1/27 und vom 15. November 1927 III B 19/27). An dieser Rechtsprechung möchte der I. Zivilsenat festhalten; er sieht sich jedoch durch die neueste Rechtsprechung des II. Zivilsenats daran gehindert und hat deshalb die Vereinigten Zivilsenate angerufen.

Für den Fall nämlich, daß die Hemmung entweder bei Ablauf der Endtagsfrist noch fortdauert oder erst ganz kurze Zeit vorher aufgehört hat, stellt sich der II. Zivilsenat jetzt auf den Standpunkt, daß es der Setzung einer neuen Frist bedürfe, weil die Endtagsfrist im ersten Falle ihre Bedeutung verliere, im zweiten Falle wirkungslos werde (vgl. die Entscheidungen vom 30. September 1927 II B 15/27 RGZ. Bd. 118 S. 158, vom 15. November 1927 II B 21/27[1]), vom 13. Dezember 1927 II B 23/27). Diese Auffassung hat auch im Schrifttum Vertretung gefunden (vgl. Stein-Jonas, Fußnote 47 zu § 519 ZPO.; Baumbach, ZPO., 3. Aufl., § 519 Note 12; Oetker in JW. 1926 S. 1162 zu Nr. 1; Sonnen in JW. 1926 S. 1557 zu Nr. 4, 1927 S. 3007 zu Nr. 21, auch 1927 S. 542 Sp. 2.[2]) Ferner glaubt sich der II. Zivilsenat für seine Ansicht auf die Beschlüsse des VI. Zivilsenats vom 10. November 1925 VI B 32/25 (JW. 1926 S. 1557 Nr. 4) und vom 18. Dezember 1925 VI B 38/25 (JW. 1926 S. 1162 Nr. 1) berufen zu können.

Die Vereinigten Zivilsenate vermögen nicht anzuerkennen, daß sich der Beschluß vom 10. November 1925 überhaupt mit dem Falle der Fristhemmung befaßt. Der VI. Zivilsenat hat darin nichts weiter ausgesprochen, als daß der Vorsitzende, der innerhalb der Gerichtsferien eine Frist mit festem Endpunkt (dort dem 1. Oktober) bestimmt, den jede gewöhnliche Frist hemmenden Zeitraum der Gerichtsferien von vornherein ausschalten und die Frist erst mit deren Ablauf, also mit dem 16. September, beginnen lassen will.

Der zweite Beschluß des VI. Zivilsenats, vom 18. Dezember 1925, handelt von einem Falle, in welchem das Verfahren

[1]) JW. 1928 S. 707 Nr. 6.

[2]) Vgl. jetzt auch Roquette in JW. 1928 S. 707 zu Nr. 6. D. E.

durch einen Konkurs unterbrochen wurde, der weit über den vom Vorsitzenden bestimmten Endtag der gemäß § 519 Abs. 6 ZPO. gesetzten Frist hinaus fortdauerte. Dabei hat der VI. Zivilsenat die Frage, ob bei Hemmung der Frist über ihren vom Vorsitzenden bezeichneten Endtag hinaus gleichfalls eine neue Frist bestimmt werden müsse, ausdrücklich dahingestellt gelassen, wie der III. Zivilsenat in seiner Entscheidung vom 28. Oktober 1927 III 79/27 (JW. 1928 S. 111 Nr. 19) zutreffend hervorhebt und auch der II. Zivilsenat in dem in RGZ. Bd. 114 S. 280 abgedruckten Beschluß noch anerkannt hat. Der jetzigen gegenteiligen Auffassung des II. Zivilsenats, daß eine verschiedene Behandlung der Unterbrechungs- und Hemmungsfälle nicht gerechtfertigt sei, vermögen sich die Vereinigten Zivilsenate nicht anzuschließen. Die Unterbrechung (und Aussetzung) des Verfahrens hat nach § 249 ZPO. die Wirkung, daß der Lauf einer jeden Frist aufhört und nach Beendigung der Unterbrechung (oder Aussetzung) die volle Frist von neuem zu laufen beginnt. Hier läßt sich sehr wohl geltend machen, daß der Neubeginn einer richterlichen Frist, der vielfach unter ganz veränderten Verhältnissen stattfinden wird, jedenfalls dann eine neue Verfügung des Vorsitzenden erheischt, wenn bei der Setzung der ursprünglichen Frist deren genauer Zeitraum deshalb noch nicht feststand, weil bereits unabhängig vom Tag der Zustellung ein fester Endtermin gesetzt wurde.

Einer endgültigen Stellungnahme der Vereinigten Zivilsenate zu dieser Frage bedarf es aber zurzeit nicht. Es genügt, den Unterschied hervorzuheben, daß im Falle der Hemmung die Frist überhaupt nicht neu zu laufen beginnt. Hier gilt vielmehr der nach § 222 ZPO. maßgebende § 205 BGB., wonach der Zeitraum der Hemmung in die Frist nicht eingerechnet wird, und es ist kein Raum für die Neubestimmung einer Frist, weil der Zeitraum vom Fristbeginn bis zum Eintritt der Hemmung nicht seine Bedeutung verlieren kann. An diesem Grundsatz ändert der immerhin denkbare Sonderfall nichts, daß das Armenrechtsgesuch noch am Tage der Zustellung der Fristverfügung eingeht und alsbald seine hemmende Wirkung äußert. Auch erscheint die Auslegung nicht berechtigt, daß der Vorsitzende bei Setzung der Endtagsfrist, deren Zeitraum sich allerdings erst nach der nicht immer dem Tage nach voraussehbaren Zustellung ermitteln läßt, von der stillschweigenden Voraussetzung normalen Fristverlaufs ausgehe. Das ließe sich doch eben nur etwa dann annehmen, wenn schon feststände (worüber gerade erst entschieden werden soll), daß die Endtagsfrist von der Zeitraumfrist — für welche die Hemmungswirkung außer Streit ist — grundsätzlich verschieden wäre. Und es hätte zur Folge, daß die Endtagsfrist auch dann hinfällig und nicht nur (gleich der Zeitraumfrist) zeitlich erstreckt würde, wenn nach Erledigung des Armenrechtsgesuchs und Aufhören der Hemmung noch genügende Zeit bis zum Fristende zur Nachholung der Zahlung bliebe. Ebensowenig läßt sich geltend machen, daß die einschlägigen Bestimmungen auf die Zeitraumfristen zugeschnitten seien und für Endtagsfristen nicht paßten. Denn vom Augenblick der Zustellung an ist der Zeitraum der Endtagsfrist bekannt, sodaß eine verschiedene Behandlung nicht geboten ist. Jedenfalls bietet für sie, wo es sich nicht um Neubeginn der Frist handelt, keine gesetzliche Bestimmung einen Anhalt.

Im Gegenteil ist es rechtlich nicht möglich, überhaupt noch von einer Hemmung der Frist zu sprechen, wenn es denkbar sein soll, daß die ganze Frist ihre Bedeutung verliert oder wirkungslos wird. Wäre das die Absicht des Gesetzes, so müßte darin ausgesprochen sein, daß und wann es der Setzung einer neuen Frist bedürfe. Man hätte es dann im § 519 Abs. 6 ZPO. mit einem — ohne solche besondere Bestimmung nicht denkbaren — doppelten, einem regelmäßigen und einem für gewisse Fälle abgeänderten Begriff der Hemmung zu tun oder müßte folgern, daß in den ausdrücklich hervorgehobenen Fällen eine Hemmung überhaupt nicht eintrete. Da das Gesetz aber lediglich von Hemmung, ohne Einschränkung, spricht, so kann es nur — und zwar einheitlich — die übliche Hemmung des bürgerlichen Rechts meinen, die grundsätzlich verschieden ist vom Aufhören des Fristlaufs infolge der Unterbrechung des Verfahrens. Die Vereinigten Zivilsenate vermögen bei dieser Rechtslage eine Auffassung nicht zu teilen, die, wie die jetzige des II. Zivilsenats, zu dem Ergebnis führen muß, daß in den Fällen, in denen die Frist ihre Bedeutung verliert oder wirkungslos wird, die Hemmung — wenn sich von einer solchen dann noch sprechen läßt — völlig gleiche Wirkung hätte wie die Unterbrechung des Verfahrens.

Demgegenüber kann nach Ansicht der Vereinigten Zivilsenate den allgemeinen Erwägungen, die der II. Zivilsenat für die Berechtigung seiner Ansicht anführt, nach geltendem Recht keine ausschlaggebende Bedeutung beigemessen werden. Gewiß verfolgt das Gesetz, wie schon hervorgehoben, den Zweck, den wirtschaftlich Schwachen vor der schädlichen Wirkung der fiskalischen Bestimmung des § 519 Abs. 6 ZPO. zu schützen. Abgesehen davon aber, daß der Gesetzgeber zugleich bestrebt sein mußte, eine gewisse Schranke gegen leichtfertige und offensichtlich unbegründete Armenrechtsgesuche im Hinblick auf die Belange der Gegenpartei zu errichten, hat er doch nun einmal die Bestimmung der Hemmung für ausreichend gehalten, um jenem ersten Zwecke gerecht zu werden, und der Schutz der das Armenrecht nachsuchenden Partei kann deshalb nicht weiter reichen, als es die Hemmung der Frist zuläßt. Entscheidendes Gewicht kann auch darauf nicht gelegt werden, daß die Fristsetzung für Laien erfolgt, die mit den Bestimmungen der Zivilprozeßordnung über die Berechnung von Zeitraum-Fristen nicht vertraut sind. Es kann aber auch nicht einmal anerkannt werden, daß vom Standpunkt des Laien aus die vom II. Zivilsenat vertretene Auffassung verständlicher wäre. Der II. Zivilsenat meint, dem Laien liege der Gedanke näher, daß eine mit dem Ablauf eines bestimmten Tages endende Frist ihre Bedeutung verliere, wenn die Einhaltung der Frist am Tag ihres Ablaufs mit Rücksicht auf eine zu dieser Zeit noch bestehende Unterbrechung oder Hemmung ihres Laufs unmöglich sei; die Umdeutung der Frist in eine neue, der Zahl der Tage entsprechende, liege dem Laien außerordentlich fern. Der rechtliche Begriff der Hemmung, den anzuwenden nun einmal das Gesetz zwingt, ist jedoch dem Laien überhaupt nicht geläufig. Das mag für ihn eine Gefahr bedeuten, bei der Auffassung des II. Zivilsenats nicht anders als bei der bisher herrschenden. Hat er aber einmal sich belehren lassen und erfaßt, daß ihm die Zeit der Hemmung nicht angerechnet wird, daß er den nicht gerechneten Teil der Frist nach Beendigung der Hemmung wieder gewinnen soll, so wird er kaum verstehen, weshalb jener Teil der Endterminfrist nicht ebenso wie derjenige der Zeitraumfrist dem Hemmungszeitraum angehängt werden sollte.

Hiernach war die der bisherigen Rechtsprechung folgende Ansicht des I. Zivilsenats zu billigen und die zur Entscheidung gestellte Frage zu bejahen.

2. Ist bei der Aufwertung eines Pachtinventar-Wertes, der aus Anlaß der Rückgabe der Pachtung in Papiermark geschätzt wurde, der Umstand zu berücksichtigen, daß der Pächter den Pachtzins in entwertetem Gelde entrichtet hat?

BGB. §§ 242, 273. ZPO. § 529 Abs. 5.

III. Zivilsenat. Urt. v. 7. Juli 1926 i. S. F. (Bekl.) w. L. (Kl.). III 410/25.

I. Landgericht Leipzig.
II. Oberlandesgericht Dresden.

Des Klägers Vater, dessen Rechtsnachfolger der Kläger ist, hatte das Rittergut S. des Beklagten gepachtet. Das Inventar war bei Übernahme der Pacht vom Vater des Klägers käuflich übernommen worden und sollte bei Beendigung der Pacht nach einem von Sachverständigen festzusetzenden Kaufpreise vom Verpächter zurückgekauft werden. Das Stamminventar, das der Pächter für 13200 *M* übernommen hatte, sollte in gleicher Zahl und Beschaffenheit zurückgegeben, der Mehrwert in Geld ausgeglichen werden. Später wurde noch vereinbart, daß vom Pächter errichtete Bauten in das Eigentum des Verpächters übergingen und daß der Taxwert des Stamminventars um den Betrag von 5223 *M*, also auf 7977 *M* herabgesetzt werde.

Am 13./14. Juni 1921 gab der Kläger das Gut zurück. Das Stamminventar wurde auf 330000 *M*, das Kaufinventar auf 1303234 *M* geschätzt. Dabei vereinbarten die Parteien, der Beklagte solle sofort Eigentümer des Inventars werden und bis zum 1. Juli 1921 1100000 *M* zahlen; die Entscheidung, ob überhaupt und in welcher Höhe für das Stamminventar eine Entschädigung zu zahlen und ob das Kaufinventar zum Marktwert oder anders zu entgelten sei, solle vorbehalten bleiben; wer danach in Zukunft dem anderen Teil etwas zu zahlen habe, solle den Betrag mit 5% vom 1. Juli 1921 ab verzinsen.

Die 1100000 *M* wurden bis zum 1. Juli 1921 unter Vorbehalt der Zurückforderung gezahlt. Wegen des nach Abzug des herabgesetzten Übernahme-Taxpreises sich ergebenden Restes von 525257 *M* erhob der Kläger Klage auf Zahlung; ferner verlangte er Feststellung, daß der Beklagte kein Recht habe, die bereits gezahlte Summe zurückzufordern. Das Landgericht gab durch Teilurteil vom 7. August

1922 dem Feststellungsantrag statt und verurteilte den Beklagten weiter zur Zahlung von 203234 ℳ. Durch Endurteil desselben Gerichts vom 10. Januar 1923 wurde der Anspruch des Klägers auf Zahlung des Unterschiedes zwischen dem am 14. Juni 1921 festgestellten Werte des Stamminventars und dem im Pachtvertrag festgesetzten Übernahmepreis zurückgewiesen; dem Kläger wurden nur 5223 ℳ für Bauten zugesprochen, wegen deren der Taxwert auf 7977 ℳ herabgesetzt worden war. Am 12. August 1922 zahlte der Beklagte 203234 ℳ und am 26. Januar 1923 weitere 5223 ℳ.

Nunmehr macht der Kläger geltend, die ihm nach den erwähnten Urteilen seit dem 14. Juni 1921 geschuldeten Beträge von 203234 und 5223 ℳ hätten damals einen Wert von 12526,88 GM gehabt, die Zahlungen aber nur einen solchen von 981 und 9,95 GM, so daß ihm ein Geldentwertungsschaden von 11544,93 GM entstanden sei. Der auf Zahlung dieses Betrags gerichteten Klage hat das Landgericht stattgegeben. Das Oberlandesgericht hat das Urteil mit einer geringfügigen Abänderung bestätigt. Die Revision des Beklagten führte zur Aufhebung und Zurückverweisung.

Gründe:

... Die Revision wendet sich gegen die von den Vorinstanzen vorgenommene Aufwertung der ursprünglichen Papiermarkforderung. Das Berufungsgericht geht davon aus, daß nach den früheren Urteilen die Beträge von 203234 ℳ und 5223 ℳ am 14. Juni 1921 zu zahlen gewesen seien. Das Abkommen vom 14. Juni 1921 stehe der Annahme nicht entgegen, daß der Kläger an diesem Tage mindestens die genannten Summen in Papiermark zu fordern gehabt habe; ein Verzicht auf die Aufwertung sei darin nicht zu erblicken.

Die Aufwertung nach Roggenpreis und nach den Reichsrichtzahlen oder einem Spezialindex lehnt das Berufungsgericht ab. Dadurch ist der Beklagte nicht beschwert. Im Wege der Berechnung über die Goldmark kommt das Berufungsgericht zur Zuerkennung derselben Summe von 11544,93 GM, die auch das Landgericht festgesetzt hatte. Es stellt dann weiter fest, der Kläger würde die rechtzeitig gezahlten Beträge für Neuanschaffungen auf seiner neuen Pachtung verwertet und sich damit ihren Wert erhalten haben. Damit scheide der Verarmungsfaktor aus. Wenn der Kläger die Anschaffungen mit Bankgeld durchgeführt habe, das von ihm nicht aufgewertet worden sei, so könne der Beklagte daraus für sich keinen Vorteil herleiten. Ob der Kläger nicht noch aufwerten müsse, stehe nicht einmal fest. Wenn es aber auch nicht der Fall sei, so stehe der durch diese Spekulation erworbene Vorteil dem Kläger allein zu. Zur Herabsetzung der Aufwertungssumme liege auch beim Beklagten kein Grund vor. Eine nachträgliche Entwertung der Leistung des Klägers komme nicht in Betracht, ebensowenig die Eigenschaft des Beklagten als Fideikommißbesitzer. Auch wegen der vom Kläger gezahlten — nach Behauptung des Beklagten zu niedrigen — Pachtbeträge sei eine Minderung nicht gerechtfertigt, da sie nicht mit den Verpflichtungen aus dem Kauf und Rückkauf des Inventars in wirtschaftlichem Zusammenhang ständen. Die Frage, ob dem Beklagten noch Pachtzinsforderungen oder Aufwertungsansprüche daraus zuständen, könne auf den Inventarkauf keinen Einfluß ausüben. Die Aufrechnung angeblicher Pachtrückstände könne der Beklagte nicht geltend machen; er habe nicht glaubhaft gemacht, daß er ohne Verschulden außerstande gewesen sei, sie bereits in erster Instanz geltend zu machen (§ 529 Abs. 5 ZPO.). In der Berufungsinstanz habe der Kläger widersprochen. Der Beklagte nehme die Forderung auf Aufwertung der früheren Pachtzahlungen auch jetzt noch in Anspruch, sodaß ein Abstrich an der Forderung des Klägers nicht begründet sei. Seien sie verjährt, so könne dem Kläger dieser Vorteil nicht durch Kürzung der Aufwertungssumme entzogen werden.

Die Revision macht zunächst geltend, bei der Aufwertung seien alle Umstände, also auch der Zufall zu berücksichtigen, daß der Kläger die beabsichtigten Anschaffungen statt mit dem Gelde, das er vom Beklagten zu erhalten gehabt, mit dem der Bank gemacht habe. Einen Vorteil dürfe er aus der Aufwertung nicht haben. Dabei sei von der augenblicklichen Lage auszugehen, daß Bankschulden nicht aufgewertet würden; die ungewisse Möglichkeit einer Aufwertung habe das Berufungsgericht nicht in Betracht ziehen dürfen. Diese Rüge ist verfehlt. Die Aufnahme des Bankguthabens und die daraus erfolgte Inventarbeschaffung ist ein ganz selbständiges Geschäft des Klägers, das er auf seine Gefahr unternommen hat und das mit seinem Verhältnis zum Beklagten nichts zu tun hatte. Es geht nicht an, jedes Geschäft, das ein Aufwertungsgläubiger irgendwann und irgendwie einmal mit Vorteil abgeschlossen hat, in den Kreis der bei der Aufwertung zu berücksichtigenden Umstände einzubeziehen und so dem Schuldner zugute kommen zu lassen. Damit fällt die Frage der Aufwertung der Bankguthaben weg.

Auch die weitere Rüge aus § 529 Abs. 5 ZPO. geht fehl. Das Berufungsgericht hat festgestellt, es sei nicht glaubhaft gemacht, daß der Beklagte ohne sein Verschulden außerstande gewesen sei, die Aufrechnung der angeblich rückständigen Pachtraten im ersten Rechtsgang geltend zu machen. Dieser tatsächlichen Feststellung gegenüber kann die Rüge keinen Erfolg haben. Auch die Annahme des Beklagten, daß seine in erster Instanz geschehene Berufung auf die Zahlung der Pachtraten in entwertetem Gelde genüge, kann ihn nicht entschuldigen. Wenn er in diesem Glauben die Aufrechnung nicht erklärt hat, so geht das auf seine Gefahr.

Endlich meint die Revision, im Rahmen der Frage, ob die Aufwertung begründet oder angemessen sei, habe das Berufungsgericht auch die Pachtzins-Aufwertungsansprüche des Beklagten prüfen müssen. Wenn sie überhaupt nicht oder, weil sie verjährt seien, nicht mehr geltend gemacht werden könnten, so hätte doch berücksichtigt werden müssen, daß die Pachtraten in entwertetem Gelde bezahlt worden und der Kläger dadurch bereichert sei. Das Inventar habe der Kläger offenbar aus den Einnahmen angeschafft, die er durch Zahlung entwerteten Pachtgeldes gewonnen habe. Diese Umstände seien unter der Gesamtheit der bei einer Aufwertung zu berücksichtigenden Umstände zu beachten gewesen. Es bestehe auch, entgegen der Ansicht des Berufungsgerichts, nicht nur ein wirtschaftlicher, sondern sogar ein rechtlicher Zusammenhang im Sinne des § 273 BGB.

Diese Rüge ist begründet. Daß der Kläger das von ihm angeschaffte Inventar aus den Einnahmen bezahlt hat, die er unter Zahlung eines entwerteten Pachtzinses erzielte, hat die Revision nach ihrer eigenen Erklärung nicht behaupten, sondern nur als eine Schlußfolgerung geltend machen wollen. Aber das Berufungsgericht geht von einer irrigen Auffassung aus, wenn es jeden, auch einen wirtschaftlichen Zusammenhang zwischen der Zahlung des Pachtzinses und der Rückübertragung des Inventars verneint. Beides sind Leistungen und Verpflichtungen, denen ein einheitliches tatsächliches Verhältnis zugrundeliegt, so daß mindestens ein wirtschaftlicher Zusammenhang angenommen werden muß. Im vorliegenden Falle handelt es sich um eine reine Aufwertung. Insoweit ist die Bezugnahme des Revisionsbeklagten auf die Entscheidung des erkennenden Senats vom 13. April 1926 III 181/25, die einen Schadensersatzanspruch betrifft, verfehlt. Bei der Aufwertung sind alle Umstände, alle Interessen der Parteien zu berücksichtigen, die mit dem aufzuwertenden Anspruch im Zusammenhang stehen und auf ihn von Einfluß sein können. Dies kann für den in entwertetem Gelde gezahlten Pachtzins im Verhältnis zum Kaufpreis des Inventars nicht ohne weiteres in Abrede gestellt werden. Grundsätzlich wird also die Berücksichtigung der Höhe des Pachtzinses nicht abzulehnen sein, und das Berufungsgericht wird bei der neuen Verhandlung der Sache zu prüfen haben, inwieweit dieser Umstand nach der besonderen Sachlage für die Höhe der Aufwertungssumme zu berücksichtigen ist.

---

3. Kann sich der Verpächter gegenüber dem Anspruch des Pächters auf den bei Rückgabe der Pachtung in fester Währung geschätzten Pachtinventar-Preis darauf berufen, daß der Pächter den Pachtzins in entwertetem Gelde gezahlt habe?

BGB. § 242.

III. Zivilsenat. Urt. v. 2. März 1928 i. S. v. B. u. Gen. (Bekl.) w. H. (Kl.). III 271/27.

I. Landgericht Kassel.
II. Oberlandesgericht daselbst.

Der Kläger hat durch Vertrag vom 20. Juni 1910 das Rittergut der Beklagten in N. auf 18 Jahre zum jährlichen Pachtpreise von 3300 *M* gepachtet. Dabei hat er für das Inventar an den abziehenden Pächter 25000 *M* gezahlt. Im August 1925 haben die Parteien den Vertrag zum 1. Mai 1926 aufgehoben. Am 9. November 1925 hat eine Kommission das Inventar auf 29311 *RM* geschätzt; diese Summe erhöhte sich durch Forderungen des Klägers auf 33964 *RM*. Hiervon kamen 1600 *RM* für Gegenforderungen der Beklagten in Abzug. Die Beklagten haben damals geltend gemacht, der an den Vorpächter gezahlte Preis von 25000 *M* habe nur den Charakter einer Sicherheit gehabt, dem Kläger stehe kein Anspruch auf volle Zahlung zu. Außerdem habe der Kläger in der

Inflationszeit entwerteten Pachtzins gezahlt, woraus sich ein Betrag zu ihren Gunsten in Höhe von 16355 RM ergebe, der abzuziehen sei. Sie haben demnach nur 15000 RM gezahlt.

Der Kläger fordert mit der Klage 15724 RM nebst Zinsen. Das Landgericht hat der Klage stattgegeben, das Oberlandesgericht hat die Berufung der Beklagten in der Hauptsache zurückgewiesen. Auch die Revision der Beklagten war ohne Erfolg.

Gründe:

... Die Beklagten hatten geltend gemacht, die von den Sachverständigen am 9. November 1925 ermittelte Schätzungssumme von 29311 RM für das Inventar müsse herabgesetzt werden, weil der Kläger in der Inflationszeit die Pacht in entwertetem Geld bezahlt habe und sie auf diese Weise an Pacht 16355 RM zu wenig erhalten hätten.

Das Berufungsgericht hat diesen Anspruch abgewiesen. Es lehnt zunächst eine Anwendung des (vorstehend abgedruckten) Urteils vom 7. Juli 1926 III 410/25 deshalb ab, weil es sich ihm überhaupt nicht anschließen könne, dann aber auch deshalb, weil im vorliegenden Falle nicht wie in jenem eine Aufwertung des Schätzungspreises eines Inventars in Frage komme. Auf Grund des § 242 BGB. könne ein Vertragsteil nicht eine Minderung seiner Vertragspflicht fordern, wenn ihm der Vertrag infolge eines von keiner Seite zu vertretenden Ereignisses einen geringeren Vorteil bringe als dem andern. Der Kläger habe seine Vertragspflicht voll erfüllt. Es verstoße auch nicht gegen § 242 BGB., wenn die Beklagten den vollen Wert des Inventars zahlten, obwohl sie nicht die vollen Pachtzinsen erhalten hätten. Denn der Kläger habe für seine Erzeugnisse in der Inflationszeit auch nicht den vollen Wert erhalten. Dem Werte der Mark Ende 1919 mit $^1/_{11}$ habe nur der dreifache Roggen-Friedenspreis und dem von Ende 1922 mit $^1/_{1750}$ nur der 1400fache gegenübergestanden. Eine Berücksichtigung der Zahlung des Pachtzinses in entwertetem Gelde bei Bemessung des aus Anlaß der Rückgabe der Pachtung ermittelten Wertes des Inventars sei nicht gerechtfertigt.

Daß diese Auffassung des Berufungsgerichts in ihrer Verallgemeinerung gegen die oben erwähnte Entscheidung des Reichsgerichts verstößt, bedarf keiner weiteren Darlegung. Wenn das Revisionsgericht dem angefochtenen Urteil im Ergebnis beitritt, so geschieht dies nicht, weil es etwa von seiner früheren Entscheidung abweichen will, sondern weil der jetzige Fall anders liegt als der damalige. Dort handelte es sich um einen in Papiermark geschätzten Wert eines Inventars, das in der Inflationszeit zurückgegeben worden war; hier ist ein Inventar in Reichsmark abgeschätzt worden. In jenem Falle war also eine Aufwertung der Papiermarksumme geboten, bei der allen Umständen des Falles und sämtlichen Interessen der Beteiligten Rechnung zu tragen war. Hierunter fiel auch die Zahlung des Pachtzinses in entwertetem Gelde. Sie war nach Treu und Glauben im Sinne von § 242 BGB. zugunsten des Verpächters zu beachten, weil sie in den Rahmen der Umstände fiel, die mit dem aufzuwertenden Anspruch in wirtschaftlichem Zusammenhang standen. Eine Berücksichtigung war dort nicht nur zulässig, sondern sogar geboten. Anders liegt der gegenwärtige Fall. Nach dem Vertrage sind die Verpächter verpflichtet, das bei Beendigung des Pachtverhältnisses zurückzulassende Inventar mit einem Geldbetrag zu bezahlen, der von Sachverständigen schätzungsweise zu ermitteln ist. Diese grundlegende Abschätzung ist nach Einführung der festen Währung in Reichsmark erfolgt. Damit steht der zu zahlende Betrag fest, ohne daß eine Aufwertung überhaupt noch in Frage kommen kann. Es ist also kein Raum mehr für die Bemessung der zu zahlenden Summe nach Treu und Glauben und daher auch nicht für die Berücksichtigung des Umstands, daß die Pachtzinsen in entwertetem Gelde bezahlt worden sind.

Eine Herabsetzung der endgültig festgesetzten Schätzungssumme, wie sie die Beklagten erstreben, können diese nur dadurch erreichen, daß sie ihr eine selbständige Forderung gegenüber- und zur Aufrechnung stellen, indem sie nachträglich eine Erhöhung des Pachtzinses für sich in Anspruch nehmen. Darauf läuft es denn auch hinaus, wenn sie nunmehr von der Forderung des Klägers den Unterschied zwischen den wirklich gezahlten und den angeblich angemessenen Pachtbeträgen mit zusammen 16355 RM in Abzug bringen wollen. Ein solcher Anspruch steht ihnen aber nicht zu.

Das Berufungsgericht hat festgestellt, daß der Kläger seinen Verpflichtungen aus dem Vertrage, und zwar seit dem Jahre 1919, in dem Umfang nachgekommen ist, wie ihn die Entscheidungen der Pachteinigungsämter festgesetzt hatten. Eine Erhöhung der Pachtzinsen für die Zeit bis 1919 kommt überhaupt nicht in Frage. Für die spätere Zeit greifen die Entscheidungen der Pachteinigungsämter Platz, die endgültig über die Höhe der Leistungen des Pächters zu befinden hatten. Aus den Pachtschutz-Verordnungen steht den Beklagten kein Anspruch auf nachträgliche Erhöhung des Pachtzinses zu. Aber auch vor den ordentlichen Gerichten können sie einen solchen Anspruch nicht mehr erheben, nachdem die Pachteinigungsämter angerufen worden sind und darüber entschieden haben. Das hat der erkennende Senat bereits in RGZ. Bd. 104 S. 218 ausgesprochen.

Hiernach ist der Anspruch der Beklagten nicht gerechtfertigt....

---

4. Inwieweit hindert die Eintragung der Vormerkung einer Hypothek die Wiedereintragung einer gelöschten Hypothek in Höhe der Aufwertung an der früheren Rangstelle?

AufwG. § 22 Abs. 2, § 6 Abs. 2.

V. Zivilsenat. Beschl. v. 7. März 1928 in einer Grundbuchsache des Amtsgerichts Schleswig. V B 5/28.

I. Grundbuchamt Schleswig.
II. Landgericht Flensburg.

Eine für die Beschwerdeführerin im Grundbuch von Schleswig seit dem Jahre 1909 eingetragene Abzahlungshypothek von 40000 *M* war auf Grund ihrer Quittung und Löschungsbewilligung am 12. Januar 1923 gelöscht worden. Für das Deutsche Reich, Reichsmonopolverwaltung für Branntwein, wurden demnächst, und zwar am 12. September und 12. Dezember 1924, auf Grund von Bewilligungen der Grundstückseigentümerin vom 10. September und 9. Dezember 1924 als Nr. 12 und 13 zwei Vormerkungen eingetragen, je zur Sicherung des Anspruchs auf Einräumung einer Hypothek von 10000 G*M*. Als Nr. 14 wurde dann die Hypothek der Beschwerdeführerin zum Aufwertungsbetrag von 9486,69 G*M* wieder eingetragen, jedoch ohne Vorrang vor den Vormerkungen Nr. 12 und 13. Die Beschwerdeführerin beansprucht diesen Vorrang. Sie hat beantragt, das Grundbuch von Amts wegen dahin zu berichtigen, daß der Post Nr. 14 der Vorrang vor Nr. 12 und 13 zustehe. Das Grundbuchamt hat den Antrag abgelehnt und das Beschwerdegericht ist ihm beigetreten. Das Kammergericht möchte die weitere Beschwerde der Gläubigerin zurückweisen; es hat sich aber durch die Entscheidung des beschließenden Senats vom 1. Juni 1927 (RGZ. Bd. 116 S. 238) daran gehindert gesehen und hat deshalb die weitere Beschwerde gemäß § 79 GBO. dem Reichsgericht vorgelegt. Dieses hat die Eintragung von Widersprüchen angeordnet, und zwar dahin, daß die Hypothek Nr. 14 der Vormerkung Nr. 13 zum vollen Betrag und der Vormerkung Nr. 12 in Höhe von 5682,61 GM nebst Aufwertungszinsen vorzugehen habe.

Gründe:

Die Vorlegung ist nach § 79 GBO. zu Recht erfolgt (RGZ. Bd. 117 S. 350) und begründet die Zuständigkeit des Reichsgerichts. In der Sache selbst vermag aber der beschließende Senat in der Frage, ob im Sinne des § 22 Abs. 2 AufwG. eine bewilligte Vormerkung den Rechten am Grundstück gleichzustellen sei, den Ausführungen des Kammergerichts kein solches Gewicht zuzuerkennen, daß es geboten wäre, den in RGZ. Bd. 116 S. 238 und in der weiteren Entscheidung vom 10. November 1927 (AufwRspr. Sonderh. VI S. 57, JW. 1928 S. 481 Nr. 15) eingenommenen Standpunkt aufzugeben.

Dem Kammergericht ist darin beizutreten, daß die Entscheidung der streitigen Rechtsfrage lediglich aus dem Eingreifen oder Nichteingreifen der Vorschriften über den öffentlichen Glauben des Grundbuchs zu entnehmen ist. Dabei hat der Vorderrichter mit Recht die Unterscheidung abgelehnt, welche Mügel 5. Aufl. Anm. 11 a. E. zu § 20 AufwG. auf Grund des § 883 Abs. 3 BGB. zwischen Auflassungs- und Hypothekenvormerkungen machen will, und mit Recht hat er auch die Erwägungen beiseite gelassen, aus denen der vorlegende Senat den Rechten im Sinne des § 7 Abs. 4 S. 1 AufwG. die entsprechenden Vormerkungen gleichstellt (JRsch. 1926 Nr. 1643, 1644; RGZ. Bd. 116 S. 240). Indem nach dieser Richtung im übrigen auf die Begründung der genannten früheren Entscheidungen verwiesen wird, ist zu den neuen Ausführungen des Vorlegungsbeschlusses folgendes zu sagen.

Das Kammergericht nimmt zum Ausgangspunkt die jetzt auch vom Reichsgericht in RGZ. Bd. 118 S. 230 (234) gebilligte Rechtsmeinung, die der Vormerkungsbewilligung die Eigenschaft eines Rechtsgeschäfts im Sinne des § 893 Halbs. 2 BGB. zuerkennt, eines Rechtsgeschäfts, das zwar nicht unmittelbar den Vorschriften des

§ 892 BGB. untersteht, bei dessen Vorliegen diese Vorschriften jedoch entsprechende Anwendung finden sollen. Zu den Zweifeln, die darüber obwalten können, was unter der entsprechenden Anwendung nach § 893 zu verstehen, insbesondere wie weit sie auszudehnen sei (vgl. hierzu Urteil des Oberlandesgerichts Celle vom 2. Februar 1928, AufwRspr. 1928 S. 116), braucht hier nicht Stellung genommen zu werden. Denn sie sind, wie schon im Urteil vom 10. November 1927 hervorgehoben wurde, nicht von unmittelbarer Bedeutung, wenn der Schutz des öffentlichen Glaubens des Grundbuchs überhaupt ausgeschaltet ist. Indem aber das Kammergericht beim Fehlen einer abweichenden Vorschrift des Aufwertungsgesetzes aus § 893 BGB. die volle Gleichstellung der bewilligten Vormerkung mit einem Recht am Grundstück auch für den Bereich des § 22 Abs. 2 AufwG. folgert, geht es ebenso zu weit wie mit der Annahme, daß § 22 Abs. 2 den Grundsatz des öffentlichen Glaubens des Grundbuchs nur zeitlich, nicht auch sachlich einschränke. Damit würde dem anerkannten Satze, daß die Vormerkung kein Recht am Grundstück ist, für die Fälle der bewilligten Vormerkung ein wesentlicher Teil seiner sachlichen Bedeutung genommen. Dieser Auffassung steht auch, wie nicht geleugnet werden kann, der klare Wortlaut des § 22 Abs. 2 AufwG. entgegen, der in dem hier in Betracht kommenden Teil lautet:

„Der Eintragung des Aufwertungsbetrags an der bisherigen Rangstelle steht der öffentliche Glaube des Grundbuchs ... nur insoweit entgegen, als der Zeitpunkt des Erwerbs eines Rechtes an dem Grundstück oder der im § 892 Abs. 2 BGB. bestimmte Zeitpunkt vor dem 1. Juli 1925 liegt. ..."

Daß bei dieser Fassung des Gesetzes die sachliche Einschränkung, die in den Worten „Erwerb eines Rechtes am Grundstück" Ausdruck findet, nicht gleichen Rang habe mit der zeitlichen Schranke des 1. Juli 1925, ist die erst zu beweisende Voraussetzung. Mit der Eintragung der Vormerkung wird kein „Recht am Grundstück" erworben, und daß der Gesetzgeber diesen Unterschied übersehen habe, darf um so weniger angenommen werden, als an anderer Stelle (im § 6 Abs. 2) den erworbenen Rechten die vorgemerkten ausdrücklich gleichgestellt sind. Gegenüber dem an sich eindeutigen Wortlaut des Gesetzes sind die Darlegungen des Kammergerichts nicht überzeugend. Das Kammergericht meint, bei der vom Reichsgericht vertretenen Auslegung werde dem Vormerkungsgläubiger der bereits erworbene Schutz des öffentlichen Glaubens des Grundbuchs wieder genommen, und deshalb falle der Gegenmeinung der Nachweis zu, daß eine so einschneidende Bedeutung des § 22 Abs. 2 beabsichtigt gewesen sei. Aber hiermit wird ein Grundsatz der privatrechtlichen Beweislast-Regelung in unstatthafter Weise auf die Gesetzesauslegung übertragen. Außerdem wird dabei übersehen, daß eine Wiederentziehung des Schutzes des öffentlichen Glaubens nach § 22 Abs. 2 AufwG. auch vom Standpunkt des Kammergerichts aus stattfindet, indem mit dem Inkrafttreten des Aufwertungsgesetzes sogar erworbenen Rechten am Grundstück jedenfalls für die Zeit vom 1. Juli 1925 ab der Schutz des öffentlichen Glaubens rückwirkend genommen wird. Dieser Grund schlägt demnach gegenüber dem Gesetze, so wie es vorliegt, nicht durch. Ebensowenig ist es aber als zutreffend anzuerkennen, wenn der Vorlegungsbeschluß sagt, es sei kein Grund ersichtlich, der den Gesetzgeber hätte veranlassen können, den Vormerkungen den ihnen im Bereich des allgemeinen Liegenschaftsrechts gewährten Schutz für das Gebiet des Aufwertungsrechts zu versagen. Diese Begründung beachtet nicht, daß die Vorschriften des Aufwertungsgesetzes über die Wiedereintragung aufgewerteter Hypotheken von der Annahme einer Unrichtigkeit des Grundbuchs ausgehen, die durch unrechtmäßig erfolgte Löschungen von Hypotheken in ganz anderem Umfang eingetreten war, als sich bei der ursprünglichen Anerkennung des öffentlichen Glaubens des Grundbuchs voraussehen ließ. Dieser öffentliche Glaube steht in Wechselbeziehung zu der Voraussetzung regelmäßiger Zuverlässigkeit, die beim Grundbuch dank seinen Richtigkeits-Bürgschaften in normalen Zeiten gerechtfertigt war, seit der Geldentwertung aber durch sachlich ungerechtfertigte Löschungen in weitem Umfang die Berechtigung verloren hat. Daneben war auch seit der Zeit der zunehmenden Geldentwertung der Glaube an den Rechtsbestand von Löschungen, die auf Grund von Zahlungen in entwertetem Geld erfolgt waren, mindestens stark erschüttert, und die Gegenbewegung, die alsbald nach Erlaß der dritten Steuernotverordnung einsetzte, ließ deren dauernde Geltung von vornherein zweifelhaft erscheinen. Wenn sich der Gesetzgeber aus Gründen der Sicherheit des Rechtsverkehrs gleichwohl entschloß, bei der endgültigen Regelung der Hypotheken-

Aufwertung den öffentlichen Glauben des Grundbuchs trotz der außerordentlich gesteigerten Bedeutung, die er zuungunsten von unzulänglich bezahlten Hypotheken gewonnen hatte, grundsätzlich aufrechtzuerhalten, so konnte ihm dabei neben der zeitlichen auch eine sachliche Einschränkung durchaus erwünscht sein. Es wäre ein keineswegs fernliegender Gedanke gewesen, nur solchen Eintragungen den Schutz des öffentlichen Glaubens des Grundbuchs zuzuerkennen, die bis zum 1. Juli 1925 zum Vollerwerb eines Rechtes am Grundstück geführt hatten, bloße Vormerkungen dagegen, die noch nichts Endgültiges schufen, auszunehmen. Dies um so mehr, als bei der leichteren Erreichbarkeit einer Vormerkung die Gefahr besonders nahe lag, daß ihre Eintragung der mißbräuchlichen Berufung auf den öffentlichen Glauben des Grundbuchs zur Vereitelung einer befürchteten Aufwertung dienen sollte. Soweit hiergegen eingewandt werden sollte, für eine solche Absicht des Gesetzgebers sei der Entstehungsgeschichte des Gesetzes nichts Ausdrückliches zu entnehmen, wäre zu erwidern, daß sich auch nichts für das Gegenteil ergibt und daß die einschränkende Fassung des Gesetzes ihre Widerlegung erwarten darf. Daß von dieser Regelung auch Fälle getroffen werden können, wo ein Mißbrauch nicht in Frage kommt, ist etwas, das bei jeder Gesetzesänderung in Kauf genommen werden muß und keinen entscheidenden Gegengrund abgibt. Wenn ferner in weiterem Umfang, etwa aus Gründen der Kostenersparnis, die Übung Platz gegriffen haben sollte, sich mit Vormerkungen zu begnügen, wo sachlich endgültige Eintragungen beabsichtigt waren, so würde damit eine gesetzliche Einrichtung Zwecken dienstbar gemacht, für die sie nicht bestimmt war, ein Gebrauch, der auf Begünstigung keinen Anspruch erheben könnte.

Hiernach rechtfertigt sich die Aufrechterhaltung der bisherigen Rechtsprechung des beschließenden Senats, der sich die Instanzgerichte bereits in weitem Umfang angeschlossen haben. Gegenüber dem auf Rückwirkung gegründeten Aufwertungsanspruch der Beschwerdeführerin genießen demzufolge die unter Nr. 12 und 13 eingetragenen Hypotheken-Vormerkungen nicht den Schutz des öffentlichen Glaubens des Grundbuchs. Das Grundbuchamt hat daher die Rangordnung unrichtig beurteilt, jedoch mit einer Einschränkung, die sich aus § 6 Abs. 2 AufwG. zugunsten der am 10. September 1924 (also in der Zeit vom 14. Februar bis 1. Oktober 1924) unter Nr. 12 eingetragenen

Vormerkung ergibt. Denn wenn § 6 Abs. 2 den Hypotheken-Vormerkungen aus der genannten Zeit den Vorrang kraft ausdrücklicher Gleichstellung mit erworbenen Rechten sogar gegenüber noch eingetragenen Althypotheken für die erst durch das Aufwertungsgesetz eingeführte Erhöhung der Aufwertung um 10% beläßt, so ist diese Vergünstigung, wie schon die Entscheidung vom 10. November 1927 andeutet, den Vormerkungen auch gegenüber solchen Hypotheken einzuräumen, die erst infolge der Aufwertung kraft Vorbehalts oder Rückwirkung wieder eingetragen werden. In Höhe von $^{10}/_{25} = 40\%$ des Aufwertungsbetrags ist hiernach der älteren Hypotheken-Vormerkung der Beschwerdegegnerin mit Recht der Vorrang vor der Aufwertungshypothek der Beschwerdeführerin zuerkannt. Abgesehen hiervon ist das Rangverhältnis unter Verletzung der Vorschrift des § 22 Abs. 2 AufwG. eingetragen. Es war deshalb gemäß §§ 71, 54 Abs. 1 GBO. geboten, die Eintragung von Widersprüchen gegen die Unrichtigkeit des Grundbuchs anzuordnen. In diesem Umfang ist die weitere Beschwerde begründet, im übrigen war sie zurückzuweisen.

---

5. 1. Ist ein Todesfall, der durch nicht vorauszusehendes Austreten von Kohlenoxydgas aus einem Zimmerofen verursacht worden ist, als Unfall im Sinne des § 2 Abs. I der Allgemeinen Versicherungsbedingungen des Unfallversicherungs-Verbands anzusehen?

2. Trifft auf ihn die Vorschrift im § 2 Abs. II daselbst zu, wonach „Vergiftungen" nicht als Unfälle gelten?

VII. Zivilsenat. Urt. v. 10. Januar 1928 i. S. J. Versicherungs-Akt.-Ges. (Bekl.) w. Wwe. S. (Kl.). VII 462/27.

I. Landgericht II Berlin.
II. Kammergericht daselbst.

Der Ehemann der Klägerin fand Ende Dezember 1925, während er auf dem Sofa seines Zimmers ruhte, dadurch den Tod, daß aus dem Ofen Kohlenoxydgas austrat. Er war bei der Beklagten gegen Unfälle versichert, und zwar für den Todesfall zugunsten der Klägerin für den Betrag von 50000 RM. Im § 2 Abs. I der im

Versicherungsschein in Bezug genommenen Allgemeinen Versicherungsbedingungen war bestimmt, daß ein Unfall vorliege, „wenn der Versicherte durch ein plötzlich von außen auf seinen Körper wirkendes Ereignis unfreiwillig eine Gesundheitsschädigung erleide", und sodann im Abs. II, daß gewisse „Grenzfälle" „auch als Unfälle", andere „nicht als Unfälle gelten". Unter den letzteren waren unter II 2a „Vergiftungen, Malaria, Flecktyphus und sonstige Infektionskrankheiten, Gewerbekrankheiten und Erkrankungen infolge psychischer Einwirkung" aufgeführt. Gegenüber der Klage auf Zahlung der Todesfall-Entschädigung wandte die Beklagte ein, daß es an dem Erfordernis der plötzlichen Einwirkung fehle und daß eine Vergiftung im Sinne des § 2 Abs. II 2a AVB. vorliege. Das Landgericht wies die Klage ab, das Kammergericht gab ihr statt. Die Revision der Beklagten blieb erfolglos.

Gründe:

Das Berufungsgericht stellt fest, daß das Kohlenoxydgas wider Erwarten und gegen den normalerweise vorauszusehenden Verlauf der Dinge aus dem Ofen ausgetreten ist und daß dieses Austreten, das sich als ein einheitlicher, nicht oder nicht wesentlich unterbrochener Vorgang darstelle, in verhältnismäßig kurzer Zeit den Tod des Versicherten herbeigeführt hat. Es ist der Ansicht, daß ein solcher Todesfall nach dem allgemeinen Sprachgebrauch als Unfall bezeichnet werde und daß er auch im Sinne der im § 2 Abs. I AVB. gegebenen Begriffsbestimmung als Unfall zu betrachten sei. Die von der Revision angeregte Nachprüfung dieser Ansicht kann lediglich zu ihrer Billigung führen; sie entspricht insbesondere durchaus den Ausführungen, die der erkennende Senat in seinem Urteil vom 21. November 1919 (RGZ. Bd. 97 S. 189) über die Bedeutung des auch in der damaligen Fassung der Versicherungsbedingungen verwerteten Begriffsmerkmals „plötzlich" gemacht hat.

Den hiernach allein noch in Betracht kommenden Einwand der Beklagten, daß eine Kohlenoxydvergiftung als „Vergiftung" nach der Bestimmung im § 2 Abs. II 2a AVB. nicht den Unfällen zuzurechnen sei, hält das Berufungsgericht vor allem deshalb für unbegründet, weil jene Bestimmung nur auf Vergiftungen zu beziehen sei, die, wie die meisten Nahrungsmittel- und Wundvergiftungen, an sich nicht die Merkmale des Unfalls aufwiesen, dagegen nicht auf Ereignisse, bei denen das Eindringen des Giftes in den

Körper nur einen Teiltatbestand des Unfallbegriffs nach Abs. I bilde. Der Revision ist zuzugeben, daß diese Auslegung nicht angängig ist. Die Bestimmung, daß „Vergiftungen nicht als Unfälle gelten", wäre in der Tat überflüssig, wenn sie nur die Vergiftungen betreffen sollte, die nach der im vorhergehenden Absatz gegebenen Feststellung der Merkmale des Unfallbegriffs ohnehin nicht als Unfälle anzusehen sind. Sie würde zudem unter jener Annahme gerade ihren wesentlichen Inhalt nicht zum Ausdruck bringen. Dagegen ist eine andere einschränkende Auslegung jener Vorschrift auf Grund einer weiteren Erwägung des Berufungsgerichts gerechtfertigt. Das Urteil führt mit Recht aus, daß, obgleich Kohlenoxydgas-Vergiftungen im wissenschaftlichen Sinne Vergiftungen seien und auch vom allgemeinen Sprachgebrauch zu den Vergiftungen gerechnet würden, dennoch beim Wort „Vergiftungen" bei unbefangener Auffassung allgemein zunächst nur an Vergiftungen durch Eindringen fester oder flüssiger Stoffe in den Körper gedacht werde, während man zur Bezeichnung von Gasvergiftungen ausdrücklich das Wort „Gas" hinzuzusetzen pflege. In der Tat werden die Worte „vergiften", „Vergiftung" im allgemeinen Sprachgebrauch nicht nur in dem weiten, der medizinischen Ausdrucksweise entsprechenden Sinne gebraucht, der jedes Eindringen von Giftstoffen in den Körper umfaßt, sondern daneben und sogar vornehmlich in einem engeren Sinne, der nur die Einführung flüssiger oder fester Stoffe durch den Schlund und allenfalls noch durch Einspritzungen bezeichnet. Angesichts dieser im Sprachgebrauch bestehenden Doppelbedeutung muß sich die Beklagte, welche die Allgemeinen Versicherungsbedingungen mit den anderen Unfallversicherungs-Gesellschaften aufgestellt hat, gefallen lassen, daß die darin über „Vergiftungen" getroffene Bestimmung in dem ihr ungünstigeren engeren Sinne ausgelegt wird (RGZ. Bd. 92 S. 64, Bd. 116 S. 275). Es ist um so mehr gerechtfertigt, diese Auslegung ihr gegenüber zur Geltung zu bringen, als nach der Äußerung des Reichsaufsichtsamts für Privatversicherung vom 15. Mai 1926 (25. Jahrgang Heft 2 S. 136 der Veröffentlichungen des Amtes) die Auslegung von dieser Stelle, welche die Versicherungsbedingungen zuständigermaßen genehmigt hat, und von einer Anzahl der sie handhabenden Versicherungsgesellschaften geteilt wird.

6. Unter welchen Voraussetzungen gilt für die Parteien eines Mietverhältnisses die gesetzliche Miete?

Reichsmietengesetz vom 24. März 1922 §§ 1, 2.

III. Zivilsenat. Urt. v. 17. Januar 1928 i. S. W. (Bekl.) w. H. (Kl.). III 171/27.

I. Landgericht I Berlin.
II. Kammergericht daselbst.

Die Klägerin ist Eigentümerin eines Geschäftshauses in Berlin. Am 12. September 1921 hat sie das dritte und vierte Stockwerk zum jährlichen Mietpreis von 90000 ℳ und am 25. Januar 1922 das 2. Stockwerk zum Preis von jährlich 27150 ℳ an die Beklagte vermietet. Am 1. Juli 1914 waren diese Räume nicht einheitlich vermietet, eine Friedensmiete für diesen Tag war also nicht vorhanden. Am 1. Juli 1922 teilte die Klägerin der Beklagten mit, vom 1. Oktober 1922 ab solle die Miete nach den Vorschriften des Reichsmietengesetzes berechnet werden. Am 4. August 1922 teilte sie ihr weiter mit, die Friedensmiete für das zweite Stockwerk betrage 12340 ℳ und für das dritte und vierte Stockwerk 51430 ℳ. Die Beklagte bestätigte diese Sätze an demselben Tage, bat aber am 30. September 1922 um Mitteilung, wie die Mietbeträge errechnet seien. Darauf erwiderte die Klägerin am 4. Oktober, die 90000 ℳ setzten sich aus 51430 ℳ Friedensgrundmiete zuzüglich 75% und die 27150 ℳ aus 12340 ℳ Friedensgrundmiete zuzüglich 120% zusammen. Nach Erlaß der Verordnung des preußischen Wohlfahrtsministers vom 4. August 1923, durch welche die reinen Geschäftshäuser aus dem Bereich des Reichsmietengesetzes ausgenommen wurden, forderte die Klägerin für die Monate November 1923 bis einschließlich März 1924 unter Zugrundelegung einer Friedensmiete von 63770 ℳ unter Abzug der geleisteten Zahlungen einen Restbetrag von 11386,42 RM nebst Zinsen. Die Friedensmiete ist durch Beschluß des Mieteinigungsamts vom 10. Juli 1925 für sämtliche Räume auf 44000 RM festgesetzt worden.

Das Landgericht sprach der Klägerin für den Monat November 1923 923,37 RM zu und wies die Klage im übrigen ab. Gegen dieses Urteil legten beide Teile Berufung ein. Das Kammergericht billigte für den November 1923 nur 425 RM zu und wies den weiteren

Anspruch für diesen Monat ab; im übrigen wies es die Berufung der Beklagten zurück. Auf die Berufung der Klägerin erklärte es ihren Anspruch für die Monate Dezember 1923 bis einschließlich März 1924 dem Grunde nach für gerechtfertigt. Die Revision der Beklagten wurde zurückgewiesen.

Gründe:

Die Beklagte hatte in der Berufungsinstanz geltend gemacht, die Klägerin habe zwar mit ihrem Schreiben vom 1. Juli 1922 die Erklärung aus § 1 des Reichsmietengesetzes vom 24. März 1922 abgegeben. Nachträglich hätten die Parteien sich aber dahin geeinigt, daß die Friedensmiete 63770 ℳ betragen solle. Sie hätten also nicht unter gesetzlicher, sondern unter vereinbarter Miete gestanden. Das Berufungsgericht weist diesen Einwand mit der Begründung zurück, daß eine Abkehr von der gesetzlichen Miete nicht vorliege. Die Einigung habe vielmehr nur eine Grundlage für die Berechnung der gesetzlichen Miete schaffen sollen, die eine Friedensmiete voraussetze. Da am 1. Juli 1914 eine solche einheitliche Friedensmiete nicht bestanden habe, hätten sich die Parteien auch ohne Anrufung des Mieteinigungsamtes über die Höhe der Friedensmiete vertraglich einigen können, auch wenn sie damit bewußt von der wahren Friedensmiete abgewichen seien. § 1 Abs. 2 RMG. gehe grundsätzlich von einer vertraglichen Vereinbarung der Parteien über die Höhe der gesetzlichen Miete aus und § 2 Abs. 4 das. spreche ausdrücklich von einer vereinbarten Friedensmiete. Die Beklagte habe das Schreiben der Klägerin vom 4. August 1922 nur dahin verstehen können, daß eine Vereinbarung über die Friedensmiete bloß zur Berechnung der gesetzlichen Miete getroffen werden sollte, daß also der Betrag von 63770 ℳ lediglich ein Rechnungsfaktor für die Berechnung der gesetzlichen Miete sein solle. Beim Inkrafttreten der Verordnung des preußischen Wohlfahrtsministers vom 4. August 1923 habe also zwischen den Parteien die gesetzliche Miete bestanden, an deren Stelle durch die Verordnung die ursprünglich vereinbarte Vertragsmiete als freie Miete getreten sei.

Weiter führt das Berufungsgericht aus, daß die freie Miete bis zum 1. April 1924 in Geltung gewesen sei, weil eine neue Erklärung aus § 1 RMG. erst nach Inkrafttreten der Aufhebungsverordnung des preußischen Wohlfahrtsministers vom 7. November

1923 abgegeben worden und erst nach der im § 1 RMG. bestimmten Frist in Wirksamkeit getreten sei. Die vereinbarte Miete sei also in Reichsmark umzuwerten. Hierbei sei davon auszugehen, daß die Parteien beim Abschluß der Mietverträge die damals jeweils angemessenen Mietpreise zugrundegelegt hätten. Demgemäß sei beim Fehlen entgegenstehender Parteibehauptungen der heute angemessene Mietzins als Ausgangspunkt zu wählen. Dies sei der vom Mieteinigungsamt am 10. Juli 1925 festgesetzte Betrag von 44000 RM. Hiervon seien 9% für Heizstoffe abzusetzen, da die Beklagte die Heizung bezahlt habe. Aus dem Restbetrag von 40040 RM ergebe sich eine Monatsmiete von 3336,66 RM. Für November 1923 sei hiervon ein Betrag von 40% gleich 1334,66 RM als freie Miete angemessen. Die Zahlungen der Beklagten seien nach dem Dollarkurs umzurechnen, ein besserer Maßstab lasse sich schwer finden, auch habe ihn die Beklagte selbst nicht bemängelt. Danach beliefen sich diese Zahlungen auf 909,63 RM, so daß noch 425 RM zu zahlen seien. Für die Monate Dezember 1923 bis März 1924 einschließlich sei der Anspruch dem Grunde nach gerechtfertigt, aber noch nicht entscheidungsreif. Die Klägerin fordere 60 und 66½%, die Beklagte wolle nur 38% bewilligen. Es seien also die Prozentsätze für den Einzelfall noch zu ermitteln.

Die Revision bemängelt zunächst mit Recht die Annahme des Berufungsgerichts, daß die Parteien in gesetzlicher Miete gestanden hätten.

Das Reichsmietengesetz kennt nur zwei Arten von Miete. Grundsätzlich überläßt es die Bestimmung der Höhe der Miete der freien Vereinbarung der Parteien. Daneben gibt es jeder Partei das Recht, jederzeit die gesetzliche Miete zu wählen. Nur auf diese letztere erstrecken sich seine Vorschriften. Zur Zeit des Streitfalles bildete noch die Grundmiete, an deren Stelle erst das Gesetz über den Geldentwertungs-Ausgleich vom 1. Juni 1926 (RGBl. I S. 251) die Friedensmiete gesetzt hat, die Grundlage der gesetzlichen Miete. Aus dieser Grundmiete und den jeweiligen Zuschlägen zu ihr war die gesetzliche Miete zu berechnen. Die Grundmiete ihrerseits beruhte auf der Friedensmiete, d. h. dem Mietzins, der für die mit dem 1. Juli 1914 beginnende Mietzeit vereinbart war. Sie war nach § 2 RMG. auf drei verschiedene Arten zu ermitteln. a) Waren die Räume am 1. Juli 1914 vermietet, so bildete die für die Zeit nach diesem Tage vereinbarte Miete, auch wenn sie etwa im schriftlichen Vertrag höher oder niedriger angegeben war oder wenn aus besonderen Gründen eine andere Miete gezahlt wurde als die verabredete, also der richtige Betrag „über welchen die Parteien wirklich einig geworden waren", die Friedensmiete im Sinne des Gesetzes (vgl. Begründung zum Reichsmietengesetz, Reichstagsdrucksachen 1920/21, Nr. 2052 S. 14 zu § 2 des Entwurfs). b) Beim Bestehen eines Streites, welches die wirkliche Miete sei, hatte das Mieteinigungsamt die „effektive" Friedensmiete auf Antrag einer Partei festzustellen. c) War dies letztere nicht möglich, war eine vereinbarte Miete nicht vorhanden, weil die Räume am 1. Juli 1914 nicht vermietet oder nicht fertiggestellt waren, oder wich die damals vereinbarte Miete aus besonderen Gründen in außergewöhnlichem Maße von der ortsüblichen ab, so hatte das Mieteinigungsamt die Friedensmiete nach den ortsüblichen Sätzen festzusetzen. Von der Friedensmiete aus wurde unter Herabsetzung um die von der obersten Landesbehörde zu bestimmenden Hundertsätze die Grundmiete errechnet, zu der dann die behördlich festzusetzenden Zuschläge traten. Sie war also insoweit nur ein Berechnungsfaktor für die zu zahlende gesetzliche Miete.

Das Reichsmietengesetz ist in seiner Begründung davon ausgegangen, daß feste reichsrechtliche Grundsätze für die Berechnung der Mieten fehlten, daß die Steigerung der Mieten auf Grund der Spruchtätigkeit der Mieteinigungsämter in den einzelnen Gegenden ganz verschieden sei und daß weitere Steigerungen zu befürchten seien, die dem Vermieter einen mit Rücksicht auf die wirtschaftlichen Verhältnisse allzu großen Vorteil verschaffen könnten. Es müßten ihm notwendigerweise die zur Erhaltung des Wohnraums erforderlichen Mittel gesichert werden. Durch die Vorschriften sollten in erster Reihe unbillige Belastungen der Mieter verhindert werden. Dem Hausbesitzer werde jedoch anderseits ein Ersatz der gestiegenen Selbstkosten zugebilligt werden müssen. Der Grundgedanke des Entwurfs sei danach folgender: Mietpreissteigerungen sollen nur insoweit zugelassen werden, als sie durch die Steigerung der für das Haus aufzuwendenden Ausgaben notwendig geworden sind. Mehr als den in diesem Sinne notwendigen Betrag soll der Mieter nicht zahlen und weniger soll der Vermieter nicht erhalten.

Diesen Anforderungen konnte nur eine Miete gerecht werden, die den bezeichneten Grundsätzen entsprechend genau und richtig berechnet war. Da sie sich mit Rücksicht auf die zu erwartenden Änderungen der wirtschaftlichen Verhältnisse und der von ihnen abhängigen Zuschläge aus verschiedenen Rechnungsposten zusammenzusetzen und sonach von einer Grundlage auszugehen hatte, mußte auch diese Grundlage genau und richtig sein. Als die zuverlässigste nach dieser Richtung wählte der Gesetzgeber die Friedensmiete und legte von ihr aus unter Freistellung von allen Nebenleistungen — §§ 3, 20 RMG. — in der reinen Raummiete die Grundmiete fest, die eigentliche Berechnungsgrundlage, zu der dann wieder die Zuschläge — §§ 3 7, 10 RMG. — zu treten hatten. Der Umstand, daß diese Abzüge und Zuschläge in teilweise geringen Hundertsätzen wirksam geworden sind, läßt erkennen, daß es dem Gesetzgeber ernstlich um eine genaue Berechnung zu tun war. Aus alledem ergibt sich, daß das Gesetz nur eine richtige gesetzliche Miete und nur eine richtige Grundlage dafür kennt.

Was es unter dieser richtigen Miete verstanden wissen will, bringt es in § 1 Abs. 1 RMG. klar zum Ausdruck, wo es als gesetzliche Miete die bezeichnet, deren Höhe „nach den Vorschriften dieses Gesetzes berechnet" ist. Daß es damit nicht nur die Vorschriften über die Zuschläge, sondern auch die über die Friedens- oder Grundmiete als die Grundlage der Berechnung gemeint hat, ist selbstverständlich. Danach genügte es zur Herbeiführung des Zustandes der gesetzlichen Miete unter den Parteien nicht, daß die Erklärung aus § 1 RMG. abgegeben wurde; es mußte auch die Grundlage der Berechnung, die Friedens- oder Grundmiete, auf dem vom Gesetz vorgeschriebenen Wege ermittelt und daraus die wirklich zu zahlende, die gesetzliche Miete errechnet werden. Soweit die Friedensmiete vom 1. Juli 1914 feststand, bildete sie ohne weiteres diese Grundlage; in allen anderen Fällen war sie vom Mieteinigungsamt festzustellen oder festzusetzen. Dafür, daß das Gesetz nach Abgabe der Erklärung die Höhe der Friedensmiete noch der freien Vereinbarung der Parteien überlassen und auch den so gewonnenen Zustand gelten lassen wollte, bietet das Reichsmietengesetz keinen Anhalt. Das muß sogar als ausgeschlossen gelten, weil es damit seinen Zweck wieder preisgegeben hätte. Im vorliegenden Falle ist die Vorschrift des Gesetzes nicht beachtet worden, der Zustand der gesetzlichen Miete besteht also unter den Parteien nicht.

Nun geht eine weitverbreitete Meinung, der sich auch das Berufungsgericht angeschlossen hat, dahin, daß die gesetzliche Miete unter den Parteien auch dann gelte, wenn diese nach Abgabe der Erklärung des § 1 RMG. die Friedensmiete im Wege freier Vereinbarung bestimmt hätten, gleichgültig, ob sie richtig oder bewußt unrichtig sei. Die Anrufung des Mieteinigungsamts zur Feststellung oder Festsetzung der richtigen bleibe ihnen offen.

Die Unhaltbarkeit einer solchen Ansicht ergibt sich schon daraus, daß man auf diese Weise zu zwei Arten von gesetzlicher Miete käme, einer richtigen und einer unrichtigen, und daß das Gesetz unmöglich die beiden Arten, von denen die eine seinen Zwecken unmittelbar zuwiderläuft, als gesetzliche Miete anerkannt haben kann. Am wenigsten kann dies für den Fall gelten, daß die Parteien absichtlich eine unrichtige Grundlage gewählt und so bewußt gegen die Absicht des Gesetzes verstoßen haben. Gewiß ist es den Parteien unbenommen, sich auch nach Abgabe einer Erklärung aus § 1 RMG. ohne Mieteinigungsamt über die Höhe der Friedensmiete zu einigen. In einem solchen Falle liegt aber eine vereinbarte Miete vor. Die Sachlage ist dann nicht anders, als wenn die Parteien, wie dies in der Inflationszeit vielfach geschehen ist, eine Miete in gewisser Höhe verabredeten und sie der Geldentwertung dadurch anzupassen versuchten, daß sie bestimmten, sie solle mit dem Dollar, mit einem Index oder dergl. in die Höhe gehen. Ebenso liegt es dann, wenn eine Friedensmiete als Grundlage festgelegt und an die Stelle des Dollars oder des Index die behördlichen Zuschläge zur Grundmiete gesetzt wurden. Auf der vereinbarten Grundlage konnte nur eine vereinbarte, nicht aber eine gesetzliche Miete erwachsen. Vor allem spricht aber für den Vereinbarungscharakter einer solchen Abmachung, daß sie jederzeit von einer Partei durch Antrag auf Feststellung oder Festsetzung der Friedensmiete beim Mieteinigungsamt beiseitegesetzt und die Ermittlung der wahren Friedensmiete durch das Mieteinigungsamt verlangt werden kann. Sie steht also in ihrer rechtlichen Tragweite nicht anders da als jede andere Mietvereinbarung.

Das Berufungsgericht bezieht sich zur Stützung seiner Ansicht darauf, daß in § 2 Abs. 4 RMG. von einer vereinbarten Friedensmiete die Rede sei. Dabei übersieht es aber, daß Abs. 4 lediglich auf Abs. 1 Bezug nehmen und anordnen will, wenn eine Friedensmiete für die Zeit nach dem 1. Juli 1914 nicht vereinbart gewesen sei, solle die nun folgende Vorschrift Platz greifen. Das ergibt sich auch aus den weiteren Worten: „oder sich nicht mehr feststellen läßt". Für den vorliegenden Fall besagt diese Vorschrift nichts.

Weiter will das Berufungsgericht aus den Worten des § 1 Abs. 2 RMG., die das Mieteinigungsamt auf Antrag einer Partei entscheiden lassen, wenn „ein Einverständnis über die Höhe der gesetzlichen Miete nicht zustande kommt", die Zulässigkeit der Vereinbarung in seinem Sinne folgern. Hierzu bemerkt die Begründung zum Reichsmietengesetz (a. a. O. S. 13):

> „Einer Mitwirkung des Einigungsamtes bei der Rechtsänderung bedarf es grundsätzlich nicht; die bloße Erklärung bewirkt, daß an Stelle des vereinbarten Mietzinses die gesetzliche Miete tritt. Nur wenn die Vertragsteile über die Höhe der hiernach zu zahlenden gesetzlichen Miete verschiedener Meinung sind, kommt die Entscheidung des Einigungsamtes in Frage."

Das bedeutet nichts weiter, als daß die Erklärung ohne Mitwirkung des Mieteinigungsamts wirksam ist und daß nach Ablauf der Frist des § 1 RMG. die Miete nach den Vorschriften des Gesetzes zu berechnen ist und die so berechnete Miete an die Stelle der vereinbarten tritt. Steht die Friedensmiete vom 1. Juli 1914 fest, was in den meisten Fällen zugetroffen haben wird, und besteht kein Streit über etwaige Nebenleistungen im Sinne des § 20 RMG., so ging die Rechtsänderung vor sich, ohne daß es einer Anrufung des Mieteinigungsamts bedurfte. War man aber über die Höhe der zu zahlenden gesetzlichen Miete verschiedener Meinung, so hatte die Anrufung und Tätigkeit des Mieteinigungsamts einzusetzen. Dafür, daß der gesetzliche Zustand auch bestehen sollte, wenn die Parteien diese Meinungsverschiedenheiten durch eine Vereinbarung aus der Welt schafften, bietet die Vorschrift keinen Anhalt.

Obwohl also der Ausgangspunkt des Berufungsgerichts verfehlt ist, war das Urteil doch aus anderen Gründen aufrecht zu erhalten. Das Berufungsgericht verkennt nämlich weiter, daß die Verordnung des preußischen Ministers für Volkswohlfahrt vom 4. August 1923 nicht nur für die Mietverhältnisse Platz griff, für welche die gesetzliche Miete galt, sondern für alle Mietverhältnisse, die sich auf reine Geschäftshäuser bezogen. Für sie sollten sämtliche Beschränkungen, welche die Zwangswirtschaft mit sich gebracht hatte und die zuletzt im Reichsmietengesetz niedergelegt waren, fallen, soweit sie die Höhe der Miete betrafen. Für alle diese unter den gesetzlichen Einschränkungen stehenden Vertragsverhältnisse setzte mit dem Erlaß der Verordnung die freie Miete ein; diese bestand in einer Aufwertung der vereinbarten Miete, die sich schon durch die mittlerweile eingetretene feste Währung von selbst ergab. Eine solche Aufwertung hat das Berufungsgericht in einer rechtlich bedenkenfreien Weise vorgenommen. Wenn die Revision bemängelt, daß die Aufwertung auf der einen Seite nicht über den Dollar erfolgt sei, wohl aber auf der anderen Seite, soweit es sich nämlich um die Aufwertung der Zahlungen handle, so übersieht sie, daß zwei verschiedene Dinge in Frage stehen. Zur Aufwertung des vereinbarten Mietzinses stellt das Berufungsgericht fest, daß die Parteien in letzterem den angemessenen Mietzins haben treffen wollen. Dieser tatsächlichen Feststellung entsprach es aber, wenn das Gericht dann der Aufwertung den angemessenen Mietzins zugrundelegte. Anders ist es mit den zur Zeit der größten Geldentwertung geleisteten Zahlungen, für die der Dollarstand als höchste Grenze für die Aufwertung angenommen werden konnte.

Im Endergebnis war also dem Berufungsgericht beizutreten. Dies gilt auch für den Teil des Urteils, durch den der Anspruch der Klägerin für die Zeit vom 1. Dezember 1923 bis 31. März 1924 dem Grunde nach für gerechtfertigt erklärt ist. Ein Abgehen von der freien Miete war nur dadurch möglich, daß die Beklagte nach Aufhebung der Verordnung die gesetzliche Miete wählte. Daß die freie Miete auch über den Aufhebungstermin vom 1. Dezember 1923 hinaus in Geltung blieb, sowie daß eine Erklärung aus § 1 RMG. erst nach diesem Tage abgegeben werden konnte und dann nach Ablauf der Frist des § 1 in Wirkung trat, hat der erkennende Senat mehrfach ausgesprochen.

---

7. Welchen Einfluß hat die unheilbare Nichtigkeit von Generalversammlungsbeschlüssen einer Aktiengesellschaft auf die Rechtsgültigkeit späterer derartiger Beschlüsse?

HGB. §§ 40, 271. GoldbilanzVo. §§ 2, 3, 4, 5.

II. Zivilsenat. Urt. v. 20. Januar 1928 i. S. Aktienbierbrauerei-AG. (Bekl.) w. H. u. Gen. (Kl.). II 281/27.

I. Landgericht Gera.
II. Oberlandesgericht Jena.

Das Grundkapital der im Jahre 1887 gegründeten beklagten Aktiengesellschaft betrug zuletzt 242500 *M*, eingeteilt in 485 Namensaktien über je 500 *M*. Zu ihrer Übertragung ist satzungsgemäß die Einwilligung der Beklagten erforderlich. Auf die Beklagte suchte eine andere Brauerei Einfluß zu gewinnen; die Beklagte widerstrebte aber einer solchen Einflußnahme und versagte aus diesem Grund auch ihre Einwilligung zur Übertragung von 115 Aktien, die der Direktor jener Brauerei aufgekauft hatte. Zu den Aktionären, die solche Aktienverkäufe vorgenommen hatten, gehörten auch die Kläger. Diese Interessenkämpfe haben schon zu verschiedenen Anfechtungsprozessen gegen Generalversammlungsbeschlüsse der Beklagten geführt. So haben drei Aktionäre die Beschlüsse der Generalversammlung vom 28. März 1924 mit Erfolg angegriffen. Der Kläger H. selbst hatte die Beschlüsse der Generalversammlung vom 30. März 1925 angefochten. Diese Beschlüsse betrafen nach der Tagesordnung folgende Gegenstände:

1. Genehmigung der Bilanz und der Gewinn- und Verlustrechnung für das Geschäftsjahr vom 1. Oktober 1922 bis 30. September 1923.
2. Beschlußfassung über die Umstellung des Aktienkapitals von 242500 P*M* auf 194000 G*M* und der Aktien von 500 P*M* auf 400 G*M*.
3. Genehmigung der Bilanz und der Gewinn- und Verlustrechnung für das Geschäftsjahr vom 1. Oktober 1923 bis 30. September 1924 und Beschlußfassung über die Verwendung des Reingewinns.
4. . . . .
5. Vorlage der Reichsmark-Eröffnungsbilanz auf 1. Oktober 1924 und des Prüfungsberichts.
6. Genehmigung der Reichsmark-Eröffnungsbilanz und der Umstellung des Gesellschaftskapitals usw. . . . .

Die Bilanz für 1923/24 war in Goldmark aufgestellt; auf der Passivseite war nicht mehr das Papiermarkkapital, sondern das „umgestellte" Kapital mit 194000 G*M* eingesetzt und auf dieser Grundlage ein Reingewinn errechnet, aus dem 5% Dividende vorgeschlagen wurden. Die Anträge der Verwaltung waren angenommen worden. Der Kläger H. siegte mit seiner Anfechtungsklage gegen die damals gefaßten Beschlüsse in erster Instanz ob, im zweiten Rechtszug wurde er dagegen rechtskräftig abgewiesen. Der Umstellungsbeschluß wurde am 20. Mai 1925 in das Handelsregister eingetragen.

Am 29. März 1926 fand eine weitere Generalversammlung der Beklagten statt mit der Tagesordnung:

1. Genehmigung der Bilanz sowie der Gewinn- und Verlustrechnung für das Geschäftsjahr vom 1. Oktober 1924/30. September 1925 und Beschlußfassung über die Verteilung des Reingewinns.
2. Entlastung des Vorstands und des Aufsichtsrats.
3. Wahl zum Aufsichtsrat.
4. Übertragung von Aktien.

In dieser Generalversammlung waren 73 Aktionäre mit 227 Aktien und 90800 RM Kapital vertreten, darunter die Kläger mit zusammen 11 Aktien. Zu den Punkten 1, 2, 4 wurden die Anträge der Verwaltung gegen die 11 Stimmen der Kläger angenommen. Zu Punkt 3 enthielten sich die Kläger der Abstimmung. Sie legten aber sofort gegen alle Beschlüsse Widerspruch zu Protokoll ein und erhoben fristgemäß Klage mit dem Antrag, festzustellen, daß die Generalversammlungsbeschlüsse vom 29. März 1926 nichtig seien. Sie halten die Beschlüsse der früheren Generalversammlung vom 30. März 1925, insbesondere diejenigen zur Reichsmark-Eröffnungsbilanz und zur Umstellung, für unheilbar nichtig, weil die Beschlüsse so, wie gefaßt, unzulässig, auch die Aktien in der Reichsmark-Eröffnungsbilanz weit überbewertet seien; deshalb sei auch die Umstellung viel zu hoch ausgefallen.

Das Landgericht wies die Klage ab. Das Oberlandesgericht gab ihr hinsichtlich der Beschlüsse zu Nr. 1 der Tagesordnung statt, im übrigen wies es die Berufung der Kläger zurück.

Die Revision der Beklagten hatte keinen Erfolg.

Aus den Gründen:

.... Die Revision erhebt unter Hinweis auf die Bedürfnisse des Aktienverkehrs grundsätzliche Bedenken dagegen, daß auf die angebliche Nichtigkeit früherer Beschlüsse, die weder rechtzeitig angefochten noch mit der Nichtigkeits-Feststellungsklage angegriffen worden seien, zurückgekommen werden könne, um die Rechtsgültigkeit späterer Beschlüsse zu bekämpfen, zumal wenn, wie hier, eine gegen die früheren Beschlüsse gerichtete Anfechtungsklage rechtskräftig abgewiesen worden sei. Den letzteren Einwand hat schon das Berufungsgericht mit zutreffenden Gründen zurückgewiesen. Im übrigen ist der Revision zuzugeben, daß eine solche Berücksichtigung absoluter Nichtigkeitsgründe zu erheblichen Weiterungen und Schäden für die Gesellschaft und die Aktionäre führen kann. Dies ist jedoch nicht von ausschlaggebender Bedeutung. Ist gegen zwingende, in erster Linie im öffentlichen Interesse gegebene Vorschriften verstoßen, auf deren Einhaltung die Aktionäre nicht verzichten können, so greift nicht nur die befristete Anfechtungsklage durch. Solche Beschlüsse sind vielmehr unheilbar nichtig, und diese Nichtigkeit kann auch noch nach Ablauf der Monatsfrist des § 271 HGB. geltend gemacht werden, sei es mit der gewöhnlichen Nichtigkeits-Feststellungsklage, sei es durch einen Feststellungsantrag oder im Wege des Einwands. Dies ist für den aktienrechtlichen Verkehr in Schrifttum und Rechtsprechung anerkannten Rechtens (Staub-Pinner Anm. 18 und 19 zu § 273 HGB.; Hueck Anfechtbarkeit und Nichtigkeit von Generalversammlungsbeschlüssen S. 233 und 238; RGZ. Bd. 115 S. 379; JW. 1927 S. 2982 Nr. 2). Soweit spätere Beschlüsse auf unheilbar nichtigen Beschlüssen beruhen, sich sachlich an sie anschließen und inhaltlich ihre Gültigkeit voraussetzen, sind sie gleichfalls fehlerhaft und nichtig (Hueck a. a. O. S. 227; Staub-Pinner Anm. 18a zu § 273 und Anm. 6 zu § 251 HGB.). Sind hier die Beschlüsse zur Reichsmark-Eröffnungsbilanz und zur Umstellung nichtig, so können auch die zu Nr. 1 der Tagesordnung vom 29. März 1926 gefaßten Beschlüsse keinen Bestand haben. Eine rechtsgültige Umstellung des Grundkapitals läge dann überhaupt nicht vor, die Passivseite der Bilanz und damit diese selbst würde vielmehr völlig in der Luft schweben. Insoweit kann dem Berufungsgericht nicht entgegengetreten werden.

Des weiteren bittet die Revision um Nachprüfung, ob nicht die angeblichen Mängel der Beschlüsse zur Reichsmark-Eröffnungsbilanz und zur Umstellung bloße Anfechtbarkeit zur Folge hätten und diese Beschlüsse daher bei Unterlassung der Anfechtung volle Rechtsgültigkeit erlangten. Es ist zuzugeben, daß gewisse Mängel des Umstellungsverfahrens, auf die das Berufungsgericht hinweist, lediglich die Anfechtbarkeit der Beschlüsse vom 30. März 1925 nach sich gezogen hätten. Dies müßte z. B. gelten, wenn in der Tat entgegen dem § 2 Abs. 1 GBVo. kein Eröffnungsinventar aufgestellt worden oder der Prüfungsbericht des Vorstands und Aufsichtsrats über den Umstellungsvorgang lückenhaft und ungenügend gewesen wäre. Ebensowenig bedeutet der Umstand, daß die Reichsmark-Eröffnungsbilanz schon die Umstellungsmaßnahmen enthält (ein Mangel, der sich in den Gold- und Reichsmark-Eröffnungsbilanzen der Kapitalgesellschaften vielfach findet), einen Verstoß gegen zwingende Vorschriften des Handelsgesetzbuchs oder der Goldbilanzverordnung in dem Sinn, daß dadurch die unheilbare Nichtigkeit der Beschlüsse über die Genehmigung der Rentenmark-Eröffnungsbilanz und der Umstellung herbeigeführt würde (Urteil des erkennenden Senats vom 4. März 1927 II 231/26). Im übrigen war wenigstens im Eröffnungsbericht genau angegeben, um wieviel die Aktiven bei bilanzmäßiger Bewertung die Schulden überstiegen; unmittelbar darauf folgt die Angabe des bisherigen Aktienkapitals. Der Eröffnungsbericht ließ daher ohne weiteres ersehen, daß und um wieviel das bisherige Eigenkapital höher war als das nunmehr vorhandene Reinvermögen. Daraus ergab sich von selbst die Notwendigkeit einer Kapitalherabsetzung, falls man nicht einen der beiden anderen in § 5 Abs. 2 GBVo. vorgesehenen Wege einschlagen wollte. Unerheblich ist auch, wie bei der Bewertung der Aktiven der Eröffnungsbilanz verfahren wurde. Wurden die Werte aus einer anderen Bilanz übernommen und waren sie richtig, d. h. entsprachen sie dem Wert am Stichtag der Eröffnungsbilanz, so war die Bilanz insoweit sachlich in Ordnung. War die Bewertung zu niedrig, so konnte dies möglicherweise einer Anfechtungsklage zum Erfolg verhelfen, nicht aber zur unheilbaren Nichtigkeit der Bilanz führen. Anders läge die Sache, wenn die Aktiven in kaufmännisch nicht zu rechtfertigender Weise erheblich überbewertet worden wären und demgemäß auch eine Umstellung auf 194000 RM nicht hätte erfolgen können. Denn eine solche Überbewertung würde in der Tat gegen zwingende, in erster Linie im öffentlichen Interesse und mit Rücksicht auf die Gläubiger gegebene Vorschriften (§ 40 HGB., §§ 3, 4, 5 GBVo.) verstoßen, über die sich die Generalversammlung auch bei allseitiger Zustimmung der Aktionäre nicht hätte hinwegsetzen können (RGZ. Bd. 72 S. 73 und für die Gesellschaft m. b. H. Urteil des erkennenden Senats vom 2. Juli 1926 II 45/26). Der Revision ist allerdings einzuräumen, daß die Erwägungen, auf

Grund deren das Berufungsgericht die Überbewertung bejaht, entfernt nicht ausreichen. Die Folgerungen, die der Vorderrichter aus den Zahlen früherer Bilanzen herleitet, sind nicht schlüssig. Es braucht jedoch insoweit auf die von der Revision geltend gemachten Bedenken nicht eingegangen zu werden, weil die Umstellungs-Beschlüsse vom 30. März 1925 aus anderen, vom Berufungsgericht mitberücksichtigten Gründen unheilbar nichtig sind.

In der Generalversammlung vom 30. März 1925 ist zunächst unter Punkt 1 über die Papiermarkbilanz für 1922/23 Beschluß gefaßt worden. Dann folgen als Punkt 2 die Beschlußfassung über die Umstellung des Aktienkapitals von 242500 PM auf 194000 GM und der Aktien von 500 PM auf 400 GM, und als Punkt 3 die Beschlußfassung über die Jahresbilanz vom 1. Oktober 1923 bis 30. September 1924. Diese Bilanz war in Goldmark aufgestellt und enthielt auf der Passivseite das umgestellte Aktienkapital von 194000 GM. Hieran schließt sich die Gewinn- und Verlustrechnung und die Verteilung des Gewinns, darunter die Ausschüttung einer Dividende von 5% auf das umgestellte Aktienkapital. Nun kommt unter Punkt 5 die Vorlage der Reichsmark-Eröffnungsbilanz auf 1. Oktober 1924 mit Prüfungsbericht und als Punkt 6 die Genehmigung dieser Bilanz und der Umstellung des Gesellschaftskapitals. Der Prüfungsbericht ergibt unzweideutig, daß die Reichsmark-Eröffnungsbilanz tatsächlich zum 1. Oktober 1924 errichtet worden ist; sie gründet sich, wie ein Vergleich der einzelnen Posten zeigt, unmittelbar auf die Jahresbilanz für 1923/24. Über die Umstellung wäre also äußerlich zweimal Beschluß gefaßt worden, nämlich bei Punkt 2 und bei Punkt 6. Obwohl die Reichsmark-Eröffnungsbilanz erst zum 1. Oktober 1924 aufgestellt und genehmigt worden ist, erscheint schon in der Jahresbilanz vom 1. Oktober 1923/30. September 1924 auf der Passivseite das umgestellte Grundkapital und bildet als solches einen der Bilanzposten zur Errechnung des Jahresergebnisses, das für Rückstellungen, Erneuerungen und Gewinn mit einem Saldo von 3000 + 2000 + 11301,76 = 16301,76 GM abschließt.

So, wie diese Beschlüsse lauten, können sie keinen Rechtsbestand haben. Sie unterliegen auch in der Revisionsinstanz der freien Auslegung. Diese führt dazu, daß, was wirklich beschlossen werden sollte, nicht beschlossen worden ist, und daß, was äußerlich beschlossen wurde, teils ungültig ist, teils in Wirklichkeit gar nicht gewollt war. Faßt man die Beschlüsse zu Nr. 2 und 3 und die Bilanz für 1923/24 so, wie sie aufgebaut ist, ins Auge, so kann kein Zweifel sein, daß die Kapitalumstellung schon für das Geschäftsjahr 1923/24 und nicht erst für das mit dem 1. Oktober 1924 beginnende neue Geschäftsjahr 1924/25 erfolgen sollte. Dem stand an sich kein rechtliches Hindernis im Wege. Nach § 2 der II. DurchfVo. zur GBVo. hätte die Reichsmark-Eröffnungsbilanz schon auf den 1. Oktober 1923 errichtet und die Umstellung zum gleichen Tag vorgenommen werden können. So wurde aber nicht verfahren; es wurde vielmehr die Umstellung schon für das Geschäftsjahr 1923/24 vorweggenommen, die Reichsmark-Eröffnungsbilanz aber erst mit dem Stichtag vom 1. Oktober 1924 errichtet. Die letztere Bilanz bildet jedoch die unerläßliche Grundlage der Umstellung, die ohne sie rechtlich nicht möglich ist. Der zu Nr. 2 der Tagesordnung gefaßte Umstellungsbeschluß, der unzweideutig bezweckt, schon für das Geschäftsjahr 1923/24 an Stelle des bisherigen Grundkapitals von 242500 PM das Umstellungskapital von 194000 RM zu setzen, ist demnach wegen Verstoßes gegen die zwingenden, im öffentlichen Interesse gegebenen Vorschriften der §§ 4 und 5 GBVo. unheilbar nichtig. Er kann auch nicht unter dem Gesichtspunkt einer Kapitalherabsetzung aufrecht erhalten werden. Denn einmal ist Umstellung etwas anderes als Kapitalherabsetzung, und sodann würde es auch an allen gesetzlichen Voraussetzungen für eine Herabsetzung fehlen. Ebensowenig könnte der Beschluß unter dem Gesichtspunkt zu Recht bestehen, daß die auf Grund der Reichsmark-Eröffnungsbilanz zum 1. Oktober 1924 vollzogene Umstellung rückwirkende Kraft für das Jahr 1923/24 habe. Eine solche Rückwirkung ist rechtlich unmöglich.

Nun hat allerdings die Generalversammlung vom 30. März 1925 bei Punkt 6 über die Umstellung nochmals Beschluß gefaßt, und zwar auf Grund der Reichsmark-Eröffnungsbilanz. Diesem Umstellungsbeschluß läge daher an und für sich eine Eröffnungsbilanz zugrunde. Allein so, wie die Verhältnisse sind, ist der Wille der Versammlung nicht dahin gegangen, erst zum 1. Oktober 1924 umzustellen. Es läßt sich auch nicht annehmen, die Generalversammlung hätte die Umstellung für den 1. Oktober 1924 beschlossen, wenn ihr bekannt gewesen wäre, daß die vorausgegangene Beschlußfassung über die Umstellung für 1923 nichtig ist. Vielmehr hätte sie, wie bis auf weiteres anzunehmen ist, vernünftigerweise von der gesetzlichen Möglichkeit Gebrauch gemacht und die Eröffnungsbilanz zum 1. Oktober 1923 errichten lassen und genehmigt, und hätte dann auf ihrer Grundlage so umgestellt, wie vorgesehen war. Dazu kommt, daß in die Reichsmark-Eröffnungsbilanz Ausgabeposten aus der nichtigen Bilanz und aus der Gewinn- und Verlustrechnung von 1923/24 übergegangen sind, die, wenn die Bilanz bei einer erst zum 1. Oktober 1924 vorgenommenen Umstellung richtig aufgestellt worden wäre, gar nicht hätten in Ansatz gebracht werden können.

Sind sonach die zur Umstellung gefaßten Beschlüsse vom 30. März 1925 unheilbar nichtig, so folgt daraus ohne weiteres die Nichtigkeit auch der Beschlüsse vom 29. März 1926 zu Nr. 1 der Tagesordnung. Denn die Beklagte hat ihr Grundkapital rechtlich noch gar nicht umgestellt; die Passivseite der Bilanz steht also ganz im Ungewissen.

---

8. Begeht ein Ehemann, der tatsächlich in Doppelehe lebt, durch geschlechtlichen Verkehr mit seiner nunmehrigen Frau schon dann einen die Scheidung der früheren Ehe rechtfertigenden Ehebruch, wenn seine Annahme, diese Ehe sei ohne Richterspruch nichtig, auf Fahrlässigkeit beruht, oder liegt ein solcher Ehebruch nur dann vor, wenn er die Rechtsbeständigkeit seiner früheren Ehe kennt?

BGB. § 1565.

II. Zivilsenat. Urt. v. 20. Januar 1928 i. S. Ehem. Th. (Bekl.) w. Ehefr. Th. (Kl.). II 348/27.

I. Landgericht II Berlin.
II. Kammergericht daselbst.

Die Parteien haben am 21. Mai 1916 in Indianopolis im Staate Indiana (U.S.A.) geheiratet. Sie sind im Jahre 1919 nach Deutschland übergesiedelt. Seit dem 9. Juni 1921 leben sie getrennt: der Beklagte, der deutscher Staatsangehöriger ist, in Berlin, die Klägerin in Winterthur (Schweiz). Die Klägerin war zur Zeit der Eingehung der Ehe mit dem Beklagten verheiratet mit K. G., der ebenso wie sie die schweizerische Staatsangehörigkeit besaß. Die Ehe mit G. war am 8. Januar 1910 in Salt Lake City (Staat Utah, U.S.A.)

geschlossen worden. Zur Zeit der Eingehung ihrer Ehe mit dem Beklagten lebte die Klägerin getrennt von G.; ihre Ehe mit ihm ist erst später (am 23. Dezember 1918) geschieden worden. Der Beklagte hat nach der Feststellung eines Urteils des erweiterten Schöffengerichts Berlin-Schöneberg vom 6. Mai 1925 (in der Strafsache gegen den Beklagten wegen Doppelehe, § 171 StGB.) vom Bestehen der Ehe der Klägerin mit G. erst im Jahre 1921 Kenntnis erhalten, worauf die Trennung der Parteien erfolgte. Auf seine Anfrage bei einer amerikanischen Militärkommission in Stettin erhielt der Beklagte die Auskunft, daß seine Ehe mit der Klägerin ohne weiteres, d. h. ohne gerichtliche Entscheidung, nichtig sei, da die Klägerin zur Zeit der Eingehung der Ehe mit ihm anderweitig verheiratet gewesen sei. Daraufhin schloß der Beklagte am 28. April 1924 in Berlin eine neue Ehe mit Charlotte S., ohne vorher den gerichtlichen Ausspruch der Nichtigkeit seiner Ehe mit der Klägerin herbeizuführen.

Die Klägerin hat Anfang März 1925 Klage auf Scheidung ihrer Ehe mit dem Beklagten erhoben, und zwar wegen Ehebruchs mit seiner zweiten Frau und wegen Doppelehe. Der Beklagte macht in erster Linie Nichtigkeit seiner Ehe mit der Klägerin geltend, weil diese damals mit G. verheiratet gewesen sei. Auf alle Fälle habe er seine Ehe mit der Klägerin aus diesem Grunde für nichtig gehalten und auch halten dürfen.

Beide Vorinstanzen gaben der Klage statt. Die Revision des Beklagten führte zur Abweisung der Klage.

Gründe:

Die Klägerin war, als sie am 21. Mai 1916 in Indianopolis die Ehe mit dem Beklagten einging, in gültiger Ehe mit G. verheiratet. Ihre Ehe mit dem Beklagten ist formell gültig zustande gekommen, da die nach Art. 11 Satz 2 EG. z. BGB. für die Form maßgebenden Gesetze von Indiana nach der vorgelegten Heiratsurkunde beobachtet worden sind. Diese Ehe ist aber aus materiellen Gründen ungültig, weil ihre Eingehung unzulässig war (§§ 1309, 1326 BGB.). Maßgebend für die Frage des anzuwendenden Rechts ist Art. 13 EG. z. BGB. Danach gilt deutsches Recht für den Beklagten, der Deutscher war und noch ist, und schweizerisches Recht für die Klägerin, die bis zu ihrer Eheschließung mit dem Beklagten Schweizerin war. Nach beiden Rechten ist die Eingehung einer Ehe ungültig, wenn der eine

Teil oder beide Teile in noch nicht aufgelöster oder noch nicht für nichtig erklärter anderer Ehe verheiratet sind.

Nach beiden Rechten ist aber eine Ehe deshalb nicht ohne weiteres nichtig, sondern es bedarf dazu, wie das Berufungsgericht zutreffend annimmt, des gerichtlichen Ausspruchs (§ 1329 BGB., Art. 121 schweiz. ZivilgesBuch). Es handelt sich hier um die sog. unvollkommene Nichtigkeit im Gegensatz zur vollkommenen Nichtigkeit des § 1324 Abs. 1 BGB., die im Falle der Nichtbeobachtung der im § 1317 BGB. für die Eheschließung vorgeschriebenen Form eintritt. Nur in diesem letzteren Falle bedarf es keines gerichtlichen Ausspruchs der Nichtigkeit der Ehe; in den anderen, durch §§ 1325 bis 1328 BGB. geregelten Fällen, also auch in dem hier vorliegenden Falle des § 1326, muß dagegen die Nichtigkeit auf Grund erhobener Nichtigkeitsklage ausgesprochen werden. Dies ist für die Ehe der Parteien bisher nicht geschehen, die Nichtigkeitsklage ist weder von einer der Parteien noch von der Staatsanwaltschaft erhoben worden. Die Scheidungsklage ist daher an sich zulässig. Das Berufungsgericht hat aber den § 151 ZPO. dadurch verletzt, daß es unterlassen hat, das Verfahren auszusetzen und dem Beklagten eine Frist zur Erhebung der Nichtigkeitsklage zu bestimmen. Den fehlenden Antrag mußte der Berufungsrichter durch Anwendung des § 139 ZPO. erwirken. Er konnte aber auch unabhängig hiervon die Akten von Amts wegen der Staatsanwaltschaft mitteilen zur Erhebung der Nichtigkeitsklage. Diese Verfahrensmängel führen jedoch nicht zur Aufhebung des Berufungsurteils, da die Revision zurzeit nicht auf Verletzung des § 139 ZPO. gestützt werden kann.

Da die Ehe der Parteien trotz ihrer Nichtigkeit so lange als gültig zu behandeln ist, bis sie für nichtig erklärt ist und das Urteil zu Lebzeiten der Ehegatten Rechtskraft erlangt hat, so ist der Beklagte durch seine Eheschließung mit Charlotte S. tatsächlich eine Doppelehe eingegangen. Der Zeitpunkt der Geburt des aus dieser Ehe hervorgegangenen Kindes läßt übrigens erkennen, daß der Beklagte schon vor Eingehung seiner Ehe mit Charlotte S. mit dieser geschlechtlich verkehrt hat. Es kommt jedoch hierauf nicht an. Objektiv betrachtet wäre dieses Verhalten des Beklagten Ehebruch, es läge also ein Fall des § 1565 BGB. vor und nicht bloß ein Fall des § 1568, wie das Berufungsgericht annimmt. Denn der die objektive Seite treffende Einwand des Beklagten, daß seine Ehe mit der Klägerin nichtig sei, schlägt nach dem Gesagten nicht durch, weil es sich nur um einen Fall der unvollkommenen Nichtigkeit handelt.

Wohl aber ist sein weiterer, auf die subjektive Seite sich beziehender Einwand beachtlich, daß er bisher der Überzeugung gewesen sei, seine Ehe mit der Klägerin sei wegen ihrer zur Zeit der Schließung der Ehe der Parteien noch bestehenden Ehe mit G. nichtig, ohne daß es einer gerichtlichen Entscheidung hierüber bedurft habe. Das Berufungsgericht stellt zwar fest, daß der Beklagte von der Nichtigkeit seiner Ehe mit der Klägerin überzeugt gewesen sei auf Grund der Auskunft der amerikanischen Militärkommission in Stettin, an die er sich unter Darlegung des Sachverhalts gewandt hatte. Es meint aber, die vom Beklagten auf diesem Wege gewonnene Überzeugung sei nicht ausreichend, weil er sich bei einiger Überlegung hätte sagen müssen, daß eine solche Kommission nicht die zuständige Stelle zur Beantwortung derartiger Rechtsfragen sei; er habe also fahrlässig gehandelt.

Der Umstand, daß jene Kommission zu einer solchen Auskunft nicht zuständig war und daß ihre Auskunft inhaltlich von der des amerikanischen Rechtsberaters des Beklagten vom 4. Juni 1921 abwich, ist nicht geeignet, seinen Glauben an die Richtigkeit des ihm von der Kommission Mitgeteilten als rechtlich unerheblich erscheinen zu lassen. Der Gesichtspunkt fahrlässiger Unkenntnis, auf den das Berufungsgericht abstellt, weil der Beklagte schuldhaft die Sachkunde der Kommission angenommen habe, ist hier nicht maßgebend. Vielmehr ist grundsätzlich anzunehmen, daß ein Ehegatte die Rechtsbeständigkeit seiner Ehe kennen muß, wenn bei ihm von einem die Scheidung rechtfertigenden Ehebruch oder von einer schweren Eheverfehlung nach § 1568 BGB. die Rede sein soll. Der positiven Kenntnis kann der bedingte Vorsatz rechtlich gleichgestellt werden, nicht aber die bloße Fahrlässigkeit, und zwar auch dann nicht, wenn es sich im gegebenen Fall um grobe Fahrlässigkeit handelt.

Damit steht nicht im Widerspruch, daß § 1568 BGB. für die Zerrüttung des ehelichen Verhältnisses nur Verschulden fordert, also auch Fahrlässigkeit genügen läßt. Denn das Erfordernis des Verschuldens bezieht sich dort auf ganz andere Umstände. Die Kenntnis der Ehe ist für eine Verletzung des § 1568 ebenso Voraussetzung wie für eine solche des § 1565 (vgl. WarnRspr. 1915 Nr. 144). Danach fehlt es an dem für die Annahme einer schweren Eheverfehlung des Beklagten erforderlichen subjektiven Moment.

Diese dem Beklagten günstige Beurteilung ist nur so lange möglich, als bei ihm eine Unkenntnis von der Gültigkeit seiner Ehe mit der Klägerin vorhanden, solange also nicht durch gerichtliches Urteil ihre Nichtigkeit ausgesprochen ist. Daraus ergibt sich, daß der Beklagte, wenn ihm durch Zustellung dieses Urteils Gelegenheit gegeben sein wird, sich von der Unrichtigkeit seiner Rechtsauffassung zu überzeugen, in seinem Interesse darauf bedacht sein muß, so bald als möglich die Klage auf Feststellung der Nichtigkeit seiner Ehe mit der Klägerin zu erheben. Denn nur dadurch kann er der Möglichkeit einer wiederholten Ehescheidungsklage der letzteren mit den dann nicht mehr vermeidbaren Folgen für seine nunmehrige Ehe und für die Frage der Ehelichkeit des daraus hervorgegangenen Kindes begegnen.

---

9. Geht ein Schaden, der dadurch verursacht worden ist, daß das Schiff infolge nicht gehöriger Beladung nicht seetüchtig war, zu Lasten des Versicherers oder des Versicherungsnehmers?

Allgemeine Deutsche Seeversicherungs-Bedingungen von 1919 § 33 Abs. 3, § 58.

I. Zivilsenat. Urt. v. 21. Januar 1928 i. S. Vereinigte F. E. u. S. Dampfschiffahrtsgesellschaft (Kl.) w. N. Versicherungsges. (Bekl.). I 190/27.

I. Landgericht Flensburg, Kammer für Handelssachen.
II. Oberlandesgericht Kiel.

Der der Klägerin gehörige Dampfer „Kanal IV" ist am 5. Dezember 1924 auf der Fahrt von Flensburg nach Hamburg bei stürmischem Wetter in der Nähe von Schleimünde gesunken. Nach dem Spruch des Seeamtes ist das Sinken des Schiffes darauf zurückzuführen, daß ein Teil der Ladung (Kupferplatten) von berufsmäßigen Stauern nicht vorschriftsmäßig verstaut worden war und daher während des starken Seegangs beim Schlingern des Schiffes im Unterraum übergegangen ist. Der Dampfer war mit Maschinen und Zubehör bei der Beklagten für die Unfallreise versichert. Auf den Versicherungsvertrag finden vereinbarungsgemäß die Allgemeinen Deutschen Seeversicherungs-Bedingungen von 1919 (ADS.) Anwendung. Die Klägerin begehrt von der Beklagten Zahlung der Versicherungssumme nach Abzug des Reinerlöses aus der Verwertung des inzwischen gehobenen Wracks. Die Beklagte wendet ein, der Untergang des Schiffes sei auf nicht gehörige Beladung zurückzuführen und sie sei daher von ihrer Haftung nach § 58 ADS. befreit. Demgegenüber hat sich die Klägerin u. a. darauf berufen, daß für mangelhafte Beladung des Schiffes der Schiffer verantwortlich sei und daß die Klägerin nach § 33 Abs. 3 ADS. ein Verschulden der Schiffsbesatzung nicht zu vertreten habe.

Die Instanzgerichte haben die Klägerin abgewiesen. Ihre Revision hatte keinen Erfolg.

Gründe:

Nach den Feststellungen des Berufungsgerichts ist der Untergang des Dampfers auf unsachgemäße Stauung der im Großraum verstauten Kupferplatten zurückzuführen. Danach hatte sich die Ladung infolge der fehlerhaften Stauung bei dem starken Sturm zum Teil verschoben; hierdurch entstand eine Neigung des Schiffes (Schlagseite), die für seinen Untergang ursächlich wurde. Auf diesen Tatbestand wendet das Berufungsgericht den § 58 in Verbindung mit § 33 Abs. 3 ADS. an.

Der § 58 ADS. besagt: „Der Versicherer haftet nicht für einen Schaden, der dadurch verursacht wird, daß das Schiff nicht seetüchtig, insbesondere nicht gehörig ... beladen ... in See gesandt ist." Mit Recht betont das Berufungsgericht, daß diese Vorschrift auch eine unsachgemäße Stauung der Ladung von der hier festgestellten Art umfaßt, einerlei, ob dieser Mangel auf ein Verschulden des Reeders, der Schiffsbesatzung oder anderer Personen zurückzuführen ist oder nicht (Ritter, Recht der Seeversicherung § 58 Anm. 15flg.). Die Vorschrift beruht auf einem in den Allgemeinen Deutschen Seeversicherungs-Bedingungen zum Ausdruck gekommenen Grundsatz über die versicherungsrechtliche Bedeutung der Seetüchtigkeit, der in Rechtsprechung und Schrifttum vielfach mit den Worten ausgedrückt wird: Der Versicherungsnehmer „garantiert" die Seetüchtigkeit des versicherten Schiffes bei Antritt der Versicherungsreise (Ritter a. a. O. § 58 Anm. 19). Das Berufungsgericht untersucht dann, ob dieser Grundsatz hier ausgeschlossen oder beschränkt werde durch die Vorschrift in § 33 Abs. 3 ADS.: „Der Versicherungsnehmer hat das Verhalten der Schiffsbesatzung als solcher nicht zu vertreten". Der Vorderrichter stellt fest, daß die fehlerhafte Stauung der Ladung auf einem Verschulden der Schiffsbesatzung, nämlich des Schiffers beruhe, dem in § 514 HGB. ausdrücklich die Sorge „für die gehörige Stauung nach Seemannsbrauch" auferlegt sei. Er meint aber, daß sich die Klägerin als Versicherungsnehmerin hierauf in Verbindung mit § 33 Abs. 3 ADS. gegenüber der Beklagten nicht berufen könne. Denn diese Bestimmung habe nur Bedeutung als Ausnahmefall im Rahmen der grundsätzlichen Vorschriften in Abs. 1 und 2 dieses Paragraphen über die Befreiung des Versicherers von seiner Leistungspflicht bei einem für den Schaden ursächlichen Verschulden des Versicherungsnehmers und anderer Personen. Wenn aber ohne Rücksicht auf ein solches Verschulden in bestimmten Fällen auf Grund besonderer Vorschriften der Allgemeinen Deutschen Seeversicherungs-Bedingungen die Haftpflicht des Versicherers ausscheide, komme jene Sonderbestimmung in § 33 Abs. 3 nicht in Frage. Dies sei hier der Fall, wo nach § 58 ADS. der Versicherungsnehmer selbst den aus der fehlerhaften Stauung erwachsenen Schaden auch dann zu tragen habe, wenn niemand ein Verschulden hieran zur Last falle. Dann fehle es an einer inneren Berechtigung, dem Versicherungsnehmer die Gefahr, die er sogar beim Fehlen eigenen oder fremden Verschuldens grundsätzlich zu tragen habe, wegen eines für diese Gefahr ursächlichen Verschuldens der Schiffsbesatzung abzunehmen.

Diese Ausführungen sind frei von Rechtsirrtum. Sie entsprechen dem bereits in RGZ. Bd. 118 S. 13 vertretenen Standpunkt, daß die in § 58 ADS. geregelte Haftungsbeschränkung des Versicherers objektiver Natur ist und von der Sondervorschrift in § 33 Abs. 3 nicht berührt wird. Dort ist auch betont, daß gegenüber den Vorschriften der Allgemeinen Deutschen Seeversicherungs-Bedingungen die Erörterungen nicht in Betracht kommen können, die in RGZ. Bd. 85 S. 129flg. auf Grund der Allgemeinen Seeversicherungs-Bedingungen von 1867 angestellt worden sind (vgl. auch Ritter a. a. O. § 58 Anm. 20; RGZ. Bd. 70 S. 95).

10. Über Art und Umfang der Haftung des Verfrachters gegenüber den Befrachtern für die Reisetüchtigkeit des Schiffes und zur Frage der Freizeichnung des Verfrachters von dieser Haftung.

HGB. §§ 486, 513, 514, 559.

I. Zivilsenat. Urt. v. 21. Januar 1928 i. S. D. Al. (Kl.) w. Vereinigte F. E. und S. Dampfschiffahrtsgesellschaft (Bekl.). I 133/27.

I. Landgericht Flensburg, Kammer für Handelssachen.
II. Oberlandesgericht Kiel.

Am Abend des 4. Dezember 1924 verließ der der Beklagten gehörige Dampfer „Kanal IV" den Flensburger Hafen, um nach Hamburg zu fahren. Er hatte eine Ladung von 285 Tonnen Stückgüter, worunter sich 225 Tonnen Kupferbleche befanden, die zum Teil im Vorraum, zum größeren Teil aber im Großraum des Schiffes verstaut waren. Der Dampfer ist auf dieser Reise in der Nähe von Schleimünde am 5. Dezember 1924 bei stürmischem Wetter gesunken. Die Kupferbleche sind später in beschädigtem Zustand geborgen und von der Klägerin veräußert worden. Sie hat den Reinerlös erhalten. Der größte Teil der Ladung, insbesondere die Kupferbleche, waren für die Reise bei der Klägerin versichert. Die Versicherungsnehmer und Befrachter haben wegen des Reiseschadens von der Klägerin Zahlungen erhalten. Die Klägerin beansprucht als Rechtsnachfolgerin der Befrachter Ersatz des diesen entstandenen Schadens. Sie behauptet, die Beklagte sei als Verfrachterin gemäß dem Seefrachtvertrag ersatzpflichtig. Der Unfall sei u. a. darauf zurückzuführen, daß die von der Beklagten fest angestellten berufsmäßigen Stauer die Ladung nicht sachmäßig verstaut hätten. Diese sei daher beim Schlingern des Schiffes in dem starken Seegang zum Teil übergegangen. Das Schiff sei teils wegen unsachgemäßer Stauung der Ladung und wegen Fehlens einer Garnierung, teils aus anderen Gründen nicht seetüchtig gewesen.

Die Instanzgerichte haben die Klage abgewiesen. Die Revision der Klägerin führte zur Aufhebung und Zurückverweisung.

Gründe:

Die Beklagte wird auf Grund des Seefrachtvertrags in Anspruch genommen, den sie als Verfrachter mit den Befrachtern abgeschlossen hat. Einen Bestandteil dieses Frachtvertrags bilden die Konnossements-Bedingungen. Im übrigen hat grundsätzlich die Beklagte für den Schaden nach §§ 559, 606 HGB. einzustehen.

Das Berufungsgericht hat festgestellt, der Dampfer habe für die Reise von Flensburg nach Hamburg die Fähigkeit gehabt, „See zu halten und die Gefahren der Seeschiffahrt, soweit sie nicht ganz außergewöhnlicher Art sind, zu überstehen" (Schaps Seerecht § 513 Anm. 2). Das Schiff sei also in diesem Sinne seetüchtig gewesen. Die von der Klägerin beanstandeten Öffnungen in der Außenhaut und im Sturmdeck hätten seine Seetüchtigkeit nicht beeinträchtigt. Der Dampfer sei nach den Vorschriften des Germanischen Lloyd gebaut und bei Antritt der Reise mit einem Seefähigkeitsattest versehen gewesen. Zum mindesten habe die Beklagte bei Anwendung der Sorgfalt eines ordentlichen Verfrachters keine Bedenken gegen die Seetüchtigkeit des Schiffes als solche zu haben brauchen (§ 559 Abs. 2 HGB.). Das Schiff habe auch die erforderliche Ladungstüchtigkeit gehabt, d. h. es sei an sich für die vorgesehene Beförderung der Ladung geeignet gewesen (Schaps a. a. O. § 513 Anm. 5). Der Unfall sei durch unsachgemäße Stauung der Ladung verursacht worden. Ob diese fehlerhafte Stauung sowie das von der Klägerin behauptete Fehlen einer Garnierung als Seeuntüchtigkeit des Schiffes im engeren Sinne oder als sogenannte Reiseuntüchtigkeit zu bezeichnen sei, könne dahingestellt bleiben, da in beiden Fällen die Vorschriften des Handelsgesetzbuchs über Seetüchtigkeit in gleicher Weise anwendbar seien (§§ 513, 514, 559 HGB.; Schaps a. a. O. § 513 Anm. 4, § 559 Anm. 9). An der mangelhaften Stauung und dem Fehlen einer Garnierung treffe den gesetzlichen Vertreter der Beklagten oder einen leitenden Angestellten von ihr keine Schuld. Vom gesetzlichen Vertreter der Beklagten könne man nicht verlangen, daß er persönlich die Verstauung überwache. Es handle sich dabei um eine seemännisch-technische Arbeit, für die der Leiter der Reederei selbst die erforderliche Sachkunde nicht zu haben brauche. Die Beklagte habe der Sorgfaltspflicht eines ordentlichen Verfrachters genügt, indem sie neben dem erfahrenen und tüchtigen Kapitän des Schiffes einem älteren Angestellten, ihrem Disponenten S., die Aufsicht über die Beladung und Ausrüstung des Schiffes übertragen und diesen fortgesetzt darauf hingewiesen habe, daß die Sicherheit der Passagiere, des Gutes und des Schiffes das erste Erfordernis sei. Daraus, daß die Beklagte keine besonderen Anordnungen wegen des angekündigten Sturmes getroffen habe, könne ihr kein Vorwurf gemacht werden. Die Beklagte habe sich darauf verlassen dürfen, daß, soweit deswegen besondere Maßnahmen erforderlich gewesen seien, diese vom Schiffer getroffen würden.

Diese Ausführungen des Berufungsgerichts bewegen sich im wesentlichen auf tatsächlichem Gebiet und lassen keinen Rechtsirrtum erkennen. Sie ergeben zur Genüge, daß der Verlust oder die Beschädigung der Ladung ausschließlich auf einem durch die Art der Beladung hervorgerufenen mangelhaften Zustand des Schiffes (Reiseuntüchtigkeit) beruht, den die leitenden Organe der Beklagten bei Anwendung der Sorgfalt eines ordentlichen Verfrachters nicht entdecken und nicht abwenden konnten (§§ 559, 606 HGB.).

Die Frage, ob dasselbe für die nicht als leitende Organe anzusehenden Erfüllungsgehilfen der Beklagten, insbesondere für ihren Schiffer, ihre Stauer oder den Disponenten S. gilt, ist vom Berufungsgericht nicht entschieden worden. Dieses vertritt den Standpunkt, daß sich die Beklagte von einem etwaigen Verschulden ihrer Erfüllungsgehilfen, auch soweit es sich um den Mangel der Seetüchtigkeit oder Reisetüchtigkeit des Schiffes handle, laut den für den Frachtvertrag maßgeblichen Konnossements-Bedingungen freigezeichnet habe. Dabei führt das Berufungsgericht weiter aus: Es handle sich nicht um eine Freizeichnung von der grundsätzlichen Verpflichtung der Beklagten, ein seetüchtiges Schiff zu stellen (Schaps Seerecht § 559 Anm. 8) oder um eine Freizeichnung unter unbilliger Ausnutzung einer wirtschaftlichen Monopolstellung der Beklagten. Letzteres sei schon um deswillen nicht der Fall, weil keinesfalls ein grobes Verschulden in Frage komme und die in Betracht zu ziehenden Personen nicht zu den leitenden Angestellten der Beklagten in dem erwähnten Sinne gehörten.

Demgegenüber ist folgendes zu bemerken. Nach den Feststellungen des Berufungsgerichts handelt es sich um eine Untüchtigkeit des Schiffes, die nicht in dessen Beschaffenheit selbst, sondern in mangelhafter Stauung der Ladung und gegebenenfalls auch im Fehlen der Garnierung begründet ist. Ob eine solche

Reiseuntüchtigkeit vorliegt, entscheidet sich erst nach Einnahme der Ladung und nicht schon in dem Augenblick, wo der Schiffskörper ladebereit geliefert wird (§ 559 Abs. 1 HGB.). Trotzdem ist entsprechend dem Sinn und Zweck von § 559 HGB. in Verbindung mit §§ 513, 514 HGB. mit der herrschenden Meinung davon auszugehen, daß in dem hier entscheidenden Umfang der Mangel der Reisetüchtigkeit bei Antritt der Reise nach denselben Rechtsgrundsätzen wie die Seeuntüchtigkeit im engeren Sinne bei Lieferung des Schiffes zu beurteilen ist (Schaps Seerecht § 513 Anm. 4, § 559 Anm. 9, 2; Wüstendörfer Studien zur modernen Entwicklung des Seefrachtrechts Bd. I S. 472, 467, 474; Hans. RZtschr. 1926 S. 422flg. Nr. 137, Urteil des OLG. Hamburg vom 19. Januar 1926). Soweit ein für die Reiseuntüchtigkeit in Betracht kommendes Verschulden vorliegen sollte, handelt es sich nach den Feststellungen des Berufungsgerichts nur um ein einfaches Verschulden solcher Erfüllungsgehilfen der Beklagten, die nicht zu ihren leitenden Angestellten gehörten. Allerdings ist die Rechtsgrundlage der Haftung des Verfrachters aus § 559 HGB. nicht so sehr ein Verschulden seiner Erfüllungsgehilfen, insbesondere der Schiffsbesatzung, als die frachtrechtliche Gewährleistung für den Zustand des gelieferten Schiffes (OLG. Hamburg Urteil vom 20. Dezember 1915 in Hans. GerichtsZtg. 1916 Hptbl. S. 84 Nr. 44; Hans. RZtschr. 1926 S. 422 Nr. 137, OLG. Hamburg, Urteil vom 19. Januar 1926). Diese Gewährleistung reicht indes nur soweit, als das Fehlen der See- oder Reisetüchtigkeit des Schiffes bei Anwendung der Sorgfalt eines ordentlichen Verfrachters entdeckt und beseitigt werden konnte. Kommt dagegen in dieser Beziehung, wie hier, nur ein Sorgfaltsmangel von Erfüllungsgehilfen des Verfrachters in Frage, die nicht zu seinen leitenden Organen gehören, und ist dieser Sorgfaltsmangel weder als Vorsatz noch als grobe Fahrlässigkeit anzusehen, so stehen insoweit einer Freizeichnung des Verfrachters keine rechtlichen Bedenken entgegen (Schaps Seerecht § 559 Anm. 8, 9, § 606 Anm. 33flg.; Wüstendörfer a. a. O. I S. 478flg.; RG.Urteil vom 30. September 1885 in Hans. GerichtsZtg., Hauptbl. S. 18 Nr. 6; RGZ. Bd. 11 S. 106).

Dem Berufungsgericht kann aber darin nicht zugestimmt werden, daß nach den Konnossements-Bedingungen, die einen Bestandteil des Frachtvertrags bilden, eine solche Freizeichnung stattgefunden hat. Grundsätzlich ist davon auszugehen, daß die Freizeichnung mit genügender Deutlichkeit (unzweideutig) vorgenommen werden muß und daß alle Zweifel zu Lasten des Verfrachters gehen (RGZ. Bd. 110 S. 224; Schaps a. a. O. § 559 Anm. 8). Dementsprechend gelten allgemeine Freizeichnungen von den Gefahren oder Zufällen der Seeschiffahrt (perils of the sea, accidents oder perils of navigation) oder von Nachlässigkeit der Schiffsbesatzung (Negligenz-Klausel) nicht als ausreichend (Schaps a. a. O. § 559 Anm. 8, § 606 Anm. 38, 58, 59, 62; Wüstendörfer a. a. O. Bd. I S. 398; OLG. Hamburg vom 19. Januar 1926 in Hans. RZtschr. 1926 S. 422 Nr. 137; OLG. Hamburg vom 20. Dezember 1915 in Hans. GerichtsZtg. 1916 Hauptbl. S. 84 Nr. 44; OLG. Hamburg vom 20. Januar 1910 in Hans. GerichtsZtg. 1910 Hauptbl. S. 138 Nr. 53; vgl. auch über das Verhältnis von § 33 Nr. 3 zu § 58 der Allgemeinen Deutschen Seeversicherungs-Bedingungen von 1919 RGZ. Bd. 118 S. 13; ferner: Voigt Das Deutsche Seeversicherungsrecht S. 448flg.). Die maßgeblichen Konnossements-Klauseln gehen aber nicht über den Rahmen derartiger, ganz allgemein gehaltener Freizeichnungen hinaus. Denn sie besagen nur folgendes: „Die Reederei ist nicht verantwortlich ...... für die Gefahren der Schiffahrt und des Verkehrsgewerbes ...... für Schaden oder Verlust durch Kollision, Strandung und alle anderen Schiffahrtsunfälle, selbst wenn der dadurch entstehende Schaden oder Verlust auf irgendeine rechtswidrige Handlung, eine Nachlässigkeit, einen Fehler oder Irrtum des Lotsen, des Schiffers, der Besatzung oder anderer Angestellten der Reederei zurückzuführen ist" (Nr. 1 der Konnossements-Bedingungen). Daß diese Bedingungen für die Freizeichnung nicht genügen, bedarf nach dem vorher Gesagten keiner Ausführung.

Somit ist zu unterstellen, daß die vom Berufungsgericht festgestellte Reiseuntüchtigkeit des Schiffes auf Verschulden von Erfüllungsgehilfen der Beklagten in nicht leitender Stellung beruht, das sie zu vertreten hat. Hierfür würde sie grundsätzlich persönlich haften; dagegen nicht persönlich, sondern nur mit Schiff und Fracht, wenn und soweit ein Fall vorliegt, wie er in § 486 HGB., insbesondere in Nr. 2, 3 geregelt ist (Schaps § 606 Anm. 15, § 559 Anm. 5; Hans. GerichtsZtg. Hauptbl. 1910 S. 137/138 Nr. 53). Dies trifft für den Schiffer des Dampfers „Kanal IV" zu; ob auch für die angeblich von der Beklagten angestellten Stauer und den Disponenten S., hängt von Umständen ab, die aus dem Berufungsurteil nicht zu ersehen und gegebenenfalls vom Tatrichter aufzuklären und festzustellen sind. Dasselbe gilt für die Frage, ob und inwieweit eine etwa an sich begründete Haftung der Beklagten mit Schiff und Fracht wegen der vom Berufungsgericht festgestellten freiwilligen Versteigerung des Schiffes in eine andere Verpflichtung der Beklagten übergegangen ist. Dabei ist zu beachten, daß trotz der Freiwilligkeit dieser Versteigerung eine persönliche Haftung der Beklagten nach §§ 765, 773 HGB. begründet sein kann. Auch könnten der Klägerin persönliche Rechte gegen die Beklagte aus anderen Gründen zustehen, z. B. wegen des Verkaufs des Schiffes nach allgemeinen Grundsätzen über unerlaubte Handlungen (Schaps Seerecht § 765 Anm. 4, 5) oder, falls Fracht verdient worden sein und die Beklagte sie eingezogen haben sollte, — was das Berufungsgericht zwar als „kaum in Frage kommend" bezeichnet — nach § 771 HGB. (vgl. auch Schaps a. a. O. § 755 Anm. 13, § 756 Anm. 11 flg.).

---

11. 1. Steht der Unterlassungsklage, die ein Verband zur Förderung gewerblicher Interessen (§ 13 UnlWG.) anstrengt, der Umstand entgegen, daß gegen denselben Beklagten schon der durch dessen Wettbewerb unmittelbar Verletzte Klage auf Unterlassung erhoben hat?

2. Wann ist vertragswidrige Rabattgewährung sittenwidrig?

3. Verstößt es gegen die guten Sitten, wenn dem vertragsuntreuen Abnehmer (Wiederverkäufer) für den Fall der Nichteinhaltung der „Markenpreise" Liefersperre angedroht wird?

UnlWG. §§ 1, 13 Abs. 1.

II. Zivilsenat. Urt. v. 24. Januar 1928 i. S. M. (Bekl.) w. Reichsverband des Deutschen Medizinaldrogen- u. Spezialitäten-Großhandels e. V. (Kl.). II 272/27.

I. Landgericht II Berlin, Kammer für Handelssachen.
II. Kammergericht daselbst.

Der klagende Verband, dem eine Anzahl von Großhändlern in Medizinaldrogen und Chemikalien angehört, hat nach seiner Satzung den Zweck der Wahrung und Förderung der wirtschaftlichen Interessen seiner Mitglieder und der Bekämpfung des unlauteren Wettbewerbs. Der Beklagte, der ebenfalls Großhändler in diesen Waren ist, gehört dem Verband nicht an. Er hat sich vielmehr dem „Verband der Fabrikanten von Markenartikeln" (sog. Markenschutzverband) durch Unterzeichnung eines Verpflichtungsscheins vom 6. März 1925 bei Vermeidung einer Vertragsstrafe von 600 RM für jeden Fall der Zuwiderhandlung verpflichtet, die von diesem Verband oder von einem seiner Mitglieder für den Weiterverkauf seiner Waren festgesetzten Preise und Bedingungen einzuhalten (Nr. 1 des Scheins). Nach Nr. 3 das. hat jeder Abnehmer von Markenwaren der dem Markenschutzverband angehörenden Fabrikanten diesen Schein zu unterzeichnen, bevor er von den dem Verband angehörenden Fabrikanten beliefert wird. Nach Nr. 4 muß sich der Unterzeichner jedem seiner Abnehmer gegenüber die Befugnis vorbehalten, alle Lieferungen von Waren sämtlicher Mitglieder des Verbands für die Dauer eines vom letzteren etwa ausgesprochenen Verkaufsverbots dem betreffenden Abnehmer gegenüber einzustellen. In Nr. 5 verpflichtet sich der Unterzeichner, solchen Firmen, über die der Verband das Verkaufsverbot verhängt hat, Waren von Verbandsmitgliedern weder zu liefern, noch anzubieten, noch derartige Waren von ihnen zu beziehen.

Der klagende Großhändler-Verband behauptet nun, daß der Beklagte der dem Fabrikantenverband (Markenschutzverband) gegenüber eingegangenen Verpflichtung zuwider seinen Kunden bei Bezug von Markenwaren erheblich höhere Rabatte gewährt und sich hierdurch einen Umsatz verschafft habe, den die vertragstreuen, zum Teil dem klagenden Verband als Mitglieder angehörenden Großhändler nicht erreichen könnten, und daß er diese daher in unlauterer Weise schädige. Der klagende Verband hat deshalb beantragt, es solle dem Beklagten verboten werden, Markenartikel des Markenschutzverbandes zu niedrigeren als den vom Verband oder von den ihm angeschlossenen Fabrikanten festgesetzten Preisen anzukündigen, feilzuhalten oder zu verkaufen, insbesondere die festgesetzten Preise durch Kassaskonto oder sonstige Abzüge zu unterbieten.

Das Landgericht erkannte nach dem Klagantrag. Berufung und Revision des Beklagten waren erfolglos.

Gründe:

Da die satzungsmäßige Aufgabe des klagenden Verbandes in der Förderung gewerblicher Interessen besteht und er unstreitig Prozeßfähigkeit besitzt, ist er nach § 13 UnlWG. zur Geltendmachung des Unterlassungsanspruchs aus § 1 das. befugt. Darauf, ob seine Mitglieder im Wettbewerb mit dem Beklagten stehen, kommt es ebensowenig an wie darauf, daß nach Angabe des Beklagten die Firmen der in Betracht kommenden Geschäftszweige nur zum Teil dem klagenden Verband angehören.

Der Umstand, daß der Beklagte seine einem Dritten, d. h. dem Fabrikantenverband (Markenschutzverband) gegenüber bestehende vertragliche Verpflichtung verletzt hat, entzieht dem klagenden Verband nicht die Klagebefugnis. Ohne Grund meint die Revision, der Beklagte, der auch vom Markenschutzverband, und zwar auf Zahlung von Vertragsstrafe wegen Verletzung der im Schein vom 6. März 1925 eingegangenen Verpflichtung zur Einhaltung des Markenpreises, verklagt worden sei, könne nicht von zwei Seiten — nämlich von seinem Vertragsgegner und vom klagenden Verband als Drittem — in Anspruch genommen werden. Es handelt sich hier um zwei selbständige Ansprüche, die nach Inhalt und nach der Person der klagenden Partei ganz verschieden sind. Denn der Anspruch des Markenschutzverbandes auf Zahlung von Vertragsstrafe beruht auf dem zwischen ihm und dem Beklagten bestehenden Vertragsverhältnis, der klagende Verband stützt dagegen seinen Anspruch auf § 1 UnlWG. Der Revision könnte aber auch dann nicht beigetreten werden, wenn Gegenstand beider Prozesse der Unterlassungsanspruch aus § 1 UnlWG. wäre. Denn die Berechtigung zur Klage aus § 13 Abs. 1 das. beruht auf dem Gedanken, daß die Unterlassungsklage, die an sich nur den Konkurrenten schützen soll, in Wahrheit doch — wie das ganze Wettbewerbsgesetz — den Auswüchsen des Wettbewerbs auch im öffentlichen Interesse entgegentreten und daher die Verfolgung der betreffenden Rechtsverletzungen nicht dem Belieben des unmittelbar Verletzten allein überlassen will. Damit ist die Möglichkeit gegeben, daß jemand wegen einer und derselben Handlung von verschiedenen Seiten nacheinander auf Unterlassung aus § 1 UnlWG. verklagt wird, auch wenn er in einem Falle bereits dazu verurteilt worden sein sollte. Im ersten Gesetzentwurf befand sich die Bestimmung, daß, wenn eine solche Klage angestrengt sei, die anderen Interessenten nur als Streitgenossen sollten beitreten dürfen. Eine solche Vorschrift ist aber weder in das frühere, noch in das jetzige Gesetz aufgenommen worden. Die mehrfach verklagte Partei kann sich weder mit dem Hinweis auf eine schon von anderer Seite erhobene Klage noch damit verteidigen, daß bereits ein anderer ein Urteil erlangt habe. Es fehlt eben an der Voraussetzung, daß derselbe Anspruch vorliegt (Rosenthal UnlWG. Bem. 5 zu § 13; Pinner-Eyck 2. Aufl. S. 100). Auch ein im Nebenprozeß abgeschlossener Vergleich, der die Verpflichtung des Beklagten zur Unterlassung zum Gegenstand hat, schließt somit, entgegen der Ansicht der Revision, die Zulässigkeit der Erhebung einer Klage wie der hier vorliegenden nicht aus.

Die Entscheidung in RGZ. Bd. 59 S. 133 steht dem nicht entgegen. Sie betrifft nur patentrechtliche Fragen und hält auch auf diesem Gebiet den Einwand der Rechtskraft nur in den Fällen für begründet, wo auf einem Umwege versucht wird, ein schon abgewiesenes individuelles Interesse im Widerspruch mit den Grundsätzen einer geordneten Rechtspflege noch einmal im Klageweg zu verfolgen. Sollten sich durch Häufung der Klagen gewisse Mißstände ergeben, so lassen sie sich dadurch beseitigen, daß demjenigen, der gegen einen schon rechtskräftig verurteilten Beklagten ohne ersichtlichen Grund die Unterlassungsklage erhebt, der Einwand der Schikane (§ 226 BGB.) entgegengesetzt wird. Dieser Einwand ist auch hier erhoben worden, jedoch ohne nähere Anführungen; er ist auch nicht begründet, wie das Berufungsgericht mit Recht angenommen hat. Die Revision beschränkt sich auf die Behauptung, daß nach dem Vergleichsabschluß im Nebenprozeß für den klagenden Verband kein Anlaß mehr bestanden habe, auch noch im jetzigen Rechtsstreit eine Verurteilung des Beklagten herbeizuführen. Diese Auffassung berücksichtigt nicht die auf § 13 UnlWG. beruhende selbständige Klageberechtigung des Verbandes.

Ohne Bedeutung für diese Befugnis ist auch der Umstand, daß der klagende Verband den Antrag des Beklagten auf Beitritt abgelehnt hat, obwohl nach seiner Satzung jeder auf den einschlägigen Geschäftsgebieten tätige Großhändler Mitglied werden kann. Inwiefern sich der Kläger durch die Ablehnung der Aufnahme des Beklagten des Rechts begeben haben sollte, eine seinen Vereinszwecken etwa widerstreitende Handlungsweise des Beklagten zu beanstanden, ist nicht verständlich. Man könnte nach den Umständen des Falles eher annehmen, daß der Beitritt abgelehnt wurde, weil die Beanstandung bereits beabsichtigt war.

Aus dem selbständigen Klagerecht des Verbandes ergibt sich von selbst, daß das sittenwidrige Verhalten der aus § 1 UnlWG. auf Unterlassung in Anspruch genommenen Person nicht dem Verbande, sondern dem Dritten gegenüber geübt sein muß. Alles, was die Revision unter Nichtbeachtung dieses Umstands vorträgt, ist daher unbeachtlich. Rechtsirrig ist es auch, wenn sie für die Beurteilung der Sittenwidrigkeit anscheinend einen relativen Maßstab maßgebend sein lassen will an Stelle des objektiven und allgemeinen Maßstabs des Anstandsgefühls aller billig und gerecht Denkenden, wobei übrigens auch die Anschauungen des in Frage stehenden Verkehrskreises zu berücksichtigen sind. Entscheidend ist somit, ob in der Verletzung der vom Beklagten dem Markenschutzverband gegenüber eingegangenen Verpflichtung zur Einhaltung der für Markenartikel vorgeschriebenen Preise ein sittenwidriges Verhalten zu erblicken ist.

Das Berufungsgericht bejaht diese Frage. Es nimmt an, daß es gegen die guten Sitten verstoße, wenn ein Händler die Fachgenossen seines besonderen Tätigkeitsgebiets zu schädigen versuche (richtiger: schädige), indem er der Kundschaft Vorteile gewähre, die er nach seinen vertraglichen Verpflichtungen nicht gewähren dürfe. Diese Auffassung ist rechtlich nicht zu beanstanden. Eine planmäßige Zuwiderhandlung gegen vertragliche Verpflichtungen, die auf Anlockung von Kundschaft unter vorsätzlicher Benachteiligung vertragstreuer Wettbewerber gerichtet ist, entspricht nicht den Grundsätzen des lauteren Geschäftsverkehrs und ist daher regelmäßig sittenwidrig, es sei denn, daß die Verpflichtungserklärung selbst inhaltlich ganz oder zum Teil gegen die guten Sitten verstößt. Das angefochtene Urteil geht sonach fehl, wenn es meint, man könne den klagenden Verband für etwaige die Liefersperre gegen den Beklagten betreffende Maßregeln des Markenschutzverbandes überhaupt nicht verantwortlich machen. Sind die Bestimmungen des Markenschutzverbandes, denen sich der Beklagte unterworfen hat, sämtlich oder teilweise sittenwidrig und daher nichtig, so kann aus ihrer Verletzung naturgemäß kein sittenwidriges Verhalten des Beklagten im Sinne des § 1 UnlWG. hergeleitet werden.

Der Beklagte hat sich nun durch die Unterzeichnung des Verpflichtungsscheins folgender Bestimmung unterworfen:

„Für jeden Fall der Zuwiderhandlung gegen eine der vorstehenden Verpflichtungen (zu denen die Einhaltung der für Waren der Verbandsmitglieder vorgeschriebenen Preise gehört) auch nur einem Verbandsmitgliede gegenüber räume ich den sämtlichen Mitgliedern des Verbandes das Recht ein, alle Lieferungen, auch die auf die bestehenden Schlüsse, einzustellen."

Der Vorderrichter hat sich nicht mit der Frage befaßt, ob diese Bestimmung vom Gesichtspunkt einer unzulässigen wirtschaftlichen Knebelung aus rechtswirksam ist. Er prüft nur, ob den klagenden Verband der Vorwurf eines Mißbrauchs seiner wirtschaftlichen Machtstellung treffe, wenn er auf Grund des landgerichtlichen Urteils einzelne Mitglieder des Markenschutzverbandes ohne Genehmigung des Kartellgerichts zu einer Sperre gegen den Beklagten veranlaßt habe. Diese Frage wird verneint, anscheinend deshalb, weil der Beklagte durch Unterzeichnung der Verpflichtungserklärung zur Einhaltung der festgesetzten Preise für die von Mitgliedern des Markenschutzverbandes bezogenen Waren verpflichtet gewesen sei und sich durch sein vertragswidriges Verhalten einer Handlungsweise schuldig gemacht habe, die den klagenden Verband und seine Mitglieder mit unzulässigen Mitteln schädige und deshalb sittenwidrig sei.

Diese Betrachtungsweise wird der Sachlage nicht gerecht, ganz abgesehen davon, daß die Voraussetzungen des § 1 UnlWG. nicht gegenüber dem klagenden Verbande, der seine Klagebefugnis aus § 13 das. herleitet, sondern den vertragstreuen Wettbewerbern oder dem Markenschutzverband gegenüber gegeben sein müssen. Es ist vielmehr zu prüfen, ob die im Verpflichtungsschein angedrohte Liefersperre, der sich der Beklagte für den Fall der Nichteinhaltung der Markenpreise unterworfen hat, ein gegen die guten Sitten verstoßendes Kampfmittel darstellt. Das ist zu verneinen. Die Übung einer großen Zahl von Fabrikanten gerade auf den hier in Betracht kommenden Warengebieten, dem Wiederverkäufer bestimmte Preise (sog. Markenpreise) vorzuschreiben, die weder nach unten noch nach oben abgeändert werden dürfen, ist nach geltendem Recht jedenfalls solange nicht zu beanstanden, als hierdurch nicht eine künstliche unbillige Hochhaltung der Preise für den Verbraucher bewirkt wird. Das gilt selbst dann, wenn die wirtschaftliche Macht der den Zwang ausübenden Partei infolge einer auf dem Zusammenschluß aller Interessenten beruhenden monopolartigen Stellung dem Gegner sehr überlegen ist (JW. 1926 S. 1982). Hieran wird auch dadurch nichts geändert, daß dem anderen Teil die Erwerbsmöglichkeit auf den fraglichen Warengebieten solange abgeschnitten wird, bis er dem Verlangen nachkommt — vorausgesetzt, daß das Verlangen nicht unbillig ist (RGZ. Bd. 51 S. 383, Bd. 56 S. 275, Bd. 57 S. 427). Mag sich auch die Liefersperre auf alle Mitglieder des Markenschutzverbandes erstrecken und mag demnach im Falle der Verletzung der Preisbestimmung eine nicht unbedeutende wirtschaftliche Schädigung des Beklagten in Frage stehen, so kann doch in dieser Maßregel keine sittenwidrige, den Abwehrzweck überschreitende Handlungsweise erblickt werden. Denn das Verlangen der Fabrikanten nach Einhaltung ihrer Preisbestimmungen ist weder gegenüber dem Beklagten als ihrem Abnehmer, noch auch vom Standpunkte des Allgemeinwohls aus ungerechtfertigt. Hiernach ist das zu Zwecken des Wettbewerbs geübte Verhalten des Beklagten sittenwidrig. Eine etwa zu anderen Ergebnissen führende Betrachtung von kartellrechtlichen Gesichtspunkten aus kommt hier nicht in Frage.

Da der Beklagte durch Unterzeichnung des Verpflichtungsscheins dem Markenschutzverband für den Fall der Nichteinhaltung der Preisfestsetzung das Recht der Liefersperre eingeräumt hat, so war es schon deshalb nicht sittenwidrig, wenn der klagende Verband dem Markenschutzverband das landgerichtliche Urteil zur Herbeiführung einer Liefersperre mitteilte. Auch von schikanösem Handeln des Klägers kann nach dem Gesagten nicht die Rede sein. Im übrigen gibt die Art und Weise, wie der Kläger mit dem von ihm erstrittenen erstinstanzlichen Urteil verfährt, dem Beklagten keinen Einwand gegen den Klaganspruch.

12. Unterliegt die Zusage der Verschaffung von Geschäftsanteilen eines Dritten oder ein Garantieversprechen dieses Inhalts der Formvorschrift des § 15 Abs. 4 GmbHG.?

II. Zivilsenat. Urt. v. 24. Januar 1928 i. S. C. (Bekl.) w. Dr. B. (Kl.). II 334/27.

I. Landgericht III Berlin.
II. Kammergericht daselbst.

Im Januar 1925 verkaufte der Kläger dem Beklagten die sämtlichen 20000 Aktien der Aktiengesellschaft G. für den Preis von 90000 RM. Zum Vermögen dieser Aktiengesellschaft gehörten u. a. die sämtlichen Geschäftsanteile der „Yorkstraße Nr. 74 Grundstücksgesellschaft m. b. H." Einen Bestandteil des Vermögens dieser Gesellschaft m. b. H. bildete das Haus Yorkstraße 74. An den Geschäftsanteilen der Gesellschaft wurde dem Kläger ein Optionsrecht in der Weise zugesagt, daß er sie bis zum 1. Januar 1926 für 10000 RM erwerben konnte. Nach der Behauptung des Klägers soll sich der Beklagte durch den im Januar 1925 nur mündlich abgeschlossenen Vertrag verpflichtet haben, ihm die Option entweder selbst einzuräumen oder durch die Aktiengesellschaft G. zu verschaffen. Da der Kläger alsbald nach Abschluß des Geschäfts habe verreisen müssen, habe er seinen Prokuristen beauftragt, die 20000 G.-Aktien dem Beklagten nicht eher auszuhändigen, als bis die notarielle Verpflichtungserklärung wegen Übertragung der Anteile der genannten Grundstücksgesellschaft m. b. H. abgegeben worden sei. Der Prokurist habe diesen Auftrag aber nicht befolgt, sondern sei unvorsichtig genug gewesen, dem Beklagten die 20000 Aktien ohne notarielle Verpflichtungserklärung zu übereignen. Dadurch sei es dem Beklagten gelungen, den Kläger arglistig um sein Optionsrecht zu bringen. Der Beklagte habe nämlich seinen Aktienbesitz alsbald dazu benutzt, eine Generalversammlung der Aktiengesellschaft G. einzuberufen, auf deren Tagesordnung u. a. die Beschlußfassung über die Genehmigung der Abtretung von Geschäftsanteilen der Yorkstraße Nr. 74 G. m. b. H. gestanden habe. In der Generalversammlung vom 26. Januar 1925 sei jedoch über die Genehmigung der Abtretung der Geschäftsanteile kein Beschluß gefaßt worden. Noch am gleichen Tage habe dann der Beklagte, der in der Generalversammlung vom 26. Januar 1925 zum alleinigen Vorstand der Aktiengesellschaft G. bestellt worden sei, in dieser Eigenschaft die Geschäftsanteile zu notariellem Protokoll anderweitig verkauft. Der Kläger berechnet den Wert des Grundstücks Yorkstraße Nr. 74 auf 930000 RM und seinen Schaden unter Abzug des für die Option zu zahlenden Betrags von 10000 RM auf 920000 RM. Für diesen Schaden nimmt er den Beklagten aus Vertrag sowie unter den Gesichtspunkten der ungerechtfertigten Bereicherung und der unerlaubten Handlung in Anspruch. Im Rechtsstreit verlangt er zunächst nur einen Teilbetrag von 10000 RM nebst Zinsen. Der Beklagte bestreitet, eine persönliche Verpflichtung zur Einräumung einer Option eingegangen zu sein, höchstens sei verabredet worden, daß die Aktiengesellschaft G. dem Kläger eine Option erteilen solle, wogegen er, der Beklagte, nichts zu erinnern gehabt habe. Von einem vertragswidrigen Verhalten des Beklagten könne keine Rede sein; denn der Kläger habe zwei Wochen lang, bis zur Bestellung des Beklagten zum Vorstand der Aktiengesellschaft, die Möglichkeit gehabt, sich durch den früheren Vorstand die Option einräumen zu lassen. Dadurch, daß er dies verabsäumte, habe er die Annahme hervorgerufen, daß er auf das Optionsrecht keinen Wert mehr lege.

Das Landgericht wies die Klage ab. Das Kammergericht dagegen gab ihr statt. Die Revision des Beklagten blieb ohne Erfolg.

Aus den Gründen:

Wenn auch den Ausführungen des Berufungsrichters in mehrfacher Hinsicht nicht gefolgt werden kann, so erweist sich doch seine Entscheidung im Ergebnis als zutreffend.

Nach dem Vorbringen des Klägers war es für seine Entschließung zum Abschluß des Kaufgeschäfts von wesentlicher Bedeutung, daß ihm an den sämtlichen Geschäftsanteilen der Grundstücksgesellschaft m. b. H. bis zum 1. Januar 1926 ein Optionsrecht eingeräumt wurde, und zwar dergestalt, daß es nur von seinem Willen abhing, ob er die Anteile bis zum 1. Januar 1926 gegen Zahlung von 10000 RM erwerben wollte. Wie der Kläger behauptet, soll dies nicht nur bei den Vertragsverhandlungen erkennbar zum Ausdruck gebracht worden sein, sondern der Beklagte soll sich auch mündlich ausdrücklich verpflichtet haben, dem Kläger die Option auf den Erwerb der sämtlichen Anteile der Gesellschaft m.b.H. entweder selbst einzuräumen oder durch die Aktiengesellschaft G. zu verschaffen. Da der Kläger und seine Hintermänner zur Zeit des Vertragsabschlusses im Besitz der sämtlichen Aktien der Gesellschaft G. waren und die hier fraglichen Geschäftsanteile zum Vermögen der Aktiengesellschaft gehörten, konnte der Beklagte selbst dem Kläger das Optionsrecht nicht einräumen. Wohl aber konnte er die Verpflichtung übernehmen, dafür einzustehen, daß die Aktiengesellschaft, wenn der Kläger diesen Wunsch äußern würde, ihm die Geschäftsanteile abtrete, mit andern Worten: der Beklagte konnte die Garantie für die Einräumung der Option durch die Aktiengesellschaft übernehmen. So stellt sich — rechtlich betrachtet — die vom Kläger behauptete Vereinbarung mit dem Beklagten dar.

Mit Unrecht nimmt der Berufungsrichter an, daß eine derartige Verpflichtung der Form des § 15 Abs. 4 GmbHG. bedurft habe. Er verkennt zwar nicht, daß der Beklagte in eigener Person die Anteile gar nicht hätte übertragen können, weil sie nicht ihm, sondern der Aktiengesellschaft zustanden und nur diese selbst zur Abtretung in der Lage war. Allein daraus ergebe sich — so meint das Berufungsgericht — kein Grund gegen die Formbedürftigkeit der vom Kläger behaupteten Abrede. Der Beklagte habe durch seine Erklärung nicht die Pflicht übernommen, auf den Willen der Aktiengesellschaft einzuwirken, er habe vielmehr seinen eignen Willen in die Tat umsetzen müssen. Dies habe er durch die Beschlußfassung in der Generalversammlung tun können, wo es nur darauf angekommen sei, was der Besitzer der Aktienmehrheit bestimmt habe und wozu der Vorstand von dieser Mehrheit angewiesen worden sei. In Wirklichkeit sei hiernach die Willensbildung der Aktiengesellschaft nur eine solche des Beklagten gewesen, da er in der Generalversammlung über die Mehrheit der Aktien habe verfügen und danach den Willen der Gesellschaft maßgebend habe bestimmen können. Deshalb sei der Streit darüber, ob der Beklagte selbst oder die Aktiengesellschaft die notarielle Verpflichtung zur Übertragung der Geschäftsanteile zu erklären gehabt habe, von keiner ausschlaggebenden Bedeutung.

Demgegenüber ist darauf hinzuweisen, daß die Zusage der

Beschaffung des Geschäftsanteils eines Dritten eine Verpflichtung darstellt, wonach eine Handlung des Dritten herbeigeführt werden soll, und daß sie daher der Formvorschrift des § 15 Abs. 4 GmbHG. nicht unterliegt. Erst recht muß dies vom Garantieversprechen gelten. Dabei spielt es gar keine Rolle, ob der Beklagte vermöge seiner Stellung als Vorstand der Aktiengesellschaft G. und als Besitzer der Mehrheit der sämtlichen Aktien seinen Willen in der Generalversammlung durchsetzen konnte. Denn dem Kläger gegenüber haftete er kraft der übernommenen Garantie dafür, daß die Aktiengesellschaft — also in rechtlicher Beziehung eine dritte Person, mag sie auch rein wirtschaftlich betrachtet mit dem Beklagten identisch gewesen sein — dem Kläger auf dessen Wunsch die Geschäftsanteile übertragen werde. Der Beklagte hatte daher auch in diesem Falle für die Handlung eines Dritten aufzukommen. Für einen solchen Vertrag gilt aber § 15 Abs. 4 GmbHG. nicht; denn Garantieabreden sind formfrei. Außerdem hatte der Beklagte die Geschäftsanteile nicht selbst zu übertragen. Ist hiernach der von der Einräumung der Option handelnde Teil des Vertrags nicht an die Formvorschrift gebunden und deshalb nicht wegen Fehlens der Form nichtig, so fällt damit auch die vom Berufungsgericht auf § 139 BGB. gestützte Annahme der Nichtigkeit des ganzen Vertrags hinweg. Der Bereicherungsanspruch ist daher unbegründet. (Es wird nun ausgeführt, daß sich damit alle Revisionsangriffe erledigen, die sich gegen die Ausführungen des Berufungsrichters über den Bereicherungsanspruch richten. Weiter wird dargelegt, das angefochtene Urteil könne nur dahin verstanden werden, daß der Beklagte die Verpflichtung zur Verschaffung der Option als wesentlichen Teil der Vertragspflichten dem Kläger gegenüber auf sich genommen habe. Dann wird fortgefahren:)

Die Entscheidung des Berufungsrichters wird aber durch die Schlußausführungen des Urteils getragen. Die Weigerung des Beklagten, das Optionsversprechen zu erfüllen, stellt, wie der Vorderrichter mit Recht annimmt, eine so weitgehende vorsätzliche Verletzung seiner Vertragspflicht dar, daß dem Kläger nicht zugemutet werden kann, bei dem Abkommen stehen zu bleiben. Der Kläger durfte vielmehr unter diesen Umständen gemäß § 326 BGB. ohne Fristsetzung vom Vertrag zurücktreten und kann Schadensersatz wegen Nichterfüllung verlangen. Es steht ihm aber auch ein Schadensersatzanspruch aus § 826 BGB. zu. Beide Schadensersatzansprüche sind in der geforderten Höhe begründet; denn der Beklagte hat durch sein arglistiges Verhalten bewirkt, daß es dem Kläger unmöglich geworden ist, gegen Zahlung von 10000 RM die Geschäftsanteile der Gesellschaft m. b. H. Yorkstraße Nr. 74 und damit dieses (einen höheren Wert als 20000 RM darstellende) Grundstück zu erwerben. Denn schon dann, wenn sich der Beklagte zu nichts weiter verpflichtet haben sollte, als daß er gegen die Erteilung der Option durch den Vorstand der Aktiengesellschaft G. nichts unternehmen werde, verstieß es in hohem Grade gegen Treu und Glauben, wenn er die Einräumung der Option durch sein Verhalten verhinderte. Letzteres ist aber nach der nicht zu beanstandenden Feststellung des Berufungsrichters dadurch geschehen, daß er auf Grund seiner Aktienmehrheit den Vorstand seines Amtes entsetzte, ehe dieser seiner ihm bekannten Verpflichtung wegen Erteilung der Option genügt hatte, und daß er sich nunmehr zum einzigen Vorstand bestellte und die damit auf ihn übergegangene Pflicht zur Nachholung der Optionserteilung verletzte, wobei er sich arglistig dahinter versteckte, daß der Kläger es unterlassen habe, den bisherigen Vorstand zur Abgabe der Optionserklärung anzuhalten. Noch ungünstiger muß die Handlungsweise des Beklagten beurteilt werden im Zusammenhang damit, daß er für die Einräumung des Optionsrechts durch die Aktiengesellschaft G. ausdrücklich die Garantie übernommen hat.

Faßt man das Gesagte zusammen, so hat sich der Beklagte gegen den Willen des Klägers vor Abgabe der notariellen Optionserklärung in den Besitz der Aktienmehrheit gesetzt und dann unter Täuschung des in ihn gesetzten Vertrauens sowie unter einseitiger Ausnutzung der übernommenen Garantie zu seinen eigenen Gunsten noch am Tag der Generalversammlung die sämtlichen Geschäftsanteile anderweitig veräußert, obwohl das Optionsrecht bis zum 1. Januar 1926 dem Kläger zustand. Damit hat er sich eines groben Verstoßes gegen die Vertragstreue und somit gegen die guten Sitten schuldig gemacht.

13. 1. Ist der Begriff „Spezialvollmacht“ im § 119 Abs. 2 des preußischen Allgemeinen Berggesetzes im Sinne einer Vollmacht zu verstehen?

2. Ist eine derartige „Spezialvollmacht“ nach Tarifstelle 19 Abs. 2 des preußischen Stempelsteuergesetzes zu versteuern?

Preuß. Allgemeines Berggesetz vom 24. Juni 1865 §§ 119, 120, 128. Preuß. Stempelsteuergesetz in der Fassung vom 27. Oktober 1924 Tarifstelle 19.

VII. Zivilsenat. Urt. v. 24. Januar 1928 i. S. Gewerkschaft R. (Kl.) v. Preuß. Staat (Bekl.). VII 490/27.

I. Landgericht Naumburg a. S.

Die Klägerin bewilligte und beantragte in einer Urkunde vom 21. Januar 1926 die Eintragung einer Sicherungshypothek von 159800 Pfund Sterling im Grundbuch ihr gehöriger Bergwerke. Mit der Abgabe dieser Erklärung hatte die Gewerkenversammlung vom 8. Januar 1926 zu notariellem Protokoll den Vorsitzenden des Grubenvorstandes „beauftragt“. Der Notar hatte dieses Protokoll mit 4,50 RM verstempelt. Behufs Eintragung der Hypothek wurde dem Amtsgericht mit der Urkunde vom 21. Januar 1926 auch eine Ausfertigung des erwähnten Protokolls überreicht. Das Amtsgericht erhob für die notarielle Verhandlung gemäß Tarifstelle 19 Abs. 2 des preußischen Stempelsteuergesetzes noch einen Vollmachtsstempel von 814 RM.

Die Klägerin klagte auf Rückzahlung dieses Betrags nebst Zinsen, weil der Vollmachtsstempel zu Unrecht verwendet worden sei. Das Landgericht wies die Klage ab. Mit der unmittelbar eingelegten Revision erreichte die Klägerin die Aufhebung des Urteils und die Verurteilung des Beklagten zur Rückzahlung der 814 RM mit Zinsen.

Gründe:

Die Auffassung des Landgerichts, daß in der notariellen Urkunde vom 8. Januar 1926 eine nach der Tarifstelle 19 Abs. 2 des preußischen Stempelsteuergesetzes in der Fassung vom 27. Oktober 1924 zu verstempelnde Vollmacht gelegen hat, ist rechtsirrig.

Zwar bedarf der Repräsentant oder der Grubenvorstand einer Gewerkschaft, der nach § 119 Abs. 1 des preußischen Allgemeinen Berggesetzes (ABG.) diese in allen ihren Angelegenheiten gerichtlich und außergerichtlich vertritt, gemäß Abs. 2 das. in den im § 120 ebenda bezeichneten Fällen, zu denen auch die Bewilligung einer Hypothekeneintragung gehört (§ 114 Abs. 1 ABG.), einer Spezialvollmacht. Daraus darf jedoch nicht entnommen werden, daß unter „Spezialvollmacht" eine Vollmacht im Sinne der §§ 167flg. BGB. zu verstehen wäre.

Bei der Einführung des Allgemeinen Berggesetzes für die preußischen Staaten vom 24. Juni 1865 waren die verschiedenen Arten der Vertretungsmacht begrifflich noch nicht scharf geschieden und deshalb war auch der im heutigen Recht gemachte Unterschied zwischen der auf Vollmacht beruhenden Vertretungsmacht, der gesetzlichen Vertretung und der auf der Verfassung einer juristischen Person beruhenden Macht, für diese zu handeln, noch nicht genügend durchgebildet. Auch die verschiedenen Rechtsbegriffe „Vollmacht", „Ermächtigung" und „Zustimmung" wurden damals noch nicht so streng auseinandergehalten wie im heutigen Recht. Daraus allein erklärt es sich, daß § 128 ABG. in der früheren Fassung schlechthin bestimmte, es seien, soweit sich aus dem vierten Titel des Berggesetzes nichts anderes ergebe, die durch die Bestellung eines Repräsentanten oder Grubenvorstandes entstehenden Rechtsverhältnisse nach den allgemeinen Vorschriften über den Vollmachtsvertrag zu beurteilen, obwohl tatsächlich keine Bevollmächtigung als Grundlage der Vertretungsmacht des Repräsentanten oder des Grubenvorstandes in Betracht kam. Hiermit hängt es offenbar auch zusammen, daß § 119 Abs. 2 ABG. von einer „Spezialvollmacht" spricht. Beim Inkrafttreten des Bürgerlichen Gesetzbuchs hat man dieser juristisch ungenauen Sprachweise des preußischen Berggesetzes nicht abgeholfen und unbekümmert um den vom jetzigen Recht gemachten Unterschied zwischen Vollmachterteilung, gesetzlicher Übertragung und Organschaft, sowie um den Unterschied zwischen Vollmacht und Zustimmung sich damit begnügt, durch Art. 37 Nr. X des preußischen Ausführungsgesetzes zum Bürgerlichen Gesetzbuch im § 128 ABG. das Wort „Vollmachtsvertrag" durch die Worte „Vollmacht und Auftrag" zu ersetzen. Dies hindert aber nicht, ungeachtet des Wortlauts der § 119 Abs. 2, §§ 120, 128 ABG.

die Begriffe des neuen Rechts auch für das ältere Berggesetz zu verwenden, da damit keine sachliche Änderung in dieses Gesetz hineingetragen, sondern nur eine Richtigstellung der rechtlichen Betrachtung bestehender Rechtsverhältnisse herbeigeführt wird, was zulässig ist. Wenn das Landgericht der Ansicht ist, daß durch die Neufassung des § 128 ABG. die begriffliche Unterscheidung des Bürgerlichen Gesetzbuchs zwischen den verschiedenen Arten der Vertretungsmacht — gemeint ist wohl auch die Unterscheidung zwischen Vollmacht und Zustimmung — tatsächlich Berücksichtigung gefunden habe und daß, wenn an einzelnen Stellen des Gesetzes das Wort „Vollmacht" stehengeblieben sei, damit auch eine solche im Sinne des Bürgerlichen Gesetzbuchs habe bezeichnet sein sollen, so kann ihm darin nicht beigetreten werden. Denn diese Absicht ergibt sich nicht aus dem § 128 ABG. Wie unvollkommen man der Ausdrucksweise des Bürgerlichen Gesetzbuchs bei der redaktionellen Durchsicht des preußischen Berggesetzes Rechnung getragen hat, wird schon dadurch bestätigt, daß in den §§ 119, 120 ABG. die Begriffe Vollmacht und Auftrag in gleichem Sinne gebraucht sind, obgleich das Bürgerliche Gesetzbuch beide scharf getrennt hält.

In Wirklichkeit ist der Repräsentant oder der Grubenvorstand einer Gewerkschaft ein Organ dieser Vereinigung. Als solches haben sie beide die Stellung eines gesetzlichen Vertreters (§ 26 BGB.) und vertreten in dieser Eigenschaft die Gewerkschaft gerichtlich und außergerichtlich, wie es § 119 Abs. 1 ABG. vorschreibt. In den Fällen des § 120 das. ist ihre Vertretungsmacht zwar beschränkt, jedoch hebt diese Einschränkung die Vertretungsmacht nicht auf, sondern engt sie nur ein. Die Schranke fällt fort, sobald ihnen die Gewerkenversammlung die Zustimmung zur Vornahme der im § 120 ABG. bezeichneten Rechtshandlungen erteilt hat. In dieser Zustimmung liegt aber keine Vollmachtserteilung. Denn wenn sie das wäre, so würde der Repräsentant oder der Grubenvorstand in der Stellung eines gesetzlichen Vertreters und als Bevollmächtigter der Gewerkschaft zugleich handeln, was begrifflich nicht denkbar ist. Müßte man annehmen, daß der Repräsentant oder der Grubenvorstand in solchen Fällen seine Vertretungsmacht nur aus der Vollmacht herleite, so entstände die Frage, wer in solchem Falle die Stellung des gesetzlichen Vertreters für die Gewerkschaft hat. Es könnte tatsächlich nur die Gewerkenversammlung in Betracht kommen. Das Gesetz ergibt aber nicht, daß dieser für die Fälle des § 120 ABG. die Vertretung der Gewerkschaft zugesprochen wäre. Vielmehr bleibt auch dann der Repräsentant oder der Grubenvorstand der gesetzlich bestimmte Vertreter der Gewerkschaft (Bolze Bd. 22 Nr. 107; Daubenspeck, Bergrechtliche Entscheidungen Bd. 1 S. 155; Kuhnt bei Gruch. Bd. 55 S. 280). Die Gewerkenversammlung ist zwar auch als Organ der Gewerkschaft anerkannt, ihre Mitwirkung in den fraglichen Fällen ist aber vom Gesetz nur so gedacht und gewollt, daß die betreffenden Rechtshandlungen ohne ihre Zustimmung nicht wirksam sollen vorgenommen werden können (Isay, Berggesetz Bem. I zu § 119). Mit der Vertretungsmacht des Repräsentanten oder des Grubenvorstands ist dies vereinbar; auch andere ähnliche Fälle sind so geregelt.

Kommt aber eine Vollmacht nicht in Betracht, so ist auch die Tarifstelle 19 Abs. 2 des preußischen Stempelsteuergesetzes nicht anwendbar; denn sie erfordert die Beurkundung einer Vollmacht. Da sie abweichend von der früheren Fassung des Stempelsteuergesetzes (Tarifstelle 73) allein als stempelpflichtiger Akt herausgehoben ist, so können ihr andere Akte, die nur die gesetzliche Vertretungsmacht vervollständigen, nicht gleichgestellt werden.

Dieses Ergebnis wird auch den Belangen des Verkehrs gerecht, da es als hemmend und erschwerend empfunden werden müßte, wenn zur Vornahme der im § 120 ABG. bezeichneten Geschäfte noch eine förmliche Vollmacht der Gewerkenversammlung notwendig wäre. Denn damit würde, da in der Regel eine Beurkundung der Vollmacht in Frage käme, ein notwendiges geschäftliches Zusammenwirken der Gewerkschaftsorgane mit dem unter Umständen erheblichen Vollmachtsstempel belastet, was auf eine unbillige Besteuerung der Gewerkschaft hinauskäme. Gleichwohl hätte die Klägerin den von ihr erforderten Vollmachtsstempel entrichten müssen, wenn vom Notar im Protokoll vom 8. Januar 1926 wirklich eine Vollmacht beurkundet worden wäre. Denn die Stempelpflichtigkeit einer Urkunde richtet sich gemäß § 3 des Stempelsteuergesetzes nach ihrem Inhalt. Nun heißt es zwar in dem Protokoll: „es lag als Tagesordnung vor: Bevollmächtigung des Repräsentanten, das Bergwerkseigentum für die Anleihe, welche das deutsche Kalisyndikat G. m. b. H. zur Zeit in London aufnimmt, zu verpfänden", und an späterer Stelle: „es wurde darauf einstimmig durch Zuruf beschlossen: Der Vorsitzende des Grubenvorstandes der Gewerkschaft wird gemäß § 120 ABG. beauftragt, die Bergwerke R. und W. für die durch Vermittlung des deutschen Kalisyndikats G. m. b. H. in London aufgenommene Anleihe hypothekarisch zu belasten". Damit sind jedoch lediglich die Gesetzesworte übernommen; wenn aber aus ihnen nicht zu entnehmen ist, daß das preußische Allgemeine Berggesetz im § 119 Abs. 2 zur Vornahme der im § 120 das. erwähnten Geschäfte eine eigentliche Bevollmächtigung verlangt, so kann auch nicht angenommen werden, daß der Notar die „Bevollmächtigung" oder „Beauftragung" im Sinne einer Vollmacht verstanden hat. Er hätte sonst auch nicht bloß einen Stempel von 4,50 RM zur Urschrift des Protokolls verwendet. . . .

---

14. Kann die ohne Kündigungsvorbehalt erfolgte Anstellung eines Reichsbeamten dann wegen Irrtums angefochten werden, wenn der Vorbehalt nur infolge eines Versehens nicht in die Anstellungsurkunde aufgenommen worden ist?

Reichsbeamtengesetz § 2.

III. Zivilsenat. Urt. v. 27. Januar 1928 i. S. B. (Kl.) w. Deutsche Reichsbahn-Gesellschaft (Bekl.). III 200/27.

I. Landgericht Münster.
II. Oberlandesgericht Hamm.

Durch Verfügung der Eisenbahndirektion Münster vom 25. November 1918 wurde der Kläger zum Bahnmeister-Aspiranten im Dienste der Preußisch-Hessischen Staatseisenbahnen ernannt. Durch Verfügung der gleichen Dienststelle vom 12. Juli 1922 wurde er mit Rückwirkung vom 1. April 1922 zum Eisenbahn-Bahnmeister ernannt. Nach dem in den Personalakten des Klägers befindlichen Entwurf der Ernennungsverfügung behielt sich die Direktion das Recht vor, das Dienstverhältnis mit dreimonatiger Frist zu kündigen. In der dem Kläger übersandten Anstellungsverfügung und Bestallungsurkunde fehlte jedoch dieser Vorbehalt. Gemäß Verfügung der Reichsbahndirektion Münster vom 19. Dezember 1923 wurde ihm auf Grund der Personal-Abbau-Verordnung das Dienstverhältnis zum 31. März 1924 unter Zubilligung einer Abfindungssumme gekündigt. Der Kläger, der am 1. April 1924 seine Tätigkeit als Bahnmeister eingestellt hat, bekommt seit diesem Tage kein Gehalt und keine sonstigen Bezüge mehr von der Beklagten.

Durch Schreiben vom 1. September 1924, das am 3. desselben Monats bei der Reichsbahndirektion Münster einging, erhob der Kläger vermögensrechtliche Ansprüche aus seinem Dienstverhältnis, indem er sich darauf berief, daß er unkündbar angestellt worden sei. Am 4. September 1924 schrieb ihm die Reichsbahndirektion, der Kündigungsvorbehalt sei irrtümlich in die Reinschrift der Anstellungsverfügung nicht aufgenommen worden und sie fechte deshalb die in der Reinschrift enthaltene Erklärung an.

Der Kläger läßt diese Anfechtung nicht gelten. Er hält die gegen ihn ausgesprochene Kündigung für unzulässig, da er nach der ihm zugegangenen, allein maßgebenden Anstellungsverfügung lebenslänglich angestellt worden sei. Diese Anstellung könne nicht wegen Irrtums angefochten werden. Auf alle Fälle sei die Anfechtung zu spät erfolgt, da die Beklagte schon längst vor dem 3. September 1924 vom wirklichen Inhalt der ihm zugegangenen Anstellungsurkunde Kenntnis erhalten habe. Von den Bezügen, die ihm nach seiner Auffassung zustehen, verlangt er mit der Klage vorläufig einen Teilbetrag. Die Beklagte beruft sich zunächst darauf, daß der Kläger nach den bestehenden Dienstvorschriften im Jahre 1922 überhaupt noch nicht unkündbar habe angestellt werden dürfen. Eine solche Anstellung habe eine befriedigende Amtsführung von mindestens fünfjähriger Dauer erfordert. Diese Voraussetzung habe der Kläger damals noch nicht erfüllt gehabt. Sodann stützt sie sich auf ihre Anfechtung wegen Irrtums, die rechtzeitig erklärt worden sei, da sie — die Beklagte — erst durch das Schreiben des Klägers vom 1. September 1924 von dem vorgekommenen Versehen Kenntnis erlangt habe. Endlich behauptet sie, der Kläger habe sich mit der Kündigung stillschweigend einverstanden erklärt, indem er am 1. April 1924 die Arbeit widerspruchslos eingestellt habe. Der Kläger bestreitet, daß seine unkündbare Anstellung unzulässig gewesen sei; gegen seine Kündigung habe er alsbald bei seinem unmittelbaren Vorgesetzten Widerspruch erhoben.

Die Vorinstanzen haben die Klage abgewiesen. Auf die Revision des Klägers wurde die Beklagte zur Zahlung des geforderten Teilbetrags verurteilt.

Gründe:

Im Jahre 1922, als der Kläger zum Bahnmeister ernannt wurde, standen die früheren Landeseisenbahnen bereits im Eigentum des Reichs. Ihre Beamten waren Reichsbeamte. Es galt deshalb für sie § 2 RBG., der bestimmt, daß sie als auf Lebenszeit angestellt gelten, soweit die Anstellung der Reichsbeamten nicht unter dem ausdrücklichen Vorbehalt des Widerrufs oder der Kündigung erfolgt. Diese Vorschrift hat das Berufungsgericht bei Prüfung der Frage berücksichtigt, ob der Kläger ohne Kündigungsvorbehalt angestellt worden ist. Es hat zutreffend ausgeführt, daß dem Kläger gegenüber kein ausdrücklicher Kündigungsvorbehalt erklärt, daß er mithin auf Lebenszeit angestellt worden sei. Für die vom Landgericht unter Berücksichtigung der begleitenden Umstände vorgenommene Auslegung der Anstellungsverfügung ist nach § 2 RBG. kein Raum. Dieser gesetzlichen Bestimmung gegenüber kommen auch die Dienstvorschriften nicht in Betracht, auf die sich die Beklagte beruft. Ob die kündbare Anstellung des Klägers mit den damals geltenden Personalvorschriften im Einklang gestanden hat, ist deshalb unerheblich.

§ 2 RBG. ist aber — und das hat das Berufungsgericht übersehen — ferner von Bedeutung für die Frage, ob die Anstellung des Klägers wegen Irrtums angefochten werden kann. Das Oberlandesgericht bejaht diese Frage, sieht auch einen Irrtum des die Reichsbahn bei der Ernennung des Klägers vertretenden Personaldezernenten über den Inhalt seiner Erklärung als bewiesen und die Anfechtung als rechtzeitig erfolgt an. Daraus zieht es den Schluß, daß der Kläger von Anfang an als Beamter mit Kündigungsvorbehalt anzusehen sei. Es führt aus, das Anfechtungsschreiben müsse, da sich die Beklagte nur über das Fehlen dieses Vorbehalts im Irrtum befunden habe, dahin verstanden werden, daß die Anstellung nur insoweit angefochten werde, als kein Kündigungsvorbehalt gemacht worden sei. Erachte man aber eine solche Teilanfechtung für bedenklich, so werde das Anfechtungsschreiben auch dahin aufgefaßt werden können, daß zunächst durch Anfechtung der ursprüngliche Anstellungsakt beseitigt, sodann aber durch das Anfechtungsschreiben ausdrücklich erklärt sei, der Kläger solle Beamter mit Kündigungsvorbehalt sein, und zwar mit rückwirkender Kraft vom 1. April 1922 ab.

Das Ergebnis, zu dem das Berufungsgericht auf Grund dieser Erwägungen gelangt, ist mit § 2 Abs. 2 RBG. nicht vereinbar. Es läuft darauf hinaus, daß ein ohne ausdrücklichen Kündigungsvorbehalt angestellter Beamter dann als Kündigungsbeamter zu gelten hat, wenn sich die Anstellungsbehörde in einem Irrtum über den Inhalt ihrer Anstellungserklärung befand. Damit wird die Regel des § 2 durchbrochen, die dahin geht, daß beim Fehlen eines ausdrücklichen Kündigungsvorbehalts die Anstellung der Beamten stets als auf Lebenszeit erfolgt gilt. Die Vorschrift bezweckt die Sicherstellung der Beamten gegen behördliche Absichten und Willensmeinungen, die ihnen gegenüber nicht schon vor oder bei der Anstellung unzweideutig zum Ausdruck gelangt sind. Dem nicht erklärten Willen der Anstellungsbehörde darf daher auch nicht auf dem Wege einer Irrtumsanfechtung Geltung verschafft werden. Wollte man eine solche Ausnahme von dem Grundsatz des § 2 RBG. zulassen, so würde in die Rechtsverhältnisse der Beamten eine Unsicherheit hineingetragen, die der Gesetzgeber gerade hat ausschließen wollen. Daß die Anfechtung wegen irriger Fortlassung des Kündigungsvorbehalts nicht dazu führen kann, die Beamtenanstellung überhaupt als nicht erfolgt anzusehen, hat bereits der Berufungsrichter zutreffend erkannt.

Es bedarf demnach keiner Erörterung der allgemeinen Frage, welchen Einfluß Willensmängel auf behördliche Verfügungen sonst etwa haben, insbesondere auf die Anstellung von Beamten. Aus § 2 RBG. folgt jedenfalls, daß die irrtümliche Fortlassung des Kündigungsvorbehalts die lebenslängliche Anstellung nicht auszuschließen vermag. Daraus ergibt sich, daß der Einwand der Beklagten, auf Grund dessen das Berufungsgericht die Klage abgewiesen hat, nicht durchgreift.

Gleichfalls unzutreffend ist der weitere Einwand, der Kläger habe durch widerspruchslose Aufgabe seiner Tätigkeit als Bahnmeister der Kündigung zugestimmt. Nach der ständigen Rechtsprechung des Senats (RGZ. Bd. 114 S. 130) kann die Zustimmung eines Beamten zu seinem Ausscheiden aus dem Dienste nur dann angenommen werden, wenn er sie unzweideutig erklärt hat. Ein auslegungsbedürftiges Verhalten des Beamten, wie es die Beklagte hier nur zu behaupten vermag, genügt dazu nicht.

Ist der Kläger demnach Beamter der Beklagten geblieben, so kann er weiterhin Gehalt, nicht bloß Wartegeld beanspruchen. Denn eine Umdeutung der gegen ihn ausgesprochenen wirkungslosen Kündigung in eine Versetzung in den einstweiligen Ruhestand ist nicht angängig. Die Höhe des geforderten Teilbetrags ist unbestritten. . . .

---

15. Was muß ein Beamter zu seiner Entlastung beweisen, wenn er für das Abhandenkommen einer in seine amtliche Obhut gelangten Sache verantwortlich gemacht wird?

III. Zivilsenat. Urt. v. 27. Januar 1928 i. S. Deutsche Reichspost (Bekl.) w. O. (Kl.). III 191/27.

I. Landgericht I Berlin.
II. Kammergericht daselbst.

Am 30. Juni 1926 war der Kläger als Fahrpostbeamter, der Postschaffner K. als Stellenschaffner in der Bahnpost 4 des D-Zuges 40 Breslau-Berlin tätig. Auf dieser Fahrt unterschlug K. einen Geldbrief und schob dafür einen von ihm im voraus hergestellten, sich äußerlich als Wertbrief darstellenden, in Wirklichkeit aber nur Papier enthaltenden Brief unter. K., der seine Tat eingestanden hat, gab an, der von ihm entwendete Brief habe 227 RM in barem Gelde enthalten. Die Oberpostdirektion Berlin hat durch Defektenbeschluß vom 11. Januar 1926 den Kläger für schuldig erklärt, diesen Betrag der Oberpostkasse zu erstatten, da er den K. nicht in genügender Weise beaufsichtigt und ihm dadurch ermöglicht habe, die Briefe gegeneinander auszutauschen.

Der Kläger hat gegen den bezeichneten Beschluß den Rechtsweg beschritten. Er stellt ein Verschulden in Abrede. Seiner Verpflichtung, den Stellenschaffner bei Fertigung der Geldbunde zu überwachen, habe er genügt, soweit das nach den Umständen möglich gewesen sei. Während der ganzen Fahrt habe er den K. nicht im Auge behalten können, da ihm neben der Beaufsichtigung der

Bündelung der Geldbriefe auch noch andere Dienstverrichtungen obgelegen hätten. Eine so wohl überlegte Tat wie die von K. begangene zu verhüten, sei selbst bei schärfster Überwachung unmöglich.

Die Beklagte hat die Behauptungen des Klägers bestritten. Der Sachlage nach müsse der Kläger gegen die Dienstvorschriften verstoßen haben. Hätte er sich, wozu er verpflichtet gewesen sei, davon überzeugt, daß K. den Wertbrief tatsächlich in das von ihm zu fertigende Geldbund aufgenommen habe, so hätte dieser seine Tat nicht ausführen können.

Das Landgericht hat festgestellt, daß der Beklagten aus dem Defektenbeschluß kein Recht auf Schadensersatz gegen den Kläger zustehe. Das Kammergericht hat die Berufung der Beklagten zurückgewiesen. Ihre Revision führte zur Aufhebung und Zurückverweisung.

Gründe:

Das Berufungsgericht hat eine Haftung des Klägers für den vom Postschaffner K. unterschlagenen Geldbrief deshalb verneint, weil sich nicht ergeben habe, daß ihm eine Fahrlässigkeit zur Last falle. Es führt in dieser Hinsicht aus, die Tatsache des Austausches der Briefe lasse noch nicht darauf schließen, daß der Kläger seine Dienstvorschriften schuldhaft verletzt habe. Hierbei sei zu berücksichtigen, daß das Auswechseln der Briefe Sache eines kurzen Augenblicks sei. Es sei auf die Dauer praktisch nicht möglich, in einem fahrenden, schaukelnden Eisenbahnwagen während längerer Zeit jede einzelne Bewegung eines anderen derart genau zu beobachten, daß es einem geschickten Dieb nicht möglich sein sollte, unbemerkt einen echten Brief gegen einen falschen auszutauschen. Ein so geschickt angelegter Austausch lasse sich auch bei der größtmöglichen Sorgfalt nicht verhindern, da es während der langen Bahnfahrt immer Augenblicke gebe, in denen der beaufsichtigende Beamte abgelenkt werde und der andere Beamte dann kurze Zeit unbeobachtet sei.

Diese Ausführungen sind unzulänglich, wie die Revision mit Recht geltend macht, und zwar deshalb, weil sie nicht erkennen lassen, ob das Berufungsgericht die Beweislast richtig verteilt hat. Nach den Behauptungen der Beklagten, zu denen der Tatrichter insoweit bisher noch nicht Stellung genommen hat, muß davon ausgegangen werden, daß sich der echte Wertbrief unter den Stücken befunden hat, die dem Kläger zur Bearbeitung während der Bahnfahrt übergeben worden sind, daß der Brief also verschwunden ist, während er der Obhut des Klägers anvertraut war. Dann ist es aber seine Sache, den eingetretenen Verlust aufzuklären und mindestens die Möglichkeit nachzuweisen, daß ein Abhandenkommen des Briefes ohne sein, des Klägers, Verschulden eingetreten sei (RGZ. Bd. 74 S. 344). Von dieser Pflicht wird der Kläger auch nicht dadurch befreit, daß zeitweilig der Postschaffner K. an der dienstlichen Behandlung des Wertbriefes mitbeteiligt war, da der Kläger dessen Tätigkeit überwachen mußte. Die Möglichkeit eines vom Kläger nicht zu vertretenden Verschwindens des Briefes ist mit den allgemeinen Erwägungen, die das Kammergericht angestellt hat, noch keineswegs dargetan. Vielmehr kann erst nach Prüfung der besonderen Sachlage in ihren Einzelheiten gesagt werden, der Beamte habe seiner Verpflichtung zur Darlegung der ihn entlastenden Umstände hinreichend genügt.

Der Berufungsrichter scheint davon auszugehen, daß der Austausch der Briefe dem K. während der ganzen $5^1/_2$stündigen Bahnfahrt von Breslau nach Berlin möglich gewesen sei. Das ist jedoch nach den bisher nicht widerlegten Behauptungen der Beklagten nicht der Fall. Nach diesen soll K. die Vertauschung der Briefe erst zwischen Frankfurt a. O. und Berlin, also auf dem letzten, nur noch $1^1/_4$ Stunde dauernden Teil der Fahrt vorgenommen haben, und zwar zu einer Zeit, zu der die Hauptmasse der dem Kläger während der Fahrt obliegenden Arbeit bereits erledigt war. Es liegt auf der Hand, daß diese vom Berufungsgericht nicht erörterten Umstände für die Beurteilung des Verhaltens des Klägers von Bedeutung sein können. Der Vorderrichter hat es aber auch unterlassen, an der Hand der bestehenden Dienstvorschriften zu prüfen, in welchem Umfang der Kläger als Fahrpostbeamter überhaupt den Stellenschaffner zu beaufsichtigen hatte. Erst wenn der Inhalt dieser Pflicht feststeht, kann Klarheit darüber gewonnen werden, ob der Kläger sie verletzt hat. Soweit bisher ersichtlich ist, kommt der Stellenschaffner mit den Geldbriefen nur in Berührung beim sog. Entkartungsgeschäft, d. h. beim Öffnen der die Wertsendungen enthaltenden Beutel und der Prüfung ihres Inhalts, und beim sog. Abfertigungsgeschäft, d. h. beim erneuten Verpacken der Geldbriefe zum Zwecke ihrer Weiterversendung. Bei dieser

Tätigkeit hat ihn der Fahrpostbeamte zu beaufsichtigen. Die Dauer des Entkartungs- und des Abfertigungsgeschäfts und damit der Beaufsichtigung dieser Geschäfte durch den Fahrpostbeamten hängt vom Umfang der Wertpost ab, die hier nach Behauptung der Beklagten nicht besonders beträchtlich gewesen sein soll. Daß aber bei gewöhnlichen Verhältnissen der Stellenschaffner trotz ordnungsmäßiger Beaufsichtigung durch den Fahrpostbeamten in der Lage ist, beim Auspacken und Wiederverpacken der Wertsendungen einen Geldbrief durch einen anderen Brief zu ersetzen, das ist bisher nicht festgestellt worden. In der Zeit zwischen dem Aus- und Einpacken sollen sich die Wertsendungen in einem Fächerwerk befinden, das zum Verschließen eingerichtet ist. Daß der Kläger es verschlossen habe, behauptet er selbst nicht. Es würde also, falls K. seine Tat in dieser Zwischenzeit ausgeführt haben kann, geprüft werden müssen, ob dem Kläger das Unterlassen des Verschließens zum Verschulden anzurechnen ist. Dabei wird sein Einwand von Belang sein können, die Postverwaltung habe davon Kenntnis gehabt, daß das Verschließen des für die Wertsendungen bestimmten Fächerwerks in den Bahnpostwagen wegen seiner Umständlichkeit und wegen des damit verbundenen Zeitverlustes völlig außer Gebrauch gekommen sei.

Der Ablehnung eines Verschuldens des Klägers fehlt es also bisher an einer einwandfreien, eine Verkennung des Rechtsbegriffs der Fahrlässigkeit ausschließenden Begründung.

---

16. 1. Welches Recht ist anzuwenden, wenn zwischen einem deutschen Versicherer und einem deutschen Versicherungsnehmer im Ausland eine Versicherung in ausländischer Währung abgeschlossen worden ist?

2. Ist, falls eine österreichische Versicherungsgesellschaft gemäß dem österreichischen Gesetze vom 30. September 1921 (Bundesgesetzblatt 1921 Nr. 547) die in Österreich abgeschlossenen Versicherungen einer deutschen Gesellschaft übernommen hat, die letztere auch dann von der Vertragshaftung befreit, wenn für das Versicherungsverhältnis deutsches Recht gilt?

3. Ist durch das Aufwertungsgesetz vom 16. Juli 1925 und die dazu erlassenen Verordnungen auch die Aufwertung von Versicherungsansprüchen geregelt, die auf Auslandswährung lauten?

4. Ist nach deutschem Recht die freie Aufwertung einer auf österreichische Kronen lautenden Forderung zulässig?

BGB. §§ 242, 415. AufwG. §§ 1, 59 bis 61. DurchfVo. z. AufwG. Art. 95, 109.

VII. Zivilsenat. Urt. v. 27. Januar 1928 i. S. St. Lebensversicherungsbank (Bekl.) w. K. (Kl.). VII 465/27.

I. Landgericht Stuttgart.
II. Oberlandesgericht daselbst.

Der Kläger, deutscher Staatsangehöriger, hat am 1. Juli 1909 in Wien, wo er damals in Stellung war, bei der Beklagten eine Lebensversicherung im Betrag von 100000 österr. Kronen genommen. Die Versicherungssumme sollte mit dem Tode des Klägers, spätestens aber am 1. Juli 1924 fällig werden. Die in Kronen zahlbaren Prämien sind regelmäßig an die Kasse der Beklagten in Stuttgart, einige Prämien auch an die Generalvertretung der Beklagten in Wien gezahlt worden. Die Prämie für 1923 wurde wegen der Geldentwertung nicht mehr eingefordert. Der Kläger begehrt Aufwertung der am 1. Juli 1924 fällig gewordenen Versicherungssumme auf 45323 österr. Goldkronen oder 38524,55 RM nebst 10% Zinsen. Das Landgericht verurteilte die Beklagte zur Zahlung von 17000 RM nebst Zinsen und wies den weitergehenden Klaganspruch ab. Die Beklagte hat mit der Berufung vollständige Klagabweisung, der Kläger mit der Anschlußberufung Verurteilung der Beklagten zur Zahlung weiterer 21524,55 RM nebst Zinsen beantragt. Das Oberlandesgericht erklärte den Klaganspruch dem Grunde nach für gerechtfertigt mit der Maßgabe, daß der Kläger nicht aus dem Aufwertungsstock, sondern nur aus dem sonstigen Vermögen der Beklagten Befriedigung fordern könne. Die Revision der Beklagten blieb erfolglos.

Gründe:

1. Das Berufungsgericht nimmt an, daß auf das Vertragsverhältnis der Parteien deutsches Recht anzuwenden sei. Die Revision will dies nicht gelten lassen; sie hält österreichisches Recht für maßgebend, weil der Kläger zur Zeit des Vertragsschlusses seinen Wohnsitz in Wien gehabt habe, der Vertrag durch die Wiener

Generalvertretung der Beklagten abgeschlossen und österreichische Kronenwährung vereinbart worden sei, weil ferner die Wiener Gerichte für alle Streitigkeiten aus dem Versicherungsvertrag zuständig sein sollten und weil schließlich zu den allgemeinen Versicherungsbedingungen der Beklagten gewisse Zusatzbestimmungen hinzugetreten seien, die von der österreichischen Aufsichtsbehörde als Voraussetzung für die Aufnahme des Geschäftsbetriebs der Beklagten in Österreich verlangt worden waren. Außerdem habe der Kläger die österreichische Versicherungssteuer aus den von ihm gezahlten Prämien vergüten müssen. Dieser Revisionsangriff kann keinen Erfolg haben.

Das Berufungsgericht geht in Übereinstimmung mit der reichsgerichtlichen Rechtsprechung davon aus, daß für die Frage, welches Recht anzuwenden ist, in erster Linie der Wille der Vertragsparteien maßgebend sei und daß, wenn der Vertrag keine ausdrückliche Vereinbarung darüber enthält, im Wege der ergänzenden Vertragsauslegung (§ 157 BGB.) zu ermitteln sei, was die Parteien bei vernünftiger und billiger Berücksichtigung aller Umstände mutmaßlich über das anzuwendende Recht bestimmt hätten. Der Vorderrichter beruft sich namentlich auf die Entscheidung RGZ. Bd. 68 S. 203, insbesondere S. 207. Dort ist ausgesprochen, daß, wenn auch im allgemeinen der Erfüllungsort über das anzuwendende Recht entscheiden möge, doch bei gegenseitigen Verträgen unter Deutschen, wenngleich der Erfüllungsort für den einen Vertragsteil im Ausland liege, regelmäßig das ganze Vertragsverhältnis dem deutschen Recht zu unterstellen sei, da dies der mutmaßlichen Absicht der Vertragschließenden entsprechen werde. Dieser Satz ist zwar dort nur als Beispiel angeführt, um darzulegen, daß das Reichsgericht stets bemüht gewesen sei, einheitliche Vertragsverhältnisse nicht nach zwei verschiedenen Rechtssystemen zu beurteilen, je nachdem es sich um die Verpflichtungen der einen oder der anderen Partei handle, sondern ein Rechtssystem zu finden, wonach das Vertragsverhältnis einheitlich zu beurteilen sei. Anschließend ist auf weitere solche Beispiele aus der Rechtsprechung hingewiesen. Die Revision meint nun, in den Entscheidungen RGZ. Bd. 13 S. 122, Bd. 40 S. 197, Bd. 59 S. 114, worauf obiges Urteil zum Beleg für den wiedergegebenen Satz Bezug genommen hat, habe es sich um Fälle gehandelt, wo keine besonderen

Beziehungen der Vertragsparteien zu dem Orte des Vertragsabschlusses oder zu dem Lande vorgelegen hätten, dem dieser Ort angehörte. Wenn dies wirklich richtig wäre (für den in RGZ. Bd. 59 S. 114 beurteilten Fall ist es jedenfalls nicht richtig), so würde daraus noch nichts zu folgern sein gegen die Allgemeingeltung des Satzes, daß beim Abschluß eines gegenseitigen Vertrags unter Deutschen die Beteiligten mutmaßlich das ganze Vertragsverhältnis nach deutschem Recht beurteilt wissen wollen, und zwar auch dann, wenn der Abschlußort im Ausland liegt und die eine Partei im Ausland wohnt, die andere aber durch einen ständig für das Ausland bestellten Vertreter handelt. Es müssen in solchem Falle schon besondere Umstände vorliegen, aus denen sich zwingend die Anwendung des ausländischen Rechts ergibt. Allerdings hat das Reichsgericht in einer Entscheidung aus dem Jahre 1891, die einen Versicherungsvertrag betrifft (Seuff. Arch. Bd. 47 Nr. 2), ausgesprochen, daß ein vom Agenten einer deutschen Versicherungsgesellschaft am Wohnort des deutschen Versicherten geschlossener Vertrag einheitlich vom Recht dieses Wohnorts beherrscht werde. Aber es handelte sich damals nicht um die Frage, ob deutsches oder ausländisches Recht, sondern darum, ob hessisches oder preußisches Recht anzuwenden sei, also um einen Fall, der sich auf heute nicht mehr geltendes Recht bezieht. In der Entscheidung RGZ. Bd. 68 S. 203 ist jener Fall auch nur angezogen, um, wie schon erwähnt, darzulegen, daß das Reichsgericht stets darauf hingewirkt habe, einheitliche Vertragsverhältnisse einem Rechtssystem zu unterstellen.

Das Berufungsgericht hat alle Umstände erwogen, aus denen die Revision im vorliegenden Falle die Anwendung österreichischen Rechts herleiten will, es hat aber daraus nicht die Überzeugung erlangt, daß es dem Willen der Parteien entsprochen habe, sich dem österreichischen Recht zu unterwerfen. Diese — immerhin mögliche — Vertragsauslegung gehört dem der Revision verschlossenen Gebiete der Tatsachenwürdigung an; ein Rechtsirrtum ist dabei nicht erkennbar.

2. Die Passivlegitimation der Beklagten wird vom Berufungsgericht bejaht. Das Urteil nimmt an, daß das österreichische Gesetz vom 30. September 1921 (wonach das Bundesministerium für Inneres und Unterricht auf Antrag der beteiligten Versicherungsanstalten im Einvernehmen mit dem Bundesministerium für Justiz

aussprechen kann, daß die übernehmende Versicherungsanstalt aus den betreffenden inländischen Versicherungsverhältnissen allein berechtigt und verpflichtet ist) die deutsche Beklagte nicht von ihrer nach den einheimischen Gesetzen begründeten Haftung befreien könne, wenn es auch für die österreichischen Versicherungsnehmer bindend sein möge. Die Versicherungsanstalt „Phönix" sei also dadurch, daß die Beklagte ihre österreichischen Versicherungsverträge auf sie übertragen habe, dem Kläger gegenüber in Bezug auf ihre Verpflichtungen aus dem mit ihr abgeschlossenen Versicherungsvertrag nicht an ihre Stelle getreten. Auch der hiergegen gerichtete Angriff der Revision ist unbegründet. Da das Vertragsverhältnis unter deutschem Rechte steht, so wäre die Beklagte nach § 415 BGB. von ihrer Verpflichtung aus dem Vertrag nur befreit worden, wenn der Kläger die Übernahme dieser Verpflichtung durch den „Phönix" genehmigt hätte. Eine solche Genehmigung ist nicht behauptet. Der österreichische Gesetzgeber konnte freilich das österreichische Gesetz abändern, das dem § 415 BGB. entspricht, nicht aber das hier maßgebende deutsche Gesetz.

3. Die Revision bekämpft schließlich die Ansicht des Vorderrichters, daß nach deutschem Recht ein auf ausländische Währung lautender Versicherungsanspruch frei aufgewertet werden könne. Auch in dieser Hinsicht muß der Revision der Erfolg versagt werden. Ihre Meinung, daß die Aufwertung von Versicherungsansprüchen durch das Aufwertungsgesetz und die zu ihm ergangenen Verordnungen erschöpfend geregelt worden sei, und zwar auch insofern, als sie auf ausländische Währung lauten, ist nicht als richtig anzuerkennen. Das Aufwertungsgesetz regelt nur die Aufwertung von Versicherungsansprüchen, die auf Markwährung oder eine andere nicht mehr geltende inländische Währung lauten; denn § 1 das. bildet die Grundlage für das ganze Aufwertungsgesetz, also auch für die Vorschriften der §§ 59 bis 61, welche die Aufwertung von Versicherungsansprüchen betreffen. Auf Grund des § 59 Abs. 2 AufwG. konnten und können daher auch nur Bestimmungen über die Aufwertung von Ansprüchen aus Versicherungsverträgen anderer als der im Abs. 1 bezeichneten Art erlassen werden, sofern die Ansprüche die Zahlung einer bestimmten in Mark oder einer anderen nicht mehr geltenden inländischen Währung ausgedrückten Geldsumme zum Gegenstand haben. Schon aus diesem

Grunde ist die Anwendung der Verordnung vom 22. Mai 1926 über Aufwertung von Versicherungsansprüchen (RGBl. I S. 249) hier ausgeschlossen (vgl. Urteil des erkennenden Senats vom 1. März 1927 in Seuff. Arch. Bd. 81 Nr. 183) und es bedarf daher nicht mehr des Eingehens auf die vom Berufungsgericht erörterte Frage, ob sich Art. 3 dieser Verordnung auch auf Lebensversicherungsverträge bezieht. Aus dem gleichen Grunde konnten auch in der Durchführungsverordnung zum Aufwertungsgesetz vom 29. November 1925 keine Bestimmungen über die Aufwertung von Versicherungsansprüchen getroffen werden, die auf eine Auslandswährung lauten, und sie sind darin auch nicht getroffen worden. Das ergibt sich schon aus Art. 95 DurchfVo., wo es in Satz 2 heißt: „Die Ansprüche müssen ... die Zahlung einer bestimmten in Mark oder einer anderen nicht mehr geltenden inländischen Währung ausgedrückten Geldsumme zum Gegenstand haben." Die Vorschriften in Art. 101 Abs. 1 und Art. 109 DurchfVo. haben denn auch mit der Frage der Aufwertung von Fremdwährungs-Ansprüchen nichts zu tun, sondern regeln nur die Beteiligung solcher Ansprüche an dem für Versicherungsansprüche in inländischer Währung gebildeten Aufwertungsstock. Das folgt schon daraus, daß in den genannten Vorschriften ganz allgemein von Fremdwährungs-Ansprüchen gesprochen wird, daß also auch solche inbegriffen und wahrscheinlich in erster Linie gemeint sind, bei denen eine Aufwertung überhaupt nicht in Frage kommt, weil die betreffenden Währungen (z. B. Dollars, Schweizerfranken, englische Pfunde) nicht oder doch nur unwesentlich unter der Geldentwertung gelitten haben. Daß die in einer wertbeständig gebliebenen Währung Versicherten sich mit der Beteiligung am Aufwertungsstock begnügen müßten, ist aber sicherlich nicht der Sinn der genannten Bestimmungen.

Wenn somit die deutsche Aufwertungsgesetzgebung keine Bestimmungen über Aufwertung von Ansprüchen in ausländischer Währung enthält, so ist die Frage, ob und in welchem Maße solche Ansprüche aufzuwerten sind, nach den allgemeinen Grundsätzen des hier anzuwendenden deutschen Rechts zu beurteilen. Dazu bedarf es nicht der Bezugnahme auf § 62 AufwG., der sich übrigens auch nur auf Ansprüche in inländischer Währung bezieht. Nun hat zwar das Reichsgericht in mehreren Entscheidungen (JW. 1925 S. 1986 Nr. 2, 1926 S. 1323 Nr. 3, WarnRspr. 1925 Nr. 105) die Aufwertung von Anſprüchen in ausländiſcher Währung abgelehnt. Aber in den dieſen Entſcheidungen zugrundeliegenden Fällen handelte es ſich um franzöſiſche Franken und niederländiſche Gulden und die Ablehnung der Aufwertung beruhte im weſentlichen auf der Erwägung, daß dieſe Währungen zwar von mehr oder minder ſtarken Kursverluſten, nicht jedoch von einer ſo tiefgreifenden Geldentwertung betroffen worden ſeien wie die deutſche Mark. Ganz anders liegt die Sache bei der öſterreichiſchen Kronenwährung. Auch die öſterreichiſche Krone iſt gleich der Mark einer weitgehenden Entwertung anheimgefallen. Die 100000 Kronen, welche die Verſicherungsſumme bildeten, ſind gänzlich wertlos geworden. Dieſelben Billigkeitsgründe, aus denen die Aufwertung von Markforderungen für gerechtfertigt erachtet wurde, müſſen bei Anwendung deutſchen Rechts auch zur Aufwertung von Forderungen in öſterreichiſchen Kronen führen. Nach dem Grundſatz von Treu und Glauben (§ 242 BGB.) kann die Beklagte den Kläger nicht mit dem Angebot von 100000 öſterr. Kronen abfinden, die übrigens außer Kurs ſind. Wie die öſterreichiſche Geſetzgebung und die öſterreichiſche Rechtſprechung ſich zur Aufwertungsfrage ſtellen, hat außer Betracht zu bleiben, da hier nur die Grundſätze des deutſchen Rechts anzuwenden ſind.

---

17. Über Werterſatzanſprüche und Valutaſchulden im Zuſammenhang mit dem Verfall der deutſchen Währung.

BGB. §§ 242, 244, 256, 670, 812flg. HGB. § 361.

II. Zivilſenat. Urt. v. 27. Januar 1928 i. S. A. (Kl.) w. L. (Bekl.). II 331/27.

I. Landgericht Leipzig.
II. Oberlandesgericht Dresden.

Anfang 1914 gab die Klägerin dem Beklagten gefälligkeitshalber vier in Paris zahlbare Akzepte ihrer dortigen Niederlaſſung über je 60000 franzöſiſche Franken, fällig am 30. Juli, 5. und 30. September und 30. Oktober 1914. Der Beklagte wollte ſich durch Diskontierung der Akzepte unter Ausnutzung des niedrigeren Diskontſatzes auf Paris für den Umbau ſeines Leipziger Hauſes Geld beſchaffen; er hatte deshalb, wie er der Klägerin am 6. Januar 1914 beſtätigte, dieſe Akzepte „bei Verfall ſelbſt zu decken". Er diskontierte dann auch die mit ſeiner Ausſteller-Unterſchrift verſehenen Wechſel bei der Dresdner Bank, die ſie nach Frankreich weiter begab. Zur Deckung des erſten Akzepts ließ der Beklagte der in Leipzig befindlichen Hauptniederlaſſung der Klägerin rechtzeitig vor dem 30. Juli 1914 einen Scheck auf Paris in Höhe von 60000 frcs zugehen. Auf die drei übrigen Wechſel hat er nichts bezahlt.

Die Klägerin behauptet, dieſe drei Wechſel ſeien vom franzöſiſchen Sequeſter ihrer alsbald nach Kriegsausbruch unter Zwangsverwaltung geſtellten Pariſer Niederlaſſung im Mai 1916 mit deren Mitteln zugunſten franzöſiſcher Banken eingelöſt worden. Sie hält den Beklagten aus Vertrag oder aus ungerechtfertigter Bereicherung für verpflichtet, ihr den vollen Goldwert ihrer Zahlungen in Höhe von 144000 RM zu erſtatten. Mit der im September 1925 erhobenen Klage verlangte ſie Zahlung eines dem Wert von 50000 RM am Zahlungstag entſprechenden Betrags nebſt Zinſen, nach Wahl des Beklagten entweder in deutſcher Reichswährung oder in Franken zum Umrechnungskurs am Zahlungstag.

Dieſem Antrag hat das Landgericht entſprochen.

In zweiter Inſtanz hat die Klägerin hilfsweiſe beantragt, den Beklagten zur Zahlung von 180000 frcs nebſt Zinſen oder zum Erſatz ihres Verzugsſchadens in dem Betrag zu verurteilen, wie er ſich aus dem Unterſchied des Kurswerts des Franken im Jahre 1914 und am Tag der Zahlung, hilfsweiſe aus dem Unterſchied des Wertes des Franken am 26. September 1925 und am Tag der Zahlung ergebe, insgeſamt jedoch nicht über den Wert von 50000 RM hinaus.

Das Oberlandesgericht hat das landgerichtliche Urteil dahin abgeändert, daß der Beklagte an die Klägerin 180000 franzöſiſche Franken nebſt Zinſen und außerdem den Betrag in franzöſiſchen Franken zu zahlen habe, um welchen der Berliner Mittelkurswert von 180000 franzöſiſchen Franken am Tage der Zahlung hinter dem Berliner Mittelkurswert vom 20. Februar 1925 zurückbleibe. Im übrigen hat das Berufungsgericht die Klage abgewieſen.

Die Reviſion der Klägerin führte zur Wiederherſtellung des landgerichtlichen Urteils.

Gründe:

Nach der einwandfreien Feststellung des Berufungsgerichts hat der französische Kriegssequester der Pariser Zweigniederlassung der Klägerin am 24. Mai 1916 die beiden am 5. und 30. September 1914 fällig gewesenen Wechsel über je 60000 frcs gegenüber der als Wechselgläubigerin legitimierten Bank von Frankreich mit 120000 frcs Hauptsumme und 9758,35 frcs Zinsen eingelöst, und ebenso am 27. Mai 1916 den weiteren, am 30. Oktober 1914 fällig gewesenen Wechsel über 60000 frcs der Société Générale gegenüber mit 60000 frcs Hauptsumme und 4494 frcs Zinsen. Diese Einlösungen sind mit Mitteln der genannten Pariser Niederlassung bewirkt worden. Wie der Vorderrichter weiter zutreffend darlegt, war trotz der Sequestration durch die französische Regierung das Vermögen der Pariser Zweigniederlassung noch im Zeitpunkt der Einlösung der Wechsel eigenes Vermögen der Klägerin gewesen (vgl. das Urteil des erkennenden Senats vom 29. März 1927 in RGZ. Bd. 116 S. 330, das sich auf englische Verhältnisse bezieht). Durch die Einlösung der Wechsel sind die Akzeptverpflichtungen der Klägerin, aber auch, worauf besonders hinzuweisen ist, die Regreßverbindlichkeiten des Beklagten aus den von ihm diskontierten Wechseln getilgt worden, und diese Tilgung ist mit Mitteln der Klägerin durch eine hierzu befugte Person geschehen. Die reichsdeutsche Klägerin hatte jedoch nach ihrer mit dem gleichfalls reichsdeutschen Beklagten in Leipzig getroffenen Abmachung die Wechsel nur gefälligkeitshalber akzeptiert; diese gingen deshalb im Innenverhältnis der Parteien den Beklagten an; er hatte der Klägerin gegenüber für ihre Einlösung aufzukommen. Aus diesem der Wechselakzeptierung zugrundeliegenden Rechtsverhältnis leitet die Klägerin ihre jetzigen Ansprüche gegen den Beklagten her. Mit Recht ist das Berufungsgericht der Ansicht, daß Erfüllungsort für diese Ansprüche Leipzig sei und daß sie demgemäß nach deutschem Recht zu beurteilen seien. Nicht zu beanstanden ist auch die Annahme, die Klägerin könne wegen der aus ihrem Vermögen erfolgten Tilgung der Wechselforderungen vom Beklagten gemäß § 670 BGB. Ersatz ihrer Aufwendungen verlangen. Dagegen verneint das Berufungsgericht zu Unrecht, daß der Beklagte auch aus ungerechtfertigter Bereicherung hafte, worauf die Klage mitabgestellt ist. Wie das angefochtene Urteil in anderem Zusammenhang selbst ausführt, ist der Beklagte durch die Einlöſung der Wechſel der Gefahr enthoben worden, aus ihnen als Ausſteller von ſeinen Nachmännern in Anſpruch genommen zu werden. Mit anderen Worten: er iſt durch deren Befriedigung aus dem Vermögen der Klägerin von ſeinen Regreßverpflichtungen befreit worden, und damit iſt der Diskonterlös endgültig ſeinem Vermögen verblieben. Da die Wechſel im Innenverhältnis der Parteien ihn allein angingen, iſt er allerdings inſofern ohne Rechtsgrund auf Koſten der Klägerin bereichert. Dieſe in der Befreiung von Schulden beſtehende Bereicherung konnte ihrer Natur nach in der Folge nicht wieder wegfallen oder ſich mindern. Beizuſtimmen iſt aber dem Berufungsgericht wiederum darin, daß die Erſatzanſprüche der Klägerin gegen den Beklagten weder von den Beſtimmungen des Verſailler Vertrags (vgl. insbeſondere Art. 297 Nr. 2b daſelbſt) noch von den darauf ſich gründenden Liquidationsmaßnahmen der franzöſiſchen Regierung gegen die Pariſer Zweigniederlaſſung ergriffen wurden. Ebenſowenig handelt es ſich dabei um Anſprüche, die dem Ausgleichsverfahren (Art. 296 Nr. 2 des Verſ. Vertrags und §§ 7, 25 des Ausgleichsgeſetzes in der Faſſung vom 20. November 1923, RGBl. I S. 1135) unterliegen würden oder unterlegen hätten.

Im Gegenſatz zum Landgericht iſt aber der Vorderrichter weiterhin der Meinung, daß die Klägerin, weil ſie franzöſiſche Franken und nicht Mark aus ihrem Vermögen aufgewendet habe, mit der aus § 244 BGB. für den Schuldner folgenden Maßgabe auch nur eine Erſatzforderung in franzöſiſchen Franken, nicht aber in Reichsmark erlangt habe. Er lehnt ferner die Annahme ab, daß der Beklagte für die zwiſchen der Zahlung der Wechſel und der Mahnung (vom 20. Februar 1925) eingetretene Entwertung des franzöſiſchen Franken aufkommen müſſe, weil dieſe bis dahin verhältnismäßig geringfügig geweſen ſei und die Frankenforderung der Klägerin auch während des Verfalls der deutſchen Währung gewiſſe Vorteile geboten habe, ſo daß kein Anlaß zur Aufwertung vorliege. Dagegen bejaht das angefochtene Urteil die Haftung des Beklagten für die ſeit der Mahnung weiter fortgeſchrittene Entwertung des franzöſiſchen Franken aus dem Geſichtspunkt der Verpflichtung zum Erſatz des Verzugsſchadens.

Mit Grund wendet ſich die Reviſion gegen dieſe Auffaſſung.

Die Ansprüche der Klägerin, die ausdrücklich auf § 670 und §§ 812flg. BGB. gestützt sind, richten sich im einen wie im andern Fall auf Wertersatz. Dabei kann es keinen Unterschied ausmachen, ob die Einlösung der Wechsel mit schon vorhandenen Geldern geschehen ist oder ob zu diesem Behuf erst Waren der Pariser Niederlassung durch den Sequester versilbert werden mußten. Auch wenn es sich bloß um Aufwendung baren Geldes handelte, war der verwendete Geldbetrag nur das Maß für den zu ersetzenden Wert (Mügel Aufwertungsrecht 5. Aufl. S. 148flg.). Der Klägerin müssen demnach die Aufwendungen, die der Sequester im Mai 1916 aus ihrem Vermögen gemacht hat und die damals der Beklagte hätte machen müssen, nach ihrem damaligen Wert dem jetzigen Geldstand entsprechend erstattet werden. Es handelt sich also nicht um ein eigentliches Aufwertungsproblem, sondern um eine Frage der bloßen Umwertung, mag eine Franken- oder eine Markforderung vorliegen. Wollte man hier der Geldentwertung, vom Fall des Zahlungsverzugs abgesehen, die Berücksichtigung versagen, so würde dies im Kern auf eine teilweise Aberkennung des Erstattungsanspruchs hinauslaufen. Dafür fehlt es aber an jedem Rechtsgrund. Hierzu kommt, daß gerade im vorliegenden Fall die Abmachungen der Parteien nach Treu und Glauben doch nur dahin verstanden werden können, die Klägerin solle durch ihre Gefälligkeit, die dem Beklagten die Diskontierung der Wechsel ermöglicht und ihm so mittelbar die (von ihm wertbeständig angelegte) Diskontsumme verschafft hat, nicht in Nachteil geraten, zumal da sie ihm weiterhin durch Tilgung der Wechselansprüche und damit auch seiner Regreßverbindlichkeiten aus ihrem eignen Vermögen den Besitz und Genuß des Diskonterlöses endgültig gesichert hat.

Nach alledem kann es auch vom Standpunkt einer billigen Interessenabwägung aus nicht als mit Treu und Glauben unvereinbar gelten, daß die Gefahr der zufälligen Geldentwertung, die hier sehr beträchtlich war, zu Lasten des Beklagten geht. Besondere Umstände, die zu einer anderen Beurteilung Anlaß geben könnten, sind nicht dargetan. Daß die Klägerin, wie das Berufungsgericht meint, ihre Ansprüche wegen der Geldentwertung nur auf den Gesichtspunkt des Verzugsschadens gestützt hätte, ist nicht richtig. Sie hat sie vielmehr auch aus § 670 und §§ 812flg. BGB. hergeleitet. Schuldet aber der Beklagte Wertersatz, hat er also den

Betrag des Wertes zu leiſten, den die Frankenzahlungen der Klägerin im Mai 1916 nach dem damaligen Frankenkurs hatten, dann ſpielt die Frage, ob eine Valutaſchuld vorliegt, im praktiſchen Ergebnis keine Rolle. Denn es bedeutet im Erfolg dasſelbe, ob der Beklagte, gegebenenfalls unter Abzug eines Verarmungsfaktors, mit der Befugnis zur Zahlung von Reichsmark (§ 244 BGB.) verurteilt wird, ſo viel franzöſiſche Franken zu zahlen, als nach dem jetzigen niedrigeren Frankenkurs zum Ausgleich des Wertes der Frankenzahlung vom Mai 1916 erforderlich ſind, oder ob umgekehrt die Verurteilung auf den entſprechenden Reichsmarkbetrag mit der Befugnis zur Zahlung in Franken geht. Inſoweit iſt der Beklagte durch das Urteil I. Inſtanz ſachlich nicht beſchwert.

Im übrigen iſt der Anſpruch der Klägerin auch Markanſpruch. Richtig iſt zwar, daß aus ihrem Vermögen franzöſiſche Franken aufgewendet wurden und aufgewendet werden mußten, weil die Wechſelverbindlichkeiten Frankenſchulden waren. Dieſe Franken ſind auch nicht erſt durch Umwandlung eines Markguthabens beſchafft worden. Darauf kommt es aber nicht entſcheidend an. Eine ausdrückliche Abrede darüber, in welcher Währung der Beklagte etwaige Aufwendungen zu erſetzen habe, iſt unſtreitig nicht getroffen. Die Parteien waren zur Zeit des Vertragsabſchluſſes Deutſche und in Leipzig anſäſſig; dort hatten ſie ihre gewerbliche Niederlaſſung und dort hat der Beklagte den Erſatzanſpruch zu erfüllen. Irgendwelche Anhaltspunkte für eine ſtillſchweigende Vereinbarung auf Leiſtung eines etwaigen Erſatzes in Frankenwährung beſtehen nicht. An und für ſich greift deshalb § 361 HGB. ein. Danach iſt im Zweifel in der Währung des Erfüllungsorts zu leiſten. Erfüllungsort für die Erſatzſchuld des Beklagten iſt aber Leipzig, gleichviel ob ſie auf dem Rechtsgrund des Auftrags oder der ungerechtfertigten Bereicherung beruht. Aus der Natur des Anſpruchs folgt nichts Gegenteiliges. Er geht auf Werterſatz. Wären im Intereſſe des Beklagten Sachwerte aus dem Vermögen der Klägerin aufgewendet, z. B. Waren verſilbert worden, ſo könnte es für die Frage, in welcher Währung der Erſatz zu leiſten ſei, nicht darauf ankommen, ob die Sachwerte ſeinerzeit mit Mark- oder mit Fremdvaluta beſchafft worden ſind. Vielmehr müßte inſoweit beim Fehlen einer anderweitigen Abmachung § 361 HGB. angewendet werden. Es iſt aber nicht abzuſehen, weshalb etwas anderes dann gelten ſollte, wenn die Aufwendung in geſetzlichen oder in den gebräuchlichen Zahlungsmitteln einer Fremdwährung beſtand. Auch hier hat die Zahlung in Fremdwährung nur die Bedeutung eines Rechnungsfaktors für die Ermittlung der Höhe des Werterſatzes.

Der Beklagte kann ſich ſeiner Erſtattungspflicht — im ganzen oder zum Teil — auch nicht unter Berufung darauf entſchlagen, was geſchehen wäre, wenn der Sequeſter die Wechſel nicht eingelöſt hätte. Es mag ſein, daß dann die zu ihrer Einlöſung verwendeten Beträge mit dem ſonſtigen Vermögen der Pariſer Zweigniederlaſſung im Beſitz des Sequeſters verblieben und ſchließlich ebenfalls der Liquidation durch den franzöſiſchen Staat anheimgefallen wären mit der Folge, daß ſich die Klägerin gemäß § 2 des Liquidationsſchädengeſetzes in der Faſſung vom 20. November 1923 bis auf weiteres mit einer vom Reich zu gewährenden Entſchädigung von 2 Tauſendſteln hätte zufrieden geben müſſen. Dies iſt aber unerheblich, weil die fraglichen Mittel der Klägerin längſt vor dem Inkrafttreten des Friedensvertrags nebſt Anhangsgeſetzen zur Bereinigung der im Innenverhältnis den Beklagten angehenden Wechſelſchulden verwendet worden ſind und damit der Erſtattungsanſpruch der Klägerin gegen ihn erwachſen war. Deshalb teilt dieſer Anſpruch nicht das Schickſal des übrigen in der Pariſer Zweigniederlaſſung der Klägerin feſtgelegten Vermögens. Ebenſowenig kann der Beklagte mit Erfolg geltend machen, daß er, wenn die Wechſel nicht vom Sequeſter bezahlt und nicht im Ausgleichsverfahren abgerechnet worden wären, nach § 25 des Reichsausgleichsgeſetzes vom 20. November 1923 nur $^1/_{200}$ des Vorkriegskurſes zu zahlen gehabt hätte. Auch dieſem Vorbringen iſt entgegenzuhalten, daß die Wechſel längſt vor dem Inkrafttreten des Friedensvertrags und des Ausgleichsgeſetzes mit dem Gelde der Klägerin eingelöſt worden ſind und daß damit deren Erſatzforderung entſtanden war. Hätte ſie damals alsbald von dieſem Sachverhalt Kenntnis erlangt und wäre ſie in der Lage geweſen, die Einlöſung der Wechſel nachzuweiſen, ſo iſt nicht einzuſehen, inwiefern ſich der Beklagte ſeiner Verpflichtung zu vollem Erſatz hätte entziehen können. Der Umſtand aber, daß die Klägerin die anſpruchbegründenden Tatſachen erſt ſehr viel ſpäter erfahren hat, vermag an der Rechtslage nichts zu ändern. . . .

18. 1. Ist der Beschluß, durch den die Aufwertungsstelle das Verfahren aussetzt, mit der einfachen oder mit der sofortigen Beschwerde anfechtbar?

2. Hat die Aufwertungsstelle das Verfahren auch dann auszusetzen, wenn das Bestreiten des zur Aufwertung angemeldeten Anspruchs durch den Schuldner offensichtlich unbegründet ist?

AufwG. §§ 69, 73, 74; FGG. § 19.

V. Zivilsenat. Beschl. v. 30. Januar 1928 i. S. E. w. B. V B 36/27.

I. Aufwertungsstelle Malchow.
II. Landgericht Güstrow.

Der Sachverhalt ergibt sich aus folgenden

Gründen:

Die Antragstellerin hat bei der Aufwertungsstelle eine Restkaufgeld-Hypothek von 12000 ℳ zur Aufwertung des dinglichen Rechts und der persönlichen Forderung angemeldet. Der als Schuldner in Anspruch genommene Antragsgegner hat seine Aufwertungspflicht unter Berufung auf einen angeblich am 24. August 1923 mit der Antragstellerin abgeschlossenen Vergleich bestritten. Durch Beschluß vom 31. Januar 1927 hat die Aufwertungsstelle das Verfahren ausgesetzt und der Antragstellerin aufgegeben, binnen Jahresfrist eine Entscheidung des Prozeßgerichts darüber beizubringen, ob ein aufgewerteter Anspruch der Gläubigerin bestehe. Gegen diesen Beschluß hat die Antragstellerin Beschwerde erhoben mit der Begründung, der Einwand des Antragsgegners sei im Hinblick auf § 67 Abs. 2 S. 1 AufwG. offensichtlich unbegründet; in einem solchen Falle habe die Aufwertungsstelle von der Aussetzung des Verfahrens Abstand zu nehmen.

Das Landgericht hat die Beschwerde als einfache Beschwerde für zulässig erachtet, sie aber aus sachlichen Erwägungen zurückgewiesen. Es führt aus: Das Aufwertungsgesetz stelle im 11. Abschnitt die Regel auf, daß die Aufwertungsstelle über die Frage, ob ein nach seinen Vorschriften aufgewerteter Anspruch bestehe, nur im Falle der Vereinbarung zu entscheiden befugt sei. Werde aber die Aufwertung unter Berufung auf einen Vergleich abgelehnt, so werde damit die Aufwertungspflicht dem Grunde nach bestritten. Ob dieses Bestreiten zu Recht geschehe und ob der behauptete Vergleich nach § 67 Abs. 2 AufwG. überhaupt der Aufwertung entgegenstehe, habe beim Fehlen einer Vereinbarung der Parteien über die Zuständigkeit der Aufwertungsstelle lediglich das Prozeßgericht im ordentlichen Rechtsweg zu entscheiden. Gegen diesen Beschluß hat die Antragstellerin weitere Beschwerde erhoben. Das Oberlandesgericht Rostock hält die Auffassung des Landgerichts für zutreffend und möchte die weitere Beschwerde zurückweisen. Es sieht sich jedoch daran gehindert durch Beschlüsse des Kammergerichts vom 21. Oktober 1926 (JW. 1927 S. 1005 Nr. 29) und anderer Oberlandesgerichte, die mit der Entscheidung des Kammergerichts im Einklang stehen. Es hat deshalb die weitere Beschwerde gemäß § 74 AufwG., § 28 FGG. dem Reichsgericht vorgelegt.

Das Kammergericht hat in der erwähnten Entscheidung wie auch sonst schon ausgesprochen, daß die Aufwertungsstelle von einer Aussetzung des Verfahrens abzusehen habe, wenn der zur Aufwertung angemeldete Anspruch vom Schuldner offensichtlich grundlos bestritten werde (DJZ. 1925 Sp. 192 = JW. 1925 S. 267 Nr. 2; JW. 1926 S. 2454 Nr. 8; RsprAufw. I S. 507; II S. 223). Dieser Auffassung sind beigetreten die Oberlandesgerichte Dresden in RsprAufw. II S. 219, 450, 756, Hamburg ebendas. S. 529, Stuttgart in JW. 1926 S. 2637. Da das Oberlandesgericht Rostock von diesen Entscheidungen abweichen will, ist die Zuständigkeit des Reichsgerichts für die weitere Beschwerde gegeben.

Dem Landgericht ist darin beizutreten, daß der Beschluß der Aufwertungsstelle vom 31. Januar 1927 nicht der sofortigen Beschwerde (§ 74 Abs. 1 AufwG.), sondern der einfachen Beschwerde nach § 73 Abs. 1 das. in Verbindung mit § 19 FGG. unterliegt. Der Senat schließt sich in dieser Beziehung den Erwägungen des Kammergerichts an (RsprAufw. II S. 563).

Die weitere Beschwerde entspricht den Formerfordernissen des § 29 FGG. Sachlich ist sie begründet. Nach § 69 AufwG. hat zwar die Aufwertungsstelle, sofern nicht eine Vereinbarung gemäß § 71 das. vorliegt, nur über die Höhe der Aufwertung zu entscheiden. Wird daher der zur Aufwertung angemeldete Anspruch seinem Grunde nach bestritten, so ist für die Frage des Bestehens des Anspruchs das Prozeßgericht zuständig. Wollte die Aufwertungsstelle bereits vor dem Spruch des ordentlichen Gerichts über die Höhe der Aufwertung beschließen, so würde diese Entscheidung hinfällig, wenn das Prozeßgericht hinterher den Anspruch dem Grunde nach verneint. Die Rechtsprechung hält daher in einem solchen Falle die Aufwertungsstelle für verpflichtet, das Verfahren auszusetzen und zugleich eine Frist zu bestimmen, innerhalb deren eine Entscheidung des Prozeßgerichts über das Bestehen des Anspruchs beizubringen ist (RG. im Recht 1925 S. 41 Nr. 24; KG. in DJZ. 1925 Sp. 192). Dieser Grund für die Aussetzungspflicht fällt aber weg, wenn das Bestreiten des zur Aufwertung angemeldeten Anspruchs offensichtlich ungerechtfertigt ist, sodaß gar keine Möglichkeit besteht, daß das Prozeßgericht zur Verneinung des Bestehens des Anspruchs gelangen könnte. In diesem Falle würde die Aussetzung nur eine zwecklose Verzögerung des Verfahrens verursachen, die im Widerspruch stände mit der Absicht des Aufwertungsgesetzes, möglichst bald klare Verhältnisse zu schaffen. Es ist daher der auch im Schrifttum überwiegend gebilligten Ansicht des Kammergerichts und der anderen oben angeführten Oberlandesgerichte beizutreten, daß im Falle offensichtlich unbegründeten Bestreitens des Anspruchs die Aussetzung des Verfahrens unsachgemäß und deshalb von der Aufwertungsstelle nicht anzuordnen sei. Um einen solchen Fall handelt es sich hier. Denn der vom Antragsgegner behauptete Vergleich kann, da er im August 1923 geschlossen worden sein soll, gemäß § 67 Abs. 2 S. 1 AufwG. den Anspruch der Antragstellerin offensichtlich nicht berühren.

Ob von einer Aussetzung des Verfahrens, wie das Kammergericht will, auch dann abzusehen ist, wenn die Aufwertungsstelle nach gewissenhafter Prüfung zur Überzeugung gelangt, daß eine Anrufung des Prozeßgerichts erfolglos wäre (RsprAufw. II S. 223), bedarf hier nicht der Entscheidung . . .

---

19. 1. Kann ein im Jahre 1917 von einer preußischen Stadtgemeinde für Kriegszwecke aufgenommenes größeres Darlehen, für das dem Darlehensgeber im Auftrag des Bürgermeisters als Sicherheit an Stelle eines Schuldscheins der Gemeinde mißbräuchlich ein Buch der städtischen Sparkasse mit den gewöhnlichen Einträgen eines ordnungsmäßigen Sparkassenbuchs behändigt worden

ist, als Schuldschein-Darlehen im Sinne des § 30 Abs. 3 des Anleiheablösungs-Gesetzes vom 16. Juli 1925 angesehen werden?

2. Wird durch die Vereinbarung, daß die Gemeinde später einen Schuldschein ausstellen soll, der Mangel der wirklichen Ausstellung eines solchen beseitigt?

3. Über den Begriff des Sparguthabens im Sinne des § 55 des Aufwertungsgesetzes vom 16. Juli 1925.

IV. Zivilsenat. Urt. v. 30. Januar 1928 i. S. J. (Kl.) w. Stadtgemeinde K. (Bekl.). IV 222/27.

I. Landgericht Koblenz.
II. Oberlandesgericht Köln.

Im Sommer 1916 und im Sommer 1917 erhielt die Beklagte vom Ehemann der jetzigen Klägerin je ein Darlehen von 100000 *M*. Vereinbart war: fünfprozentige Verzinsung, fünfjährige Unkündbarkeit mit anschließender sechsmonatiger Kündigungsbefugnis, ferner Einzahlung des Darlehens abzüglich eines „Damno" von 2% bei der Sparkasse der Beklagten, Sicherheitsleistung durch vorläufige Aushändigung eines Sparkassenbuches und spätere Ausstellung eines Schuldscheins. Die Einzahlungen wurden in der Zeit vom 22. Juni bis 8. September 1916 und vom 18. Juli bis 27. August 1917 geleistet. Der Empfang wurde in einem dem Gläubiger behändigten, auf seinen Namen ausgestellten Sparkassenbuch jeweils von zwei Angestellten der Sparkasse bestätigt. Dem Sparkassenbuch war ein gedruckter Auszug aus der Satzung beigeheftet; nach § 15 der Satzung konnte die Einlage des Buchs von beiden Seiten unter Einhaltung einer Frist von einigen Wochen oder Monaten gekündigt werden. Zur Ausstellung des Schuldscheins ist es nicht gekommen. Am 29. Dezember 1922 wurde der Gesamtbetrag der beiden Darlehen unter Einziehung des Sparkassenbuches zurückgezahlt; der zurückgezahlte Betrag hatte damals einen Wert von 126,80 G*M*. Später verlangte der Gläubiger auf Grund des § 242 BGB. Aufwertung in Höhe von 25%, also Zahlung von 50000 weniger 126,80 = 49873,20 R*M*; vorläufig wurde ein Teilbetrag von 4100 R*M* eingeklagt. Das Landgericht gab der Klage statt, das Oberlandesgericht wies sie ab. Die Revision der an Stelle ihres verstorbenen Ehemanns in den Rechtsstreit eingetretenen Witwe des Klägers führte zur Wiederherstellung des ersten Urteils.

Gründe:

Das Berufungsgericht hat die Aufwertung des Darlehens aus einem doppelten Grunde abgelehnt: einmal nach § 40 Abs. 3 und § 30 Abs. 3 des Anleiheablösungs-Gesetzes vom 16. Juli 1925, weil ein „Schuldschein-Darlehen" vorliege, und sodann, hilfsweise, nach § 55 des Aufwertungsgesetzes vom gleichen Tage, weil es sich um ein Sparguthaben bei einer öffentlichen Sparkasse handle.

Soweit die Revision den zweiten Grund angreift, ist ihr ohne weiteres beizutreten. Unter Sparguthaben versteht § 55 AufwG., wie der erkennende Senat in seinem Urteil vom 5. Januar 1928 IV 430/27 ausgeführt hat, ausschließlich Guthaben aus Einlagen von Sparern. Der Ausdruck „Sparguthaben" ist im Gesetz absichtlich gewählt worden, um die sich aus der Fassung der 3. Steuernotverordnung („Sparkassenguthaben") ergebenden Zweifel zu beseitigen. Zu diesen in § 1 Nr. 9 und § 7 der 3. StNVo. erwähnten „Sparkassenguthaben" hat sich schon im November 1924 der preußische Minister des Innern auf eine Anfrage des Deutschen Sparkassen- und Giroverbands dahin geäußert, daß „darunter lediglich die vom Sparer in Gemäßheit der Bestimmungen der Satzung eingezahlten Einlagen, über die ein Sparbuch ausgestellt ist, zu verstehen seien, nicht aber die in der Inflationszeit hereingenommenen Darlehenskapitalien, für die mißbräuchlich ein Sparbuch ausgestellt worden sei" („Sparkasse" 1924 S. 689). Im vorliegenden Falle sind aber die Einzahlungen nicht von einem Sparer, sondern auf Grund der vorausgegangenen schriftlichen Verhandlungen von einem Darlehensgeber außerhalb der Bestimmungen der Satzung zwar bei der Sparkasse (als Zahlstelle der Gemeinde) gemacht worden, aber nicht für die Sparkasse, sondern für die Gemeinde, die das Geld für Kriegszwecke verwenden wollte.

Ebensowenig steht der Beklagten § 30 Abs. 3 AnlAblG. zur Seite. Allerdings war zwischen den Parteien von Anfang an vereinbart, daß die Gemeinde für das Darlehen einen Schuldschein ausstellen solle. Aber § 30 Abs. 3 a. a. O. spricht nur von Darlehen, für die ein Schuldschein ausgestellt ist. Der Wille der Parteien, die im Jahre 1917 von einem Anleiheablösungs-Gesetz nichts wissen konnten, kommt insoweit nicht in Betracht. Eine ausdehnende Auslegung des Gesetzes kann nach dieser Richtung nicht stattfinden. Das Gesetz enthält keine Lücke, die auszufüllen wäre; denn alle durch die beiden Gesetze vom 16. Juli 1925 gegenüber der Geldentwertung nicht besonders geregelten Rechtsverhältnisse fallen von selbst unter die Aufwertungsvorschrift des § 62 AufwG., d. h. unter § 242 BGB. und die dazu ergangene Rechtsprechung des Reichsgerichts (§ 1 Abs. 2 AufwG.). Richtig ist, daß durch § 40 Abs. 3 AnlAblG. hauptsächlich die kleineren Gemeinden geschützt werden sollten, die ihren Geldbedarf auf dem Wege von Darlehensabschlüssen zu decken genötigt waren (Drucks. R. T. III 1924/25 Nr. 805 S. 21 und Nr. 1150 S. 9; RGZ. Bd. 116 S. 170). Aber nicht alle Darlehen der Gemeinden sollten der Aufwertung nach § 242 BGB. entzogen werden. Daher galt es, die Darlehen, die nicht aufgewertet werden sollten, zu kennzeichnen. Das konnte nach der Art der ursprünglich beabsichtigten oder der später erfolgten Verwendung der aufgenommenen Gelder oder nach der Anleihe-Ähnlichkeit der bei der Darlehensaufnahme beobachteten Formen oder nach der einen bestimmten Betrag übersteigenden Höhe des Darlehens oder auch mit Hilfe eines anderen äußeren Merkmals geschehen, z. B. durch die Beschränkung auf solche Gemeindedarlehen, für die ein Schuldschein vorlag und die insoweit eine gewisse Ähnlichkeit mit den Kommunalanleihen und -Schuldverschreibungen aufwiesen. Die beiden ersten Unterscheidungsmerkmale hätten der Übersichtlichkeit des Gesetzes Eintrag getan und wohl auch bei seiner Anwendung Schwierigkeiten geboten. Aber das letzte Unterscheidungsmerkmal war ohne weiteres verständlich, auch leicht und sicher (urkundlich) nachzuweisen, und daher durchaus brauchbar. Sein einziger Nachteil bestand darin, daß unter Umständen im einen oder anderen Fall, der sich vielleicht nach den beiden ersten Richtpunkten zur Befreiung vom allgemeinen Aufwertungszwang geeignet hätte, der von den Parteien ins Auge gefaßte Schuldschein zufällig nicht zustandegekommen war und das Darlehen also, wenn auf das Vorliegen eines Schuldscheins abgestellt wurde, der allgemeinen Aufwertungspflicht anheimfallen mußte. Wenn bei solcher Sachlage der Gesetzgeber dieses Bedenken im Interesse der Verständlichkeit und der sicheren Handhabung des Gesetzes zurückgestellt und das Vorliegen eines Schuldscheins zum gesetzlichen Tatbestandsmerkmal erhoben hat, ist das begreiflich, und es liegt kein Grund vor, darin eine der Auslegung zugängliche Unklarheit des Gesetzes zu erblicken. Den dem Plenum des Reichstags vor der Beschlußfassung gedruckt vorgelegten oder mündlich vorgetragenen und von der Mehrheit stillschweigend gebilligten Ausführungen zum Gesetzentwurf ist nichts Gegenteiliges zu entnehmen.

Der Begriff des Darlehens in § 30 Abs. 3 AnlAblG. ist kein anderer als der des bürgerlichen Rechts (§ 607 BGB.). Die Auffassung, als seien hier nur solche Darlehen gemeint, die nach dem maßgebenden Landesrecht als öffentliche Darlehen zu gelten haben, ist vom erkennenden Senat im Anschluß an die Rechtsprechung des V. Zivilsenats abgelehnt worden (RGZ. Bd. 116 S. 172, Bd. 117 S. 59; Urt. vom 9. Juli 1927 IV 95/27 und vom 22. September 1927 IV 104/27).

Auch der Begriff des Schuldscheins ist dem bürgerlichen Recht entnommen (§§ 371, 952 Abs. 1 BGB.). Dieses versteht darunter eine die Schuldverpflichtung begründende oder bestätigende, vom Schuldner zum Zwecke der Beweissicherung für das Bestehen der Schuld ausgestellte Urkunde (RGZ. Bd. 116 S. 173). Es genügt also nicht jede in irgendeiner Beziehung für die Schuldverpflichtung beweiserhebliche Urkunde, sondern der Schuldschein muß den Inhalt der Schuldverpflichtung zum mindesten im wesentlichen wiedergeben. Er muß vom Schuldner unterschrieben und geeignet sein, für sich allein den wesentlichen Inhalt der Schuldverpflichtung zu beweisen (RGZ. Bd. 117 S. 60). Daß die der Ausstellung des Darlehens vorausgegangenen schriftlichen Verhandlungen zwischen den Parteien schon wegen der fehlenden Bestätigung über den Empfang des noch nicht ausgezahlten Geldes nicht etwa zusammengenommen als Schuldschein gelten können, hat das Berufungsgericht nicht verkannt. Aber es glaubt in dem an den Kläger ausgehändigten Sparkassenbuch einen allen Erfordernissen genügenden „Schuldschein" über das der beklagten Gemeinde auf 5 Jahre gewährte Darlehen erblicken zu müssen. Dem kann nicht beigetreten werden.

Die städtischen Sparkassen stellen in Preußen keine selbständigen Rechtspersonen dar, sondern Unternehmen der Gemeinde. Aber sie bilden einen selbständigen Zweig der Gemeindeverwaltung. Ihrem Vorstand kommt die Eigenschaft einer öffentlichen Behörde und gegenüber dem Bürgermeister oder dem Magistrat die Stellung einer Verwaltungsdeputation zu (RGZ. Bd. 64 S. 403). Ihr

Vermögen bildet einen besonderen, von anderen Kassen der städtischen Verwaltung „unvermischt zu haltenden Fonds des Gemeindevermögens" (RGZ. Bd. 68 S. 280). Darlehen können sowohl von der Gemeinde als von der Sparkasse aufgenommen werden; von der Gemeinde im Rahmen der Städteordnung (hier der Städteordnung für die Rheinprovinz vom 15. Mai 1856), von der Sparkasse im Rahmen des Reglements vom 12. Dezember 1838 (GS. 1839 S. 5) und der von der Aufsichtsbehörde genehmigten Satzung. Im ersten Falle kann der Schuldschein über das Darlehen nur von der Gemeinde, nicht von der Sparkasse ausgestellt werden. Auch die Aufwertungsgesetzgebung, welche „Sparguthaben" (§ 55 AufwG.), ferner Markanleihen der Sparkassen (Zweite DurchfVo. vom 2. Juli 1926, RGBl. I S. 343 § 16 Abs. 1 Nr. 3) und „Schuldschein-Darlehen der Gemeinden" unterscheidet und alle drei Arten in getrennten Gesetzen behandelt, verlangt in § 30 Abs. 3 AnlAblG. unzweifelhaft einen Schuldschein der Gemeinde.

Im vorliegenden Rechtsstreit sind die Parteien darüber einig, daß nicht die städtische Sparkasse, sondern die Gemeinde das Darlehen aufgenommen hat. Diese tritt aber in dem hier ausgestellten Sparkassenbuch nirgends als Ausstellerin der Urkunde hervor. Die verschiedenen Unterschriften der Angestellten der Sparkasse lassen nicht erkennen, daß sie nicht auf Grund des § 10 Abs. 4 der Satzung für die Sparkasse, sondern auf Grund einer besonderen Vollmacht (Städteordnung § 53 Nr. 8, vgl. RGZ. Bd. 115 S. 313, Bd. 116 S. 252) für die Gemeinde abgegeben sind. Das wirkliche Schuldverhältnis, die 5 Jahre unkündbare Darlehensschuld der Gemeinde, ist in dem Buch überhaupt nicht beurkundet. Vielmehr ist dort nur von einer kurzfristig kündbaren Darlehensschuld der Sparkasse (§ 700 BGB.) die Rede. Inwieweit in dem Sparkassenbuch ein Schuldschein der Sparkasse erblickt werden kann, mag hier auf sich beruhen; als Darlehensschuldschein der Gemeinde kann es keinenfalls angesehen werden. Es war auch gar nicht dazu bestimmt, sondern es wurde dem Darlehensgeber gerade deshalb ersatzweise als „Sicherheit" gegeben, weil die Gemeinde vorläufig keinen Schuldschein ausstellen wollte. Daß auch ein im Auftrag des Bürgermeisters mißbräuchlich ausgestelltes Sparkassenbuch dem Gläubiger der Gemeinde eine gewisse Sicherheit bietet, ist nicht zu verkennen. Ob das Fehlen der vereinbarten Fälligkeitsbestimmungen für sich allein eine Urkunde, die sich im übrigen nach Form und Inhalt als Schuldschein im Sinne des § 30 Abs. 3 AnlAblG. darstellt, dieser Eigenschaft zu entkleiden vermag, braucht hier, wo kein Schuldschein der beklagten Gemeinde vorliegt, nicht erörtert zu werden („Sparkasse" 1927 S. 482). Das nämliche gilt von der weiteren Frage, ob ein ordnungsmäßig ausgestelltes Sparkassenbuch schon deshalb kein Schuldschein sein kann, weil zwar beim Sparkassenbuch, nicht aber bei jedem Schuldschein (§ 808 Abs. 1 BGB.) die Berechtigung des Inhabers bei der Rückzahlung des Darlehens keiner Prüfung bedarf („Sparkasse" 1926 S. 139).

Somit hat die Aufwertung der beiden Darlehen nach § 242 BGB. und nach den von der Rechtsprechung des Reichsgerichts dazu entwickelten Grundsätzen zu erfolgen. Die vorbehaltlose Annahme der am 29. Dezember 1922 ausgezahlten 200000 ℳ steht einer nachträglichen Aufwertung nicht entgegen. Schuldhaftes Verzögern der Geltendmachung des Aufwertungsanspruchs (RGZ. Bd. 118 S. 66; Urteil vom 11. November 1927 III 89/27) ist der Klagepartei nicht vorgeworfen worden.

Das nötigt zur Aufhebung des angefochtenen Urteils. Die Sache ist zur Endentscheidung reif; denn die Klagepartei fordert vorläufig nur 4100 RM, also nicht viel mehr als 2% des aufzuwertenden Darlehensrestes. Dieses Verlangen verstößt nicht gegen § 242 BGB. Wieviel die Klägerin bei Berücksichtigung aller Umstände des Falles nach den Grundsätzen der Individualaufwertung sonst noch beanspruchen kann, ist hier nicht zu untersuchen.

---

20. 1. Inwieweit hat das zur Erlassung des Läuterungsurteils berufene Gericht die Sache erneut selbständig zu prüfen, wenn der Schwurpflichtige von mehreren nach dem bedingten Endurteil von ihm zu beschwörenden Tatsachen nachträglich eine einzelne zugesteht, wegen der übrigen aber zur Eidesleistung bereit ist?

2. Genügt in solchem Falle zum Ausspruch der für die völlige Eidesverweigerung vorgesehenen Folge schon der Zweifel, ob das frühere Gericht diese Sachlage der völligen Eidesverweigerung gleichgestellt hätte?

ZPO. § 469 Satz 1, § 464 Abs. 2, § 462.

VII. Zivilsenat. Urt. v. 31. Januar 1928 i. S. Ehefrau H. (Bekl.) w. Ehemann H. (Kl.). VII 512/27.

I. Landgericht Gera.
II. Oberlandesgericht Jena.

Durch Urteil des Oberlandesgerichts war der Beklagten der Eid aufgegeben worden: „Ich habe in der Zeit vom 3. Juni 1925 bis Ende September 1925 nicht zu meinem Manne gesagt: ‚Warum hast du dich denn nicht erschossen, ehe wir zurückkamen, sonst heißt es noch, wir sind es gewesen.‘ Ich habe auch nicht kurz darauf auf seine Äußerung, ich hielte keine Ruhe, bis er sich das Leben nehme, ihm hellauflachend zugerufen: ‚Haha, mache es doch.‘ Auch habe ich damals, als er von mir bescheinigt haben wollte, daß er mir die Kosten des Wiederherstellungsprozesses nicht geschenkt, sondern nur als Darlehen vorgeschossen habe, nicht zu ihm gesagt: ‚Wenn du einmal tot bist, dann klitschen wir dir einen Haufen Dreck in die Fresse, daß du genug kriegst.‘“ Im Falle der Eidesleistung sollte die Scheidungsklage des Mannes abgewiesen und die Beklagte auf seinen Hilfsantrag zur Wiederherstellung der ehelichen Gemeinschaft verurteilt, im Falle der Verweigerung des Eides die Ehe aus Verschulden der Beklagten geschieden werden. Nachdem die Revision der Beklagten und die Anschlußrevision des Klägers gegen diese Entscheidung zurückgewiesen worden waren, erklärte die Beklagte im Termin zur Eidesleistung vor dem Oberlandesgericht, sie müsse zugeben, die im Eidessatz an erster Stelle angeführte Äußerung einmal zu ihrem Manne getan zu haben, sei aber bereit, den Eid im übrigen zu leisten. Das Gericht beschloß darauf, den Eid als verweigert anzusehen, und erließ dementsprechend Läuterungsurteil. Die Revision der Beklagten führte zur Aufhebung und Zurückverweisung.

Gründe:

Das Berufungsgericht glaubt die von der Beklagten angebotene beschränkte Eidesleistung als bedeutungslos und den Eid demgemäß als verweigert ansehen zu dürfen, weil es zweifelhaft sei, ob nicht im Falle früherer Abgabe des Teilgeständnisses im übrigen gar nicht mehr auf den Eid erkannt, sondern die Beklagte ohne weiteres verurteilt worden wäre. Der Revision kann allerdings darin nicht beigetreten werden, daß es für die Würdigung der Bedeutung einer nur teilweisen Eidesleistung nicht darauf ankomme, was das Gericht, von dem das bedingte Endurteil erlassen ist, für diesen Fall verfügt haben würde, wenn es ihn vorausgesehen hätte, daß es vielmehr selbständig zu entscheiden habe, welche Bedeutung einerseits den beschworenen, anderseits den neu zugestandenen Tatsachen beizumessen sei. Wie im allgemeinen die Urteilsgründe zur Erläuterung von Unklarheiten der Urteilsformel heranzuziehen sind, so muß auch bei Zweifeln über Zulässigkeit und Folgen einer im bedingten Endurteil nicht vorgesehenen teilweisen Eidesleistung mit Rücksicht auf die Rechtskraft des Erkenntnisses in erster Linie versucht werden, den Willen des damals erkennenden Gerichts aus den seiner Entscheidung zugrundeliegenden Erwägungen zu entnehmen. Nur soweit sich etwa herausstellt, daß die Entscheidung für diesen Fall vorbehalten werden sollte, hat die selbständige Prüfung des zur Erlassung des Läuterungsurteils berufenen Gerichts einzusetzen, bei der aber immerhin die Gesamtauffassung des ersten Urteils zugrundezulegen ist.

Mit Recht beanstandet jedoch die Revision, daß das Berufungsgericht an Hand der Entscheidungsgründe des bedingten Endurteils nicht feststellt, das damals erkennende Gericht hätte die Leistung eines Teils des Eides, wie sie jetzt angeboten wird, der Verweigerung des gesamten Eides gleichgestellt, daß es vielmehr die Leistung des beschränkten Eides als bedeutungslos behandelt schon auf Grund des bloßen Zweifels, ob nicht im Falle der früheren Abgabe des Teilgeständnisses die als Folge der Eidesverweigerung vorgesehene Verurteilung ohne weiteres ausgesprochen worden wäre. Ein derartiger bloßer Zweifel über die mutmaßliche Entscheidung des das bedingte Endurteil erlassenden Gerichts konnte keineswegs zur Annahme einer Eidesverweigerung genügen, vielmehr bedurfte es einer begründeten Darlegung, daß jenes Gericht auf das nachträgliche Zugeständnis der einen Äußerung hin alle drei Äußerungen für bewiesen erachtet oder schon in der einen Äußerung eine die Scheidung rechtfertigende schwere Eheverfehlung gefunden hätte. Falls sich ergab, daß das Gericht bei Erlassung des bedingten Endurteils die Entscheidung hierüber offen halten wollte, hatte das Berufungsgericht die Frage unter Berücksichtigung des gesamten dem bedingten Endurteil zugrundeliegenden Tatsachenstoffes selbständig, aber im Anschluß an die Gesamtauffassung des bedingten Endurteils zu prüfen.

Wenn die Revisionsbeantwortung demgegenüber darauf hinweist, daß im Läuterungsurteil ausgesprochen sei, der Scheidungsanspruch des Klägers wäre nur ausgeschlossen, wenn die Beklagte den Eid in allen seinen Teilen hätte leisten können, so vermag dieser Satz die erörterten rechtlichen Bedenken nicht zu beseitigen. Er enthält, wie sich aus dem Zusammenhang ergibt, nur die Folgerung aus den hier als rechtsirrig bezeichneten Ausführungen und dem an sich einwandfreien Satze, daß ein unerheblicher Umstand im Sinne des § 469 Satz 2 ZPO. nicht in Frage stehe....

---

21. 1. Sind die Vorschriften des § 1 UnlWG. und des § 826 BGB. bei allen Gegenständen gewerblicher Schutzrechte vor Erwerb und nach Ablauf des Sonderrechtsschutzes unter dem Gesichtspunkt unzulässiger Aneignung eines mit Mühe und Kosten errungenen fremden Arbeitsergebnisses gleichmäßig anwendbar?

2. Fallen die Anwendungsbereiche des Geschmacksmustergesetzes und des Wettbewerbsgesetzes zusammen?

3. Welcher Voraussetzungen bedarf es für die Annahme, daß die Nachbildung eines Gegenstandes, der weder Patent- noch Gebrauchsmusterschutz genossen hat, eine gegen Wettbewerbsgrundsätze verstoßende Ausnutzung eines fremden Arbeitsergebnisses darstellt?

UnlWG. § 1. BGB. § 826. Musterschutzgesetz v. 11. Januar 1876 § 1.

II. Zivilsenat. Urt. v. 31. Januar 1928 i. S. L. Metallwerk C. H. jun. (Bekl.) w. Metallwerk A. B. & Co. (Kl.). II 77/27.

I. Landgericht Potsdam.
II. Kammergericht Berlin.

Die Parteien, die beide ihren Sitz in L. haben, betreiben dort Fabriken für Huthaken u. dgl. und stehen auf diesen Gebieten in scharfem Wettbewerb miteinander. Der Klägerin ist seit dem 30. September 1922 ein Geschmacksmuster für einen Huthaken geschützt; am

22. September 1925 hat sie die Verlängerung der Schutzfrist um weitere 3 Jahre beantragt. Auch die Beklagte besitzt Geschmacksmusterschutz auf einen Huthaken, und zwar seit dem 9. Dezember 1924. Die Klägerin behauptet nun, der Huthaken der Beklagten sei eine so täuschende Nachahmung des ihrigen, daß es sogar ihr — der Klägerin — schwer falle, beide Fabrikate voneinander zu unterscheiden. Die Beklagte habe auf diese Weise den Erfolg der mit großen Mühen und Kosten verbundenen monatelangen vorbereitenden Arbeiten der Klägerin mühelos für sich ausgebeutet. Nach vielen kostspieligen Versuchen sei es der Klägerin endlich gelungen, ihren Huthaken in der erstrebten Vollkommenheit herauszubringen. Dieser habe sofort allgemeinen Anklang gefunden, besonders auch in Italien, wohin beide Parteien ihre Erzeugnisse ausführten. Die genaue Nachahmung sei der Beklagten vermutlich dadurch gelungen, daß sie Graveure der Klägerin veranlaßt habe, zu ihr überzutreten. Die Klägerin fordert nunmehr von der Beklagten Unterlassung der Herstellung und des Vertriebs des ihr geschützten Huthakens, ferner Feststellung der Schadensersatzpflicht, Rechnungslegung und Herausgabe des sich danach ergebenden Gewinns.

Das Landgericht wies die Klage ab. Das Kammergericht dagegen gab den Ansprüchen auf Unterlassung, Feststellung der Schadensersatzpflicht der Beklagten und auf Rechnungslegung durch Teilurteil statt; die Entscheidung über den Anspruch auf Herausgabe des Gewinns blieb vorbehalten.

Die Revision der Beklagten hatte keinen Erfolg.

Gründe:

Das Berufungsgericht stellt fest, daß die Klägerin mit ihrem Huthaken seit Jahren ein sehr gutes Geschäft gemacht habe und daß die in Betracht kommenden Abnehmerkreise, weil ein ähnlicher Huthaken einer anderen Firma nicht vorhanden gewesen sei, sich daran gewöhnt hätten, beim Anblick solcher Haken anzunehmen, daß sie das geschützte und gut eingeführte Fabrikat der Klägerin seien. Weiter wird festgestellt: die Beklagte habe als Fachmann auf diesem Gebiete und da sie am gleichen kleinen Ort wie die Klägerin angesessen sei, den Haken der Klägerin sowie dessen Verbreitung und Wertschätzung genau gekannt. Der Haken der Beklagten, dessen Zeichnung von demselben Zeichner herrühre, der auch die Zeichnung für den Haken der Klägerin gefertigt habe, sei nicht etwa nur diesem ähnlich, sondern stelle geradezu eine „sklavische Nachahmung" des älteren Modells der Klägerin dar. Diese liege sowohl in der Gestaltung der Gesamtform wie auch in der Art der Anordnung der einzelnen Teile, ferner in der ornamentalen Ausstattung und in der dem Haken der Klägerin eigenartigen flachen Prägung des runden Drahts an verschiedenen Stellen, wodurch hier wie dort das Bild eines Gußhakens hervorgerufen werde. Der Gebrauchszweck erfordere keineswegs eine derart übereinstimmende Ausgestaltung, die Beklagte habe vielmehr mit der genauen Nachahmung nur den Zweck verfolgt, den Abnehmern vorzutäuschen, das es sich bei ihrem Erzeugnis um das bekannte, gut eingeführte Fabrikat der Klägerin handle. Diese absichtliche Herbeiführung der Verwechslungsgefahr in Verbindung mit der mühelosen Ausbeutung des von der Klägerin durch Aufwendung von Arbeit, Zeit und Geld erzielten Arbeitserfolgs verstoße gegen die guten Sitten und damit gegen § 1 UnlWG. und § 826 BGB. Die Ansprüche auf Unterlassung, Feststellung der Schadensersatzpflicht und Rechnungslegung seien schon nach diesen Vorschriften begründet, ohne daß es der Prüfung bedürfe, ob auch Verletzung eines Geschmacksmusterschutzes vorliege.

Die Revision rügt Verletzung des § 1 UnlWG. und des § 826 BGB. Ihrer Ansicht nach ist für die Anwendung dieser Vorschriften kein Raum, weil die Klägerin ihren Huthaken als Geschmacksmuster habe eintragen lassen und in der Annahme, sie habe den Geschmacksmusterschutz rechtswirksam erworben, die Klage nur auf angebliche Verletzung dieses Schutzes gestützt habe. In Wahrheit habe aber die Klägerin keinen rechtswirksamen Musterschutz für ihr Huthaken-Modell erlangt, weil es an den Voraussetzungen der Neuheit und Eigentümlichkeit fehle (§ 1 Abs. 2 des Musterschutzgesetzes vom 11. Januar 1876) und die Klägerin überdies schon lange vor Anmeldung ihres Musterschutzes den fraglichen Haken dem § 7 Abs. 2 a. a. O. zuwider durch Abschluß von Lieferungsgeschäften nach Italien in Verkehr gebracht habe. Dies sei als wahr zu unterstellen, da der von der Beklagten hierfür angebotene Beweis nicht erhoben worden sei. Weiter meint die Revision, es sei nicht zulässig, einen Schutz, den das Gesetz — hier das Geschmacksmusterschutz-Gesetz — versage, auf dem Umweg über § 1 UnlWG. und § 826 BGB. zu gewähren.

Dieser Auffassung kann jedenfalls insoweit nicht beigetreten werden, als es sich hier um den allein in Betracht kommenden Musterschutz handelt. Es ist ein in der Rechtsprechung des Reichsgerichts anerkannter Grundsatz, daß eine schrankenlose Ausnutzung fremder Gedanken und Arbeiten auch außerhalb des Gebietes der gewerblichen Schutzrechte nicht schlechtweg zulässig ist. Neben den besonderen Vorschriften der gewerblichen Schutzgesetze stehen ergänzend die des allgemeinen bürgerlichen Rechts und des Wettbewerbsgesetzes. Das hat der erkennende Senat schon häufig ausgesprochen für das Warenzeichenrecht, das er nur als einen Ausschnitt aus dem Wettbewerbsrecht für das Gebiet der Warenbezeichnungen betrachtet. Das kann zur Folge haben, daß eine Warenbezeichnung auch nach Ablauf der Zeitdauer des formalen Zeichenschutzes oder schon vor ihrer Eintragung nach Wettbewerbsgrundsätzen oder nach § 826 BGB. Schutz gegen Nachahmung genießt. Nur soweit das Sonderrecht der gewerblichen Schutzrechte die Anwendung jener ergänzenden Vorschriften ausdrücklich oder sinngemäß ausschließt, muß sie unterbleiben (RGZ. Bd. 73 S. 296, Bd. 77 S. 432, Bd. 79 S. 417, Bd. 83 S. 389, Bd. 88 S. 186, Bd. 92 S. 113, Bd. 100 S. 8, Bd. 111 S. 256, Bd. 115 S. 184; JW. 1913 S. 1106 Nr. 7, 1915 S. 579 Nr. 13; WarnRspr. 1911 Nr. 80). Ein solcher Ausschluß vor Erwerb und nach Ablauf des gewerblichen Rechtsschutzes findet beim Patent und beim Gebrauchsmuster, nicht aber beim Geschmacksmuster statt. Aus dem Gegenstand der einzelnen gewerblichen Schutzrechte ergibt sich ihre Begrenzung. Die Grenze liegt dort, wo das Eigeninteresse mit dem Gesamtinteresse zusammenstößt. Auch für die Begrenzung der Dauer der einzelnen gewerblichen Schutzrechte ist die Abwägung zwischen dem Interesse des einzelnen und dem der Gesamtheit maßgebend. Handelt es sich um eine neue Erfindung, die eine gewerbliche Verwertung gestattet oder um eine Gestaltung, Anordnung oder Vorrichtung im Sinne des Gebrauchsmustergesetzes, so ist der monopolartige Schutz des Schöpfers des Kulturgutes unter Ausschluß aller übrigen Personen nur insoweit gerechtfertigt, als das Allgemeininteresse durch diese Beschränkung nicht zu schwer geschädigt wird. Daher besteht kein Grund, dem Erzeugnis eines schöpferischen Gedankens für die Zeit vor Erwerb des Schutzes und nach Ablauf der gesetzlichen Schutzdauer durch ergänzende Heranziehung von Vorschriften anderer Gesetze einen über den Schutz des Sonderrechts hinausgehenden Schutz zu verschaffen. Ist die Schutzdauer für jene beiden Rechte abgelaufen und damit der ihr innewohnende Zweck zugunsten des Schöpfers erreicht, so ist es im Interesse der Allgemeinheit geboten, daß die freie Herstellung des bisher geschützten Gegenstands nunmehr jedem offensteht. Dadurch wird aber selbstverständlich ein unlauterer Wettbewerb nicht zulässig, den der Nachahmer des bisher geschützten Gegenstands gegenüber dem ersten Fabrikanten durch die Art und Weise begeht, in der er sein Recht ausübt. Das gilt nicht nur von der Art des Vertriebs des betreffenden Gegenstands, sondern auch vom Nachbilden, wobei eine genaue Wiedergabe (soweit nicht der Gebrauchszweck sie erfordert) zur Vermeidung der Irreführung des Verkehrs und zum Schutze des Vorberechtigten gegen Ausbeutung unterlassen werden soll.

Während hiernach beim Patent und beim Gebrauchsmuster das Überwiegen des allgemeinwirtschaftlichen Interesses über das privatwirtschaftliche eine Ausdehnung des in den Sondergesetzen geregelten Schutzes auf dem Umweg über das Wettbewerbsgesetz oder über § 826 BGB. ausschließt, liegt die Sache beim Geschmacksmuster anders. Dieses hat nichts mit den für die Allgemeinheit wertvollen praktisch-technischen Schöpfungen zu tun; es wendet sich bei seinen gewerblichen Zwecken nur an das ästhetische Empfinden, indem es bloß auf dem Gebiete des Ästhetischen, z. B. in ansprechenden Formschöpfungen von Gebrauchsgegenständen, in geschmackvoller Anordnung und Ausgestaltung, Neues und Eigenartiges zu bieten hat. Es handelt sich hierbei, im Gegensatz zu den Objekten des Patent- und des Gebrauchsmusterschutzes, nicht um Werke, die für die Allgemeinheit, für die Volkswirtschaft eines Landes ein irgendwie nennenswertes Interesse haben. Es besteht kein öffentliches Interesse, den Gegenstand des Geschmacksmusters möglichst bald gemeinfrei zu machen, um ihn durch Ermöglichung der Herstellung gleicher Stücke für die Allgemeinheit freizugeben. Für das Geschmacksmuster kommen nur privatwirtschaftliche Gesichtspunkte und Interessen in Betracht.

Es unterliegt daher auch keinem grundsätzlichen Bedenken, der Nachbildung eines Gegenstands, dessen Geschmacksmusterschutz abgelaufen oder für den die Möglichkeit des Erwerbs eines solchen Schutzes gegeben ist, ohne daß der Berechtigte ihn erwirkt hat, unter dem aus § 1 UnlWG. und § 826 BGB. sich ergebenden Gesichtspunkt der Unzulässigkeit wettbewerbsmäßiger Aneignung eines mit Mühe und Kosten errungenen fremden Arbeitsergebnisses wegen Verstoßes gegen die guten Sitten entgegenzutreten, vorausgesetzt nur, daß die sogleich zu erörternde Voraussetzung der Verkehrsgeltung des Gegenstands zutrifft (RGZ. Bd. 115 S. 180). Daraus folgt aber nicht, daß auf solche Weise der Geschmacksmusterschutz überflüssig gemacht wäre. Denn die Anwendungsbereiche des Geschmacksmusterschutz-Gesetzes und des Wettbewerbsgesetzes decken sich nicht; sie fallen vielmehr zum Teil auseinander, weil die Voraussetzungen der beiden Gesetze verschieden sind. Für den Erwerb des Geschmacksmusterschutzes ist außer den formalen Erfordernissen der Anmeldung, Niederlegung und Eintragung die Neuheit und Eigentümlichkeit des Erzeugnisses, d. h. ein bisher im Verkehr noch nicht vorhandenes Muster notwendig, das sich nach der Rechtsprechung des Reichsgerichts als ein den ästhetischen Sinn anregendes Ergebnis individueller schöpferischer Kraft darstellt (RGZ. Bd. 49 S. 179, Bd. 61 S. 178, Bd. 72 S. 162, Bd. 76 S. 340). Für eine nach Wettbewerbsgrundsätzen unzulässige Ausnutzung eines fremden Arbeitsergebnisses durch Nachbildung bedarf es dagegen der Einführung des betreffenden Gegenstands in den Verkehr mit dem Erfolge, daß der Gegenstand Verkehrsgeltung erlangt hat, d. h. daß sich die beteiligten Verkehrskreise daran gewöhnt haben, in der ihn kennzeichnenden eigenartigen Aufmachung den Hinweis auf eine bestimmte Herkunftsstätte zu erblicken. Denn einer massenhaft hergestellten gewöhnlichen Dutzendware kann selbstverständlich kein Schutz gegen Nachbildung unter dem Gesichtspunkt sittenwidriger Ausnutzung eines fremden Arbeitsergebnisses zuteil werden. Hiernach sind zur Gewährung eines wirksamen derartigen Schutzes für einen Gegenstand, der weder Patent- noch Gebrauchsmusterschutz genossen hat, die Voraussetzungen des Geschmacksmusterschutzes nicht erforderlich. Sie würden aber auch beim Nichtvorhandensein der Verkehrsgeltung nicht genügen, und diese wird vor Erwirkung des Geschmacksmusterschutzes mit Rücksicht auf das Erfordernis der Neuheit des Erzeugnisses regelmäßig nicht vorhanden sein. Es kann deshalb dahingestellt bleiben, ob der Huthaken der Klägerin ein eigentümliches Erzeugnis im Sinne von § 1 des Geschmacksmustergesetzes in der erörterten Bedeutung ist. Denn das Berufungsgericht hat festgestellt, daß die in Betracht kommenden Abnehmerkreise beim Fehlen von ähnlichen Huthaken anderer Firmen sich daran gewöhnt haben, mit einem Huthaken vom Aussehen desjenigen der Klägerin die Vorstellung zu verbinden, es handle sich um die geschätzten und gut eingeführten Fabrikate eben der Klägerin. Hiermit hat das Berufungsgericht das Bestehen eines Ausstattungsschutzes der Klägerin an ihrem Huthaken festgestellt (WZG. § 15). Das Bestehen des Ausstattungsschutzes genügt aber nach dem Ausgeführten zum Schutz des betreffenden Gegenstands gegen Nachbildung aus § 1 UnlWG. und § 826 BGB. Mit der Rüge, daß die auf das Bestehen des Ausstattungsschutzes sich beziehenden tatsächlichen Feststellungen des Berufungsgerichts der genügenden Unterlage entbehrten, kann die Revision nicht gehört werden.

Unbegründet ist auch die weitere Rüge, die sich gegen die Feststellung des Berufungsgerichts richtet, daß der Haken der Beklagten geradezu eine sklavische Nachahmung desjenigen der Klägerin darstelle. Die Revision meint, dieser Begriff sei zu unbestimmt; es werde sich dabei um die Frage handeln, ob alles nachgeahmt sei oder nur das wesentliche. Darauf ist zu bemerken, daß das Berufungsgericht im einzelnen aufzählt, was die Beklagte nachgeahmt hat. Diese Feststellung bleibt bestehen, selbst wenn der Revision zugegeben wird, daß sich die Gleichheit der Farbe aus der Gleichheit des gewählten Metalls von selbst ergibt.

Gleichfalls verfehlt ist die Auffassung der Revision, daß trotz der angeblich vorhandenen sklavischen Nachahmung die Gefahr der Verwechslung der beiden Huthakenmuster nicht begründet sei, weil die Abnehmer der Klägerin, die ja von dieser unmittelbar bezögen, nicht getäuscht werden könnten, das Publikum aber, das seine Hüte an den Haken aufhänge, auf diese überhaupt nicht achte, da sie ihm in ihrer allgemeinen Form und in ihrer Gestalt im einzelnen gleichgültig seien. Die Revision übersieht, daß für die Verwechslungsgefahr nicht die unmittelbaren Abnehmer der Klägerin, die allerdings wegen ihres Abschlusses mit dieser nicht getäuscht werden können, und ebensowenig solche Personen in Frage kommen, die gelegentlich den Huthaken benutzen, daß es hierbei vielmehr auf die sog. zweiten Abnehmer ankommt, die von den unmittelbaren Abnehmern der Fabrikanten kaufen. Darüber, daß für diese die Verwechslungsgefahr in hohem Maße besteht, kann nach der selbständigen Prüfung dieser Frage durch das Revisionsgericht kein Zweifel bestehen. Die beiden Haken, die in Form und Ausgestaltung übereinstimmen, sind für den Durchschnittsbeschauer auch nicht nach den Ornamenten zu unterscheiden. Denn es ist ausgeschlossen, daß der im allgemeinen kunstgeschichtlich und kunstgewerblich nicht ausgebildete Durchschnittsbeschauer imstande sein sollte, bei der oberflächlichen Prüfung, die im Verkehr allein möglich ist, die Renaissance- und Barocklinien, zumal auf so schmalen Ornamenten, und lediglich auf Grund des Erinnerungsbildes voneinander zu unterscheiden ....

---

22. Zur Tarifberechnung bei Chemikalien, wenn zwar der versandte Stoff eine andere chemische Verbindung ist als der im Tarif genannte, wenn aber beide aus dem nämlichen Abfallerzeugnis hergestellt und in gleicher Weise wirtschaftlich verwertet werden.

Eisenbahn-Verkehrsordnung §§ 6, 56, 60. Eisenbahn-Gütertarif Teil I Abteilung B.

I. Zivilsenat. Urt. v. 1. Februar 1928 i. S. Dr. R. A. & Co. (Kl.) w. Deutsche Reichsbahn-Gesellschaft (Bekl.). I 198/27.

I. Landgericht Magdeburg, Kammer für Handelssachen.
II. Oberlandesgericht Naumburg a. S.

Die Klägerin hat von einem Farbwerk mehrfach Eisenbahn-Wagenladungen eines zinkhaltigen Abfallerzeugnisses aus der Alizarin- und Anilinherstellung zur Verarbeitung auf Anstrichfarbe bezogen. Das Erzeugnis wurde ursprünglich mit Natronlauge gefällt und ergab dann Zinkoxydhydrat. Später verwendete die Herstellerin an Stelle der Natronlauge Natronkarbonat (Soda). Nunmehr war das Erzeugnis Zinkkarbonat. Das Farbwerk bezeichnete es jedoch in den Frachtbriefen nach wie vor als „Zinkoxydhydrat aus der Alizarin- und Anilinherstellung, auch getrocknet, nicht geglüht", und die Beklagte berechnete infolgedessen die Fracht nach den für derartiges Zinkoxydhydrat geltenden ermäßigten Sätzen der Tarifklasse E (Ziffer 5). Nachträglich nahm sie eine chemische Analyse vor und stellte dabei fest, daß es sich nicht um Zinkoxydhydrat, sondern um Zinkkarbonat handelte. Sie verlangte daraufhin von der Klägerin Nachzahlung des Frachtunterschiedes zwischen den Sätzen der Tarifklassen A und E, und die Klägerin zahlte diese Beträge mit zusammen 31423,50 RM. Mit der Klage fordert die Klägerin Zurückzahlung dieser Summe, weil sie zu Unrecht erhoben worden sei, nebst Zinsen seit den Zahlungstagen. Das Landgericht hat demgemäß erkannt. Das Oberlandesgericht hat die Klage abgewiesen. Die Revision hatte keinen Erfolg.

Gründe:

Das Oberlandesgericht geht zutreffend davon aus, daß nach § 5 des vom 15. April 1924 ab gültigen Deutschen Eisenbahn-Gütertarifs Teil I Abtl. B für die nicht in der Gütereinteilung genannten Güter die Fracht nach der Tarifklasse A zu berechnen sei. Es stellt als unstreitig fest, daß Zinkkarbonat in der Gütereinteilung nicht genannt ist, während auf Seite 119 in Tarifklasse E „Zinkoxydhydrat aus der Alizarin- und Anilinherstellung, auch getrocknet, nicht geglüht" aufgeführt wird. Der Vorderrichter stellt ferner fest, daß Zinkkarbonat ebenfalls bei der Alizarin- und Anilinherstellung als Abfallerzeugnis anfällt und nach dem Gutachten des Sachverständigen, rein wirtschaftlich betrachtet, dem Zinkoxydhydrat im wesentlichen gleichzustellen ist. Er erklärt jedoch letzteres für unerheblich, weil Zinkkarbonat eine andere chemische Verbindung als Zinkoxydhydrat und damit ein seiner Wesenheit nach anderer Stoff, die Aufzählung aber im Tarif S. 119 Klasse E unter „Metall in chemischen Verbindungen enthaltende Abfälle und Zwischenerzeugnisse, folgende: ..." gemäß den Allgemeinen Bemerkungen auf S. 5 erschöpfend sei. Daher könne Zinkkarbonat nicht der Klasse E eingeordnet werden. Die Klägerin könne sich für ihre gegenteilige Ansicht auch nicht auf die Erläuterungen auf S. 120 des Tarifs unter a 1 und 2 berufen; denn dort werde nur eine Begründung dafür gegeben, weshalb die namentlich aufgeführten Abfälle und Zwischenerzeugnisse in die Tarifklasse E aufgenommen worden seien. Die Klägerin habe nur das Recht, die Aufnahme des Zinkkarbonats in die Klasse E im Wege der Fortbildung des Tarifs anzuregen. Solange dies nicht geschehen sei, müsse die Beklagte die Fracht dafür nach Tarifklasse A berechnen. Die Eisenbahn habe daher die Nachzahlung des Frachtunterschiedes von der Klägerin mit Recht gefordert; ein Anspruch auf Rückzahlung stehe dieser deshalb nicht zu.

Diese Ausführungen enthalten keinen Rechtsirrtum, sind vielmehr durchaus zutreffend, und die Angriffe der Revision erweisen sich als unbegründet. Die Klägerin hatte beantragt, nötigenfalls den Sachverständigen nochmals darüber zu hören, daß das Produkt der Klägerin sehr wohl auch als Zinkoxydhydrat angesehen werden könne, je nachdem man auf diese oder jene Eigenschaften den größeren Wert lege. Die Revision meint, daß diese Behauptung in der Revisionsinstanz als richtig zu unterstellen sei. Das ist aber nicht zutreffend, weil das Berufungsgericht die entgegengesetzte Feststellung getroffen hat in Übereinstimmung mit dem Gutachten des Sachverständigen, dem es gefolgt ist. Danach kann man aus Zinksalzlösungen das Zink sowohl mit Lauge als auch mit Soda niederschlagen. Im ersteren Fall entfällt es als Zinkoxydhydrat, im letzteren als Zinkkarbonat. Beide Erzeugnisse sind chemisch verschieden zusammengesetzt, wenn sie auch beide Zink enthalten, und zwar theoretisch in verschiedener Menge. Infolgedessen verhalten sie sich auch bei der Weiterverarbeitung verschieden. Es handelt sich also um Stoffe verschiedener Art. Daß sie im Verkehr üblicherweise beide als Zinkoxydhydrat bezeichnet werden, ist nicht behauptet worden. Zu einer nochmaligen Vernehmung des Sachverständigen war das Berufungsgericht nicht verpflichtet. Eine Rüge aus § 286 ZPO. soll offenbar nicht erhoben werden und wäre auch zur Zeit nicht zulässig.

Hiernach fragt es sich allein, ob die weitere Rüge der Revision durchgreift, daß es für die Anwendung des Eisenbahn-Gütertarifs nicht auf die chemische Zusammensetzung, sondern auf die Verwertbarkeit ankomme, und daß in dieser Beziehung das Zinkkarbonat dem Zinkoxydhydrat gleichgestellt werden müsse. Letzteres entspricht der Auffassung des Sachverständigen; aber es ist, wie das Berufungsgericht mit Recht angenommen hat, nicht entscheidend. Die Erläuterungen zum Tarif, worauf die Klägerin ihre gegenteilige Meinung stützt, haben nach den Allgemeinen Bemerkungen auf S. 5 keine rechtsverbindliche Kraft. Sie sollen den Inhalt des Tarifs näher erklären, das Verständnis für den Tarif, seine Entstehung und Absicht fördern, seine richtige Anwendung erleichtern und damit Frachterstattungs-Anträgen und Nacherhebungen zum Vorteil der Eisenbahn und der Verkehrtreibenden nach Möglichkeit vorbeugen. Sie können aber nicht dazu führen, daß Frachterleichterungen, die nach dem Inhalt des Tarifs ausdrücklich nur für bestimmte Güter vorgesehen sind (vgl. § 6 EVerkO.), auch anderen Gütern gewährt werden, bei denen sich nach den Gesichtspunkten, die bei Erlaß des Tarifs maßgebend gewesen sind, die gleiche Frachtermäßigung wirtschaftlich rechtfertigen ließe. Dieses Ziel kann nur durch eine Tarifänderung erreicht werden. Es mag sein, daß hierdurch im Einzelfalle Härten entstehen können, sie lassen sich aber nicht vermeiden. Andernfalls würden der ständig zunehmende Verkehr und die Fortschritte der Technik, die immer neue Güter schafft, eine unerträgliche Rechtsunsicherheit hervorrufen, die gerade auf dem Gebiet des Eisenbahn-Frachtrechts schwerwiegende Nachteile haben müßte.

---

23. Verliert der Gläubiger seine persönliche Forderung, wenn er erst nach dem 1. Januar 1926 den persönlichen Schuldner der Aufwertungsstelle angibt oder seine frühere Angabe durch Benennung des wirklichen Schuldners berichtigt?

AufwG. § 16.

VI. Zivilsenat. Urt. v. 2. Februar 1928 i. S. H. (Bekl.) w. M. (Kl.). VI 270/27.

I. Landgericht Nürnberg.
II. Oberlandesgericht daselbst.

Der Kläger verkaufte am 5. Mai 1922 sein Hausgrundstück in Nürnberg an den Kaufmann L. für 390000 M. Wegen des Kaufpreisrestes von 168000 M wurde für den Kläger eine Hypothek eingetragen. L. verkaufte das Grundstück weiter an die beklagte Firma, die am 4. August 1922 als Eigentümerin im Grundbuch eingetragen wurde. Die Käuferin übernahm in der notariellen Urkunde die Hypothek zu 168000 M als dingliche und persönliche Schuldnerin in Anrechnung auf den Kaufpreis. Die Beklagte zahlte das Kapital im März 1923 zurück, worauf die Hypothek am 14. März 1923 gelöscht wurde. Im Jahre 1924 brachte die Beklagte das Grundstück in die damals gegründete Eiltransport-Aktiengesellschaft ein, auf deren Namen es am 26. Februar 1924 umgeschrieben wurde. Unterm 10. September 1925 meldete der Kläger die gelöschte Hypothek zur Aufwertung kraft Rückwirkung bei der Aufwertungsstelle an und bezeichnete dabei die Eiltransport-Aktiengesellschaft als persönliche Schuldnerin. Auf deren Einspruch berichtigte der Kläger am 17. Februar 1926 seinen Aufwertungsanspruch dahin, daß er die Beklagte als persönliche Schuldnerin in Anspruch nehme. Da auch sie Einspruch erhob, wurden die Parteien auf den Rechtsweg verwiesen.

Der Klage auf Feststellung, daß die Beklagte persönliche Schuldnerin der Hypothek sei, haben beide Vorinstanzen stattgegeben. Die Revision der Beklagten blieb erfolglos.

Gründe:

Die Rüge, daß der Anspruch gegen die Beklagte als persönliche Schuldnerin nicht rechtzeitig angemeldet und deshalb erloschen sei, ist unbegründet. Nach § 16 Abs. 1 Satz 1 AufwG. hat der Gläubiger „den Anspruch auf Aufwertung" anzumelden. Über Form und Inhalt der Anmeldung fehlen bestimmte Vorschriften. Nicht einmal die Bezeichnung des Eigentümers, der sich zwar regelmäßig, aber nicht stets aus dem Grundbuch ergibt (§ 41 GBO.), wird ausdrücklich verlangt. Im allgemeinen ist es deshalb genügend, wenn erkennbar gemacht wird, welcher Anspruch angemeldet ist. Nun heißt es zwar im § 16 Abs. 1 Satz 2, die Aufwertungsstelle habe dem Eigentümer und dem ihr vom Gläubiger bezeichneten persönlichen Schuldner die Anmeldung mitzuteilen. Diese Vorschrift wendet sich jedoch nicht unmittelbar an den Gläubiger, sondern sie regelt das Verfahren der Aufwertungsstelle. Wortlaut und Sinn können nur dahin verstanden werden, daß die Aufwertungsstelle den persönlichen Schuldner zu benachrichtigen hat, wenn der Gläubiger ihn namhaft gemacht hat. Dafür spricht auch die Entstehungsgeschichte. Die im Regierungsentwurf nicht enthalten gewesene Anmeldungspflicht ist in der ersten Lesung des Reichstagsausschusses beschlossen worden. Der Bericht des Ausschusses (Drucksache Nr. 804) gibt dafür keine nähere Begründung. Die ihm beigefügte Anlage I enthält die Zusammenstellung der Beschlüsse erster Lesung. Darin lautet der neueingefügte Absatz 2a zu § 11 des Entwurfs in den ersten beiden Sätzen: „Die Aufwertung auf Grund der Vorschriften der Abs. 1, 2 findet nur statt, wenn der Gläubiger seinen Anspruch bis zum 1. Januar 1926 bei der Aufwertungsstelle anmeldet. Die Anmeldung ist dem Eigentümer und dem persönlichen Schuldner mitzuteilen. . . ." Der zweiten Lesung wurde der inzwischen von der Regierung umgearbeitete und völlig neu gefaßte Entwurf mit den hineingearbeiteten Abänderungsanträgen der Kompromißparteien zugrundegelegt. Der Anmeldezwang ist dabei im § 16 geregelt und hat bereits die in das Gesetz übergegangene Fassung erhalten. Abs. 1 Satz 2 des § 16 lautet nunmehr: „Die Aufwertungsstelle hat die Anmeldung dem Eigentümer des belasteten Grundstücks und dem ihr vom Gläubiger bezeichneten persönlichen Schuldner mitzuteilen." Die hervorgehobenen Worte beruhen auf einem Antrag der Kompromißparteien und die Fassung wurde vom Ausschuß und demnächst auch vom Reichstag ohne weitere Erörterung gebilligt. Die Beifügung jener Worte wäre nicht erforderlich gewesen, wenn man angenommen hätte, daß der Gläubiger schon nach Satz 1 den persönlichen Schuldner bei der Anmeldung bestimmt bezeichnen müsse. Aus der Stellung des Zusatzantrags ist die Auffassung zu entnehmen, daß man die Benennung des persönlichen Schuldners schon in der Anmeldung vom Gläubiger nicht in jedem Falle erwarten könne. Dieser Standpunkt des Gesetzgebers wird auch durch die Erfahrung gerechtfertigt. Die Feststellung des persönlichen Schuldners bietet nicht selten Schwierigkeiten, deren Lösung zeitraubende Ermittlungen erfordert. Zudem erfährt der Gläubiger oft, wie auch im gegenwärtigen Falle, erst durch den Einspruch, daß der Eigentümer bestreitet, der persönliche Schuldner zu sein. Aus den Worten des Gesetzes kann nicht die weitgehende Folgerung gezogen werden, daß in solchen Fällen der Gläubiger den Anspruch gegen den persönlichen Schuldner verlieren soll. Beim Fehlen einer entgegenstehenden klaren Vorschrift ist als Wille des Gesetzes anzunehmen, daß die rechtzeitige Anmeldung des Anspruchs die Frist wahrt gegen diejenigen, welche in Wirklichkeit Eigentümer oder persönliche Schuldner sind. Die unterlassene oder unrichtige Angabe des persönlichen Schuldners kann der Gläubiger auch noch nach dem 1. Januar 1926 nachholen oder berichtigen. Der von der Revision vorgeschlagene Ausweg, daß der Gläubiger eine Reihe möglicherweise in Betracht kommender Schuldner anzumelden habe, würde abgesehen von der Belastung des Aufwertungsverfahrens die Rechtssicherheit nicht fördern, da dann der wirkliche Schuldner regelmäßig nur im Rechtsweg festgestellt werden könnte.

Auf dem hier vertretenen Standpunkt stehen: Gutachten des KG. in RsprAufw. 1926 S. 17 und die Kommentare von Mügel 5. Aufl. Erl. 7 zu § 16; Neukirch Anm. 2; Quassowski 5. Aufl. § 16 II B; Schlegelberger-Harmening 5. Aufl. Anm. 3 zu § 16; Abraham S. 170; Nadler 3. Aufl. S. 95. Anderer Ansicht Lehmann-Boesebeck Anm. 3 zu § 16 und Michaelis Anm. 1 zu § 16.

24. Wirkt die Vermutung des § 1362 Abs. 1 BGB. auch dann, wenn der Konkursverwalter eine vom Gemeinschuldner vorgenommene Rechtshandlung als unentgeltliche Verfügung nach § 32 Nr. 2 KO. ansicht und sich darauf beruft, daß die von der Ehefrau dem Mann als angebliche Gegenleistung gewährten Sachen von vornherein dessen Eigentum gewesen seien?

VII. Zivilsenat. Urt. v. 3. Februar 1928 i. S. Frau Sch. (Kl.) w. L. als Verwalter im Konkurse über das Vermögen des Sch. (Bekl.). VII 495/27.

I. Landgericht Cottbus.
II. Kammergericht Berlin.

Der Architekt Sch., der Ehemann der Klägerin, betrieb in S. ein Baugeschäft. Am 9. Oktober 1925 wurde über sein Vermögen das Konkursverfahren eröffnet. An einer Anzahl von Sachen, die der beklagte Konkursverwalter zur Masse ziehen wollte, nahm die Klägerin das Eigentum in Anspruch, und zwar auf Grund nachstehenden Sachverhalts: Der Ehemann der Klägerin hatte bei der Stadtbank in S. Kredit genommen. Um ihm einen weiteren Kredit von 5000 RM zu ermöglichen, boten die Eheleute Sch. der Stadtbank am 10. August 1925 an, ihr ein Speisezimmer, ein Herrenzimmer, einen Silberkasten mit Inhalt und vier Gobelins im Gesamtwerte von 13500 RM zur Sicherheit zu übereignen. Die Stadtbank ging auf den Antrag ein und in einer am 13. August 1925 ausgestellten, aber auf den 3. August 1925 vordatierten Urkunde wurde die Übereignung erklärt. Die Übergabe der Sachen wurde dabei durch den Abschluß eines Verwahrungsvertrags ersetzt, sodaß die Eheleute Sch. im Besitz der Sachen verblieben. Die Klägerin behauptet, diese Sachen seien ihr alleiniges Eigentum gewesen. Sie will sich zu dem Vertrage mit der Stadtbank nur verstanden haben, weil ihr Ehemann ihr versprochen habe, ihr zu ihrer Sicherung gleichwertige Gegenstände aus seinem Vermögen zu übereignen. Tatsächlich haben die Eheleute Sch. am 16. August 1925 ein Abkommen getroffen, worin es heißt:

„§ 1. Die Ehefrau Sch. . . . hat . . . Gläubigern gegenüber ihr gehörige Sachen zum Werte von 13500 RM für Schulden ihres Ehemannes zur Sicherung übereignet. Sie hat demnach gegen ihren

Ehemann den Anspruch auf Herbeiführung der Rückübereignung oder Zahlung des Betrages von 13500 RM. Zur Sicherheit für diese beiden Forderungen gegen ihren Ehemann übereignet der Ehemann G. Sch. seiner Ehefrau die nachfolgenden Sachen (folgt ein längeres Verzeichnis).

§ 2. Die Ehefrau .... überläßt die ihr nach § 1 übereigneten Gegenstände ihrem Ehemann leihweise zur Mitbenutzung. Durch dieses Rechtsverhältnis des Leihvertrages wird die Übergabe ersetzt."

Der Beklagte hat den Vertrag vom 16. August 1925 auf Grund des § 31 Nr. 2 und des § 32 Nr. 2 KO. angefochten. Beide Vorinstanzen wiesen deshalb die Klage der Frau Sch. ab (bei der es sich nur um einen Teil der in dem Verzeichnis angeführten Sachen handelte). Die Revision der Klägerin blieb ohne Erfolg.

Gründe:

Das Berufungsgericht weist die Klage ab, weil die auf § 32 Nr. 2 KO. gestützte Anfechtung des Beklagten durchgreife. Anfechtbar sind danach die in den letzten zwei Jahren vor der Eröffnung des Konkurses vom Gemeinschuldner vorgenommenen unentgeltlichen Verfügungen zugunsten seines Ehegatten. Der Vertrag vom 16. August 1925 ist in den letzten zwei Jahren vor der Konkurseröffnung vom Gemeinschuldner mit seiner Ehefrau geschlossen worden. Die Klägerin bestreitet aber, daß es sich dabei um eine unentgeltliche Verfügung zu ihren Gunsten gehandelt habe; die Übereignung der in dem Vertrag bezeichneten Sachen an sie habe die vorher vereinbarte Gegenleistung dafür gebildet, daß sie am 3. (13.) August 1925 ihr gehörige Sachen als Unterlage für einen Kredit ihres Ehemanns der Stadtbank übereignet habe. Der Konkursverwalter bestreitet das Eigentum der Klägerin an den Sachen des Vertrags vom 3. (13.) August 1925 und beruft sich für das Eigentum des Gemeinschuldners daran auf die Vermutung des § 1362 Abs. 1 BGB. Danach wird zugunsten der Gläubiger des Mannes vermutet, daß die im Besitz eines der Ehegatten oder beider Ehegatten befindlichen beweglichen Sachen dem Manne gehören. Das Berufungsgericht hat die Vorschrift des § 1362 Abs. 1 BGB. für anwendbar erachtet und deshalb von der Klägerin den Gegenbeweis gegen die dort aufgestellte Vermutung verlangt. Diesen Gegenbeweis hat es jedoch nicht als geführt angesehen. Darauf beruht die angegriffene Entscheidung.

Die Revision hält den § 1362 Abs. 1 BGB. im vorliegenden Falle für unanwendbar und rügt deshalb Verkennung der Beweislast; dem Beklagten habe es obgelegen, zu beweisen, daß der Gemeinschuldner Eigentümer der in der Urkunde vom 3. (13.) August aufgeführten Sachen gewesen sei. Dabei geht die Revision mit Recht nicht soweit, daß sie dem bei der Anfechtung von Rechtshandlungen des Gemeinschuldners die Belange der Gläubiger wahrnehmenden Konkursverwalter jede Berufung auf § 1362 Abs. 1 BGB. versagen will (vgl. Gruch. Bd. 47 S. 910). Sie meint nur, die in jener Vorschrift aufgestellte Vermutung komme dem anfechtenden Konkursverwalter bloß dann zugute, wenn er diejenigen Sachen zur Konkursmasse ziehen wolle, für welche die Vermutung wirken soll. Für eine derartige wesentliche Einschränkung seiner Tragweite gewährt jedoch das Gesetz keinen Anhalt. Der § 1362 Abs. 1 enthält keine Sondervorschrift, nach der sich der Umfang der Konkursmasse bestimmen soll, nicht einmal eine Sondervorschrift über die Möglichkeiten einer Zwangsvollstreckung gegen den Ehemann; er enthält vielmehr einen ganz allgemeinen Rechtssatz „zugunsten der Gläubiger des Mannes." Überall da, wo ein Gläubiger des Mannes in dieser seiner Eigenschaft auftritt oder — wie im Konkursverfahren — mit seinen Belangen in Frage kommt, greift die Vermutung des § 1362 Abs. 1 ein. Steht ein einzelner Gläubiger dem Manne gegenüber, so wird es allerdings die Regel bilden, daß bei der Zwangsvollstreckung gegen den Mann Sachen gepfändet worden sind, die sich im Besitz der Ehefrau allein oder beider Ehegatten befanden, und daß der Gläubiger kraft des § 1362 Abs. 1 BGB. auf diese Sachen als Eigentum des Ehemanns Anspruch erhebt. Das Reichsgericht (RGZ. Bd. 80 S. 64) hat jene Vorschrift aber auch in einem Falle für anwendbar gehalten, wo ein Gläubiger die Herausgabe von Sachen verlangte, die ihm der Ehemann zur Sicherheit für eine Forderung übereignet hatte. Tritt der Konkursverwalter dem in Konkurs verfallenen Ehemann und dessen Frau gegenüber, so wird er sich allerdings in der Regel dann auf § 1362 Abs. 1 BGB. berufen, wenn er Sachen zur Masse ziehen will, die sich im Besitze der Ehefrau allein oder beider Ehegatten befinden. Es steht aber nichts im Wege, daß er die Vermutung auch dann geltend macht, wenn es sich, wie hier, darum handelt, ob der Konkursverwalter, der eine Rechtshandlung des Ehemanns und Gemeinschuldners anficht, einen vom Gemeinschuldner mit seiner Ehefrau abgeschlossenen Vertrag als entgeltlichen Vertrag und eine Leistung des Gemeinschuldners an seine Ehefrau als entgeltliche Leistung anerkennen muß. Das hängt im vorliegenden Falle davon ab, ob die am 3. (13.) August 1925 der Stadtbank übereigneten Sachen der Klägerin gehörten. Auch bei der Entscheidung dieser Frage ist also von der Vermutung des § 1362 Abs. 1 BGB. auszugehen.

Die Vorschrift enthält allerdings eine Einschränkung, nämlich die, daß die Vermutung nur zugunsten der Gläubiger des Mannes gilt, nicht im Verhältnis der Eheleute untereinander. Über diese Grenze ist aber der Konkursverwalter mit seiner Berufung auf § 1362 Abs. 1 nicht hinausgegangen. Es handelt sich hier nicht um das Verhältnis der Eheleute untereinander, nicht darum, ob die Klägerin ihrem Ehemann gegenüber geltend machen kann, sie habe ihm am 3. (13.) August 1925 in ihrem Eigentum stehende Sachen übereignet. Es kommt vielmehr allein darauf an, ob die Gläubiger des Ehemanns das angebliche Eigentum der Klägerin anerkennen müssen, und das brauchen sie nur, wenn die Klägerin die gegen sie selbst, aber für die Gläubiger des Mannes sprechende Vermutung widerlegt.

Darüber, daß sich die am 3. (13.) August 1925 der Stadtbank übereigneten Sachen damals im Besitz mindestens eines der Ehegatten befunden haben, herrscht kein Streit. Die Entscheidung des Berufungsgerichts, daß die Klägerin den ihr nach § 1362 Abs. 1 obliegenden Beweis nicht geführt habe, liegt auf dem Gebiet tatrichterlicher Beweiswürdigung und ist daher dem Revisionsangriff entzogen.

---

25. Ist die Eintragung der Pfändung oder der Verpfändung einer im Falle der Bestellung einer Höchstbetragshypothek dem Eigentümer nur vorläufig zustehenden Eigentümergrundschuld ohne weiteres deshalb unwirksam, weil diese Eintragung wegen der Vorschrift des § 40 GBO. nicht hätte erfolgen dürfen?

BGB. §§ 1190, 1163; ZPO. §§ 857, 830; GBO. §§ 40, 54.

V. Zivilsenat. Urt. v. 4. Februar 1928 i. S. B. u. Gen. (Kl.) w. Spar- u. Darlehenskasse in Sch. u. Gen. (Bekl.). V 238/27.

I. Landgericht Torgau.
II. Oberlandesgericht Naumburg a. S.

Im Grundbuch von Sch. waren auf den seinerzeit den Eheleuten Schl. zu gleichen Anteilen gehörigen Grundstücken für die Sparkasse der Stadt Sch. Sicherungshypotheken zum Höchstbetrag von 4000 g Feingold und von 20000 G.M. eingetragen. Diese waren, „soweit sie nicht zum vollen Höchstbetrag in Anspruch genommen sind und die Grundstückseigentümer einen Anspruch auf Erteilung der Löschungsbewilligung und auf eine Eigentümergrundschuld haben", für die Beklagten zu 1 bis 3 durch Pfändungsbeschlüsse des Amtsgerichts T. gepfändet und der Beklagten zu 4 durch Vertrag und Eintragungsbewilligung der Eheleute Schl. verpfändet. Pfändung und Verpfändung sind im Grundbuch eingetragen. Die Grundstücke gelangten zur Zwangsversteigerung. Nach Erteilung des Zuschlags erwirkten die Kläger wegen des Anteils des Erlöses, der auf den nicht valutierten Teil der genannten Höchstbetragshypotheken entfiel, Pfändungs- und Überweisungsbeschlüsse. Im Verteilungstermin wurde dieser Anteil am Erlös auf 6633,53 RM festgestellt und den Beklagten in der Weise zugeteilt, daß der Beklagten zu 1 3005,51 RM, dem Beklagten zu 2 1035 RM, dem Beklagten zu 3 230,66 RM und der Beklagten zu 4 2362,36 RM zufielen.

Die Kläger haben zunächst Widerspruch im Verteilungstermin und dann Klage erhoben mit dem Antrag, den Teilungsplan des Amtsgerichts T., insoweit durch ihn die obengenannten Beträge den Beklagten zugewiesen sind, abzuändern und diesen Teil des Versteigerungserlöses derart zu verteilen, daß 3316,75 RM der Klägerin zu 1, 2137,37 RM der Klägerin zu 2, 530,58 RM dem Kläger zu 3 und 618,88 RM den Klägern zu 4 zukommen. Die Eintragung der Verpfändung und der Pfändungen im Grundbuch sei — so machten die Kläger geltend — unzulässig gewesen und hätte von Amts wegen gelöscht werden müssen. Die Beklagten hätten daher keine wirksamen Pfandrechte erworben.

Das Landgericht hat der Klage stattgegeben, das Oberlandesgericht hat sie abgewiesen. Die Revision der Kläger war erfolglos.

Aus den Gründen:

... Die Annahme des Berufungsgerichts, daß auch bei der Höchstbetragshypothek des § 1190 BGB., solange die gesicherte Forderung noch nicht entstanden und endgültig festgestellt ist, für den bestellenden Eigentümer eine auflösend bedingte Eigentümergrundschuld im Sinne des § 1163 BGB. entstehe, daß diese Eigentümergrundschuld auch in ihrem vorläufigen Zustand gepfändet werden könne und daß die Pfändung nach § 857 Abs. 6 ZPO. gemäß § 830 Abs. 1 das. erfolgen müsse, stimmt mit der nunmehr ständigen Rechtsprechung des Reichsgerichts überein (vgl. insbesondere RGZ. Bd. 97 S. 223). Die nach § 830 Abs. 1 zur vollen Wirksamkeit der Pfändung erforderliche Eintragung im Grundbuch wird aber vom Reichsgericht bei nur vorläufigen Eigentümergrundschulden in ebenso ständiger Rechtsprechung nicht für zulässig gehalten (RGZ. Bd. 61 S. 374, Bd. 72 S. 276, Bd. 75 S. 250, Bd. 97 S. 223). In der letzterwähnten Entscheidung ist die Frage, welche Bedeutung eine trotzdem vorgenommene Eintragung hat, ausdrücklich unentschieden gelassen. Diese Frage kann überhaupt nicht grundsätzlich, sondern nur von Fall zu Fall beantwortet werden. Es ist zunächst von dem auch schon vom erkennenden Senat gebilligten Standpunkt auszugehen, daß nicht jede Eintragung, die nicht hätte erfolgen sollen, damit auch rechtsunwirksam ist. Letzteres trifft nur zu bei einer Eintragung, die im Sinne des § 54 Abs. 1 S. 2 GBO. ihrem Inhalt nach unzulässig ist (RGZ. Bd. 118 S. 162). Für die Unzulässigkeit der Eintragung einer Pfändung der erwähnten Art oder einer Verfügung über die vorläufige Eigentümergrundschuld werden zwei Gründe geltend gemacht: Einmal leide durch eine solche Eintragung die Übersichtlichkeit des Grundbuchs und es werde infolgedessen durch die Eintragung derartiger höchstbedingter Rechte der Grundbuchverkehr wesentlich erschwert. Weiter stehe der Eintragung § 40 GBO. entgegen, der klarstelle, daß das von der einzutragenden Verfügung betroffene Recht ein gegenwärtiges und eingetragenes Recht sein müsse. Nun werden aber Eintragungen, die aus Gründen der Zweckmäßigkeit und der Übersichtlichkeit der Grundbuchführung nicht erfolgen sollen, nicht schon dadurch allein zu inhaltlich unzulässigen Eintragungen, daß sie dennoch vorgenommen worden sind (RGZ. Bd. 118 S. 162). Auch eine Eintragung, die der Vorschrift des § 40 GBO. zuwider erfolgt ist, wird dadurch an sich noch nicht inhaltlich unzulässig.

Denn es handelt sich hierbei nur um eine Ordnungsvorschrift, deren Nichtbeachtung die Wirksamkeit des dinglichen Rechtsaktes nicht berührt (vgl. Güthe-Triebel Anm. 3a zu § 40 GBO.).

Da das durch Pfändung oder Verpfändung bewirkte Pfandrecht an einer Hypothek als dingliches Recht an sich eintragungsfähig ist, so könnte die inhaltliche Unzulässigkeit der Eintragung im vorliegenden Falle nur daraus hergeleitet werden, daß das Recht unklar eingetragen sei und infolgedessen in einem wesentlichen Punkte nicht ersehen werden könne, worum es sich bei der Eintragung handelt. So erklärt denn auch das Kammergericht (JB. Bd. 1 S. 496) die Eintragung der Pfändung einer „angeblich zur Eigentümergrundschuld gewordenen Post" für inhaltlich unzulässig, indem es ausführt, der Inhalt der Eintragung müsse so geartet sein, daß ein nach Person, Inhalt und Umfang bestimmt festgelegtes Recht zum Ausdruck gebracht werde; bei einer Eintragung der gedachten Art, die nicht einmal die Grundlage für die spätere Entstehung des Rechts erkennen lasse, sondern die Entstehung von vornherein in Zweifel ziehe, werde jenem Zweck so vollständig zuwidergehandelt, daß die inhaltliche Zulässigkeit nicht anerkannt werden könne. Es kann dahingestellt bleiben, ob diese Ansicht zu billigen ist. Hier lauten die Einträge anders, namentlich fehlt bei ihnen das vom Kammergericht besonders beanstandete Wort „angeblich". Die zu den beiden Höchstbetragshypotheken gemachten Einträge „gepfändet" und „verpfändet, soweit sie nicht zum vollen Höchstbetrag in Anspruch genommen sind und die Grundstückseigentümer einen Anspruch auf Erteilung der Löschungsbewilligung und auf eine Eigentümerhypothek haben", bringen die Pfändung und die Verpfändung der Eigentümergrundschuld, die dem Eigentümer aus der vom Gläubiger nicht voll in Anspruch genommenen Höchstbetragshypothek zusteht, zweifelsfrei zum Ausdruck. Pfandgläubiger und Schuldner wie auch das mit dem Pfandrecht belastete Recht sind hinreichend deutlich bezeichnet. Daß nicht feststeht, in welcher Höhe die Höchstbetragshypothek Eigentümergrundschuld ist, hindert zwar nach dem Gesagten die Eintragung aus formellen Gründen, macht aber die dennoch erfolgte Eintragung nicht inhaltlich unzulässig. Das hängt mit dem Wesen der Höchstbetragshypothek zusammen, bei der ja aus der Eintragung nicht zu ersehen ist, in welcher Höhe sie dem Gläubiger und anderseits dem Eigentümer zusteht. Da im vorliegenden Falle kein

Wechsel im Eigentum am Grundstück stattgefunden hat, so kann auch kein Zweifel über die Person desjenigen obwalten, dem die Eigentümergrundschuld zusteht. Sie ergibt sich aus dem Eintrag über das Eigentum am Grundstück.

Hiernach sind die Eintragungen, wie sie das Grundbuchamt vorgenommen hat, wirksam. Da infolgedessen das Pfandrecht der Beklagten zur Entstehung gelangt ist, so ist der Widerspruch der Kläger gegen den Teilungsplan vom Berufungsgericht mit Recht für unbegründet erklärt worden.

---

26. Unterliegt der Formvorschrift des § 313 BGB. ein Vergleich, durch den sich der Schwarzverkäufer nach der Auflassung und der Eintragung des Käufers im Grundbuch verpflichtet, das Grundstück dem Käufer zu belassen und zur Erteilung der nach dem preußischen Grundstücksverkehrs-Gesetz erforderlichen behördlichen Genehmigung mitzuwirken?

BGB. § 313. Preuß. GrVerkG. §§ 1, 6.

V. Zivilsenat. Urt. v. 4. Februar 1928 i. S. W. (Kl.) w. M. (Bekl.). V 343/27.

I. Landgericht III Berlin.
II. Kammergericht daselbst.

Die Klägerin hat durch notariellen Vertrag vom 26. Januar 1923 dem Beklagten ein Grundstück verkauft und es ihm am 1. Februar 1923 aufgelassen. Als Kaufpreis ist im Vertrag der Betrag von 500000 *M* angegeben. Unstreitig war aber der wirklich vereinbarte und gezahlte Preis höher. Der Beklagte ist am 3. April 1923 als Eigentümer im Grundbuch eingetragen worden. Die Klägerin bewirkte auf Grund der Behauptung, es liege Schwarzkauf vor, die Eintragung eines Widerspruchs, worauf der Beklagte in einem Vorprozeß gegen sie auf Feststellung klagte, daß der Kaufvertrag wirksam sei; die Behauptung der unrichtigen Angabe des Kaufpreises wurde von ihm bestritten. Nachdem der damalige Kläger die Leistung eines ihm hierüber zugeschobenen Eides verweigert hatte und mit seiner Klage abgewiesen worden war, traten die beiderseitigen Prozeßbevollmächtigten zu einer Zeit, als das landgerichtliche Urteil im Vorprozeß noch nicht rechtskräftig war, in Vergleichsverhandlungen ein. Am 15. April 1926 machte der Anwalt der jetzigen Klägerin folgenden Vergleichsvorschlag: „. . . entweder Ihr Mandant gibt das Grundstück zurück und erhält eine Hypothek von 5000 ℳ zu 5% verzinslich auf 10 Jahre fest eingetragen . . . oder Herr M. behält das Grundstück und läßt für die Eheleute W. eine Hypothek von 5000 ℳ zu 5% verzinslich auf 10 Jahre fest eintragen." Darauf antwortete der Anwalt des jetzigen Beklagten am 23. April: „. . . Herr M. nimmt den Vergleichsvorschlag an, nach welchem er das Grundstück behält und für die Eheleute W. eine Hypothek von 5000 Rℳ zu 5% verzinslich auf 10 Jahre fest eintragen läßt. Wir werden Herrn M. zur Aufnahme der erforderlichen Urkunde zu uns ins Büro bestellen." Nachträglich wurden die Parteien über den Beginn der Verzinsung uneinig. Der Anwalt der jetzigen Klägerin vertrat den Standpunkt, der Vergleich sei wegen Fehlens der notariellen Beurkundung noch nicht fest geschlossen.

Die Klägerin begehrt im gegenwärtigen Prozeß, indem sie sich auf die Behauptung des Schwarzkaufs stützt, Berichtigung des Grundbuchs dahin, daß sie wieder als Eigentümerin eingetragen werde. Der Beklagte wendet ein, die Klägerin habe durch den nach seiner Meinung fest abgeschlossenen Vergleich auf den Berichtigungsanspruch verzichtet. Des weiteren meint er, die Berufung der Klägerin auf die Falschbeurkundung sei arglistig; hilfsweise macht er ein Zurückbehaltungsrecht geltend. Das Kammergericht hat die Berufung der Klägerin gegen das klagabweisende landgerichtliche Urteil zurückgewiesen, weil der Vergleich für sie bindend sei. Die Revision der Klägerin blieb ohne Erfolg.

Aus den Gründen:

. . . Die Revision beanstandet die Annahme des Berufungsgerichts, daß der Vergleich durch den Briefwechsel vom 15. und 23. April 1926 gültig geschlossen sei, als rechtsirrig, weil der Vergleich dahin ausgelegt werden müsse, daß die Klägerin zur Übertragung des Eigentums an dem Grundstück auf den Beklagten habe verpflichtet werden sollen, und weil hierzu die Beobachtung der gerichtlichen oder notariellen Form nötig gewesen sei (§ 313 BGB.).

Diese Rüge ist nicht begründet. Die Rechtslage bis zu dem Briefwechsel war die, daß eine schuldrechtliche Bindung der Klägerin nicht bestand. Sie hatte zwar aufgelassen, aber dadurch war nur eine, möglicherweise kondizierbare, dingliche Bindung gegeben. Eine Treupflicht der Klägerin in Bezug auf den Verkauf, wie sie sich aus einem formgültigen Vertrag ergibt, eine Verpflichtung zur Mitwirkung bei der Herbeiführung der behördlichen Genehmigung, lag nicht vor. Die Klägerin war trotz der Eintragung des Beklagten nach wie vor Eigentümerin und auch nicht verpflichtet, den Übergang des Eigentums auf den Beklagten herzustellen oder dazu mitzuwirken. Aber sie hatte die Auflassung vollzogen. Diese war zwar wegen Fehlens der behördlichen Genehmigung noch rechtsunwirksam; sie konnte jedoch gültig werden und kann das jetzt noch, wenn die nach dem Grundstücksverkehrs-Gesetz erforderliche behördliche Genehmigung erteilt wird. Auch jetzt ist, um den Beklagten zum wirklichen Eigentümer zu machen, nicht etwa eine neue Auflassung oder Eintragung nötig, sondern nur die Erteilung der Genehmigung nach § 1 GrVerkG. Im regelmäßigen Verlauf ist allerdings die Mitwirkung der Klägerin erforderlich, um diese Genehmigung zu erreichen (§ 6 Nr. 2 GrVerkG.). Den erwähnten Briefwechsel würdigt das Berufungsgericht dahin, daß nach der darin zutage getretenen Absicht der beiderseitigen Prozeßbevollmächtigten der Abschluß des Vergleichs durch die beiden Briefe habe vollendet sein sollen, daß eine Absicht, den Vergleich noch notariell beurkunden zu lassen, nicht ersichtlich sei, daß vielmehr die noch aufzunehmende Urkunde nur die Bewilligung der Hypothek hätte enthalten sollen. Der Vorderrichter nimmt als Inhalt des Vergleichs an, daß die Klägerin auf ihren Anspruch auf Rückgabe des Grundstücks und auf ihren Widerspruch gegen die Eintragung des Beklagten verzichtet und der Käufer die Möglichkeit habe erlangen wollen, die nachträgliche Genehmigung der noch nicht zur vollen Wirksamkeit gelangten Veräußerungsakte herbeizuführen, ohne dabei den Widerspruch der Verkäuferin befürchten zu müssen, daß aber nicht darin enthalten sei die Verpflichtung zur Übertragung des Grundstücks — genauer zur Vollendung oder zur Wiederholung der bereits erklärten Übertragung — durch die Verkäuferin. Gerade deshalb hält das Berufungsgericht die Formvorschrift des § 313 BGB. nicht für anwendbar.

Ein Rechtsirrtum ist weder in dieser Auslegung noch in der Nichtanwendung des § 313 BGB. zu finden. Eine Verpflichtung zur Übertragung des Eigentums an dem Grundstück brauchte die Klägerin nicht mehr zu übernehmen, weil das von ihr aus zur Übertragung Wesentliche, die Auflassung, schon geschehen war. Daß der Beklagte die Möglichkeit haben wollte, durch Nachholung der behördlichen Genehmigung wirklicher Eigentümer zu werden, nimmt auch das Berufungsgericht an. Um das Genehmigungsverfahren auf dem regelmäßigen Wege in Gang zu setzen, war auf Seiten der Klägerin erforderlich, daß sie zum Antrag des Beklagten durch Abgabe einer Erklärung über den wirklichen Vertragsinhalt mitwirkte. Nach der Rechtsprechung des Reichsgerichts ist ein außergerichtlicher Vergleich dann formbedürftig, wenn in ihm die Verpflichtung des Verkäufers zur Verschaffung des Eigentums ursprünglich oder von neuem übernommen wird (RGZ. Bd. 94 S. 152, Bd. 109 S. 26). Die Übernahme einer solchen Verpflichtung liegt aber nicht vor, wenn der Verkäufer, der aufgelassen hat und dessen Vertragsgegner als Eigentümer eingetragen ist, sich verpflichtet, zur Erlangung der nach dem Grundstücksverkehrs-Gesetz nötigen behördlichen Genehmigung mitzuwirken. Es wird dabei keine Verpflichtung zur Übertragung des Eigentums übernommen, sondern nur die mindere schuldrechtliche Verpflichtung zur Mitwirkung bei der Erteilung der Genehmigung. Auf die Übernahme einer solchen Mitwirkungspflicht und einer Treupflicht, wie sie sonst aus einem formgültigen Vertrage folgt, ist die Formvorschrift des § 313 BGB. nicht anzuwenden. Es fehlt hier der gesetzgeberische Grund, der zu dieser Formvorschrift geführt hat: die Notwendigkeit, den Verkäufer vor Übereilung zu schützen. Das bisher Geschehene stellt nicht etwa ein nichtiges Geschäft vor, sondern ein schwebend unwirksames, das zu seiner Vollendung nur noch der behördlichen Genehmigung bedarf. Die von der Klägerin schuldrechtlich gültig übernommene Treupflicht steht der Klage auf Berichtigung des Grundbuchs jedenfalls solange entgegen, als die Behörde über die Genehmigung noch nicht entschieden hat (RGZ. Bd. 115 S. 44)....

27. 1. Kann das Grundbuchamt durch einstweilige Verfügung zur Vornahme oder Unterlassung einer Amtshandlung angehalten werden?

2. Welche rechtliche Bedeutung hat eine einstweilige Verfügung, durch die dem Käufer eines Grundstücks verboten wird, die zu seinem Eigentumserwerb erforderliche Eintragung im Grundbuch herbeizuführen?

3. Findet § 878 BGB. auf ein durch einstweilige Verfügung begründetes Erwerbsverbot Anwendung?

BGB. §§ 135, 136, 878. ZPO. §§ 935, 938.

V. Zivilsenat. Urt. v. 4. Februar 1928 i. S. Sp. (Kl.) w. St. (Bekl.). V 117/27.

I. Landgericht Koblenz.
II. Oberlandesgericht Köln.

Durch notariellen Vertrag vom 26. September 1922 verkaufte der Kläger an den Beklagten seine in A. gelegenen, im dortigen Grundbuch eingetragenen Grundstücke. Die Parteien hatten mündlich einen Kaufpreis von 1250000 *M* vereinbart, es wurde aber nur ein solcher in Höhe von 900000 *M* beurkundet. Die Auflassung der Grundstücke erfolgte am 9. Oktober 1922 vor demselben Notar. Dieser reichte die beiden Urkunden mit dem Antrag auf Eintragung des Beklagten als Eigentümer am 13. Dezember 1922 dem Grundbuchamt ein. Am 14. Dezember ging beim Grundbuchamt eine einstweilige Verfügung des Amtsgerichts A. ein, die dem Beklagten untersagte, den Antrag auf Umschreibung der Grundstücke zu stellen, und worin das Grundbuchamt ersucht wurde, einem Umschreibungsantrag nicht stattzugeben. Diese einstweilige Verfügung wurde dem Beklagten am 25. Dezember 1922 zugestellt. Das Grundbuchamt leistete dem weiteren Ersuchen des Amtsgerichts um Eintragung der einstweiligen Verfügung Folge. Es löschte jedoch am 13. März 1923 den Eintrag von Amts wegen insoweit, als zum Ausdruck gebracht war, daß dem Antrag auf Umschreibung der Grundstücke nicht stattgegeben werden dürfe. Am 20. April 1923 wurde sodann der Beklagte als Eigentümer eingetragen.

Der Kläger klagte auf Rückauflassung. Das Landgericht verurteilte den Beklagten hierzu Zug um Zug gegen Erstattung von

5000 RM und gegen Freistellung von den im notariellen Kaufvertrag übernommenen Hypotheken; das Oberlandesgericht dagegen wies die Klage ab. Die Revision des Klägers führte zur Aufhebung und Zurückverweisung.

Aus den Gründen:

Dem Berufungsgericht ist zwar darin zuzustimmen, daß die Vornahme oder Unterlassung einer Amtshandlung dem Grundbuchamt durch eine einstweilige Verfügung nicht zur Pflicht gemacht werden kann (JW. 1927 S. 2204 Nr. 22). Vielmehr hat der Grundbuchbeamte aus eigener Machtvollkommenheit und unter eigener Verantwortlichkeit darüber zu befinden, ob eine zu seiner Kenntnis gebrachte, inhaltlich nicht unter § 941 ZPO. fallende einstweilige Verfügung, die gegen einen von den Streitteilen ergangen ist, eine von diesem beantragte Eintragung hindert. Der Auslegung, die der Berufungsrichter der zugunsten des Klägers ergangenen einstweiligen Verfügung im übrigen gegeben hat, kann jedoch nicht beigetreten werden. Da es sich um eine richterliche Anordnung handelt, ist das Revisionsgericht zur selbständigen Prüfung ihrer Bedeutung befugt. Nicht zu billigen ist die Ansicht des Vorderrichters, das an den Beklagten ergangene Verbot, den Umschreibungsantrag zu stellen, könne als lästige Anordnung nicht ausdehnend ausgelegt werden, die einstweilige Verfügung sei daher gegenstandslos, weil zur Zeit ihrer Zustellung an den Beklagten der Antrag auf Eintragung schon gestellt gewesen sei. Anordnungen einer Behörde, auch wenn sie eine für den Empfänger lästige Auflage enthalten, sind nicht nach ihrem bloßen Wortlaut, sondern nach ihrem Sinn und Zweck auszulegen. Eine einstweilige Verfügung, die dem Käufer verbietet, beim Grundbuchamt den Antrag auf Umschreibung des Eigentums zu stellen, kann aber ihrem Sinn und Zweck nach nur dahin gedeutet werden, daß dem Käufer zugleich verboten werden soll, einen etwa schon gestellten Antrag auf Umschreibung aufrechtzuerhalten und so die zu seinem Rechtserwerb erforderliche Eintragung herbeizuführen. In der Frage der Zulässigkeit und Wirkung einer derartigen einstweiligen Verfügung tritt der Senat den Ausführungen des III. Zivilsenats im Urteil RGZ. Bd. 117 S. 287 bei. Hiernach ist die Zulässigkeit einer solchen auf Grund der §§ 935, 938 Abs. 2 ZPO. erlassenen einstweiligen Verfügung nicht zu bezweifeln. Die letztere Vorschrift spricht allerdings ausdrücklich nur von einem Veräußerungsverbot; die dortige Aufzählung ist jedoch nicht erschöpfend. Wenn zur Erreichung des Zweckes der einstweiligen Verfügung ein Erwerbsverbot erforderlich ist, so muß dieses nach § 938 Abs. 1 das. ebenfalls zulässig sein. Bejaht man dies, so ist ein solches Erwerbsverbot auch in seiner bürgerlichrechtlichen Wirkung einem Veräußerungsverbot gleichzustellen. Diese geht dahin, daß sie die Befugnis des Erwerbers, sich das Eigentum zu verschaffen, zugunsten des Veräußerers beschränkt und zugleich ein vom Grundbuchrichter zu beachtendes Hindernis für die Eintragung begründet. Eine dem Erwerbsverbot zuwider getroffene Verfügung ist daher nach den entsprechend anwendbaren §§ 135, 136 BGB. demjenigen gegenüber unwirksam, zu dessen Gunsten das Verbot erlassen ist. Als Verfügung kommt hier die Stellung des Antrags in Betracht, den vom Vertragsgegner bewilligten Eigentumswechsel durch Eintragung im Grundbuch zu vollziehen. Läßt sich das Grundbuchamt trotz Kenntnis des Erwerbsverbots herbei, einem dadurch betroffenen Umschreibungsantrag stattzugeben, so müssen innerhalb des Wirkungskreises des Verbots die Rechtsfolgen entfallen, die eine widersprechende Eintragung sonst mit sich bringen würde, hier insbesondere die ihr durch § 313 S. 2 BGB. verliehene Kraft, im Verein mit der Auflassung die Nichtigkeit eines formwidrigen Rechtsgeschäfts zu heilen.

Der Wirksamkeit der einstweiligen Verfügung steht im vorliegenden Falle der Umstand nicht entgegen, daß der Antrag auf Eintragung beim Grundbuchamt bereits eingegangen war, als die einstweilige Verfügung zugestellt wurde. Denn wie § 878 BGB. sich nicht auf absolute Erwerbsbeschränkungen im Sinne der Art. 86 bis 88 EG. z. BGB. bezieht, so kann er auch auf ein relatives Erwerbsverbot der hier fraglichen Art keine Anwendung finden. Dazu kommt, daß die einstweilige Verfügung gerade den Zweck hatte, den Anspruch des Veräußerers auf Kondiktion der Auflassung zu sichern. Sie hat daher auch die rechtliche Bedeutung, daß die in § 878 BGB. neben dem Eingang des Antrags auf Eintragung vorausgesetzte Bindung der Parteien ebenso wie der gestellte Antrag selbst vorläufig außer Kraft gesetzt wird (vgl. RGRKomm. 6. Aufl. § 878 Anm. 3 Abs. 1 a. E.; KG. JB. Bd. 1 S. 385; Rosenberg Sachenrecht Anm. II 4 zu § 878 BGB.)....

28. Hat der Schleppschiffahrts-Unternehmer auch außervertraglich eine Sorgfaltspflicht für den geschleppten Kahn? Wann endet diese Sorgfaltspflicht? Muß auch beim Fehlen einer vertraglichen Beziehung zwischen jenem Unternehmer und dem Kahneigner die Schiffsbesatzung Hilfe leisten, wenn der Kahn auf Ersuchen des Kahnschiffers an Land gesetzt worden ist und zu sinken droht?

BinnenschiffG. § 3.

I. Zivilsenat. Urt. v. 4. Februar 1928 i. S. Rh. Schiffahrtsgesellschaft J. & D. (Kl.) w. F. H. & Co. und Gen. (Bekl.). I 94/27.

I. Landgericht Duisburg.
II. Oberlandesgericht Düsseldorf.

Die Klägerin ist Eigentümerin eines Schleppkahns. Die Erstbeklagte ist Eigentümer, die Zweitbeklagte Ausrüster des Schleppdampfers H. 15. Der Drittbeklagte war Führer dieses Dampfers. Die Klägerin hatte Ende November 1922 den Schleppkahn mit der von ihr angestellten Besatzung der Viertbeklagten zur Beförderung von Schwefelkiesabbränden für eine bestimmte Reise vertraglich gegen Entgelt zur Verfügung gestellt. Nach Beladung des Kahns hatte die Viertbeklagte durch Vermittlung der Firma G. W. mit den beiden Erstbeklagten einen Schleppvertrag geschlossen. In Ausführung des Schleppvertrags nahm der Schlepper H. 15 am 28. November 1922 den Kahn bei Biebrich auf erster Länge backbordseits auf und fuhr mit ihm und drei weiteren Kähnen im Anhang talwärts. Als der Schleppzug die Binger Reede passierte, nahm er, da das Binger Loch durch einen zu Berg kommenden Schleppzug gesperrt war, den Kurs durch das „neue Fahrwasser". Nach der Durchfahrt drang Wasser in den Kahn der Klägerin, so daß er schließlich bei Oberwesel abgeworfen und an Land gesetzt werden mußte. Der Kahn ist später dort gesunken. Der Schlepper setzte, nachdem er den Kahn an Land gesetzt hatte, am nächsten Morgen seine Reise fort. Die beiden Erstbeklagten haben nach Kenntnis des Unfalls den Schlepper zu neuen Reisen ausgesandt.

Die Klägerin behauptet, daß ihr Kahn bei der Durchfahrt durch das „neue Fahrwasser" auf Grund gestoßen und beschädigt worden sei. Der Kapitän des Schleppers habe den hierdurch, sowie den nach dem Absetzen des Kahns an Land entstandenen Schaden verschuldet.

Für diesen Schaden seien ihr sowohl der Kapitän als auch die beiden ersten Beklagten haftbar, und zwar die beiden letzteren dinglich und persönlich. Dementsprechend hat sie auf Schadensersatz geklagt. Die Beklagten haben den Klaganspruch nach Grund und Betrag bestritten.

Während das Landgericht den Klaganspruch zur Hälfte dem Grunde nach für berechtigt erklärte, wies das Oberlandesgericht die Klage ab. Die Revision führte zur Aufhebung und Zurückverweisung..

Gründe:

Das Berufungsgericht hat ausgeführt, der von den beiden ersten Beklagten mit der Viertbeklagten abgeschlossene Schleppvertrag habe keinerlei Vertragsrechte für die Klägerin begründet. Insbesondere handle es sich nicht um einen Vertrag zugunsten Dritter, weil der Wille der Vertragschließenden nicht darauf abgezielt habe, Dritten, namentlich der Klägerin, unmittelbare Rechte gegen die beiden ersten Beklagten zu verschaffen.

Zu Unrecht wendet demgegenüber die Revision ein, daß durch den Schleppvertrag nach allgemeiner Verkehrsauffassung und nach den praktischen Forderungen des Verkehrs ein unmittelbarer vertraglicher Anspruch der Klägerin als Eignerin des Schleppkahns gegen die beiden ersten Beklagten auf pflegliche Behandlung des Kahns und Sorgfalt bei Ausführung des Schleppvertrags begründet sei. Ein solcher Anspruch ist nach den Feststellungen des Berufungsgerichts nur auf außervertraglicher Grundlage gegeben.

Der Schleppvertrag als solcher schuf grundsätzlich nur ein Vertragsverhältnis zwischen den Vertragsteilen. Die Ausführungen des Berufungsgerichts darüber, daß im vorliegenden Falle eine Abweichung von diesem Grundsatz nicht in Betracht komme, sind nicht rechtsirrig. Anderseits besteht keine allgemeine Rechtspflicht, fremdes Eigentum gegen Gefahren zu schützen und es vor Beschädigungen zu bewahren; eine solche Pflicht wird nur durch ein besonderes Rechtsverhältnis begründet (RGZ. Bd. 97 S. 12, Bd. 102 S. 42). Ein derartiges Rechtsverhältnis kann hergeleitet werden aus der Eigenschaft der beiden ersten Beklagten als Schleppschiffahrtsunternehmer, die als Eigner oder Ausrüster von Schleppdampfern gewerbsmäßig fremde Schiffe gegen Entgelt schleppen. Die auf diesem Rechtsverhältnis beruhende Sorgfaltspflicht des Beförderungsunternehmers ist aber, wie in ständiger Rechtsprechung des Reichsgerichts anerkannt ist, grundsätzlich außervertraglicher Art (RGZ. Bd. 102 S. 42, Bd. 105 S. 303; RGUrteile vom 10. Dezember 1921 I 186/21 und vom 7. November 1925 I 77/25). Sie kann gegeben sein, bevor und ohne daß ein Beförderungsvertrag abgeschlossen wird, und sie unterliegt an sich anderen Anforderungen als die vertragliche Sorgfaltspflicht, welche dem Beförderungsunternehmer auf Grund des Beförderungsvertrags seinem Vertragsgegner gegenüber obliegt (RGZ. Bd. 102 S. 43; RGUrteil vom 7. November 1925 I 77/25).

Nun hat ein Angestellter der beiden ersten Beklagten, der sog. Wallkapitän F., vor Beginn der Schleppreise bei der Firma G. W. als Vermittlerin des Schleppvertrags wegen des Tiefgangs des Schleppkahns der Klägerin angefragt und daraufhin in dem an den Drittbeklagten als Führer des Schleppdampfers übermittelten Schleppschein den Tiefgang des Kahns auf 2,10 m angegeben. F. tat dies im Rahmen des ihm von den beiden ersten Beklagten übertragenen und in ihren Diensten seit langem von ihm verwalteten Geschäftskreises. Es handelte sich dabei um verhältnismäßig einfache Verrichtungen und es ist nach den Feststellungen des Berufungsgerichts nicht ersichtlich, daß die Ausführung dieser Verrichtungen einer besonderen Leitung und Beaufsichtigung durch die beklagten Geschäftsherren des F. bedurft hätte. Es kommt also nur darauf an, ob F. selbst bei der Beschädigung des Kahns in Ausführung seiner Verrichtungen in der Weise mitgewirkt hat, daß er widerrechtlich eine falsche Angabe über den Tiefgang, der in Wahrheit 2,45 m betrug, in den Schleppschein einfügte. Das Berufungsgericht hat zu dieser Frage keine klare Stellung genommen, wenngleich es zum Ausdruck bringt, es bestehe sehr wohl die Möglichkeit, daß die Firma W. dem F. unrichtige Angaben über den Tiefgang des Kahns gemacht habe. Der Vorderrichter hat aber festgestellt, daß die beiden ersten Beklagten bei Auswahl und Anstellung des F. die im Verkehr erforderliche Sorgfalt beobachtet haben. Danach ist die Annahme, daß eine Haftung dieser Beklagten aus § 831 BGB. nicht in Betracht komme, rechtlich nicht zu beanstanden. Und zwar gilt dies auch dann, wenn F. mit der erwähnten Eintragung in den Schleppschein ein Verschulden begangen haben sollte, da es sich im Verhältnis der Klägerin zu den beiden ersten Beklagten immer nur um ein außervertragliches Verschulden handeln würde.

Zu den Angriffen, welche die Revision gegen die Annahme des Berufungsgerichts erhebt, daß dem Drittbeklagten kein für den Schaden ursächliches Verschulden zur Last falle, ist folgendes zu bemerken. Das Berufungsgericht hat angenommen, dieser Beklagte habe sich als Schlepperkapitän unbedingt auf die Angaben über den Tiefgang des Schleppkahns in dem ihm übergebenen Schleppschein verlassen dürfen und nicht noch weitere Erkundigungen nach dieser Richtung einzuziehen brauchen. Auch sonst habe dieser Beklagte den Unfall des Kahns im „neuen Fahrwasser“ in keiner Weise verschuldet. Durch das dem Ersuchen des Kahnschiffers entsprechende Herausnehmen des beschädigten Kahns aus dem Schleppzuge und das Absetzen des Kahns an Land sei seine Schleppreise beendet gewesen. Der Schlepperkapitän habe danach für das weitere Schicksal des abgesetzten Kahns keine Sorge zu tragen brauchen, weder auf Grund des Schleppvertrags noch auf Grund einer allgemeinen Obhutspflicht gegenüber dem Kahneigner.

Die Auffassung des Vorderrichters, daß der Schlepperkapitän sich auf den Inhalt des Schleppscheins habe verlassen dürfen, ist nicht rechtsirrig. Die hieran geknüpfte Erwägung, daß der Schlepperführer bei dem von ihm berechtigterweise angenommenen Tiefgang des Kahns von 2,10 m das „neue Fahrwasser“ habe passieren dürfen, ist rein tatsächlicher Art. Im übrigen kommt es, wie erwähnt, grundsätzlich darauf an, welche Verpflichtungen den beiden ersten Beklagten sowie ihrem Erfüllungsgehilfen, dem Drittbeklagten, gegenüber der Klägerin als Eignerin des beschädigten Kahns oblagen. Da diese Verpflichtungen nur in einer außervertraglichen Obhuts- und Überwachungspflicht über den in ihrem Gewerbebetrieb an sie gelangten Kahn bestanden, hörten die Verpflichtungen an und für sich auf, sobald der Kahn in sachdienlicher und verkehrsüblicher Weise aus ihrer Obhut und der ihres Erfüllungsgehilfen, des Drittbeklagten, entlassen war. Dies geschah aber nicht schon ohne weiteres dadurch, daß der beschädigte Kahn auf Ersuchen des Kahnschiffers an Land gesetzt wurde.

Das Landgericht hatte hierzu folgendes festgestellt: Der Schlepper habe während der Nacht vor dem Wegsinken des an Land gesetzten Kahns 2 bis 3 Schiffslängen oberhalb gelegen. Der Schlepperführung sei damals die Beschädigung und die gefährdete Lage des Kahns bekannt gewesen. Sie habe dem Kahn sachdienliche

Hilfe leisten können, weil der Schlepper eine Dampfpumpe an Bord gehabt habe. Sie habe aber in keiner Weise zugunsten des Kahns eingegriffen und sogar die Frage des Kahnschiffers verneint, ob eine Dampfpumpe an Bord des Schleppers sei. Das Berufungsgericht hat zu diesen Feststellungen des Landgerichts keine Stellung genommen. Sie können aber unter Umständen für den Streitfall von Bedeutung sein. Aus der Natur des Schleppvertrags und der Stellung des Schiffsführers ergibt sich, daß der Schlepperkapitän einen zum Schleppverband gehörigen und auf der Schleppreise beschädigten Kahn, auch nachdem dieser an Land gesetzt worden ist, nicht einfach seinem Schicksal überlassen darf, sondern ihm Hilfe leisten muß, wenn und soweit ihm dies nach der Sachlage der Schlepperführung billigerweise zugemutet werden kann (Schaps Seerecht 2. Auflage Vorbem. vor § 556 Anm. 34b S. 309; RGZ. Bd. 46 S. 205). Die Erfüllung dieser sich unmittelbar aus der Obhutspflicht des Schlepperführers ergebenden Pflicht gehört zu den Dienstobliegenheiten des Schlepperkapitäns. Ihre Verletzung bedeutet ein Verschulden der Schiffsbesatzung in Ausführung ihrer Dienstverrichtungen, für das nach § 3 BinnenschiffG. der Schleppereigner auch außervertraglich einem Dritten einzustehen hat. Demgemäß kann sich die Klägerin auf diese Vorschrift grundsätzlich berufen, obgleich zwischen ihr und den Beklagten zu 1 bis 3 durch den Schleppvertrag keinerlei vertragliche Beziehungen entstanden sind (vgl. auch Mittelstein Binnenschiffahrtsrecht Bd. I § 3 Anm. 1 bis 3, 5, 6). Es wird Sache des Tatrichters sein, hier die einschlägigen Feststellungen zu treffen. Sollte z. B. der Kahnschiffer den Schlepperführer beim Anlandsetzen des Kahns ausdrücklich gefragt haben, ob er eine Dampfpumpe an Bord habe, so würde dies darauf hinweisen, daß er die durch das Schleppverhältnis begründete Obhuts- und Überwachungspflicht des Schleppers noch nicht mit dem bloßen Anlandsetzen des Kahnes als erledigt ansah, sondern vom Schleppdampfer gegebenenfalls auch Pumpenhilfe begehrte. Diese Pumpenhilfe konnte sehr wohl im Rahmen der genannten Obhutspflicht geboten sein. Der Schlepperführer durfte dann das betreffende Begehren des Kahnschiffers nicht ablehnen, indem er wider besseres Wissen das Vorhandensein einer Dampfpumpe ableugnete, vorausgesetzt, daß jene Hilfeleistung unter Würdigung der gesamten Sachlage billigerweise erwartet werden konnte. Dabei sind auch die sonstigen Verpflichtungen des Schlepperführers, insbesondere den übrigen an der Schleppfahrt Beteiligten gegenüber, in Betracht zu ziehen. Auch wird gegebenenfalls die Frage eines mitwirkenden Verschuldens der Klägerin oder ihres Kahnschiffers erneut zu prüfen sein.

---

29. Gilt § 139 BGB. nur für teilweise nichtige Rechtsgeschäfte oder auch für solche, die wegen Fehlens der erforderlichen Genehmigung teilweise unwirksam sind?

2. Kann der Vertragsgegner, nachdem er gemäß § 179 BGB. gegen den Vertreter ohne Vertretungsmacht den Erfüllungsanspruch gewählt hat, unter den Voraussetzungen des § 326 BGB. zum Schadensersatzanspruch übergehen?

3. Zur Haftung wegen Verschuldens beim Vertragsschluß.

BGB. §§ 139, 179, 276, 278, 326.

VI. Zivilsenat. Urt. v. 6. Februar 1928 i. S. Eheleute M. (Kl.) w. Eheleute Br. (Bekl.). VI 329/27.

I. Landgericht II Berlin.
II. Kammergericht daselbst.

Am 17. Februar 1926 verkauften die klagenden Eheleute gemeinschaftlich ein Landgut, das ihnen zu je einem realen Teil gehörte, zu zwei Dritteln an die beklagte Ehefrau und zu einem Drittel an den Rittergutsbesitzer S. Bei der notariellen Verhandlung wurden die beiden Käufer durch den beklagten Ehemann vertreten, der zu Protokoll erklärte, daß er als Bevollmächtigter beider auftrete; in Wirklichkeit hatte er Vollmacht nur von seiner Ehefrau, nicht auch von S. Dieser verweigerte seine Genehmigung, nachdem der Vertrag inzwischen vom Landrat genehmigt worden war. Die Kläger forderten darauf die beiden Beklagten mehrmals auf, die Auflassung entgegenzunehmen, und verkauften, als dies erfolglos blieb, am 26. März 1926 das Gut an den Landwirt V. Diesen Verkauf schloß der klagende Ehemann unter dem Vorbehalt der Genehmigung seiner Ehefrau ab, die im Mai 1926 erteilt wurde. Inzwischen hatten die Kläger den Beklagten durch Schreiben vom 12. April 1926 eine dreitägige Frist zur Erfüllung des Vertrags vom 17. Februar gesetzt mit der Androhung, daß sie nach fruchtlosem Ablauf der Frist das Gut bestmöglich anderweitig verkaufen und die Beklagten für den Preisunterschied und andere Schäden haftbar machen würden. Der im Vertrag vom 17. Februar 1926 vereinbarte Kaufpreis betrug 50000 RM, der mit V. vereinbarte 46500 RM.

Die Kläger verlangen nunmehr von den beiden Beklagten als Gesamtschuldnern den Unterschied von 3500 RM sowie Erstattung einer Reihe anderer Schäden, die sie durch das Vertrauen auf die Ausführung des Vertrags vom 17. Februar 1926 erlitten haben wollen. Die Beklagten bestreiten, daß der beklagte Ehemann sich als Bevollmächtigten des S. ausgegeben habe, und behaupten, er habe nur von einer Zusage des S. gesprochen, „eventuell mitzumachen", wenn er, der beklagte Ehemann, das Gut kaufe. Darauf habe der Notar gesagt, dann könne er ruhig als Bevollmächtigter auftreten, es genüge, wenn die Vollmacht nachträglich genehmigt werde. Weiter wenden die Beklagten ein, der Vertrag sei nichtig, weil S. nur vorgeschoben sei, um die Genehmigung des Landrats zu erlangen, auch sei die Setzung der Nachfrist unwirksam, weil die Kläger durch den Verkauf an V. vertragsuntreu gehandelt und sich die Erfüllung des Vertrags selbst unmöglich gemacht hätten.

Beide Vordergerichte wiesen die Klage ab. Die Revision der Kläger führte zur Aufhebung und Zurückverweisung.

Gründe:

Das Berufungsgericht nimmt an, daß der Kaufvertrag, soweit er den S. als Käufer bezeichnete, kein Scheingeschäft gewesen, daß aber der beklagte Ehemann für ihn als Bevollmächtigter aufgetreten sei, ohne in Wirklichkeit Vollmacht von ihm zu haben. Offen gelassen ist die Frage, ob nicht die Unkenntnis der Kläger von dem Mangel der Vertretungsmacht auf Fahrlässigkeit beruht. Da die Kläger die Darstellung der Beklagten bestritten haben, die eine solche Fahrlässigkeit begründen könnte, so ist für die Revisionsinstanz davon auszugehen, daß sie der Vorwurf der Fahrlässigkeit nicht trifft.

Dann konnte aber ihre Klage nicht abgewiesen werden. Zutreffend ist zwar der Ausgangspunkt des Berufungsgerichts, daß mit der Verweigerung der Genehmigung durch S. nicht nur der ihn betreffende Teil des Vertrags, sondern nach der Regel des § 139 BGB. der ganze Vertrag unwirksam geworden ist. Diese Vorschrift trifft allerdings nach ihrem Wortlaut nur nichtige Rechtsgeschäfte, sie ist aber ihrem Sinne nach auch auf Geschäfte zu beziehen, deren Wirksamkeit von einer Genehmigung abhängt. Denn es geht nicht an, ein Rechtsgeschäft zum Teil aufrechtzuerhalten, wenn es zum andern Teil durch Versagung der erforderlichen Genehmigung unwirksam geworden ist, es sei denn, daß es auch ohne diesen Teil vorgenommen worden wäre (RGZ. Bd. 51 S. 35, Bd. 93 S. 338; Staudinger-Riezler BGB. 9. Aufl. § 139 Bem. 2d; vgl. auch Enneccerus Lehrbuch d. bürg. Rechts 25. bis 29. Aufl. Bd. I 1 § 189 S. 512, 515 bes. Anm. 18). Der Revision kann auch darin nicht gefolgt werden, daß die Unwirksamkeit des den S. betreffenden Teils durch die Inanspruchnahme des beklagten Ehemanns behoben sei. Dessen gesetzliche Haftung aus § 179 BGB. ändert nichts an der Unwirksamkeit, obwohl er auf Erfüllung in Anspruch genommen ist. Höchstens ließe sich fragen, ob unter diesen Umständen der Ausnahmefall des § 139 BGB. gegeben sei. Aber auch das müßte nach der bisherigen Sachlage verneint werden. Denn beim Fehlen gegenteiliger Anführungen ist anzunehmen, daß es für die beklagte Ehefrau einen wesentlichen Unterschied bedeutet, ob neben ihr S. als Mitkäufer oder ihr Ehemann als Vertreter ohne Vertretungsmacht haftet; die Haftung des letzteren kann sie empfindlich in Mitleidenschaft ziehen. Hätte sie allerdings das Auftreten ihres Ehemanns als Vertreters ohne Vertretungsmacht von vornherein gekannt und gebilligt, so könnte sie sich nicht auf die Unwirksamkeit des Vertrags berufen. Denn dann müßte angenommen werden, daß sie die Gefahr der Nichtgenehmigung auf sich genommen und den Vertrag auch ohne den unwirksamen Teil geschlossen hätte (RGZ. Bd. 68 S. 322, Bd. 79 S. 437; RGUrt. vom 13. Juli 1908 II 94/08; Planck-Flad BGB. 4. Aufl. § 139 Bem. 2). Allein bisher ist in dieser Richtung nichts behauptet worden.

Bei der jetzt vorhandenen Sachlage haftet der beklagte Ehemann aus § 179 BGB. Die Kläger konnten ihn ebenso auf Erfüllung in Anspruch nehmen wie den S., wenn dieser Vollmacht erteilt oder den Vertrag genehmigt hätte. Sie haben das durch ihre Aufforderungen getan, zusammen mit der beklagten Ehefrau den Vertrag zu erfüllen. Wenn die beklagte Ehefrau, auf die Unwirksamkeit des Vertrags sich stützend, ihre Mitwirkung versagte, oder wenn der beklagte Ehemann die erforderliche Genehmigung des Landrats nicht beschaffen konnte, so waren das Umstände, die er nach seinem zum Teil vollmachtlosen Vertragsschluß zu vertreten hatte, die also das Wahlrecht der Kläger, ihn aus § 179 BGB. auf Erfüllung oder auf Schadensersatz wegen Nichterfüllung in Anspruch zu nehmen, nicht beschränkten (§ 265 BGB.). Konnten sie auch von der einmal getroffenen Wahl nicht beliebig abgehen, so ist doch dem Berufungsgericht darin nicht beizutreten, daß ihnen, nachdem sie Erfüllung gewählt hatten, auch der Weg des § 326 BGB. verschlossen gewesen sei. Dies rügt die Revision mit Recht. Hatten die Kläger Erfüllung gewählt und geriet der beklagte Ehemann damit in Verzug, so konnten sie ihm — ebenso wie sie es gegenüber S. gekonnt hätten, wenn der Vertrag mit ihm zustandegekommen wäre — eine Frist mit der Erklärung bestimmen, daß sie die Annahme seiner Leistung nach Fristablauf ablehnen würden; nach fruchtlosem Ablauf der Frist konnten sie Schadensersatz wegen Nichterfüllung von ihm verlangen. Zwar wird der Vertreter ohne Vertretungsmacht dadurch, daß er auf Grund des § 179 BGB. auf Erfüllung in Anspruch genommen wird, nicht selbst zur Vertragspartei, seine Haftung ist vielmehr eine gesetzliche; aber er muß sich doch so behandeln lassen, als wäre er Vertragspartei, wie er auch wegen der Gegenleistung die aus §§ 320flg. BGB. sich ergebenden Rechte geltend machen kann (vgl. Staudinger-Riezler BGB. 9. Aufl. § 179 Bem. 4a; Planck-Flad BGB. 4. Aufl. § 179 Bem. 4a; Oertmann BGB. 3. Aufl. § 179 Erl. 2a; Komm. von RGR. 6. Aufl. § 179 Anm. 1). Nach dem Grundgedanken des § 179 BGB. soll der andere Teil nicht darunter leiden, daß ein Vertreter ohne Vertretungsmacht mit ihm einen Vertrag geschlossen hat. Er wäre aber benachteiligt, wenn ihm, nachdem er Erfüllung gewählt hat, der Weg des § 326 BGB. verschlossen sein würde.

Mit Recht rügt die Revision aber auch, daß das Berufungsgericht in dem Schreiben vom 12. April 1926 keine Erklärung gefunden hat, wie § 326 Abs. 1 Satz 1 sie verlangt. Die Kläger stellen dort für den Fall fruchtlosen Fristablaufs anderweitigen Verkauf des Gutes und Forderung von Schadensersatz in bestimmte Aussicht, begnügen sich also nicht damit, sich diese Maßnahmen nur „vorzubehalten", wie dies im Falle der Entscheidung RGZ. Bd. 91 S. 164 geschehen war. Derartige Androhungen sind, wenn sie nicht mißverstanden werden können, in der Rechtsprechung des

Reichsgerichts für genügend erachtet worden (RGZ. Bd. 114 S. 7). Hier war kein Mißverständnis darüber möglich, daß die Kläger nach fruchtlosem Fristablauf die Leistung der Beklagten ablehnen wollten. Die Beklagten haben auch nicht geltend gemacht, daß sie das Schreiben anders aufgefaßt hätten; seine Deutlichkeit ist nicht bemängelt worden. Es muß also für ausreichend erachtet werden. Da das Berufungsgericht ohne Rechtsirrtum annimmt, daß die Kläger während der Nachfrist vertragstreu und erfüllungsbereit geblieben waren, weil sie sich dem V. gegenüber noch nicht gebunden hatten, so ist die Abweisung der Klage gegen den beklagten Ehemann nicht gerechtfertigt.

Aber auch die beklagte Ehefrau ist nach der bisherigen Sachlage haftbar. Allerdings läßt sich ihre Haftung aus § 326 BGB. nur dann begründen, wenn ihr die Berufung auf § 139 BGB. zu versagen ist, und dafür fehlt es einstweilen an der Behauptung, daß sie um das vollmachtlose Auftreten ihres Ehemanns von vornherein gewußt und es gebilligt habe. Nach der feststehenden Rechtsprechung des Reichsgerichts haftet sie indessen auch ohnehin für ein von ihrem Ehemann und Gehilfen beim Vertragsschluß begangenes Verschulden (Komm. von RGR. 6. Aufl. § 276 Anm. 3). Dieses Verschulden besteht darin, daß er sich als Bevollmächtigten des S. ausgegeben hat, ohne Vollmacht von ihm zu haben, und daß er dadurch die Kläger in einen Irrtum versetzt hat. Daß es für die Haftung aus Verschulden beim Vertragsschluß des Zustandekommens eines wirksamen Vertrags nicht bedarf und daß dabei auch § 278 BGB. anzuwenden ist, hat das Reichsgericht wiederholt ausgesprochen (RGZ. Bd. 114 S. 159). Freilich werden die Kläger auf diesem Wege von der beklagten Ehefrau nur das sog. negative Vertragsinteresse beanspruchen können (RGZ. Bd. 103 S. 51), aber nach ihrer Berechnung haben sie den Hauptteil ihres Schadens gerade dadurch erlitten, daß sie auf die Wirksamkeit des Vertrags vertrauten.

---

30. Was ist bei der Vermietung von Räumen als „übermäßiger Gewinn" im Sinne von § 4 der Preistreiberei-Verordnung vom 13. Juli 1923 und als „unangemessene Vergütung" im Sinne von § 49a des Mieterschutzgesetzes anzusehen?

III. Zivilsenat. Urt. v. 7. Februar 1928 i. S. Nordd. T.A.-G. (Kl.) w. Tr.-Werke A.-G. (Bekl.). III 225/27.

I. Landgericht Hamburg.
II. Oberlandesgericht daselbst.

Die Beklagte benutzte für ihren Betrieb ihr gehörige Anlagen auf dem Grundstück am Alten Teichweg in H. und Räume in ihrem Hause „Tritonhaus" Schanzenstraße 75 bis 77 daselbst. Der Klägerin waren die von ihr bisher gemieteten Räume gekündigt worden; sie beabsichtigte, die von der Beklagten benutzten Räume im Tritonhause zu mieten. Diese Räume machte die Beklagte dadurch frei, daß sie auf ihrem Grundstück am Alten Teichweg mit erheblichem Kostenaufwand neue Gebäude errichtete und in ihnen den bisher im Tritonhause befindlichen Teil ihres Betriebs unterbrachte. Es kam dann zwischen den Parteien zum Abschluß des Mietvertrags vom 23. Juni 1924, der durch verschiedene Nachträge ergänzt wurde. Zunächst hatte man sich auf einen jährlichen Mietzins von 30250 RM geeinigt. Später wurde diese Summe zerlegt, und zwar wurde als Miete ein Betrag von 13720 RM und als Baukostenzuschuß ein in fünf Jahresraten zahlbarer Betrag von 104650 RM vereinbart. Die Dauer des Mietverhältnisses wurde auf fünf Jahre bemessen. Der Klägerin wurde ein Optionsrecht auf ebensolange Zeit zugestanden gegen Zahlung eines jährlichen Mietzinses von 30250 RM.

Die Klägerin will diesen Vertrag nicht gelten lassen, weil die Miete zu hoch sei. Sie hat mit der vorliegenden Klage beantragt, festzustellen, daß die Beklagte ihr für den Monat Oktober 1924 1520 RM zurückzuvergüten und daß sie für den Monat August 1926 nur 1000 RM zu beanspruchen habe. Hilfsweise hat sie um Verurteilung der Beklagten zur Zahlung von 3040 RM nebst Zinsen gebeten.

Die Vorinstanzen haben die Klage abgewiesen. In der Berufungsinstanz hatte die Klägerin ihre Forderung auf 4560 RM erhöht. Die Revision wurde zurückgewiesen aus folgenden

Gründen:

Das Landgericht war davon ausgegangen, daß der Baukostenzuschuß nicht etwa verschleierte Miete sei. Die Beklagte habe der Klägerin die Räume nur zur Verfügung stellen können, wenn ihr der Neubau am Alten Teichweg durch Vergütung der entstehenden Baukosten ermöglicht würde. Es sei also nicht zu beanstanden, wenn sie sich diese Vergütung habe versprechen lassen. Ein Verstoß gegen § 49a des Mieterschutzgesetzes (eingefügt durch Art. I Nr. 21 des Gesetzes zur Abänderung des Mieterschutzgesetzes vom 29. Juni 1926, RGBl. I S. 317) würde nur dann vorliegen, wenn diese Vergütung unangemessen gewesen wäre. Hierfür sei nichts dargetan.

Das Berufungsgericht hat demgegenüber mit Recht Miete und Baukostenzuschuß als eine Leistung, als Miete betrachtet, die sich für die Entscheidung nicht trennen lasse. Es stellt dann weiter fest, daß die Erhöhung der Vorkriegsmiete von 7300 *M* auf 13720 *RM* mit Rücksicht auf die Erhöhung der Mieten überhaupt sowie der Steuern und wegen der Minderung der Kaufkraft des Geldes nicht unangemessen sei. Insoweit bewegt sich das Urteil auf tatsächlichem Gebiete und ist, da es keinen Rechtsirrtum erkennen läßt, nicht zu beanstanden.

Zur Frage des Baukostenzuschusses verkennt das Berufungsgericht nicht, daß seine Zurückforderung für die Monate Oktober und November 1924 nach § 4 der Preistreiberei-Verordnung vom 13. Juli 1923 und für August 1926 nach § 49a MSchG. zu beurteilen ist. Beide Vorschriften führten — so wird dargelegt — nicht zur Nichtigkeit des Mietvertrags, sondern nur zu einer Herabsetzung der Vergütung. Trotz des verschiedenen Wortlauts („übermäßiger Gewinn" und „unangemessen") bestehe zwischen ihnen kein sachlicher Unterschied, beide wollten einen übermäßigen Gewinn des Vermieters verhindern und unter Strafe stellen. Von einem Gewinn könne aber dann keine Rede sein, wenn der Vermieter durch die Vermietung Unkosten habe, die zwar dem Mieter nicht zugute kämen, für ihn selbst aber lästig seien. Nach diesen Gesichtspunkten sei zu beurteilen, ob Miete und Baukostenzuschuß zusammen angemessen oder unangemessen seien.

In tatsächlicher Hinsicht stellt das Berufungsgericht fest, für den Ausbau der neuen Räume habe die Beklagte 414000 *RM* ausgegeben. Den Ausbau hätte sie nicht vorgenommen, wenn sie nicht durch günstige Vermietung ihrer bisherigen Räume einen beträchtlichen Teil der Baukosten wieder hätte hereinbekommen können. Ob sie die Kosten jemals wieder einbringen werde, sei ungewiß und jedenfalls wenig wahrscheinlich. Denn ob sie die alten oder die neuen Räume benutze, mache für sie keinen erheblichen finanziellen Unterschied, vielleicht werde ihr Betrieb vereinfacht. Von diesen außerordentlichen Unkosten habe sie $1/_4$ auf die Klägerin abgewälzt. Das bedeute für die Beklagte keinen Gewinn, jedenfalls keinen übermäßigen. Die Beklagte habe mit der Schaffung der neuen Räume auch der Allgemeinheit gedient. Wenn sie die alten Räume behalten und die neuen vermietet hätte, könnte ihr niemand vorwerfen, daß sie dabei die Baukosten in Rechnung gestellt habe. Nun sei es für sie in finanzieller Hinsicht sicherlich kein erheblicher Unterschied, ob sie die alten oder die neuen Räume vermietet habe. In beiden Fällen habe sie die hohen Unkosten gehabt, und es könne ihr nicht verdacht werden, daß sie auch bei Vermietung der alten einen Teil der Kosten auf den abgewälzt habe, dem der größte Vorteil daraus erwachsen sei.

Der Anspruch der Klägerin geht zunächst auf Rückzahlung von zu viel gezahlter Miete für die Monate Oktober und November 1924 und weiter auf Herabsetzung der Miete für den Monat August 1926. Für den ersten Anspruch kommt § 4 PreistrVo. in Betracht. Sie wurde durch Art. I des Gesetzes vom 19. Juli 1926 aufgehoben, das am 24. Juli 1926 in Kraft getreten ist. Anderseits sind durch Art. I Nr. 21 des Gesetzes zur Abänderung des Mieterschutzgesetzes vom 29. Juni 1926 die Strafvorschriften der §§ 49a und 49b über den Raumwucher in das Mieterschutzgesetz neu aufgenommen worden und mit diesem Gesetz am 1. Juli 1926 in Kraft getreten. Die letzteren Bestimmungen gelten also für den zweiten, den Monat August 1926 betreffenden Anspruch. Hiernach ist eine gesonderte Behandlung der beiden Ansprüche angezeigt.

Daß § 4 PreistrVo. auch das Vermieten von Räumen unter die Leistungen zur Befriedigung des täglichen Bedarfs zählt und mitumfaßt, ist anerkannten Rechtens. Er verbietet das Fordern, das Sichgewähren- oder Versprechenlassen einer Vergütung, die unter Berücksichtigung der gesamten Verhältnisse einen übermäßigen Gewinn darstellt. Unter Gewinn ist der tatsächliche Reinverdienst, d. h. der Unterschied zwischen Vergütung und Gestehungskosten zu verstehen. Ob er übermäßig ist, hat man an der Hand der im Frieden üblichen Gewinnsätze zu beurteilen. Ein solcher Reinverdienst liegt nicht vor, wenn etwa die Vergütung nur die Gestehungskosten deckt, auch wenn diese besonders hoch sind und die Vergütung den objektiven Wert der vermieteten Räume übersteigt. Dies gilt selbst dann, wenn der Mieter die Vergütung nicht herauswirtschaften kann und Verluste erleidet. In dieser Hinsicht schließt sich der Senat den Ausführungen des Urteils RGSt. Bd. 61 S. 130 an.

Prüft man unter diesen Gesichtspunkten den Anspruch der Klägerin aus Oktober-November 1924, so ist dem Berufungsgericht darin beizutreten, daß die Beklagte auf keinen Fall einen übermäßigen Gewinn erzielt hat. Wie das Berufungsgericht feststellt, bedeutete es für die Beklagte keinen erheblichen finanziellen Unterschied, ob sie die alten oder die neuen Räume benutzte. Die letzteren hat sie mit einem hohen Kostenaufwand hergestellt, von dem ein Teil nicht wieder hereinzubringen, also verloren ist. Bei einer Vermietung der neuen Räume wäre sie berechtigt gewesen, die Baukosten für die Berechnung der Vergütung in Ansatz zu bringen. Dies durfte sie aber auch bei einer Vermietung der alten, da gerade zu deren Freimachung die Unkosten aufgewandt wurden und hierdurch der Selbstkostenpreis dieser Räume erhöht worden ist. Da der Teil dieser nicht wieder hereinzubringenden Kosten, den die Beklagte auf die Klägerin abgewälzt hat, nach der bindenden Feststellung des Vorderrichters der Beklagten überhaupt keinen Gewinn und erst recht keinen übermäßigen Gewinn verschafft, ist in ihrem Vorgehen kein Verstoß gegen § 4 PreistrVo. zu erblicken, der eine Herabsetzung der Miete rechtfertigen könnte.

Der Anspruch der Klägerin aus August 1926 ist nach § 49a MSchG. zu beurteilen. Diese Vorschrift ist seinerzeit im Ausschuß in den Entwurf eingefügt worden, wobei der Regierungsvertreter ausdrücklich betonte, sie lehne sich an das bereits bestehende Recht, insbesondere an § 4 PreistrVo. an. Diese Erklärung wurde bei der Beratung des Gesetzes im Plenum des Reichstags auf den Einwurf, daß die Bestimmung „kautschukartig“ gefaßt sei, von der Regierung dahin wiederholt, daß der Ausschuß nur eine Bestimmung des geltenden Rechts, nämlich die Strafbestimmung über Leistungswucher, übernommen habe (Verh. d. Reichstags Bd. 390 S. 7871). Davon ausgehend ist das Berufungsgericht zu der Ansicht gelangt, die beiden Vorschriften hätten den gleichen Inhalt, die unangemessene Vergütung bedeute dasselbe wie der übermäßige Gewinn. Anderer Meinung ist der 1. Strafsenat des Reichsgerichts in seiner oben angeführten Entscheidung. Er findet mit Recht eine Verschärfung der Vorschrift des § 4 PreistrVo. darin, daß man in § 49a MSchG. das Erfordernis des täglichen Bedarfs nicht aufrechterhalten, sondern kurzweg alle Räume unter die Strafvorschrift gestellt habe. Er will aber auch aus der Wahl einer anderen Fassung den Schluß ziehen, daß dem Vorhandensein eines übermäßigen Gewinns die Eigenschaft eines Tatbestandsmerkmals habe genommen werden sollen. Gestehungskosten und Reingewinn will er nach wie vor zu den zu berücksichtigenden gesamten Verhältnissen gerechnet wissen. Es komme aber auch, so führt er aus, den besonderen Verhältnissen, insbesondere dem objektiven Nutzungswert sowie den persönlichen und Vermögens-Verhältnissen der Parteien eine gleichwertige Bedeutung zu. Hiernach seien Sachlagen möglich, in denen die Vergütung als unangemessen erscheinen könne, obwohl sie keinen übermäßigen Verdienst darstelle, ja nicht einmal den Aufwand des Vermieters decke.

Diese Ansicht scheint besonders in ihrer letzten Folgerung dem Gedanken des Reichsmietengesetzes (in das die Vorschrift an sich gehörte) nicht gerecht zu werden, daß der Vermieter mindestens so viel erhalten soll, um zur Erhaltung des Raumes in der Lage zu sein. Ob ihr beizutreten ist, bedarf für den vorliegenden Fall keiner Untersuchung. Denn in allen Fällen sind auch nach ihr zu den maßgebenden Umständen die Gestehungskosten und der Reingewinn zu rechnen. Diese Umstände hat aber das Berufungsgericht berücksichtigt, wobei es ohne Rechtsirrtum den Baukosten eine besondere Bedeutung beigemessen hat. Wenn es daraufhin zu dem Ergebnis gelangt ist, daß die Grenze der angemessenen Vergütung hier nicht überschritten sei, so liegt diese Erwägung im wesentlichen auf tatsächlichem Gebiet und ist daher vom Revisionsgericht nicht nachzuprüfen. . . .

---

31. 1. Muß die Klage des Gesellschafters einer Kommanditgesellschaft auf Auszahlung seines Gewinnanteils ausschließlich gegen die Gesellschaft gerichtet werden oder kommen dabei auch die anderen Gesellschafter als Mithaftende in Betracht?

2. Findet die Vorschrift des § 122 Abs. 1 HGB., daß der Gesellschafter einer offenen Handelsgesellschaft die Auszahlung

seines vollen Gewinnanteils für das letzte Jahr nur insoweit verlangen kann, als sie nicht der Gesellschaft zum offenbaren Schaden gereicht, auf den Kommanditisten Anwendung, dem vertragsmäßig das Recht eingeräumt ist, in dem im § 122 Abs. 1 bezeichneten Umfang Geld aus der Gesellschaftskasse zu erheben?

HGB. §§ 122, 128, 169.

II. Zivilsenat. Urt. v. 7. Februar 1928 i. S. W. G. (Kl.) w. Kommanditgesellschaft G. & Ch. succ. u. Gen. (Bekl.). II 211/27.

I. Landgericht I Berlin, Kammer für Handelssachen.
II. Kammergericht daselbst.

Der Kläger ist Kommanditist der verklagten Firma G. & Ch. succ. (Beklagten zu 1). Die Beklagten H. G. (Beklagter zu 2) und O. W. (Beklagter zu 3) sind die persönlich haftenden Gesellschafter; der Beklagte W. U. (Beklagter zu 4) war bis zum 31. Dezember 1926 persönlich haftender Gesellschafter. Der Kläger verlangt Zahlung seines ihm auf Kontokorrentkonto gutgeschriebenen Gewinnanteils für die Geschäftsjahre (Geschäftsjahr = Kalenderjahr) 1924 und 1925 in Höhe von 97779,67 RM nebst Zinsen abzüglich nach und nach gezahlter 2400 RM. Die Beklagten bestreiten den Klaganspruch der Höhe nach und wenden außerdem ein, er sei nach dem Gesellschaftsvertrag vom 20. März 1922 noch nicht fällig. Durch einen Gesellschafterbeschluß vom 27. Mai 1924 und auch noch durch spätere Beschlüsse sei nämlich das Entnahmerecht der Gesellschafter beschränkt worden. Überdies bestehe mit Rücksicht auf einen für den Abschluß des Geschäftsjahrs 1926 drohenden Verlust keine Verpflichtung zur Auszahlung von Gewinn für 1924 und 1925. Endlich nahmen die Beklagten ein Zurückbehaltungsrecht für sich in Anspruch, weil das Kapitalkonto des Klägers am Ende des Jahres 1926 um 20000 RM gemindert gewesen sei und der Kläger diesen Betrag aus seinem Kontokorrentkonto dem Kapitalkonto wieder erstatten müsse.

Das Landgericht hat durch Teilurteil die vier Beklagten als Gesamtschuldner zur Zahlung von 53034,50 RM verurteilt. Auf die Berufung der vier Beklagten beließ es das Kammergericht, was die verklagte Kommanditgesellschaft betrifft, bei der Verurteilung in

Höhe von 53034,50 RM; dagegen wurde die Klage abgewiesen, soweit sie sich wider die drei Gesellschafter richtete. Die Revision des Klägers hatte keinen Erfolg. Die Revision der verklagten Kommanditgesellschaft (Beklagten zu 1) führte zur Aufhebung des angefochtenen Urteils, soweit es den Anspruch des Klägers gegen diese Beklagte betrifft, und in diesem Umfang zur Zurückverweisung an das Berufungsgericht.

Gründe:

1. Revision des Klägers:

Das Berufungsgericht hat den Anspruch des Klägers auf Auszahlung seines Gewinnanteils für die Geschäftsjahre 1924 und 1925 abgewiesen, soweit die Klage gegen die drei persönlich haftenden Gesellschafter (neben der Kommanditgesellschaft als erster Beklagter) erhoben worden ist. Der Vorderrichter ist der Meinung, daß ein solcher Anspruch nur der Gesellschaft gegenüber geltend gemacht werden könne. Gegen diese Rechtsauffassung wendet sich die Revision. Sie kann jedoch mit ihrer Rüge nicht durchdringen.

Geht man von der auch auf die Kommanditgesellschaft anwendbaren Vorschrift des § 128 HGB. aus, so hat es zunächst allerdings den Anschein, als ob der Anspruch des Kommanditisten auf Auszahlung seines Gewinnanteils auch gegen die persönlich haftenden Gesellschafter, als Gesamtschuldner neben der Kommanditgesellschaft, geltend gemacht werden könnte. Denn zweifellos handelt es sich bei einem solchen Anspruch eines Gesellschafters (hier des Kommanditisten) um eine Verbindlichkeit der Gesellschaft, und § 128 macht die Gesellschafter für die Verbindlichkeiten der Gesellschaft persönlich haftbar. Allein in Wirklichkeit liegt die Sache anders. Der Anspruch des Kommanditisten auf Gewinnauszahlung beruht auf dem Gesellschaftsverhältnis, ihm entspricht also eine sog. Sozialverpflichtung der Gesellschaft. Auf derartige aus dem Gesellschaftsverhältnis erwachsene, das Innenverhältnis der Gesellschafter berührende Ansprüche eines Mitgesellschafters findet § 128 HGB. keine Anwendung (Düringer-Hachenburg HGB. § 128 Anm. 18, Vorbem. zu §§ 109flg. Anm. 2). Den Gegensatz hierzu bilden Ansprüche, die aus außergesellschaftlichen Rechtsbeziehungen zwischen einem Gesellschafter und der Gesellschaft, z. B. aus Kauf oder Miete, entstanden sind. Wegen solcher Ansprüche kann sich der Gesellschafter nicht bloß an die Gesellschaft, sondern auch an seine Mitgesellschafter halten. Ein so gearteter Anspruch, bei dem der einzelne Gesellschafter der Gesellschaft wie ein nicht zu ihr gehöriger Dritter gegenübersteht, liegt aber hier nicht vor. Die Klage eines Gesellschafters (hier des Kommanditisten) auf Auszahlung von Geschäftsgewinn muß daher ausschließlich gegen die Gesellschaft erhoben werden; die Mitgesellschafter kommen hier als Mithaftende nicht in Betracht. In diesem Sinne hat sich der erkennende Senat schon in einem Urteil vom 1. Juni 1894 II 98/94 (im Auszug wiedergegeben bei Bolze Bd. 19 Nr. 614) ausgesprochen. Damals war der Komplementar einer Kommanditgesellschaft, nicht auch diese selbst, von einigen Kommanditisten auf Auszahlung von Reingewinn verklagt und die Parteien stritten über die Richtigkeit der Bilanz, welche die Kläger ihren Ansprüchen zugrundegelegt hatten. Das Reichsgericht stützte in jenem Falle seine Ansicht, daß die Klage nur gegen die Gesellschaft zu richten gewesen wäre und deshalb mit Recht abgewiesen worden sei, im wesentlichen auf folgende Erwägungen. Welche Bilanz richtig sei, könne nur gegen die Gesellschaft festgestellt werden. Eine Verurteilung der Gesellschaft würde die Kläger unmittelbar zur Zwangsvollstreckung in das Geschäftsvermögen berechtigen; eine Verurteilung des (damals verklagten) persönlich haftenden Gesellschafters dagegen wäre allerdings nur gegen diesen persönlich nach den Vorschriften über Zwangsvollstreckung zur Erwirkung von Handlungen vollstreckbar, hätte aber doch mittelbar die Wirkung, einer der Gesellschaft gegenüber nicht festgestellten Verbindlichkeit zur Befriedigung aus der Gesellschaftskasse zu verhelfen. Dieser Entscheidungsgrund trifft auch im vorliegenden Falle zu. Die Tatsache, daß in dem früheren Falle der persönlich haftende Gesellschafter allein, ohne die Kommanditgesellschaft, verklagt war, begründet keinen grundsätzlichen Unterschied. Denn wenn es zulässig wäre, wegen eines Anspruchs wie des damals streitig gewesenen und jetzt streitigen die Gesellschafter überhaupt zu verklagen, müßte es dem Kläger freistehen, sie entweder allein oder zugleich mit der Gesellschaft zu belangen. Die Revision des Klägers meint, der früheren Entscheidung habe insofern ein vom vorliegenden abweichender Tatbestand zugrundegelegen, als dort nur einzelne von den vorhandenen Kommanditisten als Kläger aufgetreten seien. Letzteres ist richtig, und das Reichsgericht hat in den damaligen

Entscheidungsgründen auch hierauf hingewiesen, indem es ausführte: zu dem vorher Gesagten komme, daß die Frage, welche Bilanz die richtige sei, den Kommanditisten gegenüber nur einheitlich entschieden werden könne, die damaligen Kläger aber nicht die einzigen Kommanditisten seien und die Stellungnahme der übrigen unbekannt geblieben sei. Dieser Hinweis stellt also einen weiteren Grund für die Abweisung jener Klage dar. Hieraus ergibt sich, daß das, was hier aus dem früheren Urteil an erster Stelle mitgeteilt ist, schon für sich allein zur Abweisung der Klage hingereicht hätte und daß kein grundsätzlicher Unterschied zwischen jenem und dem hier vorliegenden Tatbestand gegeben ist. Es ist daher dem Vorderrichter (der sich zu dieser Frage auf Staub-Pinner HGB. 12. und 13. Aufl. Anm. 2 zu § 169 und in gewissem Sinne auch auf Flechtheim bei Düringer-Hachenburg HGB. Anm. 2 zu § 169 beruft) darin beizutreten, daß die Klage des Gesellschafters auf Auszahlung von Geschäftsgewinn grundsätzlich gegen die Gesellschaft und nur gegen sie zu richten ist. Daraus folgt, daß der Berufungsrichter den gegen die persönlich haftenden Gesellschafter gerichteten Klagantrag (Hauptantrag) auf Auszahlung von Geschäftsgewinn mit Recht abgewiesen hat.

Hieran würde dadurch nichts geändert, daß die mitverklagten persönlich haftenden Gesellschafter, von denen übrigens der Beklagte W. U. mit dem 31. Dezember 1926 aus der Firma ausgeschieden ist, den größten Teil ihrer aus den Geschäftsjahren 1924 und 1925 stammenden Gewinne aus dem Geschäft herausgezogen haben sollten. Dies hat der Kläger behauptet mit dem Anfügen, die betreffenden Entnahmen seien schon vor Feststellung der Bilanzen für 1924 und 1925 bewirkt worden. Die Beklagten haben das bestritten. Der Klaganspruch wurde aber nicht etwa darauf gestützt, daß sich die Beklagten zu 2 bis 4 durch diese Vorweg-Entnahmen dem Kläger gegenüber haftbar (schadensersatzpflichtig) gemacht hätten, sondern lediglich auf die gesetzliche Befugnis des Kommanditisten aus § 167 HGB. Unter diesen Umständen kann der Revision des Klägers nicht beigetreten werden, wenn sie meint, der Vorderrichter hätte zu der Frage Stellung nehmen müssen, ob die persönlich haftenden Gesellschafter dem Kläger nicht für den Schaden aufzukommen hätten, der sich für ihn aus der Unzulänglichkeit des Gesellschaftsvermögens zur Befriedigung seiner Gewinn-Ansprüche ergebe. Das Berufungsgericht hatte zu der von der Revision vermißten Erörterung um so weniger Anlaß, als der Kläger eine Behauptung dahin, daß das Gesellschaftsvermögen durch das beanstandete Verhalten der Beklagten zu 2 bis 4 in dem erwähnten Sinne unzureichend geworden sei, in den Vorinstanzen gar nicht aufgestellt hatte. Es bedarf daher keines Eingehens auf die Frage, ob sich ein Anspruch des Klägers gegen die Beklagten zu 2 bis 4 damit begründen ließe, daß durch ihre Vorweg-Entnahmen das Gesellschaftsvermögen zur Befriedigung der Gewinnauszahlungs-Ansprüche des Klägers unzulänglich geworden sei.

Den Hilfsantrag des Klägers, der erst im Berufungsverfahren gestellt wurde und dahin lautet, daß die Beklagten zu 2 bis 4 auf die Zahlung der 53034,50 RM durch die mitverklagte Gesellschaft hinzuwirken hätten, hat das Berufungsgericht abgewiesen, weil hier eine im Verfahren II. Instanz ohne Einwilligung des Gegners unzulässige Erhebung eines neuen Anspruchs vorliege (ZPO. § 529 Abs. 4). Die Frage, ob ein derartiger gegen die persönlich haftenden Gesellschafter gerichteter Anspruch auf Mitwirkung bei der Zahlung oder auf Bewirkung der Zahlung (wobei der „Zahlende" immer die Gesellschaft selbst ist) materiellrechtlich möglich ist, blieb unentschieden; das Berufungsgericht hat die Möglichkeit eines solchen Anspruchs unterstellt. Ob sich die Annahme rechtfertigen läßt, daß hier im Verhältnis zum Hauptantrag ein neuer Anspruch im Sinne des § 529 Abs. 4 ZPO. erhoben sei, kann dahinstehen. Denn die Sache liegt so, daß der Kläger durch die Zurückweisung des Hilfsantrags nicht beschwert ist, weil sich ein Anspruch gegen den Komplementar auf Herbeiführung oder Bewirkung der (der Gesellschaft obliegenden) Gewinnauszahlung an den Kommanditisten überhaupt nicht begründen läßt. Dies folgt aus der grundsätzlichen Notwendigkeit, wegen des Anspruchs eines Gesellschafters auf Gewinnauszahlung die Gesellschaft und nur sie in Anspruch zu nehmen. Haftet aber dem Gesellschafter in dieser Richtung ausschließlich die Gesellschaft, dann ist es unzulässig und unmöglich, durch Formulierung eines Antrags auf „Herbeiführung" oder „Bewirkung" der Zahlung durch die Gesellschaft eine Verurteilung auch der persönlich haftenden Gesellschafter erzielen zu wollen.

Die Revision des Klägers ist daher unbegründet.

2. Revision der Beklagten zu 1:

Die Beklagte zu 1 hatte dem Klaganspruch gegenüber unter anderem geltend gemacht, daß die Fälligkeit des Anspruchs auf Gewinnauszahlung durch besondere Vereinbarung zwischen den Gesellschaftern, mit Einschluß des Kommanditisten, hinausgeschoben worden sei. (Es wird nun ausgeführt, daß der Berufungsrichter diesen Einwand mit Recht zurückgewiesen habe. Dann fährt das Urteil fort:)

Begründet ist dagegen der weitere Revisionsangriff der Beklagten zu 1, der dahin geht: der Kläger müsse sich den § 122 HGB. entgegenhalten lassen und könne demnach die Auszahlung seines Gewinnanteils für 1924 und 1925 nicht verlangen, da sie der Gesellschaft zum offenbaren Schaden gereichen würde. Dieser Standpunkt wird damit begründet, daß der Kläger nach dem Gesellschaftsvertrag vom 20. März 1922 im Innenverhältnis die Rechte und Pflichten eines persönlich haftenden Gesellschafters habe; nur nach außen habe er die Rolle eines Kommanditisten übernommen. Daraus folge, daß er sich im Innenverhältnis nicht auf § 169 HGB. berufen dürfe, sondern sich Einwendungen aus § 122 das. gefallen lassen müsse. Hierzu ist zu bemerken: Der Gesellschaftsvertrag bestimmt: der Kläger (der mit dem 1. Januar 1922 als persönlich haftender Gesellschafter aus der Firma ausgeschieden war) habe als Kommanditist die sämtlichen Rechte, die den persönlich haftenden Gesellschaftern zuständen, mit Ausnahme der Vertretungsbefugnis; zur persönlichen Mitarbeit sei er berechtigt, aber nicht verpflichtet. Zu den Rechten, die ihm hiernach, ebenso wie den persönlich haftenden Gesellschaftern, zustehen, gehört dann auch das Entnahmerecht nach § 122 Abs. 1 HGB. und das Recht, Gewinnauszahlung nach Maßgabe dieser Vorschrift zu verlangen. Die den § 122 für das Verhältnis des Kommanditisten zur Gesellschaft außer Kraft setzende Vorschrift des § 169 HGB. gilt daher im vorliegenden Falle nicht, da sie nur ergänzendes Recht enthält. Hat aber der Kläger das über die Befugnisse aus § 169 hinausgehende Entnahmerecht aus § 122 HGB., dann muß er sich auch die dort festgesetzte Beschränkung gefallen lassen, daß die Auszahlung des die Entnahme von 4% des Kapitalanteils (hier: der Einlage) übersteigenden Gewinnanteils nur verlangt werden darf, soweit sie nicht der Gesellschaft zum offenbaren Schaden gereicht. Denn jene Vertragsbestimmung kann nicht dahin ausgelegt werden, daß der Kläger, nachdem er im

Innenverhältnis den persönlich haftenden Gesellschaftern gleichgestellt worden ist, zwar das ihm Günstige von dieser Gleichstellung für sich in Anspruch nehmen, das Ungünstige aber ablehnen dürfe. Eine solche Auslegung wäre mit Treu und Glauben nicht vereinbar. Daß es der Gesellschaft zum offenbaren Schaden gereichen würde, wenn der ganze dem Kläger an sich zukommende Gewinnbetrag auf einmal ausgezahlt werden müßte, hat die Beklagte in den Vorinstanzen behauptet. Zu diesem Vorbringen hätte das Berufungsgericht Stellung nehmen sollen....

---

32. Hat ein vor Einlegung der Berufung eingereichtes Armenrechtsgesuch fristhemmende Wirkung, wenn der Vorsitzende des Berufungsgerichts nach Einlegung der Berufung die Frist für den Nachweis der Zahlung der Prozeßgebühr nur für den Fall bestimmt, daß das Armenrecht nicht bewilligt wird, und wenn die Geschäftsstelle erst nach Versagung des Armenrechts die Prozeßgebühr berechnet, dem Berufungskläger bekanntgibt und von ihm einfordert?

ZPO § 519 Abs. 6.

III. Zivilsenat. Beschl. v. 8. Februar 1928 i. S. H. (Kl.) w. H. (Bekl.). III B 5/28.

I. Landgericht Hannover.
II. Oberlandesgericht Celle.

Die Frage wurde verneint aus folgenden

Gründen:

Mit Urteil vom 25. Juni 1925 hatte das Landgericht die Klage abgewiesen. Am 24. Juli 1925 hat der Kläger um Bewilligung des Armenrechts für die Berufungsinstanz nachgesucht. Am 29. Juli 1925 ist seine Berufungsschrift beim Oberlandesgericht eingegangen. Am nämlichen Tage hat der Vorsitzende des Berufungsgerichts dem Kläger gemäß § 519 Abs. 6 ZPO. eine Frist zur Erbringung des Nachweises für die Einzahlung der Prozeßgebühr bis zum 15. Oktober 1925 gesetzt mit dem Zusatz „falls das Armenrecht nicht bewilligt wird". Die Frist ist später dahin verlängert worden, daß sie mit dem 16. November 1925 ablief. Die Fristbestimmung vom 29. Juli 1925 ist dem Prozeßbevollmächtigten des Klägers am 3. August zugestellt worden. Dagegen ist die Prozeßgebühr nicht sogleich berechnet und dem Kläger abgefordert worden. Erst nachdem das Oberlandesgericht durch Beschluß vom 30. September 1925 dem Kläger das Armenrecht versagt hatte und dieser Beschluß am 1. Oktober seinem Prozeßbevollmächtigten zugestellt worden war, hat am 2. Oktober die Geschäftsstelle die Gebühr berechnet und vom Kläger einverlangt, zugleich auch diese ihre Verfügung dem Prozeßbevollmächtigten des Klägers zugestellt. Am 16. November 1925, dem letzten Tage der Nachweisfrist, hat der Kläger das Gesuch um Bewilligung des Armenrechts erneuert.

Mit dem angefochtenen Beschluß hat das Oberlandesgericht die Berufung des Klägers als unzulässig verworfen. Es hat dem Armenrechtsgesuch vom 16. November 1925 die fristhemmende Wirkung (§ 519 Abs. 6 Satz 4 ZPO.) versagt, weil schon das Armenrechtsgesuch vom 24. Juli 1925 die Frist gehemmt habe und daher das zweite Gesuch eine gleiche Wirkung nicht mehr habe äußern können.

Der Beschwerde des Klägers kann der Erfolg nicht versagt werden.

Das erste Armenrechtsgesuch ist aus sachlichen Gründen abgelehnt worden, also nicht deshalb, weil der Kläger sein Unvermögen zur Bestreitung der Prozeßkosten nicht ausreichend dargetan hatte. Demgemäß hatte das zweite Gesuch nicht etwa Ergänzungen zur Frage des Unvermögens zum Gegenstand (vgl. JW. 1925 S. 2467 Nr. 1 und 1926 S. 2434 Nr. 6; WarnRspr. 1927 Nr. 146). Wohl aber ist dem Armenrechtsgesuch vom 24. Juli 1925 die fristhemmende Wirkung deshalb abzusprechen, weil die Geschäftsstelle des Berufungsgerichts erst nach der ablehnenden Erledigung dieses Gesuchs die Prozeßgebühr berechnet, dem Kläger bekannt gegeben und von ihm eingefordert hat. Diese Behandlungsweise entsprach auch den Absichten des Vorsitzenden, die dieser mit dem Zusatz „falls das Armenrecht nicht bewilligt wird" zum Ausdruck gebracht hatte. Erst mit der Bekanntgabe des Betrags der Gebühr an den Kläger und mit ihrer Einforderung war die Fristsetzung vollendet, d. h. erst dann war alles das geschehen, was zum vollen rechtlichen Bestand einer wirksamen Fristsetzung gehört. In diesem Zeitpunkt war aber das Armenrechtsgesuch vom 25. Juli 1925 bereits durch Zurückweisung erledigt. Es vermochte daher die

Frist des § 519 Abs. 6 ZPO., die erst nachher zu laufen begann, nicht mehr zu hemmen und darum kann es auch nicht mehr von Bedeutung sein für die Frage, ob ein späteres Gesuch, hier dasjenige vom 16. November 1925, die damals zweifellos noch laufende Frist zu hemmen vermochte (vgl. RGZ. Bd. 110 S. 402, Bd. 117 S. 136).

---

33. Zur Frage der Sittenwidrigkeit eines Vertrags, worin ein gemeinnütziges Siedlungsunternehmen gegen Entgelt auf die Ausübung des ihm gesetzlich zustehenden Vorkaufsrechts verzichtet.

BGB. § 138. Reichssiedlungsgesetz vom 11. August 1919/7. Juni 1923 §§ 1, 4, 9, 11a.

VI. Zivilsenat. Urt. v. 9. Februar 1928 i. S. H.sche Siedlungsgesellschaft (Kl.) w. P. (Bekl.). VI 261/27.

I. Landgericht Bremen.
II. Oberlandesgericht Hamburg.

Dem Beklagten, einem Berufslandwirt, war während der Inflationszeit sein landwirtschaftlicher Grundbesitz von der Deputation für Häfen und Eisenbahnen in Br. enteignet worden. Um einer Entwertung des Enteignungspreises zu entgehen und seine Existenz als Landwirt zu sichern, kaufte er am 26. Juli 1922 von den Landwirtseheleuten B. deren etwa 203 Morgen umfassenden, im preußischen Staatsgebiet gelegenen Hof und wurde am 24. November 1922 als Eigentümer in das Grundbuch eingetragen. Auf Verlangen der Siedlungsgesellschaft W.=E. übte jedoch die Klägerin das ihr auf Grund des Reichssiedlungsgesetzes vom 11. August 1919 zustehende Vorkaufsrecht an dem Hofe aus. Der Beklagte trat darauf an die Klägerin mit der Bitte heran, von der Durchführung des Vorkaufsrechts abzusehen. In der Besprechung, die deshalb zwischen dem Beklagten und seinem Rechtsbeistand einerseits und dem Vertreter der Klägerin anderseits am 14. Dezember 1922 stattfand, machte der Beklagte den Vorschlag, die Klägerin solle sich ein Ankaufsrecht auf den Hof zu einem bescheidenen Preise eintragen lassen für den Fall, daß er ihn innerhalb einer noch zu bestimmenden Frist weiter veräußern würde. Außerdem schlug der Beklagte der Klägerin vor, er wolle ihr zu Siedlungszwecken drei Teilflächen in Größe von 4, von 10 und von 54 ha zu dem im Kaufvertrag mit den Eheleuten B. vereinbarten Durchschnittspreise abtreten; äußerstenfalls wäre er auch zur unentgeltlichen Abtretung bereit. Auf den Hinweis der Klägerin, daß die rechtlichen Folgen des Rücktritts vom Vorkaufsrecht für sie unter Umständen recht schwerwiegend sein könnten, erklärte er sich weiter bereit, für alle Schadensersatzansprüche aufzukommen, die an die Klägerin deshalb gestellt werden könnten. Hauptsächlich mit Rücksicht darauf, daß der Beklagte enteignet worden war und daß er Kriegsbeschädigter ist, entschloß sich die Klägerin, auf ihr gesetzliches Vorkaufsrecht zu verzichten. Sie schloß darauf am 27. Februar 1923 mit dem Beklagten einen notariellen Vertrag, worin sie auf ihr Vorkaufsrecht verzichtete und der Beklagte ihr ein Ankaufsrecht auf den Hof einräumte für den Fall, daß er ihn vor dem 1. Januar 1933 zu dem im Vertrag vom 26. Juli 1922 festgesetzten Kaufpreis veräußern sollte. Außerdem trat der Beklagte in dem Vertrag der Klägerin unentgeltlich das Eigentum an den erwähnten drei Teilflächen und an der Hälfte zweier weiterer Teilflächen in Größe von etwa 2 ha ab. Endlich verpflichtete er sich zur Schadloshaltung der Klägerin für alle Ansprüche, die wegen des Verzichts auf ihr Vorkaufsrecht etwa an sie gestellt werden könnten.

Später stellte sich heraus, daß die der Klägerin abgetretenen rund 24 Morgen, die zur Zeit einen Wert von etwa 10000 RM haben, für Siedlungszwecke nicht geeignet waren, da die Klägerin versäumt hatte, sich einen Zuweg zu sichern, und ein solcher erst im Enteignungsverfahren hätte beschafft werden müssen. Die Klägerin gab daher dem Ansuchen des Beklagten, ihm die 24 Morgen zurückzugeben, statt und schloß am 3. Dezember 1924 mit T., dem Schwiegervater des Beklagten, einen Vertrag ab, wonach sie die 24 Morgen dem Beklagten zurückgab und auf das ihr am 27. Februar 1923 eingeräumte Ankaufsrecht verzichtete. Als Gegenleistung sollte T. zur Beschaffung von Siedlungsgelände bis zum 15. Januar 1925 5000 RM zahlen. Im Falle der nicht fristgemäßen Zahlung der 5000 RM sollte diese Abmachung hinfällig sein. T. zahlte am 15. Januar 1925 nur 2000 RM und verweigerte, ebenso wie der Beklagte, die Zahlung der restlichen 3000 RM trotz Setzung einer Nachfrist. Die Klägerin fordert daher im Klageweg vom Beklagten die Vornahme aller Handlungen, die zur Übertragung des Eigentums an den 24 Morgen auf sie erforderlich seien.

Beide Vorinstanzen haben die Klage auf Grund des § 138 BGB. abgewiesen. Die Revision der Klägerin blieb erfolglos.

Gründe:

Die Revision rügt Verletzung des § 138 BGB. und der §§ 1, 4 bis 11 des Reichssiedlungsgesetzes. Im einzelnen vermißt sie im angefochtenen Urteil zunächst einen klaren Ausspruch darüber, ob das Berufungsgericht den Vertrag vom 27. Februar 1923 oder den vom 3. Dezember 1924 oder beide Verträge für nichtig erachte. Offenbar trifft das letztere zu. Jedenfalls aber hält der Vorderrichter den Vertrag vom 27. Februar 1923 für nichtig, und das genügt, um das Urteil zu tragen. Denn der Klaganspruch kann nur aus diesem Vertrag hergeleitet werden. Der Vertrag vom 3. Dezember 1924 ist überdies durch Eintritt der auflösenden Bedingung hinfällig geworden und könnte nur zur Beurteilung des Verhaltens der Klägerin aus § 138 BGB. von Bedeutung sein, falls es hierauf ankommen sollte. Zu Unrecht macht die Revision ferner geltend, die Urteilsgründe ließen nicht erkennen, ob die Nichtigkeit der Verträge auf Abs. 1 oder 2 des § 138 BGB. gestützt werde. Zu solchem Zweifel gibt das Urteil keinen Anlaß. Es zeigt mit hinreichender Klarheit, daß das Berufungsgericht auf § 138 Abs. 1 BGB. abstellt. Damit entfallen die Revisionsangriffe, die sich gegen die angeblich irrige Anwendung des § 138 Abs. 2 BGB. wenden.

Eine Nachprüfung des Berufungsurteils ist hiernach nur insoweit geboten, als Verletzung des § 138 Abs. 1 BGB. in Verbindung mit den Vorschriften des Reichssiedlungsgesetzes gerügt wird. Hier ist zunächst zwei grundsätzlichen Irrtümern der Revision entgegenzutreten.

Einmal meint die Revision, es sei nicht zutreffend, daß das durch das Reichssiedlungsgesetz den Siedlungsunternehmen verliehene Vorkaufsrecht ausschließlich dem Zwecke diene, neue Ansiedlungen zu schaffen und bestehende Kleinbetriebe zu heben; das Siedlungsunternehmen könne vielmehr von dem Vorkaufsrecht auch zu anderen Zwecken Gebrauch machen. Diese Auffassung findet im Gesetz keine Stütze. Nach § 1 Abs. 1 RSG. sollen gemeinnützige Siedlungsunternehmungen „zur Schaffung neuer Ansiedlungen sowie zur Hebung bestehender Kleinbetriebe" gegründet werden. Damit ist die Aufgabe dieser Unternehmen und der Zweck des Siedlungsgesetzes klar zum Ausdruck gebracht. Nur zur Erfüllung dieser Aufgabe und zur Erreichung dieses Zweckes ist den gemeinnützigen Siedlungsunternehmen, insbesondere auch der Klägerin, die als solches anerkannt ist, das Vorkaufsrecht (§ 4 des Ges.) verliehen. Mag dies auch in § 4 nicht besonders betont sein, so ergibt es sich doch aus § 1 Abs. 1 als selbstverständlich. Die Richtigkeit dieser Auslegung wird überdies, entgegen der Ansicht der Revision, durch § 9 Abs. 2 bestätigt. Denn hier wird den Siedlungsunternehmen die Verpflichtung auferlegt, den auf Grund ihres Vorkaufsrechts erworbenen Grundbesitz den Berechtigten (§ 9 Abs. 1) insoweit zum Kauf anzubieten, als sie ihn innerhalb 10 Jahren nicht für Siedlungszwecke verwendet haben. Auch die Ausführungsanweisungen III und IV des preußischen Landwirtschaftsministers (MinBl. 1920 S. 48 und 51) stehen ersichtlich auf dem hier vertretenen Standpunkt, ebenso das Schrifttum. Insbesondere betont Krause Preuß. Siedlungsgesetze 2. Aufl. S. 164 Anm. 21, das Siedlungsunternehmen habe das Vorkaufsrecht nur zu Zwecken der Siedlung (ebenso von Gehe RSG. 2. Aufl. S. 102), nicht aber zur Verwendung des Grundstücks zum eigenen dauernden Gebrauch, und Ponfick und Wenzel RSG. 2. Aufl. S. 142, heben hervor: es werde oft der Vorwurf gegen die Landgesellschaften erhoben, daß ihnen das Vorkaufsrecht mehr als Mittel zur Geldbeschaffung denn als Mittel zur Landbeschaffung diene; es seien sogar Einzelfälle vorgebracht worden, wonach Landgesellschaften für Nichtausübung des Vorkaufsrechts Abstandsgeld vereinbart hätten; daß ein solches Verfahren dem Geist und Zweck des Gesetzes zuwiderlaufe, bedürfe keiner Ausführung.

Weiter macht die Revision geltend, die Ausübung des Vorkaufsrechts stehe im freien Ermessen des Siedlungsunternehmens, das dabei an keine Vorschriften gebunden sei. Auch diese Auffassung steht im Widerspruch mit Geist und Zweck des Reichssiedlungsgesetzes und mit den Ausführungsanweisungen des preußischen Landwirtschaftsministers. In der Ausführungsanweisung III wird darauf hingewiesen, daß bei der Ausübung des Vorkaufsrechts unter den zum Verkauf gelangenden landwirtschaftlichen Grundstücken eine sorgfältige Auswahl zu treffen sei; in erster Linie werde der Landbedarf und die Eignung für Siedlungszwecke ausschlaggebend sein; daneben müsse aber auch den sonstigen Interessen der Volkswirtschaft Rechnung getragen werden; Fälle des Besitzwechsels, die vom Standpunkt dieser Interessen unbedenklich seien, sollten nach Möglichkeit geschont werden. Als einen solchen Fall führt Krause a. a. O. S. 242 Anm. 9 den Fall an, daß ein Berufslandwirt ein Landgut kaufe, um sich eine Existenz zu gründen; das sei volkswirtschaftlich unbedenklich und zu fördern; in ein solches Geschäft dürfe nicht ohne Not eingegriffen werden. Es ist also ein pflichtmäßiges, von sachlichen Gesichtspunkten geleitetes, die Zwecke der Siedlung in erster Linie, daneben aber auch die volkswirtschaftlich berechtigten Belange des Grundstückskäufers tunlichst berücksichtigendes Ermessen und nicht freies Ermessen, von dem sich die Siedlungsunternehmen bei der Entschließung über die Ausübung des Vorkaufsrechts leiten lassen sollen. Die Nachprüfung, ob sie sich innerhalb dieser Schranken halten, steht zwar im allgemeinen nicht den Gerichten zu, sondern den dafür zuständigen Verwaltungsbehörden. Aber die hiervon verschiedene Frage, ob ein Rechtsgeschäft, das den Verzicht eines Siedlungsunternehmens auf das Vorkaufsrecht zum Gegenstand hat, gegen die guten Sitten verstößt und darum nichtig ist, unterliegt als eine bürgerliche Rechtsstreitigkeit der Entscheidung der Gerichte. Im übrigen würde es für diese Entscheidung keinen Unterschied machen, ob die Klägerin die Ausübung ihres freien oder ihres pflichtmäßigen Ermessens von der Gewährung von Vorteilen abhängig gemacht hat, auf die sie keinen Anspruch hatte.

Bei Prüfung des Vertrages vom 27. Februar 1923 aus dem Gesichtspunkt des § 138 Abs. 1 BGB. ist von dem in der Rechtsprechung des Reichsgerichts feststehenden Grundsatz auszugehen, daß ein Rechtsgeschäft sich dann als sittenwidrig erweist, wenn es nach dem herrschenden Volksbewußtsein, nach dem Anstandsgefühl aller billig und gerecht Denkenden und nach seinem aus der Zusammenfassung von Inhalt, Beweggrund und Zweck zu beurteilenden Gesamtcharakter den guten Sitten zuwiderläuft. Als Maßstab sind nicht die in der Kriegs- und Nachkriegszeit gesunkenen Begriffe mancher Kreise von Anstand, Billigkeit und Ehre, sondern die allgemeinen Anstandsbegriffe zugrundezulegen, wie sie vor dem Krieg in Geltung waren (RGZ. Bd. 104 S. 330). Daß sich die Beteiligten der Sittenwidrigkeit des Geschäfts bewußt sind, ist nicht erforderlich; es genügt vielmehr, wenn sie die objektiven Tatumstände gekannt haben, die das Geschäft zu einem sittenwidrigen stempeln (RGZ. Bd. 97 S. 255).

Endlich ist bei einem Vertrag zwar im allgemeinen erforderlich, daß beiden Teilen ein Verstoß gegen die guten Sitten zur Last fällt (RGZ. Bd. 78 S. 353). Diese Voraussetzung trifft übrigens auf den Beklagten nach Lage der Umstände nicht zu, sodaß schon deshalb — neben anderen Gründen — die Anwendung des § 817 BGB. ausscheidet. Aber nach ständiger Rechtsprechung des Reichsgerichts (RGZ. Bd. 93 S. 30, Bd. 98 S. 78, Bd. 99 S. 108, Bd. 108 S. 217, Bd. 113 S. 1; WarnRspr. 1917 Nr. 234; Seuff. Arch. Bd. 78 Nr. 111; Komm. v. RGR. 6. Aufl. Erl. 1 zu § 138) erleidet jene Regel dann eine Ausnahme, wenn sich das sittenwidrige Verhalten der einen Vertragspartei gerade gegen die andere richtet.

Überblickt man nunmehr auf dieser Grundlage den Sachverhalt, so ergibt sich folgendes. Der Beklagte ist Berufslandwirt und Kriegsbeschädigter; sein angestammter landwirtschaftlicher Grundbesitz ist ihm in der Inflationszeit enteignet worden; er war gezwungen, sich tunlichst bald nach einem andern Hof umzusehen, denn sonst entwertete sich seine Enteignungsentschädigung und er verlor seine Existenz als selbständiger Landwirt. Alle diese Umstände waren der Klägerin bekannt. Wenn sie gleichwohl von ihrem Vorkaufsrecht an dem vom Beklagten angekauften B.schen Hof Gebrauch machte, weil sie nach pflichtmäßigem Ermessen der Überzeugung war, daß die Belange des Beklagten hinter den Siedlungsinteressen zurückzutreten hätten, so ist dies nicht zu beanstanden und jedenfalls nicht sittenwidrig. Das gleiche würde gelten müssen, wenn sie das Ersuchen des Beklagten, ihm den Hof zu lassen, trotz seiner schwierigen Lage abgelehnt hätte. Es wäre auch nichts dagegen einzuwenden gewesen, wenn die Klägerin ihren Rücktritt vom Vorkaufsrecht davon abhängig gemacht hätte, daß ihr der Beklagte für den Fall späteren Verkaufs ein Ankaufsrecht zu seinem Einstandspreis gewähren und sich zu ihrer Schadloshaltung verpflichten würde. Zulässig wäre es endlich auch gewesen, wenn sich die Klägerin außerdem gegen angemessenes Entgelt die Hingabe von Siedlungsland, das zum B.schen Hof gehörte, in einem dessen sachgemäße Bewirtschaftung nicht gefährdenden Umfang hätte versprechen lassen. Aber hierin erschöpfen sich auch die berechtigten Belange der Klägerin, eines gemeinnützigen Siedlungsunternehmens, in dessen Hand das Gesetz die Ausübung einer so tief einschneidenden Maßnahme gelegt hat, wie sie das Vorkaufsrecht darstellt. Die Klägerin ist jedoch weitergegangen. Trotz Kenntnis von der Zwangslage des Beklagten hat sie sich von ihm das Angebot auf unentgeltliche Hingabe von etwa 16 Morgen des 203 Morgen umfassenden Hofes machen lassen. Und noch weitere 8 Morgen hat der Beklagte (ob auf seinen eigenen Vorschlag hin, ist unerheblich) unentgeltlich hergeben müssen, bevor sich die Klägerin dazu herbeiließ, auf ihr Vorkaufsrecht zu verzichten. Dabei hatte sie sich, wie sie unwiderlegt behauptet, nicht einmal vorher darüber vergewissert, ob die ihr abzutretenden 24 Morgen für den angeblich verfolgten Zweck der Förderung der Siedlung überhaupt geeignet waren. Erst nachher will sie festgestellt haben, daß die 24 Morgen keinen besonderen Zugang hatten, ein solcher vielmehr erst im Wege der Enteignung hätte beschafft werden müssen, und daß dieses Gelände also für Siedlungszwecke gar nicht in Frage kam.

Für die Beurteilung eines solchen Verhaltens ist es, wenn auch nicht entscheidend, so doch immerhin von einiger Bedeutung, daß dem Reichssiedlungsgesetz später, durch das Reichsgesetz vom 7. Juni 1923 (RGBl. I S. 364), als § 11a folgende Vorschrift eingefügt wurde:

„Soweit Berufslandwirte, die enteignet sind, sich innerhalb dreier Jahre nach erfolgter Enteignung anderweitig ankaufen, um die Landwirtschaft hauptberuflich auszuüben, tritt ihnen gegenüber das gesetzliche Vorkaufsrecht des gemeinnützigen Siedlungsunternehmens insofern außer Kraft, als die neuerworbene Fläche die abgegebene an Ausdehnung nicht überschreitet."

Zur Begründung dieser Gesetzesänderung, die ihren Ursprung dem Vorgehen des Reichstags verdankt, hat der Berichterstatter, Dr. Gildemeister, im Reichstag ohne Widerspruch von irgendwelcher Seite ausgeführt (Verh. d. Reichst. Bd. 360, stenogr. Ber. 1923 S. 11, 154; dazu von Gehe a. a. O. S. 116):

„In der Praxis hat sich das Folgende ergeben. Wenn Berufslandwirte aus den verschiedensten Gründen enteignet wurden, dann versuchten sie, sich mit der Enteignungssumme anderwärts anzukaufen, machten aber die Erfahrung, daß die in diesem Fall wohl nicht als gemeinnützig zu bezeichnenden Siedlungsunternehmen von ihrem Vorkaufsrecht Gebrauch machten und wiederum erst Abfindungen für den Verzicht auf das Vorkaufsrecht verlangten, ehe sie eine neue Ansiedlung des enteigneten Berufslandwirts zuließen, sodaß der Betreffende gewissermaßen zweimal enteignet wurde und das gemeinnützige Siedlungsunternehmen einen durch nichts gerechtfertigten Gewinn für sich in Anspruch nahm, indem es aus diesem ihm gegebenen Vorkaufsrecht ein Geschäft machte. Auf Grund dieser praktischen Erfahrung ist diesem Mißbrauch ... ein Riegel vorgeschoben worden."

Ist das die Auffassung des die öffentliche Meinung in besonders hohem Maße verkörpernden Reichstags über Geschäfte gemeinnütziger Siedlungsunternehmen, so besteht um so weniger Anlaß, dem Berufungsgericht entgegenzutreten, wenn es den Vertrag vom 27. Februar 1923 für sittenwidrig in dem dargelegten Sinne hält. Dabei bedarf es keines Eingehens auf die Frage, ob und welche Rückschlüsse etwa aus der Vereinbarung vom 3. Dezember 1924 auf die Sittenwidrigkeit des Vertrags vom 27. Februar 1923 gezogen werden können. Was die Revision demgegenüber ausführt, ist rechtlich nicht beachtlich. Insbesondere kann das Aufgeben des Vorkaufsrechts, das der Klägerin im öffentlichen Interesse zu Siedlungszwecken und nur dazu eingeräumt worden ist, nicht als eine „Leistung" angesehen werden, die sie berechtigt hätte, als „Gegenleistung" vom Beklagten die unentgeltliche Abtretung von Land zu verlangen, das überdies zu Siedlungszwecken nicht geeignet war. Aus der Sittenwidrigkeit des Vertrags vom 27. Februar 1923 ergibt sich seine Nichtigkeit und daraus die Abweisung der Klage.

---

34. Kann der Gläubiger einer Hypothekenforderung die im Kaufvertrag über das belastete Grundstück vom Erwerber erklärte Schuldübernahme noch im Laufe des Aufwertungsverfahrens wirksam genehmigen?

BGB. §§ 415, 416. AufwG. §§ 8, 9, 12.

VI. Zivilsenat. Urt. v. 9. Februar 1928 i. S. B.-GmbH. (Bekl.) w. G. (Kl.). VI 238/27.

I. Landgericht III Berlin.
II. Kammergericht daselbst.

Im Jahre 1919 verkaufte der Kläger sein Grundstück in Ch. an den Kaufmann K., wobei das Restkaufgeld von 177500 ℳ gestundet und hypothekarisch sichergestellt wurde. Durch notariellen Vertrag vom 24. April 1920 verkaufte K. das Grundstück an die Beklagte; diese übernahm in Anrechnung auf den Kaufpreis die eingetragenen Hypothekenforderungen, darunter die des Klägers. Nachdem der Kläger im Aufwertungsverfahren den K. als persönlichen Schuldner mit in Anspruch genommen hatte, richtete K. unterm 12. Dezember 1925 ein dem § 416 BGB. entsprechendes Schreiben an den Kläger, das dieser nicht beantwortet haben will: Über die dingliche Aufwertung haben sich die Beteiligten geeinigt; dagegen hat sowohl K. wie die Beklagte den persönlichen Anspruch bestritten.

Der Kläger begehrt mit der Klage die Feststellung, daß die Beklagte wegen der Restkaufgeldhypothek als persönliche Schuldnerin für den vollen Aufwertungsbetrag hafte, den die Aufwertungsstelle später festzusetzen habe. Das Landgericht hat der Klage stattgegeben. Das Kammergericht hat die Entscheidung abhängig gemacht von einem Eide des Klägers, daß er nicht schon früher die Genehmigung der Schuldübernahme abgelehnt habe. Die Revision der Beklagten wurde zurückgewiesen.

Gründe:

Die Revision macht geltend, das Berufungsgericht habe zu Unrecht angenommen, daß die Schuldübernahme noch während des Schwebens des Aufwertungsverfahrens genehmigt werden könne. Denn die durch das Schreiben des K. vom 12. Dezember 1925 nach § 416 BGB. herbeigeführte Genehmigung der Schuldübernahme sei nicht vor dem 12. Juni 1926 wirksam geworden. Zu diesem Zeitpunkt sei aber die Frist des § 12 AufwG. für die Beklagte bereits abgelaufen gewesen. Es widerspreche Treu und Glauben, wenn der Kläger aus der Benachrichtigung vom 12. Dezember 1925 Rechte gegen die Beklagte herleite.

Die Rüge kann keinen Erfolg haben. Das Aufwertungsgesetz enthält keine ausdrückliche Vorschrift, wonach die Genehmigung einer früher vereinbarten Schuldübernahme gemäß § 415 oder § 416 BGB. nach Einleitung des Aufwertungsverfahrens ausgeschlossen wäre. Auch aus dem Zusammenhang seiner Vorschriften ergibt sich nicht, daß es die Regeln des Bürgerlichen Gesetzbuchs über die Schuldübernahme für Forderungen, die der Aufwertung unterliegen, habe einschränken wollen. Der erkennende Senat hat in der Entscheidung vom 2. Februar 1928 (S. 104 dieses Bandes) ausgesprochen, daß die Angabe des persönlichen Schuldners bei der Anmeldung nicht erforderlich ist und daß die rechtzeitige Anmeldung des ausreichend erkennbar gemachten Gläubigeranspruchs die Frist wahrt gegen diejenigen, welche in Wirklichkeit Eigentümer oder persönliche Schuldner sind. Da die Genehmigung nach § 184 BGB. auf den im Jahre 1920 abgeschlossenen Kaufvertrag zurückwirkt, so hat die Beklagte schon vom Beginn des Aufwertungsverfahrens an als persönliche Schuldnerin zu gelten. Im übrigen geht aus den Aufwertungsakten hervor, daß der Kläger schon in seiner Anmeldung vom Oktober 1925 neben K. die Beklagte als persönliche Schuldnerin genannt hat. Danach war die Beklagte durch den Kläger nicht gehindert, vorsorglich die ihr geeignet erscheinenden Anträge auf Herabsetzung des Aufwertungsbetrags der persönlichen Forderung (§§ 8, 9, 12 AufwG.) rechtzeitig zu stellen. Bei dieser Sachlage bedarf die Frage keiner Entscheidung, ob nicht durch § 8 Satz 3 und § 12 Satz 2 a. a. O. in Verbindung mit § 203 Abs. 2 BGB. die Beklagte bis zur endgültigen Feststellung ihrer persönlichen Haftung gegen den Fristablauf geschützt wäre (Neukirch Erl. 2 Nr. 2b zu § 16 Aufw.G.; Nadler 3. Aufl. S. 178). Auch wenn der Kläger zur Verzögerung der Genehmigung mitgewirkt haben sollte, würde darin allein kein Verstoß gegen Treu und Glauben liegen, der den Verlust der persönlichen Forderung zur Folge hätte; dies um so weniger, als die Beklagte nach § 416 Abs. 3 Satz 1 BGB. befugt war, auf eine frühere Klärung der Rechtslage hinzuwirken. Auf den hier vertretenen Standpunkt, daß die Schuldübernahme noch während des Schwebens des Aufwertungsverfahrens wirksam erfolgen kann, hat sich der Senat, wenn auch ohne nähere Begründung, schon in der im „Recht" 1928 Nr. 12 abgedruckten Entscheidung vom 1. November 1927 gestellt. Vgl. ferner RGUrt. vom 7. Dezember 1927 V 89/27, ebenso KG. in Aufw.-Rechtspr. 1927 S. 129, 597 und OLG. Nürnberg daselbst S. 379; a. A., wenigstens für die Zeit nach dem 1. April 1926, Weigert in JW. 1927 S. 1814.

35. 1. Pflichten der Halter und Führer von Kraftfahrzeugen. 2. Zum Begriff des Halters eines Kraftfahrzeugs.

BGB. §§ 276, 823, 831; Kraftfahrzeug-Gesetz §§ 7, 17, 18; Verordnung über Kraftfahrzeugverkehr §§ 17, 18, 42.

VI. Zivilsenat. Urt. v. 9. Februar 1928 i. S. H. (Kl.) w. D. u. Gen. (Bekl.). VI 373/27.

I. Landgericht I Berlin.
II. Kammergericht daselbst.

Am 3. Mai 1925 etwa 3 Uhr nachmittags fuhr der Zweitbeklagte, von B. kommend, die Berliner Straße in Zehlendorf entlang. Der von ihm gesteuerte Kraftwagen war damals von der Erstbeklagten, der Eigentümerin des Wagens, für einige Wochen an die M. R.-GmbH. vermietet. Vor der in der Fahrtrichtung des Kraftwagens links einmündenden Annastraße fuhren unmittelbar vor dem Wagen die Zeugen Albert L. und Gertrud H. auf Fahrrädern. Gegenüber der Einmündung der Annastraße sprang die H., die bis dahin vorschriftsmäßig die rechte Straßenseite benutzt hatte, plötzlich vom Rad, schwankte etwas und geriet mehr nach der Mitte des Fahrdamms. Der Zweitbeklagte machte nun, um die H. nicht zu überfahren, einen Bogen nach links, benutzte bei der Einmündung der Annastraße den linken Fahrdamm der Berliner Straße und fuhr dann an der jenseitigen Ecke der beiden Straßen wieder auf die rechte Seite der Berliner Straße. In der Nähe dieser Ecke stieß er in dem Augenblick, als er seinen Wagen nach rechts lenkte, mit dem auf einem Kraftrad fahrenden Kläger zusammen, der aus der entgegengesetzten Richtung kam und die — von seiner Fahrtrichtung aus gesehen — rechte Seite des Fahrdamms der Berliner Straße benutzte. Dabei wurde der Kläger körperlich verletzt und erlitt auch Sachschaden.

Der Kläger ist der Meinung, daß der Unfall allein auf das Verschulden des Zweitbeklagten zurückzuführen sei, während die Beklagten behaupten, der Schaden sei lediglich eine Folge des unsachgemäßen Verhaltens der H. und eines vorschriftswidrigen Fahrens des Klägers gewesen. Die Erstbeklagte bestreitet, daß sie zur Unfallzeit Halterin des Kraftwagens gewesen sei. Im Rechtsstreit verlangt der Kläger von den Beklagten Ersatz von Sachschaden, Heilungskosten und entgangenem Arbeitsverdienst sowie Zahlung einer monatlichen Rente von 300 RM, da er zu 75% erwerbsunfähig geblieben sei.

Das Landgericht erklärte den Klaganspruch dem Grunde nach für gerechtfertigt. Das Kammergericht wies die Klage ab. Die Revision des Klägers führte zur Aufhebung und Zurückverweisung.

Aus den Gründen:

Was zunächst die Frage der Haftung des Zweitbeklagten anlangt, so hat das Berufungsgericht auf den von ihm festgestellten Sachverhalt eine Reihe von materiellrechtlichen Vorschriften nicht oder nicht richtig angewendet.

Nach der Feststellung des angefochtenen Urteils fuhr der Zweitbeklagte unmittelbar hinter den beiden Radfahrern L. und H. Schon die allgemeine, im Verkehr erforderliche Sorgfalt machte es dem Beklagten zur unumgänglichen Pflicht, sich den beiden Radfahrern nur auf eine solche Entfernung zu nähern und eine so mäßige Fahrgeschwindigkeit einzuhalten, daß er seinen Wagen ohne Abbiegen auf den linken Fahrdamm rechtzeitig vor den beiden Radfahrern zum Stehen bringen konnte, falls diese aus irgendwelchen Gründen zum Anhalten gezwungen waren oder aber, was sie tatsächlich beabsichtigten, in die Annastraße einbiegen wollten. Zum Überholen der Radfahrer war er an sich befugt, aber nicht gegenüber der Einmündung einer Querstraße, die besondere Verkehrsgefahren mit sich brachte, und nicht in der gewählten scharfen Kurve, die ihn bis an oder sogar in die Annastraße führte. Er hat denn auch, wie er im Berufungsverfahren in Abänderung seines früheren Vorbringens behauptete, diese Kurve gar nicht gemacht, um die Radfahrer zu überholen, sondern um ein Überfahren der H. zu vermeiden; zu diesem Zwecke mußte er, wie er selber sagt, seinen Wagen scharf nach links steuern. Dies zeigt, daß er zu nahe an die Radfahrer herangefahren war und eine im Hinblick auf die vor ihm fahrenden Radfahrer zu große Fahrgeschwindigkeit angenommen hatte. Diese Fahrlässigkeit wiegt um so schwerer, als die Kreuzungsstelle der Annastraße in der Nähe war und überdies nach der vom Kammergericht offengelassenen und daher für die Revisionsinstanz als richtig zu unterstellenden Behauptung des Klägers ein lebhafter

Verkehr herrschte. Deshalb hat der Zweitbeklagte einmal die allgemeinen Vorschriften des § 276 S. 2 BGB. und des § 17 Abs. 1 der Verordnung über Kraftfahrzeugverkehr in der zur Zeit des Unfalls geltenden Fassung vom 15. März 1923/18. April 1924 verletzt, wonach er als Führer eines Kraftfahrzeugs bei dessen Leitung zu gehöriger Vorsicht verpflichtet war. Außerdem hat er sich aber auch gegen die als Schutzgesetze im Sinne des § 823 Abs. 2 BGB. aufzufassenden Bestimmungen in § 18 Abs. 1 und 3 der genannten Verordnung verfehlt, die wie folgt lauten:

„Die Fahrgeschwindigkeit ist so einzurichten, daß der Führer in der Lage bleibt, seinen Verpflichtungen Genüge zu leisten."

„Ist der Überblick über die Fahrbahn behindert ... oder herrscht lebhafter Verkehr, so muß so langsam gefahren werden, daß das Fahrzeug auf kürzeste Entfernung zum Stehen gebracht werden kann."

Durch diese Neufassung des § 18 Abs. 3 wurde keine sachliche Änderung der ursprünglichen Vorschrift in der Verordnung vom 3. Februar 1910 (RGBl. S. 389) beabsichtigt; es wurde vielmehr nur weggelassen, was entbehrlich erschien (Müller Automobilgesetz 2. Aufl. Anm. 2 zu § 18 der Verordnung). Die ursprüngliche Fassung hatte, erheblich deutlicher, wie folgt gelautet:

„Auf unübersichtlichen Wegen, ... beim Einbiegen aus einer Straße in die andere, bei Straßenkreuzungen, bei Straßeneinmündungen, ... endlich überall da, wo ein lebhafter Verkehr herrscht, muß langsam und so vorsichtig gefahren werden, daß das Fahrzeug sofort zum Halten gebracht werden kann."

Wenn auch diese Vorschrift durch die Verordnung vom 15. März 1923 eine mehr allgemeine Fassung erhalten hat, so bildet doch der ursprüngliche Wortlaut auch jetzt noch ein wertvolles Auslegungsmittel für die Auffassung des Gesetzgebers über die dem Kraftfahrzeugführer obliegende Pflicht zu langsamem und vorsichtigem Fahren. Die Verletzung dieser Pflicht nötigte den Zweitbeklagten, kurz hinter der Zeugin H. scharf nach links auszubiegen, um sie nicht zu überfahren, und sie war, wie nach dem bisher festgestellten Sachverhalt angenommen werden muß, die erste und grundlegende Ursache für den Zusammenstoß. Das Berufungsgericht verletzt insbesondere den

§ 18 der Verordnung, wenn es den Zweitbeklagten ohne weiteres für befugt hält, mit seinem Wagen nach scharfer Linkswendung die linke Seite des Fahrdamms zu benutzen. Da sich schon hieraus die Haftung dieses Beklagten für den dem Kläger erwachsenen Schaden ergibt, so sind alle weiteren ihm zur Last fallenden Verstöße an sich ohne Belang für die Frage seiner Haftpflicht. Sie können aber für die Frage der Ausgleichspflicht (§ 17 KFG.) von Bedeutung werden. Deshalb ist auf das weitere Verhalten des Zweitbeklagten einzugehen. ...

Nach der Linkswendung befand sich dieser Beklagte infolge eigenen Verschuldens auf der linken Seite des Fahrdamms und demnach auf derjenigen Seite, deren Benutzung ihm mit Rücksicht auf seine Fahrtrichtung nicht freistand. Müssen schon im allgemeinen an die Geistesgegenwart und die Aufmerksamkeit eines Kraftfahrzeugführers besonders hohe Anforderungen gestellt werden, so hat dies um so mehr zu gelten, wenn ein Führer durch vorschriftswidriges Fahren eine Gefährdung des öffentlichen Verkehrs verursacht hat. Rechtsirrig ist die Auffassung des angefochtenen Urteils, dem Beklagten sei sein Bestreben, von der linken Fahrdammseite, wo er den Verkehr hätte behindern können, sofort wieder auf die rechte Seite hinüberzukommen, nicht zu verübeln, rechtsirrig auch die weitere Annahme, er sei deshalb, weil er nicht in einem „überaus schnellen Tempo" gefahren sei, nicht zum Anhalten verpflichtet gewesen. Gewiß durfte der Beklagte nicht länger als nötig auf der linken Fahrbahn verweilen; aber in erster Linie kam es darauf an, daß er den rechtsseitigen Fahrdamm in einer Weise erreichte, die für den Verkehr nicht neue Gefahren und für dritte Personen nicht nochmals eine so gefährliche Lage schuf wie diejenige, der er soeben erst durch Linksabbiegen entgangen war, um eine Verkehrsgefährdung tunlichst zu vermeiden. Er konnte den Wagen zum Stehen bringen, um in Ruhe die Lage zu überschauen und sein weiteres Verhalten danach einzurichten, oder er konnte in die Annastraße einbiegen und auf einem Umweg in die Berliner Straße zurückkehren, oder er konnte endlich in langsamer Fahrt in flachem Bogen die rechte Straßenseite zurückzugewinnen suchen. Keine dieser Möglichkeiten, von denen vermutlich jede eine Gefahr für den Verkehr und insbesondere den Zusammenstoß mit dem Kläger vermieden hätte, hat er ergriffen; er hat vielmehr — wie das Landgericht annimmt, im Bestreben, unverzüglich weiterzukommen — die höchst bedenkliche und gefährliche Maßnahme getroffen, vorschriftswidrig auf der linken Seite in der Richtung Annastraße zu fahren, quer an ihrer Einmündung weiterzufahren und dann an der jenseitigen Straßenecke in scharfem Bogen seinen Wagen nach dem rechten Fahrdamm hinüberzulenken — dies alles noch dazu ohne ausreichende Mäßigung seiner Fahrgeschwindigkeit. Bei dieser leichtfertigen und rücksichtslosen Fahrweise hat es der Beklagte anscheinend unterlassen, darauf achtzugeben, ob ihm nicht andere Fahrzeuge entgegenkamen, welche die vorgeschriebene Straßenseite benutzten. Denn andernfalls hätte er wohl den Kläger bemerken und durch rechtzeitiges Bremsen den Zusammenstoß zu vermeiden suchen müssen. Diese Sorgfaltspflicht hat er nicht erfüllt und anscheinend hat er auch nicht etwa sonst geeignete Abwehrmaßnahmen ergriffen.

Ist hiernach die Schadensersatzpflicht des Zweitbeklagten aus allen drei angeführten Gesichtspunkten an sich begründet, so kann es sich nur noch fragen, ob und inwieweit der Einwand zutrifft, daß der Kläger seinen Schaden selbst verursacht und verschuldet habe. Die rechtliche Zulässigkeit dieses Einwands ergibt sich, und zwar allen drei Klagegründen gegenüber, aus § 18 Abs. 3, § 17 Abs. 1 KFG. Denn danach hängt die Verpflichtung zum Schadensersatz und ihr Umfang von den Umständen und besonders davon ab, wieweit der Schaden vorwiegend von dem einen oder dem anderen Kraftfahrzeugführer verursacht worden ist. Als Verletzungen der im Verkehr erforderlichen Sorgfaltspflicht können beim Kläger folgende Umstände in Frage kommen:

Nach seiner Behauptung, die er gegen sich gelten lassen muß, herrschte zur Zeit des Unfalls auf der Berliner Straße lebhafter Verkehr. Deshalb und weil er sich der Einmündung der Annastraße näherte, hätte der Kläger, und zwar ganz unabhängig vom Verhalten des Zweitbeklagten, mit seinem Kraftrad so langsam fahren müssen, daß das Fahrzeug auf kürzeste Entfernung zum Stehen gebracht werden konnte (§ 18 Abs. 1, 3 der Verordnung über Kraftfahrzeugverkehr, die gemäß § 42 Abs. 1 das. seit Erlaß der Verordnung vom 18. April 1924 auch für Kleinkrafträder gilt). Das Kammergericht wird auf Grund der erneuten Verhandlung zu prüfen haben, ob der Kläger so langsam gefahren ist und — bejahendenfalls —

aus welchen Gründen es gleichwohl zu dem Zusammenstoß hat kommen können.

Seinem eigenen Vorbringen nach hatte der Kläger bemerkt, daß die H. vom Rad gesprungen und der Zweitbeklagte in scharfem Bogen nach links gefahren war. In diesem Zeitpunkt befand sich der Kläger noch nicht in Gefahr. Da an die Geistesgegenwart und Aufmerksamkeit eines Kraftradfahrers gleich hohe Anforderungen zu stellen sind wie bei einem Kraftwagenführer, so hätte der Kläger als vorsichtiger Fahrer sein Rad sofort zum Stehen bringen müssen, um zunächst einmal abzuwarten, welchen Weg der Kraftwagen nehmen würde. Nach Lage der Umstände durfte er sich nicht darauf verlassen, daß der Kraftwagen in die Annastraße einbiegen und einfach weiterfahren werde. Das gegenteilige Verhalten des Klägers bedürfte der Aufklärung. Dagegen kann es ihm nicht schlechthin zum Verschulden angerechnet werden, daß er, als der Wagen des Zweitbeklagten an der Straßenecke nach rechts gesteuert wurde und seine Fahrbahn zu kreuzen drohte, unsicher geworden ist und nicht sofort die etwa noch möglichen Gegenmaßnahmen getroffen hat, um einem Zusammenstoß zu entgehen. Ein solches Verschulden kann ihm der Zweitbeklagte nicht in vollem Umfang entgegenhalten, weil er es gewesen ist, der vorwiegend durch sein rücksichtsloses Fahren den Kläger in die gefährliche Lage gebracht hat, die allerdings daneben auch dieser selbst sich zuzuschreiben haben dürfte.

Hiernach haben, soweit die bisherigen Feststellungen erkennen lassen, der Zweitbeklagte und der Kläger, ersterer allerdings in erheblich größerem Umfang, den Zusammenstoß und damit den dem Kläger erwachsenen Schaden verursacht und verschuldet. Den Maßstab für die Verteilung des Schadens festzusetzen, wird Aufgabe der tatrichterlichen Würdigung sein, falls eine solche Verteilung erforderlich wird.

Über die Haftung der Erstbeklagten gilt folgendes:

Die Auffassung des angefochtenen Urteils, sie sei für die Zeit des Unfalls nicht als Halterin des Kraftwagens anzusehen, ist rechtsirrtümlich. Denn nach der ständigen Rechtsprechung des Reichsgerichts (RGZ. Bd. 93 S. 222, Bd. 91 S. 270 nebst Nachweisungen) ist Halter eines Kraftfahrzeugs derjenige, der es für eigene Rechnung im Gebrauch hat und die Verfügungsgewalt darüber besitzt, die ein solcher Gebrauch voraussetzt. Das Eigentum am Wagen ist zwar nicht unbedingt entscheidend, regelmäßig aber von wesentlicher Bedeutung. Für eigene Rechnung hat ein Fahrzeug im Gebrauch, wer die Nutzungen zieht und die Kosten bestreitet. Diese Merkmale treffen hier auf die Erstbeklagte zu. Da die Klage gegen die Mieterin des Wagens, die M. R.-GmbH., nicht gerichtet ist, kann dahingestellt bleiben, ob sie etwa für die Dauer der Miete neben der Erstbeklagten Halterin war, was rechtlich an sich möglich wäre. Die Erstbeklagte war die Eigentümerin des Wagens. Sie hat am 31. Mai 1926 an die Mieterin geschrieben: „Hierdurch bestätigen wir folgende Vereinbarung betreffs Vermietung unseres Dux-Wagens an Sie getroffen zu haben: Wir vermieten Ihnen unseren Wagen für die Zeit vom 19./4. bis 14./5. 1925 und erklärten uns damit einverstanden, daß der Wagen von Ihrem Chauffeur G. gesteuert wurde, der für diese Zeit als in unseren Diensten stehend galt. Als Wagenhalter kommen wir allein in Frage." Danach war der Zweitbeklagte als Chauffeur der Erstbeklagten anzusehen. Der letzteren stand durch die Mieterin und den Zweitbeklagten die Verfügungsgewalt über den Wagen zu, sie zog die Nutzungen aus ihm in Gestalt der von der M. R.-GmbH. zu zahlenden Miete und sie trug die Versicherungsprämien und, wie angenommen werden darf, auch die Kraftfahrzeugsteuer. Dem Umstand, daß die Mieterin die Brenn- und Schmierstoffe zu stellen hatte, kommt keine entscheidende Bedeutung zu; denn dafür war selbstverständlich der Mietzins entsprechend niedriger bemessen. Ob eine andere Beurteilung am Platze wäre, wenn die Mieterin den Wagenführer gestellt hätte, kann unerörtert bleiben; denn nach dem Briefe vom 31. Mai 1926 sollte der Zweitbeklagte als in den Diensten der Erstbeklagten stehend gelten. Diese Beklagte, eine Kraftwagenfirma, hat also die Sachlage wirtschaftlich, tatsächlich und auch rechtlich durchaus zutreffend beurteilt, wenn sie sich in jenem Briefe als Wagenhalterin bezeichnet, was sie freilich — in formell zulässiger Weise — nicht hinderte, im Rechtsstreit ihre Eigenschaft als Halterin in Abrede zu stellen. Hiernach und da ihr der Entlastungsbeweis gemäß § 7 Abs. 2 KFG. bisher nicht gelungen ist, haftet die Erstbeklagte dem Kläger als Gesamtschuldnerin mit dem Zweitbeklagten auf Schadensersatz in dem durch §§ 12, 17 KFG. eingeschränkten Umfang.

Durch den Vortrag des Briefes vom 31. Mai 1926 hat der Kläger ohne Widerspruch der Erstbeklagten (§ 527 ZPO.) dieser gegenüber die Klage auch auf §§ 831, 823 BGB. gestützt. Der in § 831 zugelassene Entlastungsbeweis, bei dem zur Wahrung der Verkehrssicherheit ein strenger Maßstab angelegt werden muß, ist bisher nicht angetreten worden. Er ist von der Erstbeklagten als der Wagenhalterin und Geschäftsherrin zu führen, da der Zweitbeklagte für die Dauer der Miete als in ihren Diensten stehend und folglich als ihr Angestellter anzusehen ist. Hieraus zum mindesten, wenn nicht schon aus den der Erstbeklagten als der Halterin obliegenden Verkehrspflichten, ergab sich für sie nach § 823 BGB. die Verpflichtung zur allgemeinen Überwachung der dienstlichen Verrichtungen des Zweitbeklagten (RGZ. Bd. 53 S. 56, 125; JW. 1907 S. 674 Nr. 9, 1911 S. 403 Nr. 16, 1913 S. 203 Nr. 15; Komm. von RGR. 6. Aufl. Erl. 6e zu § 823 BGB.). Daß der Kläger die Verletzung dieser allgemeinen Aufsichtspflicht behauptet hat, ergibt sich bereits aus der Klagschrift. Da bisher keine der Parteien zu diesem Punkt Näheres vorgetragen hat, erübrigt sich eine Stellungnahme des Revisionsgerichts hierzu. Nur das eine mag bemerkt werden, daß an die Sorgfaltspflicht des Kraftwagenhalters auch bezüglich der Erfüllung der allgemeinen Aufsichts-Verpflichtungen gegenüber seinem Chauffeur besonders strenge Anforderungen gestellt werden müssen. Im übrigen ist noch auf zweierlei hinzuweisen. Unter besonderen Umständen kann die Pflicht des Geschäftsherrn zur allgemeinen Beaufsichtigung seines Angestellten auch aus § 831 BGB. abgeleitet werden (RGZ. Bd. 78 S. 107, Bd. 79 S. 105, Bd. 87 S. 1; JW. 1920 S. 492 Nr. 4; Komm. vom RGR. 6. Aufl. Erl. 5b und 6 zu § 831 BGB.). Die Folge der Anwendung des § 831 BGB. würde sein, daß die Erstbeklagte die Erfüllung ihrer allgemeinen Aufsichtspflicht und außerdem gegebenenfalls zu beweisen hätte, daß der dem Kläger erwachsene Schaden auch bei Ausübung dieser Sorgfaltspflicht entstanden wäre. Ferner würde, zwar nicht nach § 831 BGB., wohl aber nach den in der Rechtsprechung anerkannten Grundsätzen über den sog. prima facie-Beweis (RGZ. Bd. 95 S. 249, Bd. 102 S. 95, Bd. 109 S. 19, Bd. 114 S. 75, Bd. 115 S. 425), eine Umkehrung der Beweislast dann eintreten, wenn das Berufungsgericht nach Lage der Umstände annehmen sollte, für die Vernachlässigung der allgemeinen Aufsichtspflicht durch die Erstbeklagte und ihre Mitursächlichkeit für den Unfall sei ein so hoher Grad von Wahrscheinlichkeit erbracht, daß die Möglichkeit, der Schaden könnte auch bei Erfüllung jener Pflicht eingetreten sein, erheblich zurücktrete.

---

36. Über die Haftung einer Gemeinde gegenüber einer Krankenkasse, die gemäß § 404 RVO. den Gemeindevorstand mit den Geschäften einer von ihr eingerichteten Zahlstelle betraut hat, wenn ein von jenem in der Zahlstelle beschäftigter Dritter dort eingegangene Kassenbeiträge veruntreut?

RVerf. Art. 131; BGB §§ 278, 839.

III. Zivilsenat. Urt. v. 10. Februar 1928 i. S. Gemeinde H. (Bekl.) w. Allgem. Ortskrankenkasse des Kreises B. (Kl.). III 227/27.

I. Landgericht Dessau.
II. Oberlandesgericht Naumburg a. S.

Auf Grund der § 319 Abs. 1 und § 404 Abs. 2 der Reichsversicherungsordnung wurden dem Gemeindevorstand der Beklagten, der nach einer anhaltischen Ministerialverordnung vom 28. Dezember 1911 die Ortsbehörde im Sinne der bezeichneten Vorschriften darstellt, vom zuständigen Versicherungsamt die Geschäfte einer gemeinsamen Melde- und Zahlstelle für die Klägerin (die Allgemeine Ortskrankenkasse) und für die Landkrankenkasse des Kreises B. mit Genehmigung der Gemeindeaufsichtsbehörde übertragen. Der Sohn des Gemeindevorstands, der bei der Zahlstelle tätig war, hat dort eingezahlte Kassenbeiträge veruntreut. Die Klägerin hat die beklagte Gemeinde auf Erstattung dieser Beträge in Anspruch genommen.

Das Landgericht gab der Klage statt. Die Berufung der Beklagten wurde zurückgewiesen. Die Revision der Beklagten führte zur Aufhebung und Zurückverweisung.

Gründe:

Wie das Berufungsgericht nicht verkennt, wurde durch die Einrichtung der Zahlstelle kein öffentlichrechtliches Vertragsverhältnis zwischen der Klägerin und der beklagten Gemeinde geschaffen, vermöge dessen die letztere für die von dem Sohn des Gemeindevorstands begangenen Unterschlagungen von Kassenbeiträgen haftbar gemacht werden könnte. Nicht die Gemeinde, sondern die Ortsbehörde ist es, der die Geschäfte der Zahlstelle gemäß § 404 RVO. übertragen worden sind. Diese kommt hierbei nicht als Organ der Gemeinde, sondern als selbständige Trägerin von Rechten und Pflichten in Betracht. Der alleinige rechtliche Gesichtspunkt, unter dem die Verantwortlichkeit der Beklagten für die Unterschlagungen gewürdigt werden kann, ist daher der Gesichtspunkt der Gemeindehaftung nach Art. 131 Abs. 1 RVerf. in Verbindung mit § 839 BGB. Das Berufungsgericht leitet denn auch aus diesen Vorschriften die Ersatzpflicht der Beklagten her. Die Erwägungen, von denen es sich hierbei bestimmen läßt, halten indessen der Nachprüfung nicht stand. Der nach dem maßgebenden Landesrecht die Ortsbehörde darstellende Gemeindevorstand der Beklagten hat seinen Sohn mit der Verrichtung der Zahlstellengeschäfte betraut. Hieraus folgert der Vorderrichter unter entsprechender Anwendung des § 278 BGB., daß der Vorstand die von seinem Sohn verübten Unterschlagungen wie eigene vorsätzliche Verfehlungen zu vertreten habe. Da ihm nun durch die Veruntreuungen die Erfüllung seiner amtlichen Pflicht zur Abführung der vereinnahmten Krankenkassenbeiträge an die Klägerin unmöglich geworden sei, so sei er gemäß § 839 BGB. zum Ersatz der Fehlbeträge verbunden, ohne daß die Kasse zu beweisen habe, sie vermöge nicht auf andere Weise Ersatz für den ihr erwachsenen Schaden zu erlangen. An die Stelle der Haftung des Gemeindevorstands trete aber nach Art. 131 RVerf. die Schadensersatzpflicht der Gemeinde.

Diese Ausführungen ziehen in die Prüfung der außervertraglichen Haftung der Beklagten mit Unrecht den nur auf öffentlich-rechtliche Vertragsverhältnisse entsprechend anwendbaren § 278 BGB. hinein.

Es ist vielmehr für die Entscheidung von folgender Betrachtung auszugehen. Die Gemeindehaftung setzt voraus, daß die Unterschlagungen auf Amtspflichtverletzungen des Gemeindevorstands zurückzuführen und daß diese Verfehlungen in Ausübung einer mit der Erledigung der Zahlstellengeschäfte verbundenen öffentlichen Gewalt begangen sind. Nun unterliegt es keinem Zweifel, daß der Vorstand in seiner Eigenschaft als Beamter mit der Verwaltung der Zahlstelle und den damit verbundenen Verrichtungen beauftragt war und es stellt sich deshalb die Pflicht zur Annahme, Verwahrung und Ablieferung der Kassenbeiträge zugleich als eine der Kasse gegenüber bestehende amtliche Obliegenheit dar. Auch ist die Ausführung der Verwaltungsgeschäfte durch den Gemeindevorstand, da sie der Erfüllung einer der Ortsbehörde übertragenen Aufgabe der Sozialversicherung dient, unbedenklich als eine Ausübung öffentlicher Gewalt anzusehen. Denn diese umfaßt auch solche Betätigungen, denen sich die Behörden des Staates und der Gemeinden nicht kraft der ihnen zustehenden Herrschaftsrechte, sondern kraft ihrer öffentlichrechtlichen Fürsorgepflichten unterziehen (RGZ. Bd. 84 S. 30, Bd. 114 S. 201). Ferner ergibt sich aus Art. 131 RVerf. und es entspricht auch der Rechtsprechung des Reichsgerichts, daß die Verantwortlichkeit für die Verletzung der Amtspflichten des Gemeindevorstands die Gemeinde, in deren Dienst dieser steht, auch dann trifft, wenn er die pflichtwidrige Amtshandlung nicht in seiner Eigenschaft als Organ der Gemeinde vorgenommen hat. Aus dem Inhalt der Amtspflichten folgt jedoch, daß die Gemeinde nicht schon dann haftbar gemacht werden kann, wenn ein vom Gemeindevorstand mit der Erledigung der Zahlstellengeschäfte beauftragter Dritter vereinnahmte Krankenkassenbeiträge unterschlägt, daß vielmehr die Haftung erst dann eintritt, wenn er sich bei der Auswahl, der Überwachung und der Belehrung des Dritten über seinen Pflichtenkreis Versäumnisse zu schulden kommen läßt, die mit einer treuen und sorgsamen Kassenverwaltung unvereinbar sind. Daß die Beschäftigung eines Gehilfen bei der Zahlstelle überhaupt unstatthaft gewesen sei, nimmt das Berufungsgericht selbst nicht an und behauptet auch die Klägerin nicht. Der Vorderrichter hätte daher nicht, wie geschehen, die Berechtigung der Vorwürfe der Klägerin unerörtert lassen dürfen, daß der Gemeindevorstand es bei der Prüfung der Tauglichkeit und Vertrauenswürdigkeit seines Sohnes sowie in Bezug auf dessen Beaufsichtigung an der erforderlichen Sorgfalt habe fehlen lassen und hierdurch die Veruntreuungen ermöglicht habe.

37. Bedarf ein Kaufvertrag über das vom Eigentümer selbst zu schlagende Holz eines Waldgrundstücks der Genehmigung nach § 1 der Bekanntmachung über den Verkehr mit landwirtschaftlichen Grundstücken vom 15. März 1918 (RGBl. S. 123)?

I. Zivilsenat. Urt. v. 11. Februar 1928 i. S. P. (Bekl.) w. Papierfabrik M.-GmbH. (Kl.). I 196/27.

I. Landgericht Königsberg, Kammer für Handelssachen.
II. Oberlandesgericht daselbst.

Nach den Bestätigungsschreiben vom 4. April und 3. Mai 1918 kaufte die Ostdeutsche Handelsgesellschaft in S. von der Beklagten das sämtliche aus dem Waldgrundstück C. anfallende Papierholz in einer Mindestzopfstärke von 8 cm, abzunehmen im Walde durch einen Beauftragten der Käuferin. Im Oktober 1919 trat die Käuferin ihre Rechte aus dem Vertrag an die Klägerin ab. Im Dezember 1919 nahm der Förster Ch. als Beauftragter der Käuferin eine aufgearbeitete Menge von 1160 rm Holz im Walde ab und bezeichnete das Holz durch Hammerschlag. Geliefert sind hiervon nur etwa 320 rm. Mit der Klage verlangte die Klägerin u. a. zunächst die Lieferung des Restes von etwa 840 rm, dann aber, da unstreitig wurde, daß auf dem Waldgrundstück überhaupt kein Holz mehr stand, statt der Lieferung Schadensersatz im Betrage von 4050 G*M*. Die Beklagte wandte u. a. ein, der Vertrag sei wegen Fehlens der behördlichen Genehmigung nach der Bundesratsbekanntmachung vom 15. März 1918 unwirksam.

Die Vorinstanzen entsprachen dem Klagantrag. Die Revision der Beklagten blieb ohne Erfolg.

Aus den Gründen:

Mit Recht hat das Berufungsgericht ausgeführt, daß der Kaufvertrag, auf den die Klage gestützt ist, nicht der Genehmigung des Landrats bedurfte, die an sich für jede Vereinbarung über den Genuß von Erzeugnissen eines über fünf Hektar großen Grundstücks nach § 1 der Bekanntmachung vom 15. März 1918 in Verbindung mit Nr. 1 der preuß. AusfBest. vom 16. März 1918 (JMBl. S. 69) erforderlich ist. Allerdings soll dadurch, wie der Revision zuzugeben ist, jeder Genuß von Erzeugnissen eines Grundstücks getroffen werden, und auch die Veräußerung oder der Verkauf eines Waldbestandes zur Abholzung fällt darunter, wie der Senat in RGZ. Bd. 109 S. 190 näher ausgeführt hat. Damals handelte es sich aber in der Hauptsache um einen Vertrag, nach dem der Käufer das Holz selbst schlagen, das Eigentum daran also unmittelbar mit der Trennung vom Grundstück erwerben sollte; und die Frage, ob der Zwang zur Genehmigung sich auch auf den Verkauf bereits geschlagenen Holzes erstrecken solle, ist ausdrücklich offen gelassen, dagegen die Folgerung abgelehnt worden, daß etwa Fruchtverkauf im regelmäßigen Wirtschaftsbetrieb der Genehmigung bedürfe. Nach dem hier maßgebenden Vertrag sollte das Holz, wenn es auch zur Zeit des Vertragsschlusses noch nicht geschlagen war, von der Eigentümerin und Verkäuferin (der Beklagten) selbst vom Boden getrennt und dann erst der Käuferin zu Eigentum übertragen werden. Gegenstand dieses Vertrags ist nicht mehr der Genuß der Bodenerzeugnisse — des Holzes —, sondern das vom Waldeigentümer zulässigerweise geschlagene Holz selbst. Es kann nicht angenommen werden, daß die Bundesratsbekanntmachung den Eigentümer in seinen wirtschaftlichen Entschließungen einengen wollte, wenn er selbst die Verfügung über die Trennung der Erzeugnisse behielt. Darauf könnten allerdings die Worte „Wald wird niedergeschlagen" hindeuten, die sich sowohl in der amtlichen Begründung als auch in der preußischen Ausführungsverfügung vom 27. März 1918 zu § 3 der Bekanntmachung finden (vgl. Schlegelberger Kriegsbuch Bd. 8 S. 130 und 134). Indessen kann damit auch das Schlagen des Waldes durch den Käufer und Erwerber des Grund und Bodens gemeint sein. Jedenfalls gibt die Fassung der Bekanntmachung keinen Anhalt für eine so weitgehende Auslegung, bei der es kaum noch möglich wäre, die für den regelmäßigen Fruchtverkauf erforderliche Grenze zu ziehen. Der Kaufvertrag bedurfte hiernach nicht der Genehmigung des Landrats. . . .

---

38. Gibt es eine Auslegungsregel, wonach die Übernahme einer für den Verkäufer eingetragenen Eigentümergrundschuld in Anrechnung auf den Kaufpreis die Kaufpreisforderung nicht tilgt, sondern nur sichert?

BGB. §§ 157, 364.

VI. Zivilsenat. Urt. v. 13. Februar 1928 i. S. Stadt C. (Bekl.) w. B. (Kl.). VI 333/27.

I. Landgericht Kassel.
II. Oberlandesgericht daselbst.

Der Kläger verkaufte der Beklagten durch den von ihrem Urkundsbeamten beurkundeten Vertrag vom 9. November/28. Dezember 1917 eine Reihe von Grundstücken für 300000 ℳ. In Anrechnung auf den Kaufpreis hatte die Beklagte die auf den Grundstücken lastenden Hypotheken im Gesamtbetrag von 150000 ℳ zu übernehmen; 100000 ℳ waren bei der Auflassung bar zu zahlen, der Rest sollte auf Schuldschein ohne Sicherung verzinslich gestundet bleiben. Gemäß einer späteren, formlos getroffenen Vereinbarung ließ der Kläger für sich eine Eigentümergrundschuld von 150000 ℳ auf den Grundstücken eintragen, die von der Beklagten übernommen wurde; dafür befreite er die Grundstücke von den genannten Belastungen. Auflassung und Eintragung erfolgten im Jahre 1918, nachdem diese Vereinbarung getroffen war. Im Dezember 1918 zahlte die Beklagte, die schon bei der Auflassung 100000 ℳ entrichtet hatte, die auf den Schuldschein geschuldeten 50000 ℳ und am 1. April 1919 auf die Grundschuld 50000 ℳ an den Kläger aus.

Über die dingliche Aufwertung des Grundschuld-Restbetrags von 100000 ℳ besteht kein Streit. Der Kläger verlangt aber Aufwertung des gleichen Restbetrags seiner persönlichen Kaufpreisforderung, zu deren Sicherung die Grundschuld nach seiner Meinung hat dienen sollen, und zwar auf 100%. Er begehrt Feststellung, daß die Beklagte persönliche Schuldnerin der 100000 ℳ geblieben sei und diese auf 100000 RℳM aufzuwerten habe. Die Beklagte bestreitet den Anspruch nach Grund und Höhe. Sie ist der Meinung, daß sie mit der Übernahme der Grundschuld die ihr nach dem Kaufvertrag obliegende Leistung in Höhe von 150000 ℳ bewirkt habe und nur noch dinglich hafte.

Das Landgericht hat die Klage abgewiesen. Das Oberlandesgericht hat festgestellt, daß die Beklagte persönliche Schuldnerin geblieben sei, und hat die Restforderung dem Grunde nach für gerechtfertigt erklärt. Die Revision der Beklagten führte zur Aufhebung und Zurückverweisung.

Gründe:

... Das Berufungsgericht meint, es sei im Zweifel anzunehmen, daß die Übernahme einer für den Verkäufer eingetragenen Eigentümergrundschuld die Kaufpreisforderung nicht tilgen, sondern nur sichern solle. Dieser Satz ist allerdings vom Kammergericht (JW. 1926 S. 994 Nr. 1, Rechtspr. in Aufwertungss. Bd. 1 S. 211, vgl. jedoch auch JW. 1926 S. 1824 Nr. 4, 1927 S. 997 Nr. 11) im Anschluß an Nadler (Grundbuch- und Aufwertungsfragen 1. Aufl. S. 89, 3. Aufl. S. 57) und an eine bei der Beratung des Aufwertungsgesetzes vom Staatssekretär Joël gemachte Äußerung (Sten. Ber. 3030flg.) aufgestellt und von den Oberlandesgerichten Stuttgart (Rechtspr. in Aufwertungss. Bd. 2 S. 309) und Stettin (daselbst S. 391) übernommen worden. Auch sonst hat diese Meinung Anklang gefunden (vgl. Schlegelberger-Harmening AufwG. 5. Aufl. S. 250, Quassowski AufwG. 5. Aufl. S. 382). Anderseits ist sie von Mügel (JW. 1926 S. 994, 1927 S. 997, Aufwertungsrecht 5. Aufl. S. 607, 837) und von v. Karger (JW. 1927 S. 1816) bekämpft worden. Ihre Richtigkeit ist nicht anzuerkennen; sie enthält eine Auslegungsregel, die der gesetzlichen Grundlage entbehrt. Die Frage, ob die Übernahme einer für den Verkäufer bestehenden Eigentümergrundschuld die geschuldete Leistung oder doch ein Teil davon sein oder nur eine Sicherung für eine bestehenbleibende Geldforderung bilden soll, ist lediglich nach § 157 BGB. zu beantworten. Gibt der Vertrag selbst in seinem Zusammenhang keinen Anhalt für die eine oder die andere Auslegung, so ist es Sache der beweispflichtigen Partei, außerhalb des Vertrags liegende Umstände darzulegen, die einen Anhalt nach der einen oder anderen Richtung bieten können, z. B. eine Verkehrssitte, die Entstehungsgeschichte der streitigen Vertragsbestimmung und dergleichen mehr. Solche Umstände sind z. B. in der genannten Entscheidung des Oberlandesgerichts Stuttgart hervorgehoben worden. Fehlen sie, so bedeutet es eine willkürliche Verschiebung der Darlegungs- und Beweispflicht, wenn man von dem obigen Satze ausgeht. Diese Pflicht trifft aber den Kläger, wenn er gegenüber dem Bestreiten der Beklagten einen Vertragsinhalt behauptet, wonach eine Geldforderung entstanden sein und die Übernahme einer Grundschuld nur zu deren Sicherung dienen soll. Dabei ist auch die in der Rechtsprechung und im Schrifttum vielfach auftretende Meinung abzulehnen, als handle es sich bei der vereinbarten Übernahme einer bestehenden Eigentümergrundschuld oder bei der Eintragung einer neuen Grundschuld für den Verkäufer darum, ob der Käufer erfüllungshalber oder an Erfüllungsstatt geleistet habe, und als könne hierfür die Vermutung des § 364 Abs. 2 BGB. verwendet werden. Diese Frage kann nur entstehen, wenn eine andere als die geschuldete Leistung bewirkt wird; hier dreht es sich aber gerade darum, welches die vertraglich geschuldete Leistung war. Ist in einem Kaufvertrag ein Kaufpreis in Geld festgesetzt und wird in Anrechnung hierauf eine Belastung übernommen oder die Eintragung einer Grundschuld vereinbart, so kann der Vertrag nicht in der Weise zerlegt werden, wie wenn zunächst das Entstehen einer Geldforderung und dann an Stelle dieser geschuldeten Leistung die Annahme einer anderen verabredet worden wäre. Vielmehr ist eine derartige Übernahme von Belastungen, deren Gläubiger andere Personen als der Verkäufer sind, in der Regel nicht wohl anders zu deuten als dahin, daß die Übernahme selbst die vertraglich geschuldete Leistung sein soll. In diesem Umfang soll nach dem Willen der Vertragschließenden gar keine Geldforderung des Verkäufers entstehen; der in Geld ausgeworfene Kaufpreis ist demgemäß insoweit nur eine Rechnungsgröße. Steht die zu übernehmende Belastung dem Verkäufer zu oder soll eine Grundschuld neu für ihn eingetragen werden, so erhebt sich die Frage, ob die Übernahme oder Eintragung, wie im ersten Falle, die geschuldete Leistung selbst sein soll oder ob beabsichtigt ist, insoweit eine Geldforderung des Verkäufers entstehen zu lassen und sie nur zu sichern durch die zu übernehmende oder neu einzutragende Belastung. Zur Beantwortung dieser Frage dient lediglich die Auslegungsregel des § 157 BGB. Es ist kein Anstoß daran zu nehmen, daß auch solche Verträge, in denen der „Kaufpreis" zum Teil nur Rechnungsgröße ist, verkehrsüblich als Kaufverträge bezeichnet zu werden pflegen. Es wäre verfehlt, aus der Wahl dieses Ausdrucks darauf schließen zu wollen, daß in Höhe des ganzen „Kaufpreises" eine Geldforderung des Veräußerers habe begründet werden sollen.

Nach diesen Gesichtspunkten ist der vorliegende Streit zu entscheiden. Der im ursprünglichen Kaufvertrag festgesetzte Kaufpreis sollte in Höhe von 150000 *M* durch Übernahme von Hypotheken anderer Gläubiger, in Höhe von 150000 *M* durch Barzahlung geleistet werden. Es besteht kein Streit darüber, daß nach dem Inhalt des Vertrags eine Geldforderung nur in Höhe von 150000 ℳ entstehen, im übrigen aber die Übernahme der Belastungen die geschuldete Leistung selbst sein sollte. Eine andere Auslegung ist nicht einmal möglich und wird auch vom Berufungsgericht nicht vertreten. Der Kaufpreis von 300000 ℳ war also zum Teil nur eine Rechnungsgröße. Der ursprüngliche Vertrag ist nun durch eine Vereinbarung abgeändert worden, deren Formlosigkeit durch nachfolgende Auflassung und Eintragung geheilt wurde (§ 313 Satz 2 BGB.). Danach sollte freilich eine andere als die ursprünglich geschuldete Leistung bewirkt werden, aber nicht an Stelle der Geldleistung von 150000 ℳ. Zu deren Tilgung wurde keine neue Verbindlichkeit eingegangen; dieser Teil der Leistung blieb vielmehr unverändert und wurde unstreitig später bewirkt. Die Abänderung betraf ausschließlich denjenigen Teil der Leistung, der in der Übernahme von Belastungen bestand. An Stelle der bisherigen Belastungen sollte eine Eigentümergrundschuld übernommen werden. Wenn nunmehr auch in Höhe dieser 150000 ℳ eine persönliche Geldforderung des Verkäufers hätte begründet, der Vertrag also auch in diesem Punkt hätte geändert werden sollen, so wäre es Sache des Klägers gewesen, Umstände anzuführen, die für eine solche Änderung sprechen. Bisher ist das nicht geschehen; diese Darlegung kann aber dem Kläger weder durch die vermeintliche Auslegungsregel erspart werden, von der das Berufungsgericht ausgegangen ist, noch durch die Erwägung des Vorderrichters, daß die Beklagte auch bei der ursprünglich vorgesehenen Übernahme von Hypotheken den Hypothekengläubigern nicht nur dinglich, sondern auch persönlich gehaftet hätte. Diese Erwägung trifft nicht den Kern der Sache. Es handelt sich hier darum, ob die Beklagte dem Kläger außer dem Anspruch auf die bereits bar bezahlten 150000 ℳ noch einen persönlichen Geldanspruch auf 150000 ℳ eingeräumt hat. Dafür hat sich bisher kein Anhalt ergeben.

---

39. 1. Gegen welches Urteil ist die Nichtigkeitsklage (§ 578 Abs. 1 ZPO.) zu richten?

2. Steht ein Beschluß, der die Revision als unzulässig verwirft, im Sinne des § 584 Abs. 1 ZPO. einem Urteil gleich?

3. Zum Begriff der Geschäftsunfähigkeit im Sinne des § 104 Nr. 2 BGB.

ZPO. §§ 554a, 578, 579, 584, 585, 591. BGB. § 104 Nr. 2, § 105.

VI. Zivilsenat. Urt. v. 13. Februar 1928 i. S. Kommanditgesellschaft N. & S. (Nichtigkeitsbekl.) w. O. (Nichtigkeitskl.). VI 317/27.

I. Landgericht Liegnitz.
II. Oberlandesgericht Breslau.

Durch notariellen Vertrag vom 25. Juli 1923 verkaufte der damalige Gasthausbesitzer O. sein in L. gelegenes Grundstück an die Kommanditgesellschaft N. & S. daselbst. Von dem mit 400 Millionen ℳ festgesetzten Kaufpreis sollten die nach Zahlung von 120 Millionen ℳ noch restlichen 280 Millionen ℳ (nach Genehmigung des Vertrags durch den Magistrat der Stadt L.) Zug um Zug gegen Übergabe und Auflassung des Grundstücks gezahlt werden. Der Verkäufer hatte sich in dem Vertrag ferner verpflichtet, die Auflassung schulden- und lastenfrei zu erteilen. Da er nach erteilter behördlicher Genehmigung trotz Aufforderung die Übergabe und Auflassung ablehnte, erhob die Käuferin gegen ihn Klage auf Beseitigung der auf dem Grundstück lastenden Hypotheken sowie auf Übergabe und Auflassung des Grundstücks und erzielte am 29. Oktober 1923 beim Landgericht ein obsiegendes Urteil. Die Berufung des Verkäufers wurde vom Oberlandesgericht durch Urteil vom 6. Februar 1924 zurückgewiesen. Seine Revision wurde vom Reichsgericht durch Beschluß als unzulässig verworfen.

Unter der Behauptung, er sei während des ganzen vorerwähnten Verfahrens geisteskrank und nicht nach Vorschrift der Gesetze vertreten gewesen, hat der nunmehr durch seinen Vormund vertretene Verkäufer gegen die Käuferin beim Oberlandesgericht auf Grund des § 579 Abs. 1 Nr. 4 ZPO. die Nichtigkeitsklage angestrengt. Das Oberlandesgericht hat dieser Klage nach Beweisaufnahme dahin stattgegeben, daß es die Urteile vom 29. Oktober 1923 und 6. Februar 1924 aufhob und die auf Erfüllung des Kaufvertrags vom 25. Juli 1923 gerichtete Klage der Käuferin abwies. Die Revision der Nichtigkeitsbeklagten blieb erfolglos.

Gründe:

Das Oberlandesgericht geht davon aus, daß die bei ihm erhobene Nichtigkeitsklage zulässig und beim zuständigen Gericht erhoben sei. Es hält sie auch für begründet, da der Nichtigkeitskläger nach dem Ergebnis der Beweisaufnahme während der ganzen Dauer des vorangegangenen Verfahrens seit Erteilung der Prozeßvollmacht für die erste Instanz bis zum Urteil des Berufungsgerichts, d. h. von Mitte September 1923 bis zum 6. Februar 1924, geschäftsunfähig und nicht nach Vorschrift der Gesetze vertreten gewesen sei. Weiter hat der Berufungsrichter gemäß § 590 ZPO. die Hauptsache erneut geprüft. Er stellt hierzu fest, daß die Geschäftsunfähigkeit des Nichtigkeitsklägers schon zur Zeit des Vertragsabschlusses (am 25. Juli 1923) vorhanden gewesen sei, und zieht daraus den Schluß, daß die Klage auf Erfüllung des Kaufvertrags abgewiesen werden müsse.

Die Revision rügt Verletzung der §§ 584, 579 ZPO. und des § 104 BGB., indem sie ausführt: Das Oberlandesgericht habe rechtsirrig seine Zuständigkeit bejaht. Entweder müsse man den Verwerfungsbeschluß des Reichsgerichts als Urteil im Sinne des § 584 ZPO. ansehen oder das Gericht erster Instanz sei nach dieser Vorschrift zuständig. Das angefochtene Urteil irre ferner darin, daß es den Nichtigkeitskläger für die in Betracht kommende Zeit wegen krankhafter Störung der Geistestätigkeit für geschäftsunfähig erachte. Die Urteilsbegründung zeige, daß das Oberlandesgericht den Rechtsbegriff der Geisteskrankheit vom Standpunkt des Bürgerlichen Gesetzbuchs aus verkenne. Danach müsse verlangt werden, daß Störungserscheinungen nicht nur im pathologischen Sinne vorhanden seien, sondern auch im Sinne des Verkehrslebens aufträten. Jedenfalls sei, falls Störungen der letzteren Art nicht vorlägen oder vorgelegen hätten, für die Annahme einer Geisteskrankheit die größte Vorsicht geboten. Störungserscheinungen seien nun beim Nichtigkeitskläger niemals in die äußere Erscheinung getreten, auch von niemand festgestellt, im ganzen Vorprozeß sei auch vom damaligen Beklagten, jetzigen Nichtigkeitskläger, keine derartige Behauptung aufgestellt worden. Sei danach aber anzunehmen, daß er geschäftsfähig gewesen sei und wie ein normaler Mensch gehandelt habe, so müsse seine Willenserklärung als rechtswirksam gelten, selbst wenn er vom medizinischen Standpunkt aus geistig nicht normal gewesen sei; denn sonst würde jede Sicherheit im Rechtsverkehr aufhören.

Die Revision ist zulässig, da das angefochtene Urteil an die Stelle des im früheren Verfahren in der Berufungsinstanz erlassenen Urteils getreten ist und denselben Rechtsmitteln wie dieses unterliegt (§ 584 Abs. 1, § 591 ZPO.; Gruch. Bd. 29 S. 1129; RGZ. Bd. 57 S. 233). Der Erfolg muß ihr jedoch versagt bleiben.

Zunächst ist der Revisionsangriff unbegründet, der sich gegen die Zuständigkeit des Oberlandesgerichts zur Entscheidung über die Nichtigkeitsklage richtet. Die Revision irrt, wenn sie den Verwerfungsbeschluß des Reichsgerichts als Urteil ansieht. Der klare Wortlaut des § 584 in Verbindung mit § 554a Abs. 2 ZPO. steht dieser Auffassung entgegen. Zudem war die dem Verwerfungsbeschluß vorangegangene Prüfung darauf beschränkt, ob gewisse Formvorschriften erfüllt seien (§ 554a Abs. 1 a. a. O.). Die letzte sachliche Prüfung im früheren Verfahren hat das Oberlandesgericht als Berufungsgericht vorgenommen. Gegen sein rechtskräftiges Endurteil und nur gegen dieses hatte sich die Nichtigkeitsklage gemäß § 578 Abs. 1 ZPO. zu richten; auch das Landgericht als erste Instanz war hierfür nicht zuständig (RGZ. Bd. 15 S. 389, Bd. 73 S. 196, Bd. 75 S. 60). Das Oberlandesgericht hat sonach seine Zuständigkeit nach § 584 Abs. 1 ZPO. mit Recht angenommen.

Auch die zweite Revisionsrüge geht fehl. Nach § 585 ZPO. finden auf die Erhebung der Nichtigkeitsklage und auf das weitere Verfahren die allgemeinen Vorschriften entsprechende Anwendung, sofern sich nicht aus der Zivilprozeßordnung eine Abweichung ergibt. Demzufolge ist auch das Entlastungsgesetz vom 17. Dezember 1926 anzuwenden und der in der Sache selbst erhobene, im wesentlichen gegen die Beweiswürdigung gerichtete Angriff unbeachtlich. Zu Unrecht wirft überdies die Revision dem Vorderrichter einen Verstoß gegen den Rechtsbegriff der Geschäftsunfähigkeit wegen Geisteskrankheit im Sinne des Bürgerlichen Gesetzbuchs vor. Der Vorderrichter hat so, wie § 579 ZPO. es erfordert (RGZ. Bd. 118 S. 125), die Geschäftsunfähigkeit des Nichtigkeitsklägers für die Zeit des ganzen früheren Verfahrens festgestellt. Er hat diese Feststellung nicht nur aus den Gutachten der ärztlichen Sachverständigen abgeleitet, sondern dabei auch den dauernden unmäßigen Alkoholgenuß des Nichtigkeitsklägers hervorgehoben und es nach den obwaltenden Umständen für ausgeschlossen erklärt, daß der Nichtigkeitskläger der geistige Urheber eines im früheren Verfahren vorgelegten, eine Fristsetzung enthaltenden Schreibens gewesen sei.

Auch der Begriff der auf krankhafter Störung der Geistestätigkeit beruhenden Geschäftsunfähigkeit (§ 104 Nr. 2 BGB.) ist nicht verkannt, namentlich nicht, was die Voraussetzung des Ausschlusses der freien Willensbestimmung betrifft. Die Revision scheint nur diejenige Geisteskrankheit gelten lassen zu wollen, die im Verkehr oder gar dem Gegner erkennbar hervorgetreten ist. Dem kann jedoch nicht beigetreten werden. Im Schrifttum hat man allerdings die Beschränkung der Geschäftsunfähigkeit auf erkennbar Geisteskranke zum Schutze derjenigen befürwortet, die mit nicht erkennbar Geisteskranken Rechtsgeschäfte abzuschließen das Mißgeschick haben. Davon steht aber weder im Gesetz etwas, noch bietet die Entstehungsgeschichte der §§ 104flg. BGB. hierfür eine Handhabe. Der gute Glaube an die Geschäftsfähigkeit des Geschäftsgegners wird vom Gesetz nicht geschützt; auch ein Rechtsgeschäft, das mit einem für den Handelnden nicht erkennbar Geisteskranken geschlossen wird, ist nichtig (JW. 1915 S. 570 Nr. 2; WarnRspr. 1915 Nr. 272; RGUrt. vom 21. März 1919 III 478/18 und vom 2. Juni 1920 V 421/19; RGRKomm. 6. Aufl. § 105 Anm. 3; Staudinger BGB. 9. Aufl. § 105 Erl. 3; Planck-Flad BGB. 4. Aufl. § 105 Erl. III). Diesem der ständigen Rechtsprechung des Reichsgerichts entsprechenden Grundsatz steht auch nicht entgegen, wenn es im RGRKomm. Anm. 3 zu § 104 heißt: bei der Prüfung, ob Geschäftsunfähigkeit wegen Geisteskrankheit vorliege, seien vom Standpunkt des Bürgerlichen Gesetzbuchs namentlich auch die Störungserscheinungen zu berücksichtigen, wie sie sich im Verkehrsleben zeigten. Auf die Notwendigkeit der Berücksichtigung dieser Erscheinungen wird nur deshalb hingewiesen, weil es darauf ankommt, daß die geistige Betätigung in ihrer Gesamtheit gestört ist. Letzteres hat der Vorderrichter im vorliegenden Falle bei Bejahung der Geschäftsunfähigkeit des Nichtigkeitsklägers bedenkenfrei festgestellt. Auch sonst weist das angefochtene Urteil keinen Rechtsirrtum auf.

---

40. Sind bei der Aufwertung der Enteignungsentschädigung dem Enteigneten auch Zinsen aus dem Reichsmarkbetrag seit dem für die Wertermittlung maßgebenden Stichtag zuzusprechen?

Preuß. Enteignungsgesetz § 36.

VII. Zivilsenat. Urt. v. 14. Februar 1928 i. S. Stadtgemeinde K. (Bekl.) w. H. u. Gen. (Kl.). VII 421/27.

I. Landgericht Köslin.
II. Oberlandesgericht Stettin.

Dem Erblasser der Klägerin zu 1 und seinem Bruder, dem Kläger zu 2, sind im Jahre 1911 auf Grund des preußischen Fluchtliniengesetzes mehrere Teilstücke ihres in K. gelegenen Grundstücks für Straßenbauzwecke zugunsten der beklagten Stadtgemeinde enteignet worden. Gemäß einer Vereinbarung mit der Beklagten wurden dieser die von der Enteignung betroffenen Flächen schon vor Durchführung der Enteignung, nämlich am 11. November 1911, zum Besitz überlassen. Im Entschädigungs-Feststellungsverfahren wurde die den Enteigneten zu zahlende Entschädigung auf 24422 ℳ festgesetzt. Hiergegen beschritten sie den Rechtsweg. Das Berufungsgericht hat ihnen außer den am 21. August 1920 gezahlten 24422 ℳ noch weitere 69000 RℳM nebst 4% Zinsen von 70700 Rℳ für die Zeit vom 15. November 1911 bis zum 21. August 1920 und von 69000 Rℳ seit dem 22. August 1920 zugebilligt. Die Revision der Beklagten blieb erfolglos.

Gründe:

Das Berufungsgericht hat ohne Rechtsirrtum den Tag der Besitzübergabe des enteigneten Grundstücks als den für die Wertermittlung maßgebenden Stichtag angesehen und seinen Wert für diesen Tag auf 52030 ℳ alter Währung festgestellt. Hiergegen hat die Revision keine Bedenken erhoben. Sie bemängelt aber, daß der Vorderrichter diesen Wertbetrag unter Berücksichtigung der Geldentwertung bei Festsetzung der Entschädigung auf 70700 Rℳ umgerechnet und den Klägern außer den am 21. August 1920 gezahlten 24422 Pℳ noch 69000 Rℳ und Zinsen aus dem Reichsmarkbetrag schon vom 15. November 1911 an zugesprochen hat. Die Rüge ist jedoch nicht begründet.

Der Berufungsrichter nimmt zutreffend an, daß die Kläger Anspruch auf eine Summe Geldes haben, die nach der zur Zeit des Berufungsurteils bestehenden inneren Kaufkraft der Mark dem Betrag entspricht, den das enteignete Grundstück zur Zeit der Besitzüberlassung an die Beklagte in damaliger Währung wert war. Er läßt nicht außer acht, daß zur Ermittlung dieser Geldsumme an sich die Richtzahlen für die Lebenshaltungskosten, der Großhandelsindex und auch die jetzigen Durchschnittspreise für Grundstücke herangezogen werden können, führt aber aus, daß nach Lage des Falles diese Zahlen nicht in Betracht kämen, weil die Enteignungsentschädigung nicht dazu bestimmt sei, für Kosten der Lebenshaltung oder zum Ankauf von Aktien oder Grundstücken verwendet zu werden. Die den Klägern zufließende Entschädigung solle vielmehr restlos in ihren Handels- und Fabrikbetrieb gesteckt und dort zur Anschaffung von Rohstoffen, Halbfabrikaten, Maschinen und Hilfsstoffen sowie zur Bezahlung von Arbeitslöhnen verbraucht werden. Diese Feststellung ist tatsächlicher Art und deshalb der Nachprüfung durch das Revisionsgericht entzogen. Einen Rechtsirrtum enthalten die Ausführungen des Berufungsgerichts nicht. Sie entsprechen den Grundsätzen, die der erkennende Senat in den Entscheidungen vom 18. Mai 1926 (WarnRspr. 1926 S. 298) und 28. September 1926 (LZ. 1927 Sp. 535) niedergelegt hat. Damit entfällt auch die Rüge, daß die gegenüber dem Friedenswert geringeren Grundstückspreise nicht genügend berücksichtigt worden seien. Der Einwurf, daß die Kläger durch die ihnen zugebilligte Entschädigungssumme eine Bereicherung erführen, weil sie mit ihr mehr bekämen, als die enteignete Fläche nach den heutigen Verhältnissen wert sei und als sie brauchten, um sich heute ein Ersatzgrundstück zu beschaffen, schlägt nicht durch. Denn die Enteigneten haben ohne Rücksicht auf etwaige Ausgaben für Beschaffung eines Ersatzgrundstücks Anspruch auf Entschädigung für den Wert des Grundstücks zur Zeit des Besitzübergangs und sie bekommen mit der ziffermäßig höheren Entschädigung in Wirklichkeit nicht mehr als den für den 11. November 1911 ermittelten Wertbetrag von 52030 ℳ.

Diese Erwägung trifft auch für die Zinsen zu, welche die Revision nicht schon vom Tage der Besitzüberlassung von dem erhöhten Reichsmarkbetrag zuerkannt wissen will. Hätte das Berufungsgericht die Zinsen ganz oder zum Teil nur von den 52030 ℳ zugesprochen, auf die sich die Entschädigungssumme nach alter Währung beziffert, so würden die Kläger zu wenig erhalten. Denn auch die Zinsforderung muß an der durch die verringerte Kaufkraft der Mark gebotenen Aufwertung teilnehmen, da sie mit zur Enteignungsentschädigung gehört und deshalb ebenso behandelt werden muß wie diese. In Wahrheit haben die Zinsen aus der nur scheinbar höheren Entschädigungssumme von 70700 RM keinen höheren Wert als die Zinsen aus dem Betrag von 52030 M alter Währung; denn der summenmäßig höhere Zinsbetrag aus der zugebilligten Entschädigung hat keine größere Kaufkraft als der geringere Zinsbetrag in besserer Währung. Lediglich hierauf aber kommt es an und nicht, wie die Revision meint, darauf, was die Enteigneten besäßen, wenn sie die Kapitalnutzung der für den Tag der Besitzübergabe errechneten Entschädigung wirklich bezogen hätten. Es handelt sich bei den Zinsen ebensowenig wie beim Entschädigungsbetrag selbst um Schadensersatz oder Aufwertung. Darum ist auch der Hinweis der Revision darauf nicht richtig, daß bei den Zinsen die rasche Entwertung der bezogenen Beträge in der Hand des Gläubigers hätte veranschlagt werden müssen.

---

41. Zur Frage der Gültigkeit von Satzungsbestimmungen, die den allmählichen Übergang der Aktienrechte auf den an dem Unternehmen beteiligten Staat bezwecken.

HGB. § 227.

II. Zivilsenat. Urt. v. 17. Februar 1928 i. S. G. (Kl.) w. Hamb. Fr.-Lagerhaus-Gesellschaft (Bekl.). II 275/27.

I. Landgericht Hamburg, Kammer für Handelssachen.
II. Oberlandesgericht daselbst.

Am 7. Januar 1885 schloß der hamburgische Staat, vertreten durch die Finanzdeputation, mit der Norddeutschen Bank in Hamburg einen Vertrag, der in § 1 der Bank die Verpflichtung auferlegte, eine Aktiengesellschaft ins Leben zu rufen zum Zweck der Herstellung und Verwertung von Speichern, Lagerhäusern, Kontoren und sonstigen dem Handel und der Fabrikation dienenden Baulichkeiten im städtischen Freihafengebiet. Nach § 2 überließ die Finanzdeputation der zu errichtenden Gesellschaft für die Zeit ihres Bestehens pachtweise das erforderliche Gelände. Das Grundkapital der Gesellschaft sollte nach § 3 9000000 M betragen, eingeteilt in 9000 Aktien zu 1000 M. In den folgenden Bestimmungen wurde dem Staat wegen der Herstellung der Bauten, der Betriebsverwaltung, der Verhandlungen des Aufsichtsrats und gewisser Beschlüsse der Generalversammlung ein Aufsichts-, Mitwirkungs- und Genehmigungsrecht vorbehalten. Als Grundlage der Gewinnverteilung bestimmte § 10, daß der Nettogewinn des Unternehmens den Aktionären und dem Staat im Verhältnis von 3 : 5 zukommen solle. Ein Teil des dem Staate zufließenden Gewinns sollte nach § 11 als Pachtzins für das der Gesellschaft überlassene Gelände gelten, ein anderer Teil einem zu bildenden Ankaufsfonds für die Erwerbung der Gesellschaftsaktien zugeführt werden. Über diesen Aktienerwerb des Staates heißt es in § 11 und § 12 weiter:

„Alljährlich nach Ausschüttung des Jahresertrages werden zum Behufe dieses Aktienerwerbes so viel Aktien per 1. Juli ausgelost, als der Bestand des Ankaufsfonds zuläßt. Die Inhaber der ausgelosten Aktien erhalten gegen Einlieferung der Stücke samt Dividendenscheinen den Nominalbetrag der auf die Aktien geleisteten Einzahlung mit einem Zuschlage von 10% des eingezahlten Betrages und 4% pro anno Stückzinsen bis zum 1. Juli des neuen Geschäftsjahres" (§ 11 Abs. 3).

„Die auf diese Weise für den Ankaufsfonds erworbenen Aktien bleiben vollberechtigt und hat die Finanzdeputation deren Gerechtsame auszuüben. Die auf den Aktienbesitz des Ankaufsfonds entfallenden Dividenden dienen zur Verstärkung des Ankaufsfonds" (§ 12).

§ 14 gab dem Staate das Recht, nach Ablauf des Jahres 1899 jederzeit die noch im Privatbesitz befindlichen Aktien für den fünfundzwanzigfachen Durchschnittsertrag der vorausgegangenen fünf Betriebsjahre zu erwerben, jedoch nicht unter 110% und nicht über 150%. Nach § 15 soll das Pachtverhältnis aufhören, sobald der Staat in den Besitz aller Aktien gelangt ist.

Die Aktiengesellschaft, die jetzige Beklagte, wurde noch im Jahre 1885 errichtet; der hamburgische Staat gehörte nicht zu den Gründern. Der Zweck des Unternehmens ist in der Satzung entsprechend dem § 1 des Vertrags gekennzeichnet mit dem Anfügen, daß die Bestimmungen dieses Vertrags, die in der Satzung teilweise wiederholt sind, für die Gesellschaft maßgebend seien. Das Kapital der Beklagten wurde im Jahre 1922 von 9000000 auf 13000000 ℳ erhöht. Durch die Auslosungen ist allmählich der größere Teil der Aktien in den Besitz des hamburgischen Staates übergegangen.

Auf Grund der Verordnung über Goldbilanzen beschloß eine Generalversammlung der Beklagten vom 30. Juni 1924 die Umstellung des Grundkapitals von 13000000 ℳ auf 6500000 Gℳ, eingeteilt in 13000 Aktien zu je 500 Gℳ (statt bisher 1000 ℳ). Durch Beschluß derselben Generalversammlung wurde § 34 Abs. 2 der Satzung dahin abgeändert, daß die Inhaber der ausgelosten Aktien bis zum 1. Juli des neuen Geschäftsjahrs gegen Einlieferung der Stücke samt Dividendenscheinen 500 Gℳ mit 10% Zuschlag und 4% Stückzinsen erhalten.

Die Klägerin hat nach dieser Generalversammlung zehn (von ihr mit den Nummern bezeichnete) Aktien der Beklagten erworben, von denen drei zur Zeit der Erlassung des Berufungsurteils ausgelost waren. In einem Briefe vom 26. Januar 1926 vertrat sie der Beklagten gegenüber die Auffassung, daß die Generalversammlung durch den Beschluß über die Abänderung des § 34 der Satzung ihre Zuständigkeit überschritten habe. Da die Berechtigung dieses Standpunkts von der Beklagten bestritten wurde, erhob sie die vorliegende Klage, deren Anträge im wesentlichen auf Feststellung der Unwirksamkeit des erwähnten Beschlusses gingen. Beide Vorinstanzen wiesen die Klage ab. Die Revision der Klägerin hatte keinen Erfolg.

Gründe:

Die Klägerin hat ihre Anträge in doppelter Weise begründet. Sie hat geltend gemacht, daß eine Auslosung, wie sie hier stattfinden soll, aktienrechtlich unzulässig und die sie anordnende Satzungsbestimmung deshalb unwirksam sei. Ferner hat sie Nichtigkeit des den Einlösungsbetrag festsetzenden Generalversammlungs-Beschlusses vom 30. Juni 1924 behauptet und diese Behauptung darauf gestützt, daß die Generalversammlung durch den Beschluß, der nicht eine innere Angelegenheit der Gesellschaft, sondern die Rechtsbeziehungen der Finanzdeputation zu den einzelnen Aktionären betreffe und auch in Sonderrechte der Aktionäre eingreife, ihre Zuständigkeit überschritten habe und daß der Beschluß gegen die guten Sitten verstoße.

Das Berufungsgericht hält mit Recht beide Klaggründe für hinfällig.

Zunächst kann nicht anerkannt werden, daß die hier vorgesehene Auslosung, wenn sie auch eine sonst nicht gebräuchliche Regelung enthält, aktienrechtlichen Grundsätzen zuwiderlaufe. Allerdings läßt sie sich nicht, wie die Revisionsbeklagte in erster Reihe meint, schon damit rechtfertigen, daß es sich um eine von vornherein durch den Gesellschaftsvertrag bewirkte Ausgestaltung des Aktienrechts selbst handle und daß es einer der wesentlichen Zwecke der Beklagten sei, die nur vorübergehend gewollte Beteiligung des Privatkapitals durch erzielte Gewinne im Wege der Auslosung zu tilgen und die Privataktien in die Hand des Staates überzuführen. Neben diesen Erwägungen bleibt noch immer die Frage offen, ob das Gesetz eine solche Ausgestaltung des Aktienrechts überhaupt gestattet. Diese Frage ist aber mit dem Berufungsgericht zu bejahen. Die Auslosung mit der Wirkung, daß der Aktionär das Recht aus der Aktie verliert, ist eine Maßnahme, die der § 227 HGB. ausdrücklich zuläßt. Freilich ist dort nur von einer Auslosung die Rede, die zum Zweck der Einziehung (Amortisation) von Aktien stattfindet. Der hier getroffenen Regelung, wonach die Auslosung nicht zum Untergang der Aktienrechte, sondern nur zu ihrem Übergang auf eine andere Person führen soll, stehen aber keine aktienrechtlichen Bedenken entgegen, weder nach dem jetzigen Gesetz noch nach den jedenfalls nicht strengeren Vorschriften des früheren, auf der Novelle vom 18. Juli 1884 beruhenden Rechts, unter dessen Herrschaft die beklagte Gesellschaft gegründet worden ist. Eine Gefährdung der Gläubiger der Beklagten ist dadurch ausgeschlossen, daß die Einlösung nicht aus Mitteln der Gesellschaft, sondern aus dem vom Staat gebildeten Fonds geschieht, daß also das Grundkapital nicht angetastet werden kann. Es liegt auch kein Verstoß gegen den Grundsatz vor, daß alle Aktionäre gleich zu behandeln sind und daß Umstände, die nur in den persönlichen Verhältnissen des einzelnen Aktionärs liegen, nicht zur Entziehung der Aktienrechte führen können. Daran ändert auch nichts die Tatsache, daß der Staat, auf den die ausgelosten Aktien übergehen sollen, mit ihnen an den weiteren Auslosungen nicht beteiligt ist. Diese besondere Stellung des Staates folgt nicht aus einem ihm als Aktionär zustehenden Vorrecht, sondern sie ist eine notwendige Folge des Rechtsverhältnisses, in das die Beklagte bei ihrer Gründung zu dem zunächst nicht als Aktionär beteiligten Staate getreten ist. Das von der Klägerin in diesem Zusammenhang angezogene Urteil RGZ. Bd. 49 S. 77, das die Gültigkeit einer die Verpflichtung zur Übertragung des Aktienrechts festsetzenden Bestimmung der Satzung verneint, behandelt einen anderen

Fall. Dort war der Generalversammlung die Befugnis zum Ausschluß von Aktionären eingeräumt, die aufhören sollten, Mitglieder einer bestimmten Vereinigung zu sein. Ebensowenig sind Bedenken aus der Rechtsstellung zu entnehmen, die sich für den Aktionär im Falle der Auslosung seiner Aktien ergibt. Dieses Verhältnis ist nicht so aufzufassen, daß Rechtsbeziehungen zwischen dem Aktionär und dem Staat entstehen sollen, sondern der Aktionär ist satzungsgemäß verpflichtet, die Aktie, die in seiner Hand keine Rechte mehr verkörpert, der Gesellschaft zur Aushändigung an den Staat zur Verfügung zu stellen.

Was sodann die Gültigkeit des den § 34 Abs. 2 der Satzung abändernden Generalversammlungs-Beschlusses betrifft, so ist auch in dieser Hinsicht die angefochtene Entscheidung nicht zu beanstanden. Die Auslosung, mit der die Zahlung des Einlösungsbetrags untrennbar zusammenhängt, ist eine innere Angelegenheit der Gesellschaft und als solche in der Satzung geregelt; über ihre Abänderung konnte die Generalversammlung bindend für die Aktionäre beschließen. Daß der den neuen Einlösungsbetrag festsetzende Beschluß auch in die Rechte des Staates eingriff, insofern nämlich der Umfang der jährlichen Auslosung mitbestimmt wird durch die Höhe des Einlösungsbetrags, ist zwar richtig, aber deshalb unerheblich, weil die Generalversammlung dadurch nicht gehindert war, sich mit der Angelegenheit zu befassen, die auch eine solche der Gesellschaft selbst war. Auch aus der Bemessung des Betrags ist nichts gegen den Beschluß zu entnehmen. Der Betrag konnte, wenn er sich auch nicht von selbst aus der Umstellung ergab, sondern im Wege der Aufwertung zu bestimmen war, nach der Natur des Rechtsverhältnisses doch nur gleichmäßig für alle Aktionäre festgesetzt werden (RGZ. Bd. 113 S. 152). Daß aber diese Festsetzung nicht, wie die Klägerin meint, gegen die guten Sitten verstieß, weil sie vom Staat unter mißbräuchlicher Ausnutzung seines Aktienbesitzes herbeigeführt worden sei, hat das Berufungsgericht einwandfrei dargelegt. Es weist dabei insbesondere auch darauf hin, daß auch die Stimmen, die für andere als dem Staat gehörige Aktien abgegeben wurden, sich in weit überwiegender Mehrheit für die beschlossene Satzungsänderung ausgesprochen haben.

42. Ist der Bezirksdirektor einer Feuerversicherungs-Gesellschaft als Erfüllungsgehilfe der Gesellschaft anzusehen, wenn er das nach dem Versicherungsvertrag ihr zustehende Recht ausübt, zur Abwendung oder Minderung des Schadens Weisungen und Verbote zu erlassen, die der Versicherungsnehmer bei Gefahr des Verlustes des Anspruchs aus dem Versicherungsfall zu befolgen hat?

BGB. § 278.

VII. Zivilsenat. Urt. v. 17. Februar 1928 i. S. K. & Co. offene Handelsgesellschaft (Kl.) w. L. Feuerversicherungsanstalt Akt. Ges. (Bekl.). VII 529/27.

I. Landgericht Hagen i. W.
II. Oberlandesgericht Hamm.

Die Klägerin hat bei der beklagten Gesellschaft Maschinen und maschinelle Betriebseinrichtungen für die Zeit vom 15. August 1925 bis 15. August 1930 gegen Feuersgefahr versichert. Am Vormittag des 24. September 1925 brach ein Brand aus, der die versicherten Maschinen und Materialien beschädigte. Der Bezirksdirektor H. der Beklagten gab bei Besichtigung der Brandstelle die Anweisung, daß nichts daran geändert werden solle. In der folgenden Nacht brach das Feuer wieder aus und vernichtete die Maschinen.

Die Klägerin nimmt die Beklagte für ihren Schaden in Anspruch. Das Oberlandesgericht wies die Klägerin mit dem ihr vom Landgericht zugesprochenen Teilbetrag von 5000 RM ab. Die Revision der Klägerin hatte Erfolg.

Aus den Gründen:

(Zunächst wird dargelegt, daß die Revision unbegründet ist, soweit sie sich gegen die Annahme des Oberlandesgerichts wendet, daß die Klägerin den Versicherungsanspruch durch Verletzung ihrer Vertragspflicht zur Auskunfterteilung verloren habe. Dann wird fortgefahren:)

... Die Klägerin hat aber behauptet, der Bezirksdirektor der Beklagten sei bei Besichtigung der Brandstelle von Arbeitern der Klägerin darauf aufmerksam gemacht worden, daß die zu unterst liegende Baumwolle möglicherweise noch glimme, sodaß der Brand von neuem ausbrechen könne. Die Arbeiter hätten verlangt, daß die Baumwolle aus dem Hof geschafft werde, H. habe dies aber untersagt. Infolgedessen sei das Feuer wieder ausgekommen und habe die vorher nur leicht beschädigten Maschinen vernichtet. Das Berufungsgericht hält diese Behauptungen für unerheblich, weil diejenigen Personen, die in der Frage der Gefahr eines neuen Brandausbruchs die größere Sachkunde besaßen, diese Sachkunde hätten zur Geltung bringen müssen; ein etwaiger Widerstand des H. sei überwindbar und auch unbeachtlich gewesen. Hierbei übersieht das Berufungsgericht zunächst, daß die Klägerin bei Erfüllung ihrer Verpflichtung, nach Möglichkeit für Minderung des Schadens zu sorgen, gehalten war, die Weisungen der Beklagten zu befolgen und nicht gegen ihr Verbot zu handeln (§ 11 Abs. 2 Vers.-Bed.) und daß sie bei Verletzung dieser Obliegenheit den Anspruch auf Leistung aus dem Versicherungsfall verlor (§ 12 Abs. 1 das.). Aber auch sonst sind die Ausführungen des Berufungsgerichts nicht zur Widerlegung des Anspruchs geeignet, der sich aus dem Vorbringen der Klägerin ergibt. Mit Recht macht die Revision geltend, daß H. als Erfüllungsgehilfe der Beklagten die angeblichen Anordnungen getroffen habe. Der Versicherungsnehmer hat zwar keinen Anspruch darauf, daß der Versicherer zur Minderung des Schadens nach Maßgabe des § 11 Abs. 2 Vers.-Bed. mitwirkt. Macht er aber von seinem Recht durch Erlassung von Weisungen oder Verboten Gebrauch, so begründet der Umstand, daß der Versicherungsnehmer bei Gefahr des Verlustes des Anspruchs aus dem Versicherungsfall an diese Anordnungen gebunden ist, die Verpflichtung des Versicherers, bei Ausübung seines Rechts die im Verkehr erforderliche Sorgfalt anzuwenden und Anordnungen zu unterlassen, die den Versicherungsnehmer schädigen. Diese Verpflichtung gründet sich auf den Versicherungsvertrag. Die Beklagte hat sich also des Bezirksdirektors H., der sie bei Ausübung ihres Rechtes zur Erlassung von Anordnungen vertrat, zur Erfüllung ihrer vertraglichen Verbindlichkeit bedient, schädigende Weisungen oder Verbote zu unterlassen. Sie haftet mithin der Klägerin für sein Verschulden auf Schadensersatz (§ 278 BGB.).

---

43. 1. Wem ist nach § 520 Abs. 1 ZPO. der Termin für die mündliche Verhandlung bekannt zu machen?
2. Zum Begriff der Instanz in §§ 176 und 210a ZPO.
3. Zum Begriff des unabwendbaren Zufalls in § 233 Abs. 1 das.

I. Zivilsenat. Urt. v. 18. Februar 1928 i. S. K. (Bekl.) w. B. (Kl.). I 280/27.

I. Landgericht Aachen.
II. Oberlandesgericht Köln.

Der Kläger hat auf Zahlung von 7200 GM nebst Zinsen geklagt. Durch Urteil des Landgerichts vom 19. Juni 1926 ist der Beklagte zur Zahlung von 4800 RM nebst Zinsen verurteilt und der Kläger mit der Mehrforderung abgewiesen worden. Gegen dieses am 8. Juli 1926 zugestellte Urteil hat der Beklagte durch die Rechtsanwälte Justizrat W. und Dr. M. in Köln mit Schriftsatz vom 16. Juli 1926 Berufung eingelegt. Der Schriftsatz ist am 19. Juli 1926 beim Oberlandesgericht eingegangen. Er enthält keinen Antrag und keine Begründung; beides ist vielmehr darin vorbehalten worden. Mit Schriftsatz vom 6. August 1926 hat der Kläger gegen das Urteil ebenfalls Berufung eingelegt. Seine Berufungsschrift ist dem erstinstanzlichen Prozeßbevollmächtigten des Beklagten am 17. August 1926 zugestellt worden. Nachdem dann die Prozeßgebühren für beide Berufungen erfordert und eingegangen waren, ist Termin zur mündlichen Verhandlung auf den 11. November 1926 anberaumt worden. Die Terminsbestimmung ist dem zweitinstanzlichen Prozeßbevollmächtigten des Klägers und für den Beklagten dem Rechtsanwalt Dr. M. je am 31. August 1926 zugestellt worden. Im Termin vom 11. November 1926 ist die Verhandlung auf den 1. Februar 1927 vertagt worden. Mit Schriftsatz vom 6. Dezember, beim Oberlandesgericht eingegangen am 9. Dezember 1926, hat darauf Rechtsanwalt Dr. M. für den Beklagten einen Berufungsantrag nebst Begründung eingereicht und gleichzeitig um Wiedereinsetzung in den vorigen Stand gegen die Versäumung der Frist für die Berufungsbegründung gebeten. Der letztere Antrag ist wie folgt begründet worden: Die Berufungsschrift habe keine Angabe über den Streitwert enthalten; es habe daher nach der Gepflogenheit sämtlicher Gerichtsschreibereien des Oberlandesgerichts mit einer entsprechenden Anfrage gerechnet werden müssen. Am 11. August 1926 sei aber den zweitinstanzlichen Prozeßbevollmächtigten des Beklagten eine Aufforderung zur Zahlung einer Prozeßgebühr von 159,40 RM und am 31. August 1926 eine Terminsbestimmung auf den 11. November 1926 zugestellt worden. Vom

1. August bis zum 1. September 1926 sei der Bearbeiter der Sache, Rechtsanwalt Dr. M., im Urlaub gewesen. Die Kanzlei dieser Prozeßbevollmächtigten sei zur Überwachung der Fristen für Berufungen, Zahlungen und Berufungsbegründungen angewiesen, die Akten, in denen solche Fristen noch liefen, gesondert in einem Fristenfach aufzubewahren, und sei dahin belehrt worden, daß nach Zustellung der Terminsbestimmung diese Akten aus dem Fristenfach in den alphabetisch geordneten Aktenschrank gelegt werden könnten (womit sie aus der weiteren Fristenüberwachung ausschieden). Die Akten im Fristenfach würden von den Rechtsanwälten regelmäßig durchgesehen, meist mehrfach in der Woche. Das Aktenstück in der vorliegenden Sache müsse nach Zustellung der Terminsbestimmung aus dem Fristenfach herausgenommen worden sein. Rechtsanwalt Dr. M. habe nach seiner Rückkehr aus den Ferien das Fristenfach vielfach durchgeprüft, das Aktenstück darin aber nicht gefunden. Andernfalls wäre bemerkt worden, daß Antrag und Berufungsbegründung noch nachzuholen seien, und sie wären dann bis zum Ablauf der Begründungsfrist (16. Oktober 1926) nachgeholt worden. Die Versäumung der Frist sei erst bemerkt worden, als sich der Beklagte am 2. Dezember 1926 auf ein Schreiben vom Juli 1926 bei den Prozeßbevollmächtigten eingefunden habe, um wegen der Durchführung der Berufung Rücksprache zu nehmen. Vorher sei er durch Ernte und Winterbestellung seines Guts an einer Reise nach Köln verhindert gewesen. Die Art der Fristenüberwachung habe sich bisher bewährt. Der Beklagte sei daher durch einen unabwendbaren Zufall an der Einhaltung der Frist zur Begründung der Berufung verhindert worden. Das Berufungsgericht hat indessen unter Zurückweisung des Antrags auf Wiedereinsetzung in den vorigen Stand die Berufung des Beklagten als unzulässig verworfen. Seine Revision hatte keinen Erfolg.

Gründe:

Das Oberlandesgericht nimmt an, daß der Beklagte nicht durch einen unabwendbaren Zufall an der Einhaltung der Frist für die Berufungsbegründung verhindert worden sei. Denn einmal hätten seine Prozeßbevollmächtigten des zweiten Rechtszuges ihren Angestellten für Fälle der vorliegenden Art keine ausreichenden Weisungen gegeben. Außerdem aber habe der Beklagte selbst nicht die erforderliche Sorgfalt angewendet, da er die Anfrage seines

Prozeßbevollmächtigten vom 22. Juli 1926 erst in einer mündlichen Aussprache am 2. Dezember 1926 beantwortet habe. Bei unverzüglicher Erledigung wäre man voraussichtlich rechtzeitig auf den bevorstehenden Fristablauf aufmerksam geworden. Beides wird von der Revision angegriffen; ihre Rügen sind aber nicht als berechtigt anzuerkennen.

Was den ersten Punkt anlangt, so meint die Revision, das Gericht sei insofern unrichtig verfahren, als die Terminsbestimmung statt dem Anwalt des Beklagten erster Instanz dem zweitinstanzlichen Anwalt zugestellt worden sei, obwohl dieser sich damals auf die Berufung des Klägers noch gar nicht zum Prozeßbevollmächtigten des Beklagten bestellt gehabt habe. Hierin sei die eigentliche Ursache der Fristversäumnis zu erblicken. Denn wenn die Terminsbestimmung ebenso wie die Berufungsschrift dem erstinstanzlichen Anwalt des Beklagten zugestellt worden wäre, hätte er diese Schriftstücke alsbald dem Prozeßbevollmächtigten zweiter Instanz geschickt und ihn so von der Einlegung der Berufung durch den Kläger in Kenntnis gesetzt. Man hätte dann bemerkt, daß die Berufung des Beklagten noch begründet werden müsse. Die Ansicht, daß das Berufungsgericht unrichtig verfahren sei, ist indessen unzutreffend. Nach § 520 ZPO. ist der Termin zur mündlichen Verhandlung den Parteien bekanntzumachen. Eine besondere Bestimmung über die Person, an welche die Bekanntmachung zu bewirken ist, enthält das Gesetz nicht. Man muß daher auf die allgemeinen Vorschriften zurückgreifen. Im Schrifttum wird die Meinung vertreten, daß § 210a ZPO. anzuwenden sei (Sydow-Busch § 520 Anm. 2; Förster-Kann § 210a Anm. 4). Hiernach wäre die Terminsbestimmung dem Prozeßbevollmächtigten derjenigen Instanz, deren Entscheidung angefochten wird, hier also dem erstinstanzlichen Anwalt des Beklagten zuzustellen gewesen. Die Zustellung hätte jedoch auch an den Prozeßbevollmächtigten der Berufungsinstanz erfolgen können, falls ein solcher vom Beklagten bereits bestellt worden war. Stein-Jonas (§ 520 Anm. I 2) wollen § 210a nur anwenden, sofern ein Prozeßbevollmächtigter für die Berufungsinstanz noch nicht bestellt ist, andernfalls soll sich die Bekanntmachung nach § 176 ZPO. richten. Diese Streitfrage bedarf hier übrigens keiner Entscheidung; denn in beiden Fällen ist die Zustellung der Terminsbestimmung an die Rechtsanwälte Justizrat W. und Dr. M. zu Recht erfolgt, wenn diese damals bereits

Prozeßbevollmächtigte des Beklagten für die Berufungsinstanz waren, d. h. auch für das durch die Berufung des Klägers eingeleitete Verfahren. Und dies hängt davon ab, welcher Begriff mit der „Instanz" im Sinne der §§ 176, 210a ZPO. zu verbinden ist. Hierüber hat sich das Reichsgericht bereits in RGZ. Bd. 14 S. 348flg. dahin ausgesprochen, daß eine zweite Berufung, die sich gegen dasselbe Urteil richtet, das bereits durch eine erste Berufung angefochten wurde, jedenfalls dann mit der ersten Berufung zu ein und derselben Instanz gehört, wenn die erste Berufung zur Zeit der Einlegung der zweiten noch anhängig ist. An dieser Entscheidung hält ein späteres, bei Gruch. Bd. 37 S. 1228 abgedrucktes Urteil fest. Diese Urteile haben auch in weitem Maße die Billigung der Erläuterer der Zivilprozeßordnung gefunden. Besonders eingehend hat sich damit Rosenberg (Stellvertretung im Prozeß S. 812flg.) beschäftigt; er hat sich dieser Ansicht ebenfalls angeschlossen unter zutreffendem Hinweis darauf, daß sie auch durch die Ordnung der Anschlußberufung und Anschlußrevision gestützt werde. Die reichsgerichtlichen Urteile beziehen sich nun zwar auf die Zivilprozeßordnung älterer Fassung; es besteht aber, nachdem die Einlegung der Berufung in anderer Weise geregelt worden ist, kein zureichender Grund zu einer abweichenden Beurteilung, zumal da eine solche dem zu vermutenden Parteiwillen nicht entsprechen würde. Denn es ist wohl kaum jemals vorgekommen, daß in einem Fall wie dem vorliegenden, der, wie die Revision anerkennt, keineswegs selten ist, eine Partei zwei verschiedene Prozeßbevollmächtigte bestellt, von denen sie der eine nur im Verfahren auf ihre eigene Berufung, der andere nur im Verfahren auf die gegnerische Berufung vertreten soll. Will sie das ausnahmsweise trotzdem, so mag sie es bei der Bestellung des ersten Prozeßbevollmächtigten ausdrücklich erklären.

Hiernach durfte der Verhandlungstermin, wie geschehen, dem Beklagten durch Zustellung an Justizrat W. und Rechtsanwalt Dr. M. bekannt gemacht werden. Damit ist aber auch den Ausführungen der Revision ohne weiteres der Boden entzogen. Denn von diesem Standpunkt aus zeigt es sich, daß die Anweisung der Prozeßbevollmächtigten des Beklagten an ihre Angestellten, die Fristenakten aus dem Fristenfach zu entfernen, sobald eine Terminsbestimmung eingegangen sei, Fällen der vorliegenden Art nicht

Rechnung trägt und daher unzureichend ist, weil die Akten dabei durch ihre Entfernung aus dem Fristenfach der Fristenüberwachung vorzeitig entzogen werden können. Die Annahme eines unabwendbaren Zufalls im Sinne des § 233 ZPO. wird dadurch ausgeschlossen.

Aber auch im zweiten Punkt muß dem Berufungsgericht beigetreten werden. Wenn eine Partei, hier der Beklagte, nachdem sie gegen ein Urteil Berufung eingelegt hat, ein darauf bezügliches Schreiben ihres Prozeßbevollmächtigten zweiter Instanz über vier Monate lang unbeantwortet läßt, so zeigt sie, wenn, wie hier, keine besonderen, eine andere Beurteilung rechtfertigenden Umstände vorliegen, nicht dasjenige Maß von Sorgfalt und Vorsicht, das man von ihr verlangen muß, und wenn infolgedessen eine Frist versäumt wird, handelt es sich nicht um einen unabwendbaren Zufall. Ausreichende Entschuldigungsgründe sind hier nicht glaubhaft gemacht worden.

---

44. Unterbricht der Tod eines Rechtsmittelklägers, der durch einen Prozeßbevollmächtigten vertreten ist, den Lauf der Frist zum Nachweis der Zahlung der zu entrichtenden Prozeßgebühr?

ZPO. § 519 Abs. 6, § 554 Abs. 7, § 246.

II. Zivilsenat. Beschl. v. 21. Februar 1928 i. S. D. w. L. u. Gen. II B 5/28.

I. Landgericht Osnabrück.
II. Oberlandesgericht Celle.

Die Frage wurde verneint aus folgenden

Gründen:

... Mit Recht nimmt das Berufungsgericht an, durch den Tod des Klägers sei weder das Verfahren im allgemeinen noch der Lauf der Nachweisfrist unterbrochen worden, weil der Kläger in der Instanz durch einen Prozeßbevollmächtigten vertreten gewesen sei (§ 246 Abs. 1 S. 1 ZPO.). Eine ausdrückliche Ausnahme von dieser Regel macht das Gesetz für die Nachweisfrist nicht. Es kann dem Beschwerdeführer auch nicht zugegeben werden, daß die Eigenart der in Rede stehenden Rechtshandlung und der dem § 246 ZPO. zugrundeliegende gesetzgeberische Gedanke eine andere Beurteilung rechtfertige. Denn auch hier sind die Parteiinteressen keineswegs recht- und schutzlos preisgegeben. Die zur Fristwahrung nötige Zahlung der Prozeßgebühr ist allerdings nicht Sache des Prozeßbevollmächtigten. Wohl aber kann er im Falle des vor der Zahlung eingetretenen Todes der Partei sehr wohl deren Interesse durch Anträge auf Fristverlängerung und Aussetzung des Verfahrens sachgemäß wahrnehmen, ganz abgesehen davon, daß nicht selten die Erben und Rechtsnachfolger der verstorbenen Partei über den Sachverhalt unterrichtet und in der Lage sein werden, die Zahlung noch fristgemäß vorzunehmen. Der Umstand, daß der Prozeßbevollmächtigte den Tod der Partei vielleicht nicht zeitig genug erfährt, um von den zur Verfügung stehenden Rechtsbehelfen (Fristverlängerung, Aussetzung) noch vor Ablauf der Frist mit Erfolg Gebrauch machen zu können, ändert nichts an der Rechtslage. Auch sonst scheitert nicht selten die Einhaltung von Fristen an tatsächlichen Umständen (z. B. am Verlorengehen des Briefes mit Zahlungsaufforderung und Fristnachricht). Zureichende Abhilfe gegen Härten bietet insoweit die Wiedereinsetzung in den vorigen Stand. Es ist auch nicht zutreffend, wenn die Beschwerde geltend macht, der Prozeßbevollmächtigte habe keine Möglichkeit, die Wahrung der Einzahlungsfrist zu überwachen. Die Fristverfügung wird ihm zugestellt und kann nur ihm rechtswirksam zugestellt werden. Er ist nicht nur in der Lage, sondern auch verpflichtet, den Lauf der Frist zu überwachen, und wenn ihn persönlich in dieser Richtung ein Verschulden trifft, das zur Versäumung der Frist führt, so ist nach feststehender Rechtsprechung sogar die Wiedereinsetzung in den vorigen Stand ausgeschlossen, mag auch die Partei selbst alles zur Wahrung der Frist Erforderliche getan haben. . . .

---

45. 1. Liegt Klagänderung vor, wenn eine zunächst aus § 31 Nr. 1 KO. verfolgte Anfechtung später auf § 40 Abs. 2 Nr. 1 das. gestützt wird?

2. Kann der Konkursverwalter aus eigenem Recht einen Schadensersatzanspruch wegen einer unerlaubten Handlung geltend machen, die eine Schädigung der Gesamtheit der Konkursgläubiger verursacht hat?

KO. §§ 30, 31, 32, 40, 117. ZPO. §§ 268, 527.

VII. Zivilsenat. Urt. v. 21. Februar 1928 i. S. Verwalter im Konkurs V. (Kl.) w. Sch. u. Gen. (Bekl.). VII 369/27.

I. Landgericht Elberfeld.
II. Oberlandesgericht Düsseldorf.

Über das Vermögen des Kaufmanns V. in E. wurde am 16. Mai 1924 das Konkursverfahren eröffnet, nachdem seine Firma seit dem 15. April 1924 unter Geschäftsaufsicht gestanden hatte. Der zum Konkursverwalter bestellte Kläger verfolgt mit der Klage für die Konkursmasse Ansprüche auf drei Waggonladungen mit verschiedenen Waren, die der Gemeinschuldner in der Zeit vom 22. bis 27. März 1924 zu seiner Verfügung an eine Speditionsfirma in Rotterdam gesandt und durch Vertrag vom 7. April 1924 an die dortige Aktiengesellschaft „Estag" verkauft hatte, mit welcher er in Geschäftsverbindung stand. Die Klage war im ersten Rechtsgang auf die Gesichtspunkte der Anfechtung gemäß § 31 Nr. 1, §§ 36, 37 KO. und der unerlaubten Handlung im Sinne der §§ 823, 826, 830, 840 BGB. in Verbindung mit § 239 Nr. 1 KO. gestützt. Der Kläger behauptete, die jetzt noch in Frage kommenden drei Beklagten hätten in gegenseitigem Einverständnis zusammengewirkt, um die drei Waggonladungen der V.schen Konkursmasse zu entziehen. Seine Anträge waren darauf gerichtet, die Veräußerung oder Sicherungsübereignung der drei Ladungen an die „Estag"-A.-G. den Konkursgläubigern gegenüber für unwirksam zu erklären, die Beklagten Sch. und F. zur Auskunfterteilung über den Bestand der in den Besitz der „Estag" oder in ihren eigenen Besitz gekommenen Sachen und alle drei Beklagte zur Rückgewähr der Waren an die Konkursmasse, im Falle der Unmöglichkeit der Rückgabe zum Ersatz ihres Wertes mit mindestens 30000 RM zu verurteilen.

Das Landgericht wies die Klage ab. Im zweiten Rechtszug erklärte der Kläger, das anzufechtende Rechtsgeschäft sei „die vom Gemeinschuldner an die Beklagten bzw. an die „Estag" erfolgte Veräußerung bzw. Sicherungsübereignung der drei Waggonladungen", es werde jetzt nicht mehr Rückgewähr der Waren, sondern nur noch Wertersatz in Höhe von 30000 RM gefordert. Das Oberlandesgericht wies die Berufung zurück. Die Revision des Klägers führte zur Aufhebung und Zurückverweisung.

Gründe:

Soweit sich die Revision mit der Anfechtung aus § 40 Abs. 2 Nr. 1 KO. beschäftigt, kann ihr nicht beigepflichtet werden. Das Berufungsgericht sieht eine nach § 527 ZPO. unstatthafte Änderung der Klage darin, daß der Kläger im zweiten Rechtsgang Anfechtungsansprüche als Rechtsnachfolger der „Estag" geltend gemacht hat, während in erster Instanz nur die unmittelbare Anfechtung aus § 31 Nr. 1 KO. verfolgt worden war. Diese Auffassung ist nicht rechtsirrig. Zur Begründung der Anfechtungsklage aus § 40 Abs. 2 Nr. 1 KO. gehört, daß zunächst die Anfechtbarkeit des Erwerbs des ersten Erwerbers (des Rechtsvorgängers des Anfechtungsgegners) dargetan und sodann nachgewiesen wird, daß die diese Anfechtbarkeit begründenden Umstände dem Anfechtungsgegner zur Zeit seines späteren Erwerbs bekannt waren. Diese Erfordernisse sind wesentlich verschieden von denjenigen Tatbeständen, auf die nach §§ 30, 31 oder 32 KO. eine unmittelbare Anfechtung gegründet werden kann. Demnach hat man es hier mit einer Änderung des Klagegrundes zu tun, sodaß § 268 ZPO. nicht anwendbar ist. Diese Ansicht steht in Übereinstimmung mit den Gedankengängen des Urteils des V. Zivilsenats in RGZ. Bd. 103 S. 113, besonders S. 121 flg. Der Umstand, daß sich dieses Urteil mit § 11 und den sonst einschlagenden Bestimmungen des Anfechtungsgesetzes befaßt, schließt nicht aus, seine Darlegungen auch auf die Anfechtung nach der Konkursordnung zu beziehen (Mentzel KO. 2. Aufl. Anm. 1 und Anm. 4 Abs. 2 zu § 40).

Dem Vorderrichter ist auch darin beizutreten, daß die vom Kläger zur Stützung seines Schadensersatzanspruchs aus unerlaubter Handlung im ersten Rechtszug aufgestellte Behauptung, die Beklagten Sch. und F. hätten die zunächst vom Gemeinschuldner V. an die „Estag" veräußerten Waren unter sich verteilt, nicht ausreichte, um den Klagegrund des § 40 Abs. 2 Nr. 1 KO. in den Rechtsstreit einzuführen. Denn damit waren die oben dargelegten besonderen Tatbestandsmerkmale der Anfechtung nach jener Vorschrift noch nicht behauptet; ihre Anführung hat der Kläger erst im zweiten Rechtsgang, also zu spät, nachgeholt. Nicht zu billigen ist jedoch die Stellungnahme des Berufungsgerichts zum Anspruch auf Schadensersatz aus unerlaubter Handlung. Zwar hat der Vorderrichter mit Recht das Eingehen auf das zweitinstanzliche Vorbringen des Klägers abgelehnt, die Konkursgläubiger im V.schen Konkurs hätten ihm ihre Schadensersatzansprüche aus unerlaubter Handlung gegen die Beklagten abgetreten. Die Annahme einer Klagänderung in einem derartigen Falle entspricht der ständigen Rechtsprechung des Reichsgerichts (RGZ. Bd. 42 S. 248, Bd. 66 S. 419, Bd. 77 S. 141, Bd. 90 S. 433), und es ist dabei auch unerheblich, ob die erst im zweiten Rechtszug geltend gemachte Abtretung tatsächlich schon früher — vor der Klagerhebung oder in erster Instanz — erfolgt war. Ein Rechtsirrtum liegt aber insofern vor, als der Berufungsrichter meint, ohne jene Abtretung sei der Kläger nicht befugt, den Schadensersatzanspruch geltend zu machen. Der Kläger als Konkursverwalter hatte den Anspruch im ersten Rechtsgang aus eigenem Recht verfolgt und es kann nicht zweifelhaft sein, daß er auch im Rechtsgang der Berufung an diesem Vorbringen festgehalten und sich nur hilfsweise auf die Abtretung durch die Konkursgläubiger gestützt hat. Die zur Begründung des Anspruchs vorgetragenen Behauptungen gehen dahin, daß die Beklagten in Kenntnis der Zahlungseinstellung des Gemeinschuldners und seines bevorstehenden wirtschaftlichen Zusammenbruchs dazu mitgewirkt hätten, die drei nach Rotterdam gesandten Waggonladungen beiseitezuschaffen und der Konkursmasse zu entziehen. Zur Geltendmachung eines solchen Ersatzanspruchs, der eine Schädigung der Gesamtheit der Konkursgläubiger, nicht einzelner von ihnen, zur Grundlage hat, ist gemäß § 117 Abs. 1 KO. der Verwalter berechtigt und verpflichtet (RGZ. Bd. 89 S. 237, Bd. 97 S. 107; Mentzel a. a. O. Anm. 2 Abs. 1 zu § 117, Anm. 7 zu § 6). Dies ist, entgegen der Auffassung des Berufungsgerichts, auch vom Standpunkt der Rechtsansicht anzunehmen, daß der Konkursverwalter als amtliches Organ zur Durchführung des Konkursverfahrens zu gelten habe. Gerade weil er nicht als Vertreter des Gemeinschuldners anzusehen ist, kommt für seine Klagberechtigung auch nichts darauf an, ob der Schadensersatzanspruch dem Gemeinschuldner zustände, wenn keine Konkurseröffnung erfolgt wäre. Der Einwand der Revisionsbeklagten, welche auf die Beteiligung des V. an ihren angeblichen Schädigungshandlungen verweisen und deshalb die Entstehung eines Ersatzanspruchs in seiner Person leugnen, ist sonach belanglos.

Das Berufungsgericht wird nunmehr zu prüfen haben, ob der Anspruch auf Schadensersatz wegen unerlaubter Handlung begründet ist.

---

46. 1. Erfordernisse der Nachfristsetzung nach § 326 BGB.
2. Kann beim gegenseitigen Vertrag und insbesondere beim Sukzessivlieferungsgeschäft der im Verzug befindliche Teil, wenn inzwischen eine Leistung des anderen Teils fällig geworden ist, daraufhin die eigene Leistung verweigern oder ein Zurückbehaltungsrecht geltend machen?

BGB. §§ 326, 320, 273.

I. Zivilsenat. Urt. v. 22. Februar 1928 i. S. G. (Kl.) w. Sch. & Co., Kommanditgesellschaft (Bekl.). I 219/27.

I. Landgericht Köln, Kammer für Handelssachen.
II. Oberlandesgericht daselbst.

Im Januar 1924 schlossen die Parteien einen Kaufvertrag ab, wonach die Klägerin der Beklagten in den Monaten März/April 1924 verschiedene Webwaren liefern sollte. Einen Teil davon hat die Klägerin geliefert und auch bezahlt erhalten. Wegen des Restes setzte die Beklagte mit Schreiben vom 1. Mai 1924 der Klägerin eine Nachfrist zur Lieferung und trat nach fruchtlosem Ablauf der Frist vom Vertrag zurück. Die Klägerin behauptet, daß die Beklagte zu Unrecht zurückgetreten sei. Sie hat die Ware, deren Annahme die Beklagte verweigert hatte, im Wege des Selbsthilfeverkaufs versteigern lassen und dabei einen in französische Währung umgerechneten Reinerlös von 35955,27 Franken erzielt.

Die Klägerin erhob Klage auf Zahlung des Kaufpreises der gesamten Waren nebst Zinsen, abzüglich der aus dem Selbsthilfeverkauf erlösten 35955,27 Franken und der erhaltenen Zahlung. Die Beklagte bestritt den Klaganspruch nach Grund und Betrag. Das Landgericht hat dem Klagantrag entsprochen. In der Berufungsinstanz hat die Klägerin auch wegen angeblichen Zahlungsverzugs der Beklagten Ersatz des Schadens verlangt, der ihr durch die inzwischen eingetretene Entwertung des französischen Frankens erwachsen sei. Das Berufungsgericht hat die Klage insoweit abgewiesen, als die Klägerin zum Ausgleich ihrer Rechnungen vom 30. und 31. Mai 1924 Zahlung von 74323 Franken abzüglich von 35955,27 Franken und ferner Ersatz des ihr durch die Frankenentwertung entstandenen Verzugsschadens forderte. Die Revision der Klägerin hatte teilweise Erfolg.

Aus den Gründen:

... 1. Das Berufungsgericht nimmt an, daß die Beklagte, nachdem die von ihr mit Schreiben vom 1. Mai 1924 gesetzte Nachfrist verstrichen war, wegen der noch rückständigen Lieferungen gemäß § 326 BGB. rechtswirksam vom Vertrag zurückgetreten sei. Dabei wird auf den in dem Schreiben enthaltenen Satz verwiesen: „... setzen wir Sie hiermit in Verzug und gewähren Ihnen zur Auslieferung obigen Abschlusses die gesetzliche Nachlieferungsfrist von 4 Wochen. Nach Ablauf dieser Frist werden wir alle Schadensansprüche, die unsere Kunden, denen wir die Ware fest verkauft haben, an uns stellen, an Sie weiterleiten." Das Berufungsgericht meint, hiermit habe die Beklagte genügend zum Ausdruck gebracht, daß sie im Sinne von § 326 Abs. 1 Satz 1 BGB. „die Annahme der Leistung nach dem Ablauf der Frist ablehne." Denn diese Erklärung sei als Rücktrittsandrohung gemeint und erkennbar, sie sei auch von der Klägerin in ihrem Schreiben vom 13. Mai 1924 als solche aufgefaßt worden.

Mit Recht wendet sich hiergegen die Revision. Nach anerkannter Rechtsauffassung muß die Androhung nach § 326 BGB., die Annahme der Leistung abzulehnen, unter allen Umständen eindeutig erkennen lassen, daß der Erklärende nach fruchtlosem Ablauf der gesetzten Frist keine Erfüllung des Vertrags mehr will. Diesem Erfordernis genügt der Inhalt des Schreibens vom 1. Mai 1924 nicht. Denn es erhellt daraus nicht, welcher Art die angedrohten Schadensersatzansprüche sein sollten. Vielmehr blieb mangels Feststellung besonderer Umstände die Frage offen, wie die Schadensersatzansprüche der Kunden der Beklagten beschaffen waren, deren Abwälzung auf die Klägerin angedroht wurde, insbesondere ob die Beklagte ihre Kunden, denen sie nach jenem Schreiben die Ware fest verkauft hatte, anderweitig beliefern wollte und konnte, sodaß insoweit höchstens Verzugsschaden in Frage kam, oder ob die Beklagte mittelbar und unmittelbar Ansprüche auf Schadensersatz wegen Nichterfüllung im Auge hatte. Nur im letzteren Falle könnte aber die im Schreiben vom 1. Mai 1924 angedrohte Verantwortlichmachung der Klägerin für den entstehenden Schaden als eine dem § 326 BGB. genügende Androhung erachtet werden, die Annahme der Leistung abzulehnen. Hieran wird auch nichts geändert durch das vom Berufungsgericht angeführte Schreiben der Klägerin vom 13. Mai 1924. Allerdings enthält dieses Schreiben die Bitte der Klägerin, den Vertrag nicht zu „annullieren", und die Wendung: „eine eventuelle Annullierung Ihrerseits würde uns (d. h. die Klägerin) sehr, sehr hart treffen." Diesem Schreiben ist aber, wie sein Anfang zeigt, eine Unterredung vorhergegangen, die nach Eingang des Schreibens der Beklagten vom 1. Mai 1924 bei der Klägerin zwischen einem Vertreter der letzteren und der Beklagten stattgefunden hat. Die im Schreiben der Klägerin vom 13. Mai 1924 ausgedrückte Befürchtung, daß die Beklagte vom Vertrag zurücktreten werde, kann sehr wohl auf jene Unterredung zurückzuführen sein. Unter diesen Umständen ergeben die bisherigen Feststellungen des Berufungsgerichts keine genügende Unterlage für seine Annahme, daß die Klägerin die Androhung der „Annullierung" aus dem Schreiben der Beklagten vom 1. Mai 1924 selbst entnommen habe. Nach § 326 BGB. muß aber die Ablehnung der Leistungsannahme gleichzeitig mit der Nachfristsetzung angedroht werden. Sollte die Beklagte erst nach ihrer Nachfristsetzung vom 1. Mai 1924 der Klägerin die Ablehnung der Lieferungsannahme angedroht haben, so könnte die Nachfristsetzung höchstens vom Zeitpunkt dieser Androhung an wirksam sein, und die Erwägungen des Berufungsgerichts über die Angemessenheit der gesetzten Frist wären nicht schlüssig. Insoweit sind daher die Ausführungen des Berufungsgerichts nicht geeignet, die angefochtene Entscheidung zu tragen.

2. Im übrigen ist folgendes zu bemerken: Der Vorderrichter nimmt an, die ursprünglich gemäß dem Bestätigungsschreiben der Klägerin vom 22. Januar 1924 getroffene Vereinbarung über die Zahlung des Kaufpreises „bei Erhalt der Faktura vor Abgang der Ware" sei nachträglich geändert worden. Danach habe die Klägerin die Ware schon bei Absendung der Rechnung auf den Weg bringen müssen, während die Beklagte den Kaufpreis nicht schon bei Empfang der Rechnung, sondern erst bei Eintreffen der Ware habe zu zahlen brauchen. Hiervon ausgehend stellt das Berufungsgericht fest, daß die Beklagte mit ihrem Schreiben vom 1. Mai 1924 die Klägerin wegen der rückständigen Waren rechtswirksam in Verzug gesetzt und daß die Klägerin erst nach Ablauf der darin bestimmten Nachfrist die in den Rechnungen vom 30. und 31. Mai 1924 aufgeführten Waren abgesandt habe. Dem danach gemäß § 326 BGB. begründeten Rücktrittsrecht der Be-

klagten stehe nicht entgegen, daß die Beklagte eine andere, am 7. Mai 1924 bei ihr eingegangene und vom 16. April 1924 fakturierte Lieferung der Klägerin bis zum Ablauf jener Nachlieferfrist nicht bezahlt habe. Denn der Kaufpreis für die Sendung vom 16. April 1924 sei zwar am 7. Mai 1924 fällig geworden, die Beklagte sei aber mit der Bezahlung dieses Kaufpreises mangels Mahnung innerhalb der Nachlieferfrist nicht in Verzug geraten.

Zutreffend macht zwar demgegenüber die Revision geltend, daß es auf eine solche Inverzugsetzung der Beklagten nicht ankomme. Dies ändert aber am Ergebnis nichts. Es handelt sich um einen Sukzessivlieferungsvertrag, bei dem grundsätzlich Leistung und Gegenleistung einander gegenüberstehen. Wendet man auf diesen gegenseitigen Vertrag die Grundsätze von § 320 BGB. an, so ergibt sich folgende Rechtslage. Als die Beklagte mit Schreiben vom 1. Mai 1924 die Klägerin wegen derjenigen Ware, die späterhin vom 30. und 31. Mai 1924 fakturiert worden ist, in Lieferungsverzug setzte, stand nach den Feststellungen des Berufungsgerichts der rückständigen Leistung der Klägerin keinerlei fällige Vertragsleistung der Beklagten gegenüber. Der so eingetretene Leistungsverzug der Klägerin hat bis zum Ende der Nachfrist gedauert. Er wurde insbesondere nicht während dieser Frist dadurch beseitigt, daß innerhalb der Frist die Beklagte den am 7. Mai 1924 fälligen Kaufpreis für die vom 16. April 1924 fakturierte Ware der Klägerin nicht bezahlte. Denn die Fälligkeit dieses Kaufpreises gab der Klägerin kein Recht, ihrerseits mit der durch das Schreiben der Beklagten vom 1. Mai 1924 angemahnten Lieferung gemäß § 320 BGB. zurückzuhalten. Die Klägerin würde andernfalls aus ihrem eigenen Lieferungsverzug einen Vorteil ziehen. Sie kann aber ein Zurückbehaltungsrecht nach § 320 BGB. nicht aus Tatsachen entnehmen, die eingetreten sind, nachdem sie selbst in Lieferungsverzug geraten ist. Das würde der allgemein gültigen Rechtsregel widersprechen, daß bei einem gegenseitigen Vertrag der vertragsuntreue Teil aus einer später eingetretenen Vertragsuntreue des andern Teils keine diesem ungünstigen Rechtsfolgen ableiten darf. Demgemäß kann der Käufer, wenn der Verkäufer mit einer Teillieferung im Verzug ist, die Bezahlung früherer Teillieferungen nach § 320 BGB. so lange zurückhalten, bis der Verkäufer seiner Lieferungspflicht vollständig nachgekommen ist. Bis dahin kann der Käufer überhaupt nicht mit der Bezahlung eines später fällig werdenden Kaufpreises in Verzug geraten (vgl. Staub-Könige 12. und 13. Aufl. Anhang zu § 374 HGB. Anm. 1b, 36, 136b, 142, 179; RGZ. Bd. 67 S. 319, Bd. 93 S. 301; RGUrt. vom 8. Mai 1925 II 260/24). Die im Schreiben der Beklagten vom 1. Mai 1924 enthaltene Mahnung betraf eine Verpflichtung der Klägerin, die eine Vorleistung bedeutete gegenüber der Verpflichtung der Beklagten, für die vom 16. April 1924 fakturierte und bei der Beklagten am 7. Mai 1924 eingegangene Sendung der Klägerin den an diesem Tage fällig gewordenen Kaufpreis zu zahlen. Die Beklagte konnte mit dieser Zahlung wegen des Lieferungsverzugs der Klägerin zurückhalten. Nicht aber stand umgekehrt der bereits im Verzug befindlichen Klägerin an ihren vom 30. und 31. Mai 1924 fakturierten Lieferungen ein Zurückbehaltungsrecht wegen der während jenes Verzugs eingetretenen Fälligkeit des Kaufpreises für die Ware zur Seite.

Im übrigen war der in der Rechnung vom 16. April 1924 angeführte Kaufpreis eine unmittelbare Gegenleistung im engeren Sinne nur für diese Ware und nicht auch für die vom 30. und 31. Mai 1924 fakturierten Waren. Wollte man um deswillen annehmen, daß hier kein Zurückbehaltungsrecht nach § 320 BGB., sondern allenfalls ein solches nach § 273 das. in Frage komme, so wäre zu beachten, daß die Klägerin ihr angebliches Zurückbehaltungsrecht bis zum Ablauf der im Schreiben der Beklagten vom 1. Mai 1924 gesetzten Nachfrist nicht geltend gemacht hat. Dies wäre aber erforderlich gewesen, da der Beklagten die Möglichkeit offen bleiben mußte, gemäß § 273 Abs. 3 BGB. die Ausübung des Zurückbehaltungsrechts der Klägerin durch Sicherheitsleistung abzuwenden (RGZ. Bd. 77 S. 438; JW. 1921 S. 523 Nr. 2). Aus § 273 BGB. kann der in Verzug geratene Schuldner wegen einer später fällig werdenden Gegenforderung ein Zurückbehaltungsrecht nur geltend machen, wenn er Handlungen vornimmt, die zur Heilung des Verzugs geeignet sind, insbesondere die ihm obliegende Leistung Zug um Zug gegen die Gegenleistung anbietet (RGZ. Bd. 92 S. 216, Bd. 93 S. 301; WarnRspr. 1919 Nr. 3, 1926 Nr. 95; Recht 1925 Nr. 1260).

Was den Anspruch der Klägerin auf Ersatz des ihr angeblich durch die Entwertung des französischen Frankens entstandenen Verzugsschadens anlangt, so ist es richtig, daß diese Entwertung keinen Anspruch auf Aufwertung gemäß § 242 BGB. begründet. Die

Entwertung als solche reicht auch nicht aus, um den Anspruch auf Verzugsschaden nach §§ 286, 288 Abs. 2, § 249 BGB. zu rechtfertigen (vgl. RGUrt. vom 6. April 1925 IV 643/24 in JW. 1925 S. 1986 Nr. 2, vom 24. Oktober 1925 IV 209/25 bei Zeiler Aufwertungsfälle Nr. 192, vom 11. Dezember 1925 II 120/25 in Jur. Rundschau 1926 Nr. 550, vom 25. Februar 1926 IV 505/25 bei WarnRspr. 1926 Nr. 69, vom 21. Mai 1926 II 405/25 bei Zeiler a. a. O. Nr. 25, vom 22. Oktober 1926 II 599/25 in JW. 1927 S. 980 Nr. 13 und bei Zeiler a. a. O. Nr. 483, vom 3. November 1926 I 411/25 bei Zeiler a. a. O. Nr. 396 und andere). Damit ist allerdings nicht ausgeschlossen, daß ein Verzugsschaden unter besonderen, von der Klägerin im einzelnen darzulegenden Umständen in Betracht kommen könnte. Die Klägerin hat hierzu aber nur Angaben gemacht, die zu allgemein gehalten sind, um einen Verzugsschaden der hier nur in besonderen Einzelfällen gerechtfertigten Art als begründet erscheinen zu lassen. . . .

---

47. 1. Inwieweit ist die Anwendung des Art. 15 des hessischen Ausführungsgesetzes zum Bürgerlichen Gesetzbuch in der Revisionsinstanz nachprüfbar?

2. Über die Staatsangehörigkeit der Frau eines durch den Versailler Vertrag zum Franzosen gewordenen vormaligen Elsaß-Lothringers, die von der Möglichkeit, Französin zu werden, keinen Gebrauch gemacht hat.

EG.z.BGB. Art. 88; hessisches AG.z.BGB. Art. 15; ZPO. § 549. Versailler Vertrag Anlage hinter Art. 79. Reichs- und Staatsangehörigkeitsgesetz v. 22. Juli 1913.

V. Zivilsenat. Urt. v. 22. Februar 1928 i. S. Frau F. u. Gen. (Bekl.) w. Eheleute Sch. (Kl.). V 45/27.

I. Landgericht Mainz.
II. Oberlandesgericht Darmstadt.

Die klagende Ehefrau, die als Hessin 1906 ihren mitklagenden Ehemann, einen Elsaß-Lothringer, geheiratet hat, ist seit dem 20. Oktober 1921 als Eigentümerin eines in Mainz gelegenen

Hausgrundstücks im Grundbuch eingetragen. Auf diesem Hause lasten seit den Jahren 1910 und 1911 zwei Grundschulden von 6000 ℳ und 14500 ℳ und ein Nießbrauch, als deren Berechtigte je mehrere Personen, darunter überall die beiden Beklagten, die Frauen Fi. und Fr., eingetragen waren. Die im Eintragungsvermerk in Bezug genommene Eintragungsbewilligung besagt: „Der Nießbrauch erlischt, wenn die Grundschulden von 6000 ℳ und 14500 ℳ gänzlich bezahlt sind." Die Mitklägerin hat am 24. August 1925 die Grundschulden zur Rückzahlung nach drei Monaten gekündigt und am 25. November 1925 den Berechtigten die auf ihre Anteile entfallenden Aufwertungsbeträge angeboten; die Annahme wurde aber verweigert. Die beiden Kläger haben darauf Klage erhoben auf Feststellung, daß der Nießbrauch am 25. November 1925 erloschen sei, sowie auf Verurteilung zur Bewilligung der Löschung des Nießbrauchs und der Grundschulden, der letzteren Zug um Zug gegen Empfang der ziffermäßig angegebenen anteiligen Aufwertungsbeträge nach Abzug der gesetzlichen Zwischenzinsen. Die Beklagten haben Widerklage erhoben auf Feststellung, daß ihnen der Nießbrauch nach wie vor zustehe und daß er nur gegen Zahlung von mindestens 20500 GM zu löschen sei.

Das Landgericht hat unter Abweisung des Feststellungsantrags die Beklagten verurteilt, Zug um Zug gegen Empfang der von den Klägern errechneten Beträge in die Löschung des Nießbrauchs und der Grundschulden zu willigen, und die Widerklage abgewiesen. Das Oberlandesgericht hat die Berufung der Beklagten zurückgewiesen und auf die Anschlußberufung der Kläger festgestellt, daß die Beklagten seit dem 25. November 1925 nicht mehr berechtigt seien, den Nießbrauch auszuüben. Die Revision der Beklagten führte zur Abweisung der Klage und zur Bestätigung der Abweisung der Widerklage aus folgenden

Gründen:

Sämtliche Klaganträge setzen voraus, daß die Mitklägerin Eigentümerin des belasteten Grundstücks ist; bei keinem der geltendgemachten Ansprüche haben sich die Kläger auf etwa ihnen abgetretene Forderungsrechte Dritter berufen. Unstreitig hat die Mitklägerin die staatliche Genehmigung nicht eingeholt, die der Art. 15 des hessischen Ausführungsgesetzes zum Bürgerlichen Gesetzbuch zum

Erwerb von Grundeigentum von Ausländern verlangt, soweit nicht Gegenseitigkeit verbürgt ist. Es kommt also zunächst darauf an, ob die Mitklägerin als Ausländerin im Sinne der fraglichen hessischen Vorschrift anzusehen ist. Das Oberlandesgericht hat dies verneint. Eine Nachprüfung durch das Revisionsgericht wäre mit Rücksicht auf den beschränkten Geltungsbereich des hessischen Rechts dann unzulässig, wenn die betreffenden Ausführungen des angefochtenen Urteils sich allein mit der Feststellung des Inhalts des hessischen Gesetzes befaßten. Das ist aber nicht der Fall.

Denkbar wäre, daß die hessische Vorschrift einen eigenen Begriff des Ausländers habe aufstellen wollen. Der Nachprüfung in der Revisionsinstanz würde dann nur noch die Frage zugänglich sein, ob sich das hessische Recht dabei innerhalb der ihm durch das Reichsrecht gezogenen Grenzen gehalten hat. Abgesehen hiervon könnte die Entscheidung des Berufungsgerichts, daß die Mitklägerin nicht Ausländerin im Sinne des hessischen Gesetzes sei, auch dann nicht mit der Revision angegriffen werden, wenn sich der vom hessischen Gesetz aufgestellte Ausländerbegriff nach dessen ausgesprochener Absicht inhaltlich mit dem reichsgesetzlichen völlig decken würde. Es ist eine Frage des hessischen Rechts, ob das hessische Ausführungsgesetz zum Bürgerlichen Gesetzbuch einen eigenen, wenn auch immerhin inhaltlich mit dem reichsrechtlichen übereinstimmenden Begriff des Ausländers schaffen wollte, oder ob es die reichsrechtlichen Vorschriften über Reichs- und Staatsangehörigkeit als reichsrechtliche seinen eigenen Bestimmungen hat zugrundelegen und demnach hat anordnen wollen, daß diejenigen Personen, die nach Reichsrecht als Ausländer zu gelten haben, zum Erwerb von Grundeigentum staatlicher Genehmigung bedürfen (soweit nicht Gegenseitigkeit verbürgt ist). Die Entscheidung des Berufungsgerichts hierüber ist für das Revisionsgericht bindend. Eine solche Entscheidung ist in dem angefochtenen Urteil nicht ausdrücklich getroffen. Der ganze Zusammenhang seiner Erörterungen ergibt aber mit ausreichender Deutlichkeit die Meinung des Berufungsgerichts, daß Art. 15 des hessischen AG.z.BGB. schlechthin von den reichsrechtlichen Vorschriften über Reichs- und Staatsangehörigkeit als reichsrechtlichen ausgeht und den Grundeigentums-Erwerb aller derjenigen Personen beschränken will, die nach Art. 88 EG.z.BGB. durch Landesrecht solchen Beschränkungen unterworfen werden dürfen. Die

Annahme des angefochtenen Urteils, daß die Mitklägerin Deutsche sei, darf und muß sonach nachgeprüft werden.[1]) Die Nachprüfung ergibt, daß die Annahme rechtsirrig ist.

Daß der Mitkläger neben seiner elsaß-lothringischen noch irgendeine andere deutsche Staatsangehörigkeit gehabt hätte, ist nirgends behauptet. Durch ihre Heirat hat die Mitklägerin nach dem damals geltenden Reichsgesetz vom 1. Juni 1870 in Verbindung mit dem Reichsgesetz vom 8. Januar 1873 die hessische Staatsangehörigkeit verloren und die elsaß-lothringische erlangt. Durch den Versailler Vertrag — Anlage hinter Art. 79 — ist der Mann von Rechts wegen Franzose geworden, nicht dagegen die Mitklägerin, die lediglich das Recht erhalten hat, binnen Jahresfrist Anspruch auf die französische Staatsangehörigkeit zu erheben. Der Mann hat damit die deutsche Reichsangehörigkeit verloren; die Frau hat von der Möglichkeit, Französin zu werden, keinen Gebrauch gemacht. Das Oberlandesgericht meint unter Berufung auf die Entscheidungen des Oberlandesgerichts Celle vom 1. Februar 1922 (JW. 1922 S. 1459 Nr. 3) und des Kammergerichts vom 26. Oktober 1923 (DJZ. 1924 Sp. 69), die Mitklägerin sei unter diesen Umständen Deutsche geblieben. Zwar habe sie, nachdem Elsaß-Lothringen als Ganzes der französischen Republik einverleibt worden sei, eine elsaß-lothringische Staatsangehörigkeit nicht weiter behalten können; dieser Verlust ihrer elsaß-lothringischen Staatsangehörigkeit habe aber nicht auch den Verlust ihrer deutschen Reichsangehörigkeit nach sich gezogen. Im Reichsgesetz vom 22. Juli 1913 sei der Fall des Untergangs eines Bundesstaates, insbesondere infolge Abtretung an eine fremde Macht, nicht geregelt. Es liege kein Grund vor, unter ausdehnender Auslegung des den Verlust der Staatsangehörigkeit regelnden § 17 das. anzunehmen, daß dann, wenn ein Bundesstaat durch Abtretung an eine fremde Macht als solcher untergehe, auch die damit verbunden gewesene Reichsangehörigkeit untergehen solle. Reichsangehörige, die nicht durch Staatsvertrag Ausländer geworden seien, dürften durch einen solchen Untergang ihres früheren Bundesstaats möglichst keine Rechtsnachteile erleiden. Diese Erwägung nötige dazu, in solchen Fällen die hier vorhandene Lücke des Reichsgesetzes auszufüllen und anzunehmen, daß dann

---

[1]) Vgl. auch RGZ. Bd. 105 S. 169. D. R.

die frühere mittelbare Reichsangehörigkeit als unmittelbare bestehen bleibe.

Dem kann nicht beigetreten werden. Nach § 1 des Reichsgesetzes vom 22. Juli 1913 beruht die deutsche Staatsangehörigkeit grundsätzlich auf dem Besitz der Staatsangehörigkeit in einem deutschen Bundesstaat, wobei Elsaß-Lothringen als Bundesstaat gilt. Eine Reichsangehörigkeit, die nicht durch die Zugehörigkeit zu einem Bundesstaat vermittelt wird, kennt das Gesetz nur in den durch die §§ 33 bis 35 geregelten Fällen. Die grundsätzliche Abhängigkeit der Reichsangehörigkeit vom Bestehen einer Zugehörigkeit zu einem Bundesstaat war in § 1 des Reichsgesetzes vom 1. Juni 1870 noch deutlicher ausgesprochen, indem dort gesagt war, die Bundesangehörigkeit (Reichsangehörigkeit) werde durch die Staatsangehörigkeit in einem Bundesstaat erworben und erlösche mit deren Verlust. Dieser Wortlaut wurde in den Regierungsentwurf des jetzt geltenden Reichsgesetzes übernommen; er ist durch die jetzige Fassung ersetzt worden, weil er den Vorschriften über unmittelbare Reichsangehörigkeit nicht Rechnung trug, die aus der Sondergesetzgebung für die Schutzgebiete in das Reichsgesetz aufgenommen und weiter ausgestaltet werden sollten. Der Gang der Gesetzgebungsarbeit zeigt, daß am bisherigen Grundsatz der Verknüpfung von Reichs- und Staatsangehörigkeit nichts geändert werden sollte. Dieser Grundsatz hat aber zur Folge, daß die Reichsangehörigkeit ihre Grundlage verliert und erlöschen muß, wenn der Bundesstaat, dem eine Person angehörte, im ganzen aus dem Verband des Reichs ausscheidet, mag er nach dem Ausscheiden weiter ein selbständiges Staatswesen mit eigener Staatsangehörigkeit bleiben oder selbst in einem fremden Staatsgebilde aufgehen. Darauf also, daß das Gesamtgebiet von Elsaß-Lothringen aus dem Reich ausgeschieden ist, beruht es, daß die bisherigen elsaß-lothringischen Staatsangehörigen die Reichsangehörigkeit verloren haben. Es kann deshalb keine Rede davon sein, daß § 17 des Reichsgesetzes vom 22. Juli 1913, der die Gründe für den Verlust der Staatsangehörigkeit aufzählt, eine Lücke aufwiese, weil er über das Verhältnis der bisherigen Staatsangehörigen eines an eine fremde Macht abgetretenen Bundesstaats zum Reich nichts sage, und daß nur eine ausdehnende Auslegung dieses § 17 zu der Annahme führen könnte, die bisherigen elsaß-lothringischen Staatsangehörigen müßten infolge der Abtretung des Reichslandes ihre Reichsangehörigkeit verlieren.

Das Oberlandesgericht glaubt ohne Anhalt im Gesetz jenen obersten Grundsatz des Reichsgesetzes vom 22. Juli 1913 durchbrechen und eine neue Gruppe unmittelbarer Reichsangehöriger schaffen zu müssen, weil allgemein Reichsangehörige, die nicht durch Staatsvertrag Ausländer geworden seien, durch die Abtretung ihres bisherigen Bundesstaats an eine fremde Macht nach Möglichkeit keine Rechtsnachteile erleiden dürften. Das ist nicht zu billigen. Die Verschonung der Betroffenen mit Rechtsnachteilen mag ein wünschenswertes Ziel sein, das dem Gesetzgeber Veranlassung zu einer entsprechenden Änderung des Gesetzes geben konnte. Diese rein politische Erwägung berechtigt aber nicht und zwingt noch weniger zu einer richterlichen Ergänzung des Gesetzes, die seinem deutlich ausgesprochenen Grundgedanken widerspricht. Es geht nicht an, daß die Rechtsprechung aus solchen Rücksichten zu den im Gesetz erkennbar abschließend aufgeführten Ausnahmefällen unmittelbarer Reichsangehörigkeit eine völlig neue Gruppe hinzufügt, die mit den gesetzlich geregelten Fällen keinerlei Ähnlichkeit aufweist. Soweit der Verlust der Reichsangehörigkeit für die Betroffenen eine ungerechtfertigte Härte bedeutet, läßt sich im Verwaltungsweg Abhilfe schaffen, wie das von Schwalb in der Zeitschrift für Völkerrecht Bd. XIV S. 58 erwähnte Rundschreiben des Reichsministers des Innern vom 26. August 1919 beweist.

Nicht zu billigen sind auch die anderen Versuche, die im Schrifttum gemacht worden sind, um eine fortdauernde Reichsangehörigkeit für die Gruppe ehemaliger Elsaß-Lothringer aus dem Gesetz abzuleiten. Das Fortbestehen einer elsaß-lothringischen Staatsangehörigkeit ist undenkbar, nachdem das Reichsland nicht nur aus dem Reichsverband ausgeschieden ist, sondern sogar seine eigene Staatlichkeit verloren hat, die ihm das deutsche Recht gewährt hatte, wenn auch nur in beschränktem Umfang. Es entspricht auch nicht dem Aufbau des Reichsgesetzes vom 22. Juli 1913, anzunehmen, daß die elsaß-lothringische Landesangehörigkeit nie eine wirkliche Staatsangehörigkeit gewesen sei, sondern schon vor dem Versailler Vertrag in Wahrheit eine Art von unmittelbarer deutscher Reichsangehörigkeit gebildet habe. Die Vorschrift in § 2 Abs. 1 des Reichsgesetzes, daß Elsaß-Lothringen im Sinne dieses Gesetzes als Bundesstaat gelten solle, mag eine gesetzgeberische Fiktion gewesen sein. Jedenfalls wurde aber damit bestimmt, daß das Reichsland für alle durch das Gesetz geregelten Fragen genau so behandelt werden solle, als ob es ein regelrechter Bundesstaat wäre. Damit ist ausgesprochen, daß auch die Zugehörigkeit zum Reichsland ebenso wie die Staatsangehörigkeit in einem gewöhnlichen Bundesstaat die Voraussetzung für den Bestand der Reichsangehörigkeit bildet, und daraus folgt mit Notwendigkeit, daß die letztere durch den Verlust der staatsrechtlichen Zugehörigkeit zum Reichsland in derselben Weise verloren geht wie durch den Verlust der Staatsangehörigkeit in einem Bundesstaat. Unhaltbar ist auch die Meinung, die im Gesetz ausgesprochene notwendige Verknüpfung zwischen Reichs- und Staatsangehörigkeit gelte nur für die im Gesetze selbst geregelten Fälle des Erwerbs und Verlustes der Staatsangehörigkeit, nicht aber für diejenigen Fälle, die neben jenen durch staatsrechtliche Vorgänge begründet würden. Es läßt sich nicht sagen, daß der durch den Untergang des betreffenden Staatswesens herbeigeführte Verlust der Staatsangehörigkeit nicht auf einer Regelung durch das Reichsgesetz vom 22. Juli 1913 beruhe. Der Fall ist allerdings im Gesetze nicht ausdrücklich vorgesehen, offenbar aus guten Gründen. Daß aber eine Staatsangehörigkeit nicht fortdauern kann, wenn der betreffende Staat als eigenes Staatsgebilde zu bestehen aufgehört hat, und daß eine Staatsangehörigkeit im Sinne des deutschen Staatsrechts nicht mehr denkbar ist, nachdem das Gesamtgebiet des betreffenden Staates an eine fremde Macht abgetreten worden ist, versteht sich so sehr von selbst, daß es im Reichsgesetz vom 22. Juli 1913 nicht noch ausdrücklich ausgesprochen zu werden brauchte.

Daß der Versailler Vertrag die Frage nicht geregelt hat und daß ein Fortbestehen der deutschen Reichsangehörigkeit der in Betracht kommenden Personen von den Vertragschließenden nicht gewollt war und demnach auch nicht mit dem sonstigen Inhalt des Vertrags innerdeutsches Recht geworden ist, hat Schwalb in dem erwähnten Aufsatz zutreffend dargelegt; es kann darauf verwiesen werden. Dort ist auch mit Recht betont, daß die grundsätzliche Änderung, welche die neue Reichsverfassung am früheren Verhältnis zwischen Reich und Bundesstaaten vorgenommen hat, ohne Bedeutung ist für die hier streitige Frage der Abhängigkeit der

Reichsangehörigkeit von der Zugehörigkeit zu einem der nunmehrigen Länder.

Daraus ergibt sich, daß die Mitklägerin, welche die deutsche Reichsangehörigkeit verloren und keine andere Staatsangehörigkeit erworben hat, staatenlos geworden ist. Art. 88 EG.z.BGB. begreift unter Ausländern auch die Staatenlosen. In Hessen bedürfen also Staatenlose zum Erwerb von Grundeigentum unter allen Umständen der staatlichen Genehmigung, da hier von einer Verbürgung der Gegenseitigkeit naturgemäß keine Rede sein kann. Da die Mitklägerin die Genehmigung nicht eingeholt hat, ist sie bisher nicht Eigentümerin des fraglichen Hausgrundstücks geworden. Es braucht nicht erörtert zu werden, ob etwa der Kaufvertrag, den sie über das Grundstück geschlossen hat, und die Auflassung, auf Grund deren sie in das Grundbuch eingetragen worden ist, noch schwebend wirksam sind und durch nachträgliche staatliche Genehmigung voll wirksam gemacht werden können. Denn solange die Mitklägerin nicht Eigentümerin geworden ist, kann sie jedenfalls die in der Klage geltend gemachten, auf Eigentum gestützten Ansprüche nicht erheben. Die Klage ist also abzuweisen.

Ebenso setzt aber auch die Widerklage das Eigentum der Mitklägerin an dem Grundstück voraus. Solange die Mitklägerin bestenfalls nur in schwebend wirksamen Kaufbeziehungen zu den Eigentümern steht und das Grundstück schwebend unwirksam aufgelassen erhalten hat, ist zwischen ihr und dem rein dinglichen Nießbrauchsrecht der Beklagten kein rechtliches Verhältnis denkbar. Die Widerklage kann nicht gegen sie, sondern nur gegen die wirklichen Eigentümer gerichtet werden; das Landgericht hat sie also mit Recht abgewiesen.

---

48. 1. Wann kann jemand, der sich für einen andern, ohne in dessen Schuld miteinzutreten, nur wechselmäßig verpflichtet hat, aus dem Schuldverhältnis des andern eine Einrede gegen den Wechselanspruch herleiten?

2. Gilt die Regel, wonach ein Wechselregreßschuldner nur zur Tilgung seiner eigenen Verpflichtung zahlt, auch dann, wenn der Zahlende der Aussteller des Wechsels ist und der Bezogene aus Gefälligkeit gegen ihn akzeptiert hat?

3. Zum Begriff des Pfandindossaments.

BGB. §§ 267, 1292. WO. Art. 82.

II. Zivilsenat. Urt. v. 24. Februar 1928 i. S. der Stadt B. (Kl.) gegen die Aktiengesellschaft Stahlwerk B. (Bekl.). II 420/27.

I. Landgericht Düsseldorf, Kammer für Handelssachen.
II. Oberlandesgericht daselbst.

Die Industrielle Bankgesellschaft (Indubank genannt) schuldete dem Bankhaus J. & R. aus Darlehen 100000 Billionen P*M*. Zur Sicherheit übergab sie der Gläubigerin am 16. Mai 1924 einen von ihr an eigene Order auf die beklagte Aktiengesellschaft gezogenen, von dieser akzeptierten Wechsel über die genannte Summe, der am 26. Mai fällig war. Auf der Rückseite trägt der Wechsel die Blankoindossamente der Indubank, der Firma J. & R. und der städtischen Sparkasse B.

Am 20. Mai 1924 zahlte die Indubank auf die Darlehensschuld 80000 G*M* ab. Noch am gleichen Tage wurde über sie die Geschäftsaufsicht angeordnet, während die Beklagte schon tags zuvor unter Geschäftsaufsicht gekommen war. Im letzteren Verfahren meldeten J. & R. die ganze Wechselsumme von 100000 Billionen *M* an, doch wurde die Forderung an Kapital und Zinsen einschließlich Kosten und Provision nur in Höhe von 30000 R*M* anerkannt. Auf diesen Betrag wurden später, nachdem im Geschäftsaufsichtsverfahren gegen die beklagte Aktiengesellschaft ein Zwangsvergleich zustandegekommen und im Februar 1925 rechtskräftig geworden war, die Vergleichsraten gezahlt, und zwar auf Weisung von J. & R. an die klagende Stadt B.

Die im Wechselprozeß erhobene Klage geht auf Zahlung der Vergleichsquote für den nicht anerkannten Betrag von 70000 R*M*. Die Beklagte bestreitet diesen Anspruch mit der Behauptung, die Klägerin sei nur die Inkassobeauftragte von J. & R., diese Firma aber habe nach der Teilzahlung vom 20. Mai 1924 auch von der Beklagten nur noch den Rest ihrer Forderung zu beanspruchen gehabt.

Das Landgericht gab der Klage statt. Das Berufungsgericht dagegen stellte sich auf den Standpunkt der Beklagten. Die Revision der Klägerin blieb ohne Erfolg.

Gründe:

Daß die Klägerin Inkassomandatarin der Firma J. & R. war, stellt das Berufungsgericht tatsächlich fest. Diese Feststellung, die auf Beweiswürdigung beruht, wird von der Revision nicht angefochten und könnte auch nicht angefochten werden. Müßten also J. & R., wenn sie selbst klagten, sich die Zahlung der 80000 GM entgegensetzen lassen, so ist dies auch bei der jetzigen Klägerin der Fall.

Nach Ansicht der Klägerin bildete die Zahlung kein Hindernis für das Verlangen von J. & R. Sie meint, die genannte Firma habe die volle Wechselsumme im Zwangsvergleichsverfahren der Akzeptantin geltend machen können, nur habe sie im ganzen nicht mehr erhalten dürfen, als ihre Darlehensforderung mit Anhang betrug. Für diese Rechtsmeinung beruft sie sich in erster Linie auf RGZ. Bd. 96 S. 136. Die Beklagte, trägt sie vor, sei als wechselmäßige Interzedentin keine Gesamtschuldnerin mit der Indubank gewesen; § 422 BGB. greife daher nicht Platz und die von der Indubank geleistete Zahlung komme der Beklagten nicht zugute. Hieran ist so viel richtig, daß die Beklagte nicht als Mitschuldnerin der Indubank in deren Darlehensverpflichtung eingetreten ist, also mit Bezug auf das Darlehen keine Gesamtschuldnerin war. Sie haftete nur als Akzeptantin, nicht als Darlehensschuldnerin, sodaß der Anspruch gegen sie in drei Jahren verjährte (Art. 77 WO.). Daneben ist aber doch sehr wohl möglich, daß sie bei Erteilung ihrer Wechselerklärung mit J. & R. vereinbart hat, das Akzept solle nur als Sicherheit für die Darlehensschuld der Indubank gelten. Diese Möglichkeit wird in der angeführten Entscheidung des früheren VI. Zivilsenats nicht besonders erörtert, selbstverständlich aber auch nicht bestritten; im übrigen gehört das Urteil, das nur die Frage des Rückgriffs nach §§ 426, 774 BGB. betrifft, nicht hierher. Daß eine Vereinbarung des erwähnten Inhalts der Beklagten die Berufung auf die Zahlung der Indubank ermöglichen würde, bedarf keiner Ausführung (vgl. WarnRspr. 1912 Nr. 317). Es kann sich daher nur fragen, ob eine entsprechende Feststellung als getroffen angesehen werden darf. Entgegen der Meinung der Revision muß dies bejaht werden. Unstreitig war die Indubank eine Gründung der Beklagten; sie gehörte zum „B.-Konzern" und hatte den Zweck, die Finanzgeschäfte dieses Konzerns zu führen, insbesondere die von ihm benötigten Kredite zu vermitteln. Das Berufungsgericht erklärt sich für überzeugt, daß die Beklagte das Gefälligkeitsakzept nur gegeben habe, um der Indubank und dadurch mittelbar sich selbst Kredit zu verschaffen oder zu erhalten. An anderer Stelle spricht es davon, die Indubank habe „sich gleichzeitig mit der Beklagten für die Darlehensschuld durch Hingabe des Wechsels mit ihrem Blankogiro wechselmäßig verpflichtet, sodaß insofern der Verpflichtungsgrund hinsichtlich beider Schuldner ein gleichartiger" sei. Hat hiernach die Vereinbarung über die Wechselverpflichlungen einheitlich zwischen der Indubank und der Beklagten einerseits und J. & R. anderseits stattgefunden, so war in der Tat die Interzession der Beklagten vertragsmäßig an den Bestand der Darlehensschuld geknüpft. Auch der Beklagten stand mithin die Einrede zu, das Darlehen, das durch ihre Wechselverpflichtung gesichert werden sollte, sei zum Teil getilgt (Art. 82 WO.).

Indes auch ohne solche kausale Vereinbarung der Akzeptantin mit der Gläubigerin würde das Ergebnis dasselbe bleiben. Nach Lage der Sache muß angenommen werden, daß die Indubank durch ihre Zahlung auch die Wechselschuld der Beklagten herabgemindert hat. Freilich werden durch eine Zahlung des Wechselregreßschuldners in der Regel nur seine Nachmänner und etwaige Avalisten befreit. Die Vormänner und der Akzeptant sollen weiterhaften, da er gegen diese ja selber aus dem Wechsel vorgehen will. Dazu kommt, daß nicht selten, wenn der Indossant trotz der Voll- oder Teilzahlung den Wechsel unquittiert in den Händen des Gläubigers beläßt, gar keine endgültige Tilgung, sondern nur eine Sicherstellung oder eine bedingte Zahlung der Schuld beabsichtigt ist. Alles das kommt aber hier nicht in Betracht. Daß die Zahlung solvendi causa und unbedingt erfolgte, ist unter den Parteien nicht streitig. Wechselvormänner oder einen Wechselanspruch gegen die Beklagte hatte aber die Indubank nicht, denn der Wechsel war von ihr selbst gezogen und das Akzept war ein Gefälligkeitsakzept. Auf der andern Seite mußte sie nach §§ 670, 257 BGB. bemüht sein, die Beklagte möglichst bald von der Haftung zu befreien (vgl. JW. 1915 S. 921 Nr. 10). Unter solchen Umständen entspricht es dem natürlichen Hergang der Dinge, wenn der Aussteller als Dritter nach § 267 BGB. die Wechselhauptschuld zahlt. Das ist auch schon in der früheren Rechtsprechung anerkannt; vgl. ROHG. Bd. 8 S. 387, Bd. 16 S. 216 sowie Grünhut Wechselrecht Bd. 2 S. 137. Auch das Urteil des V. Zivilsenats in JW. 1920 S. 555 Nr. 8 ist hier zu nennen. Wenn das Reichsgericht damals entschied, der Gläubiger dürfe den trotz Zahlung des Ausstellers in seiner Hand verbliebenen Wechsel nicht zur Befriedigung anderer, ungesicherter Forderungen an den Aussteller gegen den Akzeptanten einklagen, so beruhte der zutreffende Grund hierfür darauf, daß es sich auch dort um ein Gefälligkeitsakzept gehandelt hat.

Hiernach spricht die Vermutung auch im vorliegenden Falle für die objektive Wirkung der Zahlung. Daß die Indubank versäumt hat, den Betrag gemäß Art. 39 WO. auf dem Wechsel abschreiben zu lassen, verschlägt demgegenüber ebensowenig wie die Vornahme der Zahlung schon am 20. Mai 1924, sechs Tage vor Verfall. Ein Grund gegen die objektive Wirkung ist auch nicht der Tatsache zu entnehmen, daß am 19. Mai die Geschäftsaufsicht über die Beklagte angeordnet worden war. Gewiß war dadurch die Möglichkeit des Konkurses oder eines konkursabwendenden Zwangsvergleichs in greifbare Nähe gerückt, und wenn es zur Eröffnung eines solchen Verfahrens kam, konnten J. & R. nach § 68 KO., § 36 GeschAufs. Vo. nur noch den Restbetrag ihrer Forderung geltend machen. Die Teilzahlung, die vor der Eröffnung geleistet war, mußte den Umfang der Forderung schmälern, mit dem sie am Verfahren teilnahmen. Aber das ist eine rein positivrechtliche Regelung der Materie, die auch praktisch nicht notwendig ist, wie denn z. B. in der Schweiz auch die vor Konkursbeginn geleisteten Teilzahlungen bei Berechnung der Vergleichsquote außer Ansatz bleiben (vgl. Bundesgesetz betr. Schuldbetreibung und Konkurs Art. 217). Derartige Bestimmungen sind bei Laien nicht ohne weiteres als bekannt vorauszusetzen und dürfen nicht dazu führen, die mit einer Teilzahlung verbundenen Willenserklärungen anders auszulegen, als es sonst geschehen müßte. Im Streitfalle haben J. & R. noch am Tage der Zahlung an die Indubank einen Brief gerichtet, worin sie den Rest ihres Anspruchs einschließlich Zinsen, Kosten und Provision berechneten und hinzufügten: „Es verbleibt eine Forderung von 39630 Billionen *M*, Wert 26. Mai, die Sie durch Übergabe neuer Wechsel, ausgestellt von Ihrer Bank auf das Stahlwerk B., zu regeln versprechen gegen Rückgabe des früher überreichten Wechsels über 100000 Billionen *M*." Am 27. Juni 1924 schrieben sie an die Beklagte: „Die Restforderung an die Indubank beträgt 39630 Billionen *M*. Sie wollen sich unserer Zustimmungserklärung" (nämlich zur Verlängerung der Frist für die Einreichung eines Vergleichsvorschlags) „nur bedienen, wenn Sie bereit sind, gegen Rückgabe des Wechsels oben angegebene Forderung nebst banküblichen Verzugszinsen bzw.

Verzugsschäden anzuerkennen." Hiernach unterliegt es keinem Zweifel, daß auch J. & R. die Zahlung als teilweise Tilgung des Akzepts aufgefaßt haben.

Es zeigt sich somit, daß die Ansicht der Revision über den Umfang der Rechte, die der Gläubiger durch ein ihm vom Schuldner und Aussteller des Wechsels indossiertes Akzept gewinnt, zu weit geht. Sie meint, der Anspruch aus dem Akzept dürfe unter allen Umständen, auch wenn nach einer Teilzahlung des Ausstellers über beide Wechselzeichner der Konkurs oder ein Zwangsvergleichsverfahren eröffnet würde, trotz § 68 KO., § 36 GeschAufsVo., § 2 Satz 2 VerglO. bis zur völligen Befriedigung der Forderung geltend gemacht werden. Danach stellt sich die Revision das Indossament wie ein Pfandindossament (§ 1292 BGB.) vor, wodurch allerdings der Gläubiger das Recht erwerben würde, die ihm verpfändete Forderung im Konkurs des Akzeptanten in voller Höhe anzumelden und nicht nur zum Betrag dessen, was er selbst zu fordern hat (vgl. Jaeger KO. § 67 Anm. 9). Aber die Kreditform des Pfandindossaments, noch dazu des verdeckten, ist so unzweckmäßig und kommt so selten vor, daß es besonders zwingender Gründe bedarf, um sie als gewollt anzusehen. Im vorliegenden Falle kann davon keine Rede sein. Verpfändung des Wechsels ist Verpfändung der Rechte aus dem Wechsel, setzt also voraus, daß der Verpfänder Wechselrecht hat oder doch zu haben vorgibt, während er anderseits eine eigene Wechselhaftung durch die Erklärung, nur pfandweise zu indossieren, dem Indossatar gegenüber ausschließt (vgl. Planck-Brodmann BGB. § 1292 Anm. 4 Abs. 3; Staub-Könige HGB. § 368 Anm. 15 mit Nachw.; a. M. Bernstein JW. 1925 S. 1523). Hier, wo die Indubank der Firma J. & R. mit deren Vorwissen ein Gefälligkeitsakzept der Beklagten übergab, d. h. eine Erklärung, die in ihrer Hand noch keine Forderung bedeutete, und wo sie sich selbst durch Ausstellerunterschrift und Giro verpflichtete, handelt es sich um ein gewöhnliches Indossament (Eigentumsindossament), das gegen beide Zeichner ein Wechselrecht der Gläubigerin begründen sollte und begründet hat.

Nun weist das Gesamtschuldverhältnis, das laut Art. 81 WO. zwischen den mehreren Wechselverpflichteten besteht, erhebliche Besonderheiten auf; auch § 422 BGB. ist nicht ohne weiteres anwendbar. Anlangend die Zahlungen des Ausstellers, so spielt der

Unterschied zwischen Waren- und Gefälligkeitsakzept die größte Rolle. Nicht als ob es auf diese Unterscheidung begrifflich ankäme, aber die Interessenlage ist in beiden Fällen grundverschieden. Wer sein Akzept gegeben hat, weil er dem Aussteller etwas schuldet, hat keinerlei Anlaß, mit dem Indossatar auszubedingen, daß er diesem nur gleich dem Aussteller zu haften habe, und wenn der Aussteller zahlt, will er gegenüber einem solchen Akzeptanten wohl stets sein früheres Wechselrecht ausüben. Anders beim Gefälligkeitsakzept. Bei ihm wird eine Vereinbarung mit dem Gläubiger des Ausstellers nicht selten sein, wie denn das ganze Schuldverhältnis oft in gemeinsamer Abrede zwischen Gläubiger, Schuldner und Interzedenten festgelegt wird. Und ist dies einmal nicht geschehen, so wird doch der Aussteller, falls er später überhaupt zahlt, naturgemäß für den Gefälligkeits-Akzeptanten zahlen wollen; denn er wird sich sagen, daß er von dessen Weiterhaftung keinen Vorteil hat, wohl aber verpflichtet ist, ihn so bald als möglich zu befreien. So kommt es, daß Teilzahlungen des Ausstellers fast stets das Gefälligkeitsakzept mindern. Wird dann der Konkurs über den Akzeptanten eröffnet, so ist der Gläubiger auf Anmeldung der Restforderung beschränkt und kann infolge der gesetzlichen Vorschrift über die konkursmäßige Haftung der Gesamtschuldner eine Einbuße erleiden. Dies zu verhindern, würde nicht in seiner Macht stehen, selbst wenn er jemals daran dächte. Wollte er eine Teilzahlung ablehnen, die ihm der Aussteller nach Verfall für den Akzeptanten anbietet, so würde er in Annahmeverzug geraten (§ 267 BGB., Art. 38 WO.), sodaß der Aussteller, wenn auch (vgl. § 268 Abs. 2 BGB.) nicht in eigenem Namen, so doch namens und in Vollmacht des Akzeptanten hinterlegen, auf Rückforderung verzichten und dadurch auch wider den Willen des Gläubigers die Befreiung des Akzeptanten herbeiführen könnte (§ 378 BGB.). Wie erwähnt, bedurfte es für die Indubank solcher Weiterungen nicht, da J. & R. über die objektive Wirkung der Zahlung mit ihr einverstanden waren. . . .

---

49. Zur Auslegung des § 21 Abs. 2 des Aufwertungsgesetzes.

V. Zivilsenat. Beschl. v. 25. Februar 1928 in einer Karlsruher Grundbuchsache. V B 38/27.

I. Grundbuchamt Karlsruhe.
II. Landgericht daselbst.

Der Sachverhalt und die Entscheidung ergeben sich aus den Gründen:

Für die Badische Beamtenwitwen-Kasse war auf einem Grundstück in Karlsruhe seit dem 24. Oktober 1895 eine Sicherungshypothek für Darlehen in Höhe von 22800 ℳ eingetragen. Am 30. Dezember 1922 zahlte die Grundstückseigentümerin und persönliche Schuldnerin das Darlehen zurück. Die Gläubigerin bewilligte an demselben Tage die Löschung der Hypothek oder ihre Umschreibung auf den Eigentümer, indem sie zugleich den Empfang der Darlehenssumme bescheinigte. Die Eigentümerin verwandelte die für sie entstandene Eigentümergrundschuld in eine Buchhypothek und trat diese an dritte Personen ab, die ihr ein Darlehen gewährt hatten. Auf Grund der Urkunde der Beamtenwitwen-Kasse vom 30. Dezember 1922 und der Erklärungen der Eigentümerin vom 9. Januar 1923 wurde die so umgewandelte Hypothek am 23. Januar 1923 auf die neuen Gläubiger überschrieben. Dieser Grundbucheintrag besteht noch heute.

Die Badische Staatsschuldenverwaltung hat die Aufwertung der früher für die Beamtenwitwen-Kasse eingetragenen Hypothek rechtzeitig bei der Aufwertungsstelle mit einem Betrag von 5685,54 Gℳ angemeldet und nach Ablauf der Einspruchsfrist die Eintragung der Aufwertungshypothek beantragt. Bei der Eintragung hat das Grundbuchamt vermerkt, daß die Aufwertungshypothek im Range hinter dem Aufwertungsanspruch der Zessionare der früheren Hypothek der Beamtenwitwen-Kasse stehe und auch hinter einer weiteren im Jahre 1919 unter Nr. 3 eingetragenen Hypothek des Oberbausekretärs G. im Betrag von 8000 ℳ, jetzt aufgewertet auf 928,44 Gℳ. Diese Eintragung hält die Badische Staatsschuldenverwaltung insofern für unrichtig, als ihrer Hypothek der Rang hinter der letzterwähnten Hypothek vom Jahre 1919 zugeteilt worden ist. Sie hat daher Beschwerde erhoben mit dem Antrag, gemäß § 71 Abs. 2 GBO. einen Widerspruch dahin einzutragen, daß ihre Hypothek im Range vor der Hypothek Nr. 3 stehe. Das Landgericht hat die Beschwerde zurückgewiesen. Der weiteren Beschwerde möchte das Oberlandesgericht Karlsruhe stattgeben; es sieht sich aber daran gehindert durch die Rechtsprechung des Kammergerichts und anderer im Vorlegungsbeschluß bezeichneter Oberlandesgerichte. Es hat deshalb die weitere Beschwerde dem Reichsgericht zur Entscheidung vorgelegt.

Der Vorlegungsbeschluß führt aus:

Die herrschende Meinung lege den § 21 Abs. 2 AufwG. seinem Wortlaut gemäß dahin aus, daß derjenige, dessen Papiermarkforderung in der Inflationszeit auf einen anderen übergegangen sei, mit seiner Aufwertungshypothek nicht nur hinter den Erwerber seiner Forderung und hinter gleichstehende Rechte zurückzutreten habe, sondern daß er auch allen Rechten nachgehe, die seiner eigenen früheren Hypothek nachfolgten. Gegen diese Auffassung scheine zunächst die Entstehungsgeschichte des Gesetzes zu sprechen. § 21 Abs. 2 sei in der Regierungsvorlage nicht enthalten gewesen. Dort habe überhaupt eine allgemeine Vorschrift über die Aufwertung der in der Rückwirkungszeit abgetretenen Hypotheken gefehlt. Nur für den Fall der unechten Abtretung habe der Entwurf im § 11 Abs. 5 S. 2 eine Aufwertung vorgesehen. Da der Reichstagsausschuß die Aufwertung kraft Rückwirkung für den Zedenten im allgemeinen beschlossen habe, sei zunächst jener überflüssig gewordene Satz 2 des § 11 Abs. 5 gestrichen worden. „Gleichzeitig mußte" so fahre der Ausschußbericht fort, „der Rang festgestellt werden, in dem mehrere bei der Aufwertung berücksichtigte Gläubiger desselben Rechts einander folgen und wie sie dem Range nach zu später erworbenen Rechten stehen. Dies ist in der Art geschehen, daß die wiedererstehenden Rechte stets im Range zurücktreten sollen." Auf Grund dieses Beschlusses sei der Abs. 2 des § 21 in das Gesetz aufgenommen worden. Als „später" erworben im Sinne des Beschlusses des Reichstagsausschusses dürfe man aber doch wohl nur diejenigen Rechte ansehen, die nach dem Zeitpunkt entstanden seien, in welchem durch die Abtretung aus einem und demselben Recht mehrere Rechte erwachsen seien. Denn die Rangstellung der Zedentenhypothek gegenüber vorher schon bestehenden Rechten sei gegeben gewesen und habe keiner Regelung bedurft. Dann habe aber durch das Gesetz insoweit keine Anordnung gegeben werden sollen, als es sich um Hypotheken handle, die unabhängig vom Recht des früheren Gläubigers schon bestanden hätten, als dessen Hypothek abgetreten worden sei. Wenn man mit der herrschenden

Meinung annehme, daß § 21 Abs. 2 auch den Rang im Verhältnis zu diesen dinglichen Rechten bestimme, dann sage das Gesetz etwas, was es nicht habe sagen wollen (so Lehmann-Boesebeck AufwG. § 21 Anm. 3). Daß es (nach Schlegelberger-Harmening und Quassowski) der Wille des Reichstags gewesen sei, der Hypothek des früheren Gläubigers nur den bereitesten Rang zuzusprechen, sei nicht ausschlaggebend. Wenn auch der Schutz der Grundkreditanstalten bei der Beratung des Gesetzes eine Rolle gespielt habe, so müsse doch angesichts des Ausschußberichts, der nicht hierauf eingehe, bezweifelt werden, ob man diesem Gesichtspunkt eine entscheidende Bedeutung beigemessen habe. Außerdem wäre die Vorschrift, wenn sie in dem von der herrschenden Meinung vertretenen Sinne ausgelegt werde, unter dem Gesichtspunkt des Schutzes der Grundkreditanstalten nicht wohl zu rechtfertigen. Dies habe Mügel JW. 1927 S. 18 überzeugend dargelegt. Dazu komme, daß die herrschende Auslegung zu widerspruchsvollen, wirtschaftlich ungerechtfertigten und auch unbilligen Ergebnissen führe. Dies zeige sich besonders in Fällen, wo der Gläubiger gegen Zahlung des Papiermarkbetrags dem Grundstückseigentümer eine löschungsfähige Quittung erteilt habe. Der Eigentümer habe es damit in der Hand gehabt, ob er die Hypothek auf sich umschreiben und gegebenenfalls weiter abtreten oder ob er die Löschung herbeiführen wollte. Im letzteren Fall habe der frühere Gläubiger, soweit nicht gutgläubig erworbene Rechte Dritter entgegenstünden, Anspruch darauf, daß seine Aufwertungshypothek mit dem früheren Rang eingetragen werde. Im ersteren Fall dagegen solle nach der herrschenden Meinung der frühere Gläubiger nur auf eine an bereitester Stelle stehende Aufwertungshypothek Anspruch haben. Die hiernach für zwei ganz gleichartig liegende Fälle sich ergebende verschiedenartige Behandlung des Gläubigers entbehre jedes Grundes.

Die durch den Wortlaut des § 21 Abs. 2 nahegelegte Deutung werde — so fährt der Vorlegungsbeschluß fort — weder durch die Entstehungsgeschichte noch durch innere Gründe gerechtfertigt. Es sei deshalb eine engere Auslegung geboten, zumal da § 21 Abs. 2 gegenüber den §§ 6, 20 AufwG. eine Ausnahme darstelle. Zunächst könne man daran denken, daß unter „nachgehenden" Rechten solche zu verstehen seien, deren Eintragung dem Zeitpunkt nachfolge, wo der Gläubiger „früherer Gläubiger" geworden sei, die also erst nach der Abtretung erworben worden seien (so Lehmann-Boesebeck AufwG. § 21 Anm. 4; Levis Aufwertung von Hypotheken S. 100; Emmerich AufwG. § 21 Anm. 3; LG. Halle in DNotVerZ. 1926 S. 389). Es sei allerdings anzuerkennen, daß man nur durch eine sehr gezwungene Auslegung der Gesetzesworte zu dieser Auffassung gelangen könne. Allein auch wenn man dem Wortlaut des Gesetzes folgend annehme, daß die Hypothek des früheren Gläubigers erst an der bereitesten Stelle einzutragen sei, so müsse doch daran festgehalten werden, daß die Vorschrift des § 21 Abs. 2 der inneren Rechtfertigung entbehre und eine möglichst enge Auslegung erfordere. Deshalb sei unter dem „früheren Gläubiger" nicht jeder zu verstehen, der Aufwertungsansprüche habe, weil ihm früher ein (in der Folge auf einen andern übergegangenes) Hypothekenrecht zugestanden habe. In diesem weiteren Sinne sei der Begriff des „früheren Gläubigers" im Abs. 1 des § 21 AufwG. verwendet, deswegen werde wohl auch der Abs. 2 nichts anderes darunter verstehen.

Von einem „früheren Gläubiger" könne man in drei Gruppen von Fällen sprechen, nämlich a) wenn der Hypothekengläubiger von sich aus die Hypothek an einen andern abgetreten habe; b) wenn der Gläubiger mit dem Betrag befriedigt worden sei, den sich der Schuldner von einem Dritten, dem nachherigen Erwerber der Hypothek, beschafft habe (Fall der uneigentlichen Abtretung); c) schließlich komme der Fall der gewöhnlichen Rückzahlung in Betracht, in dem die Hypothek auf den Zahlenden übergegangen sei und der Zahlende, insbesondere also der Eigentümer, die Hypothek auf sich habe umschreiben lassen. Daß bei der gewöhnlichen Abtretung (Fall a) der „frühere Gläubiger" nach § 21 Abs. 2 zu behandeln sei, könne nicht wohl zweifelhaft sein. Nicht so zweifelfrei liege der Fall der uneigentlichen Abtretung (Fall b). Dagegen sei der § 21 Abs. 2 nicht auf den Fall c) zu beziehen, in dem der Hypothekengläubiger vom Verpflichteten Zahlung erhalten und dann deshalb, weil sich an die Zahlung keine Löschung angeschlossen habe, „früherer Gläubiger" geworden sei. Das Gesetz gestatte und verlange eine einengende Auslegung des § 21 Abs. 2, wonach als „früherer Gläubiger" nur der Zedent angesehen werden dürfe (Mügel JW. 1927 S. 17flg.).

Die Auffassung des Oberlandesgerichts Karlsruhe steht im Widerspruch mit der Rechtsprechung des Kammergerichts (AufwRspr. Bd. 1 S. 703; DNotVerZ. 1926 S. 387 und 436), des Bayr. ObLG.

(AufwRspr. Bd. 2 S. 213; JW. 1927 S. 1024 Nr. 11), des Oberlandesgerichts Rostock (AufwRspr. Bd. 2 S. 671). Nach § 79 Abs. 3 GBO. hat daher das Reichsgericht über die weitere Beschwerde zu entscheiden.

Die Beschwerde ist nicht begründet.

Es ist zwar nicht zu verkennen, daß die dem Wortlaut des § 21 Abs. 2 AufwG. folgende Auslegung dieser Vorschrift insofern zu einem unbefriedigenden Ergebnis führt, als der Gläubiger einer in Papiermark zurückgezahlten Hypothek schlechter gestellt ist, wenn er statt der Erteilung der Löschungsbewilligung eine Abtretung vorgenommen hat, oder wenn der Eigentümer, statt die Hypothek auf Grund der Löschungsbewilligung löschen zu lassen, sie auf sich selbst als Grundschuld hat umschreiben lassen. Allein abgesehen davon, daß sich in den Fällen der Abtretung und der Löschung verschiedenartige Rechtsfolgen auch aus der Anwendung des Abs. 1 des § 21 ergeben können (vgl. Quassowski Anm. II 1 zu § 21 AufwG.), ist die einengende Auslegung des Abs. 2, wie sie vom Oberlandesgericht Karlsruhe und den von ihm angeführten Schriftstellern vorgeschlagen wird, angesichts des völlig klaren, unzweideutigen Wortlauts der Vorschrift nicht angängig.

Mit der Fassung des Gesetzes schlechterdings unvereinbar ist zunächst die Meinung, die von Lehmann-Boesebeck, Emmerich, Levis und vom Landgericht Halle an den oben bezeichneten Stellen vertreten wird, daß unter „nachgehenden Rechten" im Sinne des § 21 Abs. 2 nur solche Rechte zu verstehen seien, die erst nach der Abtretung oder Umschreibung eingetragen wurden. Wie der Vorlegungsbeschluß zutreffend bemerkt, wird das Wort „Abtretung" oder „Umschreibung" im § 21 Abs. 2 gar nicht genannt. Sodann weist das Wort „oder" deutlich darauf hin, daß es — wie bei den „gleichstehenden", so auch bei den „nachgehenden" Rechten — auf das Rangverhältnis dieser Rechte zum Recht des gegenwärtigen Gläubigers ankommt. Den Ausführungen von Levis gegenüber ist endlich noch darauf hinzuweisen, daß der Abs. 2 des § 21 im Gegensatz zum Abs. 1 die Rangfrage gerade ohne Rücksicht auf den öffentlichen Glauben des Grundbuchs regelt. Aber auch die von Mügel (Anm. 5 zu § 21 AufwG.; JW. 1927 S. 17) versuchte Auslegung, daß als „früherer Gläubiger" im Sinne des Abs. 2 (im Gegensatz zu Abs. 1) nur der Zedent angesehen werden könne, scheitert an dem klaren

Wortlaut des Gesetzes. Es ist zwar zuzugeben, daß im streng juristischen Sinne von einem „früheren Gläubiger" nur im Fall der Abtretung die Rede sein kann, während im Fall der Umschreibung der Hypothek auf den Eigentümer zwei „gegenwärtige Gläubiger" vorhanden sind, deren Rangverhältnis zueinander sich nach den allgemeinen Vorschriften aus § 1176 BGB. ergeben würde. Es besteht jedoch Einigkeit darüber, daß der Abs. 1 des § 21 die Fälle der Zahlung und der Abtretung gleich behandelt und daß er für beide von einem „früheren Gläubiger" spricht. Es kann aber nicht angenommen werden, daß der Gesetzgeber in zwei unmittelbar aufeinander folgenden Absätzen desselben Paragraphen dem Begriff „früherer Gläubiger" eine ganz verschiedene Bedeutung hat beilegen wollen, wenn er dies nicht besonders hervorgehoben hat. Dies um so weniger, als in der Überschrift des § 21, die doch für beide Absätze gelten soll, ohne Einschränkung vom „früheren" Gläubiger „einer umgeschriebenen oder abgetretenen Hypothek" die Rede ist, die Fälle der Abtretung und der Umschreibung also völlig gleichgestellt werden. Der Entstehungsgeschichte der Vorschrift kann keine maßgebende Bedeutung zuerkannt werden, weil sie die Absicht des Gesetzgebers nicht zweifelsfrei erkennen läßt.

Da hiernach der in Rechtsprechung und Schrifttum herrschenden Meinung beizutreten ist und die vom Grundbuchamt vorgenommene, vom Landgericht gebilligte Eintragung dieser Ansicht entspricht, so war die weitere Beschwerde zurückzuweisen.

---

50. Ist eine Anmeldung zur Aufwertung kraft Rückwirkung unwirksam, wenn sie schon vor dem Inkrafttreten des Aufwertungsgesetzes bewirkt wurde?

AufwG. § 16 Abs. 1. DurchfVo. dazu v. 29. November 1925 Art. 128.

V. Zivilsenat. Beschl. v. 25. Februar 1928 in einer Rostocker Grundbuchsache. V B 4/28.

I. Aufwertungsstelle Rostock.
II. Landgericht daselbst.

Der Sachverhalt und die Entscheidung ergeben sich aus folgenden Gründen:

Unter den Parteien ist die Wirksamkeit einer Anmeldung zur Aufwertung kraft Rückwirkung streitig. Die Gläubigerin einer im Jahre 1922 ausgezahlten Grundschuld, die an einem Hause in Rostock bestellt war, schrieb am 24. November 1924 an das dortige Grundbuchamt:

„Unter Bezugnahme auf den beigefügten Zeitungsartikel, wonach die Möglichkeit einer nachträglichen Aufwertung bereits zurückgezahlter Hypotheken besteht, melde ich hiermit den Vorbehalt meiner Rechte nachträglich an."

Die Aufwertungsstelle erklärte die Anmeldung für rechtzeitig und das Landgericht wies die hiergegen gerichtete sofortige Beschwerde des Eigentümers als unbegründet zurück. Das Oberlandesgericht Rostock möchte der weiteren Beschwerde des Eigentümers stattgeben, sieht sich aber daran gehindert durch die Entscheidung des Kammergerichts vom 6. Mai 1926 (AufwRspr. Bd. 1 S. 369 = JW. 1926 S. 2382 Nr. 3 = DNotVerZ. 1926 S. 381 Nr. 2 = Jur. Rundsch. 1926 Nr. 1293) und hat deshalb die Sache dem Reichsgericht vorgelegt, dessen Zuständigkeit nach § 74 Abs. 1 AufwG., § 28 Abs. 2, 3 FGG. gegeben ist.

Der Ansicht des Oberlandesgerichts, das der Anmeldung vom 24. November 1924 die Wirksamkeit im Sinne des § 16 AufwG. absprechen will, kann nicht beigetreten werden. Zur Zeit des Ablaufs der im § 16 bestimmten Ausschlußfrist lag beim Grundbuchamt Rostock, das nach § 1 Abs. 1 der Mecklenburg-Schwerinschen Bekanntmachung vom 3. August 1925 als Aufwertungsstelle zuständig war, eine Eingabe der Gläubigerin vom 24. November 1924 vor, die nach der bedenkenfreien Auslegung der Vorinstanzen den Willen, die streitige Grundschuld zur Aufwertung kraft Rückwirkung anzumelden, genügend zum Ausdruck brachte; die Erklärung war auch weder zurückgenommen noch zurückgewiesen worden. Fraglich konnte demnach nur sein, ob dieser Anmeldung die Wirkung etwa deshalb abzuerkennen sei, weil sie verfrüht, nämlich zu einer Zeit eingereicht war, als es eine gesetzlich anerkannte Aufwertung vorbehaltlos gelöschter Hypotheken und Grundschulden kraft Rückwirkung und demnach eine zur Wahrung des Aufwertungsanspruchs erforderliche Anmeldung noch nicht gab und als deshalb eine Anmeldung, die nur für alle Fälle, in der allgemeinen Hoffnung auf gesetzliche Hilfe vorgenommen wurde, nicht von unmittelbarer Wirksamkeit sein konnte. Zu solcher Strenge nötigt aber die Rechtslage nicht. Der § 16 Abs. 1 AufwG. stellt nicht das Erfordernis auf, daß die Anmeldung erst auf Grund des Aufwertungsgesetzes und demzufolge erst nach dessen Erlassung bewirkt sein dürfe; es besteht daher keine Notwendigkeit, eine Anmeldung als unwirksam zu behandeln, die zwar zunächst als verfrüht der gesetzlichen Grundlage ermangelte, aber eine kommende Entwicklung vorwegnahm. Wer durch eine solche Anmeldung im voraus einer späteren Vorschrift genügt hatte, durfte annehmen, daß das Gesetz es ausdrücklich ausgesprochen haben würde, wenn es eine schon bei seinem Inkrafttreten vorliegende Erfüllung seiner Forderung nicht als solche hätte gelten lassen wollen. Da letzteres nicht geschah, durfte er eine Wiederholung der Anmeldung als unnötige Förmlichkeit ansehen, sofern ihr nicht durch etwaige Zurücknahme oder durch eine abweisende Entscheidung der Behörde die Kraft genommen war. Die Vorschrift des Art. 128 der Durchführungsverordnung steht nicht entgegen; sie betrifft nur Anmeldungen auf Grund des Art. I der dritten Steuernotverordnung oder der dazu erlassenen Durchführungsverordnungen. Es liegt aber kein Anlaß vor, aus Art. 128 a. a. O. mittels Schlusses vom Gegenteil zu folgern, daß Anmeldungen, die ohne die Grundlage einer schon bestehenden gesetzlichen Ermächtigung aus allgemeinem Rechtsgefühl und im Vertrauen auf Anerkennung bewirkt worden sind, nicht beachtet werden dürften, obwohl sie durch die nachherige Änderung der Gesetzgebung gerechtfertigt wurden. Ein solcher Anlaß besteht um so weniger, als auch der Art. 128 dem Bestreben dient, bereits vorgenommenen Anmeldungen oder gestellten Anträgen ohne Nötigung zur Wiederholung Wirksamkeit zuzuerkennen. Hiernach muß der milderen jüngeren Auffassung des Kammergerichts (AufwRspr. Bd. 1 S. 369 gegen OLG. Bd. 45 S. 16, vgl. auch AufwRspr. Bd. 1 S. 574, Bd. 2 S. 616) der Vorzug gegeben werden, wie ihr auch das Bayrische Oberste Landesgericht (AufwRspr. Bd. 2 S. 305), das Oberlandesgericht Karlsruhe (das. Bd. 2 S. 232) und außerdem namhafte Vertreter des Schrifttums beigetreten sind. Wenn der beschließende Senat in RGZ. Bd. 117 S. 346 (352flg.) zur Frage der Wirksamkeit einer Anmeldung bei der örtlich unzuständigen Aufwertungsstelle einen strengeren Standpunkt eingenommen hat, so beruht dies auf Erwägungen, die der hier vertretenen Ansicht nicht entgegenstehen, nämlich darauf, daß in jenem Falle neben der bestimmten Fassung des von „der" Aufwertungsstelle sprechenden § 16 Abs. 1 AufwG. das Interesse berücksichtigt wurde, das der Grundstücksverkehr an der Zuverlässigkeit der nach Art. 126 DurchfVo. von der zuständigen Aufwertungsstelle zu erteilenden Bescheinigungen hat. Zwar hat auch hier der Beschwerdeführer darauf hingewiesen, daß ihm die Aufwertungsstelle Anfang Januar 1926 ausdrücklich erklärt habe, es liege keine Anmeldung vor. Damit würde aber nur bewiesen, daß sich irrtümliche Auskünfte nicht völlig vermeiden lassen, dagegen nichts gesagt sein gegen die Berechtigung der grundsätzlichen Unterscheidung des vorliegenden Falles von dem einer Anmeldung bei der örtlich unzuständigen Aufwertungsstelle, durch deren Zulassung die Erteilung irrtümlicher Bescheinigungen geradezu begünstigt würde.

Daß über die Vorfrage der Wirksamkeit der Anmeldung durch Zwischenbescheid vorab entschieden werden konnte, unterliegt keinem Bedenken (Mügel AufwR. 5. Aufl. S. 1001). Hiernach mußte die weitere Beschwerde zurückgewiesen werden.

---

51. Unter welchen Voraussetzungen ist die Polizei befugt, Privatwohnungen zur Unterbringung von Obdachlosen zu beschlagnahmen?

Preuß. Allg. Landrecht II 17 § 10.

III. Zivilsenat. Urt. v. 28. Februar 1928 i. S. M. (Kl.) w. Stadtgemeinde C. (Bekl.). III 263/27.

I. Landgericht Cottbus.
II. Kammergericht Berlin.

Der Kläger und noch zwei andere Personen sind Miteigentümer eines in C. gelegenen Hauses. Am 21. November 1923 beschlagnahmte die Polizeiverwaltung in C. auf Grund von § 10 II 17 Preuß. ALR. zwei Räume dieses Hauses, um in ihnen die durch einen Brand obdachlos gewordene, aus neun Köpfen bestehende Familie des Arbeiters R. einstweilen unterzubringen. Die Eigentümer widersprachen zunächst der fristlos ausgesprochenen Beschlagnahme, ließen sich dann aber ihre Verlängerung bis zum 21. Juni 1924 gefallen. Nach Ablauf dieser Frist machten sie zahlreiche Versuche, die polizeiliche Maßnahme zu beseitigen, jedoch ohne Erfolg. Die Polizeiverwaltung erneuerte die Beschlagnahme immer wieder, hielt sie insbesondere aufrecht, obwohl das Mieteinigungsamt am 12. Mai 1925 die vom städtischen Wohnungsamt auf Grund der Wohnungsmangel-Gesetzgebung ausgesprochene Beschlagnahme aufgehoben hatte, und setzte sogar die Familie wieder in die Wohnung ein, nachdem der Gerichtsvollzieher sie auf Grund eines rechtskräftigen Räumungsurteils daraus entfernt hatte. Erst am 15. März 1926 wurden die Räume wieder frei, nachdem es gelungen war, die Familie R. auf dem Lande in einer Deputatstelle unterzubringen.

Der Kläger sieht in dem Verhalten der Polizeiverwaltung eine die beklagte Stadtgemeinde zum Schadensersatz verpflichtende Amtspflichtverletzung. Schon formell sei die Beschlagnahme-Verfügung ungültig gewesen, da in ihr die Angabe einer bestimmten Frist gefehlt habe. Aber auch sachlich sei sie ungerechtfertigt gewesen, da noch andere Möglichkeiten bestanden hätten, die Familie R. unterzubringen. Der Kläger, dem die übrigen Miteigentümer ihre Schadensersatzansprüche gegen die Beklagte abgetreten haben, verlangt mit der Klage zunächst einen Teilbetrag des den drei Miteigentümern durch die ungerechtfertigte Beschlagnahme erwachsenen Schadens, nämlich 1000 RM nebst Zinsen. Die Beklagte leugnet, daß ihr Bürgermeister bei Ausübung der Polizeigewalt pflichtwidrig gehandelt habe; eine Möglichkeit, die Familie R. anderswo als im Hause des Klägers und seiner Miteigentümer unterzubringen, habe bei der in C. herrschenden Wohnungsnot nicht bestanden; alle Bemühungen, ihr eine andere Wohnung zu beschaffen, seien ergebnislos geblieben.

Das Landgericht hat den Klaganspruch dem Grunde nach für gerechtfertigt erklärt. Dagegen hat das Kammergericht die Klage abgewiesen. Die Revision des Klägers führte zur Aufhebung und Zurückverweisung.

Gründe:

... Der Senat hat in seinem Urteil vom 4. November 1927 III 479/26 ausgesprochen, daß nach der reichsgesetzlichen Regelung der Wohnungswirtschaft polizeiliche Verfügungen auf dem Gebiet des Wohnungswesens auf Grund von § 10 II 17 Preuß.ALR. nicht mehr zulässig seien. Er hat dort ausgeführt, daß zur Bewirtschaftung des vorhandenen Wohnraums besondere Behörden, die Wohnungsämter, bestellt worden seien, die seine Verteilung zu regeln hätten. Ihre Zuständigkeit sei dem Zwecke der Zwangswirtschaft entsprechend eine ausschließliche und lasse es nicht zu, daß andere Ämter, abgesehen von den Aufsichtsbehörden, in die Verteilung eingriffen und ihrerseits über Wohnräume verfügten. Dies ergebe sich klar aus dem Begriff der Zwangsbewirtschaftung, aber auch aus den einzelnen gesetzlichen Vorschriften. Gegenüber dieser reichsrechtlichen Regelung müsse nach Art. 13 RVerf. das Landesrecht zurücktreten.

Von der Bekämpfung des Wohnungsmangels, die ausschließlich reichsrechtlichen Normen — nebst den zu ihrer Ausführung zulässigerweise von den Ländern und Gemeinden gegebenen Vorschriften — unterliegt, ist die Verhütung der Obdachlosigkeit zu unterscheiden. Um diese zu beheben, ist die Polizei beim Vorliegen eines nicht auf andere Weise zu beseitigenden Notstandes auch berechtigt, Räumlichkeiten von Privatpersonen in Anspruch zu nehmen. Das bezeichnete Urteil wollte der Polizei diese, wie früher, so auch heute noch allgemein anerkannte Befugnis (vgl. die in OVG. Bd. 75 S. 339 [343] sowie die im Preuß. Verw. Bl. Bd. 45 S. 54, Bd. 47 S. 298 und Bd. 48 S. 495 abgedruckten Entscheidungen des preußischen Oberverwaltungsgerichts) nicht absprechen. Ohne sie wird sich die notwendige Unterbringung von Obdachlosen vielfach überhaupt nicht ermöglichen lassen. Rechtlich muß man allerdings zwischen Wohnung und Obdach scharf unterscheiden. Die Wohnung ist zu dauernder Unterkunft bestimmt, das Obdach nur zu einer vorübergehenden. Deshalb genügt es, wenn letzteres den unterzubringenden Personen lediglich notdürftig Schutz für Leben und Gesundheit gewährt. Der aus § 10 II 17 ALR. folgenden Pflicht, Obdachlosen ein solches notdürftiges Unterkommen zu beschaffen, muß die Polizei zunächst aus eigenen Mitteln genügen. Sie darf Privaträume nur im Falle des Notstands zwangsweise in Anspruch nehmen, nur dann, wenn keine Möglichkeit anderer Unterbringung besteht, während diese doch zur Verhütung von Gefahr für Leib und Leben der obdachlosen Personen notwendig ist. Und wenn die Polizei auf Räume von Privatpersonen zurückgreift, muß sie dafür sorgen, daß der diese Maßnahme erforderlich machende Notstand alsbald behoben wird. Findet sie keine geeigneten Räume, die ihr freiwillig überlassen werden, so muß sie selbst die nötigen Baulichkeiten herstellen, die immer nur den bescheidensten Anforderungen zu genügen brauchen. Die Kosten, die dadurch erwachsen, sind Polizeikosten.

Das Kammergericht hat bei seiner Prüfung der Sachlage diesen Unterschied zwischen der dauernden Unterbringung von unterkunftslosen Personen in einer Wohnung und der vorübergehenden Beschaffung eines Obdachs für sie nicht hinreichend beachtet. Dasselbe gilt aber nach dem von ihm aus den Polizeiakten festgestellten Sachverhalt in noch höherem Grade von der Polizeiverwaltung C. Daß sie die erste Beschlagnahme fristlos ausgesprochen hat, kommt zwar nicht mehr unmittelbar in Betracht, da sich die betroffenen Hauseigentümer schließlich bis zum 21. Juni 1924 der Einweisung der Familie R. gefügt haben. Immerhin beweist aber dieser Umstand, daß der Bürgermeister die rechtliche Natur seiner Anordnung, die unter allen Umständen nur kurze Zeit bestehen bleiben durfte, nicht klar erkannt hat. Noch deutlicher zeigen das die Schritte, die er in der Folge unternommen hat, um die Familie R. anderweitig unterzubringen. Er hat sich im wesentlichen damit begnügt, das Wohnungsamt wiederholt um Zuweisung einer Wohnung an sie zu ersuchen. Verkannt hat er also, daß es nicht darauf ankam, für sie eine dauernde Wohnung ausfindig zu machen, sondern daß zunächst einmal ein Obdach für sie zu beschaffen war, wodurch der Notstand behoben wurde, der zur Inanspruchnahme der Wohnung in dem den drei Miteigentümern gehörigen Hause gezwungen hatte. Dazu mußten erforderlichenfalls polizeiliche Geldmittel aufgewandt werden. Der Einwand, der Stadt C. seien aus der Wohnungsbauabgabe und später aus der Hauszinssteuer keine Mittel zu Wohnungsbauten zur Verfügung gestellt worden, liegt daher neben der Sache. Handelte es sich doch, wie nochmals zu betonen ist, nicht um die Erbauung einer Wohnung für die Familie R., sondern — was allein Aufgabe der Polizei war — um ihre einstweilige notdürftige Unterbringung, deren Kosten Polizeikosten bildeten und mit den dazu bereitstehenden Mitteln zu decken waren. Allerdings bedurfte die Beschaffung eines Obdachs für die Familie R. einer gewissen Zeit. Der Kläger und seine Miteigentümer haben deshalb auch bis zum 21. Juni 1924 die Inanspruchnahme ihres Hauses geduldet. Bis zu diesem Tage, also innerhalb eines Zeitraums von sieben Monaten, hätte die Polizeiverwaltung, wie nach allgemeiner Erfahrung ohne weiteres angenommen werden kann, mindestens durch Umbau von

Räumen, die bisher nicht zur Unterbringung von Menschen geeignet waren, äußerstenfalls durch Errichtung einer Baracke die obdachlose Familie anderweitig unterbringen können. Daß dies nicht geschah, daß nicht auf diesem Wege der Kläger und seine Miteigentümer von der ihnen auferlegten Last befreit wurden, ist als eine ihnen gegenüber begangene Amtspflichtverletzung zu bezeichnen.

Das Verschulden des Bürgermeisters, den als Träger der Polizeigewalt die Verantwortung für die getroffenen Maßnahmen wie für die pflichtwidrigen Unterlassungen trifft, liegt darin, daß er die Rechtslage nicht erkannt und demgemäß die zunächst einmal notwendigen Schritte nicht getan hat. Er hat sich im wesentlichen auf einige an das Wohnungsamt gerichtete Ersuchen beschränkt. Dieses Amt hatte mit der Beschaffung eines Obdachs für die Familie R., die der Polizei oblag, nichts zu tun. Der Regierungspräsident als die der Polizeiverwaltung in C. vorgesetzte Dienstbehörde hat denn auch in seiner Verfügung vom 25. Januar 1926 die Verkennung der Rechtslage durch jene deutlich mißbilligt.

Die Entscheidung hängt also nur davon ab, ob durch das Vorgehen der Polizeiverwaltung den Hauseigentümern, die für die Benutzung der Räume eine Vergütung erhalten haben, noch darüber hinaus der jetzt von ihnen behauptete Schaden entstanden ist. Diese Frage hat das Berufungsgericht noch nicht erörtert.

---

52. 1. Allgemeine Voraussetzungen des Gebrauchsmusterschutzes.
2. Wie ist der Gegenstand eines Gebrauchsmusters nach § 2 Abs. 2 GebrMG. zu bestimmen?
3. Zur Frage der rechtlichen Bedeutung von Schutzansprüchen, die nach Eintragung eines Gebrauchsmusters eingereicht worden sind.

Gesetz betr. den Schutz von Gebrauchsmustern vom 1. Juni 1891 (Bek. v. 7. Dezember 1923, RGBl. II S. 444), §§ 1, 2, 6.

I. Zivilsenat. Urt. v. 29. Februar 1928 i. S. K. & S. (Bekl.) w. B. (Kl.). I 258/27.

I. Landgericht Hamburg, Kammer für Handelssachen.
II. Oberlandesgericht daselbst.

Am 17. Mai 1922 meldete die Beklagte beim Reichspatentamt ein Gebrauchsmuster unter der Bezeichnung „Luftdämpfung bei

Analysenwaagen" an mit dem Antrag auf Eintragung in die Rolle der Gebrauchsmuster. Die Anmeldung, der die vorgeschriebene Zeichnung beigefügt war, enthielt eine Beschreibung, aber keinen Schutzanspruch. Das Reichspatentamt eröffnete der Beklagten, daß die erforderliche ausdrückliche und besondere Angabe darüber fehle, was an dem Modell in Anordnung und Einrichtung neu und eigentümlich sein solle, und bemerkte weiter, daß eine solche Angabe (Schutzanspruch) binnen 3 Wochen in zwei gleichlautenden Stücken nachzureichen sei. Dieser Aufforderung entsprach die Beklagte mit einer beim Reichspatentamt am 30. Mai 1922 eingegangenen Eingabe. Darin waren als Schutzansprüche angegeben: „1. Analysenwaage, gekennzeichnet durch eine beiderseitig in Verbindung mit den Gehängen der Waage angebrachte Vorrichtung, die vermittelst einer in ein doppelwandiges Gefäß tauchenden Glocke den derart geschaffenen Luftwiderstand benutzt, um ein sofortiges Ausschwingen der Waage zu erreichen. 2. Analysenwaage nach Anspruch 1, gekennzeichnet durch die getrennte Aufhängung der Dämpfungsvorrichtung von den eigentlichen Wägeschalen." Daraufhin wurde das Gebrauchsmuster eingetragen; seine Schutzfrist wurde später verlängert. Im Jahre 1925 verlangte die Klägerin von der Beklagten die Löschung. Demnächst reichte die Beklagte dem Reichspatentamt am 29. Juli 1925 neue Schutzansprüche ein mit der Erklärung, daß ein Schutzrecht nur in ihrem Umfang geltend gemacht werde. Die neuen Ansprüche lauten: „1. Analytische Feinwaage mit Luftdämpfung, dadurch gekennzeichnet, daß die geteilte, aber einheitlich betätigte Arretierungsvorrichtung mit ihrem oberen Teil fest und luftdicht mit der oberen Glocke der Luftdämpfungsvorrichtung verbunden ist, während der untere Teil genügend luftdicht durch den unteren Teil der Luftdämpfungsvorrichtung hindurch beweglich ist. 2. Analytische Feinwaage nach Anspruch 1, dadurch gekennzeichnet, daß die von den eigentlichen Wägeschalen getrennt aufgehängte Dämpfungsvorrichtung als einfache Glocke angeordnet ist, welche in ein passendes doppelwandiges Gefäß taucht. 3. Analytische Feinwaage wie in Beschreibung und Zeichnung erläutert." Das Reichspatentamt nahm die Eingabe zu den Akten und setzte die Beklagte hiervon mit dem Bemerken in Kenntnis, daß über die Frage, ob die Eingabe auf den Schutzumfang von Einfluß sei, im Streitfall die Gerichte zu entscheiden hätten. Mit der vorliegenden Klage verlangt die Klägerin, daß die Beklagte verurteilt werde, in die Löschung des Gebrauchsmusters zu willigen, auch mit den abgeänderten Schutzansprüchen. Sie meint, die neuen Ansprüche bedeuteten keine zulässige Einschränkung des ursprünglichen Gebrauchsmusters, sondern ein neues Gebrauchsmuster. Früher sei Gegenstand des erstrebten Schutzes die Luftdämpfung gewesen, jetzt sei es die Arretierungsvorrichtung. Das neue Gebrauchsmuster entbehre der Neuheit wegen der Veröffentlichung des alten, in der die Arretierungsvorrichtung enthalten sei. Im übrigen habe die Klägerin schon seit geraumer Zeit derartige Waagen in den Handel gebracht. Das Landgericht hat der Klage stattgegeben. Die Berufung der Beklagten ist zurückgewiesen worden. Auch ihre Revision hatte keinen Erfolg.

Gründe:

Das Oberlandesgericht nimmt mit dem Landgericht an, daß die im neuen Anspruch 1 gekennzeichnete Arretierungsvorrichtung durch das Gebrauchsmuster der Beklagten nicht geschützt werde. Es sagt, diese Vorrichtung möge zwar aus der Zeichnung hervorgehen, wenngleich der Sachverständige F. der Meinung sei, daß die feste Verbindung des oberen Teils der Vorrichtung mit der oberen Glocke aus der Zeichnung nicht zu entnehmen sei. Dagegen lasse die Anmeldung nicht erkennen, daß für diese Arretierungsvorrichtung ein Gebrauchsmusterschutz beansprucht werde. Der Satz der Beschreibung „durch die besondere Form der Schalenstützen wird die bei Waagen dieser Art übliche Schalenberuhigung nicht ausgeschaltet“ bringe nicht zum Ausdruck, daß in der Arretierungsvorrichtung eine neue Gestaltung vorliege. Er besage nur oder lasse sich jedenfalls dahin verstehen, daß die als neu beanspruchte Luftdämpfung kein Hindernis für die Verwendung der bei Analysenwaagen üblichen Schalenarretierung sei. Da überdies die Schutzansprüche in ihrer ersten Fassung die Arretierungsvorrichtung überhaupt nicht erwähnten, so müsse die Frage verneint werden, ob die alte Anmeldung als Ganzes für den sachverständigen Leser eine Schutzbeanspruchung für die Arretierungsvorrichtung ergebe.

Die Angriffe der Revision hiergegen sind nicht begründet. Zur Entscheidung steht, ob der Anspruch auf Löschung des Gebrauchsmusters gemäß § 6 GebrMG. gerechtfertigt ist, weil die Erfordernisse des § 1 dieses Gesetzes nicht vorliegen, und das kann man erst beurteilen, wenn klargestellt worden ist, worin der Gegenstand des Gebrauchsmusters besteht. Letzterer deckt sich nicht mit dem Schutzumfang, der darüber hinausgehen kann. Er deckt sich aber auch nicht mit dem körperlichen Modell, dessen Abbildung mit der Anmeldung eingereicht worden ist. Dieses kann Eigentümlichkeiten haben und hat sie vielfach, die mit der Erfindung, zu deren Schutz das Gebrauchsmuster dienen soll, nichts zu tun haben, mögen sie rein zufällig vorhanden oder vom Erfinder aus irgendwelchen anderen Gründen gewählt worden sein. Es kommt vielmehr auf den Gedanken an, der sich im Modell räumlich verkörpert, und um ihn zu ermitteln, ist es erforderlich, auf die Anmeldung zurückzugehen, die nach § 2 Abs. 2 die Angabe enthalten muß, welche neue Gestaltung oder Vorrichtung dem Arbeits- oder Gebrauchszweck dienen soll. Es ist also außer der Nach- oder Abbildung des Modells auch der gesamte übrige Inhalt der Anmeldung, Bezeichnung, Beschreibung und es sind, soweit vorhanden, die Schutzansprüche in Betracht zu ziehen. Was darin nicht als neu hervorgehoben ist, kann nicht Gegenstand des Gebrauchsmusterschutzes sein. Letzteres hat der Senat schon in seinem Urteil vom 24. November 1900 I 263/00, abgedruckt im PMZBl. 1901 S. 148, und seitdem noch mehrfach ausgesprochen. Diese Auffassung liegt auch den von Isay Patentgesetz 4. Auflage in Anm. 9 zu § 2 GebrMG. angezogenen neueren Entscheidungen des Reichsgerichts vom 7. Oktober 1916 I 86/16 (ZIndustrR. 1916 S. 231), vom 30. Juni 1923 I 457/22 (RGZ. Bd. 107 S. 100) und vom 4. April 1925 (PMZBl. 1925 S. 239) zugrunde. Sie sind nicht dahin zu verstehen, daß bei Ermittlung des Gegenstandes eines Gebrauchsmusters auf die nach § 2 Abs. 2 GebrMG. abzugebende Erklärung kein Gewicht zu legen sei. Ebensowenig ist daraus zu entnehmen, daß es auf die Erkenntnis der Erfindung nicht ankomme. Die letztere Annahme würde dem Erfindungsbegriff widersprechen. Denn ebenso wie das Patent ist auch das Gebrauchsmuster dazu bestimmt, eine offenbarte technische Regel zu schützen, die allerdings beim Gebrauchsmuster im Raum verkörpert sein muß. Eine technische Regel kann aber nur geben, wer sich des ursächlichen Zusammenhangs zwischen seinem Tun und dessen Wirkung bewußt ist. Es kann wohl sein, daß jemand diese Erkenntnis zufällig erlangt, sie braucht auch nicht wissenschaftlich zu sein; ebensowenig ist erforderlich, daß der Erfinder weiß, worin die Neuheit seines Erfindungsgedankens liegt oder weshalb ihm die Eigenschaft einer Erfindung zukommt. Aber ohne die Erkenntnis des ursächlichen Zusammenhangs liegt eine Erfindung nicht vor. Es muß daher durch Auslegung der mit der Anmeldung eingereichten Ab- oder Nachbildung und des gesamten übrigen Inhalts der Anmeldung der Gegenstand des Gebrauchsmusters gefunden werden. Daß man dabei nicht in erster Reihe auf die Schutzansprüche, sondern auf das Modell oder die an seine Stelle tretende Ab- oder Nachbildung nebst Beschreibung Gewicht zu legen hat, ergibt sich daraus, daß die Einreichung eines Schutzanspruchs nicht vorgeschrieben ist, und dies hat der Senat auch schon in der oben angeführten Entscheidung vom 4. April 1925 ausdrücklich ausgesprochen. Die Schutzansprüche, soweit sie vorhanden sind, unterliegen mit dem gesamten übrigen Anmeldungsinhalt der Auslegung. Sie sind erfahrungsgemäß selten völlig klar und unzweideutig. Und auch wo das der Fall zu sein scheint, werden sich häufig aus dem Modell, der Bezeichnung oder der Beschreibung Zweifel darüber ergeben, welche neue Gestaltung oder Vorrichtung nach der Absicht des Anmelders dem Arbeits- oder Gebrauchszweck dienen soll. Dabei fällt ins Gewicht, daß eine Prüfung der Ansprüche durch das Reichspatentamt, wie bei Patentanmeldungen, nicht stattfindet und daß bei der Auslegung von Gebrauchsmuster-Anmeldungen in besonders hohem Maße mit ungeschickten Ausdrücken, Ungenauigkeiten und Unvollständigkeiten zu rechnen ist. Daher rechtfertigt sich hier noch mehr als bei Patenten der Grundsatz, daß bei bestehenden Zweifeln als Gegenstand des Gebrauchsmusters alles das anzusehen ist, was nach dem Stande der Technik als neu und schutzfähig erscheint und demnach, wie zu vermuten, vom Anmelder für den Gebrauchsmusterschutz in Anspruch genommen werden sollte.

Der vorliegende Fall bietet nun die Besonderheit, daß die am 17. Mai 1922 eingegangene Anmeldung zwar die Bezeichnung, Abbildung und Beschreibung, aber keine Schutzansprüche enthalten hat, daß solche kurze Zeit darauf, am 30. Mai 1922, nachgereicht worden sind und daß die Beklagte dann mehrere Jahre nach der Eintragung des Gebrauchsmusters neue Schutzansprüche zu den Akten des Reichspatentamts gebracht hat. Die letzteren können nicht den Erfolg haben, daß an die Stelle des ursprünglichen Gebrauchsmuster-Gegenstandes ein anderer Gegenstand tritt oder daß der ursprüngliche Gebrauchsmuster-Gegenstand erweitert wird. Denn dieser liegt seit der Eintragung in die Rolle für Gebrauchsmuster abgeschlossen vor. Schutz für etwas anderes oder weiteres kann nur durch eine neue Eintragung erlangt werden (vgl. RGUrt. vom 8. Mai 1897 I 3/97 im PMZBl. 1897 S. 176 und Präsidialbescheid vom 2. Juni 1902, a. a. O. 1902 S. 210)[1]. Nur die nachträgliche Einreichung beschränkender Ansprüche ist nach der Mitteilung der Anmeldestelle im PMZBl. 1894/95 S. 152 zugelassen worden. Was nicht durch die Anmeldung und ihre Ergänzung vor der Eintragung unter Schutz gestellt worden war, ist der Beklagten nicht geschützt.

Letzteres wird auch von der Beklagten nicht verkannt. Die Parteien sind darüber einig, daß das, was die Beklagte in ihren ursprünglichen Schutzansprüchen offenbart hat, nach dem Stande der Technik zur Zeit der Anmeldung des Gebrauchsmusters nicht mehr schutzfähig gewesen ist. Der Streit der Parteien geht in erster Reihe darum, ob das, was in den nach Eintragung des Gebrauchsmusters eingereichten Schutzansprüchen enthalten ist, bereits von der ersten Anmeldung mitumfaßt wird, ob insbesondere die im neuen ersten Schutzanspruch gekennzeichnete Arretierungsvorrichtung Gegenstand des Gebrauchsmusters der Beklagten ist. Die Beantwortung dieser Frage ist allerdings nicht unzweifelhaft; aber es läßt sich nicht sagen, daß dem Berufungsgericht dabei eine Gesetzesverletzung zur Last fiele. Es hat sich bei der ihm obliegenden Prüfung offensichtlich von den oben entwickelten Rechtsgrundsätzen leiten lassen und bei der Ermittlung des Gegenstandes des Gebrauchsmusters den gesamten Inhalt der Anmeldung in Betracht gezogen. Seine Auslegung des in den Urteilsgründen wiedergegebenen, auf die besondere Form der Schalenstützen hinweisenden Satzes der Beschreibung ist aus Rechtsgründen nicht zu beanstanden. Er enthält danach keine ausreichend deutliche Erklärung, daß auch für die in der Modellabbildung dargestellte Arretierungsvorrichtung Schutz beansprucht werde. Unter diesen Umständen ist mit Recht besonderes Gewicht darauf gelegt worden, daß die erste Anmeldung keine Schutzansprüche enthielt, daß die Anmelderin vom Reichspatentamt zu deren Einreichung aufgefordert worden war, weil die erforderliche ausdrückliche und besondere Angabe darüber fehle, was an dem Modell in Anordnung

---

[1] Vgl. RGZ. Bd. 114 S. 147flg. D. E.

und Einrichtung neu und eigentümlich sein solle, und daß sie darauf Schutzansprüche nachgereicht hat, die von einer Arretierungsvorrichtung nicht das geringste enthalten. Daraus konnte ohne Rechtsirrtum entnommen werden, daß sich ihre Erfindung nicht darauf erstreckt und daß sie dafür keinen Schutz nachgesucht hat. Die gegenteilige Annahme würde zu einer großen Rechtsunsicherheit führen und könnte auch deshalb nicht gebilligt werden. Auf die Frage des technischen Fortschritts braucht hiernach nicht eingegangen zu werden. Abgesehen von der Arretierungsvorrichtung, die nicht Gegenstand des Gebrauchsmusters ist, enthält der zweite Schutzanspruch festgestelltermaßen nichts Neues, und das gleiche gilt für den dritten Anspruch, der ohne Angabe von Merkmalen nur auf Beschreibung und Zeichnung verweist.

---

53. Bewirkt die Zurücknahme der Anmeldung des Anspruchs auf Aufwertung einer gelöschten Papiermarkhypothek ohne weiteres das Erlöschen des Gläubigerrechts, wenn ihr die Absicht zugrundeliegt, auf die aufzuwertende Hypothek zu verzichten, oder wird der Verzicht auf die Aufwertungshypothek erst wirksam, wenn er ins Grundbuch eingetragen ist?

AufwG. § 16. BGB. § 1168. DurchfVo. z. AufwG. v. 29. November 1925 Art. 7. DurchfVo. v. 12. September 1927 § 2.

V. Zivilsenat. Beschl. v. 29. Februar 1928 in einer Bremer Grundbuchsache. V B 3/28.

I. Grundbuchamt Bremen.
II. Landgericht daselbst.

Der Sachverhalt und die Entscheidung ergeben sich aus folgenden

Gründen:

Im Grundbuch von Bremen war seit dem 17. Dezember 1919 für den gemeinnützigen Bremer Bauverein eine Darlehenshypothek von 3451 *M* eingetragen. Sie wurde am 9. Juni 1923 gelöscht, nachdem das Kapital während der Rückwirkungszeit des Aufwertungsgesetzes in Papiermark zum Nennwert zurückgezahlt worden war. Der Gläubiger hat am 31. Dezember 1925 seinen Aufwertungsanspruch kraft Rückwirkung gegen die Grundstückseigentümerin bei der Aufwertungsstelle angemeldet. Durch Schreiben vom 22. September 1926 hat er der Aufwertungsstelle mitgeteilt, daß er seine Anträge auf Aufwertung der Hypothek und der persönlichen Forderung zurückziehe, da er sich mit dem Schuldner geeinigt habe. Am 6. September 1926 hat die Grundstückseigentümerin in notarieller Urkunde bekannt, dem Gläubiger 820 GM zur Abgeltung von Aufwertungsansprüchen zu schulden, welcher Betrag ihr nunmehr darlehensweise belassen sei. Gleichzeitig hat sie die Eintragung einer Hypothek auf dem Grundstück für diese Schuld bewilligt und beantragt. Der Notar hat den Antrag dem Grundbuchamt eingereicht. Dieses hat durch Zwischenverfügung verlangt, daß Gläubiger und Eigentümer die Löschung des aufgewerteten Rechts im Grundbuch in öffentlich beglaubigter Form bewilligten und beantragten, ehe die neue Hypothek eingetragen werde, weil die Zurücknahme der Aufwertungs-Anmeldung das aufgewertete Recht nicht beseitige und eine und dieselbe Forderung nicht durch mehrere Hypotheken gesichert werden könne. Die durch den Notar gegen diese Verfügung eingelegte Erinnerung wurde vom Grundbuchamt zurückgewiesen. Gegen diesen Beschluß hat der Notar für den Gläubiger Beschwerde eingelegt. Er vertritt die Auffassung, die formlose Zurücknahme der Aufwertungs-Anmeldung habe die Wirkung, daß die gelöschte und zur Aufwertung angemeldete Hypothek nicht wieder entstehe und weitere Löschungsbewilligungen und Löschungsanträge daher nicht in Betracht kämen. Das Landgericht hat die Beschwerde mit der Begründung zurückgewiesen, daß die Zurücknahme der Anmeldung in diesem Falle zwar als Verzicht gemeint sei, daß sie aber keine geeignete Grundlage für die Eintragung eines Verzichts auf das aufgewertete Recht bilde und daß bis zu einer solchen Eintragung die Aufwertungshypothek dem Gläubiger zustehe. Gegen diesen Beschluß hat der Notar namens des Gläubigers weitere Beschwerde eingelegt, die folgendes geltend macht:

Die Anmeldung im Aufwertungsverfahren habe nicht schon für sich allein das dingliche Wiederaufleben der angemeldeten Hypothek zur Folge, sondern setze die Hypothek erst dann wieder in Kraft, wenn sie bis zu ihrer Wiedereintragung rechtsbeständig aufrecht erhalten bleibe. Die angemeldete Hypothek sei auch nicht dasselbe Recht wie die alte; an ihre Stelle sei vielmehr ein verändertes und neues Recht getreten. In diesem Sinne handle es sich um ein erst durch die Aufwertungsgesetzgebung geschaffenes, dem bürgerlichen Rechte fremdes Recht, das durch formlosen Verzicht aufgegeben werden könne. Wollte man andere Anforderungen stellen, so würde das eine unerträgliche Belästigung des Verkehrs bedeuten.

Das Hanseatische Oberlandesgericht hat die weitere Beschwerde gemäß § 79 GBO. dem Reichsgericht vorgelegt. Im Vorlegungsbeschluß ist gesagt: Der vorlegende Senat könne die Auffassung des Beschwerdegerichts nicht teilen, daß der durch die Zurücknahme der Anmeldung erklärte Verzicht des Gläubigers auf das aufzuwertende Recht zu seiner Rechtswirksamkeit der Eintragung in das Grundbuch bedürfe; durch die Anmeldung sei die vom Aufwertungsgesetz bestimmte Formalbedingung eingetreten, unter der dem Gläubiger das Aufwertungsrecht endgültig zustehe. Dieses Recht sei zwar kein neues, sondern das alte Recht des Gläubigers, es bestehe aber doch bis zur Wiedereintragung der Hypothek außerhalb des Grundbuchs; es sei keine Hypothek im Sinne des bürgerlichen Rechts, sondern ein diesem fremdes Recht, ein dinglicher Aufwertungsanspruch außerhalb des Grundbuchs. Für das Aufgeben dieses Rechts seien nicht die Formen des Grundbuchrechts maßgebend; zum Verzicht des Gläubigers reiche vielmehr eine Erklärung des Gläubigers gegenüber der Aufwertungsstelle oder dem Eigentümer aus; das folge aus der entsprechenden Anwendung der §§ 875, 1168 Abs. 2 BGB. Der vorlegende Senat wollte deshalb der weiteren Beschwerde stattgeben, sah sich aber hieran gehindert durch den in JW. 1927 S. 1873 Nr. 26 abgedruckten Beschluß des Kammergerichts vom 7. April 1927, der die Frage verneint, ob eine rechtswirksame Anmeldung durch nachträgliche ausdrückliche Zurücknahme beseitigt und mit allen ihren Rechtsfolgen unwirksam gemacht werden könne. Das Hanseatische Oberlandesgericht weist auch hin auf die Ausführungen von Mügel und v. Karger (in den Anmerkungen JW. 1927 S. 1873 flg.), wonach die Zurücknahme der Anmeldung die Wirkung haben soll, daß das durch die letztere eingeleitete Verfahren sich erledige und die Anmeldung, was die Wahrung der Frist des § 16 AufwG. betrifft, als nicht geschehen anzusehen sei. Die Zuständigkeit des Reichsgerichts ist daher gegeben. . . .

Unzweifelhaft richtig ist zunächst der Ausgangspunkt, von dem aus das Grundbuchamt sich gehindert sieht, die in der Urkunde vom 6. September 1926 bewilligte Hypothek einzutragen, die Erwägung nämlich, daß nicht zwei Hypotheken auf demselben Grundstück für die gleiche Forderung im ganzen Umfang haften können. Hierüber besteht auch bei den mit der Sache befaßten Gerichten keine Meinungsverschiedenheit; auch der Beschwerdeführer bezweifelt das nicht. Streit herrscht aber darüber, ob durch die in der Absicht des Verzichts erklärte Zurücknahme der Aufwertungs-Anmeldung das Recht des Gläubigers in Bezug auf die aufzuwertende frühere Hypothek beseitigt worden ist. Die vom Reichsgericht zu entscheidende Frage ist demnach die, ob die Zurücknahme einer nach § 16 AufwG. erfolgten Anmeldung des Anspruchs auf Aufwertung einer gelöschten Papiermarkhypothek, der die Absicht des Gläubigers zugrundeliegt, auf die aufzuwertende Hypothek zu verzichten, das Erlöschen des dinglichen Aufwertungsrechts bewirkt, oder ob der Verzicht auf die Aufwertungshypothek erst dann wirksam wird, wenn er in das Grundbuch eingetragen ist.

Bei Prüfung der Frage, in welcher Weise ein Verzicht des Gläubigers auf das Aufwertungsrecht dinglich wirksam wird, ist von der Rechtsnatur des aufzuwertenden Rechts auszugehen. Die Aufwertung ist die von selbst eintretende Folge der Einwirkung der Geldentwertung auf den Bestand des alten Schuldverhältnisses. Die dritte Steuernotverordnung und das Aufwertungsgesetz haben die sich aus allgemeinen Rechtsregeln ergebende Aufwertung für die in ihnen behandelten Rechtsgebilde, namentlich für Hypotheken, näher geregelt. Diese Gesetzgebung hat aber nicht etwa einen neben der Papiermarkhypothek hergehenden Aufwertungsanspruch oder ein neues aufgewertetes Recht geschaffen. Die alte Hypothek dauert vielmehr fort; sie hat nur die auf dem Aufwertungsgesetz beruhende neue Gestaltung angenommen. Trotz der Löschung ist die Hypothek, soweit ihre Aufwertung in Frage kommt, außerhalb des Grundbuchs bestehen geblieben.

Wenn § 16 AufwG. bestimmt, daß zur Aufwertung in Papiermark zurückgezahlter Hypotheken, sei es auf Grund Vorbehalts oder kraft Rückwirkung, eine Anmeldung bis zum 1. Januar 1926 erforderlich sei, so ist damit für diese Fälle noch ein besonderes Erfordernis eingeführt. Ist rechtzeitig angemeldet, so besteht der Aufwertungsanspruch zu Recht, falls im übrigen die Voraussetzungen der §§ 14, 15 AufwG. gegeben sind und wenn man absieht von der hier nicht in Betracht kommenden Herabsetzung auf Grund der Härteklausel. Die Aufwertungshypothek ist wesensgleich mit der eingetragen gewesenen und inzwischen gelöschten Hypothek, sie ist eine echte Hypothek mit der Möglichkeit, daß sie in den gesetzlich bestimmten Fällen zur Eigentümergrundschuld wird, wie eine eingetragene Hypothek.

Der Vorlegungsbeschluß sieht in dem Aufwertungsanspruch zwar auch nicht ein neues, sondern das alte Recht des Gläubigers, aber doch — bis zur Wiedereintragung der Hypothek — ein besonderes dingliches Recht außerhalb des Grundbuchs, das dem bisherigen bürgerlichen Recht fremd und erst durch das Aufwertungsgesetz geschaffen sei. Es ist widerspruchsvoll, wenn der Aufwertungsanspruch als das alte Recht angesehen und dann doch wieder von einem neuartigen dinglichen Recht gesprochen wird. Für eine derartige rechtliche Gestaltung besteht kein Bedürfnis und es liegt auch kein Anhalt dafür vor, daß das Aufwertungsgesetz ein solches neuartiges Recht habe schaffen wollen. Es ist im Gegenteil z. B. in § 20 das. gesagt: „Ist die Hypothek gelöscht, so findet ihre Wiedereintragung mit dem sich aus § 6 ergebenden Range (d. h. ihrem bisherigen Range) statt". Es ist also immer die alte Hypothek geblieben.

Daraus folgt dann weiter als das Regelmäßige und Nächstliegende, daß über die Hypothek nur in den im Bürgerlichen Gesetzbuch und in der Grundbuchordnung vorgeschriebenen Arten und Formen verfügt werden kann. Für den Abtretungsfall haben sich Schwierigkeiten daraus ergeben, daß der zur Abtretung der Briefhypothek nötige Hypothekenbrief nicht vorhanden ist und daß bei der Buchhypothek kein Grundbucheintrag mehr besteht, bei dem die Umschreibung stattfinden könnte. Zu den daraus entstandenen Fragen braucht jedoch hier nicht Stellung genommen zu werden, weil jedenfalls bei einer Verfügung durch Verzicht die Einhaltung der in § 1168 Abs. 2 BGB. vorgeschriebenen Form (Erklärung gegenüber dem Grundbuchamt oder dem Eigentümer und Eintragung in das Grundbuch) ohne Schwierigkeit möglich ist. Nach Art. 7 DurchfVo. z. AufwG. ist die Eintragung des Verzichts auf das aufgewertete Recht auch dann zulässig, wenn der Aufwertungsbetrag noch nicht eingetragen ist. Diese Vorschrift findet, wie allgemein anerkannt wird, auch auf den Fall Anwendung, daß die Hypothek gelöscht und noch nicht wieder eingetragen ist. Sie zeigt, daß es die Absicht des Gesetzgebers war, einen Verzicht des

Gläubigers hier ebenfalls in der regelmäßigen Form des § 1168 BGB. dinglich wirksam zustandekommen zu lassen. Abzulehnen ist die im Vorlegungsbeschluß geäußerte Ansicht, daß der Mangel der Eintragung der Hypothek dazu führen müsse, eine formlose Verzichtserklärung für sich allein zur Vollendung des dinglichen Verzichts genügen zu lassen.

Nicht zu billigen ist auch die von anderer Seite vertretene Meinung (Mügel AufwG. 5. Aufl. S. 683 und in JW. 1927 S. 1873; v. Karger in JW. 1927 S. 956 und S. 1874), es sei noch nach Ablauf der Anmeldefrist die Zurücknahme der Anmeldung mit der Wirkung möglich, daß der gleiche Rechtszustand eintrete, wie wenn eine Anmeldung nicht erfolgt wäre. Dies soll daraus folgen, daß die Anmeldung keine sachliche Verfügung, sondern eine Verfahrenshandlung sei, deren Zurücknahme das eingeleitete Verfahren mit allen seinen Folgen erledige. Nur diese Auffassung soll dem praktischen Bedürfnis einer klaren und einfachen Bereinigung des Grundbuchs gerecht werden. Es soll ihr auch nicht entgegengehalten werden können, daß eine Zurücknahme die Rechte Dritter in unzulässiger Weise beeinträchtige; denn das Gesetz mache ohnehin die Rechtsstellung nachfolgender Gläubiger vom Belieben des Aufwertungsgläubigers abhängig, da es diesem freistehe, ob er anmelden wolle oder nicht. Diese Ausführungen sind jedoch nicht überzeugend. Wenn der Gläubiger die Verfahrenshandlung der Anmeldung zurücknimmt, so sagt er damit, daß er von sich aus das Aufwertungsverfahren nicht weiter betreiben wolle. Das kann aber die einmal eingetretene sachlichrechtliche Wirkung der Anmeldung nicht beseitigen. Diese Wirkung besteht darin, daß der für das Aufwertungsrecht mögliche Erlöschungsgrund der Versäumung der Anmeldefrist nicht mehr eintreten kann. Dadurch ist nicht nur das Recht des Gläubigers von dieser Erlöschungsmöglichkeit freigestellt worden, sondern ebenso sind es auch die sich daraus ergebenden Rechte des Eigentümers (Möglichkeit einer Eigentümerhypothek und Rangvorbehalt nach § 7 AufwG., gegebenenfalls auch Rechte anderer Gläubiger aus Abs. 4 das.). In welcher Weise und in welchen Formen diese Rechtslage verändert werden kann, ist nach der sachlichrechtlichen Seite aus dem Bürgerlichen Gesetzbuch, nach der formellen Seite aus der Grundbuchordnung in Verbindung mit den Durchführungsverordnungen zum Aufwertungsgesetz vom 29. November 1925 und

12. September 1927 zu entnehmen. Es geht nicht an, daß der Gläubiger durch eine einfache Verfahrenshandlung, die Zurücknahme der Anmeldung, Rechte Dritter zum Erlöschen bringt. Das Gesetz schreibt auch nirgends vor, daß eine solche Zurücknahme für den Gläubiger selbst die Wirkung eines Verzichts habe; für diesen sind andere Vorschriften gegeben (§ 1168 BGB.; § 29 GBO.; Art. 7 DurchfVo. z. AufwG.). Mögen auch im Aufwertungsverfahren die Rechte Dritter zunächst vom Verhalten des Gläubigers abhängen, so kann davon doch nur da die Rede sein, wo es gesetzlich vorgeschrieben ist. Die Rechtsprechung kann diese Abhängigkeit nicht erweitern.

Es ist auch nicht anzuerkennen, daß das Erfordernis der Eintragung des Verzichts ins Grundbuch zu einem praktisch ungünstigen Ergebnis führe. Art. 7 der DurchfVo. vom 29. November 1925 und § 2 der Verordnung vom 12. September 1927 bestimmen einen einfachen Weg für die Eintragung des Verzichts und für die Beseitigung der nach dem Verzicht entstehenden Eigentümerhypothek, ohne daß die gelöschte Hypothek wieder einzutragen ist. Daß für die Eintragungsbewilligung grundbuchmäßig die Form des § 29 GBO. einzuhalten ist, entspricht der Bedeutung der Erklärung und des Grundbuchs. Durch die Eintragung des Verzichts wird für das Gläubigerrecht eine klare Lage geschaffen; wollte man für den Verzicht den Weg der einfachen Zurücknahme der Anmeldung zulassen, so könnte das leicht zu nachteiligen Unklarheiten führen.

Nach alledem kann der in Verzichtsabsicht geschehenen Zurücknahme der Anmeldung des Aufwertungsanspruchs keine materielle Wirkung in Ansehung des aufzuwertenden Rechtes beigemessen werden; es ist vielmehr für einen Verzicht des Gläubigers auf die Aufwertungshypothek Eintragung im Grundbuch erforderlich. Diese Ansicht wird übrigens auch im Schrifttum und in der Rechtsprechung vorzugsweise vertreten.

Aber auch von diesem Standpunkt aus gesehen geht die Verfügung des Grundbuchamts zu weit, wenn sie verlangt, daß Gläubiger und Eigentümer die Löschung des aufgewerteten Rechts in öffentlich beglaubigter Form bewilligen und beantragen sollen. Um das Hindernis für die Eintragung der neuen Hypothek zu beseitigen, genügt es, daß die Eintragung des Verzichts des Gläubigers bewilligt und beantragt wird; denn nach der daraufhin erfolgten Eintragung ist sein Hypothekenrecht erloschen. Das Entstehen einer

Eigentümerhypothek ist kein Hindernis für die Eintragung. Ob der Gläubiger seiner dinglichen Sicherheit wegen noch die Löschung dieser Eigentümerhypothek verlangen will, ist seine Sache. Das berührt die Eintragungsfähigkeit der neu bewilligten Hypothek an bereitester Stelle nicht.

Hiernach war die weitere Beschwerde zurückzuweisen mit der Maßgabe, die sich aus der soeben erwähnten Beanstandung der grundbuchamtlichen Verfügung ergibt.

---

54. Welchen Einfluß hat die Entwertung eines unter der Herrschaft des Preußischen Allgemeinen Landrechts einer Kirchengemeinde vermachten Kapitals auf die Fortdauer der Verpflichtung der Gemeinde zur Erfüllung der ihr vom Erblasser gemachten Auflage, sein Erbbegräbnis instandzuhalten?

EG. z. BGB. Art. 213. Preuß. Allg. Landrecht I 12 §§ 508 bis 515.

IV. Zivilsenat. Urt. v. 1. März 1928 i. S. der Kirchengemeinden der Jerusalems- und der Neuen Kirche (Bekl.) w. Erben R. (Kl.). IV 605/27.

I. Landgericht I Berlin.
II. Kammergericht daselbst.

Der Vater und Erblasser der Kläger, Ratsmaurermeister R., hat auf dem den beiden beklagten Kirchengemeinden gemeinschaftlich gehörigen Kirchhof im Jahre 1895 ein Erbbegräbnis-Gebäude errichtet. Durch Kodizill vom 9. Dezember 1897 hat er den Beklagten ein Legat von 10000 ℳ mit der Verpflichtung vermacht, dafür sein Erbbegräbnis in allen seinen Teilen so lange, wie der Kirchhof als solcher bestehe, in gutem Zustand zu erhalten. Die Beklagten haben, nachdem die landesherrliche Genehmigung zu der letztwilligen Zuwendung erteilt worden war, die vermachten 10000 ℳ am 7. November 1899 ausgezahlt erhalten gegen die von ihren Gemeindekirchenräten bereits unter dem 3. November 1899 ausgestellte, sich an eine Wiedergabe des Inhalts des Kodizills anschließende schriftliche Erklärung: „Indem wir über den Empfang der 10000 ℳ hierdurch quittieren, verpflichten wir uns zugleich, die übernommenen Verbindlichkeiten gewissenhaft auszuführen."

Aus den Mitteln des Vermächtnisses haben die Beklagten am 14. November 1899 10000 ℳ 3½% preuß. Konsols angeschafft. Im Februar 1923 haben sie nach ihrer (von den Klägern bestrittenen) Behauptung diese Stücke in 4½% Reichsschatzanweisungen umgetauscht.

Im Jahre 1924/25 haben die Kläger zur Instandhaltung des Erbbegräbnisses, an dem die Beklagten seit der Entwertung der Staatspapiere durch die Inflation keine Instandsetzungsarbeiten mehr hatten ausführen lassen, 700 RM aufgewendet. Die Klage richtet sich auf die Erstattung dieses Betrags nebst Verzugszinsen. Die Beklagten haben Widerklage erhoben mit dem Antrag auf Feststellung, daß sie nur gehalten seien, „nach Kräften des Zinsertrægnisses von dem Aufwertungsbetrage von 10000 ℳ, die früher in 3½% preuß. Konsols angelegt waren, für die Instandhaltung des Erbbegräbnisses des Erblassers der Kläger Sorge zu tragen". Das Landgericht und das Kammergericht haben der Klage stattgegeben und die Widerklage abgewiesen. Auf die Revision der Beklagten wurde die Klage abgewiesen und zur Widerklage festgestellt, daß die Beklagten für die Instandhaltung des Erbbegräbnisses nur nach Kräften des Zinsertrags von 10000 ℳ 3½% preuß. Konsols alten Besitzes (im Sinne des § 35 AnlAblG.) zu sorgen verpflichtet seien.

Gründe:

... Das Berufungsgericht hält den Standpunkt der Kläger, daß die beklagten Kirchengemeinden trotz der Entwertung des ihnen vermachten Kapitals zur Instandhaltung des Erbbegräbnisses im ursprünglichen Maß verpflichtet seien, nach den §§ 508flg. PrALR. I 12 für begründet und führt weiter aus: Da die Verpflichtung zur Erhaltung des Erbbegräbnisses von den Beklagten in einer besonderen rechtsgeschäftlichen Erklärung übernommen worden sei und eine Gegenleistung für die Zuwendung des Kapitals darstelle, könnten sich die Beklagten ebensowenig auf die Geldentwertung berufen wie jemand, der bei einem gegenseitigen Vertrag die ihm gebührende Leistung in vollwertigem Geld erhalten habe.

Keiner der beiden Entscheidungsgründe hält der rechtlichen Nachprüfung stand. Die §§ 508flg. PrALR. I 12, die hier gemäß Art. 213 EG. z. BGB. deshalb in Betracht kommen, weil der Erblasser vor Inkrafttreten des Bürgerlichen Gesetzbuchs gestorben ist, gehen im § 508 (entsprechend dem dort angezogenen § 152 I 4) davon aus, daß der Erblasser mit einer Auflage an den Bedachten dessen eigenen Vorteil im Auge hat. Sie sind aber anerkanntermaßen auch auf diejenigen Fälle zu beziehen, in denen der Erblasser den Vorteil eines Dritten, das Beste des gemeinen Wesens (§§ 513, 515) oder die Verwirklichung eines von ihm sonst verfolgten Interesses bezweckt (Gruch. Bd. 26 S. 894). Die Vorschriften besagen: Der Zweck müsse vom Bedachten regelmäßig erfüllt werden (§ 509). Der Bedachte verliere die ihm gemachte Zuwendung, wenn der Zweck infolge seines Verschuldens nicht erfüllt werden könne (§ 510). Er behalte dagegen die Zuwendung, wenn die Erfüllung ohne seine Schuld unmöglich werde, auch eine andere Verwendungsart, die der aus der letztwilligen Verordnung oder den Umständen sich ergebenden Absicht des Erblassers am nächsten komme, nicht möglich sei (§§ 511, 512); es sei denn, daß aus der Verordnung oder den Umständen klar erhelle, daß der Erblasser die Zuwendung gar nicht gemacht haben würde, wenn er die Nichterfüllung des bestimmten Zweckes vorausgesehen hätte (§ 513).

Diese Vorschriften treffen den vorliegenden Sachverhalt nicht unmittelbar. Denn die Erfüllung der Auflage ist den verklagten Vermächtnisnehmerinnen nicht unmöglich geworden. Sie können sie nur, nachdem das ihnen vermachte Kapital entwertet worden ist, nicht mehr oder zum großen Teil nicht mehr aus den Erträgnissen dieses Kapitals erfüllen. Für die Beantwortung der Frage, ob und inwieweit ihnen die Erfüllung der Auflage trotzdem obliegt, geben aber die Vorschriften des Gesetzes insofern einen Anhalt, als sie auf die ergänzende Testamentsauslegung als diejenige Erkenntnisquelle hinweisen, aus der das rechtliche Schicksal einer mit einer Auflage beschwerten letztwilligen Zuwendung zu bestimmen ist, wenn die Erfüllbarkeit der Auflage von einem durch den Erblasser nicht vorhergesehenen, vom Bedachten nicht verschuldeten Ereignis betroffen wird. Es ist dann durch Auslegung festzustellen, was nach der aus der letztwilligen Verordnung und den Umständen zu entnehmenden Willensrichtung des Erblassers als von ihm gewollt anzusehen ist, falls er vorausschauend das spätere Ereignis bedacht hätte. In dieser Beziehung liegt der gegenwärtige Fall so, daß einerseits keine Partei besondere, zur Bestimmung dieser Willensrichtung geeignete Umstände vorgebracht und daß anderseits die letztwillige Verordnung einen typischen Inhalt hat. Es handelt sich um einen der häufigen Fälle, in denen jemand einer Kirchengemeinde, sei es durch Schenkung unter Lebenden oder durch Verfügung von Todes wegen, einen Geldbetrag mit der Auflage zugewendet hat, eine auf ihrem Friedhof liegende Grabstelle, solange der Friedhof als solcher bestehe, zu pflegen und auszuschmücken oder ein Erbbegräbnis-Gebäude zu unterhalten. Der Wille des Zuwendenden ist in solchem Falle allerdings darauf gerichtet, daß durch die Erfüllung der Auflage seinen Erben (oder, bei einer Schenkung unter Lebenden, ihm selbst und seinen Erben) die Last der Unterhaltung der Grabstätte abgenommen werden soll. Aber es kann dem Berufungsgericht nicht zugegeben werden, daß die Befreiung von dieser Last regelmäßig für alle möglichen, auch unvorhergesehenen und unvorhersehbaren Fälle gemeint sei. Die Regel des Lebens ist vielmehr die, daß der Erblasser (oder der Schenker) nicht nur für seine Erben (oder für sich und seine Erben) einen Vorteil erstrebt, sondern auch wohltätig sein will, indem er der Kirchengemeinde und damit den idealen Aufgaben, denen sie dient, unentgeltlich etwas zuwendet, also die Kirchengemeinde bereichert. Daher wird die Zuwendung in der Regel so bemessen, daß ihr Ertrag die laufenden Ausgaben der Unterhaltung der Grabstätte reichlich deckt, der Stamm der Zuwendung somit nicht angegriffen zu werden braucht, sondern der Kirchengemeinde als freie Bereicherung verbleibt, wenn die Erfüllung der Auflage mit der Einziehung des Friedhofs dereinst wegfällt. Denselben Standpunkt hat der Senat schon in seinem Urteil vom 10. Dezember 1925 (RGZ. Bd. 112 S. 210) eingenommen. Dieses bezieht sich zwar auf eine unter der Herrschaft des Bürgerlichen Gesetzbuchs gemachte Schenkung unter Lebenden; seine allgemeinen Erwägungen treffen aber auch auf eine unter der Herrschaft des früheren preußischen Rechts wirksam gewordene letztwillige Verfügung zu. Auch im vorliegenden Falle hat der Erblasser das den Kirchengemeinden vermachte Kapital so bemessen, daß sein Ertrag bei mündelsicherer Anlegung des Kapitals, wie sie den Beklagten durch die bestehenden Vorschriften zur Pflicht gemacht war, unter den damals vorhandenen und voraussehbaren wirtschaftlichen Verhältnissen die laufenden Ausgaben für die Unterhaltung des Erbbegräbnis-Gebäudes reichlich deckte. Die Kläger sprechen in der Klage sogar von einer „großzügigen Stiftung zum Wohle der Gemeinde" und geben an, daß es zur Aufwendung der Klagesumme von 700 RM innerhalb eines Jahres (1924/25) nur deshalb gekommen sei, weil zur Unterhaltung des Erbbegräbnisses in den Jahren vorher nichts geschehen sei. Irgend ein Anhalt dafür, daß die Willensrichtung des Erblassers der oben wiedergegebenen Regel des Lebens nicht entsprochen habe, ist weder in den Gründen des Berufungsurteils angeführt noch, wie schon bemerkt, aus den Parteivorträgen zu entnehmen. Es ist deshalb von der Geltung jener Regel für den vorliegenden Fall auszugehen.

Hiernach ist als Absicht des Erblassers anzunehmen, daß er mit einer dauernden Bereicherung der beiden von ihm bedachten Kirchengemeinden die Sicherung der Unterhaltung des Erbbegräbnis-Gebäudes durch einen mehr oder minder großen Teil der Nutzungen des vermachten Kapitals verbinden wollte. Er würde demgemäß, wenn er die Entwertung des mündelsicher angelegten Kapitals vorausgesehen hätte, den Beklagten nicht die fortdauernde Unterhaltung des Erbbegräbnis-Gebäudes „in allen seinen Teilen", sondern nur die Leistung eines den verbleibenden Nutzungen entsprechenden Beitrags zu den Unterhaltungskosten auferlegt haben.

Durch die schriftliche Erklärung der Beklagten vom 3. November 1899 ist dem bisher erörterten erbrechtlichen Verpflichtungsgrunde kein neuer — vertragsmäßiger — Verpflichtungsgrund hinzugefügt worden. Es liegt nach dem auch insoweit unstreitigen Sachverhalt nicht mehr vor, als daß die Beklagten im Anschluß an eine Wiedergabe des Inhalts der Vermächtnisanordnung über den Empfang der 10000 M mit der Erklärung quittiert haben: „Wir verpflichten uns zugleich, die übernommenen Verbindlichkeiten gewissenhaft zu erfüllen." Somit haben sie sich zu der durch die Annahme des Vermächtnisses übernommenen Verpflichtung bekannt, die Auflage des Erblassers zu erfüllen; sie haben aber weder den Klägern einen Vertragsantrag gemacht noch einen Vertragsantrag der Kläger angenommen. Die Kläger sind zu ihnen nur als die durch das Vermächtnis beschwerten und durch die Auflage begünstigten Erben, aber nicht als Vertragsgegner in rechtliche Beziehungen getreten. Es geht deshalb, auch abgesehen von den nach RGZ. Bd. 112 S. 211 dagegen sprechenden allgemeinen Erwägungen, nicht an, die Beklagten so zu behandeln, wie wenn sie mit den Klägern einen entgeltlichen Vertrag über Handlungen im Sinne der §§ 869flg. PrALR. I 11 abgeschlossen hätten, und auf dieser Grundlage (mit RGZ. Bd. 108 S. 157) zu sagen, die Beklagten hätten die volle Gegenleistung für die von ihnen übernommenen Handlungen alsbald erhalten, „nicht bloß dem Betrage nach, sondern auch in dem Werte, den beide Teile bei Vertragsschluß als den richtigen und angemessenen Gegenwert für die Verpflichtung der Beklagten angesehen haben".

Nach dem Ausgeführten braucht keine Stellung genommen zu werden zu der auf dem Boden des Preußischen Allgemeinen Landrechts entstandenen Streitfrage, ob die Nichterfüllung einer Auflage, zu deren Erfüllung der unter der Auflage Bedachte verpflichtet ist, in anderen als den von den §§ 514, 515 PrALR. I 12 getroffenen Fällen nach §§ 509 bis 513 das. nur die Folge hat, daß der Bedachte die Zuwendung verliert, oder ob die Erfüllung der Auflage von den Erben durch Klage betrieben werden kann. Aus der Beantwortung im ersten, von der Revision vertretenen Sinne könnte ein Grund für die Abweisung der Klage, aber kein Anhalt für die Entscheidung über die Widerklage entnommen werden. Aber auch zur Klage kommt es nicht auf die Streitfrage an. Denn der Erstattungsanspruch der Kläger ist schon deshalb abzuweisen, weil die $3^1/_2$% preuß. Konsols, in denen die Beklagten die 10000 *M* noch im November 1899 angelegt haben, im Jahre 1924/25, wie schon in den letzten Jahren vorher, keinen irgendwie erheblichen Zinsertrag gebracht haben, sodaß die Beklagten nach dem oben Gesagten nicht verpflichtet waren, zu den damals von den Klägern vorgenommenen Instandsetzungsarbeiten auch nur einen Beitrag zu leisten.

Auf die Widerklage ist festzustellen, daß die Beklagten für die Instandhaltung des Erbbegräbnisses nur nach Kräften des Zinsertrags von 10000 *M* $3^1/_2$% preuß. Konsols alten Besitzes (im Sinne des § 35 AnlAblG. vom 16. Juli 1925) zu sorgen verpflichtet sind. Wenn die Beklagten, wie sie behaupten, die Kläger aber bestritten haben, die preußischen Konsols im Februar 1923 in $4^1/_2$% Reichsschatzanweisungen umgetauscht und dadurch möglicherweise das Vorrecht des Anleihe-Altbesitzes verloren haben, so war dies eine weder notwendige noch zweckmäßige Maßnahme, auf die sie sich den Klägern gegenüber nicht berufen können. Preußische Konsols im Nennwerte von 10000 ℳ konnten nach §§ 30, 31 AnlAblG. in 250 RℳAblösungsanleihe umgetauscht werden. Sie wären als aus einer Markanleihe alten Besitzes hervorgegangen nach § 34 das. im Laufe von 30 Jahren ausgelost und durch Barzahlung des fünffachen Nennwerts, also von 1250 Rℳ mit $4^1/_2$% jährlichen, vom 1. Januar 1926 ab laufenden Zinsen eingelöst worden. Zinsen zu $4^1/_2$% von 1250 Rℳ betragen jährlich 56,25 Rℳ. Wenn diese Zinsen auch erst bei der Einlösung, zusammen mit dem Kapitalbetrag, gezahlt werden, so ist den Beklagten doch zuzumuten, vom 1. Januar 1926 ab den (mit Rücksicht auf die spätere Fälligkeit der Zinsen) ermäßigten Betrag von jährlich 50 Rℳ für die Instandhaltung des Erbbegräbnisses aufzuwenden oder in diesem Maße zu höheren Instandhaltungskosten beizutragen. Dies rechtfertigt sich um so mehr, wenn die Beklagten durch die Veräußerung der 10000 ℳ $3^1/_2$% preuß. Konsols die Feststellung unmöglich gemacht haben, wann die Ablösungsanleihe, die sie dafür erhalten hätten, ausgelost worden wäre. ...

---

55. 1. Bedeutung der von Amts wegen bewirkten Zustellung nicht verkündeter Urteile.

2. Wie ist eine Erklärung zu bewerten, durch die ein Rechtsmittel unter Angabe des Grundes zurückgenommen wird?

3. Steht der Umstand, daß ein Rechtsmittel zunächst ordnungsmäßig eingelegt, dann aber irrtümlich zurückgenommen worden ist, der Wiedereinsetzung in den vorigen Stand entgegen, wenn nach Ablauf der Berufungsfrist das Rechtsmittel erneut eingelegt wurde?

4. In welchem Umfang muß der Prozeßbevollmächtigte sein Kanzleipersonal über die Zustellung nicht verkündeter Urteile und den Beginn der Rechtsmittelfrist belehren und persönlich eine Nachprüfung vornehmen?

Bekanntm. zur Entlastung der Gerichte vom 9. September 1915/13. Mai 1924 § 7. ZPO. §§ 211, 212, 515, 232 Abs. 2, §§ 233, 234.

VI. Zivilsenat. Urt. v. 1. März 1928 i. S. H. (Bekl.) w. K. u. Gen. (Kl.). VI 374/27.

I. Landgericht Kassel.
II. Oberlandesgericht daselbst.

Das Landgericht hat den Beklagten — im Einverständnis der Parteien ohne mündliche Verhandlung — durch Teilurteil verurteilt, an die Kläger 4052 RM nebst Zinsen gegen Rückauflassung eines Grundstücks zu zahlen. Auf Verfügung vom 5. Februar 1927 wurde dieses Urteil mit Gründen den Parteivertretern am 18. Februar 1927 von Amts wegen durch die Post zugestellt. Am 21. Februar 1927 wurde es dann dem Prozeßbevollmächtigten der Kläger von dem des Beklagten zugestellt. Der Beklagte legte zweimal Berufung ein, zunächst am 16. März 1927 (Aktenz. 1 U 73/27) und dann am 31. Mai 1927 (Aktenz. 1 U 143/27), nachdem das Urteil seinem Prozeßbevollmächtigten am 30. Mai 1927 nochmals von Amts wegen zugestellt worden war. Unterm 24. Juni 1927 richtete der Prozeßbevollmächtigte des Beklagten folgenden (auch dem gegnerischen Anwalt zugestellten) Schriftsatz an das Berufungsgericht: „In Sachen H. gegen K. — 1 U 73/27 — wird die eingelegte Berufung, die mangels amtlicher Zustellung des Urteils wirkungslos war, hiermit zurückgenommen und beantragt: die durch Einlegung der Berufung entstandenen Kosten niederzuschlagen, da sie durch unrichtige Behandlung der Sache seitens des Gerichts 1. Instanz entstanden sind. Das Teilurteil hätte von Amts wegen zugestellt werden müssen." Mit Schriftsatz vom 6. Juli, eingegangen am 8. Juli 1927, beantragte der Beklagte „weiter vorsorglich", ihm gegen die Versäumung der Berufungsfrist die Wiedereinsetzung in den vorigen Stand zu erteilen. In der mündlichen Verhandlung stellte er den Antrag aus der ersten Berufungsschrift, da er nunmehr die erste Berufungseinlegung für rechtswirksam hielt, hilfsweise den aus der zweiten Berufungsschrift und aus dem Schriftsatz vom 6. Juli 1927. Die Kläger beantragten, den Berufungskläger des Rechtsmittels der Berufung 1 U 73/27 für verlustig zu erklären, hilfsweise: diese Berufung zurückzuweisen; die zweite Berufung, vom 31. Mai 1927, baten sie als unzulässig zu verwerfen, hilfsweise: als unbegründet zurückzuweisen. Das Oberlandesgericht erklärte den Beklagten der ersten Berufung für verlustig und verwarf die am 31. Mai 1927 eingelegte Berufung als unzulässig. Die Revision des Beklagten wurde zurückgewiesen.

Gründe:

Da das landgerichtliche Teilurteil im Einverständnis der Parteien ohne mündliche Verhandlung erlassen war, mußte es gemäß § 7 der Bekanntmachung zur Entlastung der Gerichte vom 9. September 1915 in der Fassung der Bekanntmachung vom 13. Mai 1924 (RGBl. 1924 I S. 552) anstelle der Verkündung den Parteien schriftlich mitgeteilt werden, und zwar durch Zustellung der Urteilsformel. Fehlt es an dieser ausdrücklich vorgeschriebenen Zustellung, so ist das Urteil überhaupt noch nicht nach außen in die Erscheinung getreten; es gilt dann in sachlicher Beziehung als nicht vorhanden, auch wenn den Parteien Ausfertigungen ohne Zustellung der Urteilsformel erteilt und von ihnen zugestellt worden waren. Hieran wird dadurch nichts geändert, daß das Reichsgericht in einem anders liegenden Falle (JW. 1915 S. 592 Nr. 26) die zum Zweck der Aufhebung eines nicht ordnungsmäßig verkündeten Urteils erhobene Berufung für begründet erklärt hat (vgl. dazu RGZ. Bd. 90 S. 295). Im gegenwärtigen Falle war das ganze Urteil schon am 18. Februar 1927 den Parteien von Amts wegen und dann am 21. Februar 1927 nochmals dem Beklagten von den Klägern zugestellt worden. Die am 16. März 1927 erfolgte Einlegung der Berufung — 1 U 73/27 — war also in jedem Falle rechtswirksam, mag man die Berufungsfrist mit der Zustellung von Amts wegen oder erst mit der Parteizustellung beginnen lassen. Dagegen durfte der zweitinstanzliche Prozeßbevollmächtigte des Beklagten davon ausgehen, daß ein Urteil, das mit einer zur sachlichen Nachprüfung führenden Berufung angefochten werden konnte, vor Zustellung der Urteilsformel von Amts wegen nicht vorhanden war, und er konnte die Zurücknahme der dann wirkungslosen Berufung und die Einlegung einer neuen Berufung nach ordnungsmäßiger Zustellung der Urteilsformel für geboten erachten.

Diese Zurücknahme hat der Beklagte, wie das Berufungsgericht ohne Rechtsirrtum annimmt, in seinem dem Gegner zugestellten Schriftsatz vom 24. Juni 1927 rechtswirksam erklärt.

Der hiergegen gerichtete Angriff der Revision kann nicht durchgreifen. Er geht dahin: Der Beklagte habe auf Grund der Mitteilung des Vorsitzenden des Berufungsgerichts und des Fehlens der Zustellungsurkunden in den Akten angenommen, die Urteilsformel sei nicht von Amts wegen zugestellt und die erste Berufungseinlegung daher wirkungslos. Nur die „mangels amtlicher Zustellung des Urteils wirkungslose" Berufung habe er im Schriftsatz vom 24. Juni 1927 zurückgenommen. Das sei aber bedeutungslos und ohne Wirkung gewesen; denn eine solche wirkungslose Berufung habe gar nicht vorgelegen. Die Revision will hiernach die Zurücknahme-Erklärung dahin auslegen, daß der Beklagte damit nicht eine bestimmte Berufung unbedingt zurückgenommen habe, sondern nur eine solche, die wirkungslos gewesen sei. Da sich aber die Zurücknahme-Erklärung auf die erste Berufungseinlegung vom 16. März 1927 bezog, wie die Anführung des Aktenzeichens 1 U 73/27 und die nachherige erneute Berufungseinlegung zweifelfrei ergeben, so kann die Ausführung des Beklagten nur so verstanden werden, wie sie auch das Berufungsgericht verstanden hat, nämlich dahin, daß der Beklagte die Zurücknahme nur unter der Bedingung der Wirkungslosigkeit der Berufung erklärt habe. Diese Auslegung ist jedoch abzulehnen. Der Wortlaut spricht nicht für sie, er läßt vielmehr erkennen, daß der Beklagte durch den Zusatz wegen der Wirkungslosigkeit der Berufung nur eine Begründung für ihre Zurücknahme hat geben wollen (vgl. RGZ. Bd. 68 S. 166). Dafür spricht auch die Erwägung, daß eine bedingte Zurücknahme-Erklärung in jedem Falle ohne Bedeutung wäre, da derartige Prozeßerklärungen das Hinzufügen einer Bedingung nicht dulden, und daß dies dem Erklärenden als Rechtsanwalt bekannt war.

Zutreffend hat das Berufungsgericht darauf hingewiesen, daß eine Anfechtung der Zurücknahme-Erklärung wegen Irrtums nicht in Frage kommt, da Prozeßerklärungen nicht nach den Vorschriften des bürgerlichen Rechts, sondern nur insoweit angefochten werden können, als die Zivilprozeßordnung es zuläßt; letzteres trifft aber hier nicht zu. Ohne Rechtsirrtum verneint der Vorderrichter auch, daß hier einer der Fälle vorliege, wo eine offenbare, durch Verschreiben, Versprechen oder ähnliches entstandene Unrichtigkeit berichtigt werden solle.

Es kann sich hiernach nur noch fragen, ob das Berufungsgericht dem Beklagten für die zweite Berufungseinlegung die Wiedereinsetzung in den vorigen Stand gegen den Ablauf der Berufungsfrist mit Recht versagt hat. Diese Berufungseinlegung war trotz der Zurücknahme-Erklärung vom 24. Juni 1927 an sich rechtswirksam geblieben. Denn jene Erklärung bezog sich ersichtlich nur auf die erste Berufungseinlegung, deren Aktenzeichen auch allein angegeben war, nicht auf das Rechtsmittel der Berufung als solches (RGZ. Bd. 96 S. 188 und Bd. 102 S. 364). Mit der Zurücknahme verlor die erste Berufungseinlegung gemäß § 515 ZPO. ohne weiteres ihre Kraft. Dadurch wurde die zweite Berufungseinlegung wirksam, die zunächst wegen des Schwebens der ersten Berufung wirkungslos war. Sie war aber verspätet, da damals die Berufungsfrist sowohl seit der Zustellung von Amts wegen als auch seit der Parteizustellung abgelaufen war. Das Berufungsgericht meint nun, an der Voraussetzung für die Wiedereinsetzung in den vorigen Stand aus § 233 ZPO. fehle es deshalb, weil die erste Berufung rechtzeitig eingelegt sei und daher eine Versäumung der Berufungsfrist nicht in Frage kommen könne. Damit wird es jedoch dem Sinn und Zweck der Vorschrift bei der hier vorhandenen eigenartigen Sachlage nicht gerecht. Für die Entscheidung der Frage, ob eine Partei durch Naturereignisse oder andere unabwendbare Zufälle verhindert worden ist, eine Notfrist einzuhalten, muß von der Sachlage ausgegangen werden, wie sie bestand, als das Hindernis behoben wurde. Das war hier der Zeitpunkt, in dem der Prozeßbevollmächtigte des Beklagten durch den Vorsitzenden des Berufungsgerichts erfuhr, daß das erste Urteil, entgegen der früheren Annahme, doch schon am 18. Februar 1927 von Amts wegen zugestellt worden sei. Damals lag aber keine die Berufungsfrist wahrende Berufungseinlegung mehr vor. Denn die erste Berufungseinlegung, welche diese Wirkung gehabt hatte, war durch die Zurücknahme-Erklärung endgültig außer Kraft getreten und hatte jede Bedeutung für die Fristwahrung verloren. Es war also damals tatsächlich infolge der Zurücknahme-Erklärung die Frist versäumt. Gerade diese Erklärung in Verbindung mit der irrtümlichen Annahme, das Teilurteil sei erst am 30. Mai 1927 von Amts wegen zugestellt worden, war das Ereignis, das die Einhaltung der Berufungsfrist verhindert hatte. Die Frist war also ursprünglich eingehalten, aber nunmehr war diese Einhaltung endgültig hinfällig geworden, sie war nicht mehr vorhanden, die Frist war also nicht mehr eingehalten. Und das genügt. Wie die eidesstattliche Versicherung des Gerichtsassessors F. ergibt, hat er als Vertreter des zweitinstanzlichen

Prozeßbevollmächtigten des Beklagten erst am 27. Juni 1927 durch Mitteilung des Vorsitzenden des Berufungsgerichts erfahren, daß das erste Urteil schon am 18. Februar 1927 von Amts wegen zugestellt worden war. Dann hat der Beklagte fristgerecht (§ 234 ZPO.) die Wiedereinsetzung beantragt. Der Antrag ist demnach ordnungsmäßig gestellt.

Es fragt sich also, ob die Nichteinhaltung der Berufungsfrist auf einen unabwendbaren Zufall zurückzuführen ist. Das kann unter den vorliegenden Umständen nicht als glaubhaft gemacht angesehen werden. Nach der Feststellung des Berufungsgerichts ist das erste Urteil den beiden erstinstanzlichen Prozeßbevollmächtigten, für den Beklagten dem Rechtsanwalt F. in W., ordnungsmäßig zugestellt worden. Diese Zustellung wurde gemäß §§ 211, 212 ZPO. so ausgeführt: Das Urteil war in einem mit Anschrift, Geschäftsnummer und dem Vermerk „vereinfachte Zustellung" versehenen Briefumschlag der Post zur Beförderung übergeben und dann vom Postboten der Vorsteherin des Büros des Rechtsanwalts F. für diesen überliefert worden, wobei der Postbote den Tag der Zustellung auf dem Umschlag vermerkte. Ob zu den Handakten des Rechtsanwalts F. mit dem Urteil auch der Briefumschlag gekommen ist, aus dem sich die Tatsache und der Tag der Zustellung von Amts wegen ergab, läßt sich nicht mehr feststellen. Es kommt aber für die Frage der Wiedereinsetzung auch nicht entscheidend darauf an. Wenn der Umschlag bei den Handakten war, so ergab sich daraus ohne weiteres die Zustellung des Urteils von Amts wegen, da die Handakten stets dem zweitinstanzlichen Prozeßbevollmächtigten übersandt werden, jedenfalls aber bei Zweifeln wegen der Förmlichkeiten durch ihn hätten eingefordert werden müssen. War jedoch der Umschlag versehentlich nicht zu den Akten gekommen, so ist doch, auch wenn man das nur auf ein Versehen des Büros zurückführt, in keiner Weise dargetan, daß Rechtsanwalt F. sein Büro über Art und Bedeutung der Zustellung von Amts wegen sowie über die Notwendigkeit der Aufbewahrung der betreffenden Briefumschläge belehrt und die Durchführung seiner Anordnungen nachgeprüft hat. Das war aber erforderlich, und es ist anzunehmen, daß im Falle solcher Belehrung und Nachprüfung der Umschlag zu den Akten gekommen wäre (vgl. RGUrt. vom 6. Februar 1906 II 453/05, vom 8. April 1914 IV 704/13 und vom 3. Mai 1919 IV 448/18). Es ist also nicht dargetan und kann auch wegen Ablaufs der Wiedereinsetzungsfrist nicht mehr dargetan werden, daß der erstinstanzliche Prozeßbevollmächtigte des Beklagten, für dessen Versehen dieser einstehen muß, jede nach den Umständen des Falles mögliche und erforderliche äußerste Sorgfalt angewendet hat. Es wäre auch Sache des zweitinstanzlichen Prozeßbevollmächtigten des Beklagten gewesen, vor Einlegung der Berufung zu ermitteln, ob die Urteilsformel von Amts wegen zugestellt war. Dasselbe hätte auch Rechtsanwalt F. tun müssen, als ihm selbst das Urteil zugestellt wurde. Denn die Wirksamkeit der Einlegung der Berufung hing ja von der amtlichen Zustellung ab. Wäre die Ermittlung alsbald durch die Nachfrage beim Landgericht und durch Akteneinsicht angestellt worden, so hätte sich die Tatsache der amtlichen Zustellung voraussichtlich feststellen lassen, auch wenn die Zustellungsurkunden versehentlich nicht in die Akten eingeheftet waren, sondern lose lagen und bei Übersendung der Akten an das Berufungsgericht beim Versendungsbeleg zurückbehalten worden waren. Wäre aber die amtliche Zustellung festgestellt worden, dann hätte der Beklagte nicht die Berufung zurückgenommen und dadurch die Fristversäumung herbeigeführt. Es kann hiernach unerörtert bleiben, ob der Beklagte und seine Vertreter im weiteren Verfahren die äußerste zu erfordernde Sorgfalt gewahrt haben und inwieweit die Zurücknahme der Berufung auch dadurch veranlaßt worden ist, daß dem Prozeßbevollmächtigten des Beklagten auf Grund der nachlässig geführten Akten eine unrichtige, irreführende amtliche Auskunft erteilt worden war. Hiernach ist die Wiedereinsetzung mit Recht nicht gewährt worden. Daraus ergibt sich, daß die am 31. Mai 1927 eingelegte Berufung verspätet, also unzulässig ist.

---

56. 1. Haftet der Vertreter, solange er im eigenen Namen verhandelt, persönlich für Verschulden bei Vertragsschluß (culpa in contrahendo)?

2. Zur Haftung des sachlich am Vertragsschluß beteiligten Vertreters, der aus formalen Gründen für einen andern auftritt und abschließt.

BGB. § 276.

VI. Zivilsenat. Urt. v. 1. März 1928 i. S. P. (Kl.) w. S. (Bekl.). VI 258/27.

I. Landgericht Schwerin.
II. Oberlandesgericht Rostock.

Der Kaufmann Pü. in Sch. war eingetragener Eigentümer der Büdnerei C. Er verkaufte den Grundbesitz und die Käufer veräußerten ihn ihrerseits weiter an Dritte. Von allen diesen Kaufverträgen kommen für den vorliegenden Rechtsstreit nur die folgenden in Betracht. Der Landwirt M. hatte die Stelle aus dritter Hand gekauft und ihm war sie übergeben worden, ohne daß er als Eigentümer eingetragen wurde. Der Landwirt B., auch einer der Käufer, verklagte den M. auf Herausgabe der Büdnerstelle Dieser Rechtsstreit fand sein Ende durch einen gerichtlichen Vergleich vom 29. November 1923, welchem Pü. und der Kaufmann K. im gleichen Protokoll beitraten; letzterer hatte das Grundstück von Pü. gekauft. In diesem Vergleich verpflichtete sich M., die Büdnerei spätestens am 1. März 1924 an den Sohn des K. herauszugeben. Dagegen verpflichtete sich Pü., dem M. bis zum 20. Dezember 1923 eine bestimmte Hypothek von 2000 GM abzutreten und bis zum 10. Januar 1924 weitere 2000 GM zu zahlen, ihm auch eine näher bezeichnete Wohnung zu beschaffen, falls er, M., bis zum 15. Februar 1924 keine neue Landstelle erworben haben würde. Solange Pü. diese seine Verpflichtungen nicht erfüllte, war dem M. das Recht eingeräumt, die Herausgabe der Büdnerei zu verweigern. Pü. ist seinen Verpflichtungen nicht nachgekommen.

K. verkaufte die Büdnerei nebst Zubehör weiter an den Beklagten, der die Rechte des B. aus dem Vergleich vom 29. November 1923 durch Abtretung erworben und je 8000 RM an K. und an Pü. als Kaufpreis gezahlt haben will. Der Beklagte, der anscheinend die behördliche Genehmigung zu dem Erwerb nicht erhielt, suchte nun die Büdnerei weiter zu verkaufen und verhandelte deshalb mit dem Ehemann der Klägerin, der dann mit seiner Frau im Beisein des Beklagten die Stelle besichtigte. Letzterer hatte sich von Pü. Vollmacht geben lassen, das Grundstück in dessen Namen zu verkaufen. Am 31. Juli 1924 kam zwischen dem Beklagten als Bevollmächtigten des Pü. und der Klägerin ein notarieller Kaufvertrag zustande. Von dem auf 10000 GM bemessenen Kaufpreise sollten nach Abzug von Belastungen 8000 GM bar gezahlt werden. Pü. verpflichtete sich im übrigen für Lastenfreiheit einzustehen und das Grundstück bis zum 20. August 1924 zu übergeben. Davon, daß die Käuferin die dem Pü. nach dem Vergleich gegen M. obliegenden Verpflichtungen mitzuübernehmen hätte, ist im Vertrag nichts gesagt. Die Klägerin zahlte alsbald an den Beklagten als Bevollmächtigten des Pü. den Barkaufpreis von 8000 GM. Der Beklagte, der den Standpunkt einnahm, er habe die Büdnerei in Vollmacht des Pü. verkauft, um so von diesem einen Teil des von ihm — dem Beklagten — gezahlten Kaufpreises zurückzuerhalten, verrechnete mit Zustimmung des Pü. die 8000 GM auf seine ihm gegen diesen zustehende Forderung. Als nun die Klägerin die Stelle übernehmen wollte, lehnte M. die Übergabe mit der Begründung ab, daß Pü. den Vergleich vom 29. November 1923 nicht erfüllt habe. Pü. und der Beklagte verschafften der Klägerin auch in der Folge den Besitz der Stelle nicht.

Die Klägerin klagte nunmehr zunächst gegen Pü. auf Rückzahlung der 8000 GM; sie erstritt auch ein obsiegendes Urteil, die Zwangsvollstreckung fiel jedoch fruchtlos aus. Darauf nahm sie mit der gegenwärtigen Klage den Beklagten auf Zahlung von 8000 RM in Anspruch. Das Landgericht gab der Klage statt, das Oberlandesgericht dagegen wies sie ab. Die Revision der Klägerin führte zur Aufhebung und Zurückverweisung.

Aus den Gründen:

. . . Ein rechtlicher Gesichtspunkt, unter dem das Klagvorbringen zu prüfen war, ist der des Verschuldens bei den Vertragsverhandlungen (culpa in contrahendo). Diese Prüfung hat das Berufungsgericht zu Unrecht unterlassen. Es ist, obwohl im Bürgerlichen Gesetzbuch eine ausdrückliche allgemeine Bestimmung hierüber fehlt (vgl. z. B. §§ 122, 179, 307, 309), in der Rechtsprechung, insbesondere auch der des Reichsgerichts, anerkannt, daß schon bloße Vertragsverhandlungen selbst dann, wenn sie nicht zum Vertragsschluß führen, ein vertragsähnliches Vertrauensverhältnis unter den Beteiligten erzeugen, das sie zur Beachtung der im Verkehr erforderlichen Sorgfalt verpflichtet. Nicht nur vorsätzliche, sondern auch fahrlässige Verletzung dieser Sorgfaltspflicht macht jedenfalls insofern schadensersatzpflichtig, als das negative Vertragsinteresse, im Gegensatz zum Erfüllungsinteresse, zu ersetzen ist (RGZ. Bd. 95

S. 58, Bd. 97 S. 325, Bd. 103 S. 157, Bd. 106 S. 68, Bd. 107 S. 240 und S. 357, Bd. 108 S. 410, Bd. 114 S. 155, JW. 1912 S. 743 und 1924 S. 714; Recht 1922 Nr. 1545; KommRGR. 6. Aufl. Anm. 3 zu § 276 BGB.; Stoll in LZ. 1923 Sp. 532). Bei den Vertragsverhandlungen haben nicht bloß wissentlich oder fahrlässig wahrheitswidrige Behauptungen zu unterbleiben, zum Inhalt jenes Vertrauensverhältnisses gehört vielmehr im Rahmen der nach Treu und Glauben im redlichen Verkehr zu stellenden Anforderungen auch eine Offenbarungspflicht der Beteiligten für solche Tatsachen, die für die Entschließung des anderen Teils erkennbar von Bedeutung sein können. Zu solchen Tatsachen ist aber ohne Zweifel die Wahrscheinlichkeit zu rechnen, daß der Erfüllung oder der nicht fristgemäßen Erfüllung des in Aussicht genommenen Vertrags Hindernisse entgegenstehen.

Prüft man das Vorbringen der Klägerin auf dieser Grundlage, so hätte jedenfalls dem Pü. die Pflicht obgelegen, der Klägerin von vornherein zu offenbaren, daß ohne eine Befriedigung der Ansprüche des M. ein etwaiger Kaufvertrag nicht oder jedenfalls nur nach Hebung gewisser Hindernisse zur Übergabe der Büdnerstelle an die Klägerin führen könne. Nun hat zwar nicht Pü., sondern der Beklagte die Kaufverhandlungen mit der Klägerin geführt. Nach Behauptung der Klägerin hat aber der Beklagte bis kurz vor Kaufabschluß im eigenen Namen verhandelt. Sollte jedoch die Klägerin den Beweis hierfür nicht erbringen können, so würde das Ergebnis, daß nämlich der Beklagte für seine Person nicht nur für wissentliche, sondern auch für fahrlässige Verletzung jener Offenbarungspflicht einzustehen hätte, kein anderes sein. Es mag dahingestellt bleiben, ob nach § 276 Abs. 1 S. 1 BGB. jeder Vertreter, wenn er auch für Vorsatz aus denselben Gründen wie bei der unerlaubten Handlung unter allen Umständen selbst aufkommen muß, auch für bloße Fahrlässigkeit bei der Führung von Vertragsverhandlungen sich selbst und nicht nur seinen Machtgeber haftbar macht; es kann jedoch zweifelhaft sein, ob der Vertreter überhaupt als Schuldner im Sinne des § 276 Abs. 1 S. 1 BGB. anzusehen ist. Im vorliegenden Falle liegen aber die Dinge besonders. Der Beklagte war der Käufer der Büdnerei; in seinem Interesse suchte er sie weiterzuverkaufen, nachdem er den Kaufpreis an Pü. und an K. gezahlt hatte. Diesen Kaufpreis wollte er durch den Weiterverkauf zurückerlangen. Nur aus dem formalen Grunde, weil das Grundstück noch auf den Namen des Pü. eingetragen war, trat im Vertrag vom 31. Juli 1924 Pü. (und nicht der Beklagte) als Verkäufer und der Beklagte als sein Vertreter auf. Der sachlich allein oder jedenfalls im wesentlichen Beteiligte war bei dem Verkauf nicht Pü., sondern der Beklagte. Diese seine Stellung als eine Art von procurator in rem suam verpflichtete ihn persönlich, und zwar selbst dann, wenn er schon damals erkennbar als Vertreter des Pü. aufgetreten sein sollte. Während der Vertragsverhandlungen, die lediglich aus jenem formalen Grunde nicht zum Vertragsschluß zwischen ihm und der Klägerin geführt haben, mußte er die Anrechte des M. offenbaren. Die etwaige, wenn auch nur fahrlässige Verletzung dieser Aufklärungspflicht würde ihn nach der besonderen Lage des Falles zur Schadloshaltung der Klägerin verpflichten. Bei bloß fahrlässigem Verhalten des Beklagten könnte ein Mitverschulden der Klägerin oder ihres Ehemanns (als ihres Vertreters) am Eintritt des Schadens gemäß § 254 BGB. von Bedeutung werden; bei der Verteilung des Schadens wäre aber die etwaige Geschäftsungewandtheit beider entsprechend zu berücksichtigen.

---

57. Ist eine formlose Vereinbarung über die Aufwertung wirksam, nachdem der Gläubiger die Anmeldefrist des § 16 AufwG. versäumt hat?

AufwG. §§ 16, 67 Abs. 3.

V. Zivilsenat. Urt. v. 3. März 1928 i. S. N. (Bekl.) w. Ev. Kirchengemeinde in R. (Kl.). V 320/27.

I. Landgericht Elbing.
II. Oberlandesgericht Marienwerder.

Die klagende Kirchengemeinde war Gläubigerin einer auf dem Grundbesitz des Beklagten lastenden Vorkriegshypothek von 18000 *M*, die nach Rückzahlung des Nennbetrags gelöscht worden war und an sich der Aufwertung unterlag. Die Klägerin hatte jedoch die rechtzeitige Anmeldung versäumt. Der Beklagte hat sich am 8. Januar 1926 gegenüber dem Pfarrer H., der ihm namens der Klägerin von dem Versehen Mitteilung machte, mündlich bereit erklärt, der Klägerin eine neue Hypothek in Höhe von 4500 RM zu bestellen. An demselben Tag hat dann zwischen dem Pfarrer und dem Beklagten noch eine Verhandlung vor dem Notar N. stattgefunden. Dabei wurden die Bedingungen der neuen Hypothek im einzelnen festgelegt und der Notar entwarf eine Urkunde, worin der Beklagte erklärte: er bekenne, von der Klägerin aus Darlehen 4500 RM zu näher bezeichneten Bedingungen zu schulden, und bestelle ihr zur Sicherung ihrer Forderung an seinem Grundstück eine wertbeständige Hypothek in Höhe von 4500 RM und bewillige und beantrage deren Eintragung im Grundbuch mit dem Vorbehalt, daß er berechtigt sei, eine andere Hypothek bis zur Höhe von 30000 RM mit dem Rang vor den 4500 RM eintragen zu lassen. Der Beklagte unterschrieb diese Erklärung und der Notar beglaubigte die Unterschrift. Die Urkunde blieb zunächst beim Notar zurück, von dem sie sich der Beklagte am folgenden Tag aushändigen ließ, ohne die Klägerin gefragt zu haben. In der Folge stellte sich der Beklagte auf den Standpunkt, das Abkommen sei rechtlich nicht bindend. Die Klägerin verlangte darauf mit der Klage die Einwilligung des Beklagten, daß für die Klägerin eine Hypothek eingetragen werde, wie in der Urkunde vom 8. Januar 1926 näher bezeichnet. Das Landgericht gab der Klage statt. Berufung und Revision des Beklagten blieben ohne Erfolg.

Gründe:

Das Berufungsgericht meint, bei den Verhandlungen zwischen dem Pfarrer H. und dem Beklagten sei eine vertragliche Willenseinigung der Parteien dahin zustandegekommen, daß der Beklagte der Klägerin eine Hypothek der besprochenen Art bewilligen solle; Pfarrer H. sei zwar für sich allein nicht zur Vertretung der Klägerin befugt gewesen, aber seine Erklärungen seien demnächst von der Kirchenvertretung genehmigt worden. Ein Rechtsirrtum ist insoweit nicht gerügt, liegt auch nicht vor. Die Revision zieht nur die vom Vorderrichter bejahte rechtliche Wirksamkeit einer solchen formlosen Vereinbarung in Zweifel, aber zu Unrecht.

Nach allgemeinen Rechtsgrundsätzen können schuldrechtliche Verträge formlos abgeschlossen werden, soweit nicht das Gesetz eine besondere Form vorschreibt. Ein solches Formerfordernis ergibt sich für den vorliegenden Vertrag nicht etwa schon daraus, daß die vom Beklagten übernommene Verpflichtung auf Bestellung einer

Hypothek gerichtet ist. Im Gegensatz zu § 313 BGB., wonach ein Vertrag, durch den sich ein Teil zur Übertragung des Eigentums an einem Grundstück verpflichtet, gerichtlich oder notariell beurkundet sein muß, besteht keine gesetzliche Formvorschrift für einen Vertrag, durch den sich jemand zur Bestellung einer Hypothek verpflichtet. Anderseits ist das Versprechen einer Hypothek, wie jedes andere Versprechen, dann nicht formfrei, wenn die Leistung schenkweise versprochen wird. Unter diesem Gesichtspunkt ist der Anspruch zu prüfen, obgleich der Beklagte den anfänglich vorgebrachten Einwand aus § 518 BGB. im Berufungsverfahren schließlich nicht mehr aufrechterhalten hat. Zu beachten ist auch, daß eine Hypothek eine rechtswirksame Forderung voraussetzt, zu deren Sicherung sie dient, und es ist zu untersuchen, ob im vorliegenden Fall eine solche Forderung besteht. Dabei ist davon auszugehen, daß infolge der Versäumung der Anmeldefrist des § 16 AufwG. kein gesetzlicher Anspruch auf Aufwertung der gelöschten Hypothek bestand. Die Urkunde vom 8. Januar 1926 enthielt möglicherweise in ihrem ersten Teil ein selbständiges Schuldanerkenntnis im Sinne des § 781 BGB., das an sich geeignet gewesen wäre, eine Schuldverpflichtung durch sich selbst zu schaffen, wenn, was streitig ist, die Urkunde der Klägerin ausgehändigt wurde. Jedoch hätte zur Gültigkeit des Anerkenntnisses auch die Einhaltung der Form des § 781 BGB. wiederum dann nicht ausgereicht, wenn es schenkweise erteilt worden wäre (§ 518 Abs. 1 Satz 2 BGB.). Ein Schenkungsversprechen liegt aber nicht vor.

Zwar ist es nicht richtig, wenn der Berufungsrichter den Tatbestand der Schenkung schon deshalb für ausgeschlossen hält, weil die Parteien in der Vereinbarung die Erfüllung einer Anstandspflicht erblickt hätten und es dem Beklagten vor allem auf Hebung seines Ansehens und seines Kredits angekommen sei. Wenn zwei Vertragsparteien darüber einig sind, daß die im Vertrag von der einen Partei übernommene Leistung unentgeltlich erfolgen soll, so liegt Schenkung vor, gleichgültig aus welchen inneren Beweggründen der Versprechende die Verpflichtung übernimmt. Erfüllt er durch das Versprechen eine sittliche Pflicht oder eine auf den Anstand zu nehmende Rücksicht, so hat das nur die Wirkung, daß die besonderen Regeln des § 534 BGB. zur Anwendung kommen, die rechtliche Natur des Geschäfts als einer Schenkung wird aber dadurch nicht geändert. Ebensowenig wird sie dadurch berührt, daß der Versprechende die Hebung seines Ansehens oder seines Kredits bezweckt. In dem von der Klägerin angeführten Urteil des IV. Zivilsenats des Reichsgerichts vom 2. März 1925, das einen von dem vorliegenden verschiedenen Fall behandelt, ist nichts Gegenteiliges ausgesprochen. Dort hatte das Berufungsgericht die Unentgeltlichkeit eines freiwilligen Zahlungsversprechens deshalb verneint, weil der Versprechensempfänger durch das Versprechen zu einer neuen Kreditgewährung an den Versprechenden veranlaßt werden sollte. Die Anwendung der §§ 516flg. BGB. ist aber hier deshalb ausgeschlossen, weil — wie der Berufungsrichter mit Recht annimmt — der Vertrag der Parteien als eine Vereinbarung im Sinne des § 67 Abs. 3 AufwG. anzusehen ist. Für eine solche Vereinbarung schreibt das Gesetz keine besondere Form vor.

Inhalt der Willenseinigung der Parteien war, daß die seinerzeit nur zum Nennbetrag zurückgezahlte Hypothek trotz Fehlens eines Rechtsanspruchs in bestimmter Weise aufgewertet werden sollte. Die Revision macht geltend, für die Anwendung des § 67 AufwG. sei hier deshalb kein Raum, weil beide Parteien sich darüber völlig klar gewesen seien, daß die Klägerin von Rechts wegen keinen Aufwertungsanspruch habe; Streit oder Ungewißheit über die Höhe des infolge der Geldentwertung zu zahlenden Betrags habe nicht bestanden. Dabei wird jedoch übersehen, daß sich das Berufungsgericht ausdrücklich auf den Absatz 3 des § 67 AufwG. stützt und daß sich die dort genannten Vereinbarungen von den in den beiden ersten Absätzen geregelten Vergleichen gerade dadurch unterscheiden, daß sie keinen Streit und keine Ungewißheit voraussetzen. Fraglich kann indessen sein, ob auch dann noch von einer „Vereinbarung über die Aufwertung" gesprochen werden kann, wenn den Parteien bei den Verhandlungen bewußt war, daß eine Rechtspflicht zur Aufwertung überhaupt nicht bestehe. Diese Frage muß mindestens für den Fall bejaht werden, daß der Rechtsanspruch, wie hier, durch Versäumung der Anmeldefrist untergegangen ist. Schon der ganz allgemein gehaltene Wortlaut des § 67 Abs. 3 umfaßt Vereinbarungen der genannten Art. Darunter fällt jedes Abkommen, durch das der Schuldner eines durch den Währungsverfall betroffenen Anspruchs eine Aufwertung verspricht. Es hieße in das Gesetz eine nicht zum Ausdruck gebrachte Unterscheidung hineintragen, wenn man eine „Vereinbarung über die Aufwertung" nur für den Fall annehmen wollte, daß nach dem Gesetz ein Aufwertungsanspruch besteht. Indem das Gesetz Vereinbarungen über die Aufwertung auch für die Zukunft, wenn auch mit gewissen Beschränkungen, ausdrücklich zuläßt, spricht es aus, daß seine Vorschriften, ausgenommen die besonders genannten, nicht zwingendes Recht sind, sondern durch freiwillige Regelung der Parteien sollen abgeändert werden können. Die vom Gesetz aus allgemeinen rechtspolitischen und wirtschaftlichen Gründen angeordnete schematische Umwertung der Markansprüche soll nur gelten, wenn die Beteiligten die Anpassung der entwerteten Ansprüche an die neuen Verhältnisse nicht selbst vertraglich regeln. Eine Grenze ist solchen Vereinbarungen für die Zukunft nur durch den zweiten Satz des § 67 Abs. 3 gesetzt: soweit der vereinbarte Betrag 25% des Goldmarkwertes übersteigt, soll die Vereinbarung als Begründung eines neuen Schuldverhältnisses gelten und der frühere Rang soll dem dinglichen Recht nur in Höhe von 25% des Goldmarkbetrags zustehen. Daraus folgt, daß die Parteien nicht nur den Aufwertungsbetrag beliebig hoch festsetzen und die Zahlungsbedingungen nach ihrem Gutdünken regeln, sondern daß sie eine Aufwertung z. B. auch dann vereinbaren können, wenn die Zahlung vor dem 15. Juni 1922 ohne Vorbehalt angenommen worden ist. Dann muß ihnen aber auch erlaubt sein, eine Aufwertung zu vereinbaren, wenn ein Rechtsanspruch infolge Versäumung der Anmeldefrist nicht mehr besteht. Geht, wie hier, der Wille der Parteien dahin, die alte Markschuld abzudecken, die nach allgemeinen Grundsätzen trotz Zahlung des Nennbetrages nicht getilgt war, so kann von einer unentgeltlichen Zuwendung auch dann nicht die Rede sein, wenn die Parteien davon ausgingen, daß ein gesetzlicher Anspruch wegen Fristversäumnis nicht mehr bestehe. Eine Schenkung liegt nur dann vor, wenn und soweit die versprochene Leistung mit Willen der Beteiligten das Maß überschreitet, innerhalb dessen sie noch als Abgeltung der alten Forderung angesehen werden kann. Daß dieses Maß hier überschritten worden wäre, dafür ist ein Anhalt nicht ersichtlich; ein solcher ist namentlich auch nicht daraus zu entnehmen, daß der vereinbarte Aufwertungsbetrag von 4500 RM gerade dem normalen Höchstbetrag der gesetzlichen Aufwertung entspricht und daß ein Abzug für die geleistete Papiermarkzahlung nicht gemacht worden ist. Der Umstand, daß die Aufwertung ohne rechtliche Verpflichtung, also freiwillig, versprochen wurde, begründet so wenig die Anwendung der Vorschriften über die Schenkung, wie diese dann anwendbar sind, wenn für Dienste, die seinerzeit unentgeltlich zu leisten waren oder für welche die geschuldete Vergütung bereits gewährt ist, nachträglich eine Vergütung oder Zusatzvergütung versprochen wird. In solchen Fällen hat das Reichsgericht in ständiger Rechtsprechung das Vorliegen einer Schenkung verneint.

Die Beschränkung, die nach § 67 Abs. 3 Satz 2 AufwG. für freie Vereinbarungen über die Aufwertung besteht, kommt hier nicht in Betracht, weil für die neue Aufwertungshypothek der Rang der gelöschten Hypothek nicht in Anspruch genommen wird. Übrigens wäre diese Beschränkung auch nur wirksam gegenüber dritten Berechtigten, die durch die Vereinbarung in ihren Rechten beeinträchtigt würden; für das Innenverhältnis der Parteien würde sie nicht oder doch nicht ohne weiteres gelten.

Danach ist der Beklagte durch die Verhandlungen vom 8. Januar 1926 verpflichtet worden, der Klägerin die Hypothek so, wie vereinbart, zu verschaffen. Auf die Frage, ob der Klaganspruch etwa auch aus § 873 oder aus § 781 BGB. begründet ist, kommt es somit nicht weiter an.

---

58. 1. Zur Haftung für den Schaden, der durch eine verkehrsgefährdende Anlage verursacht worden ist. 2. Über den sog. prima facie-Beweis.

BGB. §§ 823 flg.

I. Zivilsenat. Urt. v. 3. März 1928 i. S. 1. des hamburgischen Staates, 2. der Hamburg-Amerika-Linie A.G. (Bekl.) w. die Stadt Altona (Kl.). I 187/27.

I. Landgericht Altona.
II. Oberlandesgericht Kiel.

Die Klägerin ist Eigentümerin der Altonaer Landungsbrücke, die an einem ihr gehörigen Kai auf Pontons in der Elbe liegt. Gegenüber dieser Brücke liegt die Ausfahrt des dem Erstbeklagten gehörigen Kuhwärder Hafens. Diese Hafenausfahrt ist östlich begrenzt durch Lotsenhöft und westlich durch Tollerort. Auf Tollerort an der Westecke der Hafenausfahrt hat die Deutsche Werft Hellinge und Schwimmdocks angelegt.

In der Nacht vom 13. zum 14. September 1924 verließ der der Zweitbeklagten gehörige, etwa 6000 Tonnen große Dampfer „Galicia" den Kuhwärder Hafen, um gegen den Flutstrom elbabwärts zu fahren. Er hatte am Bug den Schlepper „Expreß" mit einer Maschinenleistung von 300 PS. und fuhr außerdem mit eigener Maschinenkraft. Die „Galicia" machte im Kuhwärder Vorhafen unter Mitwirkung ihres Schleppers eine Wendung nach Backbord, um so im spitzen Winkel gegen den Flutstrom in die Elbe zu gelangen. Während diese Wendung ausgeführt wurde, kam der englische Dampfer „Hastings County" elbaufwärts und bog um die Spitze von Tollerort in den Kuhwärder Vorhafen ein. Um einen Zusammenstoß mit „Hastings County" zu vermeiden, wurde auf der „Galicia" die Durchführung der Backborddrehung aufgegeben und Steuerbordruder gegeben. Hierdurch und durch den Flutstrom der Elbe, der gegen den bereits in die Elbe ragenden Bug der „Galicia" drängte, wurde dieses Schiff so weit nach Steuerbord gedrückt, daß es quer zur Stromrichtung der Elbe geriet. Das Schiff bewegte sich infolgedessen in der Richtung auf die Altonaer Landungsbrücke zu. Schräg vor dieser Landungsbrücke in etwa 40 m Entfernung lag der Staatsbagger IX des Erstbeklagten. Neben diesem Bagger lag nach der Mitte des Stromes zu eine Schute. Der Schlepper „Expreß" war bei dem herrschenden Flutstrom nicht imstande, den Bug der „Galicia" nach Backbord zu drehen. Vielmehr wurde der Schlepper durch die Flut auf die „Galicia" zugedrängt und drohte zu kentern. Nunmehr ließ die „Galicia" die Anker fallen und stellte die Maschine auf volle Kraft rückwärts. Es gelang aber nicht, das Schiff zum Stehen zu bringen. Es lief gegen die Schute, die es zum Sinken brachte, und sodann gegen den Bagger, den es gegen die Landungsbrücke drängte. Hierdurch wurde die Brücke beschädigt. Die Beseitigung des Schadens hat 26351 RM gekostet. Die Klägerin verlangt diesen Schaden von den beiden Beklagten als Gesamtschuldnern ersetzt. Die Beklagten haben ihre Verpflichtung zum Schadensersatz bestritten.

Im ersten Rechtszuge ist der Erstbeklagte nach dem Klagantrag verurteilt, die gegen die Zweitbeklagte gerichtete Klage aber abgewiesen worden. Das Berufungsgericht hat auch die Zweitbeklagte nach dem Klagantrag verurteilt und die Verurteilung des Erstbeklagten bestätigt. Von den Revisionen der beiden Beklagten hatte nur die der Zweitbeklagten Erfolg.

Gründe:

1. Die Ansprüche gegen den Hamburgischen Staat (im folgenden „der Beklagte" genannt).

Das Berufungsgericht führt hierzu folgendes aus. Der Kuhwärder Hafen, wie er zur Zeit des Unfalls eingerichtet gewesen, sei eine für die Schiffahrt unzweckmäßige und gefährliche Betriebsanlage gewesen, deren Gefährlichkeit für die Schiffahrt zugleich die dieser Hafeneinfahrt im Elbstrom gegenüberliegende Brücke der Klägerin in Mitleidenschaft gezogen habe. Zunächst sei der Winkel der Ausfahrt des Kuhwärder Hafens zur Elbe ungünstig. Diese Art der Anlage der Hafenausfahrt sei allerdings eine notwendige Folge der örtlichen Verhältnisse gewesen. Die sich hieraus ergebenden Verkehrsschwierigkeiten seien aber dadurch sehr vergrößert worden, daß der Beklagte die Spitze von Tollerort der Deutschen Werft zur Bebauung überlassen habe. Denn durch diese Bebauung sei den aus dem Kuhwärder Hafen ausfahrenden Schiffen der freie Ausblick auf den Elbstrom genommen; auch hätten zur Nachtzeit die Lichter der auf Tollerort errichteten Anlagen für die Schiffahrt eine äußerst störende Wirkung gehabt. Dadurch werde eine erhebliche Gefahr des Zusammenstoßes der dort ausfahrenden Schiffe mit den elbaufwärts kommenden, in den Kuhwärder Hafen einfahrenden Schiffen herbeigeführt. Dieser Gefahr habe nur in beschränktem Maße dadurch begegnet werden können, daß die aus dem Hafen ausfahrenden Schiffe sich genau an der rechten Fahrwasserseite hielten und erst bei der Ausfahrt in die Elbe die — an sich erforderliche — Wendung nach Backbord machten. Denn bei Flut sei eine ordnungsmäßige Ausfahrt dieser Schiffe aus dem Kuhwärder Hafen elbabwärts nur in der Weise zu bewerkstelligen, daß sie bereits im toten Wasser des Vorhafens eine Backbordwendung machten. Werde dieses Manöver erst bei der Ausfahrt der Schiffe in die Elbe vorgenommen, so würden die Schiffe durch den andrängenden Flutstrom der Elbe zu sehr behindert und nach Steuerbord abgedrängt, die ganz großen Schiffe gerieten auch mit ihrem hinteren Ende auf die Pfähle bei Lotsenhöft. Die Vorschrift des

§ 30 des Hamburger Hafengesetzes vom 2. Juni 1897 und des § 25 der Seestraßenordnung habe nur grundsätzliche Bedeutung und sei dahin zu verstehen, daß die aus dem Hafen auslaufenden Schiffe so lange rechts fahren müßten, bis zu einer ordnungsmäßigen Ausfahrt eine Wendung nach Backbord erforderlich sei. Jene Backbordwendung der aus dem Kuhwärder Hafen bei Flut auslaufenden Schiffe sei daher nicht nur üblich und nautisch erforderlich, sondern auch gesetzlich zulässig. Sie sei aber äußerst gefährlich, da wegen der geschilderten örtlichen Verhältnisse die entgegenkommenden Schiffe nicht rechtzeitig gesichtet werden könnten. Es komme hinzu, daß der Kuhwärder Hafen gerade von den größten Dampfern benutzt werde. Bei der Größe dieser Dampfer und dem starken Schiffsverkehr auf der Elbe, der oft ein plötzliches Ausweichen nötig mache, sei von vornherein mit der Gefahr zu rechnen gewesen, daß die aus dem Kuhwärder Hafen auslaufenden Schiffe, sobald ihre Ausfahrt nicht ganz klar ging, der Altonaer Brücke der Klägerin zu nahe kämen und sie direkt oder durch Gegendrücken anderer Fahrzeuge beschädigten. Bei dieser Sachlage bedeute es für den Beklagten eine Verletzung der im Verkehr erforderlichen Sorgfalt, daß er die für die Schiffahrt und die benachbarten Eigentümer gefährliche Anlage dem Verkehr überlassen habe, ohne die sich namentlich aus der Verbauung von Tollerort ergebenden Nachteile auszugleichen, was in sachgemäßer Weise, insbesondere auch technisch, durchführbar gewesen sei. Die Mangelhaftigkeit der vom Beklagten dem Verkehr übergebenen Anlage sei die erste und wesentlichste Ursache der Beschädigung der Brücke gewesen, wenn es auch der Führung des Dampfers „Galicia" bei ganz besonders vorsichtigem Fahren möglich gewesen wäre, die aus den gefährlichen Hafenverhältnissen sich ergebenden Nachteile zu vermeiden.

Diese Ausführungen lassen keinen Rechtsirrtum erkennen. Die Auslegung des § 25 der Seestraßenordnung dahin, daß die aus dem Kuhwärder Hafen elbabwärts auslaufenden Dampfschiffe sich zwar grundsätzlich an der rechten Seite des Fahrwassers halten müssen, aber doch nur so lange, bis die ordnungsmäßige Ausfahrt aus dem Hafen eine Wendung nach Backbord erfordert, rechtfertigt sich schon durch den Wortlaut der Vorschrift. Denn dort wird die Einhaltung der rechten Fahrwasserseite ausdrücklich nur insoweit verlangt, als „dies ohne Gefahr ausführbar ist". Die so nach dem Grundsatz des Rechtsfahrens gestattete Ausnahme findet ihre weitere Bestätigung in den Vorschriften der §§ 27 und 29 der Seestraßenordnung. Die im gleichen Sinne gehaltene Auslegung des § 30 des Hamburger Hafengesetzes ist nach § 549 ZPO. der Nachprüfung in der Revisionsinstanz entzogen. Die hieran anknüpfende Erwägung des Berufungsgerichts, daß die ordnungsmäßige Ausfahrt aus dem Kuhwärder Hafen elbabwärts zur Flutzeit die Vornahme des Backbordmanövers bereits im toten Wasser des Vorhafens aus örtlichen und nautischen Gründen erfordere, ist rein tatsächlicher Natur. Dies gilt im wesentlichen auch von den weiteren Erörterungen des Vorderrichters. Sie laufen auf folgendes hinaus. Der Dampfer „Galicia" habe an und für sich jenes Backbordmanöver so ausführen können und müssen, daß während und nach ihrer Durchführung stets genügend Raum zwischen der „Galicia" und Tollerort blieb für die elbaufwärts kommenden Schiffe, die in den Kuhwärder Vorhafen einbiegen wollten, insbesondere für den damals einlaufenden Dampfer „Hastings County". Diese Art der Navigierung sei aber für die „Galicia" sehr erschwert worden durch die unvorteilhafte Lage des Kuhwärder Hafens zum Elbstrom und die baulichen Anlagen auf Tollerort. Die örtlichen Verhältnisse hätten eine große Gefährdung sowohl der Schiffahrt als auch der Brücke der Klägerin herbeigeführt. Dieser Gefährdung habe der Beklagte, welcher die Anlage in ihrer Gesamtheit dem Verkehr überlassen habe, begegnen können und müssen, sei es durch Verhinderung der Bebauung von Tollerort, sei es durch zweckentsprechende technische Maßnahmen zur Sicherung des Schiffsverkehrs. Wäre dies geschehen und wäre dadurch die Erschwerung der objektiv richtigen Navigierung der „Galicia" fortgefallen, so wäre dieses Schiff so gefahren, daß die Beschädigung der Brücke der Klägerin nicht eintrat. Es sei also die vom Beklagten zu vertretende Gefährlichkeit der Verkehrsanlage für den Schaden ursächlich gewesen. Diese Ursächlichkeit werde nicht dadurch beseitigt, daß trotz der örtlichen Verhältnisse der Schaden bei ganz vorsichtigem Fahren der „Galicia" hätte vermieden werden können. Es handle sich gegebenenfalls um ein mitwirkendes Verschulden des Beklagten.

Danach enthalten die Erwägungen des Berufungsgerichts in rechtlicher Beziehung nichts anderes als die Anwendung allgemein anerkannter Rechtsgrundsätze auf nicht revisible tatsächliche Feststellungen. Insbesondere wird die von ihm angenommene Ursächlichkeit des Verschuldens des Beklagten für den entstandenen Schaden genügend dadurch begründet, daß ohne dieses Verschulden der Schaden nicht eingetreten wäre. Die Einwendungen der Revision sind nicht durchschlagend. Sie beschäftigen sich durchweg mit Einzelheiten der im Zusammenhang zu würdigenden Erwägungen des Berufungsgerichts und lassen wesentliche Teile seiner tatsächlichen Feststellungen und rechtlich einwandfreien Schlußfolgerungen außer Betracht. Die Revision des hamburgischen Staates ist sonach unbegründet.

2. Die Ansprüche gegen die Hamburg-Amerika-Linie (im folgenden „die Beklagte" genannt).

Das Berufungsurteil bemerkt zwar hierzu, der Klaganspruch sei gegen diese Beklagte ebenfalls begründet, weil der Schaden auch auf ein ursächliches Verschulden der Schiffsleitung der „Galicia" zurückzuführen sei; und ähnliche Wendungen, die auf ein ursächliches Mitverschulden der Führung der „Galicia" hinweisen, finden sich noch an zwei anderen Stellen des angefochtenen Urteils. Die übrigen Erörterungen des Vorderrichters lassen aber keinen Zweifel darüber, daß er ein solches Mitverschulden nicht etwa als tatsächlich erwiesen erachtet, sondern nur nach den Regeln des sog. prima facie-Beweises unterstellt. Hierbei verfährt das Berufungsgericht jedoch in einer Weise, die nicht frei von Rechtsirrtum ist. Das Urteil sagt nämlich zunächst: Da der Schaden dadurch entstanden sei, daß die fahrende „Galicia" gegen die Brücke der Klägerin, als einen ruhig liegenden Gegenstand, gerannt sei, spreche eine tatsächliche Vermutung dafür, daß dies auf ein Verschulden der Besatzung des Schiffes zurückzuführen sei. Die Klägerin sei daher eines weiteren Nachweises für das Verschulden der Schiffsbesatzung enthoben und die Beklagte müsse nachweisen, daß der Schaden nicht auf einem derartigen Verschulden beruhe. Diese Beweisvermutung werde durch die Unzweckmäßigkeit und Gefährlichkeit der Hafenanlage von Kuhwärder noch nicht entkräftet. Denn die Gefährlichkeit dieser Anlage sei nicht derartig, daß sie die Zusammenstöße schon an sich unvermeidlich mache. Sie erschwere nur bedeutend die Aufgaben der Schiffsleitungen, lasse aber doch für deren Verschulden erheblichen Raum. Den ihr hiernach obliegenden Nachweis des Nichtverschuldens ihrer Schiffsleitung habe die Beklagte nicht erbracht.

Richtig ist, daß die Regeln des prima facie-Beweises auch dann Anwendung finden können, wenn ein in Bewegung befindliches

Schiff mittelbar oder unmittelbar gegen eine feststehende, gehörig erkennbare und an der richtigen Stelle befindliche Brücke fährt. Das bedeutet aber nicht, daß die Beklagte nun schlechthin den Beweis des Gegenteils führen, also, wie das Berufungsgericht meint, nachweisen muß, daß die Beschädigung der Brücke nicht auf ein von der Beklagten zu vertretendes Verschulden zurückzuführen ist. Vielmehr genügt es — anders als bei der gesetzlichen Vermutung — zur Entkräftung des gegen die Beklagte sprechenden prima facie-Beweises, wenn sie Tatsachen beweist, welche die Wahrscheinlichkeit eines Gesamthergangs dartun, der ein der Beklagten zur Last fallendes Verschulden nicht aufzeigt, oder mit anderen Worten, wenn die Beklagte Tatsachen nachweist, die eine Entstehung des Schadens ohne ihr Verschulden als erklärlich erscheinen lassen (Schaps Seerecht § 735 Anm. 104flg.; RGUrt. vom 25. Januar 1928 I 159/27). Diesem Grundsatz entspricht es nicht, wenn das Berufungsgericht die von ihm festgestellte Unzweckmäßigkeit und Gefährlichkeit der Hafenanlage von Kuhwärder zur Entkräftung des prima facie-Beweises um deswillen für ungeeignet erklärt, weil die Gefährlichkeit dieser Anlage nicht derartig sei, daß sie „die Zusammenstöße schon an sich unvermeidlich mache". Denn es würde genügen, wenn die auf den örtlichen Verhältnissen beruhende Erschwerung der Navigation für die bei Flut aus dem Kuhwärder Hafen elbabwärts auslaufenden Seedampfer so beschaffen ist, daß sie im gegebenen Fall mit Wahrscheinlichkeit den Unfall ohne ein ursächliches Verschulden der Führung der „Galicia" herbeigeführt hat. Nach dieser Richtung geben die Erwägungen des Berufungsgerichts keinen genügenden Aufschluß. Vielmehr beruhen sie ersichtlich nur auf dem Erfordern eines vollen, von der Beklagten zu führenden Gegenbeweises . . . (wird näher ausgeführt).

---

59. Kann der Patentinhaber auf Unterlassung klagen, wenn der Eingriff in das Patent durch polizeiliche Sicherheitsvorschriften veranlaßt worden ist?

Patentgesetz §§ 5, 35; Preuß. Allgem. Berggesetz §§ 196, 197; Preuß. Allgem. Landrecht Einl. § 75.

I. Zivilsenat. Urt. v. 3. März 1928 i. S. U. GmbH. (Kl.) w. Bergbau A.-G. L. (Bekl.). I 242/27.

I. Landgericht Bochum.

Die Klägerin ist Inhaberin des vom 1. November 1919 an wirksamen Deutschen Reichspatents 337150. Dieses Patent nutzt die Erfahrung aus, daß Kohlenstaub seine für den Bergbaubetrieb gefährliche Entzündlichkeit verliert, wenn man ihn in gewissem Maße mit Gesteinstaub vermischt. Der Grundgedanke der Erfindung besteht darin, alle Räume mit Arbeitsstellen (Betriebspunkte) derart durch Gesteinstaub-Sicherungen abzuriegeln, daß Explosionen nicht über ihren Ursprungsherd hinausgreifen können. Der Patentanspruch lautet: „Ausrüstung eines im Verhieb stehenden Flözteiles mit Vorrichtungen zur Bekämpfung von Grubenexplosionen, dadurch gekennzeichnet, daß die Betriebspunkte durch Anordnung dieser Vorrichtungen an jedem Zugang zu den Arbeitsstellen einzeln für sich eingekapselt sind." Die Klägerin behauptet, die Beklagte verletze das Patent durch Verwendung im Betrieb ihrer Schächte, und verlangt mit der vorliegenden Klage, daß ihr solcher Gebrauch unter Androhung einer Geldstrafe untersagt werde.

Die Beklagte hat erwidert: Sie verletze das Patent der Klägerin nicht, weil sie es tatsächlich nicht benutze. Die einzelnen Betriebspunkte würden nach der Bergpolizei-Verordnung des Oberbergamts Dortmund vom 23. Dezember 1925 nur dann durch Gesteinstaub-Sperren gegeneinander abgeriegelt, wenn die Entfernung von einem Kohlenstoß zum andern mehr als 15 m betrage; bei ihr aber seien die Betriebspunkte durchweg weniger als 15 m voneinander entfernt. Unterlassung im Sinne des Klagantrags könne keinesfalls verlangt werden. Denn soweit etwa die Anwendung des Gesteinstaub-Verfahrens in den Schutzbereich des Klagpatents eingreife, beruhe dies auf der Befolgung der genannten Bergpolizeiverordnung, die für alle Bergwerksbetriebe des Bezirks als öffentlichrechtliche Vorschrift verbindlich sei.

Das Landgericht hat die Klage abgewiesen. Auf die von der Klägerin unmittelbar an das Reichsgericht eingelegte Revision ist das erste Urteil aufgehoben und die Sache an das Landgericht zurückverwiesen worden.

Gründe:

Das Landgericht läßt dahingestellt, ob die Beklagte durch ihre Sicherungsmaßregeln von dem Patent der Klägerin Gebrauch gemacht hat oder nicht. Es führt aus: Gegen die Gültigkeit der Bergpolizeiverordnung des Dortmunder Oberbergamts vom 23. Dezember 1925 liege kein Bedenken vor. Diese Polizeiverordnung bestimme für die Steinkohlenbergwerke des Oberbergamtsbezirks: Alle Gruben oder Feldesteile, in denen Flöze mit gefährlichem Kohlenstaub erschlossen oder gebaut werden, sind nach näherer Vorschrift der Verordnung durch Gesteinstaub gegen Explosionen zu sichern (§ 1 Nr. 1). Unstreitig habe die dem Oberbergamt unterstehende Beklagte die Sicherung ihrer Gruben entsprechend der Verordnung durchgeführt. Sei das aber der Fall, dann könne unerörtert bleiben, ob die Beklagte durch ihre Sicherungsvorrichtungen das Patent der Klägerin verletze oder nicht. Selbst wenn sie es etwa verletze, könne dem erhobenen Unterlassungsanspruch nicht stattgegeben werden. Denn das öffentliche Recht, dem die Bergpolizei-Verordnung angehöre, habe den Vorrang vor dem bürgerlichen Recht, aus dem die Klägerin ihren Anspruch herleite. Aus diesem Rangunterschied folge für das Verhalten des einzelnen: wer durch eine gültige Polizeiverordnung zu einem Handeln genötigt werde, den könne man auf Grund eines Privatrechts nicht zwingen, solches Handeln zu unterlassen. Für den vorliegenden Fall ergebe sich also: möge das Patentrecht der Klägerin durch das von der Beklagten bei Abriegelung ihrer Betriebspunkte geübte, den Vorschriften der Bergpolizei-Verordnung entsprechende Verfahren verletzt werden oder nicht, ein Anspruch der Klägerin gegen die Beklagte auf Unterlassung dieses Verfahrens sei keinesfalls gegeben.

Diese Ausführungen unterliegen teilweise rechtlichen Bedenken. Keiner Darlegung bedarf allerdings, daß die Klage abgewiesen werden müßte, wenn feststünde, die Beklagte habe (ihrem bestreitenden Erwidern auf den Klagvortrag entsprechend) durch ihre Sicherungsmaßnahmen nicht in das Patent eingegriffen. Unterstellt man aber, es liege ein solcher Eingriff vor, dann erhebt sich vor allem die weitere Frage: Mußte die Beklagte, um die Bergpolizei-Verordnung vom 23. Dezember 1925 zu befolgen, von dem Klagpatent Gebrauch machen? In dieser Hinsicht fehlt es bisher an Feststellungen. Ob die Beklagte ihre Vorrichtungen zur Bekämpfung von Grubenexplosionen innerhalb der im Verhieb stehenden Flözteile derart getroffen hat, „daß die Betriebspunkte durch Anordnung dieser Vorrichtungen an jedem Zugang zu den Arbeitsstellen einzeln für sich eingekapselt sind", steht dahin. ... (Wird ausgeführt.) Demnach ist bislang weder festgestellt, welche Maßnahmen die Beklagte tatsächlich anwendet, noch geprüft, ob unter den in ihren Gruben gegebenen Umständen eine Befolgung der in der Bergpolizei-Verordnung enthaltenen Vorschriften notwendig mit Eingriffen in das Patent verbunden ist.

1. Wenn es zur Befolgung der Bergpolizei-Verordnung keines solchen Eingriffs bedarf, so läßt sich nicht ersehen, warum die Beklagte das Klagpatent hätte benutzen müssen. Gab es zur Befolgung der Polizeiverordnung andere Mittel und Wege als die des Patents, dann war die Beklagte auf diejenigen Behelfe angewiesen, durch deren Benutzung das Recht der Klägerin nicht verletzt worden wäre. Gegen die gleichwohl begangene Verletzung wäre Untersagung begründet.

2. Anders, wenn zur Befolgung der Polizeiverordnung kein anderer Weg als der über die Benutzung des Patents gangbar war. Dann hat die Bergpolizeibehörde, ohne das Patent der Klägerin zu beachten, kraft öffentlichen Rechts eine Sicherungsweise angeordnet, die in das Patent eingreift. Sie hat es getan vermöge der ihr gesetzlich anvertrauten polizeilichen Aufsicht über den Bergbau, die sich unter anderem auf die Sicherheit der Baue, die Sicherheit des Lebens und der Gesundheit der Arbeiter erstreckt (§ 196 Abs. 1 und 2 verb. m. § 197 Preuß. Allg. BergG. vom 24. Juni 1865).

In diesem Falle kann die Klägerin keinen Anspruch auf Unterlassung gegen die Beklagte erheben. Dergleichen Eingriff in ein Patent zu verbieten, steht dem Inhaber gegen einen Bergbautreibenden, der von der Behörde zur Benutzung des Erfindungsgegenstands angewiesen worden ist, ebensowenig zu wie etwa unmittelbar gegen eine Behörde, die kraft staatlichen Hoheitsrechts das Patent benutzt. Denn die Weisung, Maßnahmen anzuwenden, die in jenes Patent eingreifen, dient dem Schutze von Leben und Gesundheit der im Bergbau tätigen Arbeiter, gehört also zu den Vorkehrungen für das allgemeine Wohl. Der Revision ist nicht zuzugeben, daß die Beklagte ihren an polizeiliche Sicherheitsvorschriften gebundenen Bergbaubetrieb einstellen müsse, sofern sie ihn nur unter Verletzung des Klagpatents und gegen den Widerspruch der Klägerin fortsetzen könnte. Solche Einstellung darf dem Bergwerksunternehmer schon deshalb nicht zugemutet werden, weil sie durch Ausfall an Förderung und durch Erwerbslosigkeit von Arbeitern unverhältnismäßig großen Schaden für die Volkswirtschaft nach sich zöge.

Wohl aber ist die Beklagte der Klägerin zur Entschädigung für die Benutzung des Klagpatents verpflichtet, wenn sie nur unter Eingriff in dieses Patent die Vorschriften der Bergpolizei-Verordnung vom 23. Dezember 1925 befolgen konnte. Der Bergpolizeibehörde liegt ob, die nötigen Sicherheitsmaßregeln für den Bergbau anzuordnen, durchzuführen und zu überwachen. Die mit diesen Maßregeln verbundenen Kosten belasten den Bergbauunternehmer. Zu ihnen gehören angemessene Lizenzgebühren oder die ihnen gleichkommenden Entschädigungen für den Eingriff in Patente, dessen es zur Durchführung der vorgeschriebenen Maßregeln bedarf (§ 5 Abs. 2, § 35 PatG.; § 75 Einl. Preuß. ALR.; RGZ. Bd. 77 S. 14, Bd. 79 S. 427, Bd. 102 S. 390; JW. 1921 S. 1533 Nr. 11). Die Beklagte kann wegen dieses Entschädigungsanspruchs die Klägerin nicht an den Staat verweisen. . . .

---

60. 1. Unklarheiten in den Bestimmungen der Beförderungstarife.
2. Fallen Ansprüche auf Erstattung von zuviel erhobener Fracht unter Art. 27 Abs. 3 des Internationalen Übereinkommens über den Eisenbahn-Frachtverkehr vom 14. Oktober 1890?
3. Zum Begriff der Umstationierung von Privatwagen.
4. Von wann ab tritt das Internationale Übereinkommen über den Eisenbahnfrachtverkehr vom 23. Oktober 1924 in Kraft?

Internationales Übereinkommen über den Eisenbahn-Frachtverkehr vom 14. Oktober 1890 (JÜ.) Art. 11, Art. 12 Abs. 4, Art. 27 Abs. 3. Eisenbahn-Verkehrsordnung § 6. Internationales Übereinkommen über den Eisenbahnfrachtverkehr vom 23. Oktober 1924 (RGBl. 1925 II S. 183), Schlußprotokoll zu I (RGBl. 1925 II S. 285).

I. Zivilsenat. Urt. v. 3. März 1928 i. S. Deutsche Reichsbahn-Gesellschaft (Bekl.) w. Deutsch-Russische T. und Sch. Ges., Akt.-Ges. (Kl.). I 264/27.

I. Landgericht Oppeln.
II. Oberlandesgericht Breslau.

Im Februar und März 1926 sandte die Speditionsfirma W. in Beuthen O./S. von dort 85 leere Privatwagen (Kesselwagen) an die Speditionsfirma Sch. in Sniatyn-Zalucze (Polen). Diese Privatwagen waren in den Wagenpark der Deutschen Reichsbahn-Gesellschaft eingestellt und die Bahn hatte dem Einsteller, dessen Namen in den Instanzurteilen nicht angegeben wird (vermutlich die jetzige Klägerin), die Kündigung des Einstellungsvertrags angedroht, wenn nicht innerhalb gewisser Frist die Bremsen geändert würden. Daraufhin sollten die Wagen nach der Absicht des Einstellers in den Park der rumänischen Staatsbahn eingestellt werden. Ihrer Beförderung dorthin diente ihre Versendung von Beuthen nach Sniatyn-Zalucze. Aufgegeben zur Beförderung waren die Wagen mittels internationaler Frachtbriefe. Als Zweck des Leerlaufs war in den Frachtbriefen angegeben „zur Umstationierung"; darunter war vermerkt „zu befördern gegen ermäßigte Fracht". Die übrigen tarifmäßigen Angaben (Heimatstation, Zeichen P usw.) waren ebenfalls in den Frachtbriefen gemacht.

Nach dem „Eisenbahn-Güter- und Tiertarif für den Verkehr zwischen den Stationen der deutschen Eisenbahnen einerseits und den Stationen der in Polen ... verwalteten Eisenbahnen andererseits", gültig vom 15. Juni 1925 an (Nr. 183 des deutschen Tarifverzeichnisses), werden leere Privatgüterwagen als Frachtgut gegen eine ermäßigte Fracht und zwar in Deutschland von 5 RM für den Wagen, in Polen von 3 Groschen für den Wagen und das Tarifkilometer befördert, sofern die im Tarif angegebenen Bedingungen (Abteilung B, Abschnitt V Nr. 12 S. 18) erfüllt sind.

Die polnische Staatsbahnverwaltung hat vom Empfänger die vollen Frachtsätze mit 16447,95 Zloty erhoben. Die Klägerin, sich stützend auf Abtretung der Ansprüche des Absenders und des Empfängers, behauptet, daß 14764,95 Zloty Fracht zuviel erhoben worden seien. Der Empfänger hatte diesen Betrag von der polnischen Staatsbahn zurückverlangt, auch im Oktober 1926 1670,50 Zloty zurückerhalten, mußte das Geld jedoch auf Erfordern der polnischen Staatsbahn wieder zurückgeben. Die Klägerin verlangt mit der Klage von der Deutschen Reichsbahn-Gesellschaft

Zahlung von 8120,72 RM nebst Zinsen, indem sie ihrer Berechnung den Zloty-Kurs vom Tage der Frachtbezahlung zugrundelegt.

Die Beklagte hat bestritten, daß die polnische Bahn die Fracht unrichtig berechnet habe. Sie hat ferner die Sachberechtigung der Klägerin bestritten, weil nach dem deutsch-polnischen Tarif Abtretungen nur zwischen Empfänger und Absender zugelassen seien. Bestritten hat sie endlich auch, die richtige Beklagte zu sein, weil derartige Ansprüche nur gegen diejenige Eisenbahn gerichtet werden könnten, welche die Fracht erhoben habe.

Das Landgericht wies die Klage ab. Das Oberlandesgericht erklärte den Klaganspruch dem Grunde nach für gerechtfertigt. Auf die Revision der Beklagten wurde das erste Urteil wiederhergestellt.

Gründe:

1. Die Sachberechtigung der Klägerin ist gegeben. Die Beklagte hält der Klägerin den deutsch-polnischen Gütertarif entgegen. Dort heißt es in Abteilung A Abschnitt II § 7 Nr. 8 (S. 8): „In Polen sind Zessionen nur zwischen Absender und Empfänger zugelassen. Anderen Personen kann dieses Recht nicht abgetreten werden."

Das Berufungsgericht hat diesen Einwand unter Bezugnahme auf seine in einer gleichartigen Sache ergangene Entscheidung als unbegründet bezeichnet. In letzterem Urteil werden dafür zwei Gründe angegeben. Einmal soll die Abtretungsbeschränkung gemäß Art. 4 JÜ. nichtig sein. Außerdem aber lasse sich aus der Bestimmung nicht entnehmen, daß eine gleichwohl vorgenommene Abtretung gegenüber der deutschen Eisenbahn unwirksam sein solle. Der letztere Grund schlägt durch. Der Wortlaut der Bestimmung ist ungewöhnlich und gibt zu Zweifeln Anlaß. Wenn gesagt wird, „in Polen" seien Abtretungen nur zwischen Absender und Empfänger „zugelassen", so bleibt denkbarerweise zweifelhaft, ob sich diese Beschränkung allein auf polnische Gläubiger oder auf alle in Polen vorgenommenen Abtretungen beziehen soll. Es bleibt ferner fraglich, ob mit dem Vermerk nur auf ein allein für die polnischen Gerichte beachtliches Recht aufmerksam gemacht werden soll, oder ob der Sinn der sein soll, daß auch der deutsche Richter, je nachdem er deutsches oder polnisches Recht anzuwenden habe, die Abtretung zwischen anderen Personen als wirksam oder unwirksam zu behandeln hat. Der deutsch-polnische Eisenbahn-Gütertarif sollte aber gerade eine gemeinsame Rechtsgrundlage schaffen und die äußerst zweifelhaften Fragen des zwischenstaatlichen Rechts beseitigen. Es bleiben hiernach erhebliche Zweifel über die Tragweite der Tarifbestimmung bestehen und diese Zweifel müssen, wie im Urteil des erkennenden Senats vom 17. Mai 1924 I 451/23 (abgedruckt in Egers eisenbahnrechtl. Entsch. Bd. 41 S. 155) ausgeführt ist, zur Auslegung gegen die Bahn führen. Dort wird gesagt: „Die Eisenbahn, welche gegenüber dem verkehrsbedürftigen Publikum eine unangreifbare Monopolstellung einnimmt, muß jede unklare und unvollständige Fassung der von ihr selbst bewirkten, oft in kurzen Zwischenräumen umredigierten, vielfach zerstreuten und sich gegenseitig teils ergänzenden, teils einschränkenden Tarifvorschriften gegen sich gelten lassen." Die Abtretungserklärung des Empfängers schafft somit der Klägerin ein wirksames Klagerecht.

2. Zutreffend hat auch das Oberlandesgericht die Sachverpflichtung der Beklagten bejaht. Die abweichende Regelung im Internationalen Übereinkommen vom 23. Oktober 1924 (Art. 42 § 1) kommt nicht in Betracht. Im Schrifttum wird zwar von verschiedenen Seiten angenommen, das neue internationale Übereinkommen sei durch die Veröffentlichung des Textes im Reichsgesetzblatt 1925 (Teil II S. 183) schon jetzt in Kraft getreten (v. Gierke Handelsrecht und Schiffahrtsrecht im Grundriß 2. Aufl. S. 536; Goltermann in Egers eisenbahnrechtl. Entsch. und Abhdl. Bd. 42 S. 244, Bd. 43 S. 118; Senckpiehl in Gesetzgebung und Rechtspraxis des Auslands Bd. 1 S. 114). Demgegenüber hat jedoch Loening (Komm. z. JÜ. vom 23. Oktober 1924 S. 991 Anm. 1 und Nachtrag dazu S. 997) mit Recht darauf hingewiesen, daß nach dem Berner Schlußprotokoll das Übereinkommen erst noch zu ratifizieren war und daß es zwischen den Staaten, die es ratifiziert haben, erst in Kraft tritt, sobald eine Vereinbarung hierüber zwischen den Regierungen dieser Staaten zustandegekommen sein wird. Eine solche Vereinbarung hat im Jahre 1926 noch nicht stattgefunden. Nach den letzten veröffentlichten Mitteilungen des Zentralamts (Ztschr. für den internationalen Eisenbahntransport Jahrgang 1927 S. 334) ist das Inkrafttreten des neuen Übereinkommens zwischen den Staaten, die es ratifiziert haben, auf den 1. Oktober 1928 festgesetzt worden.[1]) Maßgebend für den Streitfall ist also das alte Übereinkommen.

[1]) Vgl. jetzt RGBl. 1928 II S. 162. D. E.

Die Klägerin beruft sich für die Inanspruchnahme der Deutschen Reichsbahn-Gesellschaft auf Art. 27 Abs. 3 JÜ. Danach können Ansprüche aus dem internationalen Frachtvertrag im Wege der Klage nur erhoben werden gegen die erste Bahn oder gegen die Bahn, die das Gut zuletzt mit dem Frachtbrief übernommen hat, oder gegen diejenige Bahn, auf deren Betriebsstrecke sich der Schaden ereignet hat. Es mag sein, daß hierbei in erster Linie an Ersatzansprüche für Schäden gedacht ist, die das Frachtgut erlitten hat. Daraus läßt sich aber nicht zwingend herleiten, daß andere Ansprüche aus dem Frachtvertrag, insbesondere Frachterstattungsansprüche, nicht auch darunter fallen sollten. Wollte man überhaupt eine Gesamthaftung der an einer Beförderung beteiligten Bahnen festsetzen, so würde es an einem gerechtfertigten Anlaß dafür fehlen, diesen Grundsatz für die Frachterstattungs-Ansprüche wieder zu durchbrechen. Das Oberlandesgericht hat in jenem früheren Urteil, auf das es auch hier Bezug nimmt, u. a. ausgeführt, durch Art. 12 JÜ. werde dem Empfänger, der zuviel Fracht gezahlt habe, das Recht eingeräumt, das zuviel Erhobene erstattet zu verlangen, und damit werde dieser Erstattungsanspruch zu einem Anspruch aus dem Frachtvertrag gemacht. Dem ist beizustimmen (vgl. Rundnagel Beförderungsgeschäfte, in Ehrenbergs Handbuch Bd. V 2 S. 364; Blume-Weirauch Anm. 1 zu § 70 EVerkO.). Allgemein steht das Schrifttum auf dem gleichen Standpunkt (vgl. außer den vorigen Angaben noch Blume JÜ. S. 89, Anm. II 2b zu Art. 12; Eger JÜ. 3. Aufl. S. 151, Anm. 84 zu Art. 12; ferner Loening JÜ. (1924) S. 833, wo ebenfalls die Frachterstattungs-Ansprüche zu den Ansprüchen aus dem Frachtvertrag gerechnet werden; auch Österr. Oberster GH. vom 18. April 1904 in Egers eisenbahnrechtl. Entsch. Bd. 21 S. 67). Dem steht die Zusatzbestimmung 3 zu Art. 12 JÜ. nicht entgegen. Sie besagt nur, daß die Frachterstattungs-Ansprüche bei derjenigen Eisenbahn „einzubringen", d. h. anzumelden sind, an welche die Zahlung geleistet wurde. Die Sachverpflichtung im Rechtsstreit wird dadurch nicht berührt.

3. Gleichwohl konnte der Klage nicht stattgegeben und mußte das erste Urteil wiederhergestellt werden. Zwar ist es richtig, daß die ermäßigte Fracht nach dem mehrfach erwähnten deutsch-polnischen Eisenbahn-Gütertarif (Abteilung B Abschnitt V) auch für die Um-

stationierung von Privatgüterwagen gilt. Denn die unter Nr. 12 zu b angegebenen Fälle werden ausdrücklich nur als Beispiele aufgeführt. Ferner heißt es in dem vom 1. August 1925 ab geltenden deutschen Eisenbahn-Gütertarif (Teil I Abt. B), der nach Art. 11 IÜ. ergänzend heranzuziehen ist und inhaltlich der besonderen Tarifvereinbarung für den deutsch-polnischen Güterverkehr insoweit entspricht, in der Anmerkung zu § 53 Abs. 9 (S. 29):

> Bei Leerläufen eingestellter Privatwagen wird bei Aufgabe als Frachtgut für jeden Lauf (z. B. zur Beladung, zum Zwecke der Umstationierung oder zur Wiederherstellung in Werkstätten) eine ermäßigte Fracht für den Wagen . . . erhoben.

Die Tarifermäßigung kann aber hier aus anderen Gründen nicht Platz greifen. Die Klägerin oder derjenige, der die Speditionsfirma W. beauftragte, wollte die Wagen aus dem Bereich des mit der Reichsbahn abgeschlossenen Einstellungsvertrags herausziehen, um sie in den Park der rumänischen Eisenbahnverwaltung einzustellen. Wenn man zunächst unterstellt, daß auch dieser Fall eine Umstationierung im Sinne des Tarifs wäre, so hätte der Einsteller die Herausziehung aus dem Verbandsbereich doch ordnungsmäßig nur nach dreimonatiger Kündigung bewirken können (Bedingungen für die Einstellung von Privatwagen § 16). Solange das nicht geschah und die Frist noch nicht abgelaufen war, durfte also der Einsteller die Wagen überhaupt nicht herausziehen. Ein einseitiges, unbefugtes Vorgehen des Einstellers vermochte ihm keinesfalls die Vorteile des Tarifs zu verschaffen. Aber das Ergebnis wäre auch dann kein anderes, wenn die Bahn zugestimmt hätte, weil es sich in Wirklichkeit hier gar nicht um eine Umstationierung im Sinne des Tarifs handelt. Denn damit sind nur Verlegungen nach Stationen der Verbandsländer gemeint. Nach Abschnitt V Nr. 1 des deutsch-polnischen Tarifs sind Privatgüterwagen die in den Park „einer Eisenbahnverwaltung" eingestellten Wagen. Welche Eisenbahnverwaltungen hierunter zu verstehen sind, geht aus dem hinter dem Vorwort des Tarifs abgedruckten „Verzeichnis der beteiligten Eisenbahnverwaltungen" hervor. Es sind dies nur deutsche und polnische Eisenbahnverwaltungen. Eine Umstationierung im Sinne der Tarifermäßigung kann also nur vorkommen, wenn die neue Heimatstation zu einer dieser Eisenbahnverwaltungen gehört. Andernfalls hören die Wagen auf, als Privatwagen eingestellt zu sein, mag nun diese Beendigung einseitig vom Einsteller herbeigeführt sein oder auf Vereinbarung beruhen. Diese Auslegung entspricht auch allein dem mit der Tarifermäßigung verfolgten wirtschaftlichen Zweck, den Verbandsbahnen durch Frachteinnahmen aus regelmäßig wiederholten Fahrten der immer nach einer Heimatstation im Verbandsbezirk zurückkehrenden Privatwagen einen Ausgleich zu bieten. Es kann deshalb dahingestellt bleiben, ob, wie lediglich von der Beklagten geltend gemacht worden ist, der Einsteller der Privatwagen deren Ausscheiden aus dem Direktionsbezirk beantragt hatte und ob diesem Antrag stattgegeben worden war.

Soweit der erkennende Senat in seinem Urteil vom 17. Mai 1924 einen anderen Standpunkt eingenommen hat, wird dieser nicht mehr aufrechterhalten.

---

61. Ist im Verfahren vor der Aufwertungsstelle nach Ablauf der Frist für die sofortige Beschwerde noch eine Beschwerde als Anschlußbeschwerde zulässig?

AufwG. § 73 Abs. 1, § 74 Abs. 1. FGG. § 22.

V. Zivilsenat. Beschl. v. 18. Februar 1928 i. S. M. (Antragsteller) w. H. (Antragsgegner). V B 1/28.

I. Aufwertungsstelle Bensheim.
II. Landgericht Darmstadt.

Die Frage ist verneint worden aus folgenden

Gründen:

Das Beschwerdegericht hatte in einer Aufwertungssache die Anschlußbeschwerde des Antragstellers mit folgender Begründung für unzulässig erklärt. Für den Zivilprozeß nehme man zwar fast allgemein an, daß entsprechend der Anschlußberufung nach § 521 Abs. 1 ZPO. trotz Fristablaufs auch eine Anschlußbeschwerde zulässig sei; im Gebiete der freiwilligen Gerichtsbarkeit könne aber nicht das Gleiche gelten, zumal da dort der Beginn der Frist für die Einlegung der Beschwerde ausdrücklich festgelegt sei (§ 22 FGG.). Der Antragsteller hat sofortige weitere Beschwerde eingelegt und geltend gemacht, eine Anschlußbeschwerde nach Fristablauf müsse man schon aus

Zweckmäßigkeitsgründen auch in der freiwilligen Gerichtsbarkeit zulassen. Das Oberlandesgericht hält die Anschlußbeschwerde für zulässig und auch für sachlich begründet, sieht sich aber an der Entscheidung verhindert, weil die Beschlüsse des Bayerischen Obersten Landesgerichts vom 3. Dezember 1926 (AufwRspr. 1927 S. 94 Nr. 45) und des Kammergerichts vom 3. März 1927 (JW. 1927 S. 1319 Nr. 7) eine Anschlußbeschwerde in Aufwertungssachen für unzulässig erklären. Es hat daher die weitere Beschwerde gemäß § 74 Abs. 1 AufwG. und § 28 FGG. dem Reichsgericht vorgelegt.

Das Oberlandesgericht meint, es sei formalistisch, wenn eine solche Anschlußbeschwerde im Verfahren der freiwilligen Gerichtsbarkeit, im Gegensatz zum Zivilprozeßverfahren, nicht zugelassen werde; das Aufwertungsverfahren sei ein Zivilprozeß, der sich nur in den Formen des Verfahrens der freiwilligen Gerichtsbarkeit vollziehe; die Ablehnung widerstrebe dem Rechtsfrieden, zumal dann, wenn der Gegner seine Beschwerde erst kurz vor Ablauf der für ihn maßgebenden Frist eingelegt habe.

Diesen Ausführungen kann nicht beigetreten werden. Vielmehr sind die Entscheidungen zutreffend, die für das Aufwertungsverfahren die Zulässigkeit einer nach Ablauf der Beschwerdefrist zu erhebenden Anschlußbeschwerde verneinen (außer den angeführten noch Oberlandesgericht Hamburg in der HansGZtg. 1926 Beiblatt S. 180).

Es mag sein, daß für das Gebiet des Zivilprozesses eine solche Anschlußbeschwerde in Rechtsprechung und Schrifttum trotz der in der Entscheidung des Oberlandesgerichts Dresden vom 22. Januar 1919 (ROLG. Bd. 40 S. 386) angeführten Gegnerschaft in entsprechender Anwendung der für die Anschließung an eine Berufung oder Revision bestehenden Vorschriften überwiegend zugelassen wird. Zu beachten bleibt aber, wie auch das Oberlandesgericht Darmstadt nicht verkennt, daß seit dem Reichsgesetz betr. Änderungen der Zivilprozeßordnung vom 5. Juni 1905 die Anschlußrevision, nicht aber auch die Anschließung an die Berufung, an eine Frist gebunden ist (§§ 521 und 556 ZPO.). Der Revisionsbeklagte kann sich nur bis zum Ablauf der Begründungsfrist der Revision anschließen, der Berufungsbeklagte dagegen kann auch nach Ablauf der Berufungsbegründungsfrist Anschlußberufung erheben. Welche dieser Vorschriften und wie sie im einzelnen für die Anschlußbeschwerde entsprechend anzuwenden wäre, kann zweifelhaft sein. Auch ergeben sich infolge des regelmäßigen Fehlens der mündlichen Verhandlung bei fristloser Zulassung der Anschlußbeschwerde besondere Schwierigkeiten der vom Oberlandesgericht Dresden a. a. O. erwähnten Art.

Für das Gebiet der freiwilligen Gerichtsbarkeit gibt es nur das Rechtsmittel der Beschwerde selbst; es fehlt die Möglichkeit, Vorschriften anderer Gesetze über Rechtsmittel ergänzend heranzuziehen. Hier sagt § 22 Abs. 1 FGG. klar und eindeutig: „Die sofortige Beschwerde ist binnen einer Frist von zwei Wochen einzulegen. Die Frist beginnt mit dem Zeitpunkt, in welchem die Verfügung dem Beschwerdeführer bekannt gemacht worden ist."

Allerdings gestattet § 1 FGG. mit den Worten „soweit nicht ein anderes bestimmt ist" Abweichungen von den „nachstehenden allgemeinen Vorschriften", unter denen sich der § 22 befindet. Die Wendung „soweit nicht ein anderes bestimmt ist" weist auf das Erfordernis ausdrücklicher Vorschriften hin. Solche finden sich teils im Reichsgesetz über die Angelegenheiten der freiwilligen Gerichtsbarkeit selbst, teils in anderen Gesetzen. So wird in den hier nicht in Betracht kommenden Fällen der §§ 60 und 77 FGG. der Beginn der Frist anders (von einer gewissen Kenntnis oder Nachricht ab) geregelt. Und in Vereinssachen sind, obwohl sie zu den Angelegenheiten der freiwilligen Gerichtsbarkeit gehören, für die sofortige Beschwerde in den Fällen des § 60 Abs. 2 und des § 73 Abs. 1 BGB. die Vorschriften der Zivilprozeßordnung maßgebend. Fehlt aber eine derartige besondere Anordnung, so finden im Verfahren der freiwilligen Gerichtsbarkeit die Vorschriften der Zivilprozeßordnung nicht ohne weiteres Anwendung (Gruch. Bd. 48 S. 110). Mit Recht wird daher, soweit ersichtlich allgemein, im Gebiete der freiwilligen Gerichtsbarkeit eine Anschlußbeschwerde nach Fristablauf nicht für zulässig erachtet. Auf das Aufwertungsverfahren sind gemäß § 73 AufwG. die Vorschriften des Reichsgesetzes über die Angelegenheiten der freiwilligen Gerichtsbarkeit sinngemäß anzuwenden. Auch wenn man im Aufwertungsverfahren, weil es sich dabei um einen Parteistreit handelt, die Beachtung der Vorschriften der Zivilprozeßordnung sonst für zulässig hält (vgl. Mügel Aufwertungsrecht 5. Aufl. S. 997), so geht es doch nicht an, gerade im Rechtsmittelverfahren entgegen dem Gesetzeswortlaut und der bisherigen langjährigen Übung neue, nicht gewollte Beschwerdemöglichkeiten aus Gründen angeblicher Zweckmäßigkeit zu schaffen, wie dies Neukirch AufwG. Anm. 3 zu

§ 74 als wünschenswert bezeichnet. Vielmehr ist in Übereinstimmung mit den genannten Gerichten sowie mit Mügel, Quassowski und Schlegelberger-Harmening (je zu § 74 AufwG.) eine solche verspätete Anschlußbeschwerde für unzulässig zu erklären.

Dem Oberlandesgericht Darmstadt kann nicht zugegeben werden, daß sich für die hier vertretene Meinung nur formalistische Gesichtspunkte anführen lassen, wenn man von solchen da, wo es sich um Verfahrensformen handelt, überhaupt sprechen darf. Bei Rechtsbehelfen, die, wie die sofortige Beschwerde, an eine Frist gebunden sind, werden durch den Fristablauf selbst dann Parteirechte abgeschnitten, wenn sie sachlich begründet sind. Zu ihrem Wiederaufleben auf Grund von Prozeßhandlungen des Gegners bedarf es wegen der bedeutsamen Rechtsänderung, die dadurch möglicherweise hervorgerufen wird, einer ausdrücklichen gesetzlichen Vorschrift.

---

62. Richtet sich die Aufwertbarkeit der einem Inländer zustehenden persönlichen Forderung aus einem Markdarlehen, für das im später polnisch gewordenen Teil Oberschlesiens Hypothek bestellt worden war, nach deutschem oder nach polnischem Recht?

AufwG. § 1. Deutsch-polnisches Abkommen über Oberschlesien v. 5. Mai 1922; Reichsgesetz v. 11. Juni 1922 (RGBl. II S. 237) Art. 307 §§ 1, 2.

IV. Zivilsenat. Urt. v. 5. März 1928 i. S. Landesversicherungsanstalt Schlesien (Kl.) w. Graf H. v. D. u. Gen. (Bekl.). IV 504/27.

I. Landgericht Breslau.
II. Oberlandesgericht daselbst.

Die Klägerin hatte den Beklagten im Jahre 1912 ein Darlehen von 83000 *M* gegeben, für das auf einem Grundstück der Schuldner eine Hypothek eingetragen wurde. Das Grundstück liegt in dem Teil von Oberschlesien, der an Polen abgetreten worden ist. Am 27. April 1922 ist eine Gesellschaft mit Sitz in London Eigentümerin des Grundstücks geworden; persönliche Schuldner sind die Beklagten geblieben. Bis zum 15. Juni 1922 ist die Hypothekenforderung bis auf 31 950,64 *M* getilgt worden. Am 22. August 1923 haben die Beklagten, von denen der Beklagte zu 1 österreichischer Staatsangehöriger ist, die Beklagten zu 2 und 3 polnische Staatsangehörige geworden sind, den Restbetrag zum Nennwert an die Klägerin gezahlt, die ihnen dafür Löschungsbewilligung erteilte; am 17. Juli 1925 ist die Hypothek gelöscht worden. Die Klägerin hat die Hypothek bei der Aufwertungsstelle in B. zur Aufwertung angemeldet, nachdem das Oberlandesgericht daselbst das Amtsgericht in B. als zuständige Aufwertungsstelle bestimmt hatte. Die Schuldner haben die Aufwertung abgelehnt, und daraufhin hat die Aufwertungsstelle das Verfahren bis zur rechtskräftigen Entscheidung über das Bestehen des Anspruchs ausgesetzt. Mit der Klage beantragt die Klägerin Feststellung, daß die persönliche Forderung gegen die Beklagten in Höhe von 31950,64 *M* noch bestehe. Die Beklagten verlangen Klagabweisung; sie bemängeln die Sachbefugnis der Klägerin und machen geltend, daß auf die Rechtsbeziehungen der Parteien das polnische Recht Anwendung zu finden habe, das, wie unstreitig ist, eine Aufwertung kraft Rückwirkung nicht vorsieht. Das Landgericht wies die Klage ab. Die Berufung der Klägerin war erfolglos. Die Revision der Klägerin führte zur Aufhebung und Zurückverweisung.

Aus den Gründen:

Das Berufungsgericht gelangt, ohne auf die Frage der Sachbefugnis der Klägerin einzugehen, zur Abweisung der Klage auf Grund folgender Erwägungen:

Durch die Abtretung von Ost-Oberschlesien an Polen sei das in Frage kommende Schuldverhältnis polnischem Recht unterworfen worden, da das belastete Grundstück in dem an Polen abgetretenen Gebiet liege und auch der Erfüllungsort diesem Gebiet angehöre (§ 269 BGB.). Allerdings sei das Schuldverhältnis unter deutschem Recht begründet worden; da es aber vom Standpunkt des internationalen Privatrechts aus nach dem Rechte des Erfüllungsortes zu beurteilen und dieser polnisch geworden sei, so finde seit der Gebietsabtretung das polnische Recht auf das Schuldverhältnis Anwendung. Das müsse um so mehr gelten, als die Schuldner die deutsche Reichsangehörigkeit verloren hätten. Da aus der Tatsache, daß die Klägerin keine Quittung, sondern nur Löschungsbewilligung für die Hypothek erteilt habe, kein Vorbehalt der Rechte entnommen werden könne und da das polnische Recht keine Aufwertung kraft Rückwirkung kenne, so sei die Aufwertbarkeit der streitigen Forderung zu verneinen. . . .

Der Entscheidung des Berufungsgerichts ist nicht beizutreten. Verkannt ist zunächst der währungsrechtliche Charakter der Aufwertung. Nach § 1 AufwG. sind Ansprüche aufzuwerten, die auf einem vor dem 14. Februar 1924 begründeten Rechtsverhältnis beruhen und die Zahlung einer bestimmten, in Mark oder in einer anderen nicht mehr geltenden inländischen Währung ausgedrückten Geldsumme zum Gegenstand haben. Ist die streitige Forderung eine Markforderung in diesem Sinne, so ist die Frage ihrer Aufwertung nach deutschem Recht zu entscheiden, gleichviel ob der Erfüllungsort im Inland oder im Ausland liegt, und es kommt auch nicht darauf an, ob die Beklagten die deutsche Reichsangehörigkeit verloren haben (RGZ. Bd. 118 S. 370; Mügel 5. Aufl. S. 246 Anm. 1 S. 247flg.; Neumeyer in JW. 1928 S. 137; Nußbaum das. S. 327).

Für die Frage, ob eine Markforderung vorliegt, ist entscheidend das (vom Berufungsgericht übersehene) zum Reichsgesetz erhobene deutsch-polnische Abkommen über Oberschlesien vom 15. Mai 1922 (Reichsgesetz vom 11. Juni 1922). Nach Art. 307 § 1 dieses Abkommens sind sämtliche auf deutsche Reichsmark lautenden Forderungen, deren Erfüllungsort im Sinne des § 2 im Abstimmungsgebiet liegt, in deutscher Währung zu erfüllen, wenn sie vor dem Inkrafttreten der Währungsänderung entstanden sind und beim Inkrafttreten des Abkommens einer im deutschen Reiche ansässigen natürlichen oder juristischen Person zustehen. Über den Erfüllungsort sagt § 2 nichts von der deutschrechtlichen Auffassung Abweichendes. Daß diese Bestimmung sich auch auf solche Forderungen bezieht, die durch Hypothek gesichert sind, kann nicht zweifelhaft sein. Es ist von Forderungen schlechthin die Rede und keine Einschränkung wegen der durch Hypothek gesicherten Forderungen gemacht. Es wäre auch kein innerer Grund dafür einzusehen, weshalb der Gläubiger, der durch eine Hypothek gesichert ist, ungünstiger gestellt werden sollte als der Gläubiger, dem keine solche Sicherung gewährt ist. Als Markforderung fällt die streitige Forderung somit unter § 1 AufwG. und ist nach deutschem Recht aufzuwerten.

Das Berufungsgericht wird die Frage der Aufwertung nunmehr vom Standpunkt des deutschen Rechts aus zu prüfen haben.

63. Kann der Schuldner, der aus Unkenntnis einer ihm gegen den Gläubiger zustehenden Forderung die Aufrechnung versäumt und seine Schuld an den Gläubiger bezahlt hat, das Gezahlte zurückfordern und noch nachträglich aufrechnen?

BGB. § 813.

IV. Zivilsenat. Urt. v. 5. März 1928 i. S. D. L. A.-Fabrik AG. (Kl.) w. P. H.-GmbH. (Bekl.). IV 682/27.

I. Kammer für Handelssachen beim Amtsgericht Barmen.
II. Oberlandesgericht Düsseldorf.

Am 1. Oktober 1925 trat die Firma K. & M. „die ihr aus Warenlieferungen an die Klägerin zustehende bzw. noch erwachsende Forderung in Höhe von 8000 RM" an die Beklagte ab. Auf die Mitteilung von der Abtretung schrieb die Klägerin, die von der genannten Firma in laufender Geschäftsverbindung Waren bezog, an die Beklagte, daß jetzt keine Rechnung fällig sei, daß aber in kürzester Zeit neue Waren von der Firma K. & M. kämen und daß diese dann bezahlt würden. Noch im Oktober wurden denn auch neue Rechnungen in Höhe von über 8000 RM fällig. Am 21. November 1925 geriet die Firma K. & M. in Konkurs. Am 30. November 1925 zahlte die Klägerin im Einverständnis mit dem Konkursverwalter die erwähnten 8000 RM an die Beklagte. Diese 8000 RM verlangt die Klägerin im gegenwärtigen Rechtsstreit mit der Behauptung zurück, daß ihr nach dem Ergebnis ihrer im Dezember 1925 vorgenommenen Prüfung schon am 1. Oktober 1925 gegen die Firma K. & M. aus der Bezahlung unrichtiger Rechnungen und arglistig gelieferter unbestellter Waren ein Rückzahlungsanspruch in Höhe von mehr als 30000 RM zugestanden habe, mit dem nunmehr gegen die irrtümlich bezahlte, an sich zu Recht bestehende Forderung von 8000 RM aufgerechnet werde. Beide Instanzen haben die Klage abgewiesen. Die Revision der Klägerin hatte keinen Erfolg.

Gründe:

Das Berufungsgericht hat die Abweisung der Klage damit begründet, daß ein Schuldner, der seine Schuld an den Gläubiger in Unkenntnis einer ihm gegen diesen zustehenden Forderung bezahlt habe, nicht das Gezahlte, als nicht in dieser Art geschuldet, zurückfordern und nachträglich mit seiner Forderung gegen die des anderen Teils aufrechnen könne. Das bezeichnet die Revision als rechtsirrtümlich. Sie beruft sich auf den Komm. v. RGR. 6. Aufl. Anm. 4 zu § 813 BGB. und auf ähnliche andere Äußerungen im Schrifttum. Die Frage ist in der bisherigen Rechtsprechung des Reichsgerichts noch nicht grundsätzlich entschieden.

Nicht durchzukommen ist mit der Erwägung, daß begrifflich nicht mehr aufgerechnet werden könne, wenn eine der beiderseitigen Forderungen durch Zahlung getilgt sei. Sie geht von dem aus, was erst zu beweisen ist; denn es handelt sich gerade darum, ob nach dem Gesetz (§ 813 BGB.) durch die Zurückforderung des Gezahlten die Aufrechnungslage wiederhergestellt werden kann.

Im Schrifttum wird unter anderem geltend gemacht, daß § 813 BGB. „geradezu ein zwingendes Argument für die Kondizierbarkeit enthalte; denn wenn schon dann zurückgefordert werden könne, wenn dem Anspruch eine bloße Einrede entgegenstehe, die seine Geltendmachung lähme, so sei die Rückforderung um so mehr zu bewilligen, wenn durch nachträgliche, bislang aus Unkenntnis unterbliebene Aufrechnungserklärung dieser Anspruch geradezu vernichtet werde". Diese Schlußfolgerung aus einem weitergehenden Vordersatz geht fehl. Sie legt in unzulässiger Weise schon der Aufrechnungslage die Wirkungen der Aufrechnungserklärung unter. Ist, wie hier, die Aufrechnung nicht erklärt worden, dann können die Wirkungen der in § 813 BGB. erwähnten zerstörenden Einreden nur mit denen der Aufrechnungslage verglichen werden, und diese sind, wie noch zu zeigen sein wird, sehr gering. Im übrigen ist zu beachten, daß auch im Falle der Aufrechnungserklärung die „Vernichtung" der Forderung auf beiden Seiten eintritt, sodaß im Ergebnis nur von einem Ausgleich der Forderungen gesprochen werden kann.

Dagegen ist es allerdings sehr beachtlich, wenn im Schrifttum anderwärts ausgeführt wird: Das Gegenüberstehen zweier zur Aufrechnung geeigneter Forderungen beeinflusse den Schuldinhalt; jeder Teil könne als Schuldner seinen Gegner durch Aufrechnung abfinden; für den Schuldner liege eine Abfindungsbefugnis (facultas alternativa) vor, und wer in Unkenntnis dieser Abfindungsmöglichkeit zur Tilgung seiner Schuld neben dem Kapital vielleicht auch Zinsen oder eine Vertragsstrafe aus der Zeit nach der in § 389 BGB. bezeichneten Übertragung gezahlt habe, dem müsse billigerweise ein

Rückforderungsanspruch im Sinne des § 813 BGB. zugestanden werden, wenngleich ihm eine eigentliche „Einrede" gegen die Forderung des Gegners im Sinne dieser Vorschrift nicht zustehe (Kipp-Windscheid Pandektenrecht 9. Aufl. Bd. 2 § 349 S. 477 Anm. h; Siber-Planck 4. Aufl. Bd. 2 Teil 1 S. 532 Bem. 3, S. 523 Bem. c und d, S. 317 Bem. c β Abs. 2, S. 123flg. Bem. II 1, 3).

Der Senat trägt indessen Bedenken, sich dieser Auffassung anzuschließen. Auszugehen ist vom geltenden Recht (§ 813 BGB.). Dieses hat demjenigen, der in Unkenntnis einer ihm gebotenen Aufrechnungsmöglichkeit gezahlt hat, keinen Rückforderungsanspruch eingeräumt. Das ist nicht versehentlich, sondern absichtlich geschehen (Motive Bd. 2 S. 109 Abs. 2 und S. 832 unten). Die zweite Kommission (Prot. Bd. 1 S. 367) hat diese Auffassung des Entwurfs gebilligt. Im Gesetz ist das dadurch zum Ausdruck gekommen, daß der Fall nicht unter die Sondervorschriften des § 813 Abs. 1 BGB. aufgenommen wurde. Wie es in diesem Punkte mit den im Bürgerlichen Gesetzbuch vorkommenden Fällen zu halten ist, in denen dieses dem Schuldner eine Abfindungsbefugnis zugesteht (Siber-Planck S. 124 Bem. 3), kann hier auf sich beruhen. Denn sie sind im Gesetz nicht als besonderer Rechtsbegriff geregelt, sodaß ihnen gegenüber aus dem Stillschweigen des § 813 Abs. 1 nicht ohne weiteres gefolgert werden kann, sie sollten nicht zu den dort erwähnten Kondiktionsfällen gehören. Wohl aber kann dieser Schluß für die Aufrechnung gezogen werden, die im 3. Abschnitt des 2. Buches des Bürgerlichen Gesetzbuchs unter den Arten des Erlöschens der Schuldverhältnisse als besonderer Rechtsbegriff ausgestaltet ist und deshalb in § 813 Abs. 1, wenn sie darunter fallen sollte, einer besonderen Erwähnung bedurft hätte. Freilich gibt auch die Aufrechnung dem Schuldner eine Möglichkeit, seine Schuld anders als durch Zahlung zu tilgen. Aber nach dem Bürgerlichen Gesetzbuch gilt sie nicht als Leistung an Erfüllungsstatt, sondern als Erfüllung oder doch als Erfüllungsersatz. Die Erfüllung ist aber keine Eigenschaft, sondern das Ziel der Forderung. Die im 3. Abschnitt des 2. Buchs genannten Tilgungsarten stehen alle vier begrifflich jeder Forderung von Anfang an gegenüber, und wo zwischen zwei Forderungen die Aufrechnungslage eintritt, ist das ein zufälliger, tatsächlicher Umstand, der bis zur Aufrechnungserklärung (§ 388 BGB.) das Wesen der beiden Forderungen in keiner Weise berührt. Für den Schuldner, der seine Schuld nicht bezahlen kann, wird der — billige — Erwerb einer zur Aufrechnung geeigneten Gegenforderung eine Stärkung seiner Leistungsfähigkeit oder seines Vermögens, aber wohl kaum eine irgendwie wesentliche „Abschwächung" seiner dadurch nicht veränderten Schuld bedeuten. Diesen Standpunkt hat der VII. Zivilsenat in seinem Urteil vom 25. Januar 1907 (RGZ. Bd. 66 S. 273) insoweit eingenommen, als dort unter Bezugnahme auf die Motive zum Bürgerlichen Gesetzbuch ausgesprochen ist, daß die beiden zur Aufrechnung geeigneten Forderungen vor der Aufrechnungserklärung keine gegenseitige Einwirkung aufeinander ausüben, sondern sich objektiv völlig fremd, gleichgültig und wirkungslos gegenüberstehen. Wenn der erkennende Senat dieser Auffassung beitritt, befindet er sich mit einem großen Teil des Schrifttums und auch mit dem Kommentar von RGR., zwar nicht mit Anm. 4 zu § 813, wohl aber mit Anm. 1 zu § 389 BGB. im Einklang. Die Sondervorschrift des § 770 Abs. 2 steht damit nicht im Widerspruch.

Daß die Billigkeit durchaus nicht in allen Fällen eine Ausdehnung des § 813 nach der im vorstehenden erörterten Richtung verlangt, beweist gerade der hier vorliegende Tatbestand. Die der Beklagten abgetretene Kaufpreisforderung von 8000 RM war an sich völlig in Ordnung und die Beklagte hat in keiner Weise eine Sorgfaltspflicht gegen sich selbst oder gegen andere verletzt. Daß sie gleichwohl für den Schaden aufkommen soll, der nach der Behauptung der Klägerin zwar in erster Linie durch früheres arglistiges Handeln der Firma K. & M., in zweiter Linie aber doch auch durch die Mängel der eigenen Buchhaltung der Klägerin entstanden ist, entspricht nicht der Billigkeit. . . .

---

64. 1. Stellt der Verkauf der sämtlichen Geschäftsanteile einer Gesellschaft m. b. H., namentlich einer Grundstücks-Gesellschaft, regelmäßig auch eine Veräußerung des Unternehmens selbst dar und finden in solchen Fällen die gesetzlichen Vorschriften über Haftung für Rechts- und Sachmängel auch ohne besondere Vertragsbestimmung entsprechende Anwendung?

2. Muß auch bei Grundstücksverkäufen aus der Zeit nach Erlassung der 3. Steuernotverordnung der Verkäufer den Käufer von der Aufwertungsschuld befreien, die auf Grund der Vor-

schriften des Aufwertungsgesetzes über Aufwertung kraft Rückwirkung nach der Löschung von Hypotheken bestehen geblieben ist?

3. Sind die in RGZ. Bd. 112 S. 329 für Grundstücksverkäufe aus der Inflationszeit ausgesprochenen Grundsätze entsprechend anzuwenden auf Kaufabschlüsse, die in der ersten Zeit nach Festigung der deutschen Währung gegen einen wertbeständigen Preis vorgenommen wurden?

BGB. §§ 433, 434, 439, 459; Aufw. Gesetz §§ 15, 20.

II. Zivilsenat. Urt. v. 9. März 1928 i. S. St. u. Gen. (Kl.) w. Immobilienbank B.-W. GmbH. (Bekl.). II 489/27.

I. Landgericht III Berlin.
II. Kammergericht daselbst.

Durch notariellen Vertrag vom 13. März 1924 verpflichtete sich die Beklagte, den Klägern die sämtlichen Geschäftsanteile der „Haus Rankestraße Nr. 20 Grundstücks-Gesellschaft m. b. H." in Berlin gegen Zahlung von 109200 Goldmark zu verschaffen. In § 3 dieses Vertrags übernahm die Beklagte die Gewähr dafür, daß die genannte Gesellschaft m. b. H. „außer den laufenden Verwaltungs-Verbindlichkeiten keinerlei Verpflichtungen hat und daß das der Gesellschaft gehörige Grundstück (Rankestraße Nr. 20) frei von fremden Belastungen der Abteilung III des Grundbuchs ist". Die Beklagte erfüllte ihre Verschaffungspflicht dadurch, daß die damaligen Gesellschafter L. und S. am 20. April 1924 den Klägern ihre Geschäftsanteile in notarieller Form abtraten. Für die auf dem Grundstück ruhende Hypothek des Rittmeisters H. wurde die Löschungsbewilligung bei Abschluß des Vertrags vom 13. März 1924 ausgehändigt, und für die weitere, zugunsten einer Frau von Ha. eingetragene, am 6. November 1922 an den früheren Mitbeklagten W. abgetretene Hypothek von 150000 P*M* geschah dasselbe am 20. April 1924. Beide Hypotheken sind dann auch gelöscht worden. Nach Inkrafttreten des Aufwertungsgesetzes, nämlich am 8. Dezember 1925, forderte Frau von Ha. von den Klägern Aufwertung ihrer Hypothek von 150000 *M*; auch ließ sie im Grundbuch einen Widerspruch gegen die Löschung eintragen.

Die Kläger verlangen von der Beklagten Herbeiführung der Löschung des Widerspruchs, Befreiung der „Haus Rankestraße Nr. 20

Grundstücks-Gesellschaft m. b. H." von dem persönlichen Aufwertungsanspruch der Frau von Ha. und Zahlung des angemeldeten Aufwertungsanspruchs von 11761,50 GM in Höhe des noch näher zu errechnenden Barwerts. Sie gründen ihre Ansprüche auf die im Vertrag vom 13. März 1924 übernommene Gewährleistung, die gerade mit Rücksicht auf eine mögliche Aufwertung der Hypotheken vereinbart worden sei. Die Beklagte hat das bestritten. Die Garantieklausel — behauptete sie — habe nur zum Schutze dagegen dienen sollen, daß die Grundstücks-Gesellschaft m. b. H. nicht in der Zwischenzeit bis zum Übergang der Geschäftsanteile neue Schulden begründe oder das Grundstück neu belaste; die löschungsreifen Hypotheken habe man dabei nicht im Auge gehabt.

Das Landgericht wies die Klage ab. Die Berufung der Kläger war erfolglos. Ihre Revision führte zur Aufhebung und Zurückverweisung.

Gründe:

Das Berufungsgericht legt den § 3 des Vertrags vom 13. März 1924 dahin aus: Durch die hier übernommene Gewährleistungspflicht für Lastenfreiheit des Grundstücks, falls sie sich überhaupt auf die fraglichen Hypotheken beziehe und nicht lediglich Schutz gegen die Aufnahme neuer Schulden und Lasten habe gewähren sollen, sei den Klägern nur Schulden- und Lastenfreiheit nach Maßgabe der damaligen Gesetzgebung zugesichert worden. Es genüge, wenn die ihnen zur Verfügung gestellten Löschungsbewilligungen damals, unter dem Geltungsbereich der dritten Steuernotverordnung, ausgereicht hätten, um eine wirksame Löschung der Hypotheken und damit die Lastenfreiheit des Grundstücks herbeizuführen. Demgemäß hält der Berufungsrichter die Ansprüche der Kläger für unbegründet. Er steht weiter auf dem Standpunkt, sie könnten auch nicht darauf gestützt werden, daß die Geschäftsgrundlage infolge der rückwirkenden Aufwertung hinfällig geworden sei. Denn unter diesem Gesichtspunkt könne zwar beim Vorliegen gewisser Voraussetzungen die Vertragspartei, deren Verlangen auf Anpassung der Vertragsleistungen an die veränderte Geschäftslage vom Vertragsgegner abgelehnt wurde, beanspruchen, daß sie am Vertrag mit seinem ursprünglichen Inhalt nicht festgehalten werde. Dagegen ergebe sich für sie aus solcher Sachlage nicht der klagbare Anspruch auf eine Erweiterung der ursprünglich der Gegenpartei obliegenden

Leistungen. Von dieser Auffassung aus läßt das Berufungsgericht dahingestellt, ob sich die Geschäftsgrundlage durch die für die gelöschten Hypotheken in Frage kommende Aufwertung kraft Rückwirkung wirklich zum Nachteil einer Partei derart verschoben habe, daß eine Ausgleichung der Leistungen erfolgen müsse.

Die Revision macht dem Urteil den Vorwurf, es habe bei Auslegung des § 3 die besondere Bedeutung, die dieser Vertragsklausel unter den hier vorliegenden Umständen zukomme, nicht beachtet; namentlich sei die Beschränkung der Gewährleistung darauf, daß die zur Verfügung gestellten Urkunden nach dem damaligen Rechtszustand zur formellen Löschung der Hypotheken ausreichten, mit dem Inhalt des Vertrags nicht vereinbar, da den Klägern im wirtschaftlichen Erfolg ein hypothekenfreies Grundstück für ihre vollwertige Zahlung habe verschafft werden sollen. Diesen Angriffen ist die Berechtigung nicht abzusprechen. Denn das Berufungsgericht wird den besonderen Verhältnissen, die durch den Vertrag geregelt werden sollten, nicht gerecht; insbesondere berücksichtigt es nicht, daß auch ohne den § 3 des Vertrags eine Haftung der Beklagten für die Hypothekenfreiheit des Grundstücks begründet wäre.

Die Beklagte übernahm in dem Vertrag die Verpflichtung, den Klägern die sämtlichen Geschäftsanteile der Grundstücks-Gesellschaft m. b. H. zu verschaffen, die nicht ihr selbst, sondern zwei Ausländern gehörten. Zwar handelte es sich also nicht um einen eigentlichen Grundstücks-Veräußerungsvertrag, sondern um ein Abkommen wegen Übertragung von Geschäftsanteilen gegen Entgelt. Das war aber nur die äußere Rechtsform. Wirtschaftlich sollte ohne förmliche Eigentumsübertragung der Erfolg herbeigeführt werden, daß den Klägern die volle Verfügung über das auf den Namen der Gesellschaft stehende Grundstück eingeräumt würde (vgl. RGZ. Bd. 112 S. 236, Bd. 118 S. 113). Dieser wirtschaftlichen Bedeutung des Vertrags trägt das Berufungsgericht nicht genügend Rechnung. Es geht davon aus, daß eine Haftung der Beklagten für Schuldenfreiheit der Gesellschaft und der ihr gehörenden Grundstücke nur durch eine besondere Vertragsklausel habe begründet werden können. Diese Auffassung unterliegt rechtlichen Bedenken. Der erkennende Senat hat allerdings in RGZ. Bd. 86 S. 146 die Ansicht vertreten, daß beim Verkauf sämtlicher Geschäftsanteile einer Gesellschaft m. b. H. eine gesetzliche Haftung nur nach § 437 BGB. in Frage komme, die Vorschriften der §§ 459flg. BGB. wegen Mängel des Unternehmens selbst jedoch nicht Platz griffen. Dagegen wird in RGZ. Bd. 98 S. 289 in einem derartigen Falle dann eine weitergehende Haftung für Mängel des Unternehmens anerkannt, wenn, was rechtlich möglich sei, neben den Geschäftsanteilen auch noch das Geschäftsvermögen und das dazu gehörige geschäftliche Unternehmen als Ganzes zum Gegenstand des Kaufs gemacht worden seien. Die Entscheidung RGZ. Bd. 100 S. 200 steht an sich auf dem gleichen Standpunkt, sie lehnt nur seine Anwendung auf einen Fall ab, in dem mehrere Gesellschafter nacheinander durch mehrere einzelne Rechtsakte die sämtlichen Geschäftsanteile einer Gesellschaft m. b. H. an die nämliche Person übertragen hatten. Der dem Urteil RGZ. Bd. 98 S. 289 zugrundeliegenden Auffassung steht das Bedenken entgegen, daß der Inhaber der sämtlichen Geschäftsanteile nicht auch Rechtsträger der Vermögensstücke der Gesellschaft ist (Rechtsträger bleibt vielmehr die Gesellschaft, die ihre selbständige juristische Persönlichkeit behält) und diese Vermögensstücke deshalb nicht rechtswirksam übertragen kann; erst ein Handeln der Gesellschaftsorgane würde diesen Erfolg herbeiführen. Aber der Grundgedanke jener Entscheidung, daß es auf den durch den Vertrag beabsichtigten wirtschaftlichen Erfolg ankomme, ist jedenfalls berechtigt. Denn nach der Auffassung des Verkehrs wird regelmäßig ein Verkauf sämtlicher Geschäftsanteile einer Gesellschaft m. b. H. als eine Veräußerung des Unternehmens selbst angesehen; dem Erwerber soll tatsächlich die gleiche Stellung eingeräumt werden, wie wenn er das Unternehmen selbst gekauft hätte. Dann kann aber der Verkäufer der Geschäftsanteile auch in der Haftung für Rechts- und Sachmängel nicht anders gestellt werden als beim Verkauf des Unternehmens selbst. Diese von Hachenburg (GmbHG. Anm. 1 zu § 13) vertretene Meinung wird allein der Verkehrsauffassung und den Grundsätzen von Treu und Glauben gerecht. Namentlich bei Übertragung der sämtlichen Geschäftsanteile einer Grundstücks-Gesellschaft m. b. H. entspricht die Anwendung der gesetzlichen Haftungsvorschriften für Rechts- und Sachmängel dem Sinn und Zweck des Vertrags, ohne daß es auf die jeweilige besondere Willensrichtung der Vertragschließenden weiter ankommt. Voraussetzung ist dabei allerdings, daß es sich um einen Mangel handelt, der, wenn das Unternehmen selbst unmittelbar Gegenstand des Vertrags gewesen wäre, sich als ein Mangel des Kaufgegenstands dargestellt hätte. Bei einer Grundstücks-Gesellschaft, deren ganzes Vermögen in dem einen Grundstück besteht, nach dem sie sich nennt, sind die auf diesem ruhenden Hypotheken als Belastungen des Unternehmens selbst anzusehen. In einem solchen Falle müssen die Vorschriften der §§ 434, 439 Abs. 2 BGB. über Haftung für Rechtsmängel, im besondern über die Verpflichtung des Verkäufers zur Beseitigung der auf dem Grundstück lastenden Hypotheken, entsprechende Anwendung finden.

Hiernach wäre auch ohne die Vertragsklausel in § 3 eine Haftung der Beklagten für die Hypothekenfreiheit des Grundstücks begründet. Die Klausel hat deshalb für die Haftung der Beklagten lediglich unterstützende Bedeutung; sie hebt nur noch besonders hervor, was sich bei richtiger Auffassung ohne weiteres aus dem mit der Übertragung sämtlicher Geschäftsanteile gewollten Übergang der vollen Verfügung über das Grundstück ergibt. Der Abrede kommt daher keine andere Tragweite zu, als sie sich aus der gesetzlichen Haftung ergeben würde.

Bei Zugrundelegung dieser Anschauung ist die Ansicht des Vorderrichters über die beschränkte Bedeutung der nach dem Vertrag bestehenden Haftung für Lastenfreiheit nicht haltbar. Das Kammergericht leitet seine Annahme daraus her, daß nach der zur Zeit der Vertragschließung eben erst in Kraft getretenen dritten Steuernotverordnung (§ 11) eine Aufwertung vorbehaltlos ausgezahlter Hypotheken, deren Löschung bewilligt war, nicht stattfand und daß man damals in den beteiligten Kreisen noch nicht mit einer Änderung dieser Rechtslage im Sinne der Einführung einer rückwirkenden Aufwertung gelöschter Hypotheken gerechnet habe, wie auch die Vertragschließenden damals nicht daran gedacht hätten. Diese Umstände lassen sich aber doch nur dafür verwerten, daß die Parteien durch jene Klausel die Frage einer etwaigen Aufwertung der zu löschenden Hypotheken nicht unter sich haben regeln wollen; sie schließen jedoch nicht aus, daß der nach dem Vertrag bestehenden Haftung der Beklagten für Hypothekenfreiheit eine weitere Bedeutung beigemessen wird.

Der V. Zivilsenat hat in wiederholten Entscheidungen (RGZ. Bd. 112 S. 329; JW. 1927 S. 982 Nr. 16) für Grundstücks-Veräußerungsverträge ausgesprochen, daß der Veräußerer seine vertragliche oder auf §§ 434, 439 Abs. 2 BGB. sich gründende Verpflichtung zur lastenfreien Übertragung des Grundstücks durch eine während der Inflationszeit bewirkte, auf Grund der späteren Aufwertungs-Gesetzgebung in ihren Wirkungen wieder aufgehobene Löschung der auf dem Grundstück lastenden Hypothek nicht erfüllt. Denn die Hypothek blieb trotz Löschung oder Erteilung der Löschungsbewilligung in Höhe des ungetilgten Teils der aufzuwertenden Forderung noch als Gläubigerhypothek bestehen. In derartigen Fällen wurde die Beschaffung von formgerechten Löschungsbewilligungen, die nach dem damaligen Stande der Gesetzgebung genügten, um eine Löschung herbeizuführen, nicht für ausreichend gehalten, um der Haftung für Hypothekenfreiheit zu genügen. Vielmehr wurde der Veräußerer an sich für verpflichtet gehalten, die Beseitigung auch der Aufwertungsschuld herbeizuführen, nur gestand man ihm unter gewissen Voraussetzungen aus dem Gesichtspunkt der Erschütterung der Geschäftsgrundlage das Recht zu, vom Erwerber einen Beitrag zu den infolge der Aufwertungs-Gesetzgebung erhöhten Kosten der Beseitigung der Hypotheken zu verlangen und im Falle der Ablehnung dieses Verlangens vom Kaufvertrag zurückzutreten. Die vom V. Zivilsenat bisher entschiedenen Fälle betrafen Grundstücksveräußerungen aus der Inflationszeit. Die gleichen Grundsätze müssen aber auch dann gelten, wenn es sich um Grundstücksverkäufe handelt, die in die Zeit nach Erlassung der dritten Steuernotverordnung fallen. Der Umstand allein, daß die Beteiligten mit Rücksicht auf die Regelung in § 11 der dritten SteuernotVo. wenigstens in der ersten Zeit nach Inkrafttreten der Verordnung nicht mit einer Aufwertung von Hypotheken rechneten, für welche vorbehaltlos Löschungsbewilligung erteilt war, kann nicht dazu führen, der gesetzlichen Haftung oder einer Zusicherung der Lastenfreiheit eine eingeschränkte Bedeutung beizulegen. Denn tatsächlich hat eben die durch das Aufwertungsgesetz eingeführte Aufwertung ausgezahlter Hypotheken kraft Rückwirkung die Folge, daß die Rechte der früheren Hypothekengläubiger als nicht rechtswirksam erloschen angesehen werden. Infolge der Rückwirkung war die Beseitigung der Hypotheken durch Löschung oder ihr Übergang auf den Eigentümer als Grundschuld bei bloßer Löschungsbewilligung nur scheinbar eingetreten. Tatsächlich blieb das Grundstück mit dem Aufwertungsbetrag belastet, war also nicht lastenfrei.

Eine abweichende Auffassung über die Haftung der Beklagten könnte im vorliegenden Falle zu einem unbilligen Ergebnis führen. Wenn die Beklagte, was für die Revisionsinstanz zu unterstellen ist, für die Verschaffung der Geschäftsanteile und damit — wirtschaftlich — für die Übertragung des Grundstücks ein seinem damaligen Wert (in unbelastetem Zustand) entsprechendes, also angemessenes Entgelt in wertbeständigen Zahlungsmitteln erhalten hat, würde ein völliger Ausschluß ihrer Haftung für die von den früheren Hypothekengläubigern geltend gemachten Aufwertungsbeträge keinesfalls der Billigkeit entsprechen. Denn die Beklagte kann für das Grundstück nicht mehr verlangen als den Rest des angemessenen Preises, der nach Abzug der Lasten (in ihrer wirklichen Höhe) verbleibt. Andernfalls erhielte sie im Ergebnis einen Preis, der den Wert des Grundstücks um den Betrag der Belastung überstiege, und dies würde dem Vertragsinhalt widersprechen.

Hiernach hat der § 3 des Vertrags nicht die beschränkte Bedeutung, die das Berufungsgericht ihm beilegt; er begründete vielmehr, geradeso wie die gesetzliche Haftung aus § 439 Abs. 2 BGB., an sich die Verpflichtung der Beklagten, für Befreiung der Kläger von den jetzt gegen sie geltend gemachten Aufwertungsansprüchen der Hypothekengläubiger zu sorgen. Dann erweist sich aber die Abweisung der Klage als verfehlt, weil sie auf eine unrichtige Auffassung von der Tragweite des § 3 gestützt ist, und es muß geprüft werden, in welchem Umfang die Verpflichtung der Beklagten besteht. Die Beklagte hatte geltend gemacht, ihre Heranziehung zu Aufwendungen für Abfindung der Aufwertungsansprüche der Hypothekengläubiger würde eine so erhebliche Erschütterung des als Geschäftsgrundlage anzusehenden Gleichgewichts zwischen Leistung und Gegenleistung bedeuten, daß ihr diese Erhöhung ihrer Vertragsleistungen nach Treu und Glauben nicht zuzumuten sei. Der V. Zivilsenat hat in der schon angeführten Entscheidung RGZ. Bd. 112 S. 329 und in weiteren bei WarnRspr. 1926 Nr. 74, 75, 132, 202 abgedruckten Urteilen ausgesprochen: Das Gleichgewicht zwischen Leistung und Gegenleistung, wie es die Parteien bei gegenseitigen Verträgen regelmäßig als Geschäftsgrundlage voraussetzten, könnte erschüttert werden, wenn der vertragsmäßig oder gesetzlich zur Beseitigung von Hypotheken verpflichtete Verkäufer eines Grundstücks auf Grund des Aufwertungsgesetzes größere Beträge aufwenden müsse, als dies bei Vertragsschluß vorauszusehen gewesen sei. Wenn dadurch im Einzelfall ein so erhebliches Mißverhältnis zwischen Leistung und Gegenleistung eintrete, daß das Verlangen, der Veräußerer solle seine Verpflichtung zu den alten Vertragsbedingungen erfüllen, gegen Treu und Glauben verstoßen würde, müsse ihm das Recht zugestanden werden, vom Erwerber die Leistung eines Beitrags zu den Aufwendungen für Abfindung der Aufwertungsansprüche zu fordern. Es ist also in derartigen Fällen auf Grund des § 242 BGB. ein billiger Ausgleich zwischen den beiderseitigen Interessen herbeizuführen. Die Urteile des V. Zivilsenats betreffen Fälle von Grundstücksverkäufen, die in der Inflationszeit zu einem dem Werte des Grundstücks nicht entsprechenden Papiermark-Preis abgeschlossen worden waren, so daß das Mißverhältnis zwischen dem vom Verkäufer zu zahlenden Kaufpreis und den durch die Aufwertungslast gesteigerten Verpflichtungen des Verkäufers besonders scharf hervortrat. Bei Verträgen, die nach Festigung der Mark gegen einen wertbeständigen Preis geschlossen worden sind, wird von einer erheblichen Veränderung der Geschäftsgrundlage (durch Steigerung der Verpflichtungen des Verkäufers infolge der Aufwertung) seltener gesprochen werden können. Deshalb wird in solchen Fällen ein Ausgleich meistens nicht geboten sein, wenn der Verkäufer den für ein lastenfreies Grundstück angemessenen Preis erhalten hat. Ganz auszuschließen ist aber die Anwendung der erörterten Grundsätze auch bei derartigen Verträgen nicht. Denn in der ersten Zeit nach Festigung der Währung, namentlich auch noch im Jahre 1924, kann der Preis, der für ein Grundstück gezahlt wurde, infolge der durch die Zwangswirtschaft niedrig gehaltenen Mieten in Wirklichkeit nicht selten zu gering gewesen sein (vgl. RGZ. Bd. 119 S. 133). Das behauptet die Beklagte; sie macht geltend, daß sich der Aufwertungsbetrag für die Hypotheken insgesamt auf 125000 Goldmark stelle und daß deshalb die Aufwendungen für die Beseitigung der Belastungen den gezahlten Kaufpreis erheblich übersteigen würden. Die Kläger bestreiten das und geben die Aufwertungslast im ganzen nur auf 62000 Goldmark an. Der vereinbarte Kaufpreis soll nach ihrer Behauptung ein angemessenes Entgelt für das Grundstück in unbelastetem Zustand darstellen und die Beklagte oder vielmehr die hinter ihr stehenden Ausländer, die das Grundstück in der Inflationszeit zu einem äußerst billigen Preise zu Spekulationszwecken gekauft haben sollen, würden — wie die Kläger weiter vorbringen — auch bei Übernahme der Aufwertungslast noch ein gutes Geschäft machen. Das Berufungsgericht wird unter Berücksichtigung dieser Parteibehauptungen den Sachverhalt weiter aufzuklären und demnächst seine Entscheidung nach den in RGZ. Bd. 112 S. 329 erörterten Grundsätzen zu treffen haben.

---

65. Kann der Veräußerer eines Grundstücks, das zur Zeit des Abschlusses des Kaufvertrags nach dem Inhalt des Grundbuchs lastenfrei war, vom gutgläubigen Erwerber Ausgleichung verlangen, wenn er auf Aufwertung der persönlichen Schuld aus der gelöschten Hypothek in Anspruch genommen wird?

BGB. § 242. AufwG. §§ 15, 20.

V. Zivilsenat. Urt. v. 10. März 1928 i. S. G. u. Gen. (Kl.) w. Sch. u. Gen. (Bekl.). V 250/27.

I. Landgericht Heidelberg.

Durch notariellen Vertrag vom 19. Juli 1921 verkaufte eine Frau St. ihr Anwesen in Z. an die Kläger zum Preise von 200000 *M*. Die Hälfte des Kaufpreises wurde alsbald bezahlt; für den gestundeten Rest von 100000 *M* wurde eine Sicherungshypothek zugunsten der Verkäuferin auf den verkauften Grundstücken eingetragen. Die Eintragung der Eigentumsänderung und der Sicherungshypothek geschah am 23. August 1921. Die Kläger zahlten das Restkaufgeld von 100000 *M* kurz nach dem 15. Juni 1922 an Frau St., die am 10. August 1922 Löschungsbewilligung erteilte. Die Sicherungshypothek wurde dann am 26. September 1922 gelöscht.

Laut den notariellen Urkunden vom 21. Dezember 1922 und 13. Januar 1923 verkauften die Kläger die erwähnten Grundstücke für 3500000 *M* an die Beklagten. In der Urkunde vom 13. Januar 1923 erteilten die Kläger Quittung über die Zahlung des Kaufpreises. Am 22. Mai 1923 wurden die Beklagten als Eigentümer eingetragen.

Frau St. hat nun die persönliche Forderung aus dem Restkaufpreis von 100000 *M* gegen die Kläger bei der Aufwertungsstelle zur Aufwertung angemeldet. Sie berechnet den Aufwertungsbetrag auf 6250 R*M*. Hiervon bringt sie die gezahlten 100000 *M* mit 488 RM in Abzug, sodaß 5762 RM verbleiben. Die Aufwertungsstelle hat noch nicht entschieden. Die Kläger verlangen im Rechtsstreit in erster Linie Rückauflassung der Grundstücke, hilfsweise Zahlung von 5762 RM oder eines vom Gericht festzusetzenden Betrags. In letzter Linie begehren sie Verurteilung der Beklagten dahin, daß diese den Klägern gegenüber die von der Aufwertungsstelle als Aufwertungsschuld der Kläger festzustellenden Leistungen an Kapital, Zinsen und Teilzahlungen zu übernehmen und die Kläger von diesen Leistungen zu befreien hätten.

Das Landgericht wies die Klage ab. Die von den Klägern unmittelbar beim Reichsgericht eingelegte Revision führte zur Aufhebung und Zurückverweisung aus folgenden

Gründen:

Das Landgericht führt aus: Der Klaganspruch werde unter Berufung auf RGZ. Bd. 112 S. 329 aus § 242 BGB. abgeleitet. Aber der dort behandelte Fall weiche vom vorliegenden gerade im entscheidenden Punkte ab. Dort habe es sich um eine Hypothek gehandelt, die zur Zeit des Kaufabschlusses und der Auflassung noch eingetragen und laut Kaufvertrag vom Verkäufer zu löschen gewesen sei. Die Hypothek sei also Gegenstand des Kaufvertrags gewesen und die hieraus sich ergebende Vertragspflicht des Verkäufers habe der Regelung nach Treu und Glauben unterlegen; auch seien die vom Verkäufer für die Löschung aufzuwendenden Beträge Bestandteil der Geschäftsgrundlage, nämlich des von den Parteien gewollten Verhältnisses von Leistung und Gegenleistung gewesen. Hier aber sei die Hypothek lange vor dem Kaufvertrag und ohne jeden Zusammenhang mit ihm gelöscht worden. Wenn die der Löschung zugrundeliegende Zahlung der 100000 M an Frau St. nur als Teilzahlung zu gelten habe, so sei das Grundbuch durch die Löschung unrichtig geworden. Aber dadurch, daß die Beklagten die Grundstücke gutgläubig erworben hätten, sei die Hypothek endgültig erloschen und das Grundbuch richtig geworden (§ 20 AufwG.). Die Beklagten hätten die Grundstücke frei von Hypotheken gekauft und erhalten. Die Geschäftsgrundlage habe sich nicht geändert. Die Leistung der Kläger habe in der Übereignung der hypothekenfreien Grundstücke bestanden, und nach dieser Leistung, die auch vollständig vollzogen worden sei, hätten beide Teile den Kaufpreis bemessen. Die lediglich persönliche

Verpflichtung der Kläger gegenüber der Frau St. hänge mit den Grundstücken nicht mehr zusammen und berühre die Beklagten nicht. Die gegenteilige Auffassung würde den im § 20 AufwG. gewährleisteten Schutz des gutgläubigen Erwerbers wirtschaftlich wertlos machen; denn dem Käufer werde nicht geholfen, wenn er beim Erwerb eines grundbuchmäßig und materiellrechtlich lastenfreien Grundstücks nur dinglich, nicht aber persönlich geschützt werde. Es sei ein Unterschied, ob jemand ein lastenfreies oder ein vom Verkäufer erst lastenfrei zu machendes Grundstück kaufe. Gerade auf den vorliegenden Fall beziehe sich auch § 15 Nr. 2 AufwG., der dem persönlichen Schuldner nach Maßgabe des beim Weiterverkauf erzielten Erlöses die Härteklausel zubillige.

Die Revision macht geltend, die Parteien hätten den Kaufvertrag in dem Glauben geschlossen, daß die Grundstücke von der Hypothek endgültig befreit seien. Diese beiderseitige Annahme sei auch für die Beurteilung dessen maßgebend, was sie nach Treu und Glauben sich zu leisten hätten. Beide Teile hätten angenommen, daß durch Hingabe des Sachwertes dem Verkäufer der volle Kaufpreis als Gegenleistung zugutekomme. Statt dessen müsse nun der Verkäufer auf Grund des Aufwertungsgesetzes nicht nur den Kaufpreis zu 100% der früheren Hypothekengläubigerin auszahlen, sondern darüber hinaus noch eine weitere Zahlung leisten. Das widerspreche dem Grundsatz von Treu und Glauben, dem gegenüber man sich auch nicht auf den öffentlichen Glauben des Grundbuchs berufen könne. Dieser schütze nur gegen Ansprüche Dritter, habe aber mit den Vertrags- und gegenseitigen Treupflichten nichts zu tun.

Der Revisionsangriff ist begründet. Die Ansicht des Landgerichts, daß auf einen Fall der hier vorliegenden Art das in RGZ. Bd. 112 S. 329 Ausgeführte keine Anwendung finden könne, ist nicht zu billigen. Wie der VI. Zivilsenat des Reichsgerichts im Urteil vom 30. Januar 1928 (RGZ. Bd. 119 S. 133) ausgesprochen hat, kann auch dann eine Erschütterung der Geschäftsgrundlage mit den aus RGZ. Bd. 112 S. 329 sich ergebenden Folgen eintreten, wenn der Verkäufer eines zur Zeit des Vertragsschlusses lastenfreien Grundstücks nach Löschung einer Hypothek wegen der Aufwertung der persönlichen Forderung in Anspruch genommen wird, weil nach § 20 AufwG. die dingliche Aufwertung am gutgläubigen Erwerb des Käufers scheitert. Der Entscheidung des VI. Zivilsenats ist im wesentlichen beizutreten.

Auch der Verkäufer eines bei Vertragsabschluß lastenfreien Grundstücks haftet nach § 434 BGB. ohne besondere Abmachung dafür, daß das Grundstück zur Zeit der Übereignung (RGZ. Bd. 83 S. 215) frei von Rechten ist, die von einem Dritten gegen den Käufer geltend gemacht werden können. Im vorliegenden Falle waren die Grundstücke infolge der entwerteten Papiermarkzahlung des Verkäufers trotz der darauf erfolgten Löschung der Hypothek zur Zeit des Übergangs des Eigentums auf die Beklagten nur scheinbar lastenfrei. Durch das Aufwertungsgesetz ist die Hypothek wieder aufgelebt, wenngleich nicht in vollem Umfang, da § 20 AufwG. der Wiedereintragung des dinglichen Rechts entgegensteht. Die Aufwertung der persönlichen Forderung gegen den Verkäufer auf Grund des Aufwertungsgesetzes kommt aber nur deshalb in Frage, weil diese Forderung durch die Hypothek gesichert war. Die etwaige Aufwertungspflicht des Veräußerers wegen der persönlichen Forderung steht daher mit der Hypothek in untrennbarem Zusammenhang. Für diese Instanz ist zu unterstellen, daß die Parteien bei Abschluß des Kaufvertrags davon ausgegangen sind, der Verkäufer werde außer der Übereignung der Grundstücke keine anderen mit diesen zusammenhängenden Aufwendungen zu machen haben, sondern in den vollen Genuß des Kaufpreises kommen, und daß unter diesem Gesichtspunkt auch der Kaufpreis bemessen worden ist. Muß nunmehr der Verkäufer die persönliche Schuld aus der Hypothek aufwerten, so kann allerdings, je nach Lage der Umstände, ein solches Mißverhältnis zwischen Leistung und Gegenleistung eintreten, daß die Geschäftsgrundlage völlig verschoben ist und es gegen Treu und Glauben verstoßen würde, wenn der Käufer den Verkäufer unter den alten Bedingungen am Vertrag festhalten wollte. Die Anwendung des § 242 BGB. wird auch nicht dadurch ausgeschlossen, daß das Geschäft vollständig abgewickelt sein soll. Denn, wie sich nachträglich herausgestellt hat, war dies tatsächlich nicht der Fall, weil der Verkäufer, wenn seine Aufwertungspflicht für die persönliche Forderung festgestellt wird, noch zu Aufwendungen gezwungen ist, die mit seiner vertraglichen Verpflichtung auf Übereignung eines lastenfreien Grundstücks untrennbar zusammenhängen. Mit Recht hebt der VI. Zivilsenat in der erwähnten Entscheidung hervor, daß der Verkäufer nicht wohl deshalb ungünstiger gestellt sein kann, weil er die gesetzliche Verpflichtung zur Gewährung eines lastenfreien Grundstücks schon zur Zeit des Vertragsabschlusses — wenigstens äußerlich — erfüllt hatte, anstatt die Erfüllung dieser Pflicht auf eine Zeit zu verschieben, in der das mit der Hypothek noch belastete Eigentum bereits auf den Erwerber übergegangen und daher ein gutgläubiger Erwerb nach § 20 AufwG. ausgeschlossen war. Denn wenn im letzteren Falle der Käufer nach RGZ. Bd. 112 S. 329 dem Verkäufer einen Ausgleich zu der dinglichen Aufwertung gewähren muß, so wird dadurch zugleich auch die persönliche Aufwertungslast des Verkäufers erleichtert.

Endlich kann dem Landgericht nicht zugegeben werden, daß durch die Zulassung eines Ausgleichsanspruchs für Fälle der vorliegenden Art der im § 20 AufwG. gewährleistete Schutz des gutgläubigen Erwerbers wirtschaftlich wertlos gemacht werde. Denn die grundsätzliche Bejahung der Möglichkeit der Ausgleichspflicht bedeutet keineswegs, daß nunmehr der Verkäufer die gesamte Aufwertungslast ohne weiteres auf den Käufer abwälzen kann. Es bedarf vielmehr unter Berücksichtigung aller in Betracht kommenden Umstände, namentlich auch der in RGZ. Bd. 112 S. 334 angeführten, einer sorgfältigen Prüfung, ob dem Verkäufer bei Abwägung der beiderseitigen Interessen überhaupt ein Ausgleichsanspruch zuzubilligen sei, gegebenenfalls in welchem Umfang. In diesem Zusammenhang ist auf einen Gesichtspunkt hinzuweisen, den der Senat schon im Urteil vom 14. Mai 1927 V 235/26 hervorgehoben hat. Ehe die Frage spruchreif werden kann, ob durch die von den Klägern zur Erfüllung des Aufwertungsanspruchs der früheren Hypothekengläubigerin etwa aufzuwendenden Beträge eine Erschütterung der Vertragsgrundlage eingetreten sei, und bevor die Kläger deswegen eine Ausgleichsforderung gegen die Beklagten erheben können, muß hinreichende Gewißheit darüber bestehen, ob die Kläger ihrerseits dem Aufwertungsbegehren der früheren Hypothekengläubigerin entsprechen müssen oder ob ihnen gemäß § 15 Nr. 2 AufwG. ein Recht auf Wegfall oder Minderung der rückwirkenden Aufwertung zusteht. Das Landgericht wird daher zu erwägen haben, ob der Rechtsstreit auszusetzen ist, bis die Aufwertungsstelle über den von der früheren Hypothekengläubigerin angemeldeten Aufwertungsanspruch entschieden hat.

66. In welchem Umfang steht dem Gläubiger der Versteigerungserlös von Wertpapieren zu, die er von seiner Bank zu verlangen hatte, wenn die Wertpapiere in London hinterlegt, dann während des Krieges versteigert und die Erlöse buchmäßig der Bank gutgebracht worden waren?

BGB. §§ 281, 812; HGB. § 384.

I. Zivilsenat. Urt. v. 10. März 1928 i. S. M. (Kl.) w. K. & R. (Bekl.). I 228/27.

I. Landgericht Göttingen.
II. Oberlandesgericht Celle.

Der Kläger gab der Beklagten, einem deutschen Bankhaus, im Jahre 1913 den Auftrag zum Ankauf amerikanischer Shares. Diese gab den Auftrag an Londoner Bankhäuser weiter. Der Kläger und die Beklagte nahmen für die Anschaffung Kredit in Anspruch. Die gekauften Wertpapiere blieben auf den Namen der Beklagten im Depot der Londoner Banken. Im Jahre 1915 brachten die Londoner Banken die Wertpapiere zur Abdeckung ihrer Forderungen an die Beklagte zur Versteigerung. Der Erlös in Höhe von 1496.11.— engl. Pfd. wurde der Beklagten gutgeschrieben. Im Jahre 1920 erhielt sie Mitteilung hiervon. Nachdem der Kläger seine Schuld an die Beklagte beglichen hatte, zahlte sie ihm im Jahre 1924 5‰ des Versteigerungserlöses einschließlich Zinsen und einer Dividendenvergütung mit 177,36 GM.

Der Kläger begehrte in erster Linie Lieferung der Wertpapiere oder Zahlung des Wiederbeschaffungswertes, hilfsweise Zahlung des Versteigerungserlöses. Das Landgericht wies die Klage ab. Durch ein demnächst rechtskräftig gewordenes Teilurteil wies das Oberlandesgericht die Berufung des Klägers wegen des Hauptantrags zurück und führte dazu folgendes aus: Die Shares seien mit Wissen und Willen des Klägers auf den Namen der Beklagten im Depot der Londoner Banken verblieben. Danach habe zwischen den Parteien Einverständnis darüber bestanden, daß die Beklagte lediglich mit diesen Stücken ihre Lieferungsverbindlichkeit erfüllen solle. Durch die Versteigerung der Wertpapiere in Verbindung mit der diese Maßnahme als rechtmäßig bestätigenden Kriegsgesetzgebung sei jene der Beklagten obliegende Leistung ohne ihr Verschulden unmöglich geworden. In seinem Schlußurteil wies dann das Oberlandesgericht die Berufung des Klägers auch wegen des Hilfsantrags zurück. Die hiergegen eingelegte Revision des Klägers hatte keinen Erfolg.

Aus den Gründen:

Der Kläger hatte sich auf den Standpunkt gestellt, ihm gebühre nach § 281 BGB. der Erlös der Versteigerung in Pfunden, da dieser den Ersatz darstelle, den die Beklagte im ursächlichen Zusammenhang mit dem Umstand erlangt habe, der die vom Berufungsgericht angenommene Unmöglichkeit ihrer Leistung zur Folge gehabt habe. Der Vorderrichter ist dem Kläger darin beigetreten, daß die Voraussetzungen des § 281 BGB. gegeben seien, er weicht aber von ihm in der Frage ab, was im Sinne dieser Bestimmung als geschuldete Ersatzleistung anzusehen sei. Er gelangt zu dem Ergebnis, daß die Beklagte nach dieser Bestimmung ihren Verbindlichkeiten bereits durch die Zahlung der 177,36 GM genügt habe. Dazu führt er aus: Bei der für die Beklagte vorgenommenen Gutschrift des Versteigerungserlöses, die allerdings ihre Schuldbefreiung in dieser Höhe zur Folge gehabt habe — und damit dem ersten Anschein nach einen entsprechenden wirtschaftlichen Vorteil für sie —, habe es sich lediglich um einen buchtechnischen Vorgang im Innenbetrieb ihrer Londoner Gläubiger gehandelt, sie selbst habe nie über den Erlös verfügen können. Vielmehr hätten die privatrechtlichen Wirkungen dieses Vorgangs, als er im Jahre 1920 zu ihrer Kenntnis gekommen sei, durch Art. 296 des Versailler Vertrags schon eine grundlegende und rückwirkende Umgestaltung in der Richtung erfahren gehabt, daß eine unmittelbare Abwicklung ihres Rechnungsverhältnisses zu ihren Gläubigern überhaupt nicht mehr möglich gewesen sei. Infolge der deutschen Ausgleichsgesetzgebung habe sich die Wirkung der Versteigerung schließlich darauf beschränkt, daß die Beklagte an das Deutsche Reich auf ihre Londoner Verbindlichkeiten 5‰ des Erlöses weniger zu entrichten gehabt habe. Es sei nicht angängig, lediglich die zunächst erfolgte buchmäßige Wirkung der Versteigerung auf den Vermögensstand der Beklagten in Betracht zu ziehen, sondern als der ihr zugeflossene Ersatzwert für die versteigerten Wertpapiere komme nur der Vermögenswert in Frage, den sie endgültig infolge der Gutschrift des Erlöses an das Reich weniger zu zahlen gehabt habe. Diesen habe sie aber mit 177,36 GM bereits an den Kläger abgeführt. Aus den gleichen Gesichtspunkten, führt der Vorderrichter weiter aus, könne auch die Heranziehung der Vorschriften des § 384 Abs. 2 HGB. und des § 812 BGB. zu keiner für den Kläger günstigeren Beurteilung der Sachlage führen.

Gegen diese Stellungnahme des Berufungsgerichts richtet sich im wesentlichen der Angriff der Revision. Den Ausgangspunkt des Vorderrichters, wonach Unmöglichkeit der Erfüllung der Verbindlichkeit anzunehmen ist, die der Beklagten aus dem Geschäfte noch obliegt, hat die Revision nicht beanstandet. Es besteht auch keine Veranlassung, dem Berufungsgericht in diesem Punkte entgegenzutreten. Üblicherweise wurde zu jener Zeit ein Kaufauftrag über Shares zur Ersparnis von Stempelkosten in der Art abgewickelt, daß die angeschafften Wertpapiere im Depot einer Londoner Bank verblieben. Erledigte die deutsche Bankverbindung des Käufers den Auftrag insoweit, so hatte sie damit, ob sie nun lediglich als Einkaufskommissionärin oder als Verkäuferin auftrat, zunächst der ihr obliegenden Verbindlichkeit genügt. Allerdings verblieb ihr noch die Verpflichtung, dem Kunden die Wertpapiere wunschgemäß zur Verfügung zu stellen. Die Erfüllung dieser restlichen Verbindlichkeit ist aber durch die von der Kriegsgesetzgebung bestätigten Maßnahmen der Londoner Banken unmöglich geworden. Von gleicher Würdigung der Sachlage ist ersichtlich das Berufungsgericht ausgegangen. Sie steht auch im Einklang mit der bisher in der Rechtsprechung dieses Senats vertretenen Auffassung solcher Geschäfte (RGZ. Bd. 104 S. 226, Bd. 107 S. 36).

Es besteht aber auch kein Anlaß, die von der Revision beanstandeten weiteren Erwägungen des Berufungsgerichts zu mißbilligen. Das Besondere des Sachverhalts liegt darin, daß in die privatrechtlichen Beziehungen der Beklagten zu ihren Londoner Gläubigern und in die Abwicklung dieser Beziehungen aus staatlichen Rücksichten durch staatliche Maßnahmen im Wege der Kriegsgesetzgebung, des Versailler Vertrags und der Ausgleichsgesetzgebung eingegriffen worden ist. Die Folge war, daß sich die wirtschaftliche Wirkung der Gutschrift für die Beklagte auf den Betrag beschränkte, den sie auf Grund des Ausgleichsgesetzes an das Reich weniger zu zahlen hatte. Der den Vorschriften des § 384 Abs. 2 HGB., des § 812 BGB. und in weiterem Sinne auch dem § 281 BGB. zugrundeliegende Rechtsgedanke geht dahin, Vermögenswerte, die im Laufe wirtschaftlicher Vorgänge Personen zugeflossen sind, welchen sie nach den maßgebenden Wirtschaftsbeziehungen im Verhältnis zu anderen Personen nicht zukommen, denjenigen zuzuführen, denen sie gebühren. Diesem Zweck der genannten Vorschriften, der sich also darauf beschränkt, den Ausgleich einer unrichtig gewordenen Verteilung von Vermögenswerten herbeizuführen, geschieht im vorliegenden Falle nur Genüge, wenn die Auskehrungspflicht der Beklagten auf den Vermögenswert beschränkt wird, der ihr im Endergebnis tatsächlich zugeflossen ist. Das ist aber nur die Höhe ihrer Schuldbefreiung gegenüber dem Reich. Wie das Berufungsgericht mit Recht ausführt, ist es hiernach nicht angängig, die infolge der Gutschrift des Versteigerungserlöses zunächst eingetretene Schuldbefreiung allein in Betracht zu ziehen. Maßgebend ist vielmehr die wirtschaftliche Wirkung der Gesamtentwicklung. Das Urteil dieses Senats vom 9. Oktober 1926 I 454/26 (Bank-Archiv 1926 S. 124) hat für einen Fall, in dem es sich um die Höhe der Bereicherung handelte, den gleichen Standpunkt eingenommen.

Der abweichenden Auffassung der Revision ist nicht beizupflichten. Bei Zugrundelegung ihrer Ausführungen würde die Beklagte in einer Weise belastet werden, die mit dem Grundgedanken der einschlägigen Gesetzesvorschriften nicht zu vereinbaren wäre. Trifft den Kläger auf Grund dieser Rechtslage ein Verlust, so beruht er auf der durch staatliche Rücksichten mitbestimmten gesetzlichen Regelung der Abrechnungsbeziehungen zum feindlichen Ausland. Die von der Revision herangezogene Entscheidung in RGZ. Bd. 108 S. 191 behandelt nicht die zur Entscheidung stehende Frage und kann daher der hier vertretenen Auffassung nicht entgegengehalten werden.

---

67. Ist eine Konkursforderung, die einem Mitglied des Vorstands einer in Konkurs geratenen Aktiengesellschaft wegen seiner Gehaltsansprüche aus der Zeit vor der Konkurseröffnung gegen die Gesellschaft zusteht, gemäß § 61 Nr. 1 KO. bevorrechtigt?

II. Zivilsenat. Urt. v. 13. März 1928 i. S. W. (Kl.) w. H. als Verwalter im Konkurs über das Vermögen der W. A.-G. (Bekl.). II 475/27.

I. Landgericht Hamburg.
II. Oberlandesgericht daselbst.

Die Frage wurde verneint aus folgenden

Gründen:

Die im Schrifttum und in der Rechtsprechung bestrittene Frage, ob ein Mitglied des Vorstands einer Aktiengesellschaft im Konkurs über das Vermögen der letzteren wegen seiner Gehaltsansprüche aus der Zeit vor der Konkurseröffnung eine nach § 61 Nr. 1 KO. bevorrechtigte Konkursforderung geltend machen kann, wird vom Berufungsrichter für den vorliegenden Fall lediglich mit Rücksicht auf dessen besondere Gestaltung verneint. Das Berufungsgericht hält es für ein Unrecht gegenüber den übrigen Konkursgläubigern, wenn der Kläger, der mit seinen zwei Vettern in der Generalversammlung die entscheidende Stimme geführt und die maßgebende Willensmacht der Aktiengesellschaft ausgeübt habe, wegen seiner hohen Gehaltsforderung, die sich außer der Tantieme jährlich auf 60000 RM belief, ein an erster Stelle stehendes Vorrecht besitzen sollte. Die Frage ist jedoch grundsätzlich zu verneinen. So auch Jaeger KO. 5. Aufl. Anm. 14 zu § 61 (a. A. die früheren Auflagen); OLG. Celle in JW. 1926 S. 2103 Nr. 9 u. Pick, Anm. zu dieser Entscheidung, ebendas.; vgl. ferner — für den Geschäftsführer der Gesellschaft m. b. H. — Brodmann GmbHG. Anm. 5 zu § 6; Kammergericht in ROLG. Bd. 32 S. 381.

Das Vorrecht ist hervorgegangen aus dem privilegium miserabile des Gesindes wegen des „Lidlohns" (= Leutelohns). Der § 77 der preußischen Konkursordnung gewährte es den für den Haushalt oder das Gewerbe des Gemeinschuldners angenommenen, im Dienstverhältnis zu ihm stehenden Personen, insbesondere den Erziehern, Hausoffizianten, Handlungsgehilfen, Handwerksgesellen und Dienstboten. Die Reichskonkursordnung vom 10. Februar 1877 § 54 Nr. 1 erklärte für bevorrechtigt die rückständigen Forderungen an Lohn, Kostgeld und anderen Dienstbezügen von solchen Personen, die sich dem Gemeinschuldner für seinen Haushalt, seinen Wirtschaftsbetrieb oder sein Erwerbsgeschäft zu dauerndem Dienste verdungen hatten. Die Motive heben hervor, die auf solche Dienstverhältnisse angewiesenen Personen seien genötigt, sich zu verdingen, ohne ihre Forderung sichern zu können; das Gesetz gestatte ihnen auch regelmäßig nicht, bei einmaligem Ausbleiben der Lohnzahlung den Dienst zu verlassen, und die Natur des Dienstverhältnisses erschwere vor seiner Beendigung die Klage gegen den Dienstherrn. Es widerspreche nicht dem allgemeinen Kredit noch den Rechten der übrigen Gläubiger, diesen Personen durch ein Vorrecht den nötigen Schutz zu verleihen. Nach dem regelmäßigen Umfang der fraglichen Forderungen komme das Vorrecht für die anderen Gläubiger kaum in Betracht, dagegen sei es von äußerster Erheblichkeit für die im Dienst stehenden Personen. Hiernach ist für die Gewährung des Vorrechts das besondere Schutzbedürfnis der wirtschaftlich schwachen, in dienender, abhängiger Stellung befindlichen Personen in Bezug auf ihre Lohnansprüche, auf die sie zu ihrem Lebensunterhalt angewiesen sind, von ausschlaggebender Bedeutung gewesen, zumal da diese Lohnansprüche wegen ihrer verhältnismäßigen Geringfügigkeit ohne nennenswerte Schädigung der übrigen Gläubiger vorweg aus der Masse befriedigt werden können. Die Worte „verdungen" und „Lohn, Kostgeld und andere Dienstbezüge" deuten darauf hin, daß Personen in dienender, abhängiger Stellung in Frage kommen. Dadurch, daß in der neuen Konkursordnung in § 61 Nr. 1 an Stelle der Worte „zu dauernden Diensten verdungen hatten" die Fassung „zur Leistung von Diensten verdungen hatten" getreten ist, sollte das Konkursvorrecht offensichtlich nicht über den Kreis derjenigen Personen hinaus erweitert werden, die wirtschaftlich und rechtlich im Verhältnis der Abhängigkeit zum Dienstberechtigten stehen.

Ein Mitglied des Vorstands einer Aktiengesellschaft ist ebensowenig Handlungsgehilfe wie der Geschäftsführer einer Gesellschaft mit beschränkter Haftung, es nimmt vielmehr im geschäftlichen Unternehmen die Stellung eines Prinzipals ein (RG. bei Holdheim Mon. Schr. 20. Jahrg. S. 118 (120) und in SeuffArch. Bd. 63 Nr. 258; ROLG. Bd. 27 S. 379). Mit der Vertretungsmacht des Vorstands nach außen als des nicht beschränkbaren Willensträgers der Aktiengesellschaft (HGB. § 235) hat dieses Vorrecht nichts zu tun. Im einzelnen Falle kann die Vertretungsmacht des Prokuristen der eines Vorstandsmitglieds der Aktiengesellschaft gleichkommen, und doch steht dem ersteren, sofern er im inneren Verhältnis zum Prinzipal dessen Handlungsgehilfe ist, das Vorrecht des § 61 Nr. 1 KO zu. Unerheblich ist auch der Umstand, daß die Anstellung des Vorstandsmitglieds regelmäßig auf einem Dienstvertrag beruht; denn auch die Mitglieder des Aufsichtsrats leiten ihre Stellung häufig aus einem Dienstvertrag ab, und doch herrscht Einstimmigkeit darüber, daß ihnen wegen ihrer Ansprüche auf Vergütung kein Vorrecht im Konkurs zukommt. Eher beachtenswert ist der im Schrifttum hervorgehobene Gesichtspunkt, daß es seltsam wäre, wenn die für die Bewirtschaftung verantwortlichen Leiter des Unternehmens wegen ihrer oft sehr hohen Gehaltsansprüche noch das Konkursvorrecht der ersten Klasse auf Kosten der Gesellschaftsgläubiger genießen sollten. Entscheidend ist jedoch der Umstand, daß der Vorstand der Aktiengesellschaft nicht ein sozial abhängiger Dienstverpflichteter, sondern geradezu der Leiter der Gesellschaft ist. In seinem Wirkungskreise, so wie er regelmäßig gestaltet ist, tritt seine Abhängigkeit von einem andern, nämlich von der juristischen Person als dem eigentlichen Geschäftsherrn, bei der Leitung der Geschäfte völlig in den Hintergrund. Das ist selbst bei dem mit noch so weitgehenden Befugnissen ausgestatteten Prokuristen ganz anders; er bleibt dem Prinzipal gegenüber stets der sozial Abhängige und muß sich seinem Willen schließlich fügen. In steigendem Maße hat die neuere Rechtsentwicklung dem wirtschaftlichen und sozialen Gegensatz, der zwischen dem Vorstand einer Aktiengesellschaft und ihren Angestellten besteht, auch auf dem rechtlichen Gebiete Rechnung getragen. Die gesetzlichen Vertreter der juristischen Person sind eben ihre Organe und nicht ihre Angestellten; sie sind gewissermaßen der konkrete Prinzipal im Gegensatz zum abstrakten (der juristischen Person selbst). Demgemäß führt auch die Begründung zum Regierungs-Entwurf eines Arbeitsgerichtsgesetzes aus, daß die gesetzlichen Vertreter der juristischen Personen als deren Organe die Arbeitgeber-Befugnisse der Körperschaft ausübten und man sie daher nicht gleichzeitig als Arbeitnehmer ansehen könne. Deshalb wird auch der Vorstand der Aktiengesellschaft im geltenden Arbeitsvertragsrecht, in der Gewerbeordnung, im Handelsgesetzbuch, in der Landarbeiter- und in der Tarifvertragsverordnung, nicht als Arbeitnehmer angesehen. Auch im Strafrecht werden die Vorstandsmitglieder den physischen Arbeitgebern gleichgestellt (RGSt. Bd. 33 S. 261; vgl. auch Reichsvers. Ordn. § 3 Abs. 2, §§ 536, 912, 1222, 1493; Angest. Vers. Ges. § 339; Kaufm. Ger. Ges. § 14). Vermöge der Stellung, wie sie den Mitgliedern des Vorstands der Aktiengesellschaft auf dem Gebiete des eigentlichen Arbeits- und Sozialrechts zugewiesen ist, treten sie rechtlich in Gegensatz zu den Arbeitnehmern der juristischen Person (den Angestellten und Arbeitern) und erscheinen diesen gegenüber als Arbeitgeber, die der juristischen Person gleichzusetzen sind. Für sie besteht daher nicht das von § 61

Nr. 1 KO. erforderte Abhängigkeitsverhältnis wie für die Angestellten und Arbeiter, die sich „verdungen" haben. Zutreffend führt auch Pick a. a. O. aus, die Abhängigkeit des Vorstands sei im wesentlichen nur derart, wie sie mit jedem Dienstvertrag als einem Dienstverhältnis verknüpft sei; eine solche Abhängigkeit genüge aber für den § 61 Nr. 1 KO. nicht.

---

68. 1. Inwieweit können Anordnungen, die jemand auf Grund irrtümlich angenommener vertraglicher Beziehungen einem andern gegenüber trifft, zum Schadensersatz aus unerlaubter Handlung verpflichten?

2. Zum Unterschied zwischen der Vornahme eines Staatshoheitsaktes und einer Maßnahme der staatlichen Vermögensverwaltung.

3. Unter welchen Voraussetzungen handelt ein Offizier als verfassungsmäßig berufener Vertreter des Reiches?

BGB. §§ 31, 89, 823, 831.

VI. Zivilsenat. Urt. v. 15. März 1928 i. S. Deutsches Reich (Bekl.) gegen J. (Kl.). VI 413/27.

I. Landgericht Stettin.
II. Oberlandesgericht daselbst.

Ein Pionierbataillon hatte im Spätsommer 1924 am Seestrande bei B. Übungen im Brückenbau ausgeführt. Zum Zweck der Rückschaffung der dazu verwendeten Baustoffe verhandelte das Bataillon mit der Firma M. & M. in St. über die Stellung eines Schleppdampfers und eines Kahns. Auf Grund dieser Verhandlungen und der zwischen der Firma und dem Kläger getroffenen Abreden erschienen am 2. September 1924 in B. ein bisher zu Binnenfahrten verwendeter Dampfer der Firma und ein zu Fahrten auf dem Haff dienender Kahn des Klägers, der mit den Baustoffen beladen wurde. Etwa um $6^1/_2$ Uhr Nachmittags, nachdem starker Wind und Wellen aufgekommen waren, fuhr der Dampfer mit einer Dampframme und dem Kahn des Klägers im Schlepp von B. nach S. ab. Bald danach warf der Kläger, der fürchtete, sein Kahn würde beim Weiterfahren den Anprall der Wellen nicht aushalten, das Schleppseil ab und den Anker aus, um — den Bug gegen die Wellen gekehrt — liegen zu bleiben. Dabei riß die Ankerkette ab und der Kahn wurde auf den Strand getrieben. Der Versuch des Klägers, mit dem Beiboot an Land zu kommen, mißlang. Das Boot schlug in der Brandung um; der Kläger wurde von den Wellen an Land geworfen, seine Frau ertrank. Nach seiner Darstellung soll sich der den Bau leitende Offizier seinem Verlangen, schon etwa um 4 Uhr Nachmittags abzufahren, trotz des drohenden stürmischen Wetters widersetzt haben. Deshalb habe er, der Kläger, erst etwa 2 Stunden später abfahren können. Damals sei aber ein so starker Wellengang und Wind gewesen, daß er zur Rettung des Kahns, der sonst untergegangen wäre, genötigt gewesen sei, so wie geschehen zu handeln. Der Kahn würde, wenn er um 4 Uhr abgefahren wäre, wohlbehalten in S. angekommen sein. Das Bataillon habe den Vertrag über die Beförderung der Baustoffe durch Vermittlung der Firma M. & M. unmittelbar mit ihm abgeschlossen; dabei sei ausdrücklich vereinbart worden, daß das Bataillon für jeden Schaden aufkomme, der dem Kahn auf See zustoße. Auf Grund dieses Sachverhalts verlangt der Kläger vom Beklagten Ersatz des gesamten durch die Strandung des Kahns ihm entstandenen Schadens. Der Beklagte bestreitet jede vertragliche Beziehung zum Kläger und jedes Verschulden.

Der Klaganspruch wurde vom Landgericht zu $^1/_4$, vom Oberlandesgericht zu $^2/_3$ dem Grunde nach für gerechtfertigt erklärt; im übrigen wurde die Klage abgewiesen. Die Revision des Beklagten blieb ohne Erfolg.

Gründe:

Das Berufungsgericht führt aus, der Beklagte hafte dem Kläger auf Ersatz des aus der Strandung des Kahns ihm erwachsenen Schadens nach §§ 823, 831, 89, 31 BGB., weil der die Übung leitende Offizier ein verfassungsmäßig berufener Vertreter des Deutschen Reichs (Reichsmilitärfiskus), jedenfalls aber von ihm zu dieser Verrichtung bestellt gewesen sei. Die Revision rügt demgegenüber: es sei nicht ersichtlich, wie sich der Kläger auf Grund der von ihm angenommenen vertraglichen Beziehungen habe für verpflichtet halten können, der Anordnung des Offiziers, daß er noch länger in B. bleiben solle, Folge zu leisten; für die Haftung des Offiziers komme nur § 839 BGB. in Betracht, da er die Anordnung im Rahmen seiner Amtsgewalt getroffen habe. Es kann dahingestellt bleiben, ob die Haftung des Beklagten nicht auch dann zu bejahen wäre, wenn § 839 BGB. in Verbindung mit Art. 131 RVerf. Anwendung zu finden hätte. Denn die Rüge der Revision trifft nicht zu. Allerdings übte der leitende Offizier bei dem Brückenbau einen Akt der Staatshoheit aus. Aber die Anordnung, die er dem Kläger gegenüber traf, war nicht ein Teil der Vornahme dieses Hoheitsaktes. Sie gründete sich nicht auf die dem Offizier zustehende öffentliche Gewalt; es ist auch nicht ersichtlich, auf Grund welcher öffentlichrechtlichen Bestimmungen er befugt gewesen sein sollte, die Anordnung zu geben und nötigenfalls zu erzwingen. Diese Anordnung wurde vielmehr lediglich aus Anlaß des Dienstes getroffen, gehörte aber nach ihrer Natur und Zweckbestimmung der staatlichen Vermögensverwaltung an; vgl. auch RGZ. Bd. 55 S. 174, Bd. 91 S. 273, Bd. 113 S. 304; JW. 1909 S. 654 Nr. 2; WarnRspr. 1915 S. 255. Das Reich bedurfte zur Zurückschaffung der Baustoffe privater Beförderungsmittel und traf deshalb das Abkommen mit der Firma M. & M. Lediglich auf Grund dieses Abkommens trat der Offizier auch zum Kläger in Beziehungen und nur auf Grund der von ihm danach angenommenen Befugnisse ordnete er an, daß der Kläger noch nicht abfahren dürfe. Die Verpflichtung, die der Kläger der Firma M. & M. gegenüber übernommen hatte, bestand darin, während bestimmter Zeit und in näher bestimmter Weise mit seinem Kahn dem Pionierbataillon zur Verfügung zu stehen und die Baustoffe zu befördern. Er mußte sich daher, wenn man von etwaigen Sonderabreden absieht, dem Bataillon gegenüber mit dem Kahn bis zur Beladung bereit halten. Nach der Feststellung des Berufungsgerichts gingen deshalb sowohl der Offizier als auch der Kläger auf Grund von Rechtsbeziehungen, in denen sie nach ihrer Auffassung sei es unmittelbar, sei es über die Firma M. & M. zu einander standen, davon aus, daß der Offizier das Recht zu der getroffenen Anordnung habe und der Kläger sie befolgen müsse. Diese übereinstimmende Annahme schuf, wie der Vorderrichter mit Recht bemerkt, Beziehungen zwischen ihnen, die dem Offizier eine gewisse Herrschaft über den Kahn gaben und ihn deshalb auch ohne vertragliche Bindung verpflichteten, bei seinen Anordnungen die schuldige Rücksicht auf das Eigentum und das Leben sowie auf die Gesundheit des Klägers und seiner Frau zu nehmen. Verletzte er diese Pflicht fahrlässig und wurde dadurch das Eigentum des Klägers beschädigt, so war diese Verletzung schuldhaft und widerrechtlich und machte ihn gemäß § 823 Abs. 1 BGB. für Schadensersatz haftbar. Hiernach braucht nicht mehr geprüft zu werden, ob die Ansicht des Berufungsgerichts zutrifft, daß der Offizier auch gegen strafrechtliche Vorschriften (§§ 230, 222, 236 StGB.) verstoßen habe und daher auch aus § 823 Abs. 2 BGB. hafte.

Mit Recht wendet sich allerdings die Revision gegen die Ausführung, daß der Beklagte nach § 89 BGB. für die Handlungen des Offiziers verantwortlich sei. Denn dieser war nicht ein verfassungsmäßig berufener Vertreter des Beklagten. Voraussetzung für einen solchen ist, daß er durch die staatlichen Organisationsbestimmungen selbst zur Vertretung berufen ist und innerhalb seines Geschäftsbereichs eine dem Vorstand einer juristischen Person ähnliche Selbständigkeit, Verantwortlichkeit und rechtsgeschäftliche Vertretungsmacht hat (RGZ. Bd. 53 S. 279, Bd. 74 S. 23 und 250). Keine dieser Voraussetzungen ist hier gegeben. Ein solcher Offizier leitet weder seine Befugnisse aus den staatlichen Organisationsbestimmungen her, noch hat er die erwähnte Selbständigkeit. Das Berufungsgericht sagt auch selbst, der Offizier habe seine Befugnisse auf die Anordnungen des Bataillonskommandeurs gegründet, der ihm die Leitung der Abbeförderung der Baustoffe übertragen habe. Er war also nur zu einer Verrichtung bestellt. Deshalb haftet aber der Beklagte nach § 831 BGB. für seine Handlungen. Ein Entlastungsbeweis ist, wie der Vorderrichter feststellt, vom Beklagten nicht angetreten. . . .

---

69. 1. Kann die in Art. 19 Abs. 2 Satz 1 der Durchführungsverordnung zum Aufwertungsgesetz vom 29. November 1925 vorgesehene Vereinbarung mit Wirksamkeit auch noch nach der Einzahlung auf das Sparkassenbuch getroffen werden?

2. Ist für die Anrechnung Satz 1 oder Satz 2 des Art. 19 Abs. 1 maßgebend, wenn das Sparkassenguthaben zwar vor dem 15. Juni 1922 erworben, aber die Vereinbarung, daß es zur Abtragung einer Hypothek oder Grundschuld zu dienen bestimmt sei, erst nach dem 14. Juni 1922 getroffen wurde?

DurchfVo. z. AufwG. v. 29. November 1925 Art. 19.

V. Zivilsenat. Beschl. v. 17. März 1928 in einer Gothaer Aufwertungssache. V B 9/28.

I. Aufwertungsstelle Gotha.
II. Landgericht daselbst.

Der Sachverhalt und die Entscheidung ergeben sich aus den nachstehenden

Gründen:

Der Antragstellerin, einer unter Staatsaufsicht stehenden Sparkasse, stand im Jahre 1922 eine dingliche und persönliche Hypothekenforderung gegen den Antragsgegner im Hauptbetrag von 6000 *M* zu. Der Antragsgegner hatte bei ihr ein Sparguthaben, das sich am 1. Januar 1918 auf 1122,44 *M* und im Mai 1922 auf 1164,04 *M* belief; ferner war er im Besitz eines von ihr ausgestellten Sparkassenbuchs, das auf den Namen seiner im Jahre 1916 verstorbenen Frau und zu den erwähnten Zeiten auf 4166,43 und 4322,42 *M* lautete. Am 3. Oktober 1922 schrieb er der Sparkasse, er habe seine zu diesem Tag fälligen Hypothekenzinsen mit Quittungsbuch einem Beauftragten für sie übergeben, und fuhr dann wörtlich fort: „Das geliehene Kapital von 6000 *M* . . . zahle ich nach den mir bekannten Bedingungen ohne Verzug ab und werde zunächst meine 2 Sparbücher = 1164,04 und 4322 *M* nebst anfälligen Zinsen in Abrechnung stellen. . . . Bitte um Mitteilung, wann die Löschung und meine Aufzahlung erfolgen können. NB. auch eine gegenseitige Zinsberechnung zum Abschluß". Die Sparkasse antwortete am 9. Oktober 1922, sie habe die Kündigung des Hypothekendarlehens zur Rückzahlung am 3. Januar 1923 vermerkt, die Zinsen für die Zeit vom 3. Oktober 1922 bis 3. Januar 1923 betrügen 71,25 *M* und seien auch bei vorheriger Zahlung noch zu entrichten; Beglaubigungskosten, Porti und Auslagen beliefen sich auf 80 *M*; der Gesamtbetrag sei daher 6151,25 *M*. Ferner teilte die Sparkasse mit, daß an Zinsen bis zum 31. Dezember 1922 den beiden Sparguthaben 37,04 und 137,60 *M* gutzuschreiben seien, sodaß sich ein Gesamtbetrag von 1201,08 und 4460,02 = 5661,10 *M* ergebe. Am 31. Oktober 1922 wurde abgerechnet, wobei man die für 31. Dezember 1922 berechneten Beträge zugrundelegte; der Antragsgegner zahlte den Unterschied zwischen 6151,25 und 5661,10 mit 490,15 *M* aus. Die Hypothek ist am 22. Dezember 1922 gelöscht worden.

Im Dezember 1925 verlangte die Sparkasse bei der Aufwertungsstelle eine auf 1493,34 GM bemessene Aufwertung der 6000 M, wobei sie als Wert der Rückzahlung 6,66 GM abzog. Der Antragsgegner legte Einspruch ein. Er verwies auf ein Schreiben an die Kasse vom November 1925, worin er sich auf die Abrechnung vom 31. Oktober 1922 berufen hatte, und erklärte, er rechne mit seinem Anspruch auf, da er selbst nichts erhalten habe.

Die Aufwertungsstelle hat die Hypothekenforderung der Antragstellerin auf 1351,74 GM aufgewertet. Sie ist der Ansicht, die Aufrechnung mit dem Guthaben der Frau sei unwirksam, da man mit Forderungen Dritter nicht aufrechnen könne, und rechnet insoweit nur den Wert einer „Zahlung" von 4460,02 M mit 4,95 GM an. Bezüglich des eigenen Sparguthabens des Antragsgegners verneint die Aufwertungsstelle, daß ein Sachverhalt der in Art. 19 Abs. 2 S. 1 der DurchfVo. zum AufwG. vom 29. November 1925 geregelten Art gegeben sei; eine erst bei der Ausgleichung getroffene Verrechnungsabrede genüge nicht. Sie berechnet den Aufwertungsbetrag mit $12^1/_2$% auf 142,93 GM und setzt sie vom Aufwertungsbetrag der Hypothek ab. Das Landgericht hat auf die sofortige Beschwerde des Antragsgegners den Aufwertungsbetrag der Hypothek auf 130,89 GM herabgesetzt. Es nimmt eine Vereinbarung im Sinne des Art. 19 Abs. 2 DurchfVo. als vorhanden an und rechnet Nennbetrag gegen Nennbetrag auf, weil der Gegner beide Sparguthabenforderungen vor dem 15. Juni 1922 erworben habe. Wegen des auf den Namen der Frau lautenden Guthabens des Gegners stellt das Landgericht fest: Die Eheleute hätten sich in einem Testament gegenseitig zu Erben eingesetzt, das Testament sei aber wegen Formfehlers nichtig gewesen, sodaß der Antragsgegner seine Frau nicht allein, sondern zusammen mit den Kindern beerbt habe. Erst bei einer Erbscheinsverhandlung von 1923 hätten die Beteiligten von der Nichtigkeit des Testaments Kenntnis erhalten; sie hätten es aber dann auch weiterhin unter sich als gültig behandelt und dies auch im jetzigen Verfahren wieder erklärt. Die Sparkasse verlangt mit der gegen den landgerichtlichen Beschluß erhobenen sofortigen Beschwerde Aufwertung auf 1351,74 GM mit der Begründung: Art. 19 Abs. 2 DurchfVo. setze eine bei Einzahlung des Guthabens getroffene Vereinbarung voraus; die bloße Entgegennahme einer Aufrechnung ohne Widerspruch stelle keine solche Vereinbarung dar, sonst würde die Ausnahme zur Regel.

Das Oberlandesgericht Jena hat die Beschwerde gemäß § 74 AufwG. und § 28 FGG. dem Reichsgericht zur Entscheidung vorgelegt. Es hält die Beschwerde für unbegründet. Das Guthaben der Frau sei — so wird ausgeführt — vor dem 15. Juni 1922 erworben, da das Verhalten der Miterben des Antragsgegners die Annahme einer rückwirkenden Genehmigung rechtfertige. Erworben sei die Forderung mit dem Sterbefall. Eine Vereinbarung im Sinne des Art. 19 Abs. 2 S. 1 DurchfVo. liege auch dann vor, wenn die Beteiligten den Einzahlungen erst nachträglich die in dieser Vorschrift vorgesehene Zweckbestimmung gäben. Der Wortlaut spreche nur scheinbar dagegen. Satz 2 des Abs. 2, der eine Aufrechnung nach Abs. 1 versage, wenn die Gegenforderung aus einem Aufwertungsstock zu befriedigen sei, stelle eine Ausnahme von Abs. 1 dar; daher schreibe Satz 1 des Abs. 2 gerade wieder die Anwendung der Regel des Abs. 1 vor. Sinn und Zweck der Vorschrift sprächen für die weitere Auslegung. Wenn die Beteiligten durch die Vereinbarung, daß die Einzahlungen zur Abtragung einer Hypothek dienen sollten, einen wirtschaftlichen Zusammenhang hätten herstellen wollen, so werde dies vom Gesetzgeber berücksichtigt. Maßgebend sei, ob eine bloße Aufrechnungserklärung oder eine Einigung vorliege. Auch die Billigkeit erfordere, daß man eine erst bei der Ausgleichung zustandegekommene Einigung für ausreichend halte. Mit dem Oberlandesgericht Zweibrücken (AufwRspr. 1927 S. 580) möchte das Oberlandesgericht Jena eine Verrechnungsabrede als ausreichend gelten lassen, es sieht sich aber daran gehindert durch die Entscheidung des Kammergerichts vom 10. Februar 1927 in AufwRspr. 1927 Sonderheft 4 S. 31, die neben der Verrechnungsabrede noch eine besondere Vereinbarung dahin verlange, daß dem durch die Einzahlungen gebildeten Guthaben nachträglich die in Art. 19 Abs. 2 S. 1 erwähnte Zweckbestimmung beigelegt werde....

Das Reichsgericht vermag dem Oberlandesgericht Jena nur im Ausgangspunkt beizustimmen.

Nach Art. 19 Abs. 2 DurchfVo. kann ein Eigentümer oder Schuldner gegenüber einer aufzuwertenden Hypothekenforderung mit einer zur Aufrechnung geeigneten Gegenforderung aufrechnen. Ist die Gegenforderung vor dem 15. Juni 1922 erworben, so gilt das aufgewertete Recht zum Nennbetrag in Höhe des Nennbetrags der Gegenforderung als erloschen, während bei Erwerb nach dem

14. Juni 1922 für beide Forderungen an die Stelle des Nennbetrags der sich auf Grund einer gesetzlichen Vorschrift über die Aufwertung ergebende Betrag tritt. Nach Abs. 2 Satz 1 findet die Vorschrift des Abs. 1, wenn sich die Gegenforderung gegen eine öffentliche oder unter Staatsaufsicht stehende Sparkasse richtet, nur insoweit Anwendung, als die Gegenforderung aus Einzahlungen herrührt, die nach Maßgabe einer unter den Beteiligten getroffenen Vereinbarung zur Abtragung einer Hypothek oder Grundschuld zu dienen bestimmt sind. Unbeschadet dieser Vorschrift findet nach Abs. 2 Satz 2 die Vorschrift des Abs. 1 keine Anwendung, wenn die Gegenforderung aus einer Teilungsmasse (Aufwertungsstock) zu befriedigen ist. Auch wenn eine solche Teilungsmasse für Sparguthaben bei der Antragstellerin gebildet worden ist (vgl. die III. Verordnung des Thüring. Ministeriums für Inneres und Wirtschaft zur Durchführung der Aufwertung der Sparguthaben vom 14. September 1927, GS. für Thüringen 1927 S. 179), sind dennoch die Aufrechnungsvorschriften des Art. 19 Abs. 1 anzuwenden, falls die Voraussetzungen des Abs. 2 Satz 1 gegeben sind, also eine Vereinbarung, wie dort erwähnt, getroffen worden ist.

Dies ist hier der Fall. Art 19 Abs. 2 Satz 1 setzt nach seinem Wortlaut voraus, daß durch die Einzahlung nicht die Hypothek alsbald getilgt, sondern zunächst eine Gegenforderung des Einzahlenden begründet und mit dieser demnächst bei Fälligkeit der Hypothek aufgerechnet werden soll (RGZ. Bd. 119 S. 432). Hier wurde die Hypothek erst am 3. Januar 1923 fällig. Hätte der Gegner am 3. Oktober 1922 eine Einlage gemacht und mit der Kasse vereinbart, daß die Hypothek am 3. Januar 1923 mit der Einlage getilgt werden solle, so wäre der Tatbestand des Abs. 2 Satz 1 gegeben (womit jedoch die Frage, ob Abs. 1 S. 1 oder S. 2 anzuwenden wäre, nicht entschieden ist). So wird es vielfach dann gehandhabt werden, wenn zu solchem Zwecke von vornherein ein Tilgungssparbuch mit Sperrvermerk begründet wird. Mit Recht bemerkt aber das Oberlandesgericht Zweibrücken in der genannten Entscheidung, daß eine solche äußerliche Kenntlichmachung nicht immer geschieht. Es ist nicht einzusehen, warum nicht durch Vereinbarung statt einer neuen Einlage eine schon vorhandene zum selben Zweck sollte bestimmt werden können. Ob man das Guthaben abhebt und sofort mit dem erhaltenen Geld ein neues Guthaben (Tilgungsguthaben) begründet oder nur das alte Buch in ein neues Tilgungsguthaben umschreiben läßt, oder ob man bindend verabredet, das alte Guthaben solle von jetzt ab dem späteren Tilgungszwecke dienen, ist wirtschaftlich und für die Frage der Vereinbarung im Sinne des Art. 19 Abs. 2 Satz 1 auch rechtlich im wesentlichen das gleiche. Der wirtschaftliche Zusammenhang zwischen der Gegenforderung und der Hypothek, der für den Gesetzgeber den Grund zur bevorzugten Behandlung solcher Sparguthaben bildete, ist dann geschaffen. Liegt jedoch nichts weiter vor als eine Aufrechnungserklärung, der eine Sparkasse nicht widerspricht und der sie durch alsbaldige entsprechende Verrechnung nachkommt, so fehlt es an einer Vereinbarung im Sinne des Art. 19 Abs. 2 Satz 1. Hier ist dagegen folgender besonderer Sachverhalt gegeben: Der Gegner nahm am 3. Oktober 1922 nicht sofort die Aufrechnung vor, sondern kündigte die Hypothek für später und erklärte nur, er werde — zur Rückzahlungszeit — sein Guthaben zur Aufrechnung benutzen, also bis dahin nichts abheben. Auf diesen brieflichen Vorschlag ging die Sparkasse ein, indem sie sich mit der Verrechnung auf den 3. Januar 1923 einverstanden erklärte. Dadurch willigte sie ein, daß die Guthaben von nun an zur Abtragung der Hypothek bestimmt sein sollten, und der Gegner war damit einverstanden. Wenn nun später (entsprechend dem Hinweis der Kasse auf etwaige frühere Rückzahlung unter Zinsberechnung bis zum 3. Januar 1923) schon am 31. Oktober 1922 mit Ansatz von Zinsen bis zum 31. Dezember 1922 abgerechnet wurde, so hob das jene Vereinbarung nicht auf.

Da sonach Abs. 2 Satz 1 einschlägt, finden die Vorschriften des Abs. 1 Anwendung. Damit ist aber noch nicht dargetan, daß Nennbetrag gegen Nennbetrag im Sinne von Abs. 1 Satz 1 aufgerechnet sei. Zwar ist es richtig, daß die eigene Forderung des Antragsgegners in Höhe von 1164,04 ℳ nebst einem gewissen Zinsbetrag vor dem 15. Juni 1922 begründet worden war. Und für die Forderung, die noch auf den Namen der verstorbenen Frau lautete, ist dasselbe auch im Verhältnis zum Ehemann und zu den Miterben anzunehmen (§ 3 Abs. 1 Nr. 2 und 4 AufwG.). Keiner Prüfung bedarf die Frage, welche Bedeutung der Genehmigung (§ 185 BGB.) durch die andern Miterben zukommt und ob der Gegner nicht schon aus eigenem Rechte der Gläubiger des etwa von ihm selbst auf den Namen der Frau angelegten Guthabens war. Obschon Art. 19 Abs. 1 der DurchfVo. für sein Gebiet die Zeit des Erwerbes der Gegenforderung entscheidend sein läßt, ergibt doch der Zusammenhalt mit Abs. 2 S. 1, daß nur eine vor dem 15. Juni 1922 getroffene Vereinbarung die Wirkung haben kann, daß das Guthaben im Nennbetrag auf den Nennbetrag der Hypothek angerechnet wird. Eine Vereinbarung aus der Zeit nach dem 14. Juni 1922 kann nur bewirken, daß der Aufwertungsbetrag an die Stelle des Nennbetrags tritt (Art. 19 Abs. 1 S. 2 der DurchfVo.). Dies folgt aus derselben Erwägung, aus der eine nachträgliche Vereinbarung für angängig gehalten worden ist: die Vereinbarung tritt an die Stelle einer sonst erforderlichen Abhebung und alsbaldigen Neueinzahlung. Einer nach dem 14. Juni 1922 getroffenen Vereinbarung bleibt auch bei dieser Auslegung die Bedeutung, daß dadurch alle Schwierigkeiten beseitigt werden, die mit einer einseitigen Aufrechnung verbunden sein können.

An die Stelle des Nennbetrags tritt somit hier der auf Grund einer gesetzlichen Vorschrift über die Aufwertung sich ergebende Betrag. Wie hoch dieser Aufwertungsbetrag bezüglich der Sparguthaben ist und wie die Aufrechnung sich vollziehen kann, muß zunächst unter Berücksichtigung der für die Thüringischen Sparkassen erlassenen Bestimmungen mit den Beteiligten erörtert werden. Demnach war die Sache unter Aufhebung der Beschlüsse der Aufwertungsstelle und des Landgerichts an die erstgenannte Stelle zurückzuverweisen.

---

70. 1. Können wertvollere Felle als Kostbarkeiten gelten?

2. Muß die Eisenbahn bei Annahme eines Frachtstücks, als dessen Inhalt „Felle" angegeben sind, zur Wahrung ihrer Rechte veranlassen, daß der Absender die Art der Felle, ob kostbar oder nicht kostbar, näher angebe?

3. Wann kommt bei Ausschluß der Haftung aus dem Frachtvertrag eine außervertragliche Haftung der Bahn in Betracht?

4. Ist bei gleichzeitigem Abhandenkommen von Frachtgut und Frachtbrief bis zur Erbringung des Gegenbeweises anzunehmen, daß Bahnangestellte daran beteiligt sind?

Internationales Übereinkommen über den Eisenbahn-Frachtverkehr (JÜ.) vom 14. Oktober 1890 Art. 3, 29, 43; Ausführungsbestimmungen dazu § 1 Abs. 2 Nr. 2.

I. Zivilsenat. Urt. v. 17. März 1928 i. S. U. Versicherungs-Akt.-Ges. (Kl.) w. Deutsche Reichsbahn-Gesellschaft (Bekl.). I 195/27.

I. Landgericht Oppeln.
II. Oberlandesgericht Breslau.

Mit internationalem Frachtbrief vom 15. März 1924 lieferte die Zweigniederlassung der Berliner Firma Sch. & Co. in Beuthen bei der dortigen Güterabfertigung der Reichsbahn eine Kiste zur Beförderung an die Firma Sch. & Co. in Bukarest auf. Als Inhalt waren „Felle" angegeben. Das Gewicht der Kiste betrug nach dem Frachtbrief 75 kg. Das Frachtgut ist abhandengekommen. Nach der Tatbestandsaufnahme war zwar am Bestimmungsort eine Kiste von ähnlichen Ausmaßen vorhanden, die anfangs für das aufgegebene Frachtgut gehalten wurde, allein später stellte sich heraus, daß diese Kiste nicht die in Beuthen aufgelieferte war. Weil nämlich die Firma, für welche die Sendung bestimmt war, nicht ermittelt werden konnte, sollte die letztere an den Eigentümer, die Leipziger Rauchwarenfirma F., zurückgehen. Nach den rumänischen Zollvorschriften mußte zu diesem Zweck die Kiste geöffnet werden und es zeigte sich laut Tatbestandsaufnahme, daß sie nur Säcke mit Stroh und Kohlen enthielt. Nun stellte sich auch heraus, daß Maße und Gewicht der Kiste nicht stimmten.

Die Klägerin klagt, gestützt auf eine Abtretung der Bukarester Firma Sch. & Co., auf Ersatz des Wertes der aufgelieferten Felle. Es waren dies nach ihrer Angabe 6 Silberfüchse, 6 Blaufüchse, 20 Slatefüchse, 90 Persianer, 10 Sealbisamstreifen, 8 zugerichtete Weißfüchse und 120 Nutria im Werte von zusammen 5887 $. Die Klägerin leitet ihre Ansprüche sowohl aus dem Frachtvertrag wie aus unerlaubter Handlung her, da die Entwendung und Vertauschung der Kiste nur unter Mitwirkung von Eisenbahnbeamten möglich gewesen sei. Die Beklagte wendet ein, daß es sich um eine Kostbarkeit gehandelt habe, die nach dem deutsch-rumänischen Eisenbahn-Gütertarif nicht zur Beförderung zugelassen sei. Abhandenkommen des Frachtguts durch Diebstahl hat sie bestritten.

Landgericht und Oberlandesgericht haben die Klage abgewiesen. Die Revision war erfolglos.

Gründe:

Unstreitig ist die aufgelieferte Kiste in Verlust geraten. Ob sie überhaupt am Bestimmungsort eingetroffen ist oder schon vorher gestohlen worden war, steht nicht fest. Besteht aber die letztere

Möglichkeit, so fehlt es an einer genügenden Grundlage für die Sachberechtigung der Klägerin. Sie leitet ihr Recht von der im Frachtbrief bezeichneten Empfängerin ab. Diese erlangte aber keine Rechte aus dem Frachtvertrag, wenn das Gut den Bestimmungsort überhaupt nicht erreicht hatte (Art. 26 mit Art. 16 Abs. 2 JÜ. 1890; Seuff. Arch. Bd. 80 Nr. 121). Es ist indessen nicht ausgeschlossen, daß die Empfängerfirma mit der gleichnamigen Absenderfirma personengleich ist. Aber auch in diesem Falle kann der Revision nicht stattgegeben werden.

In seinem Urteil RGZ. Bd. 116 S. 113 hat der erkennende Senat ausgesprochen, man müsse für den eisenbahnrechtlichen Kostbarkeitsbegriff zwar an dem bekannten relativen Maßstab (Verhältnis zum Wert anderer Güter von gleichem Umfang und Gewicht) festhalten, dürfe aber dabei die Anschauung von Handel und Verkehr und überhaupt die allgemeine Lebensanschauung nicht völlig außer Betracht lassen. Von diesen Grundsätzen ist das Berufungsgericht ausgegangen. Es stellt fest, die Kiste im Gewicht von 75 kg habe einen Wert von 24725 RM gehabt, somit einen Kilowert von 330 RM. Die Maße hätten 84×61×50 (oder 55) cm betragen. Danach müsse man das Frachtgut als kostbar bezeichnen. In der Tat habe es sich auch um Felle im Werte bis zu 600 RM für das Stück gehandelt, die der gewöhnliche Sprachgebrauch kostbar nenne. Diesem Ergebnis läßt sich aus Rechtsgründen nicht entgegentreten. Es widerstreitet auch keineswegs der allgemeinen Lebenserfahrung, die in Frage kommenden Pelzsorten, insbesondere Silber- und Blaufuchs — mindestens in den heutigen Zeiten allgemeiner Verarmung — als kostbar zu bezeichnen. Der Eigentümer oder sein Spediteur hat übrigens offenbar auf dem gleichen Standpunkt gestanden. Denn nach dem unstreitigen Sachverhalt waren die Felle von Leipzig bis Breslau als Kostbarkeiten aufgeliefert worden. Für die weitere Beförderung war dies nicht mehr möglich, weil nach dem Eisenbahn-Gütertarif für den deutsch-rumänischen Güterverkehr solche Felle als Kostbarkeiten von der Beförderung ausgeschlossen waren. Die Sendung hätte also bei richtiger Angabe ihres Inhalts als Kostbarkeit überhaupt nicht zur Beförderung nach Rumänien aufgeliefert werden dürfen. Wie das Berufungsgericht mit Recht angenommen hat, besteht deshalb nach Art. 43 JÜ. (1890) keine Haftpflicht der Eisenbahn aus dem Frachtvertrag.

Ebensowenig ist der Anspruch aus unerlaubter Handlung begründet. Er würde voraussetzen, daß deutsche Bahnangestellte die Kiste gestohlen oder sich sonstwie an ihrem Beiseiteschaffen beteiligt hätten, daß sie ferner mit der Beförderung der Kiste befaßt waren (Seuff. Arch. Bd. 80 Nr. 174) und daß die Firma Sch. & Co. in Bukarest Eigentümerin der abhandengekommenen Sendung war. An diesen sämtlichen Grundlagen fehlt es dem Anspruch. (Wird dargelegt.) Es kommt somit nicht darauf an, ob zunächst nach Wahrscheinlichkeitsbeweis bis zur Erbringung des Gegenbeweises anzunehmen ist, daß die Beiseiteschaffung der aufgelieferten und die Unterschiebung einer anderen Kiste nur unter Mitwirkung von Eisenbahnern möglich gewesen sei, eine Frage übrigens, die keinen Rechtssatz enthält, sondern im wesentlichen Sache der Beweiswürdigung ist (Seuff. Arch. Bd. 79 Nr. 191, Bd. 80 Nr. 174). Die von der Revision erwähnte „Darlegungspflicht" der Eisenbahn kommt nur dann in Betracht, wenn der Tatrichter nach den Regeln des Wahrscheinlichkeitsbeweises annimmt, daß der Anschein für eine Beteiligung von Leuten der Bahn an der unerlaubten Handlung spreche. (Nach Erörterung eines weiteren rechtlichen Gesichtspunkts fährt das Urteil fort:)

Die Revision hat endlich noch eine Reihe weiterer Angriffe gegen das Berufungsurteil erhoben, die aber durchweg hinfällig sind.

Sie macht geltend, die Bahn habe sich durch Annahme der Kiste in Kenntnis des Inhalts ihrer Rechte begeben. Allein das wäre nur richtig, wenn die Bahn diese Kenntnis gehabt hätte (RGZ. Bd. 97 S. 109 [112]; Rundnagel Die Haftung der Eisenbahn 3./4. Aufl. S. 53). Gerade hieran aber fehlt es. Die Angabe „Felle" ergibt das nicht; es gibt kostbare und nicht kostbare Felle. Nicht beigetreten werden kann Senckpiehl (Verkehrsr. Rundschau 1921 S. 61.), wenn er meint, es sei Sache der Bahn, ob sie das richtig bezeichnete Gut zu den Kostbarkeiten rechnen wolle; verlange sie keine weitere Angabe, so gebe sie damit zu erkennen, daß das Gut keine Kostbarkeit sei. Der Massenverkehr der Eisenbahn erfordert vielmehr umgekehrt, daß der Absender kostbare Felle als Kostbarkeiten zu bezeichnen hat.

Inwiefern die Revision die Rechtslage der Klägerin dadurch zu verbessern glaubt, daß sie die Geltung des Internationalen Übereinkommens über den Eisenbahn-Frachtverkehr von 1890 in Frage stellt, ist nicht ersichtlich. Jedenfalls ist ihr Zweifel unbegründet.

Sie meint, das alte Übereinkommen sei durch den Krieg hinfällig geworden, das neue aber noch nicht in Kraft getreten. Sie übersieht dabei den Art. 366 des Versailler Vertrags, durch den das Berner Übereinkommen von 1890 „erneuert" worden ist. Die Streitfrage, ob das alte Übereinkommen erst hierdurch wieder Geltung erlangt oder ob es sie niemals verloren gehabt habe (darüber v. d. Leyen in JW. 1924 S. 1361 zu Nr. 9 und 10), hat für den vorliegenden Fall nur theoretischen Wert. . . .

---

71. Wie weit reicht die Rechtskraft, wenn ein Anspruch als Teilanspruch erhoben und teilweise zugesprochen, teilweise abgewiesen wird?

ZPO. § 322.

VI. Zivilsenat. Urt. v. 19. März 1928 i. S. B. (Kl.) w. Stadtgemeinde E. (Bekl.). VI 266/27.

I. Landgericht Essen.
II. Oberlandesgericht Hamm.

Der Kläger verkaufte und übereignete im Jahre 1914 der beklagten Stadtgemeinde zur Vermeidung einer ihm von ihrer Seite drohenden, bereits eingeleiteten Enteignung sein in E. gelegenes Grundstück für 30000 *M*. Ein zu 4% verzinslicher Restkaufpreis von 24489,97 *M* blieb vereinbarungsgemäß ohne hypothekarische Sicherung stehen, die Zinsen wurden dem Kapital zugeschrieben. Am 27. Juli 1920 hob der Kläger 4000 *M* ab. Am 28. Juni 1923 kündigte die Beklagte dem Kläger die Restforderung; dieser lehnte aber die Annahme des Betrags in Papiermark ab. In einem Vorprozeß klagte er auf aufgewertete Zahlung, und zwar kündigte er in der Klagschrift an, er werde als „volle Aufwertung" 24489 G*M* nebst 4% Zinsen seit dem 1. Oktober 1914 verlangen. Da ihm jedoch das Armenrecht nur für einen Streitgegenstand bis zu 14000 Reichsmark bewilligt wurde, erklärte er, daß er für die erste Instanz „unter Vorbehalt" nur 14000 R*M* nebst Zinsen verlangen werde. Demgemäß stellte er dann den Klagantrag. Die Beklagte erkannte den Anspruch in Höhe von 4410,75 R*M* an, beantragte aber im übrigen Klagabweisung. Das Landgericht sprach dem Kläger 12500 R*M* nebst 4% Zinsen seit dem 1. Oktober 1914 zu und zwar, wie es in den Entscheidungsgründen heißt, als vollen Betrag seiner Restforderung unter Berücksichtigung eines „Verarmungsfaktors" von 50%. Die Abweisung in Höhe von 1500 RM nebst Zinsen sprach das Landgericht — anscheinend versehentlich — nicht aus, sie kam aber in den Gründen und in der Kostenentscheidung zum Ausdruck. Gegen dieses Urteil legte nur die Beklagte Berufung ein. Das Oberlandesgericht änderte das erste Urteil bloß darin ab, daß es die inzwischen geleisteten Zahlungen von 4410,75 RM und 1711,75 RM in Anrechnung brachte und die Abweisung des Klägers mit der Mehrforderung, also mit dem die Summe von 12500 RM übersteigenden Betrage, ausdrücklich aussprach. In den Gründen bemerkt das Berufungsgericht, daß ein Verarmungsabzug in Höhe von 50% nicht gerechtfertigt und der dem Kläger zugesprochene Aufwertungsbetrag selbst dann „keineswegs zu hoch" sei, wenn die Zahlung vom 27. Juli 1920 mit 4000 M in voller Höhe des Nennbetrags angerechnet werde. Dieses Urteil wurde rechtskräftig. Die Beklagte zahlte dem Kläger den ihm zuerkannten Betrag.

Im gegenwärtigen Rechtsstreit verlangte der Kläger unter Hinweis darauf, daß er im Vorprozeß nur eine Teilforderung geltend gemacht und sich einen weitergehenden Anspruch vorbehalten habe, außer den bereits erhaltenen Zahlungen von 4000 M und 12500 RM zunächst weitere 7500 RM nebst Zinsen. Die Beklagte hält die Mehrforderung wegen der Rechtskraft der Entscheidung im Vorprozeß für unzulässig, übrigens auch für sachlich unbegründet. Das Landgericht hat dem Kläger noch 6600 RM nebst Zinsen zugebilligt; es nimmt an, daß die Rechtskraft des Urteils im Vorprozeß der Klagforderung nur in Höhe des Betrags entgegenstehe, mit dem der Kläger damals abgewiesen worden sei. Hiergegen hat die Beklagte Berufung, der Kläger Anschlußberufung eingelegt; mit letzterer wurden außer den zugesprochenen Beträgen noch 10000 RM nebst Zinsen gefordert. Das Oberlandesgericht hat die Anschlußberufung des Klägers zurückgewiesen und auf die Berufung der Beklagten die Klage abgewiesen. Die Revision des Klägers führte zur Aufhebung und Zurückverweisung.

Gründe:

Das Berufungsgericht meint, der Kläger habe im Vorprozeß möglicherweise die 14000 RM zunächst als volle Aufwertung des entsprechenden Teils des ursprünglichen Anspruchs geltend machen wollen, habe sich dann aber beim landgerichtlichen Urteil beruhigt, das ihm 12500 RM als Aufwertung des ganzen Papiermarkanspruchs zugebilligt habe. Durch dieses Verhalten habe er sich „mindestens damit einverstanden erklärt", daß sein Klageverlangen so beurteilt werde, als ob ihm der ganze Papiermarkanspruch zugrundeläge. Demgemäß habe auch das Berufungsgericht im Vorprozeß über die Aufwertung des ganzen Papiermarkanspruchs entschieden, und dem Kläger sei der über 12500 RM hinausgehende Aufwertungsanspruch „für das ganze Restkaufgeld" aberkannt worden. Damit sei die erneute Geltendmachung ausgeschlossen.

Diese Erwägungen werden von der Revision mit Grund angegriffen. Was der Kläger im Vorprozeß begehrte, hat er damals klar gesagt. Er war der Meinung, daß er auf Grund des vorgetragenen, übrigens unstreitigen Sachverhalts 24489 GM nebst Zinsen zu beanspruchen habe, hat aber davon wegen der beschränkten Bewilligung des Armenrechts nur 14000 RM nebst Zinsen eingeklagt und sich den Rest vorbehalten. Daß er den erhobenen Teilanspruch nur auf einen entsprechenden Teil der Papiermarkforderung stütze, hat er nicht gesagt; dazu hatte er auch keinen Anlaß. Er konnte seinen Anspruch auf die ganze Papiermarkforderung gründen und sich dennoch mit der vorläufigen Geltendmachung eines Teils des Anspruchs begnügen. Da der Kläger ausdrücklich nur einen Teilanspruch erhoben hatte, konnte sich die Rechtskraft des ergehenden Urteils, mochte es der Klage stattgeben oder sie ganz oder zum Teil abweisen, immer nur auf den eingeklagten Teil erstrecken, die Geltendmachung des vorbehaltenen Teils konnte durch sie nicht beeinträchtigt werden. Denn die Rechtskraft erstreckt sich nach § 322 ZPO. nur soweit, als über den durch Klage oder Widerklage erhobenen Anspruch entschieden ist; sie reicht also, wie sich insbesondere auch aus Abs. 2 des § 322 ergibt, nicht so weit wie die Folgerichtigkeit der Entscheidungsgründe; diese nehmen an der Rechtskraft nicht teil. So hat das Reichsgericht den § 322 ZPO. bei der Geltendmachung von Teilansprüchen stets ausgelegt (vgl. RGZ. Bd. 7 S. 354, Bd. 16 S. 356, Bd. 69 S. 388, Bd. 79 S. 232, Bd. 94 S. 236 [239]; JW. 1894 S. 11 Nr. 18, 1899 S. 93 Nr. 19). Diese Auslegung entspricht auch der im Schrifttum herrschenden Meinung (vgl. Stein-Jonas ZPO. 13. Aufl. § 322 Anm. V 2c, Sydow-Busch ZPO. 19. Aufl. § 322 Anm. 5). Der Kläger hatte daher, gleichviel ob ihm die begehrten 14000 RM ganz oder nur zum Teil zugesprochen wurden, keinen Anlaß, zu dem Entscheidungsgrund Stellung zu nehmen, daß damit seine ganze

Aufwertungsforderung erschöpft sei; dieser Entscheidungsgrund bildete für ihn keine Beschwerde, die ihn zur Einlegung eines Rechtsmittels berechtigt hätte (RGZ. Bd. 93 S. 156, 158). Freilich hätte er wegen des abgewiesenen Betrags Berufung einlegen können. Aber der Umstand, daß er dies unterließ, konnte ihm das Recht zur Geltendmachung des vorbehaltenen Teils des Anspruchs so wenig nehmen, wie es der Fall gewesen wäre, wenn ihn das Landgericht mit den eingeklagten 14000 RM ganz abgewiesen hätte. Es ist daher ein irriger Schluß des Berufungsgerichts, daß sich der Kläger durch Nichteinlegung der Berufung mit den Entscheidungsgründen des Landgerichts einverstanden erklärt habe. Er hat seine Erklärung, daß er nur einen Teil einklage und sich die Geltendmachung des anderen Teils vorbehalte, im Laufe des Vorprozesses niemals widerrufen. In der Nichteinlegung der Berufung kann weder ein solcher Widerruf noch ein Verzicht auf die Geltendmachung des andern Teils erblickt werden. Wenn die Beklagte sich vor künftiger Inanspruchnahme schützen wollte, stand ihr dafür der Weg der Feststellungswiderklage offen.

Es könnte dem Kläger also nicht schaden, wenn sich das Berufungsgericht im Vorprozeß den Gründen des Landgerichts angeschlossen und ebenfalls angenommen hätte, die gesamte Papiermarkforderung rechtfertige keinen höheren Aufwertungsanspruch als auf 12500 RM nebst Zinsen. Der Revision ist aber auch zuzugeben, daß die Gründe des Berufungsurteils im Vorprozeß nicht einmal so lauten. Sie mißbilligen die Höhe des vom Landgericht gemachten allgemeinen Verarmungsabzugs und bringen zum Ausdruck, daß unter Berücksichtigung aller Umstände der Aufwertungsbetrag von 12500 RM nebst Zinsen „keineswegs zu hoch“ sei. Es liegt also die Möglichkeit vor, daß der Berufungsrichter im Vorprozeß auch einen höheren Betrag für gerechtfertigt gehalten und dem Kläger zugesprochen hätte, wenn er verfahrensrechtlich dazu in der Lage gewesen wäre. Danach würden dem jetzigen Klaganspruch die Gründe des früheren Berufungsurteils auch dann nicht entgegenstehen, wenn es darauf ankäme. Nur den rechtskräftig aberkannten Betrag von 1500 RM nebst Zinsen hieraus kann der Kläger nicht mehr geltend machen, wie das Landgericht richtig angenommen hat; denn dieser Betrag gehörte zu dem im Vorprozeß eingeklagten, von der Rechtskraft des Vorprozeßurteils betroffenen Teil des Anspruchs.

72. Steht den nach § 1 des Reichsgesetzes vom 12. September 1919 in den Ruhestand versetzten Beamten ein lebenslänglicher Anspruch auf zehnprozentige Erhöhung ihres jeweiligen Ruhegehalts als wohlerworbenes Recht im Sinne des Art. 129 der Reichsverfassung zu, gleichviel nach welcher Besoldungsordnung das Ruhegehalt berechnet ist?

III. Zivilsenat. Urt. v. 20. März 1928 i. S. B. (Kl.) w. Deutsche Reichspost (Bekl.). III 260/27.

I. Landgericht Kiel.
II. Oberlandesgericht daselbst.

Das Gesetz betreffend Erhöhung der Pensionen von Reichsbeamten, die das 65. Lebensjahr vollendet haben, vom 12. September 1919 wurde nach seinem Inkrafttreten auf Grund einer Verfügung des Reichspostministers allen Postbeamten, die das genannte Alter erreicht hatten, darunter auch dem Kläger, mit der Empfehlung bekannt gegeben, ihre Versetzung in den Ruhestand nachzusuchen, um sich die im § 1 a. a. O. zugesagten Vorteile zu sichern. Daraufhin beantragte der Kläger, der am 18. Dezember 1918 65 Jahre alt geworden war, im November 1919 seine Versetzung in den Ruhestand, die ihm auch im folgenden Monat zum 1. April 1920 bewilligt wurde. Sein Jahresgehalt betrug damals einschließlich des Wohnungsgeldzuschusses 2400 *M*. Demgemäß wurde sein Ruhegehalt auf 75% dieser Summe, d. h. auf 1800 *M* festgesetzt zuzüglich eines ihm nach § 1 a. a. O. gebührenden Zuschlags von 300 *M*. Später wurde auf Grund des Pensionsergänzungsgesetzes vom 21. Dezember 1920 seine Pension unter Zugrundelegung des im Besoldungsgesetz vom 30. April/17. Dezember 1920 vorgesehenen Diensteinkommens rückwirkend vom 1. April 1920 ab neu berechnet. Auf die danach sich ergebenden Beträge wurde der erwähnte Zuschlag von 300 *M* angerechnet, soweit er bereits ausgezahlt war; für die spätere Zeit kam er nach § 22 Abs. 3 des Besoldungsgesetzes vom 30. April 1920 in Wegfall. Der Kläger glaubt ein wohlerworbenes Recht auf Erhöhung seines der jeweiligen Besoldungs- oder Pensionsregelung entsprechenden Ruhegehalts um 10%, zum mindesten aber um 300 *M* zu haben. Die Beklagte vertritt den Standpunkt, daß das Gesetz vom 12. September 1919 nur einen Zuschuß zum damaligen

Ruhegehalt der Beamten beabsichtigt und bewilligt habe. Mit seiner auf Zahlung von 600 RM, d. h. der Zulagen für die Jahre 1924 und 1925 gerichteten Klage wurde der Kläger in den beiden ersten Rechtszügen abgewiesen. Seine Revision hatte Erfolg und führte zur Zurückverweisung der Sache an das Berufungsgericht.

Gründe:

§ 1 des Gesetzes vom 12. September 1919 lautet:

„Die Pensionen der Reichsbeamten, die das 65. Lebensjahr vollendet haben oder bis zum 31. März 1920 vollenden und bis dahin ihre Versetzung in den Ruhestand nachsuchen, sowie der über 65 Jahre alten Reichsbeamten, die seit Beginn des Krieges freiwillig in den Ruhestand getreten, aber ohne Unterbrechung im Dienste weiterverwendet worden sind, werden um 10 vom Hundert, mindestens um 300 M erhöht.

Über den Betrag von 60/60 des der Berechnung der Pension zugrundezulegenden Diensteinkommens findet eine Erhöhung nicht statt."

Aus dem Gesetzeswortlaut allein kann die nach dem Tatbestand streitige Frage nicht beantwortet werden. Ausschlaggebend für ihre Entscheidung sind vielmehr Sinn und Zweck des Gesetzes. Dieses war, wie der Berufungsrichter nicht verkennt, ein Erzeugnis der damaligen wirtschaftlichen und politischen Verhältnisse. Zutreffend hebt das angefochtene Urteil hervor, daß nach Kriegsende infolge der mit Sicherheit zu erwartenden Neuregelung der Beamtenbesoldung eine Stockung im Abgang und eine Stauung der Anwärter eingetreten war. Diesem Übelstand wollte der Gesetzgeber abhelfen. Es sollte im Interesse des Dienstes Platz geschaffen werden für den jungen Beamtennachwuchs, der sich besser in die neuen Verhältnisse hineinfinden konnte, als es vielleicht bei den älteren Beamten der Fall war. Für diese mußte daher ein Anreiz dazu gefunden werden, ihre Dienststellung und damit ihre Ansprüche auf das Vollgehalt, das sie beim Verbleiben im Amte weiter bezogen hätten, vorzeitig aufzugeben und sich fortan mit der viel geringeren Pension zu begnügen. Als Gegenleistung für dieses Opfer, welches das Reich in seinem eigenen Interesse den älteren Beamten ansann, sagte es ihnen eine Pensionserhöhung von 10% zu (vgl. amtliche Begründung zum Entwurf des Gesetzes vom 12. September 1919, Verhandl. der Nationalversammlung Bd. 337 Aktenst. 582 S. 343/344 und Rede des damaligen Finanzministers Erzberger a. a. O. Bd. 328 61. Sitzung S. 1726/27). Daß durch diese Erhöhung der durch die vorzeitige Pensionierung entstehende Gehaltsausfall in der Regel nicht gedeckt wurde, liegt auf der Hand. Er konnte aber allmählich dadurch ausgeglichen werden, daß die Beamten die Pensionszulage auch über den Zeitpunkt hinaus, in dem sie bei regelrechtem Verlauf der Dinge in den Ruhestand getreten wären, bis an ihr Lebensende erhielten und so, gleichviel welches Ergebnis die geplante Besoldungs- und Ruhegehaltsregelung zeitigte, hinsichtlich der Höhe der Pension auf jeden Fall bis zu ihrem Tode besser standen als die gleichaltrigen oder gar älteren Beamten gleichen Dienstgrades, die erst nach dem 1. April 1920 in den Ruhestand traten, dafür aber längere Zeit ihr volles Gehalt bezogen. Nur so konnte das Gesetz von 1919 verstanden werden und ist es auch von denjenigen Beamten verstanden worden, die im Vertrauen auf seinen Inhalt ihre vorzeitige Versetzung in den Ruhestand erbaten, und nur in diesem Sinne konnte es der Gesetzgeber erlassen, wenn er eine erfolgreiche Maßnahme zur Verjüngung des Beamtenkörpers treffen wollte. Demgemäß bezeichnete Reichsfinanzminister Erzberger in seiner Rede die Pensionserhöhung um 10% als einen dauernden Bestandteil des Ruhegehalts. Ebenso erhellt aus der Äußerung des Abgeordneten Bolz in der 82. Sitzung der Nationalversammlung (Verh. Bd. 329 S. 2581/82): im Ausschuß sei erklärt worden, der ganze Zweck des Gesetzes werde nicht erreicht, wenn man nicht der kommenden Gehaltserhöhung rückwirkende Kraft beilege, daß man schon damals es für angezeigt hielt und damit rechnete, denjenigen Beamten, die auf Grund des zur Beratung stehenden Gesetzes in den Ruhestand traten, neben dessen Vorteilen auch die der künftigen Besoldungsregelung zukommen zu lassen.

Nun stellte aber die Neuordnung der Besoldung für alle Beamte und Ruheständler lediglich eine Erhöhung des Nennbetrags dar und nicht eine solche des inneren Wertes ihrer bisherigen, nach der Friedenskaufkraft der Mark bemessenen Bezüge; es handelte sich also nur um die notwendige Angleichung der Bezüge an die inzwischen eingetretene oder — richtiger — fortgeschrittene Geldentwertung. Nicht zutreffend ist daher die Behauptung der Beklagten, daß den unter das Gesetz vom 12. September 1919 fallenden Altruheständlern mit den höheren Ruhegehaltssätzen der neuen Besoldungsordnung das gewährt worden sei, worauf sie nach dem genannten Gesetz Anspruch hätten. Für sie bedeutete vielmehr die gleichmäßige Aufwertung ihrer Ruhegehälter und der aller übrigen Pensionäre unter gleichzeitiger Beseitigung der ihnen allein eingeräumten Vergünstigung des § 1 a. a. O. den Fortfall der ihnen als Ausgleich für die vorzeitige Aufgabe ihres Vollgehalts-Anspruchs zugesicherten Entschädigung. Die neuen Pensionsbeträge würden ihnen auf keinen Fall entgangen sein, wenn sie unter Fortbezug des Vollgehalts über den 1. April 1920 hinaus im Dienste geblieben wären. Das Gesetz von 1919 wäre also, wenn es nur die zur Zeit seines Inkrafttretens zu zahlenden Ruhegehälter hätte erhöhen wollen, praktisch bedeutungslos und lediglich ein Mittel zum vorzeitigen, entschädigungslosen Abbau älterer Beamten im alleinigen Interesse des Reiches gewesen. Denjenigen Altpensionären, die auf eine „dauernde" Entschädigung und Vergünstigung rechneten und rechnen durften, hätte es, nachdem es durch § 22 Abs. 3 des neuen Besoldungsgesetzes vom 30. April 1920 seiner materiellen Bedeutung wieder entkleidet worden war, im Verhältnis zu den Neupensionären keine Vorteile mehr, sondern, infolge des vorzeitigen Verlustes ihres Vollgehalts, nur Nachteile gebracht. Ein solches Ergebnis widerstreitet dem Geist des Gesetzes und den durch seinen § 1 begründeten Ansprüchen.

Mit § 22 Abs. 2 des Gesetzes vom 30. April 1920 griff daher der Gesetzgeber in ein wohlerworbenes Recht der nach Maßgabe des Gesetzes vom 12. September 1919 in den Ruhestand getretenen Altpensionäre ein und verletzte somit den Art. 129 RVerf., da das Gesetz von 1920 kein verfassungsänderndes Gesetz ist. Die Rechtslage ist ähnlich wie in den vom erkennenden Senat in den Urteilen vom 1. Juli 1924 und vom 28. Oktober 1924 (RGZ. Bd. 109 S. 117 und S. 122) entschiedenen Streitsachen. Die dort angestellten Erwägungen treffen auch auf den vorliegenden Fall zu. Jedenfalls leiteten den Gesetzgeber bei Erlassung der damals in Betracht kommenden Vorschriften, d. h. der preußischen Verordnung vom 26. Februar 1919 und des preußischen Gesetzes vom 3. Juni 1919, neben anderen auch diejenigen Beweggründe, die dem Gesetz vom 12. September 1919 zugrundeliegen.

Die Beklagte meint zwar, § 1 a. a. O. sei schon deshalb hinfällig, weil die dort vorgesehene Mindesterhöhung von 300 PM jeden Wert verloren habe und mangels Eingreifens des Gesetzgebers vom Gericht nicht aufgewertet werden dürfe. Beides ist richtig, nicht aber die daraus gezogene Folgerung. Fällt die Mindesterhöhung weg, so bleibt dem Beamten immer noch der Anspruch auf den Zuschlag von 10% zu seiner Pension, der ihn wohl schlechter, aber niemals zuungunsten des Reiches besser stellen kann, als es nach dem Gesetz von 1919 beabsichtigt war. Die Möglichkeit einer Schlechterstellung muß sich der Pensionär gefallen lassen; sie ist eine Folge des Währungsverfalls, die nur der Gesetzgeber auszugleichen in der Lage ist. Der Fortfall der Mindesterhöhung vermag aber nicht sämtliche Ansprüche aus § 1 a. a. O. zu beseitigen.

Man wird daher dem Sinn und Zweck des § 1 a. a. O. nur mit der Annahme gerecht, daß die Vorschrift für den Kläger einen lebenslänglichen Anspruch auf eine Erhöhung seiner jeweiligen gesetzlichen Pension um 10% begründet hat, gleichviel auf welcher Besoldungsordnung oder sonstigen rechnerischen Grundlage sie beruht. § 22 Abs. 3 des Besoldungsgesetzes vom 30. April 1920 ist dem Kläger wie allen auf Grund des Gesetzes vom 12. September 1919 in den Ruhestand getretenen Beamten gegenüber unwirksam. Daß der Kläger möglicherweise auch ohne dieses Gesetz in den Ruhestand hätte treten müssen, ist für die grundsätzliche Entscheidung der Streitfrage unerheblich, da er unstreitig auf Grund des Gesetzes seine Versetzung in den Ruhestand nachgesucht und erhalten hat. Der Kläger hat also Anspruch auf eine Erhöhung des in den Jahren 1924 und 1925 bezogenen Ruhegehalts um 10%. Über den Betrag dieser Erhöhung sind noch keine Feststellungen getroffen.

---

73. Zur Frage des Verhältnisses zwischen dem eingetragenen Warenzeichen und der Vorbenutzung des Zeichens.

WZG. §§ 12, 15. UnlWG. § 1.

II. Zivilsenat. Urt. v. 30. April 1928 i. S. W. (Kl.) w. J. (Bekl.). II 542/27.

I. Landgericht Hamburg, Kammer für Handelssachen.
II. Oberlandesgericht daselbst.

Beide Parteien bringen Rauchtabak in den Verkehr. Der Klägerin wurde für diese Ware auf Anmeldung vom 4. März 1922 das Wortzeichen „Sonnengold" am 3. November 1922 in die Zeichenrolle eingetragen. Da die Beklagte dasselbe Wort zur Benennung einer ihrer Tabaksorten benutzte, erhob die Klägerin im August 1925 Unterlassungsklage. Die Beklagte wandte ein, daß sie das streitige Wort seit Jahrzehnten zur Bezeichnung eines von ihr in großen Mengen vertriebenen goldgelben Shag-Tabaks verwende, daß das Wort im Verkehr als Kennzeichen der Herkunft aus ihrer Fabrik gelte und daß dies der Klägerin bekannt gewesen sei, als sie das Zeichen sich habe eintragen lassen. Beide Vorinstanzen gaben der Klage statt und wiesen die auf die Vorbenutzung gestützte Widerklage der Beklagten ab. Nach erfolgreicher Revision der Beklagten änderte das Oberlandesgericht das landgerichtliche Urteil dahin ab, daß die Klage abgewiesen und die Klägerin verurteilt wurde, 1. das streitige Zeichen zur Löschung zu bringen, 2. unter Verzicht auf die Sperrfrist des § 4 Abs. 2 WZG. darein zu willigen, daß das Zeichen für die Beklagte eingetragen werde, 3. es zu unterlassen, Tabakwaren unter der Bezeichnung Sonnengold anzupreisen und in den Verkehr zu bringen, 4. der Beklagten Auskunft zu geben und Rechnung zu legen über den Vertrieb von Tabakwaren unter der Bezeichnung Sonnengold seit dem 15. März 1927, 5. der Beklagten den sich aus der Rechnungslegung ergebenden Schaden zu ersetzen.

Die Revision der Klägerin hatte nur bei dem mit der Widerklage geltend gemachten Schadensersatzanspruch Erfolg.

Gründe:

Das frühere Berufungsurteil wurde aufgehoben, weil das Oberlandesgericht bei Prüfung der Frage, ob das Wort Sonnengold bereits vor der im Jahre 1922 erfolgten Anmeldung und Eintragung des beanstandeten Wortzeichens der Klägerin als Name einer Tabaksorte der Beklagten Anerkennung im Verkehr gefunden hatte, wegen der Personenkreise, deren Kenntnis hierbei in Betracht kam, zum Nachteil der Beklagten und damaligen Revisionsklägerin von einer unrichtigen Auffassung ausgegangen war. In dem jetzt angefochtenen Urteil stellt das Berufungsgericht nach weiterer Beweisaufnahme fest, daß die Beklagte das Wort Sonnengold mindestens seit 1891 für eine in erheblichen Mengen vertriebene Tabaksorte benutzt hat und daß, als die Klägerin im März 1922 ihr Zeichen anmeldete, sowohl in Fabrikanten- und Händlerkreisen als auch in den Kreisen der Verbraucher unter Sonnengold-Tabak ein Tabak aus der Fabrik der Beklagten verstanden worden ist. Das Gericht sieht aber nicht als erwiesen an, daß die Klägerin hiervon, wie die Beklagte behauptet hat, schon im März 1922 Kenntnis erhalten hatte; diese Kenntnis könne bei dem ausdrücklichen Bestreiten der Klägerin nicht festgestellt werden, obwohl die Bekundung des Sachverständigen (richtig: Zeugen) von E. ergebe, daß in Kreisen der Fabrikanten, die mit der Beklagten im Wettbewerb standen, die Verwendung der Bezeichnung Sonnengold durch die Beklagte bekannt gewesen sei. Dagegen habe die Klägerin aus dem im ersten Revisionsverfahren ergangenen Urteil des Reichsgerichts, das ihr spätestens Mitte März 1927 vorgelegen habe, ersehen können, daß die erwähnte Benennung in den beteiligten Kreisen als Kennzeichen des Betriebs der Beklagten verstanden werde. Möge sie daher auch bei Erwerb des Zeichens gutgläubig gewesen sein, so habe sie doch seit Mitte März 1927 trotz Kenntnis des wohlerworbenen Besitzstandes der Beklagten das Zeichen weiter benutzt und deshalb vorsätzlich oder doch zum mindestens grob fahrlässig die Rechte der Beklagten verletzt. Daraus entnimmt das Berufungsgericht, daß in dem Verhalten der Klägerin seit Mitte März 1927 ein Verstoß gegen § 1 UnlWG. liege, der die Hinfälligkeit des mit der Klage geltend gemachten Unterlassungsanspruchs ergebe und von jenem Zeitpunkt an die Ansprüche der Widerklage rechtfertige. Damals sei der Klägerin bekannt geworden, daß die Beklagte durch eine Arbeit, die sich über mehrere Jahrzehnte erstreckt und ihr Mühe und Kosten verursacht habe, die Bezeichnung Sonnengold als Kennzeichen ihres Betriebs eingeführt gehabt habe. Daß sie diese Tatsache außer acht gelassen und das Arbeitsergebnis der Beklagten für ihre Zwecke ausgenutzt habe, verstoße gegen die guten Sitten.

Die Revision greift die Ansicht des Berufungsgerichts, daß auch die erst nachträglich erlangte Kenntnis der Klägerin von dem älteren Besitzstand der Beklagten zur Anwendung des §1 UnlWG. ausreiche, als grundsätzlich rechtsirrig an, weil das Warenzeichengesetz ein Vorbenutzungsrecht nicht kenne und die Benutzung des von der Klägerin gutgläubig erworbenen gesetzlichen Schutzes nicht gegen die guten Sitten verstoße, auch wenn die Beklagte dadurch Schaden erleiden sollte. Dieser Auffassung der Revision konnte nicht beigetreten werden.

Das Reichsgericht hat bereits in der Sache II 340/26 (Urteil vom 15. Februar 1927, in Markensch. und Wettbew. 1927 S. 287) mit Bezug auf eine Warenbezeichnung, welche Verkehrsgeltung erlangt hatte, ausgesprochen, daß ein durch die Entwicklung des Verkehrs geschaffener tatsächlicher Zustand Anspruch auf Schutz auch vor dem formalen Zeichenrecht habe und das Löschungsverlangen begründen könne, wenn das Zeichen entweder erst später auf unlautere Weise, nämlich in Kenntnis der Verkehrsgeltung der von dem anderen benutzten Bezeichnung erworben sei oder wenn nach Eintritt dieser Kenntnis das gutgläubig erworbene Zeichen einfach weiter benutzt werde. Ähnlich wurde in der Sache II 174/26 durch Urteil vom 14. Dezember 1926 (JW. 1927 S. 774 Nr. 9, Markensch. und Wettbew. 1927 S. 255) einer Unterlassungsklage stattgegeben, die darauf gestützt war, daß der Beklagte ein früher eingetragenes verwechslungsfähiges Warenzeichen erst in Gebrauch genommen habe, nachdem die nicht eingetragene Warenbezeichnung des Klägers Anerkennung im Verkehr gefunden hatte. Dabei wurde hervorgehoben, daß es nicht darauf ankomme, ob es der Beklagte bei Ingebrauchnahme des Zeichens auf Verwechslungen mit der Ware des Klägers abgesehen habe und ob er darauf ausgegangen sei oder auch nur in dem Bewußtsein gehandelt habe, dem Kläger Abbruch zu tun und seine Arbeitsergebnisse für sich auszunutzen. In beiden Fällen nahm der Senat an, daß sich die Ausnutzung des durch die Eintragung erlangten Schutzes als ein unter § 1 UnlWG. fallender Mißbrauch des formalen Zeichenrechts darstellen würde. Diese Beurteilung beruht auf dem in der neueren Rechtsprechung immer mehr zur Anerkennung gelangten allgemeinen Gedanken, daß das Warenzeichenrecht nur ein Bestandteil des Wettbewerbsrechts ist und deshalb nicht dazu dienen darf, einen Konkurrenten aus der Stellung zu verdrängen, die er sich im Verkehr geschaffen hat. Zur bewußten Herbeiführung dieses Erfolgs wird aber das Zeichen nicht nur dann verwendet, wenn der Inhaber, der es dem Konkurrenten gegenüber geltend macht, dessen älteren Besitzstand nachweisbar schon bei der Anmeldung gekannt hat, sondern ebenso auch dann, wenn er erst nachträglich diese Kenntnis erhält. Daß im ersten der beiden Fälle, in dem das Reichsgericht beim Widerstreit zwischen Warenzeichen und älterem Ausstattungsbesitz (§ 15 WZG.) die Anwendbarkeit des §1 UnlWG. schon in früheren Entscheidungen anerkannt hat, dem älteren Besitzstande der Vorrang gebührt, zieht auch die Revision nicht in Abrede. Was sie vorbringt, um die Unanwendbarkeit dieser Vorschrift im zweiten Falle zu rechtfertigen, der nach der tatsächlichen Würdigung des Berufungsgerichts hier gegeben ist, kann nicht als durchgreifend angesehen werden. Daß es eine Erhöhung der Rechtssicherheit bedeuten würde, wenn der Vorbenutzer die Eintragung des Zeichens gegen sich gelten lassen müßte, mag zugegeben werden. Dieser Gesichtspunkt kann aber gegenüber der gebotenen Rücksichtnahme auf die Lauterkeit des Wettbewerbs nicht ausschlaggebend sein, zumal da er auch dann zutrifft, wenn das Zeichen mit der Behauptung angegriffen wird, daß die Kenntnis des Inhabers von der Vorbenutzung schon bei der Anmeldung vorhanden gewesen sei. Aus dem gleichen Grund ist die Erwägung zurückzuweisen, daß der Vorbenutzer, der es versäumt habe, sich durch Eintragung in die Zeichenrolle zu sichern, selbst die Schuld daran trage, wenn ein anderer ihm zuvorkomme. Sodann ist es nicht angängig, ohne weiteres Grundsätze des Patentrechts auf das Warenzeichenrecht zu übertragen und daraus die Hinfälligkeit der Ansprüche der Beklagten abzuleiten. Die formalen Vorschriften des Patentgesetzes erklären sich daraus, daß es sich auf diesem Gebiet um technische Fragen handelt, deren Beurteilung Schwierigkeiten zu bieten pflegt. Endlich versagt auch die Berufung auf die zur Neuregelung des Warenzeichenrechts ausgearbeiteten Gesetzentwürfe von 1913 und 1928. Beide Entwürfe stehen allerdings, wie in der Begründung hervorgehoben ist, auf dem Standpunkt, daß das eingetragene Warenzeichen dem älteren, im Verkehr zur Anerkennung gelangten Ausstattungsbesitz vorgehe, und in der Begründung des zweiten Entwurfs ist nur davon die Rede, daß nach der Entwicklung der Rechtsprechung dem eingetragenen Zeichen dieser Vorrang nicht gebühre, wenn sich die Erwirkung der Eintragung als eine Handlung unlauteren Wettbewerbs oder als ein gegen die guten Sitten verstoßendes Verhalten darstelle. Allein solche bloßen Ansätze zu gesetzlicher Regelung können den Richter nicht hindern, das geltende Recht so anzuwenden und fortzubilden, wie es die als schutzwürdig erkannten Interessen des redlichen Verkehrs erfordern.

Die Revision meint ferner, das Berufungsgericht habe mit ungenügender Begründung angenommen, daß die von der Beklagten als Ausstattung im Sinne des § 15 WZG. benutzte streitige

Benennung in beteiligten Verkehrskreisen Kennzeichnungskraft für die Ware der Beklagten erlangt habe. Dabei wendet sie sich aber nur gegen die auf die Beweisaufnahme gestützte tatsächliche Würdigung des Vorderrichters, die in dieser Instanz nicht nachzuprüfen ist. Daß das Berufungsgericht etwa den Begriff der beteiligten Verkehrskreise unrichtig aufgefaßt hätte, ist nicht ersichtlich. Ebenso unbegründet sind die Bedenken, die von der Revision nach der Richtung erhoben werden, daß über den beiderseitigen Kundenkreis der Parteien und damit über die Möglichkeit einer Beeinträchtigung des Geschäftsbetriebs der Beklagten nichts festgestellt sei. Das Berufungsgericht hatte keinen Anlaß, sich über diesen Punkt zu äußern, da der ganze Rechtsstreit ergibt, daß die Parteien sich als Konkurrenten ansehen und der Zeuge von E., dem das Berufungsgericht folgt, bekundet hat, daß beide Parteien alte und eingeführte Firmen der Rauchtabakbranche sind, die ihr Absatzgebiet im ganzen Deutschen Reiche haben.

Zu beanstanden ist jedoch die Feststellung, die das Berufungsgericht über den Beginn der Bösgläubigkeit der Klägerin getroffen hat. Wie das frühere reichsgerichtliche Urteil geeignet gewesen sein soll, die Klägerin über den Besitzstand der Beklagten aufzuklären, wird vom Berufungsgericht nicht dargelegt und ist auch nicht einzusehen. Jenes Urteil mißbilligte nur die damalige Auffassung des Berufungsgerichts von den Anforderungen, die an die Kennzeichnungskraft eines Warennamens zu stellen sind. Über die Frage, ob der streitige Name die von der Beklagten behauptete Kennzeichnungskraft erlangt habe, spricht sich das Urteil nicht aus und konnte sich auch nicht aussprechen, da hierzu noch tatsächliche Feststellungen nötig waren, die der Vorderrichter zu treffen hatte und erst jetzt, nach Zurückverweisung der Sache, auf Grund weiterer Beweisaufnahme getroffen hat. Die Annahme, daß das reichsgerichtliche Urteil die Bösgläubigkeit der Klägerin begründet habe, ist daher nicht haltbar. Das Berufungsgericht hätte vielmehr vom Standpunkt seiner sonstigen tatsächlichen Beurteilung aus nur annehmen dürfen, daß die Klägerin in Zukunft bei der Ausnutzung ihres Zeichenrechts bösgläubig wäre. Das rechtfertigte zwar unter dem Gesichtspunkte des § 1 UnlWG. die Abweisung der Klage und die unter Nr. 1, 2 und 3 des Urteils zuerkannten Ansprüche der Widerklage. Dagegen blieb kein Raum für den Schadensersatzanspruch der Beklagten und für die Ansprüche auf Auskunfterteilung und Rechnungslegung, die so erhoben sind, als wenn die Klägerin von Anfang an bösgläubig gewesen wäre, und die vom Berufungsgericht für die Zeit seit dem 15. März 1927 zugelassen worden sind. Diese Ansprüche waren deshalb völlig abzuweisen, im übrigen war dagegen der Revision ein Erfolg zu versagen.

---

74. Ist bei der Berechnung des Goldmarkbetrags einer aufzuwertenden Hypothek der Erwerb auf Grund der Auseinandersetzung einer offenen Handelsgesellschaft ebenso zu behandeln wie der Erwerb durch Auseinandersetzung einer Gemeinschaft im Sinne von § 3 Abs. 1 Nr. 4 AufwG.?

V. Zivilsenat. Beschl. v. 20. März 1928 in einer Blankenburger Grundbuchsache. VB 11/28.

I. Grundbuchamt Blankenburg (Harz).
II. Landgericht Braunschweig.

Der Sachverhalt und die Entscheidung ergeben sich aus den

Gründen:

Die Firma Gebr. G. in Bl., eine offene Handelsgesellschaft, erwarb am 7. November 1912 eine Hypothek auf dem Anwesen eines gewissen R. daselbst; diese wurde auf den Namen der Firma im Grundbuch eingetragen. Gesellschafter waren damals die Kaufleute Friedrich G. (im folgenden G. I genannt) und Karl S.. Im Dezember 1914 starb G. I; sein Sohn Friedrich (G. II) beerbte ihn und war nunmehr Mitinhaber der Firma. Dieser Sohn starb im Oktober 1915; Alleinerbe wurde sein im Februar 1916 nachgeborener Sohn Friedrich (G. III), während die Witwe des Erblassers und Mutter des Erben den lebenslänglichen Nießbrauch am Nachlaß vermacht erhielt. S. setzte sich mit G. III wegen der offenen Handelsgesellschaft auseinander. Er überließ ihm gegen Verzicht auf sonstige Anteilsrechte die erwähnte Hypothek in Höhe von 3200 *M*, die dann auf Grund einer Abtretungsurkunde der Firma am 20. Dezember 1920 für G. III eingetragen wurde. Dieser ist am 22. November 1924 gestorben und von seiner Mutter beerbt worden. Ihren Antrag, die Hypothek mit dem Aufwertungsbetrag von 25% des Goldmarkbetrags von 3200 G*M*, also mit 800 G*M* einzutragen, hat das Grundbuchamt abgelehnt. Es sieht den 20. Dezember 1920 als Tag des Erwerbs an. Die Beschwerde hiergegen ist vom Landgericht zurückgewiesen worden.

Die Antragstellerin hat weitere sofortige Beschwerde eingelegt. Das Oberlandesgericht möchte ihr unter Bezugnahme auf die Entscheidung des Kammergerichts vom 20. Januar 1927 (JW. 1927 S. 1317 Nr. 4) und auf Mügel 5. Aufl. Anm. 2 zu § 3 AufwG. stattgeben, sieht sich aber daran gehindert durch die Entscheidung des Oberlandesgerichts Dresden vom 8. November 1927 (AufwRspr. 1927 S. 829), die grundsätzlich ausspricht, daß § 3 Abs. 1 Nr. 4 AufwG. nur für familienrechtliche Auseinandersetzungen gelte.

Das Oberlandesgericht Braunschweig ist zwar auch der Ansicht, daß bei der im Dezember 1920 erfolgten Überweisung der Hypothek aus dem Vermögen der offenen Handelsgesellschaft an den Mitinhaber G. III ein Gläubigerwechsel im Sinne der § 2 Abs. 1, § 3 Abs. 1 Nr. 1 AufwG. stattgefunden habe (Mügel 5. Aufl. Anm. 2 zu § 3 AufwG.), es hält aber die ausdehnende Anwendung des § 3 Abs. 1 Nr. 4 (Auseinandersetzung einer Erben- oder Gütergemeinschaft) auf den vorliegenden Fall für zulässig und geboten. Der Gesetzgeber — so wird ausgeführt — habe nicht etwa in bewußter Wahl des Ausdrucks nur familienrechtliche Auseinandersetzungen bevorzugen, sondern lediglich den spekulativen Erwerb treffen wollen. An einem solchen fehle es, wenn, wie hier, bei der Auseinandersetzung einer offenen Handelsgesellschaft eine Hypothekenforderung an einen ausscheidenden Gesellschafter übertragen werde. Seit seinem Eintritt habe der Gesellschafter ein Anrecht auf das, was ihm bei der Auseinandersetzung zukomme; es sei nicht ersichtlich, warum durch die Auseinandersetzung eine Verminderung des Wertes eintreten sollte. Diese Auseinandersetzung sei rechtsähnlich der Auseinandersetzung einer familienrechtlichen Gütergemeinschaft und daher ebenso zu behandeln. Das Oberlandesgericht hält demnach den Fall des § 79 GBO. für gegeben und hat deshalb die Sache dem Reichsgericht vorgelegt. Das Reichsgericht ist denn auch zur Entscheidung berufen (RGZ. Bd. 117 S. 350/351).

Mit Recht hält das Oberlandesgericht die Beschwerde für begründet. Beizustimmen ist ihm zunächst darin, daß es das Vorliegen eines Wechsels auf der Gläubigerseite bejaht. Ein solcher Gläubigerwechsel ist gegeben, wenn das Vermögen einer offenen Handelsgesellschaft im Wege der Auseinandersetzung unter die Gesellschafter verteilt oder wenn einem ausscheidenden Gesellschafter gegen Verzicht auf sonstige Ansprüche ein Teil des Gesellschaftsvermögens überlassen wird (Mügel 5. Aufl. Anm. 2 zu § 3 AufwG.). Daß trotz Gläubigerwechsels im Sinne des § 3 AufwG. im Bereich der Aufwertung (§ 22 das. u. § 892 BGB.) der Schutz des öffentlichen Glaubens des Grundbuchs zu versagen ist, wenn sich als Veräußerer und Erwerber dieselben natürlichen Personen — und wäre es auch in verschiedener rechtlicher Gestalt und Verbundenheit — gegenüberstehen, folgt aus anderen Erwägungen. Es fehlt in solchem Falle (vgl. Urteil des Senats vom 26. November 1927 RGZ. Bd. 119 S. 126 und AufwRspr. 1928 S. 50) am Schutzbedürfnis für das Vertrauen eines Nachmanns auf den grundbuchrechtlich verbürgten Rechtsbestand eines Vormanns. Rechtlich betrachtet haben die Gläubiger gewechselt. Davon geht auch ersichtlich § 3 aus, da sonst die Vorschrift im Abs. 1 Nr. 4 das. überflüssig wäre, die in der Auseinandersetzung eines Gesamtsonderverhältnisses einen Gläubigerwechsel sieht (vgl. auch Beschluß des Senats vom 20. März 1928 V B 13/28 S. 334 dieses Bandes).

Eben die Vorschrift des § 3 Abs. 1 Nr. 4 AufwG. ist, wie das Oberlandesgericht zutreffend ausführt, auch hier anzuwenden. Grundgedanke und Zweck des § 3 gehen dahin, daß nur der spekulative Erwerb eines neuen Gläubigers getroffen werden sollte. Bei der Auslegung werden daher auch wirtschaftliche Erwägungen zu berücksichtigen sein. Es ist nicht gerechtfertigt, in jedem Falle nur zu prüfen, ob der Wortlaut einer der Vorschriften in Nr. 2 bis 11 des Abs. 1 erfüllt ist; eine derartige Auslegung gebietet auch der Wortlaut der Nr. 1 nicht. Nach Nr. 4 soll bei Erwerb durch Auseinandersetzung einer Erbengemeinschaft oder einer Gütergemeinschaft für die Berechnung des Goldmarkbetrags der Erwerb durch die Gemeinschaft maßgebend sein. Der Gesetzgeber sah keinen Grund, den Wert des Vermögens in solchen Fällen der bloßen Beendigung einer Gemeinschaft zu mindern. Im vorliegenden Falle ist eine entsprechende Anwendung unbedenklich. Jegliche spekulative Betätigung fehlt. Eine seit langem bestehende offene Handelsgesellschaft hat sich aus Anlaß des Todes eines Gesellschafters und des erbrechtlichen Eintritts seines unmündigen Erben zur wirtschaftlich erforderlichen Auseinandersetzung entschlossen. Während Bestehens der Gesellschaft, die keine selbständige juristische Person war, hatte jeder Gesellschafter seinen Anteil am Gesamtvermögen; durch die Auseinandersetzung erhält er das, was ihm gebührt und dem Werte nach früher schon gehörte. Diese besondere Sachlage rechtfertigt die entsprechende Anwendung des § 3 Abs. 1 Nr. 4 a. a. O.

Aus diesen Gründen sind die Beschlüsse der beiden Vorinstanzen aufgehoben und ist das Grundbuchamt angewiesen worden, von seinen Bedenken gegen die Bezeichnung des 7. November 1912 als Erwerbstag der Hypothek Abstand zu nehmen.

---

75. Begründet die durch den Liquidator einer Gesellschaft m. b. H. bewirkte Übertragung des Vermögens der Gesellschaft auf die Gesellschafter oder auf einen von ihnen, der zugleich Treuhänder der übrigen ist, eine Übernahme des Vermögens als ganzen im Sinne von § 3 Abs. 1 Nr. 8 AufwG.?

AufwG. § 3 Abs. 1 Nr. 8. BGB. § 419. GmbHG. § 72.

V. Zivilsenat. Beschl. v. 20. März 1928 in einer Königsberger Aufwertungssache. VB 13/28.

I. Aufwertungsstelle Königsberg i. P.
II. Landgericht daselbst.

Der Sachverhalt und die Entscheidung ergeben sich aus den

Gründen:

Die Bodengesellschaft Königsberg in Pr. mit beschränkter Haftung verkaufte am 11. September 1918 zwei Grundstücke an den Antragsgegner. Das Restkaufgeld wurde am 30. November 1918 für die Verkäuferin hypothekarisch eingetragen. Am 9. Januar 1922 trat der Liquidator der Verkäuferin die Hypothek an die Antragstellerin ab, die neben zwei andern zu ihren Gesellschaftern gehörte. Die Antragstellerin will die Hypothek als Treuhänderin der an der Liquidationsgesellschaft beteiligten Gesellschafter erworben haben. Sie verlangt Aufwertung der Hypothek und der zugrundeliegenden Forderung und will für die Berechnung des Aufwertungsbetrags den Zeitpunkt des Erwerbs der ursprünglichen Gläubigerin maßgebend sein lassen. Die Aufwertungsstelle hat durch Zwischenentscheidung festgestellt, daß für die Forderung der Tag des

Abschlusses der Kaufvertrags, für die Hypothek der Zeitpunkt ihrer Eintragung entscheidend sei. Das Landgericht hat auf die sofortige Beschwerde des Antragsgegners ausgesprochen, daß sich die Aufwertung der Hypothek und der Forderung nach dem Zeitpunkt ihrer Abtretung an die Antragstellerin richte, weil kein Fall des § 3 Abs. 1 Nr. 2 bis 11 AufwG. vorliege.

Das Kammergericht hält die weitere sofortige Beschwerde der Antragstellerin für begründet und möchte die Zwischenentscheidung der Aufwertungsstelle wiederherstellen. Es beanstandet nicht, daß das Landgericht die Anwendung des § 3 Abs. 1 Nr. 7 AufwG. ablehnt, weil die Beschwerdeführerin nicht Treuhänderin der ursprünglichen Gläubigerin, sondern nur Treuhänderin ihrer Gesellschafter sei. Auch würde das Kammergericht dem Landgericht darin beipflichten, daß kein Vermögen im ganzen übernommen worden ist (§ 3 Abs. 1 Nr. 8). Aber es möchte im Gegensatz zur Vorentscheidung die Liquidation einer Gesellschaft m. b. H. als Auseinandersetzung einer Gütergemeinschaft im Sinne des § 3 Abs. 1 Nr. 4 behandeln (Beschluß vom 1. Dezember 1927 in JW. 1928 S. 238 Nr. 1; AufwRspr. 1928 S. 19). Dieser Rechtsauffassung stehe aber — so wird ausgeführt — der Beschluß des Oberlandesgerichts Dresden vom 8. November 1927 (AufwRspr. 1927 S. 829) entgegen. Dort spreche das Oberlandesgericht Dresden grundsätzlich aus, daß § 3 Abs. 1 Nr. 4 nur für die familienrechtliche Auseinandersetzung gelte. Das Kammergericht möchte an der weiteren Auslegung festhalten, die es für solche und für ähnliche Fälle gebilligt hat. Mit dem in AufwRspr. 1928 S. 129 abgedruckten Beschluß hat es gemäß § 74 Abs. 1 AufwG. und § 28 Abs. 2, 3 FGG. die Sache dem Reichsgericht vorgelegt, dessen Zuständigkeit zur Entscheidung keinem Zweifel unterliegt.

Im Ergebnis ist dem Kammergericht beizutreten. Das Landgericht hat festgestellt, daß durch die Übertragung der streitigen Hypothek und weiterer (zwei) Hypotheken die Bodengesellschaft m. b. H. ihr Ende gefunden habe. Auch ohne Heranziehung der Schriftsätze und eidesstattlichen Versicherungen ergibt sich, daß das Landgericht der — sachlich richtigen — Ansicht war, lediglich diese 3 Hypotheken seien damals noch Vermögen der Gesellschaft gewesen. Ist das aber der Fall, so liegt in der Übertragung der Hypotheken an die Antragstellerin als Treuhänderin der früheren Anteilsberechtigten die Übernahme eines Vermögens als ganzen im Sinne des

§ 3 Abs. 1 Nr. 8 AufwG. oder zum mindesten ein Tatbestand, der dem dort genannten gleich zu behandeln ist. Denn man muß den § 3 AufwG., um seinen wahren Inhalt zu erfassen, nach seinem Grundgedanken und Zweck auslegen, wonach nur der spekulative Erwerb eines neuen Gläubigers schlechter behandelt werden soll. Gegen die Anwendung des § 3 Abs. 1 Nr. 8 AufwG. sprechen auch nicht die in RGZ. Bd. 92 S. 85 erörterten Bedenken, die bei der Ausschüttung des Restbestands des Vermögens einer Gesellschaft m. b. H., des Liquidationsüberschusses, an den früheren alleinigen Gesellschafter gegen eine unmittelbare oder entsprechende Anwendung des § 419 BGB. erhoben werden können. Insbesondere kann es für die Anwendung des § 3 Abs. 1 Nr. 8 AufwG. nicht erheblich sein, ob in der Ausschüttung (wie die soeben erwähnte Entscheidung ausführt) nur der auf Gesellschaftsvertrag, nicht auf besonderem neuem Vertrag beruhende Abschluß und Ausklang des Gesellschaftsverhältnisses liegt. Der Übergang des Gesellschaftsvermögens auf den Treuhänder der bisherigen Anfallsberechtigten genügt für die Anwendung des § 3 Abs. 1 Nr. 8. Es bedarf daher keiner Begründung, daß die Anwendung der Nr. 7 a. a. O. (Erwerb auf Grund eines Treuhandverhältnisses) mit Recht abgelehnt worden ist. Auch kann dahingestellt bleiben, ob es sich wegen der besonderen Sachlage etwa rechtfertigen ließe, anzunehmen, daß es sich hier um eine Gesellschafts-Auseinandersetzung handle, auf welche § 3 Abs. 1 Nr. 4 entsprechend anzuwenden wäre (vgl. neuestens KG. vom 1. Dezember 1927 in DNotVZ. 1928 S. 112 Nr. 14). Nicht angängig wäre es aber, in Anlehnung an die Rechtsprechung des beschließenden Senats zu § 892 BGB. und zu ähnlichen Fragen (KG. vom 12. Mai 1927 in Jur. Rundsch. 1928 Nr. 501) auch im Falle des § 3 AufwG. bei einer Sachlage wie der hier vorliegenden einen Gläubigerwechsel überhaupt zu verneinen. Der Zusammenhalt des § 3 Abs. 1 Nr. 1 mit (beispielsweise) Nr. 4 und 8 ergibt als Auffassung des Gesetzes, daß auch bei Verteilung oder Übertragung eines Gesamtsondervermögens Gläubigerwechsel anzunehmen ist.

Ist hiernach bei der Berechnung des Goldmarkbetrags die Zeit des Erwerbs durch den Veräußerer zugrundezulegen, so hat die Aufwertungsstelle mit Recht den Zeitpunkt der Eintragung der Hypothek und der Begründung der persönlichen Forderung für maßgebend erachtet. Die gegen ihren Beschluß gerichtete Beschwerde war daher unter Aufhebung des Beschlusses des Landgerichts zurückzuweisen.

76. Verliert ein preußischer Beamter durch seine Verurteilung zu Festungshaft von längerer als einjähriger Dauer wegen Beihilfe zum Hochverrat auch dann ohne weiteres sein Amt, wenn im Strafurteil nicht auf Verlust der bekleideten öffentlichen Ämter erkannt worden ist?

StGB. § 81 Abs. 3. Preuß. Disziplinargesetz vom 21. Juli 1852 § 7.

III. Zivilsenat. Urt. v. 23. März 1928 i. S. von J. (Kl.) w. Preuß Staat (Bekl.). III 258/27.

I. Landgericht I Berlin.
II. Kammergericht daselbst.

Der Kläger, der damals preußischer Regierungspräsident war, wurde durch Erlaß der preußischen Staatsregierung vom 16. April 1919 in den einstweiligen Ruhestand versetzt. Im März 1920 beteiligte er sich am Kapp-Putsch und wurde deshalb durch Urteil des vereinigten 2. und 3. Strafsenats des Reichsgerichts vom 21. Dezember 1921 (abgedruckt RGSt. Bd. 56 S. 259) wegen Beihilfe zum Hochverrat zu einer Festungshaft von 5 Jahren verurteilt. Der Beklagte ist der Auffassung, daß diese Verurteilung gemäß den §§ 7, 97 des preußischen Disziplinargesetzes vom 21. Juli 1852 (GS. S. 465) für den Kläger den Verlust seines Amtes nach sich gezogen habe, und zahlt ihm deshalb seit Beginn des Jahres 1922 kein Wartegeld mehr. Der Kläger vertritt demgegenüber die Ansicht, daß der angeführte § 7, soweit er an die Verurteilung zu einer Freiheitsstrafe von längerer als einjähriger Dauer den Verlust des Amtes knüpft, sowohl mit den Bestimmungen des Strafgesetzbuchs als auch mit Artikel 129 RVerf. unvereinbar sei. Ferner beruft er sich auf die im Jahre 1925 vom Reiche und von Preußen erlassenen Amnestieen. Er hat deshalb Klage auf Feststellung der Verpflichtung des Beklagten zur Weiterzahlung seiner Bezüge erhoben. Die Vorinstanzen haben die Klage abgewiesen. Auf die Revision des Klägers wurde nach dem Klagantrag erkannt.

Gründe:

Der Kläger ist auf Grund der § 81 Abs. 1 Nr. 2, §§ 82, 49 StGB. wegen Beihilfe zum Hochverrat unter Zubilligung mildernder Umstände zu 5 Jahren Festungshaft verurteilt worden. Auf Verlust der bekleideten öffentlichen Ämter hat das Reichsgericht gegen ihn nicht erkannt. Der Beklagte macht aber geltend, daß der Kläger gleichwohl nach § 7 des preußischen Disziplinargesetzes vom 21. Juli 1852 mit der Rechtskraft des Strafurteils ohne weiteres sein Amt als Regierungspräsident im einstweiligen Ruhestand verloren habe. § 7, der nach § 97 DiszG. auch für die in den einstweiligen Ruhestand versetzten Beamten gilt, bestimmt, daß, wenn vom gewöhnlichen Strafrichter auf eine Freiheitsstrafe von längerer als einjähriger Dauer erkannt ist, das Straferkenntnis den Verlust des Amtes von selbst nach sich zieht, ohne daß dies besonders ausgesprochen wird. Diese Vorschrift greift indessen im vorliegenden Falle nicht durch. Dabei kann dahingestellt bleiben, ob § 7 DiszG. allgemein im Widerspruch mit dem Reichsstrafgesetzbuch steht. Es bedarf auch nicht der Prüfung, welchen Einfluß etwa die Grundsätze des Art. 129 RVerf. auf seinen Bestand haben. Hier scheitert seine Anwendung schon daran, daß sie unvereinbar wäre mit der Regelung des § 81 StGB., also derjenigen Vorschrift, auf Grund deren der Kläger verurteilt worden ist.

§ 81 Abs. 1 StGB. droht als ordentliche Strafe für den Hochverrat lebenslängliches Zuchthaus oder lebenslängliche Festungshaft an. Nach Abs. 2 tritt, wenn mildernde Umstände vorhanden sind, Festungshaft nicht unter 5 Jahren ein. Neben der Festungshaft, sowohl neben der lebenslänglichen wie neben der zeitigen, kann nach Absatz 3 auf Verlust der bekleideten öffentlichen Ämter sowie der aus öffentlichen Wahlen hervorgegangenen Rechte erkannt werden. Das Strafgesetzbuch hält mithin die Verurteilung zu Festungshaft wegen Hochverrats nicht für so schwerwiegend, daß sie für den Verurteilten stets den Verlust der von ihm bekleideten öffentlichen Ämter zur Folge haben müßte, stellt vielmehr die Verhängung dieser Nebenstrafe in das Ermessen des Strafrichters. Der Amtsverlust soll nur dann eintreten, wenn das Gericht — was hier nicht geschehen — besonders darauf erkennt. Ein Landesgesetz, das dazu führt, daß jede Verurteilung zu Festungshaft wegen Hochverrats den Verlust der vom Verurteilten bekleideten öffentlichen Ämter nach sich zieht, würde die besondere und ausdrückliche Vorschrift des § 81 Abs. 3 StGB. ihrer praktischen Bedeutung entkleiden. Insoweit ist sie deshalb dem Reichsrecht gegenüber unwirksam. Ob das aus § 2 Abs. 1 EG. z. StGB. herzuleiten ist, kann auf sich beruhen. Jedenfalls greift der allgemeine Grundsatz ein, daß die Reichsgesetze den Landesgesetzen vorgehen (Art. 2 RVerf. 1871), daß Reichsrecht Landesrecht bricht (Art. 13 Abs. 1 RVerf. 1919). Daraus folgt, daß § 7 DiszG., unabhängig davon, wie es mit seiner Gültigkeit sonst bestellt ist, im Falle des § 81 StGB. (ebenso in den Fällen von § 83 Abs. 3, § 84, § 90 Abs. 4, früher auch noch von § 94 Abs. 1 Satz 2 und § 95 Abs. 2 das.) nicht die Kraft hat, mit der Verurteilung zu Festungshaft von mehr als einem Jahre unter allen Umständen den Amtsverlust zu verbinden. Eine solche Wirkung der landesrechtlichen Gesetzesvorschrift würde dem Reichsrecht zuwiderlaufen.

Man kann die uneingeschränkte Wirkung des § 7 DiszG. auch nicht damit begründen, daß der von ihm angedrohte Amtsverlust disziplinarrechtlicher, der des § 81 Abs. 3 StGB. strafrechtlicher Natur sei. Hier ist zunächst zu betonen, daß kein Unterschied vorhanden ist in den Voraussetzungen, woran die beiden Vorschriften den Amtsverlust knüpfen. Zwar läßt ihn § 7 DiszG. erst bei Freiheitsstrafe, also auch bei Festungshaft von mehr als einem Jahr eintreten. Eine niedrigere Strafe kommt aber auch nach § 81 StGB., selbst bei bloßer Beihilfe zum Hochverrat, nicht in Frage. Ein Versuch und damit eine Beihilfe zum Versuch, welch letztere allein unter Umständen mit weniger als einem Jahre Festungshaft gesühnt werden könnte, ist hier, wo schon das bloße Unternehmen als vollendete Tat gilt, kaum denkbar. Ebenso wie in ihren Voraussetzungen stimmen der disziplinarrechtliche und der strafrechtliche Amtsverlust aber auch in ihren Wirkungen überein. Zuzugeben ist allerdings, daß die beiden Vorschriften verschiedenen Beweggründen entspringen und verschiedene Ziele verfolgen. Während § 7 DiszG. die dienstliche Zucht wahren und den Unzuträglichkeiten vorbeugen soll, die mit dem längeren Fernbleiben eines Beamten vom Dienst verbunden sind, droht § 81 Abs. 3 StGB. ein Strafübel an. Darauf kann indessen kein entscheidendes Gewicht gelegt werden. Denn da, wie dargelegt, beide Arten des Amtsverlustes sich nach Voraussetzungen und Inhalt decken, so würde die Anwendung des § 7 DiszG. in den Fällen, wo der Strafrichter von seiner gesetzlichen Befugnis, den Amtsverlust auszusprechen, keinen Gebrauch macht, in Wahrheit zu einer vom Reichsgesetzgeber nicht gewollten und daher mit dem Strafgesetzbuch unvereinbaren Verschärfung des Strafurteils führen. Das allgemeine Strafrecht und das Beamtendisziplinarrecht sind freilich zwei getrennte Rechtsgebiete. Trotzdem können die auf diesen verschiedenen Gebieten erlassenen Rechtsnormen zueinander in Widerspruch treten. In solchem Falle muß die begriffliche Unterscheidung zurücktreten und darf kein Hindernis bilden, den wirklich vorhandenen Eingriff von Landesrecht in Reichsrecht zurückzuweisen. Letzterem muß sein verfassungsrechtlicher Vorrang gewahrt bleiben.

Wie schon bemerkt, hat das Reichsgericht die Nebenstrafe des Verlustes der bekleideten öffentlichen Ämter gegen den Kläger nicht verhängt. Seine strafrechtliche Verurteilung hat also trotz der Vorschrift in § 7 DiszG. sein Dienstverhältnis unberührt gelassen. Einem Disziplinarverfahren gegen ihn steht sie jedoch nicht entgegen. Dem Landesrecht bleibt es unbenommen, die Entfernung eines Beamten aus dem Dienste auch für den Fall anzuordnen oder zuzulassen, daß der Strafrichter seine Dienstentlassung nicht ausgesprochen hat. Diese darf nur nicht unmittelbar anknüpfen an ein Strafurteil, das nach zweifelsfreier reichsrechtlicher Vorschrift den Amtsverlust lediglich dann zur Folge haben soll, wenn der Strafrichter darauf besonders erkennt.

Weitere Einwände gegen den Klaganspruch als den auf § 7 DiszG. gestützten hat der Beklagte nicht erhoben. Da sich der Einwand aus § 7 als ungerechtfertigt herausstellt, ist in Abweichung von den Vorinstanzen der Klage stattzugeben.

---

77. 1. Rechtsfolgen der Umwandlung einer Forderung aus Beteiligungsverhältnis in eine Darlehensforderung.
2. In welchem Verhältnis stehen die Absätze 2 und 3 des § 66 AufwG. zueinander?

AufwG. §§ 63, 65, 66.

II. Zivilsenat. Urt. v. 23. März 1928 i. S. Firma Fr. C. L. u. Gen. (Bekl.) w. C. (Kl.). II 300/27.

I. Landgericht Hamburg.
II. Oberlandesgericht daselbst.

Der Kaufmann C., dessen Sohn und alleiniger Erbe der Kläger ist, war bis zu seinem am 10. September 1919 erfolgten Tode Mitinhaber der beklagten Firma (der Erstbeklagten), die ein Bankgeschäft betreibt. Nach § 6 des Gesellschaftsvertrags wurde der Kläger als Erbe seines Vaters bis zum Ende des Jahres 1919 Kommanditist der vom Zweit- und Drittbeklagten unter der alten Firma fortgeführten offenen Handelsgesellschaft, ohne selbst noch eine Einlage zu machen. Von der ihm nach dem Gesellschaftsvertrag zustehenden Befugnis, sich den bilanzmäßigen Kapitalanteil seines Vaters in drei Raten, am 31. März, 30. Juni und 31. Dezember 1920, auszahlen zu lassen, machte er keinen Gebrauch. Er ließ vielmehr diesen Kapitalanteil bei der Erstbeklagten stehen. Am 29. August 1923 wurden ihm 8 Millionen PM ausgezahlt.

Mit der Klage verlangt der Kläger als Erbe seines Vaters dessen Guthaben in aufgewertetem Betrag zurückgezahlt, und zwar in erster Linie derart, daß der Goldwert des Kapitalanteils seines Vaters an dessen Todestag zugrundegelegt werde, wobei von der Bilanz ultimo 1918 auszugehen sei und die bis zum Todestag eingetretenen Veränderungen in Gold umzurechnen seien. Dementsprechend hat er beantragt, die Beklagten als Gesamtschuldner zu verurteilen, 1. ihm über seinen Anteil am Gesellschaftsvermögen in der Weise Rechnung zu legen, daß unter Zugrundelegung der auf den 31. Dezember 1918 festgestellten Bilanz eine Auseinandersetzungsbilanz auf den 10. September 1919 angefertigt werde, worin die seit dem 31. Dezember 1918 erfolgten Veränderungen sowie die stillen Reserven in Gold zu berechnen seien, 2. ihm seinen berechneten Anteil am Gesellschaftsvermögen unter Berücksichtigung einer geleisteten Zahlung von 8 Millionen PM und der durch die Inflation eingetretenen Veränderungen auszuzahlen. Hilfsweise fordert er Zahlung von 17800 RM. Diese Summe stellt den auf 100% aufgewerteten Betrag seines am 31. Dezember 1919 angeblich bestehenden Guthabens von 171526,32 PM dar. Die Beklagten wandten u. a. ein, der Kläger sei seit dem 1. Januar 1920 gewöhnlicher Bankkunde der Erstbeklagten gewesen und habe zu ihr in einem gewöhnlischen Kontokorrentverhältnis gestanden. Seinen Ansprüchen ständen daher die §§ 65 und 66 AufwG. entgegen; die Voraussetzungen von § 63 Abs. 2 Nr. 1 und von § 66 Abs. 3 das. lägen nicht vor.

Das Landgericht hat den Hauptanspruch des Klägers abgewiesen, aber den mit dem Hilfsantrag geltend gemachten Anspruch dem Grunde nach für berechtigt erklärt. Die Berufung der Beklagten und ebenso ihre Revision wurde zurückgewiesen.

Aus den Gründen:

Der Berufungsrichter geht von der unstreitigen Tatsache aus, daß die Parteien Anfang 1920 über die dem Kläger nach § 6 des

Gesellschaftsvertrags zukommende bilanzmäßige Geschäftseinlage abgerechnet haben und daß das Guthaben des Klägers am 1. Januar 1920 171526,32 PM betragen hat. Es kommt also nur noch darauf an, ob und in welcher Höhe dieses Guthaben aufzuwerten ist.

Daß der eingeklagte Anspruch ursprünglich auf einem Beteiligungsverhältnis beruhte, ist unstreitig; das folgt auch ohne weiteres aus § 6 des Gesellschaftsvertrags. Streit herrscht jedoch darüber, ob und welche Bedeutung dem Umstand beizumessen ist, daß der Kläger sein Guthaben bei der Erstbeklagten hat stehen lassen. Der Berufungsrichter erblickt hierin keine Vereinbarung des Inhalts, daß das alte Schuldverhältnis völlig beseitigt und nach Art der römischrechtlichen Novation durch ein neues ersetzt worden ist. Er sieht vielmehr mangels Beweises für eine so weitgehende Vereinbarung in dem Stehenlassen der Schuld mit Recht nur eine Vereinbarung gemäß § 607 Abs. 2 BGB. in dem Sinne, daß zwar wegen der Zinsen und Kündigungsfristen auf die umgewandelte Schuld die Darlehensgrundsätze Anwendung finden sollten, im übrigen aber die alte Schuld ihrem Kern nach bestehen geblieben sei. Deshalb seien auch die Einreden aus dem ursprünglichen Schuldverhältnis dem Schuldner erhalten geblieben, die Haftung von Pfändern und Bürgen habe fortbestanden, und die Verjährung richte sich nach dem ursprünglichen Entstehungsgrund (Mügel AufwG. 5. Aufl. § 63 Anm. 6 S. 921, Schlegelberger-Harmening AufwG. 5. Aufl. § 63 Anm. 7 S. 450).

Hiernach fällt das der Erstbeklagten belassene Guthaben des Klägers an sich unter § 63 Abs. 2 AufwG. Der Anspruch bleibt nach wie vor ein solcher aus einem Beteiligungsverhältnis und es gilt nicht die Beschränkung, daß das Guthaben als Vermögensanlage im Sinne des § 63 Abs. 1 anzusehen ist. Würde also der § 63 AufwG. allein Anwendung finden, so stände der Aufwertung über 25% des Goldmarkbetrags hinaus nichts im Wege. Die Beklagten berufen sich nun aber für ihr Recht, jede Aufwertung zu verweigern, auf die §§ 65 und 66 AufwG. Allein mit Unrecht. Es kann dahingestellt bleiben, ob zwischen den Parteien überhaupt ein Kontokorrent oder eine andere laufende Rechnung bestanden hat. In dieser Beziehung würde es nicht genügen, daß die Erstbeklagte dem Kläger tatsächlich ein Konto in der üblichen Form eingerichtet hat, sondern es bedürfte einer ausdrücklichen oder stillschweigenden Vereinbarung, wonach die beiderseitigen Leistungen und Forderungen zu bestimmten Zeitabschnitten gegeneinander aufgerechnet und in dem von da ab geschuldeten Saldo aufgehen sollten. Auf all dies kommt es jedoch deshalb nicht an, weil es sich, wie bemerkt, um Ansprüche der in § 63 Abs. 2 bezeichneten Art handelt, auf welche § 65 keine Anwendung findet.

Aus dem nämlichen Grunde findet aber nach § 66 Abs. 2 AufwG. die Vorschrift des Abs. 1 das. keine Anwendung. Damit wäre an sich die Frage der Aufwertung auch der Höhe nach zugunsten des Klägers entschieden, wenn nicht Abs. 3 des § 66 in Frage käme, der auf den ersten Blick in unlöslichem Widerspruch zum Abs. 2 zu stehen scheint. § 66 Abs. 3 lautet: „Darlehensansprüche der im Abs. 1 bezeichneten Art sind wie Vermögensanlagen aufzuwerten, wenn sie aus einer ehemaligen Geschäftsbeteiligung entstanden sind und als solche mehr als 5 Jahre bestanden haben." Ihrem insoweit klaren Wortlaut nach setzt die in Abs. 3 bestimmte Ausnahme voraus, daß der Darlehensanspruch als solcher (hervorgegangen aus einer ehemaligen Geschäftsbeteiligung) schon mehr als 5 Jahre bestanden hat, also vor dem 15. Juli 1920 (§ 88 AufwG.) entstanden ist. Für die in § 66 Abs. 2 genannten, auf einem Beteiligungsverhältnis beruhenden Ansprüche gilt die Beschränkung nicht, daß der Anspruch als Darlehensanspruch schon mehr als 5 Jahre bestanden haben muß. Ferner beschränkt sich die Aufwertung nach § 66 Abs. 3 (im Gegensatz zu Abs. 2, der unbeschränkte Aufwertung zuläßt) auf 25% des Goldmarkbetrags, wie bei Vermögensanlagen. Bei dem offensichtlichen Widerspruch zwischen Absatz 2 und Absatz 3 erhebt sich die Frage, wie zu verfahren ist, wenn die Sachlage an sich, wie hier, die Beurteilung nach beiden Absätzen zuzulassen scheint.

Aus der Entstehungsgeschichte ist hervorzuheben, daß der Absatz 3 seine Grundlage hat in einem Antrag des Abgeordneten Dr. Schetter. Der Antrag bezweckte eine Besserstellung des Gläubigers und er wurde erst gestellt, als der bereits in der Regierungsvorlage vorhandene Absatz 2 vom Reichstagsausschuß in erster Lesung gebilligt worden war. Wäre also dem Absatz 3 der Sinn beizulegen, daß die Aufwertung ausgeschlossen sein sollte, wenn der aus dem Beteiligungsverhältnis entstandene Darlehensanspruch noch nicht 5 Jahre bestanden hat, so würde dies auf eine Schlechterstellung des Gläubigers hinauslaufen. Der Absatz 3 enthielte dann wiederum eine Ausnahme

d. h. eine Beschränkung des Abs. 2, und es würde dann kaum ein Fall denkbar sein, wo § 63 Abs. 2 Nr. 1, auf den § 66 Abs. 2 doch auch hinweist, Anwendung zu finden hätte, also der Aufwertung über 25% hinaus keine Grenze gesetzt wäre. Diese Folge ist zwingend, wenn man nicht mit Mügel a. a. O. S. 954, Schlegelberger-Harmening a. a. O. S. 471, Quassowski AufwG. 5. Aufl. S. 518, Lehmann-Boesebeck AufwG. § 66 Anm. 8 S. 314 annimmt, daß, soweit der Tatbestand unter § 66 Abs. 2 fällt, ausschließlich diese Vorschrift Platz greift. Für die Anwendung des Abs. 3 blieben dann nur diejenigen Fälle übrig, bei denen für die Anwendbarkeit des Abs. 2 kein Raum ist. Letzteres trifft aber nur in dem ganz besonderen Falle zu, wenn durch eine Novation der Zusammenhang mit dem ursprünglichen Rechtsverhältnis völlig gelöst worden ist, sodaß man nicht mehr sagen kann, der Anspruch beruhe auf einem Gesellschaftsvertrag oder auf einem sonstigen Beteiligungsverhältnis, wenn also an Stelle des früheren Anspruchs ein ganz neuer Schuldgrund (des Darlehens) getreten ist, auf den § 63 Abs. 2 und deshalb auch § 66 Abs. 2 nicht angewendet werden kann. Nur diese Auffassung des Verhältnisses der Absätze 2 und 3 des § 66 gibt einen vernünftigen Sinn. Allerdings ist dann die Anwendbarkeit des Abs. 3 auf ein verhältnismäßig kleines Gebiet beschränkt.

Mit Recht heben Mügel S. 954 und Schlegelberger-Harmening S. 471 hervor, man habe bei Annahme des Antrags Schetter noch nicht mit Sicherheit erkannt, daß die in § 63 Abs. 2 in Nr. 1 bis 4 aufgeführten Ansprüche auch dann keine Vermögensanlage darstellten, wenn sie ohne Novationsabsicht in Darlehensansprüche umgewandelt seien. Hätte man dies erkannt, so würde man — meinen die Genannten — von der Einfügung des Absatzes 3 wahrscheinlich abgesehen haben. Nachdem nun aber dem § 66 der Absatz 3 — in Verkennung der Rechtslage — eingefügt worden ist, verbietet sich eine Auslegung dieser Vorschrift in dem Sinne, daß das Gegenteil von dem Rechtens wäre, was man mit ihr bezweckte.

Die von Neukirch AufwG. § 66 Bem. IV S. 487 vertretene gegenteilige Auffassung, die beim Zusammentreffen von beiden Absätzen den Abs. 3 vorgehen lassen will, ist hiernach nicht zu billigen. Denn sie wird dem Zweck der Vorschrift nicht gerecht, dem Gläubiger eine Vergünstigung zu verschaffen. Neukirch a. a. O. kommt denn auch zu dem praktisch unannehmbaren Ergebnis, der Absatz 3 sei so auszulegen, daß, wenn das Darlehen, in das die Beteiligung umgewandelt worden ist, länger als 5 Jahre bestanden habe, höchstens mit 25% aufzuwerten sei, daß dagegen dann, wenn es noch nicht 5 Jahre bestanden habe, freie Aufwertung, nach allgemeinen Grundsätzen, einzutreten habe. Das kann unmöglich der Sinn der Bestimmung sein. § 66 Abs. 1 will für die Banken, die durch die Inflation besonders hart betroffen worden sind, ein Vorrecht schaffen, wonach die dort genannten Ansprüche ohne Rücksicht auf die Person des Gläubigers nicht aufgewertet werden sollen. Dieser Grundsatz wird aber im Absatz 3 wieder durchkreuzt durch eine billige Berücksichtigung der Gläubiger, die das Darlehen vor einer langen Reihe von Jahren (Schetter wollte 10 Jahre, das Gesetz hat 5 Jahre daraus gemacht) der Bank gegeben hatten, vorausgesetzt, daß die Darlehenshingabe aus einer ehemaligen Geschäftsbeteiligung entstanden war. Man muß also davon ausgehen, daß, wenn der Darlehensanspruch noch nicht 5 Jahre bestanden hat, es bei der Regel des Absatzes 1 verbleiben und jede Aufwertung ausgeschlossen sein soll.

Auch der Berufungsrichter gelangt zu dem Ergebnis, daß die §§ 65 und 66 hier keine Anwendung zu finden haben. Die Anwendbarkeit des § 66 scheint er deshalb verneinen zu wollen, weil er annimmt, daß es sich überhaupt nicht um einen Anspruch im Sinne des § 66 Abs. 1 gehandelt habe, da der streitige Anspruch ein solcher aus einem Beteiligungsverhältnis geblieben sei. Ob das zutrifft, kann zweifelhaft sein. Die Entscheidung ist jedoch richtig, weil jedenfalls § 66 Abs. 2 Anwendung findet und der Berufungsrichter den Absatz 3 das. auch nicht anwenden will. Soweit die Ausführungen des angefochtenen Urteils zu § 66 Abs. 3 mit Vorstehendem nicht übereinstimmen, können sie nicht gebilligt werden. Da jedoch die Entscheidung nicht auf diesen Darlegungen beruht, braucht zu ihnen nicht im einzelnen Stellung genommen zu werden.

Der Ansicht der Revision, daß hier nur der Abs. 3 des § 66 Anwendung zu finden habe, ist nicht zu folgen. Die Revision meint, der Antrag Schetter sei damit begründet worden, daß derjenige, der sein Geld nach Beendigung des Beteiligungsverhältnisses so lange Zeit bei der Bank stehen lasse, damit den Willen kundgebe, mit dem Geld das Schicksal des Bankvermögens zu teilen, d. h. eine Art von Beteiligung fortbestehen zu lassen. Danach müsse für das Verhältnis zwischen § 66 Abs. 3 und § 63 Abs. 2 Nr. 1 AufwG. die von Gerson (JW. 1926 S. 1530) aufgestellte Unterscheidung Platz greifen, wonach sich § 63 Abs. 2 Nr. 1 auf Ansprüche aus einem Gesellschaftsverhältnis oder aus einer Beteiligung (also mit der Voraussetzung des Weiterbestehens des Gesellschaftsverhältnisses oder der Beteiligung), § 66 Abs. 3 dagegen auf solche Ansprüche beziehe, die im Sinne des § 10 auf einem Gesellschaftsverhältnis oder einer Beteiligung beruhten (also unter der Voraussetzung, daß das betreffende Verhältnis zu bestehen aufgehört hat). Mit Recht nimmt das Schrifttum (außer Lehmann-Boesebeck AufwG § 10 Anm. 3 S. 134 und Emmerich AufwG. § 63 Anm. 4 S. 356) und ebenso die Rechtsprechung an, daß sich aus der verschiedenen Fassung (in § 10 Nr. 1 und § 63 Abs. 2 Nr. 1 des Gesetzes) kein sachlicher Unterschied ergibt und daß nach § 63 die Forderung trotz ihrer Umwandlung in eine Darlehensschuld als Forderung aus einem Gesellschaftsvertrag aufgewertet wird, wofern nicht eine echte Novation vorgenommen d. h. ein neues Schuldverhältnis unter völliger Beseitigung des früheren begründet worden ist (RGZ. Bd. 113 S. 201; JW. 1926 S. 976 Nr. 3). Trifft hiernach die von der Revision gemachte Unterscheidung nicht zu, so verlieren damit die Rechtsfolgen, die sie daran knüpft, ihre Grundlage.

Unbegründet ist endlich die Rüge, der Berufungsrichter habe kein Urteil über den Grund des Anspruchs erlassen dürfen. Es war nicht unzulässig, die Frage, in welcher Höhe mit Rücksicht auf die besonderen Verhältnisse der Erstbeklagten als eines Bankunternehmens aufgewertet werden soll, auch bei der freien Aufwertung dem künftigen Urteil über den Betrag vorzubehalten, wenn Zweifel darüber bestehen, ob trotz der am 29. August 1923 erfolgten Zahlung von 8 Millionen Mark noch ein aufzuwertender Restbetrag verblieben ist. Bemerkt mag übrigens werden, daß die 171526,32 PM nach der Tabelle zum Aufwertungsgesetz am 1. Januar 1920 einen Wert von 16579 GM hatten, während die gezahlten 8 Millionen PM am 29. August 1923 etwa 3,84 GM wert waren. Legt man diese Zahlen zugrunde, so erscheint es ganz unbedenklich, daß das Berufungsgericht schon jetzt ein Urteil über den Grund des Anspruchs erlassen hat.

78. Hat ein Bankkunde Anspruch auf Herausgabe des Ersatzes nach § 281 BGB. gegen seinen deutschen Bankier, wenn dieser vollbezahlte Effekten des Kunden bei einem englischen Bankier ins Depot gelegt hatte und letzterer sie zur Deckung seiner Forderung gegen den deutschen Bankier im Kriege zwangsweise verkauft hat, ohne daß der deutsche Bankier jemals über den Verkaufserlös verfügen konnte?

BGB. §§ 281, 323.

I. Zivilsenat. Urt. v. 24. März 1928 i. S. M. Cr.-Bank (Bekl.) w. J. (Kl.). I 3/28.

I. Landgericht Nürnberg.
II. Oberlandesgericht daselbst.

Der Kläger stand mit der Beklagten vor dem Kriege in bankmäßigem Kontokorrentverkehr. In den Jahren 1911 und 1912 hat er u. a. nordamerikanische Aktien gekauft. Die Aktien blieben in London im Depot bei einem Geschäftsfreunde der Beklagten, der Firma N. & R., liegen. Nummernaufgabe ist nicht erfolgt. Die Kontokorrentauszüge des Klägers wiesen bis zum 30. Juni 1917 einen Debetsaldo des Klägers, seitdem einen Kreditsaldo auf. Die Beklagte schuldete an N. & R. vor dem Kriege eine Summe von nicht festgestellter Höhe. Die Londoner Firma hat u. a. die erwähnten Effekten im Juli 1915 „exekutiert" und den Erlös der Beklagten gutgeschrieben. Von dem Zwangsverkauf erhielt die Beklagte im August 1919 Kenntnis und machte dem Kläger hiervon im Frühjahr 1921 Mitteilung.

Der Kläger behauptet, daß er aus diesem Sachverhalt eine Geldforderung gegen die Beklagte zu erheben berechtigt sei (Lieferung der Papiere sei wegen des Zwangsverkaufs nicht mehr möglich), und hat auf Zahlung von 5000 Dollars geklagt. Die Beklagte wendet ein, die Gutbringung des Verkaufserlöses sei eine rein buchhalterische Maßnahme gewesen; in Wahrheit habe sie von diesem Erlös nichts erhalten. Deshalb schulde sie dem Kläger nichts, abgesehen etwa von einem kleinen Betrag, den sie an das Reichsausgleichsamt hätte zahlen müssen, wenn der Zwangsverkauf nicht erfolgt wäre.

In den Vorinstanzen wurde die Beklagte antragsgemäß verurteilt. Ihre Revision führte zur Klagabweisung.

Gründe:

Das Berufungsurteil stützt sich darauf, daß der Klaganspruch nach §§ 281, 323 Abs. 2 BGB. berechtigt sei, und gibt dazu u. a. folgende Ausführungen. Durch die während des Krieges von der Londoner Firma vorgenommene „Zwangsexekutierung" sei die der Beklagten an sich obliegende Lieferung der Wertpapiere unmöglich geworden. Deshalb könne der Kläger Herausgabe des dafür erlangten Ersatzes verlangen. Der Zwangsverkauf sei eine rein privatrechtliche Maßnahme gewesen, so daß er nicht einer Beschlagnahme durch den public trustee gleichgestellt werden könne. Es handle sich bei der Gutschrift des Verkaufserlöses nicht bloß um buchmäßige Vorgänge, sondern die Forderung der Londoner Firma an die Beklagte sei im Juli 1915 tatsächlich ausgeglichen worden. Die Beklagte sei also von ihrer Schuld befreit worden. Diese Befreiung sei bestehen geblieben, gleichviel wie sich die Verhältnisse in der Folge gestaltet hätten. Es komme entscheidend darauf an, wie sich die Sachlage in Wirklichkeit gestaltet habe, nicht wie sie sich gestaltet hätte, wenn der Zwangsverkauf nicht erfolgt wäre. Es komme also nicht in Betracht, ob dann eine Beschlagnahme durch den öffentlichen Treuhänder hätte erfolgen können, sondern entscheidend sei, daß die Beklagte, so wie die Dinge lägen, von einer Schuld befreit worden sei. Daraus ergebe sich weiter, daß die Beklagte den Ersatz für die von ihr an sich geschuldete Leistung im Sinne des Gesetzes „erlangt" habe. Ob dieses Erlangen durch eigene Handlung oder durch Handlung eines Dritten geschehe, sei gleichgültig. Da somit der Herausgabeanspruch nach § 281 BGB. begründet sei, scheide das ganze Rechtsgebiet der ungerechtfertigten Bereicherung überhaupt aus. Danach habe das Landgericht der Klage mit Recht stattgegeben.

Gegen diese Urteilsbegründung wendet die Revision ein, daß die Einstellung des Berufungsgerichts formalistisch sei. Allerdings möge die Beklagte von einer Schuld gegenüber der englischen Firma befreit worden sein. Durch diesen rein buchmäßigen Vorgang sei aber das Vermögen der Beklagten nicht verändert worden. Ohne Zwangsverkauf habe die englische Firma ihren Anspruch nur im Ausgleichsverfahren geltend machen können, und die Beklagte würde dann nur den Ausgleichsbetrag zu zahlen gehabt haben. Es sei also in Wahrheit kein Ersatz in das Vermögen der Beklagten gelangt.

Außerdem sei zu bedenken, daß die Effekten in dem Londoner Depot auf Gefahr des Klägers gelegen hätten. Die Beklagte habe ihre Vertragsverpflichtungen durch Einlegung in das Depot erfüllt. Daß sie dem Kläger auch noch das Eigentum an den Papieren verschaffen müsse, habe nicht dem Willen der Parteien entsprochen....

(Es wird zunächst dargelegt, daß die Wertpapiere nicht als vom Kunden bezahlt gelten könnten, solange sein Konto einen Debetsaldo aufgewiesen habe. Dann wird fortgefahren:) Es könnte sich jedoch fragen, ob der Kläger etwa später, im Jahre 1917, als er ein kontokorrentmäßiges Guthaben hatte und also der Kaufpreis der Papiere nunmehr tatsächlich gezahlt war, gemäß § 281 BGB. eine Forderung auf Leistung des Ersatzes erworben hat, den die Beklagte erlangt hatte. Es muß deshalb auf die Folgerung näher eingegangen werden, die das Berufungsgericht aus § 281 hergeleitet hat.

In der Rechtsprechung des Reichsgerichts sind hierüber folgende Grundsätze entwickelt worden. Das Besondere der Fälle, in denen es sich um Londoner oder sonstige ausländische Depots handelt, liegt darin, daß in die privatrechtlichen Beziehungen des deutschen Bankiers und seines englischen Geschäftsfreundes aus staatlichen Rücksichten durch die Kriegsgesetzgebung, den Versailler Vertrag und die Ausgleichsgesetzgebung eingegriffen worden ist. Die Folge dieses Eingriffs war, daß die wirtschaftlichen Wirkungen von Gutschriften zugunsten der deutschen Bankiers sich auf den Betrag beschränkt haben, den der deutsche Bankier auf Grund des Ausgleichsgesetzes weniger an das Reich zu zahlen hat. Der Rechtsgedanke, welcher der Vorschrift des § 281 BGB. zugrundeliegt, geht dahin, daß Vermögenswerte, die jemandem zugeflossen sind, dem sie nach den unterliegenden Wirtschaftsbeziehungen nicht zukommen, demjenigen zugeführt werden sollen, dem sie gebühren. Diesem Rechtsgedanken, den Ausgleich einer unrichtig gewordenen tatsächlichen Verteilung von Vermögenswerten herbeizuführen, geschieht nur Genüge, wenn die Auskehrungspflicht auf denjenigen Vermögenswert beschränkt wird, der dem deutschen Bankier im Ergebnis tatsächlich zugeflossen ist. Das ist aber nur der Betrag der Schuldbefreiung gegenüber dem Reich. Es ist nicht angängig, die durch den Zwangsverkauf bewirkte Schuldbefreiung gegenüber der Londoner Firma allein in Betracht zu ziehen, sondern maßgebend ist die wirtschaftliche Wirkung der gesamten Entwicklung. Diesen Standpunkt hat der Senat bereits im Urteil vom 9. Oktober 1926 (Bank-Archiv 1926 S. 124) und in dem neueren Urteil vom 10. März 1928 I 228/27[1]) eingenommen.

Das Berufungsgericht stellt sich dagegen, wie schon erwähnt, auf einen anderen Standpunkt. Es lehnt ausdrücklich ab, die Weiterentwicklung der Sache zu berücksichtigen, ist vielmehr der Ansicht, daß der rechtlich erhebliche Tatbestand mit der Erlangung des Ersatzes, nämlich der Gutschreibung des Zwangsverkaufserlöses, abgeschlossen sei. Die Beklagte habe zu diesem Zeitpunkt einen Ersatz für die Effekten erlangt, die sie dem Kläger sonst hätte liefern müssen, und deshalb sei sie verpflichtet, dem Kläger den Ersatz herauszugeben. Das kommt also darauf hinaus, daß es sich fragt (wie man es mehrfach ausgedrückt hat), ob unmittelbar hinter die Erlangung des Ersatzes ein Trennstrich zu machen ist. Das muß nach wie vor verneint werden. Das Reichsgericht findet keinen Anlaß, von seinen dargelegten Grundsätzen abzugehen. Daß es nach dem Sinn des § 281 BGB. rechtlich nicht nur darauf ankommt, ob für den geschuldeten Gegenstand, dessen Leistung unmöglich geworden ist, einmal ein Ersatz erlangt war, sondern daß unter Umständen auch die weitere Entwicklung der Verhältnisse von Bedeutung für die Pflicht zur Herausgabe des Ersatzes sein kann, ist seit langem anerkannt. Zwar erklärt Planck BGB. Vorbem. III 4b zu §§ 275 flg. bei der Gegenüberstellung von Bereicherung und Erlangung eines Ersatzes: bei der Bereicherung komme es darauf an, was jetzt noch vorhanden sei, bei § 281 dagegen darauf, welcher Ersatz früher einmal erlangt worden sei. Aber er gibt in Anm. 3 zu § 281 doch zu: der Schuldner wird nach § 275 befreit, wenn ihm die Herausgabe (des Ersatzes) infolge eines nicht von ihm zu vertretenden Umstandes unmöglich wird. Für den vorliegenden Fall wird nun allerdings anzuerkennen sein, daß § 281 nicht nur dann Anwendung findet, wenn an Stelle des geschuldeten Gegenstandes ein anderer Wertgegenstand, also etwa eine Geldsumme, positiv in das Vermögen des Schuldners gelangt ist, sondern auch dann, wenn ganz oder teilweise eine Befreiung von einer Schuld eingetreten ist, in welchem Falle dem Gläubiger ein entsprechender Geldbetrag zukommen hat. Aber es ist nicht angängig, eine solche Sachlage

---

[1]) S. 297 dieses Bandes.

anderen Grundsätzen zu unterwerfen als die positive Erlangung eines Werterſatzes. Ist es im letzteren Falle von entscheidender Bedeutung, wenn die Herausgabe infolge eines nicht zu vertretenden Umstandes unmöglich wird, so muß Entsprechendes auch für den Fall der Schuldbefreiung gelten. Nun war hier die Sachlage derart, daß die Gläubigerin N. & R. nach Veräußerung der Effekten in ihren Büchern den Erlös der Beklagten gutgeschrieben hat, wodurch ihre gesamte Forderung gedeckt wurde. Aber von diesen Umständen hat die Beklagte vor 1919 überhaupt nichts erfahren. Sie war ohne jeden Einfluß auf die Entwicklung der Dinge, wie sich das aus dem Kriegszustand ergab. Alles ist ohne oder gegen ihren Willen geschehen. Den in der Schuldbefreiung liegenden Vorteil hat sie sich niemals zunutze machen, sie hat niemals über ihn verfügen können. Es war ihr nach der englischen Kriegsgesetzgebung unmöglich, den Vorteil dem Kläger zuzuwenden. Danach ist ihr kein Ersatz im Sinne des § 281 BGB. zugeflossen und es versagt die Anwendung des dem § 281 zugrundeliegenden Leitgedankens. Dieser geht, wie erwähnt, dahin, daß Vermögenswerte, die gewissen Personen zugeflossen sind, denen sie nach den unterliegenden Wirtschaftsbeziehungen nicht gebühren, auf die in Wahrheit berechtigten Personen übertragen werden sollen, sodaß der Ausgleich einer unrichtig gewordenen tatsächlichen Verteilung von Vermögenswerten herbeigeführt wird. In diesem Sinne, der allein die Vorschrift des § 281 rechtfertigt, ist der Beklagten nur dasjenige zugeflossen, was sie dem Reich auf Grund des Ausgleichsverfahrens hätte zahlen müssen, wenn die Wertpapiere nicht veräußert worden wären. Dadurch allein, daß N. & R. ihre Forderung aus dem Erlös der Wertpapiere abdeckten, hat die Beklagte in Anbetracht der Kriegsgesetzgebung keinen Ersatz im Sinne von § 281 für die ihr entzogenen Wertpapiere erlangt. Die Klage kann sich also nicht auf diese Vorschrift stützen ...

Der Kläger hat sich im ersten und zweiten Rechtszug namentlich auf RGZ. Bd. 112 S. 81 und Bd. 116 S. 330 berufen, wo nach seiner Meinung entgegengesetzte Anschauungen vertreten sein sollen. Das ist jedoch nicht der Fall; denn jenen Urteilen lagen Tatbestände zugrunde, die in entscheidenden Punkten anders geartet waren. Im erstgenannten Urteil hatte die Beklagte, eine deutsche Bank, den in englischer Währung erzielten Erlös verwandt, um einen

Betrag, den sie der Filiale der Deutschen Bank in London schuldete, teilweise abzudecken. Dort stand also das Verhältnis zwischen zwei deutschen Banken in Frage. Entscheidend ist, daß die damals verklagte Bank einen Erlös erzielt und über ihn nach ihrem Willen verfügt hatte. Ähnlich war die Sachlage in dem zweiten Urteil. Damals war die Londoner Filiale der Deutschen Bank von der englischen Regierung befugt worden, gewisse Geschäfte zu machen, wenn diese auch nur zur Abwicklung ihrer geschäftlichen Verhältnisse dienen durften. Es war dort festgestellt worden, daß die Wechselbeträge, um die es sich handelte, in ihre Kasse geflossen waren und daß sie mit ihnen innerhalb der erwähnten Beschränkung wirtschaften durfte. In diesen Punkten unterscheiden sich jene Streitfälle maßgebend von dem hier zu beurteilenden Tatbestand ...

Wenngleich nicht verkannt werden kann, daß die durch die Gesetzgebung getroffene Regelung für die deutschen Gläubiger eine große Härte enthält, so nötigen doch die gegebenen Darlegungen unabweislich zu dem Schlusse, daß der Anspruch des Klägers nicht gerechtfertigt ist.

·79. Gilt § 14 des Reichsgesetzes vom 9. Juli 1927 (RGBl. I S. 171) auch gegenüber einem Rechtsnachfolger des Grundstückserwerbers, von dem oder für dessen Rechnung die Hypothek abgelöst worden ist?

V. Zivilsenat. Urt. v. 19. Mai 1928 i. S. Ch. u. Gen. (Kl.) w. G. (Bekl.). V 315/27.

I. Landgericht Breslau.
II. Oberlandesgericht daselbst.

Die Kläger verlangen dingliche Aufwertung einer Darlehenshypothek von 43000 *M*, die auf einem Grundstück in Breslau-Pöpelwitz eingetragen war, aber am 8. April 1923 in Papiermark zurückgezahlt und auf Grund der Quittung und Löschungsbewilligung der Kläger vom 15. Mai 1923 am 19. Februar 1925 gelöscht worden ist. Die Zahlung geschah durch die frühere Eigentümerin des Grundstücks, eine Frau St., an welche dieses damals zwar schon verkauft und aufgelassen war, die aber (auf den Antrag vom 26. September 1923) erst am 2. April 1924 als Eigentümerin eingetragen wurde. Von ihr hat das Grundstück am 18. Februar 1925 die Beklagte gekauft, die auf Grund der Auflassung vom 11. September 1925 am 19. dess. Monats als Eigentümerin eingetragen wurde, nachdem für sie schon seit dem 27. März 1925 eine ihr im Kaufvertrag bewilligte Auflassungsvormerkung eingetragen war.

Das Landgericht hat, dem Verlangen der Kläger entsprechend, die Aufwertungspflicht der Beklagten nach Maßgabe des Aufwertungsgesetzes festgestellt. Das Oberlandesgericht dagegen hat die Klage abgewiesen. Die Revision der Kläger war erfolglos.

Gründe:

Der Entscheidungsgrund des Berufungsgerichts trägt die Klagabweisung allerdings nicht. Denn die Beklagte kann sich gegenüber dem Aufwertungsanspruch der Kläger für ihre eigene Person nicht auf den öffentlichen Glauben des Grundbuchs berufen, da ihr Eigentumserwerb erst nach dem 30. Juni 1925 liegt und die für sie vorher eingetragene Auflassungsvormerkung nach der feststehenden Rechtsprechung des Reichsgerichts im Anwendungsbereich des § 22 Abs. 2 AufwG. einem Recht am Grundstück nicht gleichsteht. Es darf in dieser Beziehung auf die früheren Entscheidungen des erkennenden Senats verwiesen werden (RGZ. Bd. 116 S. 238 und S. 13 des gegenwärtigen Bandes; AufwRspr. 1927 Sonderheft VI S. 57). Mit Recht macht aber die Beklagte geltend, daß schon ihrer Voreigentümerin, der Frau St., die Berufung auf den öffentlichen Glauben des Grundbuchs zugestanden habe. Als der Antrag auf ihre Eintragung als Eigentümerin beim Grundbuchamt einging, war freilich die Hypothek noch nicht gelöscht; die Kläger hatten jedoch schon eine dem § 29 GBO. entsprechende Löschungsurkunde erteilt. Bis zum Inkrafttreten des Gesetzes vom 9. Juli 1927 hätte sich hiernach die Rechtsvorgängerin der Beklagten darauf berufen können und konnte demgemäß auch die Beklagte selbst (JW. 1928 S. 1367 Nr. 25) für sich geltendmachen, daß der dinglichen Aufwertung zugunsten der Kläger die Vorschriften über den öffentlichen Glauben des Grundbuchs entgegenstanden. Deren Anwendung wurde nach der Rechtsprechung des erkennenden Senats (RGZ. Bd. 116 S. 161) nicht dadurch ausgeschlossen, daß die Voreigentümerin die von ihr übernommene Hypothekenschuld der Beklagten selbst in Papiermark ausgezahlt und sich die Löschungsurkunde erwirkt hatte. Es fragt sich jedoch, ob in dieser Rechtslage durch Art. III § 14 Gesetzes vom 9. Juli 1927 eine Änderung eingetreten ist. Danach kann sich der Erwerber eines Grundstücks dann, wenn eine Hypothek von ihm oder für seine Rechnung abgelöst worden ist, gegenüber dem Antrag auf Wiedereintragung des Rechts nicht darauf berufen, daß schon in dem nach § 892 BGB. maßgebenden Zeitpunkt eine dem § 29 GBO. entsprechende Löschungsbewilligung oder löschungsfähige Quittung erteilt war.

Es handelt sich hierbei darum, welches Maß von rückwirkender Kraft dem § 14 der Aufwertungsnovelle zukommt. Daß diese Vorschrift an sich auf Rechtsvorgänge zurückwirken soll, die vor ihrem Inkrafttreten liegen, läßt sich nicht leugnen, wenn man ihr nicht jede praktische Bedeutung absprechen will. Denn ihr Zweck ist, Rechten, die mit entwerteter Papiermark abgelöst waren, die Aufwertung durch Klarstellung der bisherigen Rechtslage zu sichern oder in erweitertem Umfang zu gewähren. Sie ist demnach für Rechtsvorgänge bestimmt, die sich vor ihrem Inkrafttreten abgespielt hatten. Zweifellos könnte sich deshalb Frau St., die als Grundstückserwerberin die Hypothek unstreitig in Papiermark abgelöst hat, wenn sie noch jetzt Eigentümerin des Grundstücks wäre und demnach vom dinglichen Aufwertungsanspruch der Kläger betroffen würde, gegenüber der neuen Gesetzesvorschrift selbst nicht mehr mit Erfolg darauf berufen, daß bereits zur Zeit der Stellung ihres Umschreibungsantrags Löschungsquittung erteilt gewesen sei. Frau St. hat jedoch schon im Jahre 1925 an die Beklagte weiterveräußert, und diese war mithin bei Inkrafttreten der Aufwertungsnovelle seit annähernd zwei Jahren Eigentümerin eines Grundstücks, das sie nach der früheren Rechtslage aus der Hand ihrer Vorgängerin frei von der Hypothek der Kläger erworben hatte. Zur Entscheidung steht also die Frage, ob die Rückwirkung des § 14 so weit zu erstrecken ist, daß die Vorschrift auch zum Nachteil eines Rechtsnachfolgers des ablösenden ersten Grundstückserwerbers in Rechte eingreift, die sich nach der bisherigen Rechtslage als wohlerworbene Rechte darstellen. Das glaubt der erkennende Senat (mit Roth AufwNov. § 14 S. 81; Nadler Grundb.- und Aufwertungsfragen 3. Aufl. S. 70 und in JurRdsch. 1928 S. 61; Püschel das. S. 38) verneinen zu sollen.

Gesetzliche Vorschriften, welche erworbene Rechte rückwirkend beseitigen oder beschränken, über den unmittelbaren Anwendungsbereich hinaus ausdehnend auszulegen, ist nicht angängig. Der § 14 AufwNov. spricht nur vom Grundstückserwerber, der die Hypothek selbst abgelöst hat oder für dessen Rechnung sie abgelöst worden ist. Dieser Grundstückserwerber soll sich gegenüber dem Antrag auf Wiedereintragung des abgelösten Rechts nicht darauf berufen können, daß im maßgebenden Zeitpunkt das Recht gelöscht oder daß Löschungsurkunde erteilt war. Die Begründung der Regierungsvorlage führt aus: Der Erwerber selbst habe hier durch die Ablösung der Hypothek den Rechtszustand herbeigeführt, der die Grundlage für den gutgläubigen Erwerb bilden solle; es wäre unbillig, wenn ihm gestattet würde, sich auf die von ihm selbst herbeigeführte Ablösung zur Befreiung von der Aufwertungsschuld zu berufen; er dürfe nicht besser gestellt werden, als wenn er die Hypothek nach dem Eigentumsübergang abgelöst habe oder habe ablösen lassen; der zufällige Umstand der früheren Ablösung dürfe ihm nicht den weitgehenden materiellen Vorteil der Befreiung von der Aufwertungsschuld bringen. Diese Erwägungen sind durchweg auf den ablösenden Grundstückserwerber selbst abgestellt und von der Berücksichtigung des Vorteils beeinflußt, der gerade ihm aus der Ablösung mit entwerteter Papiermark regelmäßig erwuchs. Sie treffen aber nicht oder jedenfalls nicht in gleichem Maße zu auf einen Rechtsnachfolger von ihm, der das Grundstück schon bei seinem Erwerb frei von der Hypothek vorfand und nach der damaligen Rechtslage gegen Aufwertungsansprüche in der Regel schon durch den gutgläubigen Erwerb seines Vorgängers gedeckt war. Daß auch ein solcher Rechtsnachfolger in den Kreis der von der rückwirkenden Rechtsänderung ergriffenen Personen einbezogen würde, ließe sich nur rechtfertigen, wenn das Gesetz dies unzweideutig ausgesprochen hätte. Das ist aber nicht geschehen.

---

80. 1. In welchem Zeitpunkt endet die Hemmung der Verjährung von Aufwertungsansprüchen, die in der Unmöglichkeit der gerichtlichen Geltendmachung solcher Ansprüche ihren Grund hat?

2. Beginnt bei Ansprüchen der in § 196 Abs. 1 Satz 1 BGB. bezeichneten Art der Lauf (Weiterlauf) der Verjährungsfrist als-

bald mit dem Wegfall des Hemmungsgrundes oder erst mit dem Schlusse des Jahres, in dem dieser Wegfall eingetreten ist?

BGB. §§ 198, 201, 202, 205, 208.

III. Zivilsenat. Urt. v. 8. Juni 1928 i. S. L. Söhne (Kl.) w. H. & Gen. (Bekl.). III 426/27.

I. Landgericht Stuttgart.
II. Oberlandesgericht daselbst.

Die Klägerin hat in den Jahren 1920 bis März 1923 an die Beklagten, sämtlich kleinere Landwirte, Vieh verkauft. Für die Bezahlung der Kaufpreise waren teilweise bis zu eineinhalb Jahren reichende Zahlungsfristen vereinbart, die nicht durchweg eingehalten wurden. Stets wurde der Kaufpreis in mehr oder weniger stark entwertetem Geld, sei es in ganzer Summe oder in Teilzahlungen, entrichtet. Die Zahlungen wurden bis Mitte März 1923 geleistet und sämtlich ohne Vorbehalt angenommen. Mit den in der zweiten Hälfte des Dezember 1926 zugestellten Klagen verlangt die Klägerin Aufwertung der Kaufpreise. Die Beklagten bestritten die Zulässigkeit der Aufwertung bei Viehkäufen als Geschäften des täglichen Bedarfs; hilfsweise behaupteten sie einen stillschweigenden Verzicht der Klägerin und endlich machten sie den Verjährungseinwand geltend. Auf Grund des letzteren Einwands wies das Landgericht sämtliche Klagen ab. Das Oberlandesgericht wies die Berufung der Klägerin zurück. Auch die Revision der Klägerin hatte keinen Erfolg.

Gründe:

Wie die Urteile des Landgerichts, so erachtet auch das Berufungsurteil den Einwand der Verjährung für durchgreifend. Das Berufungsgericht nimmt ohne Rechtsirrtum an (und die Revision widerspricht dem nicht), daß durch die von den Beklagten jeweils bei Vertragsabschluß unterschriebenen Schuldurkunden keine Novation der Forderung stattgefunden habe, sondern der Anspruch stets ein solcher aus Kauf geblieben sei, wie denn auch die Urkunden diesen Schuldgrund erwähnten. Das gleiche gilt von der Annahme des Berufungsrichters, es komme nicht die vierjährige, sondern die zweijährige Verjährungsfrist des § 196 Abs. 1 Nr. 1 BGB. in Frage, da die Lieferung des Viehs für den landwirtschaftlichen Betrieb, also nicht für einen Gewerbebetrieb der Beklagten stattgefunden habe. Es ist ferner feststehende Rechtsprechung des Reichsgerichts, daß die gleiche Verjährungsfrist wie für den Hauptanspruch auch für den Aufwertungsanspruch als einen Teil des Hauptanspruchs Platz greift, und endlich, daß in Anlehnung an die Vorschrift des § 202 BGB. die Verjährung der Aufwertungsansprüche bis zu dem Zeitpunkte gehemmt war, in dem sich der Aufwertungsgedanke unter Billigung des Reichsgerichts durchgesetzt hatte (RGZ. Bd. 111 S. 147; JW. 1926 S. 154 Nr. 4 und 1927 S. 983 Nr. 17, sowie die daselbst angezogenen Entscheidungen). Streitig ist unter den Parteien nur, in welchem Zeitpunkt die Hemmung der Verjährung als beseitigt anzusehen ist. Das Berufungsgericht nimmt unter Billigung der Ansicht des Landgerichts an, daß jedenfalls seit Mitte 1924 einem Gläubiger zugemutet werden konnte, die Anwendung des § 242 BGB. auch auf die Frage der Aufwertung vorbehaltlos angenommener entwerteter Zahlungen der richterlichen Beurteilung zu unterbreiten, und daß eine darauf gerichtete Klage zu diesem Zeitpunkt Aussicht auf Erfolg hatte. Der Vorderrichter befindet sich in diesem Punkt im wesentlichen in Übereinstimmung mit der Ansicht des erkennenden Senats, die im Urteil vom 28. Oktober 1927 III 62/27 (JW. 1928 S. 100 Nr. 3) ihren Ausdruck dahin gefunden hat, daß das rechtliche Hindernis für die Geltendmachung des Aufwertungsbegehrens jedenfalls im Monat Januar 1924 weggefallen sei. Der jener Entscheidung zugrundeliegende Tatbestand unterscheidet sich allerdings in mehrfacher Beziehung von dem vorliegenden. Denn einmal stand in jener Sache ein noch nicht getilgter Papiermarkanspruch zur Entscheidung, während es sich hier um die Aufwertung vorbehaltlos angenommener, in entwertetem Gelde geleisteter Zahlungen handelt, und zum andern war im früheren Rechtsstreit der Kläger selbst am 9. Februar 1924 zur Goldmarkberechnung übergegangen, hatte also damit zu erkennen gegeben, daß er sich spätestens von diesem Zeitpunkt an der Aufwertungsmöglichkeit bewußt war. Indessen kann diesen Unterschieden keine ausschlaggebende Bedeutung für die Beantwortung der hier zunächst allein zu entscheidenden Frage beigemessen werden, wann der Grund für die Hemmung der Verjährung weggefallen ist. Die Frage der Hemmung der Verjährung und deren Dauer steht in engem Zusammenhang mit Wesen und Zweck des Rechtsgebildes der Verjährung überhaupt; es ist daher zunächst hierauf einzugehen.

Der Verjährungsbegriff beruht auf dem Grundgedanken, „daß gewisse tatsächliche Zustände, welche längere Zeit hindurch unangefochten bestanden haben, im Interesse des Rechtsfriedens und der Rechtssicherheit als zu Recht bestehend anerkannt werden" (Motive zum BGB. bei Mugdan Die gesamten Materialien zum BGB. Bd. 1 S. 511). Die amtliche Begründung (a. a. O. S. 512) führt weiter aus: „Grund und Zweck der Anspruchsverjährung ist, der Behelligung mit veralteten Ansprüchen ein Ziel zu setzen. Der Verkehr erträgt es nicht, daß lange verschwiegene, in der Vergangenheit vielleicht weit zurückliegende Tatsachen zur Quelle von Anforderungen in einem Zeitpunkte gemacht werden, in welchem der in Anspruch genommene Gegner infolge der verdunkelnden Macht der Zeit entweder nicht mehr oder doch nur noch schwer in der Lage ist, die ihm zur Seite stehenden entlastenden Umstände mit Erfolg zu verwerten .... Der Schwerpunkt der Verjährung liegt nicht darin, daß dem Berechtigten sein gutes Recht entzogen, sondern darin, daß dem Verpflichteten ein Schutzmittel gegeben wird, gegen voraussichtlich unberechtigte Ansprüche ohne ein Eingehen auf die Sache sich zu verteidigen. Die Verjährung ist das Mittel zum Zweck, nicht Selbstzweck." In gleichem Sinne spricht die Denkschrift zum BGB. von einem dem Verpflichteten zur Verfügung gestellten „Schutzmittel gegen die Behelligung mit dem verjährten Anspruche" (Mugdan a. a. O. S. 842). Hierzu kommt bei der Verjährung von Aufwertungsansprüchen noch der weitere Gesichtspunkt, daß bei einer gerichtlichen Geltendmachung solcher Ansprüche nach Ablauf langer Zeit eine zuverlässige Beurteilung, welcher Ausgleich den Belangen beider Teile gerecht wird, zum mindesten sehr erschwert, wenn nicht unmöglich sein wird (RGZ. Bd. 118 S. 378). Eine Hemmung der Verjährung (§ 202 BGB.) läßt das Bürgerliche Gesetzbuch „im Interesse möglichst wirksamer Gestaltung der Verjährung nur in beschränktem Umfange" zu (Denkschrift bei Mugdan a. a. O. S. 841). Die Motive sprechen von einem Ruhen der Verjährung nur insoweit, als „die Geltendmachung eines Anspruchs rechtlich ausgeschlossen ist (agere non valenti non currit praescriptio)", und von einem „Ausschluß der Rechtsverfolgung" (Mugdan a. a. O. S. 524).

Ist hiernach davon auszugehen, daß nach dem Willen des Gesetzgebers die Einrichtung der Verjährung dem Interesse des Rechtsfriedens und der Rechtssicherheit dienen soll, daß sie als Schutzmittel zugunsten des Schuldners mit möglichst wirksamer Gestaltung gedacht ist und daß ihre Hemmung nur in beschränktem Umfang zugelassen werden soll, so wird man das Anwendungsgebiet der Hemmung möglichst eng begrenzen müssen. Dies um so mehr, als schon die Anwendung des § 202 BGB. auf Aufwertungsansprüche nur im Wege der Rechtsähnlichkeit erfolgen kann, also immerhin eine nur mit Billigkeitserwägungen zu rechtfertigende Erweiterung der Ausnahmemaßregel auf einen vom Gesetzgeber nicht vorausgesehenen und nicht voraussehbaren Fall darstellt.

Die Anwendung dieser Grundsätze auf die zur Entscheidung stehenden Ansprüche rechtfertigt die Annahme des Berufungsrichters, daß der Hemmungsgrund spätestens mit dem 1. Juli 1924 weggefallen sei und das Ruhen der Verjährung spätestens mit diesem Zeitpunkt sein Ende gefunden habe. Die grundlegenden, oft erörterten Entscheidungen des Reichsgerichts, durch welche mit dem Grundsatz „Mark gleich Mark" gebrochen und die Notwendigkeit eines gerechten Ausgleichs des durch die Geldentwertung hervorgerufenen starken Mißverhältnisses zwischen Leistung und Gegenleistung nach den Grundsätzen von Treu und Glauben anerkannt wurde, sind bereits in der zweiten Hälfte des Jahres 1923 ergangen. Mit dem Bekanntwerden dieser Urteile war die rechtliche Unmöglichkeit der Geltendmachung von Aufwertungsansprüchen beseitigt, die Bahn war frei, um den Aufwertungsgedanken in seiner Anwendung auf die verschiedensten Rechtsgebiete und in jeder möglichen Erscheinungsform zur richterlichen Anerkennung zu bringen. Daß der Ausbau und die Vertiefung dieser einmal zum Durchbruch gelangten Rechtsanschauung nur allmählich vor sich ging, ist in der Natur der Fortbildung des Rechts durch die Rechtsprechung begründet. Diese Rechtsentwicklung ist auch heute noch nicht abgeschlossen, vielmehr sehen sich die Gerichte ständig vor neue Fragen des Aufwertungsrechts gestellt. Ein bemerkenswerter Schritt auf diesem Wege war unzweifelhaft die höchstrichterliche Anerkennung, daß auch die vorbehaltlose Annahme der Zahlung in der Zeit des Währungsverfalls die Geltendmachung von Aufwertungsansprüchen nicht ausschließe. Allein zutreffend weist das angefochtene Urteil darauf hin, daß schon Anfang 1923 Ansätze zu dieser Rechtsprechung in die Erscheinung getreten waren (RGZ. Bd. 109 S. 196) und daß bereits in der ersten Hälfte des Jahres 1924 auch Urteile höherer Gerichte in diesem Sinne ergangen sind. Auch die durch die Vorschrift in § 11 der dritten Steuernotverordnung vom 14. Februar 1924 vorübergehend hervorgerufenen Zweifel, ob sich das Verbot der rückwirkenden Aufwertung von Ansprüchen aus Rechtsverhältnissen der im § 1 das. bezeichneten Art auf das Gebiet der sogenannten freien Aufwertung erstrecke, wurden, wie das Berufungsurteil darlegt, bald nachher und jedenfalls noch in der ersten Hälfte des Jahres 1924 behoben. Wie dem aber auch sein möge, der ausschlaggebende Gesichtspunkt ist und bleibt, daß mit dem Bekanntwerden der grundlegenden Entscheidungen des Reichsgerichts aus dem zweiten Halbjahr 1923 der Ausschluß der Rechtsverfolgung und die rechtliche Unmöglichkeit der Geltendmachung von Aufwertungsansprüchen weggefallen war und daß daher von einer Hemmung der Verjährung in dem oben erörterten Sinne von da an keine Rede mehr sein kann. Der Ansicht der Revision, die diesen Zeitpunkt entsprechend dem Bekanntwerden weiterer Entscheidungen des Reichsgerichts in den November und Dezember 1924 und in das Jahr 1925 verlegt wissen will, und den im Schrifttum vertretenen, teilweise noch weiter gehenden Meinungen (vgl. die Anführungen in RGZ. Bd. 119 S. 234flg., JW. 1927 S. 2915 zu Nr. 14 und JW. 1928 S. 649 zu Nr. 21) vermag der Senat nicht beizutreten, soweit es sich um die hier allein zu entscheidende Frage der Verjährung und ihrer Hemmung handelt. Die bloße Zweifelhaftigkeit einer Rechtsfrage berechtigt nicht, mit der Revision von einer bis in das Jahr 1925 reichenden Rechtsverwirrung und Rechtsunsicherheit zu sprechen, die eine bis in diese Zeit fortdauernde Hemmung der Verjährung zur Folge gehabt habe. Zutreffend führt der Berufungsrichter aus, der Grundgedanke der reichsgerichtlichen Hemmungslehre sei nicht der, daß eine in allen Einzelheiten feststehende, von höchstrichterlichen Entscheidungen gerade auch in Anwendung auf die Besonderheiten der einzelnen Rechtsgebiete und Rechtsbegriffe gebilligte Gerichtspraxis vorliegen müsse, um die durch die Rechtsverwirrung der Inflationszeit in eine Art von Hemmung geratene Verjährung wieder in Lauf zu setzen. In der Tat kann — immer wieder unter dem Gesichtspunkt der Anspruchsverjährung und der Verjährungshemmung gesehen — dem Gläubiger nicht zugestanden werden, mit der gerichtlichen Geltendmachung seiner Aufwertungsansprüche zu zögern, bis auch der letzte Zweifel auf dem Gebiete des Aufwertungsrechts gelöst sein wird (wenn dieser Fall jemals eintritt) oder bis ein seiner Rechtsstreitigkeit gleich liegender Fall höchstrichterlich entschieden ist. Mit Recht weist das angefochtene Urteil darauf hin, daß in gewissem Sinne noch jetzt fast jeder Aufwertungsprozeß ein Risiko in sich birgt. Diese Gefahr hat aber nach dem gesetzgeberischen Grund und Zweck der Verjährung und ihrer Hemmung der Gläubiger auf sich zu nehmen; er darf sie nicht auf den Schuldner abwälzen. Nicht ohne Grund hat der Prozeßbevollmächtigte der Beklagten in der mündlichen Verhandlung ausgeführt, daß, wenn die Entscheidung einer Rechtsfrage auch nur zweifelhaft sei, von einer rechtlichen Unmöglichkeit der Anspruchsverfolgung und demgemäß von einer Hemmung der Verjährung nicht mehr gesprochen werden könne. Zweifelhafte Rechtsfragen auf seine Gefahr zum gerichtlichen Austrag zu bringen, muß dem Anspruchsberechtigten auf allen Rechtsgebieten zugemutet werden und wird ihm zugemutet, ohne daß er sich gegenüber dem Verjährungseinwand darauf berufen kann, die betreffende Rechtsfrage habe noch keine oder keine völlige Klärung durch die Rechtsprechung erfahren. Es fehlt an jeder Berechtigung, den Fragen des Aufwertungsrechts eine andere Behandlung zuteil werden zu lassen. Das müßte dazu führen, daß der Absicht des Gesetzgebers, durch die Zulassung der Verjährung den Rechtsfrieden und die Rechtssicherheit zu gewährleisten und dem Verpflichteten ein Schutzmittel an die Hand zu geben, die Anerkennung versagt würde. Muß hiernach schon vom reinen Rechtsstandpunkt aus mit dem Berufungsgericht das der Geltendmachung der Ansprüche entgegenstehende Hindernis als spätestens mit dem 1. Juli 1924 beseitigt angesehen werden, so bedarf es nicht erst noch der Heranziehung der das ganze Rechtsleben und damit auch die Rechtseinrichtung der Anspruchsverjährung und ihrer Hemmung beherrschenden Grundsätze von Treu und Glauben, um zum gleichen Ergebnis zu gelangen (RGZ. Bd. 119 S. 235/236).

Auch darin ist den vorderen Instanzen beizutreten, daß der Lauf der Verjährung alsbald mit diesem Zeitpunkt begann oder (falls vor der Hemmung begonnen, was im einzelnen nicht feststeht) fortgesetzt wurde, und nicht erst mit dem Schluß des Jahres 1924. Der § 201 BGB. kann sonach hier keine Anwendung finden. Aus Satz 1 dieser Vorschrift läßt sich ohnehin nichts zugunsten der Revision ableiten, da die Entstehung des Aufwertungsanspruchs (§ 198 BGB.) in allen Fällen vor Beginn des Jahres 1924 liegt. Aber auch Satz 2 daselbst ist nicht anwendbar. Für den Fall der Unterbrechung der Verjährung (§§ 208flg. BGB.) ist außer Zweifel, daß nach ihrer Beendigung sofort eine neue Verjährung in Lauf gesetzt wird, nicht erst, wie im Falle des § 201 Satz 2, mit dem Schlusse des Jahres. Dies ist schon in den Motiven ausgesprochen (Mugdan a. a. O. S. 523) und in der Rechtsprechung des Reichsgerichts anerkannt (RGZ. Bd. 65 S. 268; oben angeführtes RGUrt. vom 28. Oktober 1927 III 62/67). Weist nun auch die Hemmung der Verjährung in mancher Beziehung eine gewisse Übereinstimmung mit der Unterbrechung auf, so geht es doch nicht an, sie ihr in diesem Punkt ohne weiteres gleichzustellen. Allein die für die Hemmung selbständig vorzunehmende Prüfung der Anwendbarkeit des § 201 Satz 2 muß gleichfalls zur Verneinung dieser Frage führen, wobei es keinen Unterschied macht, ob der Lauf der Verjährung schon vor dem Eintritt des Hemmungsgrundes begonnen hatte oder nicht. In § 201 Satz 2 findet sich zweimal das Wort „Frist". Dieser Ausdruck bezeichnet nach dem Sprachgebrauch des Bürgerlichen Gesetzbuchs einen abgegrenzten, also bestimmt bezeichneten und jedenfalls bestimmbaren Zeitraum, wenn dieser auch nicht zusammenhängend zu verlaufen braucht (§ 191 BGB.; Motive bei Mudgan a. a. O. S. 508; Kommentar von RGR. Anm. 1 zu § 186). In diesem Sinne läßt sich wohl von einer Verjährungsfrist und, bei bestimmter Dauer der Stundung, von einer Stundungsfrist sprechen, nicht aber von einer Hemmungsfrist, da die Dauer der Hemmung der Verjährung, bestehend in der Aussichtslosigkeit der Erhebung einer Aufwertungsklage, von vornherein ganz unbestimmt und unbestimmbar war. Ist demgemäß schon nach der Rechtssprache des Bürgerlichen Gesetzbuchs im vorliegenden Falle kein Raum für die Anwendung des § 201 Satz 2 BGB., so kommt hinzu, daß der § 205 das. für die Dauer der Hemmung der Verjährung lediglich bestimmt, der „Zeitraum" (nicht die Frist), während dessen die Verjährung gehemmt ist, werde in die Verjährungsfrist nicht eingerechnet. Daraus ergibt sich klar, daß, wenn beispielsweise der Aufwertungsanspruch im Jahre 1923 entstanden ist (§ 198 BGB.), die Verjährung beim Vorhandensein der Voraussetzungen des § 201 Satz 1 mit dem Ablauf des 31. Dezember 1923 begonnen hätte, und daß lediglich der Zeitraum vom 1. Januar 1924 an bis zum Wegfall des Hemmungsgrundes in die Verjährungsfrist nicht eingerechnet wird. Sollte dieser Zeitpunkt noch weiter — bis zum Schluß des Jahres 1924 — hinausgerückt werden, so hätte es eines klaren Ausspruchs im Gesetz bedurft, zum mindesten durch Bezugnahme auf § 201 Satz 2. Von selbst ergibt sich eine solche Herübernahme nicht, da sich § 201 offensichtlich auf die vorausgehenden Vorschriften des Gesetzes bezieht, während die Vorschriften über die Hemmung der Verjährung erst mit § 202 beginnen.

War hiernach die Verjährung spätestens vom 1. Juli 1924 an wieder in Lauf gesetzt, so war sie zur Zeit der Klagerhebung (im Dezember 1926) für alle eingeklagten Ansprüche vollendet. Es bedarf daher keiner Stellungnahme zu dem weiteren rechtlichen Gesichtspunkt des Berufungsgerichts, daß eine Aufwertung der schon vor Mitte August 1922 geleisteten und vorbehaltlos angenommenen Papiermarkzahlungen im Bereiche des Handelsverkehrs ausgeschlossen sei. Ebensowenig liegt zur Erörterung der Frage der Anspruchsverwirkung ein Anlaß vor.

---

81. 1. Unheilbare Nichtigkeit von Generalversammlungs-Beschlüssen einer Aktiengesellschaft.

2. Nach welchen Grundsätzen sind rückständige Einlagen auf Aktien einer in Konkurs geratenen Gesellschaft umzuwerten, wenn die vor Konkursausbruch gefaßten Umstellungs- und Umwertungsbeschlüsse zwar im Handelsregister eingetragen, aber unheilbar nichtig sind?

3. Gilt § 15 HGB. auch für das Verhältnis der Gesellschaft zu den Aktionären?

HGB. §§ 15, 40, 261, 311. GoldbilanzVo. §§ 2 bis 5. BGB. § 242.

II. Zivilsenat. Urt. v. 12. Juni 1928 i. S. G. als Verwalter im Konkurs über das Vermögen der Akt.-Ges. B. (Kl.) w. van M. (Bekl.). II 534/27.

I. Landgericht Duisburg, Kammer für Handelssachen.
II. Oberlandesgericht Düsseldorf.

Die Versicherungs-Aktiengesellschaft V. in Wesel ist im Jahr 1843 unter der Firma „Rückversicherungsverein der Niederrheinischen Güterassekuranz-Gesellschaft in Wesel" als Tochterunternehmen der letztgenannten Gesellschaft mit einem Grundkapital von 300000 Thalern gegründet worden. Ihre jetzige Firma führt sie seit 1913. Gegenstand des Unternehmens war neben dem Abschluß eigener Transport-, Feuer-, Einbruchs-, Wasserleitungsschäden- und Aufruhrversicherungen das Rückversicherungsgeschäft. Das Stammkapital betrug 1914 zwei Millionen Mark, eingeteilt in 2000 auf den Namen lautende, nur mit Genehmigung des Vorstands übertragbare Aktien zu je 1000 M, auf welche 10% des Nennbetrags eingezahlt waren. Nach der Satzung konnte das Grundkapital vor voller Einzahlung erhöht werden. Im Jahre 1918 erfolgte eine solche Erhöhung um 3 Millionen Mark durch Ausgabe weiterer 3000 wiederum auf den Namen lautender, nur mit Genehmigung des Gesellschaftsvorstands übertragbarer Aktien zu je 1000 M, auf welche 25% einzuzahlen waren. Gleichzeitig wurde auf die alten Aktien eine weitere Einzahlung von 15% eingefordert, sodaß auf die Aktien beider Ausgaben 25% eingezahlt waren.

In der vom Beklagten als Vorsitzenden des Aufsichtsrats geleiteten Generalversammlung vom 17. Juli 1924 wurde zunächst die Papiermarkbilanz für 1923, dann die Goldmark-Eröffnungsbilanz für den 1. Januar 1924 genehmigt und die Umstellung beschlossen. Letzteres geschah in der Weise, daß das Stammkapital auf 1000000 GM herabgesetzt wurde und ebenso der Nennbetrag der einzelnen Aktie auf 200 GM, wovon 25% als eingezahlt gelten sollten. Die noch ausstehenden Einzahlungsverpflichtungen der Aktionäre wurden auf 150 GM für die Aktie bemessen. In der Generalversammlung waren 12 Aktionäre und Vertreter von solchen mit zusammen 1966 Aktien anwesend. Die Beschlüsse wurden einstimmig gefaßt. Die anwesenden Aktionäre, darunter der Beklagte, erkannten für sich und ihre Machtgeber zu notariellem Protokoll an, daß die auf jede Aktie noch zu leistende, satzungsgemäß auf entsprechenden Beschluß des Aufsichtsrats fällige Nachzahlung von jetzt ab 150 GM betrage. Der Umstellungsbeschluß wurde am 3. September 1924 in das Handelsregister eingetragen und ordnungsmäßig veröffentlicht.

Am 13. März 1925 wurde über das Vermögen der Aktiengesellschaft B. das Konkursverfahren eröffnet. Erhebliche Aktiven sind nicht vorhanden, jedoch rund 1500000 GM Schulden. Mit Schreiben vom 12. Mai 1925 forderte der klagende Konkursverwalter die Aktionäre zur Einzahlung der restlichen 75% = 150 GM für die Aktie auf. Der Beklagte ist Inhaber von 100 Aktien, von denen ein Teil aus der Ausgabe von 1918 stammt. Von ihm verlangt der Kläger eine Nachzahlung von insgesamt 15000 RM nebst Zinsen. Er stützt diesen Anspruch auf den Umstellungs- und Umwertungsbeschluß, auf dessen allgemeine Verlautbarung durch Eintragung ins Handelsregister und öffentliche Bekanntmachung, sowie auf das im Generalversammlungs-Protokoll festgelegte Anerkenntnis des Beklagten, hilfsweise auf Aufwertungsgrundsätze und darauf, daß der Beklagte wegen Nichtleistung der Nachzahlung zum Schadensersatz verpflichtet sei. Der Beklagte bestreitet seine Zahlungspflicht, weil die Goldmark-Eröffnungsbilanz wegen zu niedriger Bewertung der Passiven unheilbar nichtig sei. Diese Nichtigkeit ziehe — so macht der Beklagte geltend — die Nichtigkeit des Umstellungs- und Umwertungsbeschlusses und des Anerkenntnisses nach sich, sodaß nach § 211 HGB. höchstens eine Nachzahlungsverpflichtung in Höhe des nicht eingezahlten Papiermarkbetrags von 750 PM für die Aktie in Frage kommen könnte; eine Aufwertung dieser Beträge sei aber ausgeschlossen.

Das Landgericht erkannte nach dem Klagantrag; das Oberlandesgericht dagegen sprach nur 2550 RM nebst Zinsen zu und wies im übrigen die Klage ab. Die Revision des Klägers und die Anschlußrevision des Beklagten führten zur Aufhebung und Zurückverweisung.

Aus den Gründen:

Das Berufungsgericht hält den Beschluß über die Genehmigung der Goldmark-Eröffnungsbilanz für absolut nichtig und gründet hierauf die Annahme der Nichtigkeit auch des Umstellungs- und Umwertungsbeschlusses, worauf die Klage in erster Linie gestützt ist. Richtig ist, daß auch Generalversammlungs-Beschlüsse absolut und unheilbar nichtig sein können mit der Folge, daß eine solche Nichtigkeit, wie hier, auch im Wege des Einwands geltend gemacht werden kann (RGZ. Bd. 120 S. 28; für Generalversammlungs-Beschlüsse einer Genossenschaft RGZ. Bd. 118 S. 218). Soweit sich ein anderer Beschluß sachlich an einen absolut nichtigen Beschluß anschließt und auf ihm beruht, verfällt er mit ihm in gleicher Weise der Nichtigkeit. Daß hier zwischen dem Beschluß über die Goldmark-Eröffnungsbilanz und dem Umstellungs- und Umwertungsbeschluß ein solcher Zusammenhang besteht, ist nicht zu bezweifeln. Es bedarf deshalb nicht der Heranziehung des auch für Generalversammlungs-Beschlüsse mit rechtsgeschäftlichem Charakter geltenden § 139 BGB. (RGZ. Bd. 118 S. 211). Absolute und unheilbare Nichtigkeit tritt aber nur dann ein, wenn bei der Beschlußfassung gegen zwingende, in erster Linie im öffentlichen Interesse gegebene Vorschriften verstoßen worden ist, auf deren Einhaltung die Aktionäre nicht verzichten können. Vorschriften dieser Art stellen die §§ 40, 261 HGB. in Verbindung mit § 4 GBVo. insofern dar, als sie sich gegen eine willkürliche, kaufmännisch nicht zu rechtfertigende Überbewertung der Aktiven oder gegen eine ebensolche Unterbewertung und Bezifferung der Schulden richten (RGZ. Bd. 120 S. 20flg.; Staub-Pinner Anm. 3 und 8 zu § 261 HGB.; Hueck Anfechtbarkeit und Nichtigkeit von Generalversammlungs-Beschlüssen S. 110 und S. 266 bis 268; Rosendorff Goldmarkbilanz S. 99; Byk Goldmarkbilanz Anm. 26 zu § 2 GBVo.). Gemäß § 55 Abs. 1 der 2. DurchfVo. zur GBVo. gelten auch für die Goldmark-Eröffnungsbilanzen der privaten Versicherungsunternehmungen, namentlich der Aktiengesellschaften, die gleichen Bewertungsvorschriften wie für die übrigen Handelsgesellschaften. Zu allen diesen Punkten erhebt übrigens die Revision des Klägers keine Angriffe.

Das Berufungsgericht sieht nun weiter als erwiesen an, daß in der Goldmark-Eröffnungsbilanz die Schulden um mindestens 207000 RM zu niedrig eingesetzt seien und daß daher das Reinvermögen der Gesellschaft am 1. Januar 1924 nicht 250000 RM, sondern nur 43000 RM betragen habe. Ist dies richtig, so kann es allerdings nicht zweifelhaft sein, daß die Unrichtigkeit einen für den Aufbau und die Schlußzahlen der Bilanz wie auch für die Umstellungsmaßnahmen geradezu ausschlaggebenden Teil betrifft und daß ein Mangel dieser Art die Nichtigkeit des Bilanzgenehmigungs-Beschlusses und des darauf beruhenden Umstellungs- und Umwertungsbeschlusses nach sich ziehen müßte.

Zur Annahme eines Verstoßes gegen die Bewertungsvorschriften der §§ 40, 261 HGB. und des § 4 GBVo., soweit sie zwingenden Rechtes sind, würde es freilich nicht ausreichen, wenn die Unterbewertung der Passiven nach den zur Zeit der Bilanzaufstellung und -Genehmigung vorliegenden und bekannt gewordenen Umständen immerhin noch als Schätzung angesehen werden könnte, mochte sie sich auch hinterher als unzutreffend erweisen. Ein bloßer Irrtum in der Bewertung, die abschließend und endgültig Sache der Generalversammlung ist und von ihr mit dem Bilanzgenehmigungs-Beschluß vorgenommen wird, könnte noch nicht zur absoluten Nichtigkeit dieses Beschlusses führen. Voraussetzung hierfür ist vielmehr, daß die Bezifferung der Schulden, so wie geschehen, überhaupt nicht mehr das Ergebnis einer nach kaufmännischen Grundsätzen noch annehmbaren Rechnungs- und Schätzungsweise, sondern offenbare Willkür darstellt. Nach den Feststellungen des Berufungsgerichts trifft dies aber hier gerade zu. Die Eröffnungsbilanz mußte gemäß § 40 HGB. den Vermögensstand der Gemeinschuldnerin so wiedergeben, wie er am Bilanzstichtag (1. Januar 1924) war. Forderungen und Verbindlichkeiten, die noch nicht zahlenmäßig feststanden oder deren Bestand überhaupt zweifelhaft war, mußten schätzungsweise bewertet und beziffert werden; unter besonderen Umständen konnten sie allerdings auch unberücksichtigt bleiben. Bei Aktivposten bedeutete letzteres möglicherweise die Schaffung stiller Reserven, die keine absolute Nichtigkeit, sondern bestenfalls eine im Weg der Klage nach § 271 HGB. geltendzumachende Anfechtbarkeit der Bilanz hätte begründen können. Von den Verbindlichkeiten mußten aber die bis zum Stichtag nach Grund und Betrag schon feststehenden Schulden in die Bilanz aufgenommen werden. Schulden, deren Entstehung nach allgemeinen geschäftlichen Erfahrungen, sei es auch nur in gewisser Durchschnittshöhe, sicher oder höchst wahrscheinlich war, mußten mit einem Schätzungswert eingesetzt werden. Übergangen werden durften solche Schulden nicht; die Übergehung wäre eine nach kaufmännischen Grundsätzen schlechthin nicht zu rechtfertigende Bilanzierungs-Maßnahme. Nun steht fest, daß unter den Passiven von vornherein der Kreditorenposten von 480624,40 RM insofern unrichtig war, als er gar nicht den Stand vom 1. Januar 1924 wiedergab, da er die im 4. Vierteljahr 1923 aus dem sog. direkten Geschäft und die im 3. und 4. Vierteljahr aus dem indirekten Geschäft, insbesondere aus der Feuerversicherung erwachsenen Schulden nicht enthielt.

Ferner sind in der Eröffnungsbilanz die sämtlichen in der Abteilung „Feuer" in der Zeit vom 1. Oktober bis 31. Dezember 1923 angefallenen Geschäfte gar nicht berücksichtigt, ebensowenig die insoweit erwachsenen Unkosten in Höhe von etwa 37000 RM. Auch ein in dieser Abteilung im 4. Vierteljahr 1923 vorgekommener Kursverlust von über 70000 RM ist unberücksichtigt geblieben. Hierzu kommen noch die weiteren im letzten Vierteljahr von 1923 eingetretenen geschäftlichen Rückschläge, wie sie im Bericht des Sachverständigen dargelegt sind und vor dem Bilanzgenehmigungs-Beschluß jedenfalls teilweise offenbar geworden waren. Die Goldmarkbilanz gab also, wie auch aus den der Generalversammlung gemachten Vorlagen hervorging, in Wahrheit nicht den Vermögensstand am Bilanzstichtag wieder; die Generalversammlung hatte vielmehr wesentliche Teile der Geschäftsbewegung der beiden letzten Vierteljahre von 1923 außer Betracht gelassen, die gerade die Passivseite durch beträchtliche Erhöhung der Schulden sehr ungünstig beeinflußten und damit das ganze Bilanzbild völlig änderten. Bei dieser Sachlage konnte das Berufungsgericht ohne Rechtsirrtum zu dem Ergebnis kommen, daß die Passivposten in der Goldmark-Eröffnungsbilanz in kaufmännisch nicht zu rechtfertigender und darum willkürlicher Weise viel zu niedrig eingestellt worden sind. Damit verstieß aber die Bilanz gegen die insoweit zwingenden Vorschriften der §§ 40, 261 HGB. und des § 4 GBVo. mit der Folge der absoluten Nichtigkeit des Bilanzgenehmigungs-Beschlusses und des darauf beruhenden Umstellungs- und Umwertungsbeschlusses. Auch insoweit hat übrigens die Revision des Klägers keine besondere Rüge erhoben.

Des weiteren hat das Berufungsgericht dem Umstand, daß die vollzogene Umstellung eingetragen und öffentlich bekannt gemacht wurde, die rechtliche Bedeutung abgesprochen. Der Kläger hatte die Klage mit auf diesen Gesichtspunkt abgestellt und geltend gemacht, daß die Eintragung eine der Öffentlichkeit gegenüber abgegebene Erklärung darstelle, durch welche die Haftung der Aktionäre nach Maßgabe der im Rahmen der Umstellung beschlossenen Einzahlungspflicht endgültig begründet worden sei. Demgegenüber führt das angefochtene Urteil aus, die Eintragung im Handelsregister mache weder den nichtigen Umstellungsbeschluß rechtsgültig, noch könne sie für sich allein eine Zahlungspflicht der Aktionäre begründen; es komme hinzu, daß der Konkurs schon kurze Zeit nach der Eintragung des Umstellungsbeschlusses eröffnet worden sei und daher der größte Teil der Schulden schon vor der Eintragung bestanden habe; die weitaus überwiegende Mehrzahl der Gläubiger sei also gar nicht durch die Eintragung im Handelsregister zu ihrem Verhalten gegenüber der Aktiengesellschaft bestimmt worden. Dagegen meint die Revision des Klägers unter Berufung auf §§ 15, 311 HGB., die Eintragung des Beschlusses im Handelsregister habe für die Öffentlichkeit die selbständige Bedeutung, daß hierdurch den Gesellschaftsgläubigern gegenüber die Haftbarkeit der Aktionäre nach Maßgabe der beschlossenen Umstellung endgültig und selbständig begründet worden sei; der Beklagte könne eine etwaige Nichtigkeit der Beschlüsse nicht für sich geltend machen, zumal da er als Vorsitzender des Aufsichtsrats in erster Linie für richtige Aufstellung der Goldmark-Eröffnungsbilanz und entsprechende Umstellung verantwortlich sei. Die Revision des Klägers bringt weiter vor, es sei auch bei den älteren Gläubigern der Eindruck erweckt worden, als ob die Gesellschaft unbedingt zahlungsfähig sei; der Hinweis des Berufungsgerichts darauf, daß für sie der Eintrag bedeutungslos gewesen sei, treffe nicht zu.

Die Revisionsangriffe sind nicht begründet. Daß die Nichtigkeit des Umstellungsbeschlusses durch die Eintragung im Handelsregister nicht geheilt werden konnte, ist außer Frage. Dem Vorderrichter ist aber auch darin beizutreten, daß aus dieser Eintragung des nach wie vor nichtigen Beschlusses weder für sich allein noch im Zusammenhalt mit seiner nachfolgenden Veröffentlichung ein selbständiger Haftungsgrund der Aktionäre gegenüber den Gläubigern der Gesellschaft hergeleitet werden kann. Die Vorschrift des § 15 HGB. trifft schon deshalb nicht zu, weil sie überhaupt nicht für das Verhältnis der Aktionäre zur Gesellschaft gilt und mit der Klage auf Zahlung der rückständigen Einlagen in Wahrheit Ansprüche der Gesellschaft gegen die Aktionäre geltend gemacht werden sollen, die sich nur auf die fraglichen Beschlüsse stützen könnten. Ebensowenig ist hier Raum für entsprechende Anwendung des § 311 HGB., wonach die Aktionäre im Falle der Nichtigkeit einer im Handelsregister eingetragenen Aktiengesellschaft die versprochenen Einzahlungen zu machen haben, soweit es zur Erfüllung der eingegangenen Verbindlichkeiten erforderlich ist. Für eine nichtige, aber im Handelsregister als vollzogen eingetragene Kapitalerhöhung fehlt zwar eine entsprechende ausdrückliche gesetzliche Vorschrift; es liegt aber der Gedanke nahe, den § 311 Abs. 3 HGB. insoweit entsprechend anzuwenden (vgl. für die Gesellschaft m. beschr. Haftung RGZ. Bd. 85 S. 311). Allein bei der Umstellung ist die Rechtslage eine völlig andere als im Falle der Nichtigkeit der Gesellschaftsgründung oder auch nur der Nichtigkeit eines Kapitalerhöhungs-Beschlusses. Die Nichtigkeit der Gesellschaft würde dazu führen, daß aus dem nichtigen Gründungsgeschäft für die Aktionäre weder nach innen noch nach außen irgendwelche Verpflichtungen entstünden, sodaß Dritte, die sich auf die Eintragung und die sonstigen Ausführungsmaßnahmen zu jenen Beschlüssen verlassen hätten, beim Fehlen eines zugriffsfähigen Vermögens der Gesellschaft aufs schwerste geschädigt würden. Ähnlich verhält es sich, wenn die Nichtigkeit eines Kapitalerhöhungs-Beschlusses nach Eintrag seiner Durchführung festgestellt wird. Auch hier liegt die Sache so, daß nach außen hin der Eindruck einer wesentlichen Kapitalvermehrung erweckt würde. Von alledem kann bei der Umstellung keine Rede sein. Sie läßt an und für sich den Vermögensstand der Gesellschaft und die für die Gläubiger in Betracht kommende Zugriffsmasse völlig unberührt und bedeutet nur eine Neubewertung des vorhandenen Vermögens in anderer Rechnungseinheit unter gleichzeitiger Anpassung der gesellschaftlichen Beteiligungsrechte. Wo, wie hier, mit der Umstellung zugleich die in ihrem Rahmen vorzunehmende Umwertung der bisherigen Einlagerückstände verbunden ist, handelt es sich wiederum nicht um die Erschließung neuen Kapitals, sondern lediglich um die Umwertung bisher schon vorhanden gewesener Ansprüche der Gesellschaft in die neue Währung. Ist diese Umwertung nichtig, so wird damit dem Gesellschaftsvermögen kein Vermögenswert entzogen, der sonst dem Zugriff der Gläubiger unterlegen hätte. Die Umwertung des (zunächst noch in Papiermark ausgedrückten) Anspruchs der Gesellschaft auf die rückständigen Einlagen hat dann eben in anderer Weise zu erfolgen, die durchaus nicht zu einer Benachteiligung der Gläubiger führen muß, sondern im Einzelfall eine sehr viel höhere Bemessung zur Folge haben kann, als sie bei der Umwertung im Rahmen der Umstellung eingetreten wäre. Bei dieser Sachlage fehlt es an jeder Grundlage für eine entsprechende Anwendung der Sondervorschrift des § 311 Abs. 3 HGB. Es muß deshalb beim Fehlen einer besonderen gesetzlichen Vorschrift trotz der Eintragung des Beschlusses bei der absoluten Nichtigkeit verbleiben (Staub-Pinner Anm. 3 Abs. 2 zu § 287 HGB.). Unerheblich ist der Umstand, daß der Beklagte als Vorsitzender des Aufsichtsrats gegenüber der Aktiengesellschaft für die gehörige Vorbereitung der Beschlußfassung über die Goldmark-Eröffnungsbilanz und die Umstellung mitverantwortlich ist. Würde ihn insoweit ein von ihm zu vertretendes Verschulden treffen, so wäre er der Gesellschaft zum Schadensersatz verpflichtet. Eine solche Schadensersatzpflicht hat aber mit der hier in Frage stehenden, dem Beklagten als Aktionär obliegenden Verpflichtung zur Einzahlung rückständiger Einlagen nichts zu tun und kann keinesfalls die Unterlage für den Einwand der Arglist bilden gegenüber dem Hinweis auf die Nichtigkeit des Umstellungs- und Umwertungsbeschlusses. Auch sonst geben die Ausführungen des Berufungsrichters, auf Grund deren er eine Haftung des Beklagten nach Maßgabe des Umstellungs- und Umwertungsbeschlusses verneint, keinen Anlaß zu rechtlichen Bedenken.

Mit Recht wendet sich dagegen die Revision des Klägers und ebenso die Anschlußrevision des Beklagten gegen die Art und Weise, wie das Berufungsgericht die rückständigen Papiermarkeinlagen umgewertet hat. Rechtsgrundsätzlich kann man die Aktiengesellschaft und jetzt den Kläger allerdings nicht auf die entwerteten Papiermark-Nennbeträge verweisen, auch nicht im Hinblick auf § 211 HGB. Dies ist trotz der im Schrifttum weit auseinandergehenden Auffassung darüber, wie im einzelnen die Umwertung selbst vorzunehmen ist, so gut wie allgemein anerkannt und auch vom erkennenden Senat schon wiederholt ausgesprochen worden (RGZ. Bd. 113 S. 152, Bd. 119 S. 220). Wie in diesen Erkenntnissen weiter dargelegt ist, hat die Umwertung zwar regelmäßig im Rahmen der Umstellung zu geschehen; wo aber, wie im vorliegenden Fall, die beschlossenen Umstellungsmaßnahmen nichtig sind und wegen des inzwischen erfolgten Konkursausbruchs eine erneute Umstellung rechtlich nicht mehr möglich ist, muß eben nach Aufwertungsgrundsätzen verfahren werden, und zwar nach den Grundsätzen der freien Aufwertung, weil es sich bei dem Anspruch der Gesellschaft auf Nachzahlung rückständiger Einlagen um Ansprüche aus einem Gesellschaftsverhältnis im Sinne des § 63 Abs. 2 Nr. 1 AufwG. handelt. Nur muß die Aufwertung vermöge des das Aktienrecht beherrschenden Grundsatzes der Gleichbehandlung der Aktionäre für alle Aktien derselben Ausgabe schematisch, d. h. nach dem gleichen Maßstab und in gleicher Höhe erfolgen (RGZ. Bd. 113 S. 152). Dies gilt allgemein, nicht nur für Versicherungs-Aktiengesellschaften. Das Berufungsgericht ist bei der Berechnung der Höhe der Aufwertung in der Weise verfahren, daß es das am 1. Januar 1924 angeblich vorhandene Reinvermögen der Gesellschaft auf 43000 RM, den Nennbetrag der zu 25% eingezahlten einzelnen Goldmarkaktie demzufolge auf 34 GM festsetzt und daher die Nachzahlungspflicht für die einzelne Aktie auf ³/₄ von 34 GM = 25,50 GM, für die 100 Aktien des Beklagten also auf zusammen 2550 RM beziffert hat. Das Berufungsgericht errechnet also den Aufwertungsbetrag an Hand einer nur angenommenen, auf den 1. Januar 1924 bezogenen Umstellung; es ermittelt, auf welchen Betrag die Aktien unter Zugrundelegung des damals angeblich vorhandenen Reinvermögens bei 25% Einzahlung hätten umgestellt werden können. Dies ist, wie schon in RGZ. Bd. 119 S. 220 dargelegt, rechtlich verfehlt und würde, ganz abgesehen von anderen Bedenken (wenn z. B. am 1. Januar 1924, wie der Beklagte behauptet, überhaupt kein Reinvermögen mehr vorhanden gewesen wäre), schließlich dazu führen, daß der Aufwertungsanspruch gerade in den Fällen gleich Null wäre, wo die Funktion der rückständigen Einlagen als Garantiefonds für die Versicherungsnehmer recht eigentlich Bedeutung gewinnt. Ein solches Ergebnis ist unannehmbar und mit § 242 BGB. nicht vereinbar, zumal im Hinblick auf die Garantiefunktion der rückständigen Einlagen. Dem läßt sich auch nicht entgegenhalten, daß in solchem Fall eine Aufwertung der rückständigen Einlagen unter Umständen zu einer erheblich stärkeren Heranziehung der Aktionäre führen könne, als es im Falle der Umwertung nach Umstellungsgrundsätzen der Fall gewesen wäre. Denn ganz abgesehen von der Möglichkeit der Anfechtung der Umstellungsbeschlüsse wegen Benachteiligung der Gläubiger (§ 31 KO.) spielen im Falle des Fortbestehens der Gesellschaft die Interessen der Gläubiger bei Bemessung der Höhe der rückständigen Einzahlungsverpflichtungen nicht die gleiche Rolle wie im Falle des Zusammenbruchs der Gesellschaft und der dadurch verursachten Unmöglichkeit der Fortführung des Betriebs. Die noch bestehende Gesellschaft kann den Interessen der Gläubiger auch im Falle einer weitgehenden „Abwertung" des Nennbetrags der neuen Goldmarkaktien und selbst in Verbindung mit Zusammenlegungen und dadurch herbeigeführter Herabminderung der auf die Goldmarkaktien zu leistenden Nachzahlungen immer noch in mannigfacher Weise zur Genüge Rechnung tragen, nicht zuletzt durch Kapitalerhöhungen und die damit gewonnenen neuen Mittel. Ganz anders verhält es sich bei zusammengebrochenen Gesellschaften; hier ist eine anderweitige Sicherung und Befriedigung der Gläubiger nicht mehr möglich. Deren Interessen müssen deshalb bei Bemessung der Aufwertung sehr wesentlich berücksichtigt werden, zumal bei Versicherungs-Aktiengesellschaften, bei denen die rückständigen Einlagen die Funktion eines Garantiekapitals haben. Die oberste Grenze der Aufwertung muß bei Aktien von Unternehmungen, die in Konkurs geraten sind, mangels anderer Anhaltspunkte der Goldmarkwert der ursprünglichen Einzahlungsverpflichtung zur Zeit ihrer Entstehung bilden. Daraus kann sich allerdings eine verschiedene Aufwertung der Einlagerückstände auf Aktien verschiedener Emissionen ergeben, so namentlich der Ausgaben aus der Friedens- und aus der Hochinflationszeit. Insofern läßt sich der Grundsatz der Gleichbehandlung der Aktionäre nicht streng durchführen. Da aber im übrigen die Aufwertung schematisch zu geschehen hat, muß sie auch so bemessen werden, daß sie für die Aktionäre immerhin noch erträglich ist. Es wäre mit Treu und Glauben nicht vereinbar, wenn man die Aktionäre schlechthin zur vollen Höhe des ursprünglichen Betrags oder des Goldmarkwertes der rückständigen Einlage heranzöge. Dadurch würden die Folgen der Geldentwertung einseitig auf sie abgewälzt. Dies ist aber trotz der Garantiefunktion der Einlagerückstände um so weniger angängig, als die Vermögenswerte gerade der Versicherungs-Aktiengesellschaften und der Gesellschaft V. im besonderen, soweit sie aus Wertpapieren wie Staatsschuldverschreibungen und dergl. bestanden, in weitestem Umfang der Entwertung anheimgefallen und eben hierdurch dem Zugriff der Gläubiger entzogen worden sind. Es wird daher bei Einlagerückständen mit hohem ursprünglichem Goldmarkwert wesentlich unter die Höchstgrenze, also unter den ursprünglichen Goldwert der rückständigen Verpflichtungen heruntérzugehen sein. Dabei können die — rechtlich freilich hier nicht maßgebenden — Normalsätze des Aufwertungsgesetzes (25%) einen gewissen Anhalt bieten.

82. Sind die Vorschriften der Art. 12 und 13 des württembergischen Gesetzes über die Dienstverhältnisse der Minister vom 26. März 1927, soweit sie dem Gesetze rückwirkende Kraft beilegen, mit der Reichsverfassung vereinbar?

RVerf. Art. 129 Abs. 1 Satz 3.

III. Zivilsenat. Beschl. v. 5. Dezember 1927. III Tgb. 68/27.

Die Frage ist verneint worden aus folgenden

Gründen:

I. Der württembergische Landtag hat am 17. März 1927 ein Gesetz über die Dienstverhältnisse der Minister (Ministergesetz) beschlossen, das im Regierungsblatt für Württemberg (S. 123) als Gesetz vom 26. März 1927 verkündet worden ist. Es sind Zweifel darüber entstanden, ob das Gesetz, das sich in Art. 12 und 13 in gewissem Umfang rückwirkende Kraft beilegt, insoweit nicht gegen Art. 129 Abs. 1 Satz 3 RVerf. verstoße. Gemäß Art. 13 Abs. 2 RVerf. hat deshalb das württembergische Staatsministerium die Entscheidung des Reichsgerichts über folgende Fragen angerufen:

War es zulässig, dem Gesetz rückwirkende Kraft zu geben

1. Für die früheren Königlichen Minister nach den Bestimmungen des Art 13?
2. Für diejenigen parlamentarischen Minister, denen bei Inkrafttreten des Gesetzes bereits Ruhegehalt auf Grund früherer Vorschriften genehmigt ist, oder die sich den Anspruch vorbehalten haben (Art. 12)?
3. Für diejenigen Minister, die bei seinem Inkrafttreten noch aktive Minister sind, aber vorher als Minister berufen worden sind (Art. 12)?

Die Entscheidung über diese Fragen ist vom Präsidenten des Reichsgerichts dem III. Zivilsenat übertragen worden.

In Württemberg hatten die Minister der am 9. November 1918 zu Ende gegangenen konstitutionellen Monarchie, die vom König nach eigener freier Entschließung ernannt und entlassen wurden, die Rechtsstellung von Staatsbeamten. Dies erkennt das württembergische Staatsministerium an auf Grund der Art. 1 und 2 des württembergischen Beamtengesetzes vom 1. Oktober 1912

(RegBl. S. 715) und des Art. 2 des Verfassungsgesetzes betr. die Bildung eines Staatsministeriums vom 1. Juli 1876 (RegBl. S. 275).

Nach dem Beamtengesetz von 1912 stand einem Beamten im Fall der bleibenden Versetzung in den Ruhestand nach vollendeten neun Dienstjahren ein Anspruch auf ein lebenslängliches Ruhegehalt zu (Art. 29), das sich bei angetretenem zehntem Dienstjahr auf vierzig vom Hundert des Gehalts stellte und mit jedem weiteren Dienstjahr bis zum vierzigsten einschließlich steigerte (Art. 47). Sein Höchstbetrag war auf 8000 ℳ festgesetzt. Nach diesen Grundsätzen war auch das Ruhegehalt der Staatsminister zu bemessen (Art. 48). Jedoch hatten diese auch dann einen Anspruch auf Ruhegehalt, wenn sie das zehnte Dienstjahr noch nicht angetreten hatten. Abs. 2 des Art. 48 bestimmte, daß das Ruhegehalt eines Ministers 12000 ℳ nicht übersteigen, daß es aber auch nicht unter 7000 ℳ bleiben solle. Dienstunfähigkeit war nicht Voraussetzung des Anspruchs.

Am 9. November 1918 trat das letzte Ministerium der Monarchie zurück; sämtliche Minister wurden in den dauernden Ruhestand versetzt. Der König bildete an diesem Tage das Ministerium Liesching, das aber noch an demselben Tage durch das revolutionäre Ministerium Blos ersetzt wurde. Am 23. Mai 1919 wurde die neue Verfassung (Maiverfassung) des Volksstaates Württemberg verkündet (RegBl. S. 85). Bis dahin waren keine Vorschriften über die Rechtsstellung der Minister ergangen. Die Verfassung, welche die republikanisch-parlamentarische Regierungsform festsetzte, bestimmte darüber folgendes:

§ 47. Die Staatsleitung wird durch den Landtag dem Staatsministerium übertragen. An seiner Spitze steht ein Ministerpräsident, der die Amtsbezeichnung „Staatspräsident" führt.

Die Zahl der Minister, der Geschäftskreis der Ministerien und die Zuständigkeit des Staatsministeriums werden durch Gesetz bestimmt.

§ 48. Der Staatspräsident wird durch den Landtag gewählt.

Der Staatspräsident beruft die übrigen Minister und bestellt unter ihnen seinen Vertreter. Das von ihm gebildete Staatsministerium bedarf des Vertrauens des Landtags.

Nach jeder Neuwahl des Landtags findet auch eine Neuwahl des Staatspräsidenten und eine Neubildung des Staatsministeriums statt.

§ 49. Der Landtag ist berechtigt, das Staatsministerium abzuberufen oder die Entlassung einzelner Minister zu verlangen.

§ 55. Die Minister dürfen während ihrer Amtsdauer ein anderes besoldetes Amt, einen Beruf oder ein Gewerbe nicht ausüben.

Der Anspruch der Minister auf Ruhegehalt sowie auf Witwen- und Waisenversorgung wird durch besonderes Gesetz geregelt.

§ 56. Die Ministerien erlassen die zur Ausführung der Gesetze erforderlichen Verwaltungsanordnungen.

§ 57. Jeder Minister führt die Geschäfte seines Ministeriums unter eigener Verantwortlichkeit, soweit nicht das Staatsministerium zuständig ist.

Nach Verkündung der Reichsverfassung wurde die württembergische Maiverfassung geändert und am 25. September 1919 als „Die Verfassung Württembergs" neu verkündet (RegBl. S. 281). Sie hat die vorstehend wiedergegebenen Bestimmungen in den §§ 26, 27, 28, 34, 35 und 36 wörtlich übernommen.

Am 31. Mai 1920 erging das Besoldungsgesetz für Württemberg (RegBl. S. 339). Sein Art. 2 lautet:

Den planmäßigen Beamten und den Angehörigen der Polizeiwehr wird der Grundgehalt nach der beiliegenden Besoldungsordnung gewährt.

In dieser Besoldungsordnung sind die Minister in der Gruppe 3 der Einzelgehälter eingereiht.

Art. 30 dieses Gesetzes besagt:

In dem Beamtengesetz in der Fassung der Bekanntmachung vom 1. Oktober 1912 treten bis zu anderweitiger Regelung des Beamtenrechts folgende vorläufige Änderungen ein:

6. Art. 47 wird durch folgende Bestimmungen ersetzt:

Der Ruhegehalt beträgt bei vollendetem zehnten Dienstjahre, sowie in dem Falle des Art. 30 $^{20}/_{60}$ des Gehalts. Er steigt mit jedem weiter zurückgelegten Dienstjahr bis zum vollendeten dreißigsten Dienstjahr um $^{1}/_{60}$ und von da ab um $^1/_{120}$ des Gehalts bis zu dem Betrage von $^{45}/_{60}$ des Gehalts.

7. In Art. 48 Abs. 1 wird das Wort „angetreten" durch „vollendet" ersetzt.

Art. 48 Abs. 2 und 3 fallen weg.

Art. 34 des Besoldungsgesetzes bestimmt:

Änderungen der durch dieses Gesetz geregelten Gehälter, Ortszuschläge und Kinderzuschläge sowie der auf Grund der Gehälter und Ortszuschläge festgesetzten Pensionen, Wartegelder und Versorgungsgebührnisse, ebenso Änderungen der Einreihung der Beamten in die Gruppen der Besoldungsordnung können durch Gesetz erfolgen.

Werden Beamte durch eine solche Änderung hinsichtlich der in Abs. 1 genannten Bezüge oder hinsichtlich ihrer Einreihung in die Gruppen der Besoldungsordnung mit rückwirkender Kraft schlechter gestellt, so sind die Unterschiedsbeträge nicht zurückzuerstatten.

Abs. 2 gilt sinngemäß für Versorgungsberechtigte.

Diese Vorschrift ist wörtlich aus dem Reichsbesoldungsgesetz vom 30. April 1920 (RGBl. S. 805) § 34 übernommen.

Bis zum Jahre 1920 hatte in Württemberg der Grundsatz bestanden, daß das beim Eintritt in den Ruhestand festgesetzte Ruhegehalt unabänderlich sei und bei späterer Erhöhung der Gehälter nicht mit erhöht werde. Das am 17. Mai 1921 erlassene Pensionsergänzungsgesetz (RegBl. S. 215) bestimmte nun in Art. 1 Abs. 1:

Den vor dem 1. April 1920 bleibend in den Ruhestand versetzten Beamten ist ein Ruhegehaltszuschuß zu gewähren. Er ist ... gleich dem Unterschiedsbetrage zwischen dem ihnen bisher gesetzlich zustehenden und demjenigen Ruhegehalte, der sich auf Grund der bei der Festsetzung des Ruhegehalts zugrundegelegten Dienstzeit ergeben hätte, wenn der Beamte bei seinem Ausscheiden aus der zuletzt von ihm bekleideten Stelle nach den am 1. April 1920 geltenden oder mit Wirkung von diesem Zeitpunkt in Kraft tretenden Vorschriften besoldet gewesen und in den Ruhestand versetzt worden wäre.

Art. 8 läßt den Rechtsweg wegen dieser Ansprüche zu.

Die späteren zahlreichen Änderungen des Besoldungsgesetzes enthalten durchweg die Bestimmung, daß die Ruhegehälter entsprechend den für Beamte im Dienst festgelegten Sätzen neu geregelt werden sollen. Demgemäß ist verfahren worden; die Ruhegehälter haben jeweils die Erhöhungen der Beamtengehälter mitgemacht. Einen Abschluß hat das Pensionsergänzungsgesetz vom 23. Mai 1925 (RegBl. S. 33) gebracht, das in Art. 1 Abs. 1 die oben angezogene Vorschrift des Pensionsergänzungsgesetzes vom 17. Mai 1921 wiedergibt und in Abs. 5 bestimmt:

> Die Bezüge der zur Zeit der bisherigen Änderungen des Besoldungsgesetzes vom 31. Mai 1920 jeweils vorhandenen Wartegeld- und Ruhegehaltsempfänger sind diesen Änderungen entsprechend neu zu regeln mit der Maßgabe, daß an Stelle des 1. April 1920 je der Zeitpunkt des Inkrafttretens dieser Änderungen tritt.

Diese Bestimmung gilt nach Art. 2 Abs. 2 des Gesetzes sinngemäß auch für die Hinterbliebenen der Ruhegehaltsempfänger.

Sonstige gesetzliche Vorschriften (von einer Aufzählung der verschiedenen Änderungen des Besoldungsgesetzes wird hier abgesehen), die für die Entscheidung der vorliegenden Fragen in Betracht kommen könnten, sind auf beamtenrechtlichem Gebiet in der Zeit zwischen der Verkündung der Verfassung vom 25. September 1919 und der des Ministergesetzes vom 26. März 1927 nicht ergangen. Erwähnt sei nur noch, daß die württembergische Personalabbauverordnung vom 29. Dezember 1923 (RegBl. S. 537) in § 11 bestimmt, die Beamten außer den Ministern und den Hochschulprofessoren hätten mit Ablauf des Monats, der auf den Monat der Vollendung des 67. Lebensjahres folgt, kraft Gesetzes mit Anspruch auf Ruhegehalt in den bleibenden Ruhestand zu treten.

Gehandhabt wurden die Vorschriften für die Minister wie folgt:

1. Die Königlichen Minister wurden am 9. November 1918 mit dem Höchstbetrag des Ruhegehalts von 12000 ℳ in den Ruhestand versetzt. Entsprechend dem Art. 1 des Pensionsergänzungsgesetzes vom 17. Mai 1921 wurde ihr Ruhegehalt jeweils auf den Betrag erhöht, der sich nach dem geltenden Ministereinkommen ergab.

2. Den in der Zeit zwischen den 9. November 1918 und dem 23. Mai 1919 (Verkündung der ersten Verfassung) ernannten und ausgeschiedenen Ministern ist kein Ruhegehalt zugesprochen worden.

3. Nach dem 23. Mai 1919 sind 14 Minister ausgeschieden. Drei davon sind verstorben, ihre Hinterbliebenen erhalten die be-

amtenrechtlichen Hinterbliebenen-Bezüge. Zwei sind ohne Ruhegehalt ausgeschieden, drei haben sich ihren Anspruch vorbehalten, einer hat auf Ruhegehalt verzichtet. Fünf beziehen Ruhegehalt nach Art. 48 des Beamtengesetzes (Fassung von 1920) und den dort in Bezug genommenen allgemeinen Beamtenbestimmungen, wobei der jeweilige Betrag des Ministereinkommens zugrundegelegt ist.

Das Ministergesetz vom 26. März 1927 bestimmt zunächst, daß für Minister die Vorschriften für Beamte im Sinne des Art. 1 des Beamtengesetzes gelten, soweit die Verfassung und dieses Gesetz nichts anderes anordnen. Es macht dann einen Unterschied zwischen Beamten- und Nichtbeamten-Ministern. Zu den ersteren rechnet es diejenigen, die vor ihrer Berufung Beamte im württembergischen Staatsdienst oder im Reichsdienst oder Beamte mit Anspruch auf Ruhegehalt im Dienst württembergischer Gemeinden oder Amtskörperschaften gewesen sind. Alle anderen sind Nichtbeamten-Minister.

Nach Art. 4 des Gesetzes sind Beamtenminister, bei denen die Voraussetzungen der Versetzung in den dauernden Ruhestand nicht vorliegen, verpflichtet, eine entsprechende planmäßige Dienststelle zu übernehmen, und berechtigt, die Wiederanstellung in einer solchen zu verlangen, letzteres aber nur, wenn sie unmittelbar vor ihrer Bestellung Beamte im württembergischen Staatsdienst gewesen sind. Solange ein Beamtenminister nicht wiederangestellt ist, steht ihm ein Wartegeld zu, das gemäß Art. 5 nach Ministerzeit und Lebensalter abgestuft wird.

1. Für Minister, die mindestens 8 Jahre oder zwei volle Landtagsperioden im Amte waren und das 55. Lebensjahr zurückgelegt haben, wird es nach Art. 23 Abs. 1 BeamtG. berechnet.
2. Für Minister mit kürzerer Amtszeit als zu 1, wenn diese 2 volle Jahre oder länger gedauert hat, werden vom Wartegeld der Nr. 1 für jedes unter 8 Jahren bleibende Jahr 6% und für jedes volle Jahr, das bis zum 55. Lebensjahre fehlt, 2% abgezogen. Ist jedoch das aus der Höchstvorrückungsstufe der früheren Beamtenstellung nach Art. 23 Abs. 1 BeamtG. sich ergebende Ruhegehalt höher, so hat der Minister darauf Anspruch.
3. Für Minister mit weniger als 2 Jahren Amtszeit wird das Wartegeld aus der höchsten Vorrückungsstufe der früheren Beamtenstellung nach Art. 23 Abs. 1 BeamtG. berechnet.

Als Mindestwartegeld im Falle 2 und auch im Falle 3, wenn beim Ausscheiden das 50. Lebensjahr zurückgelegt ist, wird der Betrag gewährt, der sich nach Art. 23 Abs. 1 BeamtG. aus dem Diensteinkommen der Gruppe XIII Mitte der Besoldungsordnung ergibt.

Ist eine Wiedereinstellung nicht möglich, so beträgt das Wartegeld mindestens das volle, in der früheren Beamtenstelle bezogene Diensteinkommen, wobei allgemeine Besoldungsänderungen zu berücksichtigen sind.

Art. 6 sieht ein Ruhen des Wartegelds vor. Dieses ruht ganz in den Fällen des Art. 28 Nr. 1 und 2 BeamtG. Im Falle des Art. 28 Nr. 3 BeamtG. und während des Bezugs eines privaten Berufseinkommens ruht es insoweit, als es zusammen mit den neuen öffentlichen oder privaten Bezügen übersteigt:

a) im Falle des Art. 5 Nr. 1 das letzte Diensteinkommen des Ministers,

b) im Falle des Art. 5 Nr. 2 das Gehalt der Gruppe B 1, und wenn 6 Ministerjahre zurückgelegt sind oder das 50. Lebensjahr überschritten ist, dasjenige aus B 2,

c) in den übrigen Fällen des Art. 5 das Diensteinkommen, aus dem das Wartegeld berechnet ist.

Nach Art. 7 gelten für Beamtenminister, die während der Amts- oder Wartezeit dienstunfähig werden oder sterben, die Vorschriften des 3. und 4. Abschnitts des Beamtengesetzes mit folgenden Änderungen:

1. Das Ruhegehalt ist gleich dem Wartegeld. Ist das Ruhegehalt aus einer früheren Beamtenstellung höher, so wird dieses gewährt.
2. Bei Dienstunfähigkeit infolge Dienstbeschädigung wird das Ruhegehalt aus dem ruhegehaltsberechtigten Ministereinkommen berechnet, wenn es sich danach höher stellt als nach Nr. 1.

Nichtbeamtenminister erhalten beim Ausscheiden aus dem Amte nur Übergangsbezüge für höchstens zwei Jahre, die entsprechend den Art. 5 und 6 abgestuft werden oder ruhen. Ruhegehalt nach Abschnitt 3 und 4 BeamtG. erhalten sie nur:

1. wenn sie mindestens 8 Jahre oder zwei volle Landtagsperioden im Dienste waren und das 58. Lebensjahr vollendet

haben. Dienstunfähigkeit ist nicht erforderlich. Bei einer Dienstzeit unter 10 Jahren beträgt das Ruhegehalt 35% des ruhegehaltsberechtigten Diensteinkommens;

2. im Fall des Art. 30 BeamtG. (Dienstunfähigkeit infolge Krankheit usw., die im Dienst zugezogen ist).

Das Gesetz gilt nach Art. 12 für alle, die nach Inkrafttreten der Verfassung vom 20. Mai 1919 das Amt eines Ministers versehen oder versehen haben. Etwaige über das Gesetz hinaus gewährte Bezüge sollen nicht zurückgefordert werden. Änderungen des Beamtengesetzes, die seit dem Inkrafttreten der Verfassung vom 20. Mai 1919 angenommen worden sind, sollen auch im Bereich dieses Gesetzes erst mit ihrem Inkrafttreten wirksam werden. Gemäß Art. 13 soll das Ruhegehalt der früheren Königlichen Minister — ebenso wie die Hinterbliebenenbezüge — vom Tage des Inkrafttretens des Gesetzes (1. April 1927) nach dessen Art. 7 berechnet werden, auch wenn die gewesenen Minister nicht dienstunfähig sind. Mindestbetrag ist für sie das Ruhegehalt, das ihnen nach Art. 48 BeamtG. bei der Zurruhesetzung zustand (wohlerworbenes Recht). Dieser Art. 48 selbst wird aufgehoben.

Das württembergische Staatsministerium ist der Ansicht, daß die drei von ihm gestellten Fragen zu bejahen sind. Es trägt vor:

1. Die früheren Königlichen Minister seien Beamte gewesen und fielen als solche unter Art. 129 Abs. 1 Satz 3 RVerf. Weitergehende wohlerworbene Rechte seien ihnen nicht erwachsen. Minister der Monarchie gebe es seit dem 9. November 1918 nicht mehr. Mit der republikanisch-parlamentarischen Regierungsform seien an ihre Stelle Organe getreten, die zwar auch die Bezeichnung Minister führten, in ihrer staatsrechtlichen Stellung aber etwas ganz anderes seien. Die Stellung der früheren Minister sei nicht mehr vorhanden; sie hätten also auch als Minister nach dem 9. November 1918 nicht mehr in den Genuß weitergehender subjektiver Rechte treten können, als sie bei ihrem Ausscheiden „wohl erworben" gehabt hätten. Auch als Beamte hätten sie auf Grund der Entwicklung des württembergischen Beamtenrechts ein weiteres Recht seit dem Jahre 1919 nicht erworben. Daß ihr Ruhegehalt später geändert worden sei, beruhe darauf, daß der Art. 48 BeamtG. von 1912 durch § 34 des württembergischen Besoldungsgesetzes vom 31. Mai 1920 abgeändert worden sei. Dieser Art. 34 sei wörtlich aus dem Reichsbesoldungs-

gesetz vom 30. April 1920 (§ 34) übernommen worden, zu dem die Begründung bemerke: „Die Besoldungsregelung erfolgt in einer Zeit, in der sich die künftige Gestaltung der Finanzlage des Reichs und die wirtschaftliche Entwicklung in keiner Weise übersehen läßt. Im Hinblick auf Art. 129 Abs. 1 Satz 3 RVerf. muß daher die Möglichkeit zu einer Änderung der im Entwurf vorgesehenen Sätze vorbehalten bleiben."

Daraus gehe hervor, daß man den Beamten keine Rechte habe verleihen wollen, die über die vorher wohlerworbenen hinausgingen, daß man sich vielmehr eine Abänderung der weitergehenden Vergünstigungen habe vorbehalten und damit die Entstehung solcher Rechte habe ausschließen wollen. Die Rechtsgültigkeit des § 34 RBesG. werde zu Unrecht mit der Begründung bestritten, daß er nicht mit der für Verfassungsänderungen nach Art. 76 RVerf. vorgeschriebenen Mehrheit beschlossen worden sei. Die Reichsverfassung habe die Gesetzgebung auf dem Gebiete des Beamtenrechts nicht derart knebeln wollen, daß den Beamten auch dann wohlerworbene Rechte verliehen werden sollten, wenn eine Änderung der über die früheren hinausgehenden Vergünstigungen vorbehalten worden sei. Diese Gesichtspunkte seien auch für die in Art. 30 des württembergischen Besoldungsgesetzes vom 31. Mai 1920 festgelegten „vorläufigen" Änderungen maßgebend. Auch hier habe der Entstehung eines wohlerworbenen Rechts vorgebeugt werden sollen, was mit der Reichsverfassung wohl vereinbar sei. Dies gelte auch für die späteren Änderungen, die auf Art. 34 beruhten. Den parlamentarischen Ministern sei kein wohlerworbenes Recht auf Ruhegehalt erwachsen. Demgegenüber sei es unsinnig, anzunehmen, die früheren Königlichen Minister hätten in dieser ihrer Eigenschaft weitergehende wohlerworbene Rechte erlangt.

2. Die Frage des Ruhegehalts der parlamentarischen Minister habe man, wie die Entstehungsgeschichte der Maiverfassung ergebe, in der Verfassung nicht bejahen wollen; man habe es nur vermeiden wollen, einen Anspruch auf Ruhegehalt für sie von vornherein auszuschließen. Der Minister Liesching habe wohl in der Sitzung vom 23. Februar 1921 erklärt, der Ruhegehaltsanspruch sei durch § 34 Abs. 2 Verf. anerkannt. Dies sei unrichtig. Die Bestimmung besage nur, das Beamtengesetz sei keine richtige Grundlage für die Ansprüche der parlamentarischen Minister, sie müßten durch

ein besonderes Gesetz geregelt werden. Auch den § 62 Abs. 1 Verf. habe er zu Unrecht angezogen; die Entstehungsgeschichte ergebe, daß diese Folgerung nicht aus ihm zu entnehmen sei. Wenn das Beamtengesetz etwas derartiges anordne, stehe es im Widerspruch mit der Verfassung, da es dann von Anschauungen ausginge, die auf die parlamentarischen Minister nicht zuträfen. Es sei also durch die Verfassung kein wohlerworbenes Recht, sondern ein Schwebezustand geschaffen, aus dem das erstere nicht habe erwachsen können.

Nun seien tatsächlich ausgeschiedenen parlamentarischen Ministern Ruhegehälter gewährt worden, ohne daß sie dienstunfähig gewesen seien. Dies sei aber nur geschehen, weil die Rechtslage unsicher gewesen sei und Prozesse hätten vermieden werden sollen. Aus einem gelegentlich der Zurruhesetzung des Ministers Keil ergangenen Schreiben des Staatsministeriums an das Finanzministerium vom 31. Juli 1923 gehe hervor, daß auch die damalige Regierung nur eine Zwischenregelung angenommen habe. Es hätten denn auch Minister bei ihrem Ausscheiden mit Rücksicht auf die Ungewißheit erklärt, sie unterwürfen sich dem späteren Gesetze. Mit der Änderung des Art. 48 BeamtG. habe man auch keine allgemeine Grundlage für die Ruhegehaltsberechtigung der parlamentarischen Minister schaffen wollen. Es sei nur ein Notbehelf gewesen, man habe auf den Vollzug des § 34 Abs. 2 Verf. warten wollen. Ein wohlerworbenes Recht auf Fortdauer dieser Behandlung sei den Ministern nicht entstanden, sie hätten damit rechnen müssen, daß das in Aussicht genommene Gesetz kommen werde und daß sie sich ihm fügen müßten. Aus der Beamteneigenschaft der Minister folge nichts. Sie seien Beamte, hätten aber keinen Anspruch, wie die auf Lebenszeit angestellten Berufsbeamten behandelt zu werden. Vom Recht auf Ruhegehalt hänge die Beamteneigenschaft nicht ab. Parlamentarische Minister seien eben Beamte besonderer Art.

Art. 129 Abs. 1 Satz 3 RVerf. allein könne der Landesgesetzgebung das Recht nehmen, den parlamentarischen Ministern das Ruhegehalt zu entziehen oder zu beschränken. Diese Vorschrift sei aber seinerzeit in die Reichsverfassung nur aufgenommen worden, um die Unruhe im Berufsbeamtentum zu beseitigen und eine Zusicherung dafür zu geben, daß es beim Berufsbeamtentum und bei seinen wohlerworbenen Rechten verbleiben solle. Sie habe also nur für den Berufsbeamten Bedeutung und sei nicht ausdehnend auszulegen. Sie auch auf parlamentarische Minister zu erstrecken, habe man nicht beabsichtigt; man sei sich bewußt gewesen, daß die grundsätzliche Gewährung eines Ruhegehalts an parlamentarische Minister dem parlamentarischen System widerstreite. Art. 129 RVerf. dürfe also nicht zum Schutze parlamentarischer Minister angewandt werden; die Vorschrift sei einschränkend auszulegen (RGZ. Bd. 104 S. 61).

3. Die Gründe zu 2 führten auch zur Bejahung der dritten Frage. Da das Recht auf Ruhegehalt mit der Anstellung erworben werde, sei der Umstand ohne Bedeutung, daß diese Minister noch im Amte seien und noch kein Ruhegehalt beanspruchen könnten.

Zur Vertretung der Gegenmeinung ist der Finanzminister a. D. Schall bestellt worden. Er beschäftigt sich in seiner Gegenschrift zunächst mit der Frage zu 2 und führt aus:

1. Nach Ansicht des württembergischen Staatsministeriums solle Art. 129 Abs. 1 Satz 3 RVerf. auf parlamentarische Minister mindestens insoweit nicht zutreffen, als ein Ruhegehalt in Betracht komme. Der Wortlaut biete hierfür keinen Anhalt, es sei lediglich von Beamten die Rede und solche seien auch die parlamentarischen Minister. Daß alle anderen Sätze der Verfassung für sie gelten sollten, nur nicht die das Ruhegehalt betreffenden, sei eine unbegründete Annahme. Wenn die Entstehungsgeschichte des Art. 129 RVerf. ergebe, daß mit dieser Vorschrift die Beruhigung der Berufsbeamten habe erreicht werden sollen, so schließe dies nicht aus, daß auch andere Beweggründe mitgesprochen hätten. Berufsbeamte und parlamentarische Minister schlössen sich aber auch nicht gegenseitig aus. Berufsbeamte würden Minister und Nichtbeamte Beamte. Wenn das Staatsministerium Recht habe, verliere der eine seine Rechte, der andere erwerbe solche. Das habe Art. 129 nicht gewollt. Dem Berufsbeamten sei es damit sehr erschwert, Minister zu werden. Er begebe sich damit aus einer geschützten in eine völlig ungeschützte Stellung, da er sich ja auch auf Grund des Ministergesetzes nach Ansicht des Staatsministeriums keine wohlerworbenen Rechte verschaffen könne, sondern jederzeit der Gefahr ausgesetzt sei, daß eine Landtagsmehrheit durch einfaches Gesetz eine Änderung vornehme und seine Ansprüche beseitige. Das Staatsministerium gehe zu Unrecht davon aus, daß Ruhegehaltsansprüche mit dem Wesen des parlamentarischen Ministers grundsätzlich unvereinbar seien. Das sei eine petitio principii, worüber nur die Verfassung zu entscheiden

habe. Die Entlaßbarkeit könne bei der Regelung berücksichtigt werden. Sie bilde auch kein Unterscheidungsmerkmal gegenüber den Königlichen Ministern; auch sie seien jederzeit entlaßbar gewesen und hätten auch keineswegs nur aus den Berufsbeamten entnommen werden müssen.

Art. 129 RVerf. umfasse also auch die parlamentarischen Minister, soweit es sich um das Ruhegehalt handle.

2. Die Gewährung von Ruhegehältern an parlamentarische Minister (durch die württembergischen Regierungen seit 1919) beruhe auf Art. 48 BeamtG. in Verbindung mit § 62 Abs. 1 der württembergischen Verfassung.

Das Staatsministerium behaupte zu Unrecht einen Widerspruch zwischen der Verfassung und dem Art. 48 BeamtG., insofern dieses Gesetz von Anschauungen über das Ruhegehalt ausgehe, die auf parlamentarische Minister nicht zuträfen, weil ihre Stellung eine andere sei als die der Königlichen Minister. Das letztere sei bereits als unrichtig dargelegt. Der Sinn des § 34 gehe auch lediglich dahin, daß das Beamtengesetz für das Ruhegehalt der Minister nicht die richtige Grundlage sei und daß es notwendig sei, eine solche zu schaffen. Damit werde aber der geltenden, nicht ausreichenden Rechtsgrundlage die Wirksamkeit nicht entzogen, sie gelte weiter. Auch die Entstehungsgeschichte ergebe nicht, daß Art. 48 BeamtG. mit der Verfassung im Widerspruch stehe. Das Staatsministerium gehe davon aus, daß man die Frage des Ruhegehalts der parlamentarischen Minister habe unentschieden lassen wollen. Dem widerstreite nicht die einstweilige Weitergeltung des Art. 48. Nun habe aber der erste Entwurf der Verfassung in Art. 154 den Ministern einen Anspruch auf Ruhegehalt ausdrücklich versagen wollen. Hiervon sei man abgekommen, da zu erwarten gewesen sei, daß man dann keine Minister finden werde. Man habe schließlich die Notwendigkeit eines Ruhegehalts anerkannt, aber eine besondere Regelung für später vorsehen wollen. Art. 30 Nr. 7 BesG. vom 31. Mai 1920 habe jedoch auch die Weitergeltung des Art. 48 BeamtG. unter Hinweis auf das später zu erlassende Gesetz ausdrücklich festgelegt. Er habe offenkundig die Ansprüche der Minister vorläufig regeln sollen, und zwar die Ansprüche aller Minister; denn er sei nicht auf die Königlichen Minister beschränkt worden. Dem entspreche auch die Praxis der verschiedenen Regierungen, welche Ministerruhegehälter nach den für Beamte geltenden Grundsätzen bewilligt hätten, ohne daß ein Vorbehalt oder eine Einschränkung gemacht worden wäre. So sei auch die jetzige Regierung verfahren. Wenn sie es getan habe, weil die Rechtslage unsicher gewesen sei, so treffe dies für die früheren Regierungen nicht zu.

Wohlerworbene Rechte seien den bisherigen Ministern nur dann nicht erwachsen, wenn ihre Pensionsrechte durch das damals geltende Gesetz beschränkt oder die Beschränkung vorbehalten gewesen sei. Dies behaupte das Staatsministerium selbst nicht, sondern es wolle die Einschränkung aus der ganzen Rechtslage und dem Sinn des § 34 Verf. entnehmen. Art. 48 BeamtG. habe allerdings nur bis zum Erlaß des Ministergesetzes gelten sollen; insofern könne man von einer Zwischenregelung sprechen. Damit sei aber nicht gesagt, daß die in der Zwischenzeit entstehenden Rechte der späteren Abänderung unterliegen sollten. In Preußen, wo dieselben Bestimmungen getroffen worden seien, habe das Gesetz über die Versorgung der Staatsminister keine Rückwirkung angeordnet. Das Staatsministerium versuche, in die Verfassung etwas hineinzulegen, woran kein Mensch gedacht habe. Das Ergebnis einer solchen Auslegung sei auch durchaus unbillig, da die Ansprüche der pensionierten Minister der Willkür einer Landtagsmehrheit ausgeliefert würden, die unberechenbar sei. Einer derartigen Rechtslage hätte sich kein Minister ausgesetzt.

3. Die Verneinung der zweiten Frage führe ohne weiteres auch zur Verneinung der dritten.

4. Für die Königlichen Minister erkenne das Staatsministerium ein wohlerworbenes Recht auf Ruhegehalt an, aber nur in dem durch Art. 48 des BeamtG. von 1912 festgelegten Umfang. Diese Minister hätten aber ein weiteres Recht aus dem im Jahre 1920 abgeänderten Art. 48 erworben, da dieser einen solchen Erwerb zugelassen habe. Art. 34 BesG. von 1920 komme hier nicht in Frage, die Rückwirkungsbestimmungen fielen nicht unter Art. 34. Die für den letzteren maßgebenden Gesichtspunkte hätten mit der Änderung des Art. 48 nichts zu tun. Die oberste Grenze von 12000 ℳ sei 1920 gestrichen worden; sie könne jetzt nicht wieder aufgegriffen werden. Art. 34 habe nur vorübergehende Bedeutung gehabt; er sei nicht ausdehnend auszulegen. Er habe aber auch nur bestimmt, daß sich mit einer Änderung der Gehaltssätze auch die auf ihnen beruhenden Pensionen ändern sollten. Jetzt sollten aber nicht die

Pensionen herabgesetzt werden, weil die Ministergehälter heruntergesetzt würden, sondern es sollten die für die Berechnung maßgebenden Grundsätze geändert werden. Damit habe Art. 34 überhaupt nichts zu tun; für die Zulässigkeit der Rückwirkung im Ministergesetz könne man ihn nicht heranziehen.

Das württembergische Staatsministerium hat demgegenüber seine Auffassung des Art. 129 Abs. 1 Satz 3 RVerf. aufrecht erhalten und zieht aus den einzelnen dort angeführten Merkmalen eines Beamten den Schluß, daß er sich nur auf Berufsbeamte erstrecke. Ausdehnend dürfe man ihn nicht auslegen. Es sei auch unrichtig, daß ein Berufsbeamter, der Minister werde, damit die Rechte verliere, die er als Beamter erworben habe. Scheide er als Minister aus, so ständen ihm die früher erworbenen Rechte ohne weiteres wieder zu.

Ein wohlerworbenes Recht auf Ruhegehalt gebe es für Beamte bei fortdauernder Dienstfähigkeit nicht. In einem solchen Falle könne der Staat nur in ganz besonderen Fällen eine Zahlung von Ruhegehalt übernehmen. Die Königlichen Minister hätten in der Regel mit dem Ministeramt eine lange Beamtenlaufbahn abgeschlossen; hier sei der besondere Fall gegeben gewesen. Ganz anders liege es bei den parlamentarischen Ministern, die in der Regel in der Zeit voller Arbeitskraft ausschieden. Die Entlaßbarkeit verwische also den grundlegenden Unterschied nicht. Solche Ansprüche habe die Reichsverfassung nicht schützen wollen.

Es müsse aber auch dabei verbleiben, daß die Anwendung des Art. 48 BeamtG. auf die parlamentarischen Minister mit der württembergischen Verfassung nicht zu vereinbaren sei. Man habe damals die Frage des Ruhegehalts unentschieden lassen wollen; niemand habe daran gedacht, daß damit der Anspruch bis auf weiteres bejaht werden sollte. Aus § 62 Abs. 1 Verf. sei das unmöglich zu folgern. Es sei, wie sich aus den Äußerungen verschiedener Abgeordneter ergebe, bewußt eine Lücke gelassen worden; eine volle Pensionierung parlamentarischer Minister habe man für eine Unmöglichkeit gehalten. Sonach stehe Art. 48 BeamtG. mit dem Willen des Gesetzgebers und der Verfassung in Widerspruch.

Art. 30 Nr. 7 BesG. vom 31. Mai 1920 habe diese Lücke nicht ausgefüllt. Es handle sich bei ihm lediglich um einen Notbehelf. Eine vorläufige Regelung der Versorgungsansprüche der Minister sei damit nicht beabsichtigt gewesen. Er enthalte nur die Änderungen, die durch die Anpassung des württembergischen Besoldungsrechts an die Reichsbesoldungsordnung und die Inflation notwendig geworden seien; von allen durch das neue Besoldungsgesetz nicht unbedingt gebotenen Änderungen des Beamtengesetzes sei abgesehen worden, wie die Begründung hervorhebe. Die Vorschrift des Art. 30 Nr. 7 sei nur als „vorläufige" erlassen worden. Damit habe man zum Ausdruck gebracht, daß keine wohlerworbenen Rechte entstehen sollten, daß die Regelung später stattzufinden habe. Wenn auf Grund des geänderten Art. 48 BeamtG. keine wohlerworbenen Rechte hätten entstehen können, hätten auch die Königlichen Minister keine solchen erwerben können. Die Regierung habe sich in jeder Hinsicht freie Hand wahren wollen, auch in Bezug auf die Grundsätze, die für die Ruhegehälter der Beamten zu gelten hätten.

II. Die früheren Königlichen Minister waren Beamte, wie dies auch vom württembergischen Staatsministerium anerkannt wird. Nach Art. 2 des Verfassungsgesetzes betr. die Bildung eines Staatsministeriums vom 1. Juli 1876 hatte der König die Minister nach eigener freier Entschließung zu ernennen und zu entlassen. Er war also in der Auswahl der Persönlichkeiten nicht beschränkt; insbesondere durfte er das Amt auch einem Nichtbeamten übertragen. Das Beamtengesetz vom 1. Oktober 1912 behielt in Art. 2 Abs. 1 diese Vorschrift ausdrücklich bei und machte einen Unterschied zwischen den Ministern und den übrigen Beamten, indem es in Abs. 2 bestimmte: „Im übrigen werden die Beamten entweder auf Lebenszeit oder auf vierteljährige Kündigung angestellt." Daß auch nach ihm die Minister als Beamte zu gelten hatten, ergibt sich aus Art. 1, wonach Beamter im Sinne des Gesetzes jede Person ist, „welche in dem Staatsdienste ... durch den König oder durch eine höhere Staatsbehörde ... angestellt ist."

Die Art der Ernennung und Entlassung der Minister ergab in einzelnen Richtungen einen Unterschied gegenüber den anderen Beamten.

1. Sie waren jederzeit entlaßbar. Eine Versetzung in den einstweiligen Ruhestand gab es für sie nicht. Eine solche war nur für Beamte vorgesehen, die auf Lebenszeit oder auf Kündigung angestellt waren (Art. 22 und 23 BeamtG.). Demgemäß kam für sie auch kein Wartegeld in Betracht.

2. Die Voraussetzungen für die Versetzung in den dauernden Ruhestand, die in Art. 29 festgelegt waren (Zurücklegung des 65. Lebensjahres, Dienstunfähigkeit, längere Krankheit), wurden für sie nicht erfordert. Im Gegensatz zu Art. 29 Abs. 3, der erst nach dem vollendeten neunten Dienstjahr einen Anspruch auf lebenslängliches Ruhegehalt gewährte, gab ihnen Art. 48 Abs. 1 einen solchen auch dann, wenn sie das zehnte Dienstjahr noch nicht angetreten hatten. Zu berechnen war ihr Ruhegehalt nach den für alle Beamten geltenden Vorschriften des Art. 47, jedoch war in Art. 48 Abs. 2 ein Höchstbetrag von 12000 ℳ und ein Mindestbetrag von 7000 ℳ vorgesehen.

Die früheren Königlichen Minister waren also Beamte wie alle übrigen Beamten jedoch mit der Besonderheit, daß sie jederzeit und nur mit der Folge entlassen werden konnten, daß sie in den dauernden Ruhestand traten und einen Anspruch auf ein lebenslängliches Ruhegehalt hatten.

Die Stellung der parlamentarischen Minister, die das württembergische Staatsministerium ebenfalls als Beamte anerkennt, ist zunächst durch die Verfassung vom 23. Mai 1919 geregelt worden. Ihr Abschnitt V hat die Überschrift „Staatsleitung und Staatsbehörden." Er behandelt unter 1 „das Staatsministerium", unter 2 „die Minister" und unter 3 „die anderen Staatsbehörden". Die Verfassung steht also auf dem Standpunkt, daß alle diese Behörden Staatsbehörden sind. Zu 3 bestimmt dann § 60, daß die Staatsbeamten auf Vorschlag des zuständigen Ministers durch den Staatspräsidenten, die dem Staatsministerium unmittelbar unterstehenden Beamten von diesem ernannt werden. Abs. 3 besagt: „Das Nähere über die Anstellungs- und Dienstverhältnisse der Beamten wird durch Gesetz geregelt. Die durch Anstellung erworbenen Rechte können den Beamten nur durch ein Gesetz entzogen werden, das den Bestimmungen über Verfassungsänderungen unterliegt." Hiernach waren die Angehörigen dieser „anderen Staatsbehörden" als Beamte gedacht. Was für sie gilt, muß auch für die Minister und den Staatspräsidenten gelten. Dazu kommt, daß § 59 den Ministern verbietet, „während ihrer Amtsdauer" ein „anderes besoldetes Amt", einen Beruf oder ein Gewerbe auszuüben, damit also eine Bestimmung trifft, wie sie für die auf Lebenszeit angestellten Beamten bereits in Art. 8 BeamtG. von 1912 getroffen war. Die endgültige Verfassung vom 25. September 1919 hat die erwähnte Dreiteilung beibehalten und zu 1 und 2 die Bestimmungen der Maiverfassung wörtlich (mit einer hier nicht in Frage kommenden Änderung) in § 31 übernommen. In die dem § 60 entsprechende Vorschrift des § 39 hat sie als Abs. 3 eingeschoben: „Die Beamten werden auf die Verfassung und die Gesetze verpflichtet." Als Abs. 4 hat sie nur den ersten Satz des früheren Abs. 3 beibehalten; der zweite Satz ist fortgefallen.

Hieraus ergibt sich ohne weiteres, daß die parlamentarischen Minister sowohl nach der ersten wie nach der zweiten Verfassung als Beamte zu gelten hatten. Auch das später, am 31. Mai 1920 erlassene Besoldungsgesetz hat sich auf diesen Standpunkt gestellt, indem es in Art. 2 den planmäßigen Beamten das Grundgehalt nach der „beiliegenden Besoldungsordnung" gewährt und in dieser unter Nr. 3 der Einzelgehälter die Minister, und nur sie, aufführt. Dies wäre völlig unverständlich, wenn man nicht auch die Minister als Beamte anerkannt hätte.

Das Besoldungsgesetz hat an der rechtlichen Stellung der Minister — als Beamte — nichts geändert.

Die Verfassungen hatten in § 60 Abs. 3 und § 39 Abs. 4 eine nähere Regelung der Anstellungs- und Dienstverhältnisse der Beamten vorgesehen. Dementsprechend hat auch das Besoldungsgesetz in Art. 30 „folgende vorläufige Änderungen" eintreten lassen, die sich allgemein auf Beamte beziehen. Das Wartegeld wird anders — günstiger — bemessen. Das Ruhegeld beginnt erst vom vollendeten zehnten Dienstjahr ab, wofür anderseits die Berechnung des Dienstalters statt mit dem 23. bereits mit dem 17. Lebensjahr anfängt. Auch das Ruhegehalt soll anders berechnet werden. Durch die letztere, den Art. 47 BeamtG. ändernde Bestimmung wurden auch die Minister betroffen, da nach Art. 48 BeamtG. das Ruhegehalt der Staatsminister gemäß Art. 47 zu berechnen war. Art. 48 blieb nur in seinem ersten Absatz bestehen, wobei das Wort „angetreten" durch „vollendet" ersetzt wurde; die Absätze 2 und 3 wurden gestrichen.

Grundsätzlich wurde durch diese Änderungen weder an der Stellung der Beamten noch an derjenigen der Minister etwas geändert. Wenn auch die Berechnung eine andere — und zwar den Beamten günstigere — wurde, so blieben doch ihre Rechte auf Gehalt, Ruhegehalt usw. unberührt. Dasselbe gilt für die Minister.

Waren hiernach die früheren Königlichen und sind jetzt die parlamentarischen Minister Beamte, so ergibt sich die weitere Frage, ob sich die Stellung der parlamentarischen Minister von derjenigen der früheren Minister so sehr unterscheidet, daß die von diesen bekleidete Stelle heute in Wirklichkeit nicht mehr vorhanden ist. Das württembergische Staatsministerium behauptet das und will daraus den Schluß ziehen, daß die früheren Minister mangels Weiterbestehens ihrer Stellung weder als Minister noch als Beamte weitere subjektive Rechte hätten erwerben können, als sie bis zum 9. November 1918 erworben hatten.

Diese Auffassung des Staatsministeriums ist unhaltbar. Es läßt sich nicht bestreiten, daß die Minister von heute in allen deutschen Staaten lediglich als Fortsetzung der Minister von früher gelten. Dies kommt schon darin zum Ausdruck, daß man die ursprüngliche Bezeichnung des Amtes beibehalten hat. Aber auch sachlich besteht kein Unterschied. Früher lag in Württemberg die Regierung beim König; er ernannte die Minister und entließ sie. Ihre Aufgabe war es nach Art. 6 des Verfassungsgesetzes betr. die Bildung eines Staatsministeriums vom 1. Juli 1876, alle allgemeinen Angelegenheiten, die auf die Staatsverfassung und -verwaltung sowie auf die Gesetzgebung und das Verhältnis zu anderen Staaten Bezug hatten, zu beraten und an den König zu bringen. Hierin sind nur insoweit Änderungen eingetreten, als die neue Regierungsform sie erforderte. Die Staatsgewalt geht nunmehr vom Volk aus, das ihre Ausübung in die Hand des Landtags gelegt hat. Dieser gibt von sich aus oder auf Vorschlag des Staatsministeriums Gesetze und überträgt die Leitung des Staates einem von ihm zu wählenden Präsidenten, der seinerseits die Minister bestellt und entläßt, wie denn auch der Landtag das Gesamtministerium oder einzelne Minister abberufen kann. Der Geschäftskreis der Minister und die Zuständigkeit des Staatsministeriums sollten nach § 26 Abs. 2 Verf. durch Gesetz festgelegt werden. Dies ist anscheinend bisher nicht geschehen. Die Verfassung (§§ 31, 36) sieht aber bereits vor, daß einzelne Gegenstände von den Ministerien selbständig, andere, z. B. Gesetzesvorschläge, vom Gesamtministerium erledigt werden sollen. Jedenfalls liegt die Staatsleitung in der Hand der Minister und des Gesamtministeriums unter der Aufsicht des Landtags, der sie im Sinne des § 6 Verf. überwacht. In diesem Bereich bewegten sich aber auch die Befugnisse der früheren Minister unter der Aufsicht des Königs. Der Geschäftskreis ist also der gleiche geblieben, nur der Geschäftsbetrieb ist der neuen Staatsform angepaßt. Das württembergische Staatsministerium behauptet danach mit Unrecht, es bestehe zwischen dem früheren und dem jetzigen Amt ein solcher Unterschied, daß das erstere vollständig untergegangen sei.

Es sind also sämtliche Minister einheitlich und als dieselbe Beamtenkategorie zu behandeln. Für die früheren Minister gilt insbesondere noch, daß sie auch unter der alten Staatsform Beamte waren, also alle Rechte von Beamten hatten. Sie konnten ihnen auf keinen Fall genommen werden, auch wenn ihr Amt unterging. Mit dem 9. November 1918 war daher für sie die Möglichkeit, weitere subjektive Rechte zu erwerben, keineswegs abgeschlossen. Als Beamte des Ruhestandes nahmen sie an einer Besserstellung der aktiven Beamten insoweit teil, als diese Besserstellung auch auf sie ausgedehnt wurde. Zwischen ihnen und anderen Beamtenklassen gab es hierin keinen Unterschied.

Nach dem Grundsatz, wie er in Württemberg bis zur Revolution bestand, daß nämlich das Ruhegehalt eines Beamten unveränderlich so zu verbleiben habe, wie es bei seiner Versetzung in den Ruhestand festgesetzt worden war, hätte es bei der einmal festgelegten Pension der früheren Minister sein Bewenden haben müssen. Spätere Änderungen hätten ihnen keine neuen und weitergehenden Ansprüche verschaffen können, wenn sie ihnen nicht gesetzlich zugebilligt worden wären. Letzteres ist aber geschehen. Im Pensionsergänzungsgesetz vom 17. Mai 1921 ist nämlich den vor dem 1. April 1920 bleibend in den Ruhestand versetzten Beamten — dazu gehörten auch die früheren Königlichen Minister — ein Ruhegehaltszuschuß gewährt worden. Er bestand in dem Unterschied zwischen dem ihnen bisher zustehenden und dem Ruhegehalt, das sich unter Zugrundelegung der früher festgesetzten Dienstzeit ergeben hätte, wenn der Beamte bei seinem Ausscheiden aus der zuletzt bekleideten Stelle nach den am 1. April 1920 geltenden oder mit Wirkung von diesem Zeitpunkt in Kraft tretenden Vorschriften besoldet gewesen und in den Ruhestand versetzt worden wäre. Jede Besserstellung der aktiven Beamten sollte auch den im Ruhestand befindlichen zugutekommen. Dieser Grundsatz wurde in Art. 1 Abs. 5 PensionsergänzungsG. vom 23. Mai 1925 noch einmal bestätigt.

An den bis dahin gewährten Verbesserungen der Beamtenbezüge nahmen die früheren Königlichen Minister als Ruhestandsbeamte teil; sie erwarben zu den früher erworbenen Rechten das neue, daß ihre Ruhegehälter dem jeweiligen Gehalt der in der entsprechenden Dienststelle befindlichen aktiven Beamten angepaßt wurden (RGZ. Bd. 108 S. 405). Diese gleichgestellten aktiven Beamten waren aber die aktiven Minister. Nach ihren Bezügen errechneten sich auch die Ruhestandsbezüge der früheren Königlichen Minister; es war dies ein wohlerworbenes Recht.

Gerade das letztere bestreitet das jetzige württembergische Staatsministerium.

Wenn es in erster Linie geltend macht, das Amt der früheren Minister bestehe seit dem Wechsel in der Regierungsform überhaupt nicht mehr fort, die früheren Minister hätten als solche keine weitergehenden Rechte mehr erwerben können, so ist dieser Standpunkt unrichtig, wie oben dargelegt wurde. Das frühere Amt hat vielmehr im jetzigen lediglich seine Fortsetzung gefunden. Aus dem Untergang des Amtes würde sich übrigens nicht ohne weiteres die Unmöglichkeit des Erwerbes weitergehender Rechte ergeben; denn die früheren Minister waren auch Beamte. Dem trägt das württembergische Staatsministerium Rechnung; es meint aber, dem Erwerb von neuen Rechten stehe für alle Beamten der Art. 34 BesoldG. vom 31. Mai 1920 entgegen, der in Übereinstimmung mit § 34 ReichsbesoldungsG. vom 30. April 1920 den Neuerwerb solcher Rechte habe verhindern wollen und dem Art. 129 Abs. 1 Satz 3 RVerf. nicht widerspreche.

Die Reichsverfassung trat am 11. August 1919 in Kraft und mit ihr sofort auch der Art. 129. Er schützte die Rechte der Beamten zunächst nur, soweit sie bereits erworben waren. Für die Ruhestandsbeamten bedeutet dies, daß sie ihren Anspruch auf das bisherige Ruhegehalt behielten, das bis dahin unabänderlich war. Weitergehende Rechte den Beamten einzuräumen, war den Ländern freigestellt. Taten sie es, so fielen auch diese Rechte unter den Schutz des Art. 129. Nun hat Württemberg in Art. 30 BesoldG. vom 31. Mai 1920 einige „vorläufige" Änderungen gebracht und in Art. 34 vorgesehen, daß Änderungen der durch das Gesetz geregelten Gehälter, Ortszuschläge und Kinderzuschläge, sowie der auf Grund der Gehälter und Ortszuschläge festgesetzten Pensionen, Wartegelder und

Versorgungsgebührnisse und ebenso die Einreihung in die Besoldungsgruppen durch Gesetz erfolgen können. Daraus ergibt sich aber nicht, daß nun der Erwerb weiterer Rechte durch die Beamten ausgeschlossen sein sollte. Es handelte sich um ein Besoldungsgesetz, das zunächst nur die Beamtenbezüge der Geldentwertung anpassen wollte. Eine grundlegende Regelung des Beamtenrechts, das bereits die Verfassung in Aussicht genommen hatte, war mit ihm nicht beabsichtigt. Danach wird es auch verständlich, wenn Art. 30 von „vorläufigen" Änderungen spricht. Den Beamten den Erwerb weiterer Rechte unmöglich zu machen, war nicht die Absicht des Gesetzgebers. Art. 34 verhält sich aber nur über die Gehaltssätze und die neu einzuführenden Orts- und Kinderzuschläge; die grundsätzlichen Rechte der Beamten berührt er überhaupt nicht. Daß dieser Vorbehalt gemacht wurde, ist anscheinend darauf zurückzuführen, daß das Reichsbesoldungsgesetz dieselbe Vorschrift enthielt. Die Gehaltssätze, die nur infolge der Geldentwertung notwendig geworden waren, standen aber und stehen auch heute noch nicht unter Art. 129 RVerf. Beide Vorschriften, Art. 30 und Art. 34 des BesoldG., haben also nicht die Bedeutung, daß damit den Beamten der Erwerb weiterer Rechte verschlossen werden sollte. Lediglich eine Neuregelung der Bestandteile der Bezüge und der einzelnen Sätze war darin vorbehalten.

Dies wird bestätigt durch das Pensionsergänzungsgesetz vom 17. Mai 1921, das den Ruhestandsbeamten ohne jeden Vorbehalt einen Anspruch auf einen Ruhegehaltszuschuß brachte, wodurch die Pensionen den jeweiligen Gehältern angepaßt wurden. Hiermit wurde der Grundsatz der Unabänderlichkeit der Pension aufgegeben, die rechtliche Stellung der Ruhestandsbeamten grundlegend geändert. Es wurde ihnen ein neues Recht gewährt, das unter den Schutz des Art. 129 RVerf. fiel, für das auch in Art. 8 den Beamten ausdrücklich der Rechtsweg eröffnet worden ist. Und dieser Anspruch ist durch das spätere Gesetz vom 23. Mai 1925 in vollem Umfang bestätigt worden. Die Erlassung dieser Gesetze beweist, daß den Vorschriften des Besoldungsgesetzes nicht die Bedeutung zukam, die ihnen das jetzige Staatsministerium beilegen möchte, und daß ihnen diese Bedeutung auch von den Regierungen, welche die Pensionsergänzungsgesetze ausarbeiteten, nicht beigelegt wurde. Selbst wenn sie aber diese Bedeutung gehabt hätten, wären sie durch die Pensionsergänzungsgesetze überholt und beseitigt worden.

Der allen Ruhestandsbeamten verliehene neue Anspruch kam selbstverständlich auch den früheren Königlichen Ministern zugute, begründete auch für sie ein wohlerworbenes Recht. Ob den mittlerweile in Tätigkeit getretenen parlamentarischen Ministern auch ein solches Recht erwachsen ist oder nicht, steht hier nicht in Frage.

Daß die parlamentarischen Minister ebenfalls Staatsbeamte sind, gibt das württembergische Staatsministerium zu; das geht übrigens auch, wie schon dargelegt ist, aus der Verfassung klar hervor. Allerdings waren sie zum Unterschied von den übrigen Beamten jederzeit entlaßbar. Dies galt aber auch für die früheren Königlichen Minister, denen gesetzlich ein Ruhegehalt gesichert war. Waren aber die parlamentarischen Minister Staatsbeamte, so standen ihnen auch deren Rechte zu, also auch ein Recht auf Ruhegehalt.

Das Staatsministerium will das Gegenteil aus der Entstehungsgeschichte der Verfassung herleiten. Ein Ruhegehaltsanspruch für parlamentarische Minister sei mit der parlamentarischen Regierungsform überhaupt nicht vereinbar. Es mag zuzugeben sein, daß die grundsätzliche Gewährung eines lebenslänglichen Ruhegehalts an einen jederzeit entlaßbaren Minister, der bereits nach kurzer Amtsführung und in voller Dienstfähigkeit ausscheiden kann, nicht unbedenklich ist. Unter der früheren Regierungsform war aber die Frage ebenso geregelt. Und schließlich ist es Sache des Staates und seiner Gesetzgebung, die Regelung so vorzunehmen, wie es ihnen richtig erscheint. Es kommt deshalb nur darauf an, wie die Verfassung sich zu diesem Punkte gestellt hat.

Der erste Verfassungsentwurf enthielt die Bestimmung, daß die Gewährung eines Ruhegehalts und von Hinterbliebenenbezügen an parlamentarische Minister ausgeschlossen sein solle. In der Beratung wurde dem entgegengehalten, daß sich daraus Schwierigkeiten ergeben könnten, da die für das Amt geeigneten Persönlichkeiten sich kaum zu seiner Übernahme bewegen lassen würden. Mit Rücksicht hierauf unterblieb die Aufnahme einer solchen Vorschrift. An ihre Stelle trat der § 55 Abs. 2 der Maiverfassung, gleichlautend mit § 34 Abs. 2 der endgültigen Verfassung:

„Der Anspruch der Minister auf Ruhegehalt sowie auf Witwen- und Waisenversorgung wird durch besonderes Gesetz geregelt.“

Daß damit der Anspruch nicht ausgeschlossen werden sollte, ergibt sich ohne weiteres aus der Stellungnahme des Verfassungsausschusses und aus dem Aufgeben der zunächst vorgesehenen Bestimmung. Wenn man anderseits nicht so weit gehen will, darin eine Festlegung des Anspruchs zu erblicken, so enthält die Vorschrift lediglich einen Programmsatz, wie die Verfassung deren eine ganze Anzahl aufweist. Es sollte zunächst überhaupt keine endgültige Entscheidung getroffen werden, sie sollte einem später zu erlassenden Gesetze überlassen bleiben. Da die Stellung der Minister zum mindesten vorläufig geregelt werden mußte, liegt darin die Anordnung, daß zunächst die bisherigen Vorschriften weitergelten und die Minister so wie alle anderen Beamten behandelt werden sollten. Dies spricht denn auch § 62 Abs. 1 der endgültigen und ebenso § 81 Abs. 1 der Maiverfassung ausdrücklich dadurch aus, daß das geltende Recht aufrechterhalten werden soll, soweit es mit der Verfassung nicht in Widerspruch stehe. Danach kommt den parlamentarischen Ministern als Beamten ein Anspruch auf ein lebenslängliches Ruhegehalt zu.

Den besten Beweis für die Richtigkeit dieser Auffassung erbringt die Haltung der damaligen und der späteren Regierungen, die den Ruhegehaltsanspruch der ausscheidenden Minister dadurch anerkannt haben, daß sie ein Ruhegehalt gewährten. Aus welchen Gründen sie es getan haben, ist gleichgültig. Jedenfalls ist anzunehmen, daß sie es nicht getan hätten, wenn es ihrer Ansicht nach den bestehenden Vorschriften zuwidergelaufen wäre. Dasselbe ergibt sich aus der Änderung des Art. 48 BeamtG. von 1912 durch Art. 30 BesG. vom 31. Mai 1920, bei der man keinen Unterschied zwischen Königlichen und parlamentarischen Ministern gemacht hat, obwohl man ihn hätte machen müssen, wenn man den Ruhegehaltsanspruch der letzteren nicht anerkennen wollte. Daß man es nicht getan hat, zeigt deutlich, daß man von der Berechtigung des Anspruchs ausging. Der Umstand, daß die damalige Opposition die Tragweite der Vorschrift nicht erkannt hat, tut ihrer Rechtsgültigkeit keinen Eintrag.

Das württembergische Staatsministerium macht endlich noch geltend, die parlamentarischen Minister fielen überhaupt nicht unter Art. 129 RVerf., da dieser nur das Berufsbeamtentum schützen wolle. Auch damit kann es keinen Erfolg haben, zunächst schon deshalb nicht, weil nach württembergischem Beamtenrecht zur Zeit der

Erlassung der Reichsverfassung kein Unterschied zwischen Berufs- und anderen Beamten bestand und weil die parlamentarischen Minister den übrigen Beamten gleichgestellt waren. Ob jemand damals Beamter war, richtete sich nach den betreffenden landesgesetzlichen Vorschriften.

In der Reichsverfassung hat der Begriff des Berufsbeamtentums keine Erläuterung erfahren. In der 31. Sitzung des Verfassungs-Ausschusses (Bericht S. 2) legte der Abgeordnete Spahn einen Antrag vor, berufsmäßige Beamte des Reiches usw. hätten ihre volle Kraft dem Staate usw. zu widmen, ihre Rechte, Pflichten und ihre Besoldung seien für Reich und Länder einheitlich zu regeln. Die Abgeordneten Fischer (Nat.-Vers. 17. Sitzung, sten. Ber. S. 376) und Düringer (Nat.-Vers. 19. Sitzung, sten. Ber. S. 474) sprachen nur von Beamten und vom Beamtenstand, deren Rechte grundlegend in der Verfassung wiederzugeben seien. Der Abgeordnete Henke (Nat.-Vers. 20. Sitzung, sten. Ber. S. 487) stellte das Berufsbeamtentum in Gegensatz zum Wahlbeamtentum. Endlich erklärt der Abgeordnete Preuß (Nat.-Vers. 59. Sitzung, sten. Ber. S. 1632), man sei zur „Verankerung" der Beamtenrechte in der Verfassung dadurch gekommen, daß sich die Beamtenschaft in Unruhe befunden habe und daß Gerüchte umgegangen seien, als ob das ganze Berufsbeamtentum beseitigt, alles auf Kündigung angestellt werden solle und dergl. Daraus sei der Wunsch hervorgegangen, in der Verfassung eine gewisse Zusicherung dafür gegeben zu sehen, daß es bei dem Berufsbeamtentum und seinen wohlerworbenen Rechten verbleiben solle. Das hat nicht zur Folge, daß unter Berufsbeamtentum nur die auf Lebenszeit angestellten Beamten zu verstehen sind und daß nur sie den Schutz des Art. 129 RVerf. genießen sollen. Auch der Wortlaut des Artikels bringt dies nicht zum Ausdruck. Er sagt in seinem ersten Satze: „Die Anstellung der Beamten erfolgt auf Lebenszeit, soweit nicht durch Gesetz ein anderes bestimmt ist." Unter Gesetz ist bei den Landesbeamten auch das Landesgesetz zu verstehen. Wo es den nicht auf Lebenszeit angestellten Beamten Rechte zugesichert hat, sollen auch sie geschützt sein. Dies war aber, wie bereits dargelegt ist, in Württemberg geschehen. Daß zwischen den bereits ausgeschiedenen parlamentarischen Ministern und den zur Zeit der Erlassung des Ministergesetzes noch im Amte befindlichen kein Unterschied besteht, bedarf keiner weiteren Darlegung.

Hiernach steht

a) den früheren Königlichen Ministern ein Anspruch auf ein lebenslängliches Ruhegehalt und auf Hinterbliebenenversorgung zu. Die Bezüge sind unter Zugrundelegung der bei ihrer Versetzung in den dauernden Ruhestand bestimmten Dienstzeit aus dem jeweiligen Gehalt der aktiven Minister zu berechnen;

b) den ausgeschiedenen und den zur Zeit der Erlassung des Ministergesetzes noch im Amt befindlichen parlamentarischen Ministern steht, da sie mit der Entlassung in den dauernden Ruhestand treten, ebenfalls ein Anspruch auf lebenslängliches Ruhegehalt und Hinterbliebenenversorgung zu.

Diese Ansprüche sind wohlerworbene Rechte.

In sie greifen, wie das Württembergische Staatsministerium selbst nicht verkennt, die Vorschriften der Art. 12 und 13 des Ministergesetzes ein, soweit sie dem Gesetze rückwirkende Kraft beilegen. Insoweit sind sie mit der Reichsverfassung nicht vereinbar.

---

83. Ist eine durch Höchstbetragshypothek gesicherte Forderung auch dann als eine durch Hypothek gesicherte Forderung im Sinne von § 9 AufwG. anzusehen, wenn noch nicht feststeht, welche bestimmten Forderungen durch die Höchstbetragshypothek gesichert werden sollen?

BGB. § 1190. AufwG. § 9.

II. Zivilsenat. Urt. v. 27. März 1928 i. S. Ho. (Bekl.) w. Ha. (Kl.). II 474/27.

I. Landgericht Flensburg.
II. Oberlandesgericht Kiel.

Der Beklagte hat am 8. Mai 1919 einen von ihm akzeptierten, vom Kläger ausgestellten Wechsel über 20000 dänische Kronen bei der Filiale der Schl.-H.schen Bank in T. diskontiert und es sind dafür 50650,40 ℳ seinem Konto gutgeschrieben worden. Der Wechsel wurde am Verfalltag nicht bar eingelöst, sondern ein neuer Kronenwechsel über denselben Betrag gegeben, der dem Beklagten nach dem damaligen Kursstand in Mark unter Abzug der Diskontkosten gutgebracht wurde, während der fällige Wechselbetrag ihm zur Last geschrieben wurde. So verfuhr man in der Folgezeit noch mehrfach. Nach Abtretung Nordschleswigs an Dänemark im Jahre 1920 übertrug die Schl.-H. Bank, die ihre Filiale in T. liquidierte, den damals laufenden Wechsel auf die Dänische Handelsbank, die sich dann von den Beteiligten nach Verfall des übernommenen Wechsels fortlaufend neue Wechsel ausstellen ließ und diese nach dem jedesmaligen Kurse in Papiermark diskontierte. Die Bank hat den letzten, am 4. November 1921 fälligen Wechsel vom 4. August 1921 am 10. November 1921 bei sich protestieren lassen und dann Zahlung vom Kläger verlangt, der den Wechsel durch Zahlung der Wechselsumme nebst Unkosten eingelöst hat. Der Beklagte hat seine Verpflichtung zur Erstattung der Wechselsumme mehrfach anerkannt. Er hat im Juli 1922 auf verschiedenen ihm gehörigen Grundstücken eine Höchstbetragshypothek in Höhe von 2 Millionen Mark eintragen lassen für alle Forderungen des Klägers gegen ihn aus ihrer Geschäftsverbindung, namentlich aus der Bürgschaft gegenüber der Handelsbank.

Der Kläger verlangt jetzt vom Beklagten Zahlung von 20000 Kronen oder des dem Zahlungstag entsprechenden Reichsmarkbetrags nebst 12% Zinsen seit dem 1. November 1925 und Duldung der Zwangsvollstreckung aus der Höchstbetragshypothek wegen dieser Forderung. Er stützt seinen Erstattungsanspruch in erster Linie auf den ihm vom Beklagten erteilten Auftrag zur Wechselzeichnung, weiter auch auf den Wechsel selbst und die übernommene Bürgschaft, sowie auf die mehrfachen Anerkenntnisse des Beklagten und auf ungerechtfertigte Bereicherung. Der Beklagte macht geltend, der dem Kläger erteilte Auftrag zur Wechselzeichnung sei nichtig, weil es sich für den Beklagten bei dem Geschäft mit den Banken um ein Spiel- oder Differenzgeschäft gehandelt habe. Außerdem seien die ersten Wechselbegebungen wegen Verstoßes gegen die Devisenverordnung vom 8. Februar 1917 nichtig und deshalb auch die späteren Prolongationswechsel unwirksam gewesen. Der Kläger habe auch einen der Prolongationswechsel nach der Abtretung Nordschleswigs an Dänemark nach T. gebracht und damit gegen das Kapitalflucht-Gesetz verstoßen. Die Nichtigkeit dieser Handlungen sei dem Beklagten erst nach dem 1. November 1925 bekannt geworden, sodaß in seinen Anerkenntnissen keine Bestätigung zu erblicken sei. Jedenfalls müsse der Kläger gegen Zahlung der Summe die Wechsel zurückgewähren und die Löschung der Hypothek bewilligen. Der dinglichen Klage stehe die gesetzliche Stundung des § 25 AufwG. entgegen.

Das Landgericht hat den Beklagten zur Zahlung von 20000 dänischen Kronen oder des sich am Zahlungstag ergebenden Wertes in deutscher Reichsmark nebst 12% Zinsen seit dem 1. November 1925 verurteilt, im übrigen aber die Klage abgewiesen. Die Berufung des Beklagten gegen dieses Urteil wurde zurückgewiesen mit der Maßgabe, daß die Urteilssumme nebst Zinsen nur Zug um Zug gegen Herausgabe des am 4. November 1921 fälligen Kronenwechsels, des Protestes und der Rückwechselrechnung und gegen Bewilligung der Löschung der für den Kläger eingetragenen Höchstbetragshypothek von 2 Millionen M zu zahlen sei. Die Revision des Beklagten führte zur Aufhebung und Zurückverweisung.

Aus den Gründen:

Das Berufungsgericht erachtet den Anspruch auf Erstattung der 20000 Kronen, den der Kläger in erster Linie nicht auf den Wechsel, sondern darauf gestützt hat, daß er auf Grund seiner im Auftrag des Beklagten geschehenen Unterzeichnung des Wechsels diesen habe einlösen müssen, nach § 670 BGB. für begründet. Die Einwendungen des Beklagten, der aus mehrfachen Gründen die Nichtigkeit der Wechsel und demgemäß auch des ihrer Ausstellung zugrundeliegenden Auftrags behauptet, hat das Berufungsgericht zurückgewiesen. Die Revision erhebt hiergegen eine Reihe von prozessualen und sachlichen Angriffen. (Es werden zunächst mehrere prozessuale Angriffe zurückgewiesen, dann heißt es weiter:)

Dagegen muß die Rüge des Fehlens von Entscheidungsgründen durchgreifen. Der Revisionsgrund des § 551 Nr. 7 ZPO. ist nicht nur dann gegeben, wenn das Urteil überhaupt keine Entscheidungsgründe enthält, sondern greift auch Platz, wenn die Urteilsgründe auf ein einzelnes selbständiges Angriffs- oder Verteidigungsmittel überhaupt nicht eingegangen sind. Bloße unzureichende Begründung kann unter dem Gesichtspunkt des § 551 Nr. 7 ZPO. nicht gerügt werden (RGZ. Bd. 109 S. 203).

Hier hatte der Beklagte schon im ersten Rechtszug geltendgemacht und im zweiten daran festgehalten: Er habe dem Kläger im Jahre 1922 für seine vermeintlichen Ansprüche eine

Sicherungshypothek zum Höchstbetrag von 2 Millionen Mark bestellt und diese Ansprüche habe man durch Vereinbarung vom 8. Februar 1923 auf 2 Millionen Mark festgestellt. Demgemäß fänden auf diese Forderungen § 10 Nr. 6 und § 12 AufwG. Anwendung und der Kläger könne jetzt keine höhere Aufwertung mehr geltend machen, weil er seine höhere Anmeldung bei der Aufwertungsstelle zurückgenommen habe. Hierauf ist das Berufungsgericht nicht eingegangen. Das Vorbringen stellt sich aber als selbständiges Verteidigungsmittel dar, das auch dann noch rechtliche Bedeutung hatte, wenn das Berufungsgericht die übrigen Einwendungen zurückwies. Nach der Behauptung des Beklagten lag jedenfalls nach der Vereinbarung vom 8. Februar 1923 keine Kronenforderung mehr vor, sondern sie wurde durch Parteivereinbarung in eine Markforderung von 2 Millionen umgewandelt. Daraus will der Beklagte herleiten, daß auf diese durch Hypothek gesicherte Forderung das Aufwertungsgesetz Anwendung finde und daß der Kläger deshalb mangels einer noch rechtswirksamen höheren Anmeldung der persönlichen Forderung nur 25% des Goldmarkwertes der am 8. Februar 1923 festgestellten Papiermarkforderung fordern könne. Außerdem hätte die Anwendung der Vorschriften des Aufwertungsgesetzes zur Folge, daß nicht nur die Ansprüche aus der Hypothek selbst, wie schon das Landgericht angenommen hat, nicht vor dem 1. Januar 1932 geltendgemacht werden könnten, sondern daß auch die persönliche Forderung der gesetzlichen Stundung des § 25 AufwG. unterliegen würde. Das gänzliche Übergehen dieses selbständigen Verteidigungsmittels des Beklagten muß schon unter dem Gesichtspunkt des § 551 Nr. 7 ZPO. zur Aufhebung des angefochtenen Urteils und zur Zurückverweisung führen.

Aber auch in sachlicher Hinsicht ist die Entscheidung des Berufungsgerichts rechtlich nicht haltbar, wenn die vom Beklagten zur Begründung seines Einwands geltendgemachten Tatsachen erwiesen werden. Es steht fest, daß im Juli 1922 zur Sicherung der Ansprüche des Klägers aus der Einlösung des Wechsels bei der Handelsbank auf verschiedenen Grundstücken des Beklagten eine Gesamt-Sicherungshypothek in Höhe von 2 Millionen Mark eingetragen worden ist. Wenn diese Forderung eine reine Kronenforderung war, kann das Aufwertungsgesetz keine Anwendung finden. War aber der zu sichernde Anspruch, sei es auch nur auf Grund vertragsmäßiger Umwandlung, zu einer Markforderung geworden, dann erhebt sich allerdings die Frage, ob und wieweit hier das Aufwertungsgesetz Platz greift.

Die Höchstbetragshypothek nach § 1190 BGB. ist eine Unterart der Sicherungshypothek und demgemäß müßten an sich die durch Höchstbetragshypotheken gesicherten Forderungen im Sinne des Aufwertungsgesetzes ebenso behandelt werden wie sonstige durch Hypothek gesicherte Forderungen. Aber die Verbindung zwischen Hypothek und Forderung ist bei der Höchstbetragshypothek im Zeitpunkt ihrer Begründung in der Regel nur lose. Die Feststellung der Forderung bleibt zunächst vorbehalten (§ 1190 Abs. 1 BGB.) und die Forderung kann nach § 1190 Abs. 4 ohne die Hypothek übertragen werden. Die Bezeichnung der zu sichernden Forderung braucht nur ganz allgemein zu erfolgen, und es ist daher oft zweifelhaft, für welche Forderung die Sicherung durch Hypothek in Anspruch genommen wird. Diese besondere Natur der Höchstbetragshypothek und ihres Verhältnisses zu den zu sichernden Forderungen rechtfertigt es, nicht schlechthin jede Forderung, wofür eine Sicherung durch die Höchstbetragshypothek in Frage kommt, als eine durch Hypothek gesicherte Forderung im Sinne des § 9 AufwG. anzusehen, auf welche die § 10 Abs. 1 Nr. 6, §§ 12, 25 AufwG. anzuwenden sind. Solange noch nicht feststeht, welche bestimmten Forderungen durch die Höchstbetragshypothek gesichert werden sollen, wird nicht von einer durch Hypothek gesicherten Forderung in obigem Sinne gesprochen werden können. Sobald aber eine Feststellung der Höhe der zu sichernden Forderung erfolgt, beschränkt sich das Recht des Gläubigers auf diesen Betrag, und es liegt dann kein Grund mehr vor, die Sicherung durch Höchstbetragshypothek für die Anwendung des Aufwertungsgesetzes anders zu behandeln als eine solche durch die gewöhnliche Sicherungshypothek. Dann findet aber auch auf die persönliche Forderung die Vorschrift des § 25 AufwG. Anwendung, sodaß die Forderung ebenso wie die Hypothek selbst nicht vor dem 1. Januar 1932 geltendgemacht werden kann. . . .

---

84. 1. Über Dauer und Verlust des Ausstattungsbesitzes.

2. Sind gegenüber der Popularklage nach § 9 Abs. 1 Nr. 2 WZG. Einwendungen aus der Person des Popularklägers zulässig, insbesondere die Einrede der Arglist?

WZG. §§ 9, 15.

II. Zivilsenat. Urt. v. 17. April 1928 i. S. B. (Kl.) w. St. (Bekl.).
II 411/27.

I. Landgericht I Berlin, Kammer für Handelssachen.
II. Kammergericht daselbst.

Der Kläger verlangt mit der Behauptung, er habe für seine Schuhwaren, namentlich für Sportstiefel, den Ausstattungsschutz an dem Wort „Bärenstiefel" erworben, Löschung des Zeichenschutzes, den die Beklagte an diesem Wort erlangt hat. Letzteres soll, wie der Kläger geltendmacht, in Kenntnis davon geschehen sein, daß er die Bezeichnung „Bärenstiefel" in den Verkehr eingeführt habe. Außerdem fordert der Kläger die Einwilligung der Beklagten dazu, daß dieses Wort für ihn als Warenzeichen eingetragen werde. Nachdem durch früheres Urteil des erkennenden Senats das die Klage in vollem Umfang abweisende Erkenntnis des Kammergerichts vom 7. November 1925 aufgehoben und die Sache an das Berufungsgericht zurückverwiesen worden war, hat der Kläger im neuen zweitinstanzlichen Verfahren vorgetragen, daß er 1924 in Zahlungsschwierigkeiten geraten sei und infolge davon im Jahre 1925 unter Löschung seiner Firma im Handelsregister sein Geschäft aufgegeben, seiner Ehefrau die Rechte aus dem Mietvertrag über das Geschäftslokal abgetreten und ihr unter Vorbehalt seiner Rechte, nämlich seines Ausstattungsschutzes an dem Wort „Bärenstiefel", das Recht zur Benutzung dieser Bezeichnung für die ihr von Schuhfabrikanten kommissionsweise zum Verkauf übergebenen Sportstiefel eingeräumt habe. Außerdem machte der Kläger geltend, er habe zum 1. November 1926 in B.-Sch. ein Agentur- und Kommissionsgeschäft „für den Vertrieb der Bärenstiefel" angemeldet und für dieses unter seinem Namen geführte Geschäft das Wortzeichen „Bärenstiefel" eintragen lassen wollen. Daraufhin behauptete die Beklagte, der etwaige Ausstattungsschutz des Klägers sei erloschen, weil er seinen Geschäftsbetrieb nicht fortgesetzt habe. Diesem Vorbringen setzte der Kläger den Einwand der Arglist entgegen mit der Begründung: die Beklagte könne sich nicht darauf berufen, daß sein Ausstattungsschutz durch diese Veränderung seiner geschäftlichen Verhältnisse erloschen sei. Denn ihr unlauterer Wettbewerb, durch den sie ihm den Gebrauch des Wortes „Bärenstiefel" unmöglich gemacht habe, sei die Ursache seiner geschäftlichen Schwierigkeiten und dafür gewesen, daß er seine Rechte aus dem Mietvertrag auf seine Frau habe übertragen müssen.

Das Kammergericht hat die Klage wiederum abgewiesen. Die Revision des Klägers hatte keinen Erfolg.

Aus den **Gründen**:

Der Berufungsrichter begründet die Abweisung der Klage nunmehr damit, daß der Kläger, selbst wenn er für das von ihm seinerzeit unter der Firma Hans B. betriebene Schuhwarengeschäft einen Ausstattungsschutz an dem Wort „Bärenstiefel" erworben haben sollte, heute nicht mehr berechtigt wäre, diesen Schutz für sich in Anspruch zu nehmen. Denn er habe sein Geschäft unter Löschung der Firma im Jahre 1925 aufgegeben; das jetzt von ihm betriebene Agentur- und Kommissionsgeschäft zum Vertrieb der „Bärenstiefel", wofür er dieses Wort als Warenzeichen eintragen lassen wolle, sei aber nicht die Fortsetzung seines früheren Geschäfts, sondern ein ganz neuer Betrieb.

Auf den Vorwurf der Arglist, den der Kläger gegen die Beklagte erhoben hatte, ist das Kammergericht nicht eingegangen. Darüber beschwert sich die Revision unter Hinweis auf § 551 Nr. 7 ZPO. Die Rüge ist an sich zulässig, da die Nichtberücksichtigung eines selbständigen Angriffs- oder Verteidigungsmittels unter diese Vorschrift fällt. Sie ist aber nicht begründet; denn die Berufung auf Arglist der Beklagten ist nach Lage der Sache nicht zulässig.

Die Klage aus § 9 Abs. 1 Nr. 2 WZG. auf Löschung eines Warenzeichens wegen Einstellung des Geschäftsbetriebs, welcher der Einwand der Beklagten rechtlich gleichsteht, ist eine Popularklage. Wie dadurch beim Warenzeichen jedermann im öffentlichen Interesse die Möglichkeit zur Herbeiführung der Löschung unrechtmäßiger Zeichen erhalten hat, so ist auch beim Ausstattungsschutz jedem beliebigen eine Handhabe zur Geltendmachung des Wegfalls dieses Schutzes gegeben. Da beim Ausstattungsschutz keine Löschung in Frage kommt, bedarf es hier nicht der Erhebung einer Widerklage. Der Popularkläger vertritt, wie bereits in den Urteilen des erkennenden Senats RGZ. Bd. 109 S. 73 und Bd. 114 S. 276 für das Warenzeichenrecht ausgesprochen ist, das Interesse der Allgemeinheit daran, daß ein Schutz, der infolge dauernder Aufgabe des Geschäftsbetriebs endgültig aufgehört hat, nicht mehr als bestehend betrachtet und daß dann das betreffende Wort, Bild, die Gestaltung der Ware oder deren Verpackung usw. für den Verkehr frei wird. Des Nachweises eines eigenen schutzwürdigen Interesses des Popularklägers bedarf es nicht. Ist aber davon auszugehen, daß durch das unzulässig gewordene Warenzeichen oder den zu Unrecht als noch bestehend betrachteten Ausstattungsschutz die Allgemeinheit beeinträchtigt wird und daß daher ein öffentliches Interesse an der Beseitigung dieses unrechtmäßigen Zustands zu bejahen ist, so folgt daraus, daß derjenige, der die Klage erhoben hat, dem andern Teil nicht als bestimmte Einzelperson, sondern lediglich als Vertreter allgemeiner Interessen gegenübersteht, die auch von Verbänden oder Organisationen des öffentlichen Rechts, z. B. von einer Handelskammer, wahrgenommen werden könnten. Dann muß folgerichtig abgesehen werden von der Person dessen, der die Popularklage oder, beim Ausstattungsschutz, den ihr rechtlich gleichstehenden Einwand aus § 9 Abs. 1 Nr. 2 WZG. erhoben hat, also auch von seinem früheren Verhalten gegenüber dem andern Teil und von den etwaigen unlauteren Zwecken, die er mit dem Rechtsbehelf nebenher verfolgt. Die vom erkennenden Senat in RGZ. Bd. 108 S. 37 angenommene Möglichkeit, daß die Popularklage selbst eine unerlaubte Handlung darstellt und aus diesem Grunde abzuweisen wäre, muß deshalb ausscheiden. Eine solche Möglichkeit kann nach den vorstehenden Darlegungen nicht in Frage kommen. Für den in RGZ. Bd. 108 a. a. O. rechtlich gleichgestellten Fall, daß die Klage etwa gegen Vertragsrecht verstößt (exceptio pacti), ist schon deshalb kein Raum, weil die vertragliche Ausschließung der Klage oder des Einwands aus § 9 Abs. 1 Nr. 2, d. h. die Übernahme der Verpflichtung, ein nach dem Gesetz rechtsunwirksam gewordenes Warenzeichen oder einen nicht mehr bestehenden Ausstattungsschutz als rechtswirksam und weiterbestehend zu behandeln, nach §§ 134, 306 BGB. nichtig wäre. Aus der Rechtsunwirksamkeit des Warenzeichens als Folge der Einstellung des Geschäftsbetriebs, für den der Zeichenschutz erworben ist, oder aus dem Aufhören des Ausstattungsschutzes wegen dauernder Aufgabe des Geschäftsbetriebs folgt aber auch, daß der bisherige Zeichenberechtigte oder Ausstattungsbesitzer in Wahrheit gar kein schutzwürdiges Interesse an der Geltendmachung eines Einwands oder einer Replik hat, um die Klage oder den Einwand aus § 9 Abs. 1 Nr. 2 a. a. O. zu Fall zu bringen. Im übrigen wäre es für ihn auch ohne bleibenden Wert, die Klage des einzelnen Popularklägers zu beseitigen, weil sofort ein anderer die gleiche Klage erheben könnte, ohne daß der Einwand Erfolg hätte, daß er nur als Kläger vorgeschoben sei. Da hiernach dem Popularkläger Einreden aus seiner Person nicht entgegengehalten werden können, so versagt ihm gegenüber die Berufung der andern Partei auf seine Arglist.

Der Ansicht Julius Seligsohns (Gewerbl. Rechtssch. 1927 S. 547), der im wesentlichen unter Hinweis auf Äußerungen des Schrifttums zur Patentnichtigkeitsklage die gegenteilige Auffassung vertritt, vermag der Senat nicht beizutreten. Eine Stellungnahme zum Standpunkt der von Seligsohn angeführten Schriftsteller, die zum Teil wieder untereinander abweichen, erübrigt sich hier, weil die Verhältnisse bei der Patentnichtigkeitsklage rechtlich anders liegen als beim Warenzeichen- und Ausstattungsschutz. Es soll nur darauf hingewiesen werden, daß die Fragen, ob eine zur gewerblichen Verwertung geeignete Erfindung vorliegt und — zutreffendenfalls — ob sie neu ist, nach dem Stande der Technik in vielen Fällen einer durchaus verschiedenen Beantwortung fähig sind, und daß daher im Rahmen des Patentrechts die Wirksamkeit eines Vertrags (Vergleichs) über die Ausschließung der Nichtigkeitsklage nicht zu beanstanden ist und die exceptio pacti gegenüber dem vertragsbrüchigen Nichtigkeitskläger mit Recht für zulässig gehalten wird.

Sind hiernach Einwendungen gegen die Popularklage aus der Person des Popularklägers auf dem Gebiete des Zeichen- und Ausstattungsschutzes (§ 9 Abs. 1 Nr. 2 WZG.) nicht zulässig, so verbleibt dem andern Teil doch das Recht, seine vermeintlichen Ansprüche auf Schadensersatz aus unlauterem Wettbewerb oder unerlaubter Handlung im Prozeßweg zu verfolgen. Der Schadensersatzanspruch kann aber immer nur auf Geld gerichtet sein. Der Grundsatz des Naturalersatzes (§ 249 Satz 1 BGB.) muß hier nach § 251 Abs. 1 das. regelmäßig ausscheiden, weil mit der dauernden Einstellung des Geschäftsbetriebs die gesetzlichen Voraussetzungen für den mit diesem verbundenen Zeichen- oder Ausstattungsschutz endgültig beseitigt sind.

Den Vorschriften des Warenzeichengesetzes (namentlich § 1) entspricht sodann auch die Ansicht des Vorderrichters, daß der Ausstattungsschutz ebenso wie das Warenzeichen grundsätzlich nur für einen bestimmten Gewerbebetrieb erworben werden kann. Ohne einen bestehenden Gewerbebetrieb ist der Erwerb des Zeichen- und des Ausstattungsschutzes nicht denkbar. Die Ausstattung ist eine vom Verkehr anerkannte Kennzeichnung der Ware eines bestimmten Geschäftsbetriebs; sie muß tatsächlich in einem solchen Betrieb Verwendung finden und sich Verkehrsgeltung dahin verschafft haben, daß sie als Kennzeichen für die Herkunft der Ware angesehen wird.

Dabei ist nicht erforderlich, daß das Publikum den Namen dieses Geschäftsbetriebs kennt; es genügt, daß es in der Ausstattung den Hinweis auf die betreffende Herkunftsstätte erblickt.

Der Ausstattungsschutz dauert fort, solange der tatsächliche Zustand bestehen bleibt, der ihn begründet. Das ist z. B. auch dann der Fall, wenn der Geschäftsinhaber den Betrieb, für den er Ausstattungsschutz erworben hat, auf einen andern überträgt und dieser die Ausstattung weiterführt, wenn also nur die Person des Betriebsinhabers wechselt. Es handelt sich dann nur um die Fortsetzung des bisherigen Betriebs, für den der Schutz erworben war. Eine solche Übertragung des Geschäftsbetriebs (durch den Kläger auf seine Ehefrau) liegt hier, jedenfalls im Rechtssinne, nicht vor. Der Kläger war vielmehr durch seine Zahlungsschwierigkeiten im Jahre 1924 genötigt, das Geschäft aufzugeben. Die Ehefrau, der er nach seiner Angabe die Rechte aus dem Mietvertrag über die Geschäftsräume abtrat, eröffnete dann unter ihrem Namen (Helene B.) in denselben Geschäftsräumen ein Geschäft in Schuhwaren, das sie anscheinend noch jetzt führt. Dadurch, daß er ihr, wie er weiter vorträgt, auf eine gewisse Zeit gestattet haben sollte, die Bezeichnung „Bärenstiefel" für die ihr von Schuhfabrikanten kommissionsweise überlassenen Waren zu verwenden, mit dem Vorbehalt jedoch, dieses Wort als Warenzeichen für sich selbst eintragen zu lassen, hätte er ihr eine Lizenz an seiner Ausstattung eingeräumt. Die Frage, ob eine Lizenz an der Ausstattung möglich ist, wird von Hagens WZG. S. 250 und den dort Genannten im Gegensatz zu dem Urteil des erkennenden Senats vom 8. Mai 1914 (RGZ. Bd. 85 S. 30) und zu Seligsohn WZG. S. 250 bejaht; sie bedarf aber hier nicht der Entscheidung, da keine Rechte aus Lizenzerteilung geltendgemacht werden. Es sei nur noch bemerkt, daß, auch wenn man grundsätzlich die Möglichkeit einer Lizenz an der Ausstattung bejaht, die Rechtsgültigkeit im einzelnen Fall davon abhängt, daß der Lizenzgeber den Geschäftsbetrieb, für den er den Ausstattungsschutz erworben hatte, nicht endgültig wieder aufgegeben hat.

Die Beantwortung der letzteren Frage ist maßgebend für die Entscheidung über die Klage; denn der Kläger stützt seine Ansprüche auf angeblichen Ausstattungsschutz an dem Wort „Bärenstiefel".

Das Berufungsgericht sieht in Übereinstimmung mit der Beklagten den vom Kläger für seinen früheren Geschäftsbetrieb etwa erworbenen Ausstattungsschutz mit der Aufgabe jenes Betriebs ohne weiteres als verloren an, weil die Ausstattung ihrem Zwecke nach einen Hinweis auf das frühere Geschäft habe bilden sollen und daher mit dessen Aufhören jede Bedeutung verloren habe. In dieser Allgemeinheit kann dem Vorderrichter nicht zugestimmt werden. Die Voraussetzungen des Ausstattungsschutzes sind tatsächlicher Art. Hatte sich das Publikum auf Grund mehrjähriger starker Reklame des Klägers daran gewöhnt, das Wort „Bärenstiefel“ auf Schuhe, besonders Sportstiefel, aus dem Betrieb des Klägers zu beziehen, so ist nicht einzusehen, weshalb sich diese Gewöhnung nicht für gleichartige Waren eines neuen Geschäftsbetriebs des Klägers fortsetzen sollte, falls er aus besonderen Gründen seinen bisherigen Geschäftsbetrieb aufgeben mußte, aber in der Lage war, alsbald einen neuen Betrieb mit Waren gleicher Art zu eröffnen.

Daraus, daß der Zeichenschutz bei Aufgabe des Geschäftsbetriebs, für den das Zeichen eingetragen ist, ohne weiteres aufhört und nicht etwa auf einen vom Geschäftsinhaber später gegründeten neuen Gewerbebetrieb übergeht, folgt entgegen der Ansicht des Berufungsrichters nichts für den Ausstattungsschutz. Denn für dessen Begründung und Beendigung entscheidet allein der tatsächliche Zustand, während sich Beginn und Ende des Zeichenschutzes nach den genauen, formalen Vorschriften des Warenzeichengesetzes bestimmen. Auch der Umstand, daß der neue Geschäftsbetrieb des Klägers abweichend vom früheren nur ein Agentur- und Kommissionsgeschäft für den Vertrieb der „Bärenstiefel“ ist, stände dem Übergang des Ausstattungsschutzes auf ihn nicht entgegen. Nicht gerechtfertigt ist das Bedenken des Berufungsgerichts (das sich übrigens nur auf die Agenten- und nicht auf die Kommissionär-Tätigkeit des Klägers beziehen könnte), ob für ein geschäftliches Unternehmen, dessen Gegenstand bloß die Vermittlung des Warenvertriebs ist, der Erwerb eines Zeichen- und Ausstattungsschutzes überhaupt möglich sei. Der Geschäftsbetrieb des Verkaufsagenten dient nicht weniger dem Vertrieb von Waren als der eines anderen Gewerbetreibenden. Daß dies beim Kommissionär der Fall ist, versteht sich von selbst. Deshalb können auch Kommissionär und Agent auf die von ihnen vertriebenen fremden Waren Zeichen- und Ausstattungsschutz erhalten (RGSt. Bd. 16 S. 312; Hagens a. a. O. Anm. 16 zu § 1; Seligsohn a. a. O. Anm. 5 und 8 zu § 1). Auch der Ausdruck „seiner Waren“ in § 1 WZG. gibt keinen Anlaß zu Bedenken. Denn diese Fassung bedeutet nicht, daß der Zeichenschutz sich nur auf Waren erstrecken solle, die im

Eigentum des Zeicheninhabers stehen, sondern bezeichnet nur den Gegensatz der Waren, die gerade der Zeicheninhaber in den Verkehr bringen will, zu denen, die von anderen Personen vertrieben werden. Das ergibt sich klar aus § 12 WZG., wo nur von „Waren" die Rede ist.

Wie schon bemerkt, entscheiden nur Umstände tatsächlicher Art über Erwerb und Verlust des Ausstattungsschutzes. Wäre der Aufgabe des bisherigen Geschäftsbetriebs des Klägers alsbald die Gründung seines neuen Betriebs gefolgt und würde es sich demnach nur um eine vorübergehende Nichtbenutzung der angeblichen Ausstattung handeln, so bestände kein Anlaß, den Übergang des Ausstattungsschutzes auf den neuen Betrieb oder die Weiterentwicklung eines im Entstehen begriffenen Schutzes zugunsten der gleichartigen Waren des neuen Geschäftsbetriebs zu bezweifeln.

Aber so liegt der Fall hier nicht. Das Vorbringen der Revision, die Gründung des Agentur- und Kommissionsgeschäfts für den Vertrieb der „Bärenstiefel" habe sich unmittelbar an die Aufgabe des früheren Fabrikations- und Verkaufsgeschäfts des Klägers angeschlossen, steht im Widerspruch mit der Feststellung des Berufungsgerichts, wonach er das ursprüngliche Geschäft infolge seiner im Jahre 1924 eingetretenen Zahlungsschwierigkeiten aufgegeben und seine Firma im folgenden Jahre hat löschen lassen. Das Agentur- und Kommissionsgeschäft hat er aber, wie aus der überreichten Anmeldung hervorgeht, erst mit dem 1. November 1926 begonnen. Seit dem Erlaß des klagabweisenden kammergerichtlichen Urteils vom 7. November 1925, worin ausgesprochen wurde, daß sich das Publikum an die Bezeichnung „Bärenstiefel" als Kennzeichen für die Ware der Beklagten gewöhnt und daß der Kläger daher kein Recht auf die Verwendung dieser Bezeichnung habe, hat aber der Kläger nach seiner eigenen Angabe dieses Wort nicht mehr verwendet. Der Fall einer nur vorübergehenden Nichtbenutzung der angeblichen Ausstattung liegt daher nicht vor.

Nach alledem hat der Kläger den etwa erworbenen Ausstattungsschutz an dem Wort „Bärenstiefel" und die Priorität auf dieses Wort durch die Aufgabe seines Geschäfts verloren.

---

85. Zur Frage des Gewinnbeteiligungsrechts des stillen Gesellschafters.

HGB. § 336.

II. Zivilsenat. Urt. v. 17. April 1928 i. S. K. u. Gen. (Kl.) w. Schn. (Bekl.). II 432/27.

I. Landgericht Osnabrück.

Die Kläger waren stille Gesellschafter des Beklagten. Das Gesellschaftsverhältnis hat durch Kündigung zum 1. April 1924 sein Ende erreicht. Der Streit der Parteien dreht sich u. a. darum, ob die Kläger Anteil an Entschuldungsgewinnen des Beklagten haben, die daraus herrühren, daß er Vorkriegsschulden mit entwertetem Geld zurückgezahlt hat. Das Landgericht hat diese Frage zuungunsten der Kläger verneint. Ihre unmittelbar zum Reichsgericht eingelegte Revision hatte Erfolg aus nachstehenden

Gründen:

Das Landgericht verneint ein Anteilsrecht der Kläger an den sog. Entschuldungsgewinnen. Es erwägt: Die Kläger seien als stille Gesellschafter nur am Betriebsgewinn, d. h. an dem durch Warenumsatz erzielten Gewinn, nicht aber auch an sonstigen Gewinnen oder an einer allgemeinen Vermehrung des Geschäftsvermögens beteiligt. Es könne deshalb auf sich beruhen, ob der Entschuldungsgewinn als Erhöhung der Anlagewerte anzusehen sei, wie der Beklagte meine. Denn jedenfalls sei er nicht Betriebsgewinn, sondern er sei einem auf Schenkung beruhenden Gewinn vergleichbar, an dem der stille Gesellschafter ebenfalls nicht teilnehmen würde. Eine Erhöhung des Gesamtvermögens durch Entschuldungsgewinn sei zwar gemäß § 242 BGB. bei der Aufwertung der Einlage der stillen Gesellschafter zu berücksichtigen. Bei der Errechnung des Gewinnanteils der stillen Gesellschafter müsse er aber außer Betracht bleiben.

Die Revision bestreitet, daß nur der durch Umsatz erzielte Gewinn Betriebsgewinn sei und daß der stille Gesellschafter nur an solchem Betriebsgewinn teilnehme. Gewinn im Sinne des § 336 HGB. sei vielmehr jegliche Vermehrung des Geschäftsvermögens, die sich aus einem Vergleich des Vermögens am Ende des Geschäftsjahrs mit dem Stand am Schlusse des vorausgegangenen ergebe; woher dieser Zuwachs komme, sei gleichgültig.

Alles, was während Bestehens der stillen Gesellschaft an Gewinn erzielt werde, unterliege der Beteiligung der stillen Gesellschafter. Dies gelte auch für den in der Inflationszeit durch Abstoßung von Hypotheken erzielten Entschuldungsgewinn, zumal wenn die Hypotheken, wie nach der unwiderlegten Behauptung der Kläger für die Revisionsinstanz unterstellt werden müsse, zu Betriebs- und nicht zu Anlagezwecken aufgenommen worden seien.

Der Revisionsangriff ist begründet. Zuzugeben ist zwar, daß — von besonderen ausdrücklichen oder stillschweigenden Vereinbarungen abgesehen — der stille Gesellschafter nicht an jeder Erhöhung des Gesellschaftsvermögens teilhat. So erstreckt sich sein Gewinnanteilsrecht nicht auf Werterhöhungen bei dem nicht zum Umsatz bestimmten Anlagevermögen, es sei denn, daß dieser Mehrwert durch Aufwendung von Gesellschaftsmitteln geschaffen wurde. Soweit das Urteil des erkennenden Senats vom 5. November 1908 (RGZ. Bd. 94 S. 106) rechtsgrundsätzlich eine andere Auffassung vertritt, wird hieran nicht festgehalten (Flechtheim bei Düringer-Hachenburg Anm. 6 zu § 377 HGB. und Staub-Pinner Anm. 3 zu § 336, Anm. 6 zu § 340 das.). Allein daraus folgt noch nichts für die hier zu entscheidende Frage. Nach dem für die Revisionsinstanz als richtig zu unterstellenden Klagvorbringen handelt es sich bei den fraglichen Schuldposten um Verbindlichkeiten, die während Bestehens der stillen Gesellschaft, lange vor der Zeit der Geldentwertung, zum Erwerb von Geschäftsgrundstücken, zur Erstellung von Fabrikationsräumen, zur Anschaffung von Maschinen und dergl., also zu Betriebserweiterungen und -Verbesserungen eingegangen wurden. Es waren demnach Schulden, die im Betrieb, zum Nutzen und für die Zwecke des geschäftlichen Unternehmens des Beklagten entstanden sind, dessen stille Gesellschafter die Kläger und vorher ihr Erblasser waren. Solche Verbindlichkeiten gingen, weil es sich eben um Geschäftsschulden aus der Zeit des Bestehens der Gesellschaft und nicht um solche Schulden handelte, die der Beklagte für eigene, private Zwecke eingegangen war, im Innenverhältnis zu Lasten beider Parteien und nicht nur zu Lasten des Beklagten. Sie bilden einen richtigen Passivposten der Gesellschaftsbilanz; ihr gänzlicher oder teilweiser Wegfall auf der Passivseite bedeutete einen echten Gewinnposten, wenn er ohne Gegenleistung oder anderweitige Belastung des Geschäftsvermögens geschah. Denn Gewinne sind keineswegs, wie das Landgericht zu meinen scheint, nur diejenigen Geschäftserträgnisse, die durch Warenumsatz erzielt werden; es fällt vielmehr auch sonstiger im Betrieb des Handelsgewerbes erzielter Vermögenszuwachs darunter, wie er z. B. durch Verjährung und gänzlichen oder teilweisen Erlaß von Geschäftsverbindlichkeiten, also durch Verminderung der Geschäftsschulden entsteht. Ohne Frage nimmt der stille Gesellschafter an den Wertsteigerungen der während der Dauer der Gesellschaft und mit ihren Mitteln erworbenen oder verbesserten Anlage-Gegenstände teil. Ebenso unbedenklich ist aber auch sein Gewinnanteilsrecht bei wirklichen Entschuldungsgewinnen zu bejahen, die auf der Abstoßung von Geschäftsschulden durch Zahlung oder auf der Aufwertungs-Gesetzgebung beruhen. An Bilanz-Schlußgewinnen, die hieraus herrühren, ist der stille Gesellschafter so gut beteiligt wie an einem Gewinn, der auf Verjährung oder auf gänzlichen oder teilweisen Erlaß von Geschäftsschulden zurückgeht. Ein derartiger Wegfall von Geschäftsschulden ist keineswegs auf eine Linie zu stellen mit Steigerungen des Wertes des vom Geschäftsinhaber eingebrachten Anlagevermögens, die nicht die Folge von Verbesserungen aus Geschäftsmitteln sind. Das vom stillen Gesellschafter eingelegte Kapital wird nicht selten eine wesentliche Stütze des geschäftlichen Kredits bilden, der die Aufnahme einer Schuld zu Betriebserweiterungen und -Verbesserungen erst ermöglicht oder wenigstens erleichtert. Auch von diesem Gesichtspunkt aus ist es gerechtfertigt, den stillen Gesellschafter, der zudem bei den Geschäftsforderungen an und für sich auch an Geldentwertungs-Verlusten mitzutragen hat, an etwaigen Entschuldungsgewinnen aus Verbindlichkeiten der bezeichneten Art teilnehmen zu lassen.

Der einzige Entscheidungsgrund des Landgerichts trägt hiernach die Abweisung der Klage nicht. Die Sache ist jedoch zur Endentscheidung noch nicht reif, weil über Entstehungszeit und Grund der fraglichen Verbindlichkeiten wie auch über die Höhe des daraus etwa herrührenden Reingewinns noch weitere tatsächliche Feststellungen erforderlich sind.

Anhang:

Entscheidungen des Staatsgerichtshofs.

1.

In der verfassungsrechtlichen Streitsache

des Landes Sachsen,

Antragstellers,

gegen

das Deutsche Reich,

Antragsgegner,

wegen Feststellung der Verpflichtung zur Aufbesserung der Bezüge von Altversorgungsberechtigten auf Grund der sächsischen Verordnung vom 15. Oktober 1926 (StGH. 5/26),

hat der Staatsgerichtshof für das Deutsche Reich in der öffentlichen Sitzung vom 3. Dezember 1927 für Recht erkannt:

Der Antrag des Landes Sachsen zu Punkt 1 wird abgewiesen.

Gründe:

I. Die am 9. Juli 1921 erlassenen Ausführungsbestimmungen zum Reichs-Pensionsergänzungsgesetz vom 21. Dezember 1920 enthalten unter Nr. 24 folgende Vorschrift:

„Soweit Beamte bisher gleicher Gattung und bisher gleicher Amtsbezeichnung jetzt — unter gleichen oder verschiedenen Amtsbezeichnungen — in mehreren Besoldungsgruppen aufgeführt worden sind, sind Altversorgungsberechtigte in die unterste dieser Gruppen (Eingangsgruppe) einzureihen ..."

In Übereinstimmung damit schreiben die Ausführungsbestimmungen vom 22. Dezember 1921 zum sächsischen Pensionsergänzungsgesetz vom 13. gleichen Monats (sächs. GesBl. S. 442) unter Nr. 4c vor:

Beförderungsstellen, die erst mit Wirkung vom 1. April 1920 oder einem späteren Tage an neu geschaffen worden sind, bleiben für die Einreihung der vor dem 1. April 1920 aus dem Amte ausgeschiedenen oder verstorbenen Beamten außer Berücksichtigung. Insbesondere kommt in den Fällen, wo bisher einheitliche Beamtengruppen durch die Besoldungsordnung oder den Besoldungsplan nach einem bestimmten Verhältnis auf verschiedene Besoldungsgruppen verteilt worden sind, lediglich die unterste dieser Besoldungsgruppen (Eingangsgruppe) in Betracht."

Am 6. Juli 1926 beschloß der sächsische Landtag, die Regierung zu ermächtigen, die besonderen Härten, die durch die bisherige Festsetzung des Ruhegelds der bis Ende März 1920 in den Ruhestand versetzten Beamten und Lehrer aufgetreten waren, im Rahmen gewisser Richtlinien auszugleichen. In Ausführung dieses Beschlusses erließ die sächsische Regierung am 15. Oktober 1926 eine Verordnung über die Bezüge der Altruheständler (sächs. GesBl. S. 408). Nach ihr erhalten, wenn die planmäßigen Beamten einer Dienstlaufbahn durch den endgültigen Besoldungsplan für das Rechnungsjahr 1920 auf verschiedene Besoldungsgruppen verteilt worden sind und hierbei mindestens die Hälfte der Gesamtstellenzahl auf Beförderungsstellen entfallen ist, die bis zum 1. April 1920 in den Ruhestand getretenen Beamten (Altruheständler) dieser Laufbahn, die nach den geltenden Bestimmungen bei Berechnung ihrer Versorgungsgebührnisse in die Eingangsgruppe einzureihen waren, unter gewissen Voraussetzungen einen Zuschlag zu ihrem Ruhegehalt. Der Zuschlag beläuft sich auf einen nach den verschiedenen Besoldungsgruppen abgestuften Hundertsatz des Unterschieds im Höchstruhegehalt zwischen dem Endgrundgehalt der Besoldungsgruppe, welcher der Altruheständler auf Grund des Pensionsergänzungsgesetzes zugeteilt worden ist, und dem Höchstruhegehalt aus dem Endgrundgehalt der nächsthöheren Besoldungsgruppe. Das Land Sachsen gewährt diesen Zuschlag seinen sämtlichen Altruheständlern, welche die Voraussetzungen der Verordnung erfüllen, auch denen, die den früher sächsischen, später auf das Reich übergegangenen Verwaltungszweigen — es sind das die Zoll-, Steuer- und Eisenbahnverwaltung — angehört haben. Es ist aber der Ansicht, daß die Mehrkosten, die für die Altruheständler dieser drei Verwaltungen durch die Neuregelung der Versorgungsbezüge entstehen, vom Reiche und, soweit die Eisenbahnverwaltung in Frage komme, von der Deutschen Reichsbahn-Gesellschaft zu tragen seien. Das Reich und die Deutsche Reichsbahn-Gesellschaft, die ihren Altpensionären keine entsprechende Ruhegehaltserhöhung gewähren, sondern an deren Einreihung in die Eingangsgruppe festgehalten haben, weigern sich, diesem Verlangen Sachsens zu entsprechen. Das Land Sachsen hat sich daher an den Staatsgerichtshof für das Deutsche Reich gewandt mit dem Antrag, eine Entscheidung dahin zu treffen:

1. Die Mehrkosten an Pensionen usw., die durch Erstreckung der sächsischen Verordnung vom 15. Oktober 1926 (sächs. GesBl. S. 408) auf die Altpensionäre der auf das Reich übergegangenen früheren sächsischen Zoll- und Steuerverwaltung entstehen, hat das Reich zu tragen.

2. Das Reich hat auf den Antrag Sachsens das nach §§ 44flg. des Reichsbahn-Gesetzes vorgesehene Gericht anzurufen und in dem zu führenden Rechtsstreit zu beantragen,

die Mehrkosten an Pensionen usw., die durch Erstreckung der sächsischen Verordnung vom 15. Oktober 1926 (sächs. GesBl. S. 408) auf die Altpensionäre der auf das Reich übergegangenen früheren sächsischen Eisenbahnverwaltungen entstehen, hat die deutsche Reichsbahn-Gesellschaft zu tragen.

Zur Herbeiführung einer Entscheidung über die von Sachsen behauptete Verpflichtung der Deutschen Reichsbahn-Gesellschaft ist inzwischen ein Verfahren vor dem Reichsbahngericht anhängig gemacht worden. Mit Rücksicht auf dieses Verfahren haben sich die Streitteile dahin geeinigt, daß der Staatsgerichtshof auf den sächsischen Antrag zu 2 vorläufig nicht entscheiden solle. Zu erkennen ist zur Zeit also nur über den Antrag zu 1, der die Tragung der erhöhten Versorgungsbezüge der sächsischen Altpensionäre der Zoll- und Steuerverwaltung betrifft. Der Sach- und Streitstand ist insoweit folgender:

Zur Vorbereitung der zum 1. Oktober 1919 geplanten und dann auch vollzogenen Einführung der Reichsfinanzverwaltung wurde zwischen dem Reich und den Ländern ein Übereinkommen getroffen, dessen Inhalt eine Niederschrift vom 30. August 1919 wiedergibt. Nach ihm sollen mit dem 1. Oktober 1919, von gewissen Ausnahmen abgesehen, alle im Dienst befindlichen Landesbeamten in den Reichsdienst übernommen werden, die hauptamtlich mit der Verwaltung von Reichsabgaben oder derjenigen Landesabgaben betraut sind, deren Ersetzung durch Reichsabgaben in Aussicht genommen ist (Nr. 1). Für die übergegangenen Beamten gilt das Reichsbeamtengesetz. Die Beamten behalten, soweit sie nicht sofort in planmäßige Stellen des Reichs eingereiht werden, bis zum 1. April 1920 die ihnen nach den Landesgesetzen zustehenden Rechte, insbesondere ihren Rang und Titel, ihre Besoldung, ihre sonstigen Amtsbezüge, Ruhegehaltsrechte und Gnadenbezüge (Nr. 2 Abs. 1). Wohlerworbene Rechte, insbesondere solche auf Besoldung und Ruhegehalt, bleiben ihnen auf Kosten des Reichs auch nach diesem Zeitpunkt gewahrt. Das Reich tritt an Stelle des Landes in diese Verpflichtung ein (Nr. 2 Abs. 2). Über die Tragung der Ruhegehälter der bereits in den Ruhestand getretenen Beamten der Finanzverwaltungen der Länder bestimmt Nr. 5 des Abkommens folgendes:

„Der Pensionsetat der Landesverwaltung in dem Umfang, in dem sie nunmehr auf das Reich übergeht, wird auf das Reich übernommen werden. Die Ausführung im einzelnen bleibt besonderer Vereinbarung vorbehalten. Den Pensionen stehen Wartegelder, Teuerungszulagen sowie pensionsähnliche Unterstützungen und Bewilligungen gleich."

Sachsen leitet seinen Anspruch auf Tragung der infolge der Verordnung vom 15. Oktober 1926 für die Versorgung der Altruheständler der früheren Zoll- und Steuerverwaltung aufzuwendenden Mehrkosten durch das Reich aus dieser Nr. 5 des Übereinkommens vom 30. August 1919 her. Es legt die Bestimmung dahin aus, daß das Reich den Pensionsetat der Landesfinanzverwaltung nicht bloß in dem Umfang übernommen habe, den er am 30. September 1919 (dem Tage, mit dessen Ablauf die Einführung der reichseigenen Finanzverwaltung erfolgt ist) gehabt habe, sondern in seinem jeweiligen Umfang. Das Reich sei mit der Übernahme der Zoll- und Steuerverwaltung in den Genuß der Erträgnisse dieser Verwaltung gelangt. Daraus folge, daß es auch alle mit ihr verbundenen Lasten den Ländern abnehmen und selbst tragen müsse. Was in Nr. 2 Abs. 2 des Abkommens für die wohlerworbenen Rechte der übernommenen aktiven Beamten ausdrücklich gesagt worden sei, daß sie nämlich auf Kosten des Reichs gewahrt bleiben sollten, gelte ganz allgemein. Das Reich habe eben die gesamten Kosten der bisherigen Landesfinanzverwaltungen tragen sollen.

Der jeweilige Umfang der Pensionslast der Zoll- und Steuerverwaltung bestimme sich für die vor dem 1. Oktober 1919 in den Ruhestand getretenen Landesfinanzbeamten nach Landesrecht, da sie Ruhestandsbeamte der Länder geblieben, nicht solche des Reichs geworden seien. Sachsen sei nicht in der Lage, Aufbesserungen, die es seinen sämtlichen Ruheständlern gewähre, denen der später auf das Reich übergegangenen Verwaltungszweige nur deshalb zu verweigern, weil das Reich sich nicht veranlaßt sehe, die Bezüge seiner Altpensionäre zu erhöhen. Die für die fraglichen Ruhegeldempfänger nach der Neuregelung aufzuwendenden Mehrkosten seien nichts anderes als eine Aufwertung der vom Reich unstreitig übernommenen ursprünglichen Pensionen, bildeten also auch unter diesem Gesichtspunkt einen Teil der auf das Reich entfallenden Pensionslast.

Die Länder hätten es bei Abschluß des Übereinkommens vom 30. August 1919 als unzweifelhaft angesehen, daß das Reich den Pensionsetat im sog. Länderumfang übernehme. Insbesondere habe sich Sachsen mit einer Festlegung der vom Reich zu zahlenden Ruhegehälter auf die im Zeitpunkt der Einführung der Reichsfinanzverwaltung zu zahlenden Beträge schon deshalb nicht einverstanden erklären können, weil es bei Gehaltserhöhungen stets auch den schon pensionierten Beamten Zuschläge gewährt habe. Mit solchen Zuschlägen habe es schon bei den Verhandlungen über die Einführung der Reichsfinanzverwaltung für die Zukunft gerechnet und habe deshalb angenommen, daß auch sie vom Reich getragen würden. Das Reich sei verpflichtet gewesen, seinen etwaigen gegenteiligen Standpunkt klar zum Ausdruck zu bringen. So hätten denn auch sämtliche Länder die jetzt vom Reich vertretene Auffassung durchaus mißbilligt, daß es nur schuldig sei, den Altpensionären der übernommenen Landesverwaltungen dieselben Bezüge zu gewähren wie denen der ursprünglichen Reichsverwaltung. Sogar das Reich selbst habe vor Erlaß des Besoldungssperrgesetzes, während dessen Geltung der gegenwärtigen Streitfrage allerdings keine Bedeutung zugekommen sei, eine weitherzigere Anschauung vertreten. Sachsen habe, noch bevor das Besoldungssperrgesetz in Kraft getreten sei, den Altpensionären der früheren sächsischen Zoll- und Steuerverwaltung, ebenso wie allen übrigen Landespensionären, einmalige und laufende Teuerungsbeihilfen gewährt. Der Reichsminister der Finanzen habe zwar zunächst die Übernahme dieser Versorgungsbezüge abgelehnt, nach längeren Verhandlungen aber diejenigen Mehrbeträge auf die Reichskasse übernommen, die sich bis zum 30. September 1921 aus einer günstigeren landesrechtlichen Regelung sämtlicher Bezüge dieser Versorgungsberechtigten gegenüber der reichsgesetzlichen Regelung ergeben hätten. Nur eine solche großzügige Handhabung des Übereinkommens vom 30. August 1919 sei vereinbar mit der von den damaligen Vertretern des Reichs, dem Reichsfinanzminister Erzberger und dem Staatssekretär Mösle, den Ländern erteilten Zusicherung, daß beim Vollzug der Vereinbarung weitgehendes Entgegenkommen gezeigt werden solle.

Die Übernahme der Ruhegehälter, deren Zahlung den Eisenbahnverwaltungen der Länder obgelegen habe, durch das Reich sei in § 28 des Staatsvertrags betreffend den Übergang der Staatseisenbahnen auf das Reich vom 31. März 1920 besonders geregelt worden. Diese Vorschrift habe für die Pensionslast der Zoll- und Steuerverwaltung keine unmittelbare Bedeutung. Doch sei auch ihr erster Absatz dahin zu verstehen, daß für den Umfang der vom Reich zu zahlenden Ruhegehälter die jeweiligen landesrechtlichen Vorschriften maßgebend seien.

Das Reich begehrt Abweisung des sächsischen Antrags, und zwar zunächst aus verfahrensrechtlichen Gründen. Es behauptet, daß eine Streitigkeit, über die der Staatsgerichtshof nach Art. 19 RVerf. zu entscheiden habe, nicht gegeben sei. Art. 19 überweise dem Staatsgerichtshof nur die Entscheidung von Rechtsstreitigkeiten. Eine solche liege hier aus zwei Gründen nicht vor:

1. Ausgangspunkt für Rechtsstreitigkeiten könne nur eine Meinungsverschiedenheit über geltendgemachte Rechtsansprüche sein. Der Übergang der Zoll- und Steuerverwaltung auf das Reich sei nicht durch Staatsvertrag, sondern im Wege einer Vereinbarung zwischen den Regierungen geregelt worden, also lediglich durch politischen Akt. Durch einen solchen Akt könnten nur politische Bindungen der Regierungen, nicht aber gegen Reich oder Staat geltendzumachende Rechtsansprüche entstehen.

2. Selbst wenn aber das Übereinkommen vom 30. August 1919 Rechtsansprüche begründet haben sollte, so komme doch weiter in Betracht, daß in Nr. 5 daselbst lediglich vereinbart worden sei, der Pensionsetat der Landesverwaltung solle in dem Umfang, in dem diese auf das Reich übergehe, vom Reich übernommen werden. Die Ausführung im einzelnen sei ausdrücklich besonderen Vereinbarungen vorbehalten worden, zu denen es bisher nicht gekommen sei, über deren Inhalt vielmehr von vornherein zwischen dem Reich und Sachsen eine Meinungsverschiedenheit bestanden habe. Diese noch nicht zustandegekommene Vereinbarung durch eine Ent-

scheidung zu ersetzen, könne nicht die Aufgabe eines Gerichts sein, das nur Recht zu sprechen habe, nicht aber als gewissermaßen übergeordnete Stelle befugt sei, einer Partei den Willen der anderen aufzuzwingen.

In sachlicher Hinsicht bestreitet das Reich, daß die von Sachsen vertretene Auslegung des Abkommens zutreffe. Im Gegenteil sei die Bestimmung dahin zu verstehen, daß das Reich den Pensionsetat in dem Umfang zu tragen habe, in dem er am 30. September 1919 die Länder bereits belastet habe, daß also nach diesem Tag eingetretene Pensionserhöhungen zu Lasten der Länder gingen. Dies sei von Anfang an die Auffassung des Reichs gewesen, das sich nur in einzelnen Fällen aus politischen Gründen ohne Anerkennung einer Rechtspflicht dazu verstanden habe, höhere Bezüge zu übernehmen, welche die Länder ihren Altpensionären bewilligt hätten. Später sei dann das Reich aus Anlaß des Staatsvertrags betreffend den Übergang der Staatseisenbahnen auf das Reich den Ländern allgemein entgegengekommen. Der Vertrag bestimme im § 28 Abs. 2, daß das Reich Pensionserhöhungen für die Altruheständler der früheren Landeseisenbahnverwaltungen selbst zu tragen habe, wenn und soweit es eine solche Erhöhung für seine eigenen Altruheständler vornehmen werde. Dem Einwand einiger Länder, daß es unbillig sei, die Altruheständler der Zoll- und Steuerverwaltung anders zu behandeln als die der Eisenbahnen, habe sich das Reich nicht verschlossen und es habe sich deshalb bereit erklärt, Pensionserhöhungen für die Altruheständler sämtlicher übernommenen Verwaltungen bis zur Grenze der Reichsregelung auf die Reichskasse zu übernehmen. An diesem Zugeständnis halte es fest. Die so gezogene Grenze werde aber in der sächsischen Verordnung vom 15. Oktober 1926 überschritten, sodaß das Reich die Tragung der durch sie veranlaßten Mehrkosten ablehnen müsse.

Die gegenteilige Meinung Sachsens verkenne die Sachlage, wie sie zur Zeit der Verhandlungen über die Einführung der Reichsfinanzverwaltung bestanden habe. Damals sei man auf eine Stärkung der Reichsgewalt im allgemeinen wie auf dem Gebiete des Beamtenbesoldungswesens im besonderen bedacht gewesen. So habe auch angenommen werden können, daß es bei der bevorstehenden Besoldungs-Neuregelung keine Unterschiede in der Besoldung der Reichs- und Landesbeamten mehr geben werde, sondern daß sich die Länder die Reichsregelung in vollem Umfang zu eigen machen würden. Nach Reichsrecht seien aber die Ruheständler mit der im Zeitpunkt ihrer Zurruhesetzung vorgenommenen Festsetzung ihrer Bezüge endgültig abgefunden gewesen. Deshalb habe auch die Vereinbarung genügt, daß der Pensionsetat im bisherigen Umfang auf das Reich übergehe. Erst später, bei Aufstellung der neuen Besoldungsordnung, habe sich mit Rücksicht auf die fortschreitende Geldentwertung die Notwendigkeit ergeben, auch die Bezüge der Altruheständler zu erhöhen. Um die Länder davor zu schützen, daß sie aus Anlaß dieser Einbeziehung der Altruheständler mit Kosten belastet würden, sei dann auf ihren Wunsch der Abs. 2 des § 28 in den Eisenbahnstaatsvertrag eingefügt worden. Auch bei Abschluß dieses Vertrags sei also eine Belastung des Reichs mit Bezügen der Altruheständler über den Rahmen der Reichsregelung hinaus nicht in Frage gekommen. Später habe sich dann allerdings die Erwartung nicht erfüllt, daß sich die Länder bei Regelung der Besoldungs- und Pensionsverhältnisse an das Vorbild des Reiches halten würden. Solche Abweichungen, wie sie insbesondere seit dem Außerkrafttreten des Besoldungssperrgesetzes zu beobachten seien, habe man aber bei den Verhandlungen im August 1919 nicht erwartet; man habe also auch ihre Tragung durch das Reich nicht gewollt.

Richtig sei, daß die Altpensionäre der auf das Reich übergegangenen Verwaltungen Landespensionäre geblieben seien. Das sei aber für den Streitfall ohne Belang. Denn trotz dieser Rechtslage könnten die Länder eigene Aufwendungen für die Altruheständler vermeiden, wenn sie sich bei der Ordnung der Versorgungsbezüge stets an die vom Reich getroffene Regelung anschlössen.

Sachsen vertritt im Gegensatz zum Reich die Auffassung, daß der Staatsgerichtshof für das Deutsche Reich über den Streitfall zu entscheiden habe.

1. Die Vereinbarung vom 30. August 1919 bilde eine ausreichende Grundlage für den erhobenen Feststellungsanspruch. Art. 19 RVerf. besage nicht, daß der Staatsgerichtshof nur beim Vorliegen eines förmlichen Staatsvertrags angerufen werden könne. Vom Abschluß eines solchen habe man im vorliegenden Falle nur im Interesse der Beschleunigung und Vereinfachung abgesehen. Auch

Verwaltungsvereinbarungen, die sich von einem Staatsvertrag nur in der äußeren Form unterschieden, seien nach geltendem Recht zulässig und rechtsverbindlich. Das Abkommen habe die erforderliche Zustimmung der berufenen Organe des Reiches gefunden. Daß es nicht bloß politische Bindungen zum Ziel gehabt habe, sondern Rechtsansprüche habe erzeugen sollen, sei Wille und Absicht aller Beteiligten gewesen, ergebe sich auch aus seinem im wesentlichen vermögensrechtlichen Inhalt.

2. Es sei unzutreffend, daß man vom Staatsgerichtshof verlange, er solle einen Zwangsausgleich schaffen. Gegenstand des Streites bilde die Auslegung des Übereinkommens vom 30. August 1919, dessen Nr. 5 nach Auffassung der Länder bereits besage, daß das Reich die Pensionslast der übernommenen Zoll- und Steuerverwaltung im jeweiligen Länderumfang tragen solle. Wenn die Ausführung der Abmachung im einzelnen besonderer Vereinbarung vorbehalten worden sei, so beziehe sich dieser Vorbehalt nur auf die technische Durchführung der Bestimmung.

In sachlicher Beziehung macht Sachsen den Anführungen des Reiches gegenüber geltend, daß sich die Länder niemals durch die Besoldungsgesetzgebung des Reichs für gebunden, sondern, von der Geltungszeit des Besoldungssperrgesetzes abgesehen, stets für befugt gehalten hätten, die Besoldungs- und Pensionsverhältnisse der Landesbeamten unabhängig vom Reich nach eigenem Ermessen zu regeln. Etwaige Änderungen hätten sich auch auf die Altpensionäre der vom Reich übernommenen Verwaltungszweige erstrecken müssen, da diese, ebenso wie die vom Reich übernommenen aktiven Beamten, gegen Verschlechterungen aus dem Übergang ihrer Verwaltung auf das Reich hätten gesichert sein sollen und daher auch in Zukunft nicht schlechter hätten gestellt werden dürfen als die übrigen Landespensionäre. Es sei ein unhaltbarer Zustand, wenn die Länder den notwendigen Mehraufwand für die Altpensionäre der ihnen entzogenen Verwaltungen selbst tragen müßten. Kennzeichnend sei auch, daß die Vertreter des Reiches bei den Übernahmeverhandlungen ausdrücklich gebeten hätten, pensionsreife Beamte noch möglichst vor dem 1. Oktober 1919 zu pensionieren, damit das Reich sie nicht zu übernehmen brauche, und daß dieser Bitte hinzugefügt worden sei, die Länder würden durch ein solches Verfahren keinen Schaden erleiden. § 28 Abs. 2 des Staatsvertrags vom

31. März 1920 habe nur eine doppelte Versorgung der Altruheständler der Landeseisenbahnen verhüten sollen.

II. Über die Meinungsverschiedenheit, die zwischen dem Lande Sachsen und dem Reich wegen des Übergangs des Pensionsetats der Zoll- und Steuerverwaltung besteht, ist nach Art. 19 RVerf. der Staatsgerichtshof dann zu entscheiden berufen, wenn es sich dabei um eine Streitigkeit nicht privatrechtlicher Natur handelt. Das Reich bestreitet die Zuständigkeit des Staatsgerichtshofs, richtiger die Zulässigkeit eines Verfahrens vor ihm, ohne ausreichenden Grund. Darin ist ihm allerdings beizupflichten, daß dem Staatsgerichtshof nur Rechtsstreitigkeiten zur Entscheidung unterbreitet werden können. Bei Prüfung der Frage, ob sich der einzelne Streitfall als eine Rechtsstreitigkeit darstellt, ist aber vom Vorbringen des Antragstellers auszugehen, nicht anders als im Zivilprozeß, wo bei Prüfung der Zulässigkeit des Rechtswegs die Behauptungen des Klägers zugrundegelegt werden. Sachsen behauptet, daß ihm auf Grund des Übereinkommens vom 30. August 1919 ein öffentlichrechtlicher Anspruch gegen das Reich zustehe. Damit ist eine Streitigkeit öffentlichrechtlicher Art gegeben; privatrechtlichen Inhalt hat das Abkommen unzweifelhaft nicht. Trifft die Behauptung des Reiches zu, daß das Übereinkommen keine gegenseitigen Rechtsansprüche, sondern nur politische Bindungen erzeugt habe, so ändert das an der Natur des Streitfalles selbst nichts. Daraus würde sich nur ergeben, daß der von Sachsen erhobene Anspruch nicht besteht. Seine Klage müßte dann als unbegründet abgewiesen werden. Der erste gegen die Zulässigkeit des Verfahrens vor dem Staatsgerichtshof vom Reich erhobene Einwand ist also in Wirklichkeit ein Sacheinwand, der bei der Prüfung des Antrags Sachsens auf seine Begründetheit zu erörtern sein wird.

Nicht anders steht es mit dem weiteren gegen die Zulässigkeit des Verfahrens erhobenen Einwand, der dahin geht, daß bei der Besprechung vom 30. August 1919 das Reich zwar mit der auf es übergehenden Zoll- und Steuerverwaltung auch den Pensionsetat übernommen habe, daß die Ausführung dieser Übernahme im einzelnen aber ausdrücklich besonderer Vereinbarung vorbehalten worden sei; besonderer Vereinbarung bedürfe daher noch der seit jeher streitige Umfang des Übergangs des Pensionsetats auf das Reich; die fehlende Vereinbarung hierüber könne der Staatsgerichtshof nicht durch seinen Spruch ersetzen. Letzteres ist richtig. Der Staatsgerichtshof darf nicht seinen Willen an die Stelle des fehlenden Vertragswillens der Parteien setzen. Das Land Sachsen behauptet aber, ein solcher Vertragswille für den Streitpunkt sei schon dem Abkommen zu entnehmen, daß sich der Vorbehalt weiterer Vereinbarungen gar nicht auf den Umfang beziehe, in dem die Pensionslast vom Reich getragen werden solle. Es legt den Vertrag vom 30. August 1919 dahin aus, daß das Reich sich verpflichtet habe, die Altpensionäre im jeweiligen Länderumfang zu versorgen. Dieser Behauptung gegenüber stellt sich der Einwand des Reiches, der Umfang seiner Pflicht zur Ruhegehaltszahlung sei besonderer Vereinbarung vorbehalten, als ein Bestreiten des gegnerischen Anspruchs dar. Ist der Vertrag nicht so auszulegen, wie Sachsen meint, sondern enthält er die vom Reich behauptete Lücke, dann muß die Klage ebenfalls als unbegründet abgewiesen werden. Es handelt sich also auch insoweit um eine sachliche Meinungsverschiedenheit zwischen den Parteien, deren Entscheidung dem Staatsgerichtshof obliegt.

Im übrigen bestehen gegen das Vorliegen der Voraussetzungen des Art. 19 RVerf. keine Bedenken. Die Zulässigkeit des von Sachsen beantragten Verfahrens vor dem Staatsgerichtshof ist mithin zu bejahen.

III. Der von Sachsen gegen das Reich erhobene Anspruch kann seine Rechtsgrundlage nur in der oben wiedergegebenen Nr. 5 des Übereinkommens vom 30. August 1919 finden. § 28 des Staatsvertrags über den Übergang der Staatseisenbahnen auf das Reich findet keine Anwendung auf die Altpensionäre der Zoll- und Steuerverwaltung, um die es sich für die gegenwärtige Entscheidung allein handelt.

Sachsen sieht in der Bestimmung der Nr. 5 die Übernahme der Pensionslast der Zoll- und Steuerverwaltung durch das Reich in dem Umfang, den diese Last nach den jeweils für die Altruheständler geltenden landesrechtlichen Bestimmungen habe. Das Reich bestreitet demgegenüber zunächst, daß durch das Abkommen Rechtsverpflichtungen begründet worden seien, und mißt ihm nur politische Bindungskraft zu. Sodann sieht es in ihm die Vereinbarung des Übergangs des Pensionsetats im allgemeinen mit dem Vorbehalt weiterer Abreden über die Einzelheiten, zu denen auch der Umfang der zu übernehmenden Pensionslast gehöre. In letzter Reihe behauptet es, der Pensionsetat sei von ihm nur in dem Umfang übernommen worden, den er im Augenblick des Übergangs der Zoll- und Steuerverwaltungen der Länder auf das Reich, also mit Ablauf des 30. September 1919 gehabt habe.

1. Von den Deutungen, die das Reich dem Abkommen vom 30. August 1919 gibt, ist die erste ohne weiteres abzulehnen. Das Abkommen hat nicht lediglich politische, sondern auch rechtliche Bedeutung. Politische Bedeutung fehlt ihm allerdings nicht. Die Fragen, die damals geregelt worden sind, waren sowohl verfassungspolitisch — für das Verhältnis von Reich und Ländern —, wie finanzpolitisch — für die Deckung des Einkommensbedarfs des Reichs — von größter Tragweite. Aber um die politischen Ziele zu erreichen, die allerseits als notwendig anerkannt wurden, hat man sich rechtlicher Mittel bedient, haben das Reich und die Länder gegenseitig rechtliche Verpflichtungen übernommen. Ohne daß die Länder sich rechtlich gebunden hätten, die Beamten (Nr. 1 des Abkommens) und die sachlichen Verwaltungseinrichtungen, insbesondere die Gebäude mit Inventar (Nr. 4 das.) ihrer bisherigen Finanzverwaltungen dem Reich zur Verfügung zu stellen, hätte dieses eine reichseigene Finanzverwaltung zum 1. Oktober 1919 überhaupt nicht schaffen können. Nicht bezweifelt werden kann ferner der rechtlich verbindliche Charakter der Zusicherungen, die das Reich den von ihm übernommenen aktiven Länderbeamten gemacht hat (Nr. 2 das.). Es ist nicht abzusehen, weshalb die Übernahme des Pensionsetats durch das Reich anders zu beurteilen sein sollte. Mit Recht weist Sachsen in diesem Zusammenhang auf die dem Entwurf des Reichshaushalts für das Rechnungsjahr 1920 beigefügte Denkschrift zum Haushalt des Reichsfinanzministeriums (Anl. XV) hin. Dort (S. 40) wird gesagt, daß die Niederschrift vom 30. August 1919 die vom Reich den Ländern gegenüber eingegangenen Verpflichtungen enthalte. Lediglich politische Bindungen des Reichs können mit diesem Ausdruck nicht wohl gemeint sein.

Der Standpunkt, den das Reich in dieser Hinsicht jetzt einnimmt, erklärt sich vielleicht aus der Annahme, daß es Verpflichtungen, wie gegenüber außerdeutschen Staaten, so auch gegenüber den Ländern nur durch förmlichen Staatsvertrag übernehmen könne (vgl. Art. 45

RVerf.). Das ist aber nicht richtig. Das Reich kann vertraglich nicht nur durch den Reichspräsidenten, sondern auch durch seine sonstigen Organe verpflichtet werden. Sie können innerhalb ihrer sachlichen Befugnisse für das Reich vertragliche Vereinbarungen mit anderen Ländern treffen (RGZ. Bd. 105 S. 159). Dem Abkommen vom 30. August 1919 hat das Reichskabinett zugestimmt (Denkschrift a. a. O. S. 40). Die Niederschrift darüber hat außerdem dem Reichsrat und dem Haushaltsausschuß der Nationalversammlung vorgelegen, deren Hauptausschuß die Übernahmebedingungen gebilligt hat (a. a. O. S. 40, 48). Für Sachsen hat es der gemäß Art. 28 der sächsischen Verfassung zur Vertretung des Staates nach außen berufene Ministerpräsident unterzeichnet. Auf einen Gegenstand der Reichsgesetzgebung bezieht sich das Abkommen nicht. Die Wirkungen, die es auf den Reichshaushalt gehabt hat, sind mit diesem vom Reichstag genehmigt worden. So kann auch aus staatsrechtlichen Gründen nicht geleugnet werden, daß das Reich in dem Abkommen Rechtsverbindlichkeiten übernommen hat.

2. In zweiter Linie ist zu prüfen, ob die streitige Vertragsabrede die Bestimmung des Umfangs, in dem das Reich den Pensionsetat der Landesfinanzverwaltungen übernimmt, späterer Vereinbarung überlassen oder ob sie diese Bestimmung — sei es in dem von Sachsen, sei es in dem vom Reich in letzter Linie vertretenen Sinne — schon selbst getroffen hat. Das Reich stützt sich auf den zweiten Satz von Nr. 5 der Niederschrift vom 30. August 1919: „Die Ausführung im einzelnen bleibt besonderer Vereinbarung vorbehalten" und leitet aus ihm her, daß auch der Umfang der vom Reich zu tragenden Pensionslast nur durch eine neue Abmachung beider Teile bestimmt werden könne. Dieser Auslegung des fraglichen Satzes kann indessen nicht beigepflichtet werden. Der Vorbehalt überläßt nicht etwa die Lösung jedes Zweifels, der sich an Nr. 5 der Niederschrift knüpfen könnte, einer besonderen Vereinbarung, sondern rechnet mit ihr nur für die Ausführung im einzelnen, d. h. für die technische Durchführung des Abkommens. Man hat dabei in erster Linie an die rechnungs- und kassenmäßige Erledigung der nunmehr vom Reich zu leistenden Pensionszahlungen gedacht. Ein Beispiel bietet auch die als Anlage zu der erwähnten Denkschrift (S. 47) wiedergegebene Niederschrift über eine kommissarische Besprechung, die am 23. September 1919 im Anschluß an das Über-

einkommen zwischen Vertretern des Reichs und Preußens stattgefunden hat. Unter Nr. 5 heißt es daselbst:

„Zu Ziffer 5 der Niederschrift.

Ob eine Pauschale für die vom Reich zu übernehmenden Pensionslasten festzusetzen sein wird, bleibt späterer Vereinbarung vorbehalten."

Die Zahlung einer Pauschalsumme durch das Reich würde eine besondere Art der Ausführung der von ihm übernommenen Verpflichtung sein und daher vorheriger Vereinbarung bedürfen. Anders steht es dagegen mit dem gegenwärtigen Streitpunkt. Er betrifft den allgemeinen Inhalt der Verpflichtung des Reiches, nicht ihre Durchführung im besonderen. Die Berufung des Reiches auf Satz 2 von Nr. 5 geht also fehl.

3. Es kommt hiernach darauf an, was unter dem nach Nr. 5 des Übereinkommens vom 30. August 1919 vom Reich zu übernehmenden Pensionsetat der Landesverwaltung zu verstehen ist. Die Möglichkeit ist allerdings nicht völlig von der Hand zu weisen, daß sich die Streitteile in diesem Punkt über die Tragweite des Abkommens verschiedene Vorstellungen gemacht haben. Das Reich, das bis dahin die pensionierten Beamten an Gehaltserhöhungen, die den im Dienst befindlichen Beamten gewährt wurden, grundsätzlich nicht hatte teilnehmen lassen, mag mit einer (vom natürlichen Abgang abgesehen) unveränderlichen Höhe des Pensionsetats gerechnet haben. Anderseits mag das Land Sachsen, das seinen Ruheständlern bei Gehaltsaufbesserungen prozentuale Zuschläge zu geben pflegte, angenommen haben, daß, wenn es bei späteren Gehaltsänderungen die Pensionen erhöhe, das Reich die sich daraus ergebenden Mehrbeträge für die Pensionäre der ehemals sächsischen Zoll- und Steuerverwaltung tragen müsse. Indessen würde ein etwaiges Fehlen der Willensübereinstimmung der Parteien in diesem, im Rahmen des ganzen Abkommens immerhin nur nebensächlichen Punkte die Gültigkeit des Vertrags selbst nicht in Frage stellen, von der übrigens auch die Streitteile als selbstverständlich ausgegangen sind. Es bleibt daher nur übrig, die Bedeutung der umstrittenen Vertragsklausel durch Auslegung festzustellen. Zu solcher den Parteiwillen nötigenfalls ergänzenden Auslegung zwischenstaatlicher Abmachungen ist der Staatsgerichtshof für das Deutsche Reich berechtigt. Sie fällt in den Bereich der ihm durch Art. 19 RVerf. übertragenen Aufgaben.

Im vorliegenden Falle führt sie zu einer dem Reich günstigen Entscheidung.

Nach Nr. 5 der Niederschrift hat das Reich, soweit die bisher den Ländern zustehende Zoll- und Steuerverwaltung auf es übergegangen ist, auch den Pensionsetat dieser Verwaltung übernommen. Dieser Teil der Staatsausgaben ist dann aus den Haushaltsplänen der Länder ausgeschieden und in den Haushaltsplan des Reiches übertragen worden. Der äußere Vorgang, die etatstechnische Behandlung, läßt die sachliche Bedeutung der Abrede deutlich erkennen. Der Pensionsetat der früheren Landesverwaltungen untersteht nunmehr der Verfügungsgewalt des Reiches, das ihn nach Maßgabe seiner eigenen Verwaltungsgrundsätze weiterzuführen hat. Die Länder können in ihn nicht mehr eingreifen; sie vermögen das Reich auf diesem Gebiete nicht mit Ausgaben zu belasten. Anderseits muß ihn das Reich so ausgestalten, wie seinen sonstigen Pensionsetat. Es darf die Ruhegehaltsempfänger der ehemaligen Landesverwaltungen nicht schlechter stellen als die der von vornherein reichseigenen Verwaltung. Das, was § 28 Abs. 2 des Staatsvertrags betreffend den Übergang der Staatseisenbahnen auf das Reich ausdrücklich bestimmt, ergibt sich also bei sinngemäßer Auslegung schon aus Nr. 5 des Übereinkommens. Wie § 28 Abs. 2 a. a. O., so hindert allerdings auch die streitige Nr. 5 die Länder nicht, den Altpensionären ihrer auf das Reich übergegangenen Verwaltungen aus eigenen Mitteln höhere Bezüge zu gewähren. Das Reich hat aber solche Kosten nicht zu tragen.

Das, was das Land Sachsen zur Begründung seines Standpunkts ausführt, kann gegenüber dieser bei rein rechtlicher Betrachtungsweise sich ergebenden Beurteilung der streitigen Bestimmung nicht als durchschlagend anerkannt werden.

Es ist zwar richtig, daß, während nach Nr. 1 und 2 des Abkommens die aktiven Beamten der Zoll- und Steuerverwaltung der Länder mit dem 1. Oktober 1919 grundsätzlich Reichsbeamte geworden sind, die vor diesem Tag in den Ruhestand getretenen Beamten jener Verwaltung keine Pensionäre des Reiches geworden, sondern Pensionäre ihres Landes geblieben sind. Ihre Versorgungsansprüche bestimmen sich demnach weiterhin nach Landesrecht. Dessen Änderungen kommen in demselben Umfang, wie den übrigen Altruheständlern des Landes, auch denen seiner früheren Zoll- und Steuerverwaltung zugute. Aus dieser vom Reich nicht bestrittenen Rechtslage folgt aber nicht, wie Sachsen meint, mit Notwendigkeit, daß das Landesrecht auch für den Umfang des vom Reich übernommenen Pensionsetats maßgebend sei. Das Verhältnis der Länder zum Reich kann vertraglich anders gestaltet worden sein als das zu ihren Altpensionären. Beamtenrecht und Etatsrecht brauchen sich nicht notwendig zu decken.

Nicht überzeugend ist ferner die Erwägung Sachsens, daß das Reich die sämtlichen Kosten der von ihm übernommenen Finanzverwaltung, auch die erst zukünftig entstehenden, deshalb tragen müsse, weil es mit der Verwaltung ihre sämtlichen Einnahmen an sich gezogen habe. Dieser Gesichtspunkt könnte vielleicht Beachtung verdienen, wenn es sich um eine Betriebsverwaltung handelte, deren Einnahmen zunächst einmal zur Deckung ihrer eigenen Ausgaben bestimmt sind. Die Finanzverwaltung ist aber eine Hoheitsverwaltung, und zwar gerade die Hoheitsverwaltung, die sämtlichen Zweigen der Staatsverwaltung die Mittel liefern soll. Ihre Ausgaben stehen deshalb zu ihren Einnahmen in keiner näheren Beziehung als die sonstigen Staatsausgaben. Dazu kommt, daß die von den Landesfinanzverwaltungen erhobenen Abgaben bis zum 1. Oktober 1919 zu einem sehr wesentlichen Teil Reichsabgaben waren. Diese wurden bis dahin von den Ländern erhoben (vgl. Art. 36 der Reichsverfassung vom 16. April 1871) und von ihnen dann an das Reich abgeführt. Es ist also nicht richtig, daß die Einnahmen der sächsischen Zoll- und Steuerverwaltung erst mit der Übernahme der Verwaltung durch das Reich auf dieses übergegangen sind. Zum großen Teil waren sie schon vorher Reichseinnahmen, deren Erhebung das Reich nunmehr in eigene Hand genommen hat. Allerdings hat die Reichsfinanzreform der Jahre 1919/20 außerdem noch sehr wichtige Landesabgaben, insbesondere die Einkommensteuer, durch Reichsabgaben ersetzt. Es liegt aber hier nicht so, daß das Reich diese Einnahmen infolge der Übernahme der Landesfinanzverwaltungen an sich gezogen hat. Umgekehrt war vielmehr die Erweiterung der Reichssteuern die Ursache für die Einführung einer reichseigenen Finanzverwaltung. Die Ersetzung bisheriger Landeseinnahmen durch Reichseinnahmen bildet nach alledem auch keinen genügenden Grund für die Annahme, daß das Reich den Ländern alle Lasten ihrer bisherigen, jetzt auf das Reich übergehenden Finanzverwaltung hat abnehmen wollen.

Verfehlt ist weiter die Berufung Sachsens auf die in Nr. 2 Abs. 2 des Abkommens vom 30. August 1919 enthaltene Bestimmung, daß den vom Reich übernommenen aktiven Landesbeamten ihre wohlerworbenen Rechte auf Kosten des Reiches gewahrt bleiben. Die wohlerworbenen Rechte beabsichtigt das Reich auch den vor dem 1. Oktober 1919 in den Ruhestand getretenen Beamten der Landesfinanzverwaltungen nicht zu schmälern. Will es ihnen doch höhere Bezüge zahlen als diejenigen, die ihnen nach dem im Augenblick der Übernahme geltenden Rechtszustand zukommen. Seine Weigerung bezieht sich nur auf die Ansprüche, welche spätere landesrechtliche Bestimmungen den Altpensionären eingeräumt haben, auf Ansprüche also, die den Altpensionären bei der Übernahme der Finanzverwaltung durch das Reich noch nicht zustanden, damals keine wohlerworbenen Rechte waren.

Schließlich ist nicht zu ersehen, inwiefern es für die Entscheidung von Bedeutung sein soll, daß das Reich den Altpensionären in reicherem Maße als Sachsen durch außerordentliche Unterstützungen geholfen hat. Sachsen ist mit seiner Verordnung vom 15. Oktober 1926 auf alle Fälle viel weiter gegangen als das Reich, indem es nicht Zuwendungen für den Fall eines besonderen Bedürfnisses, sondern einen allgemeinen Pensionszuschlag gewährt hat. Und davon ganz abgesehen muß ihm nach dem Gesagten grundsätzlich die Befugnis abgesprochen werden, zu Lasten des Reiches den Altpensionären der früher sächsischen Verwaltung Zuwendungen zu machen.

Anderseits spricht gegen das Land Sachsen der Umstand, daß nach seiner Auslegung das Abkommen dem Reich eine Abhängigkeit von den Ländern auferlegt, die als nicht zumutbar bezeichnet werden muß. Hätte das Reich den Altruheständlern der von ihm übernommenen Landesverwaltungen die ihnen nach dem jeweiligen Landesrecht zustehenden Versorgungs-Gebührnisse zu zahlen, so würden die Ausgaben des Reiches in dieser Hinsicht vom Willen der Länder abhängen. Diese könnten das Reich ohne seine Zustimmung nach ihrem freien Ermessen mit Verpflichtungen belasten. Eine solche Gestaltung des Verhältnisses zwischen Reich und Ländern wäre etwas so Ungewöhnliches, daß es, wenn es wirklich von beiden Teilen gewollt gewesen wäre, mit Deutlichkeit hätte ausgesprochen werden müssen.

Es kann dahingestellt bleiben, ob man bei den Verhandlungen im August 1919 bereits mit der Möglichkeit einer Besoldungsreform, wie sie dann im Jahre 1920 durchgeführt worden ist, und ferner auch damit gerechnet hat, daß man an ihr in Abweichung von den früher im Reich befolgten Grundsätzen auch die pensionierten Beamten werde teilnehmen lassen müssen. Denn dieser Umstand würde jedenfalls nichts dafür beweisen, daß sich das Reich bei der voraussichtlich notwendig werdenden Ausgestaltung der von ihm übernommenen Pensionslast der Landesfinanzverwaltungen den Vorschriften der Länder hat fügen wollen. Viel näher liegt auch dann die einer besonderen Betonung durch das Reich nicht bedürfende Annahme, daß es die als notwendig vorausgesehene Berücksichtigung der Altpensionäre auch für die von ihm zu versorgenden Altruheständler der Länder nach eigenem Ermessen hat gestalten wollen. Wenn die Vertreter des Reiches bei den Verhandlungen auf Pensionierung der pensionsreifen Landesbeamten möglichst noch vor dem 1. Oktober 1919 gedrängt haben mit dem Hinzufügen, die Länder würden dadurch nicht geschädigt werden, so erklärt sich dieses Verhalten aus der Annahme, Reich und Länder würden zu einer im wesentlichen übereinstimmenden Neuregelung des Besoldungs- und Pensionswesens kommen.

Rechtlich belanglos ist, daß sich das Reich in einzelnen Fällen bereit gefunden hat, den Pensionären der übernommenen Landesverwaltungen die ihnen nach Landesrecht zukommenden Gebührnisse zu zahlen, obwohl diese höher waren als die reichsrechtlichen. Das Reich hat das nach seiner Angabe aus politischen Rücksichten getan; Sachsen selbst spricht davon, daß es vergleichsweise geschehen sei. Für die Rechtslage lassen sich aus diesen Vorkommnissen keine Schlüsse ziehen.

Die Teilung der Pensionslast, die der Standpunkt des Reiches dann im Gefolge hat, wenn das Land über die Pensionssätze des Reiches hinausgeht, kann nicht als undurchführbar bezeichnet werden. Mit dem den Ländern vom Reich zugesagten „großzügigen Vollzug" der wegen Übernahme der Finanzverwaltung getroffenen Vereinbarung ist sie durchaus vereinbar. Denn es läßt sich nicht verkennen, daß das Reich seinen eigenen Pensionären gegenüber in eine schwierige Lage kommen würde, wenn es auf Grund von Landesrecht den von ihm zu versorgenden Landespensionären höhere Bezüge zahlen müßte. Außerdem besteht auf solche weitherzige Handhabung des Abkommens kein Rechtsanspruch. Sie liegt lediglich im Ermessen des Reiches selbst.

Alle diese Erwägungen führen zu dem Ergebnis, daß der zur Zeit allein zur Entscheidung stehende Antrag Sachsens zu Punkt 1 abzuweisen ist.

2.

In der verfassungsrechtlichen Streitsache

des Gaues Mecklenburg-Lübeck der Nationalsozialistischen Deutschen Arbeiterpartei,
Antragstellers,

gegen

das Land Mecklenburg-Schwerin,
Antragsgegner,

betreffend die Feststellung der Verfassungswidrigkeit des Landtagswahlgesetzes i. d. F. vom 13. April 1927 (StGH. 3/28)

hat der Staatsgerichtshof für das Deutsche Reich in der öffentlichen Sitzung vom 12. Mai 1928 durch Zwischenentscheidung für Recht erkannt:

Die Einrede der Unzuständigkeit des Staatsgerichtshofs für das Deutsche Reich wird zurückgewiesen.

Gründe:

I. Durch das Gesetz zur Abänderung des Landtagswahlgesetzes vom 13. April 1927 (Rbl. für Mecklenburg-Schwerin S. 84) hat § 12 Abs. 2 des Landtagswahlgesetzes für Mecklenburg-Schwerin vom 30. April 1920 (Rbl. S. 489) in der Fassung vom 8. Mai 1926 (Rbl. S. 181) folgende neue Fassung erhalten:

„Die Wahlvorschläge müssen mit einer Parteibezeichnung versehen und von mindestens 3000 Wahlberechtigten unterzeichnet sein. Bei Wahlvorschlägen derjenigen Parteien, die im Landtage durch Abgeordnete vertreten sind, genügt die Unterschrift von 20 Wahlberechtigten. Für jeden Wahlvorschlag solcher Parteien, die im Landtage nicht vertreten sind, ist vor der Zulassung des Wahlvorschlages beim Wahlleiter ein Betrag von 3000 RM zu hinterlegen, der der Staatskasse verfällt, wenn auf den Wahlvorschlag kein Abgeordneter gewählt wird."

Der Gau Mecklenburg-Lübeck der Nationalsozialistischen Deutschen Arbeiterpartei hält den jetzigen § 12 Abs. 2 für unvereinbar mit der Reichsverfassung, da er die Grundsätze der allgemeinen, gleichen und geheimen Wahl verletze. Der Gau hat deshalb beim Staatsgerichtshof für das Deutsche Reich Klage gegen das Land Mecklenburg-Schwerin erhoben mit dem Antrag, festzustellen, daß § 12 Abs. 2 des mecklenburg-schwerinschen Landtagswahlgesetzes in der Fassung vom 13. April 1927 gegen die Reichsverfassung verstoße.

Das Land Mecklenburg-Schwerin hat sich, ohne zunächst sachliche Erklärungen abzugeben, darauf beschränkt, die Einrede der Unzuständigkeit des Staatsgerichtshofs für das Deutsche Reich zu erheben, da nach § 66 der Verfassung des Freistaates Mecklenburg-Schwerin der nach dieser Verfassung errichtete Landes-Staatsgerichtshof über Verfassungsstreitigkeiten entscheide.

Der Antragsteller hat die Zuständigkeit des Staatsgerichtshofs für das Deutsche Reich damit verteidigt, daß unter Verfassungsstreitigkeiten im Sinne des angeführten § 66 nur solche zu verstehen seien, die in der Landesverfassung wurzelten, nicht auch solche, die, wie die gegenwärtige, die Reichsverfassung zum Gegenstand hätten. Außerdem könne der Landes-Staatsgerichtshof nach § 70 der Landesverfassung nur angerufen werden durch das Staatsministerium, den Landtag und durch Volksbegehren. Zur Erledigung der vorliegenden Streitsache sei also in Mecklenburg-Schwerin kein Gericht bestellt.

Der Antragsgegner hat darauf erwidert, daß § 66 der Landesverfassung auch Streitigkeiten über Vorschriften der Reichsverfassung betreffe. Von wem ein Landes-Staatsgerichtshof angerufen werden dürfe, könne das Landesrecht frei bestimmen.

II. Nach Art. 19 RVerf. entscheidet über Verfassungsstreitigkeiten innerhalb eines Landes, in dem kein Gericht zu ihrer

Erledigung besteht, auf Antrag eines der streitenden Teile der Staatsgerichtshof für das Deutsche Reich, soweit nicht ein anderer Gerichtshof des Reiches zuständig ist. Zunächst ist im Gegensatz zu der Auffassung des Antragsgegners festzustellen, daß im vorliegenden Fall eine Verfassungsstreitigkeit innerhalb eines Landes im Sinne der genannten Vorschrift gegeben ist. Der Staatsgerichtshof hat bereits mehrfach (RGZ. Bd. 118 Anh. S. 4 und S. 28) ausgesprochen, daß den Gegenstand einer Verfassungsstreitigkeit innerhalb eines Landes auch Vorschriften der Reichsverfassung bilden können, nämlich solche, die auf die Landesverfassung oder auf landesverfassungsrechtliche Normen einwirken und insoweit eine Ergänzung der Landesverfassung bilden. Zu ihnen gehören die Artikel der Reichsverfassung, die das Wahlrecht innerhalb der Länder grundsätzlich regeln. Gerade ihre Verletzung durch das angegriffene mecklenburg-schwerinsche Gesetz vom 13. April 1927 wird aber vom Antragsteller behauptet. Für den gegenwärtigen Streit ist kein anderer Gerichtshof des Reiches zuständig (vgl. dazu die a. a. O. S. 31 gemachten Ausführungen zu Art. 13 RVerf.). Es kommt daher nur noch darauf an, ob die nach Art. 19 RVerf. vorbehaltene Zuständigkeit eines Landesgerichts die des Staatsgerichtshofs für das Deutsche Reich ausschließt.

Nach § 66 Abs. 1 Satz 1 der Verfassung des Freistaates Mecklenburg-Schwerin vom 17. Mai 1920 (Rbl. S. 653) entscheidet der Staatsgerichtshof, dessen Zusammensetzung in den §§ 67 und 68 das. geregelt ist, außer über Anklagen gegen Minister und Abgeordnete auch über Verfassungsstreitigkeiten. Der Antragsteller will hier unter Verfassungsstreitigkeiten nur Streitigkeiten über Auslegung oder Anwendung von Normen der Landesverfassung verstehen. Dem kann nicht beigepflichtet werden. Art. 19 RVerf. läßt die Übertragung der Entscheidung über Verfassungsstreitigkeiten innerhalb eines Landes auf ein Gericht dieses Landes unbeschränkt zu. Mit dem zweifelsfreien Wortlaut der Vorschrift würde man in Widerspruch treten, wollte man die oben gekennzeichneten Verfassungsstreitigkeiten innerhalb eines Landes, die aus dem Reichsverfassungsrecht entspringen, dem Staatsgerichtshof für das Deutsche Reich ausschließlich vorbehalten. Auch in den § 66 der Verfassung für den Freistaat Mecklenburg-Schwerin kann ein derartiger Unterschied nicht hineingelegt werden. Er will ersichtlich die durch Art. 19 RVerf.

begründete Zuständigkeit des Staatsgerichtshofs für das Deutsche Reich ausschließen. Daraus folgt, daß er den Ausdruck „Verfassungsstreitigkeiten innerhalb eines Landes" im gleichen Sinne gebraucht.

Die vom Antragsgegner erhobene Unzuständigkeitseinrede scheitert dagegen an § 70 der Landesverfassung. Nach dieser Vorschrift kann der Staatsgerichtshof für Mecklenburg-Schwerin nur durch das Staatsministerium, den Landtag oder durch Volksbegehren angerufen werden. Dem Antragsteller ist seine Anrufung also verschlossen. Daraus folgert er mit Recht, daß zur Erledigung der von ihm dem Staatsgerichtshof für das Deutsche Reich unterbreiteten Verfassungsstreitigkeit in Mecklenburg-Schwerin kein Gericht besteht. Und darauf allein kommt es entscheidend an. Die Zuständigkeit des Staatsgerichtshofs für das Deutsche Reich ist nicht schon dann ausgeschlossen, wenn zur Erledigung von Verfassungsstreitigkeiten innerhalb eines Landes im allgemeinen ein Gericht dieses Landes besteht. Vielmehr muß es vorhanden sein zur Erledigung gerade der besonderen Einzelstreitsache. Das ergibt sich zwar noch nicht ohne weiteres aus dem Wortlaut des Art. 19 RVerf., wohl aber dann, wenn man Zweck und Ziel dieser Vorschrift ins Auge faßt.

Art. 19 RVerf. soll es ermöglichen, daß Verfassungsstreitigkeiten innerhalb eines Landes in einem gerichtlichen Verfahren ausgetragen werden. Er stellt dafür den Ländern den Staatsgerichtshof für das Deutsche Reich zur Verfügung, überläßt es ihnen aber, diesen durch ein anderes Gericht zu ersetzen. Den Umfang des für Verfassungsstreitigkeiten eines Landes zu gewährenden Rechtsschutzes bestimmt jedoch die Reichsverfassung abschließend. Sie verlangt, daß für Verfassungsstreitigkeiten dieser Art stets ein zu ihrer Entscheidung berufenes Gericht vorhanden sein muß. Das ist der Staatsgerichtshof für das Deutsche Reich, sofern das Land kein anderes Gericht mit der Aufgabe betraut hat. Die Zulässigkeit einer Klage wegen Verfassungsverletzung richtet sich also nach Reichsrecht (sie ist bei Verfassungsstreitigkeiten innerhalb eines Landes sachlich unbeschränkt), die Zuständigkeit dagegen nach Landesrecht, soweit dieses eine Vorschrift darüber gibt. Die Vorschrift des § 70 der Verfassung für Mecklenburg-Schwerin, wonach der Landes-Staatsgerichtshof nur vom Staatsministerium, vom Landtag und durch Volksbegehren angerufen werden kann, schränkt nun den Rechtsschutz für Verfassungsstreitigkeiten innerhalb des Landes ein. Äußerlich scheint sie zwar nur das Verfahren vor dem Landes-Staatsgerichtshof zu berühren. Ihre wirkliche Tragweite ergibt sich aber, wenn man berücksichtigt, daß Verfassungsstreitigkeiten innerhalb eines Landes nicht bloß zwischen der Regierung und dem Landtag entstehen können, wie in der Rechtsprechung des Staatsgerichtshofs anerkannt ist. Partei können in Verfassungsstreitigkeiten z. B. auch juristische Personen des öffentlichen Rechts, Landtagsfraktionen, politische Parteien sein. Sie alle verweist § 70 a. a. O. auf den Weg des Volksbegehrens, wenn sie eine gerichtliche Entscheidung des Landes-Staatsgerichtshofs über die von ihnen behauptete Verfassungsverletzung herbeiführen wollen. Das Volksbegehren muß nach § 45 Abs. 3 der Landesverfassung von einem Sechstel der bei der letzten Wahl oder Volksabstimmung Stimmberechtigten gestellt werden, ein Erfordernis, das nur in den seltensten Fällen wird erfüllt werden können. In Wahrheit läuft deshalb § 70 darauf hinaus, allen an einer Verfassungsstreitigkeit innerhalb des Landes Mecklenburg-Schwerin beteiligten Personen — Einzel- und Gesamtpersonen — mit Ausnahme des Staatsministeriums und des Landtags den Zugang zum Landes-Staatsgerichtshof abzuschneiden. Daraus muß aber die Folgerung gezogen werden, daß für Verfassungsstreitigkeiten, an denen sie als Partei beteiligt sein können, der Staatsgerichtshof für das Deutsche Reich zuständig geblieben ist. Andernfalls hätte das mecklenburg-schwerinsche Landesrecht den Begriff der Verfassungsstreitigkeiten eingeschränkt, der sich nach der sachlichen wie nach der persönlichen Seite aus der Reichsverfassung selbst ergibt. Es wäre in Mecklenburg-Schwerin eine weitgehende Verkürzung der von der Reichsverfassung vorgeschriebenen Gewährleistung des Verfassungsrechts eingetreten, ein mit ihr unvereinbarer Rechtszustand. Die Bedeutung des § 70 ist deshalb darauf zu beschränken, daß er die allgemeine Zuständigkeit für Verfassungsstreitigkeiten einengt, welche § 66 der Landesverfassung dem Landes-Staatsgerichtshof gibt. Diese Zuständigkeit erstreckt sich in Wirklichkeit nur auf Klagen, die vom Staatsministerium und vom Landtag oder auf Grund eines Volksbegehrens erhoben werden. In allen anderen Verfassungsstreitigkeiten innerhalb von Mecklenburg-Schwerin ist der Staatsgerichtshof für das Deutsche Reich zuständig.

Eine Entschließung des mecklenburg-schwerinschen Staatsministeriums oder Landtags, den Landes-Staatsgerichtshof anzurufen, wie sie z. B. zu dessen Entscheidung vom 5. März 1926 (abgedr. Mecklenb. Zeitschrift für Rechtspflege Bd. 42 S. 530) geführt hat, liegt für das Gesetz vom 13. April 1927, dessen Verfassungswidrigkeit der Antragsteller geltend macht, nicht vor. Im vorliegenden Streitfall kommt daher keine andere Zuständigkeit als die des Staatsgerichtshofs für das Deutsche Reich in Frage. Die Einrede, er sei unzuständig, war durch Zwischenentscheidung zurückzuweisen.

Register.

Die Zahlen bedeuten die Seiten.

A. Sachregister.

A

Abhandenkommen von Frachtgut und Frachtbrief; Vermutung der Beteiligung von Bahnangestellten? 313

Aktiengesellschaft; kein Konkursvorrecht der Vorstandsmitglieder wegen ihrer Gehaltsansprüche aus der Zeit vor Konkurseröffnung gegen die Gesellschaft 300

— Einfluß der unheilbaren Nichtigkeit von Gen.-Vers.-Beschlüssen auf die Rechtsgültigkeit späterer derartiger Beschlüsse 28

— Gültigkeit von Satzungsbestimmungen, die den Übergang der Aktienrechte auf den am Unternehmen beteiligten Staat bezwecken 177

Aktienrecht. Unheilbare Nichtigkeit von Gen.-Vers.-Beschlüssen. Umwertung rückständiger Aktieneinlagen. Geltung des § 15 HGB. auch für das Verhältnis zwischen Gesellschaft und Aktionären? 363

Altruheständler; ihre Versorgungsrechte im Lande Sachsen . 1*

Amtsverlust infolge strafrichterlicher Verurteilung . . . 337

Anfechtung der Anstellung eines Reichsbeamten wegen Irrtums s. Reichsbeamter.

— nach der KO., Klagänderung 189

Anmeldezwang s. Aufwertungsgesetz, Anmeldezwang.

Anschlußbeschwerde im Aufwertungsverfahren nach Ablauf der Frist für die sofortige Beschwerde? 274

Armenrechtsgesuch; Hemmung der Nachweisfrist, die mit festem Endpunkt bestimmt ist . . . 1

— Hemmung der Nachweisfrist, Prozeßgebühr 142

Aufgewertete Hypotheken, Rang; Einfluß der Eintragung einer Vormerkung 13

Aufrechnung mit Sparkassenguthaben gegenüber der Forderung des Aufwertungsgläubigers 307

—, nachträgliche, nach Bezahlung der Schuld an den Gläubiger? 280

Aufwertbarkeit der persönlichen Forderung, wenn dem Gläubiger in Polnisch-Oberschlesien Hypothek bestellt war? Deutsches oder polnisches Recht? 277

Aufwertung des Pachtinventar-Wertes bei Rückgabe der Pachtung 6

— der Enteignungsentschädigung; deren Verzinsung 174

—; freie A. einer auf österr. Kronen lautenden Forderung zulässig? 70

—; Vereinbarung nach Art. 19 Abs. 2 S. 1 DurchfVo. z. AufwG. v. 29. November 1925; Aufrech-

nung mit Sparkassenguthaben 307
Aufwertungsansprüche, Hemmung ihrer Verjährung s. Verjährung.
Aufwertungsgesetz; Berechnung des Goldmarkbetrags der aufzuwertenden Hypothek . 331
— und Höchstbetragshypothek s. Höchstbetragshypothek.
—; Umwandlung einer Forderung aus Beteiligungsverhältnis in eine Darlehensforderung. Verhältnis der Abs. 2 u. 3 des § 66 AufwG. zueinander . . . 340
—, Anmeldezwang . . 104, 217
—. Formlose Vereinbarung über die Aufwertung nach Versäumung der Anmeldefrist durch den Gläubiger wirksam? . 253
—; regelt es auch die Aufwertung von Versicherungsansprüchen, die auf Auslandswährung lauten? 70
— Wiedereintragung des früheren Gläubigers; Rang der wiedereingetragenen Hypothek? . 211
Aufwertungshypothek; Zurücknahme der Anmeldung des Anspruchs auf Aufwertung einer gelöschten Papiermarkhypothek in der Absicht, auf die aufzuwertende Hypothek zu verzichten; Wirkung solcher Zurücknahme 230
Aufwertungsnovelle (§ 14); Rückwirkung 352
Aufwertungsschuld, Befreiung von ihr bei Grundstücksverkäufen aus der Zeit nach Erlassung der 3. StNotVo. 283
Aufwertungsstelle; Aussetzung des Verfahrens; Beschwerde gegen Aussetzung 83
Aufwertungsverfahren, Genehmigung der Schuldübernahme 151
—; Zulässigkeit einer Anschlußbeschwerde nach Ablauf der Frist für die sof. Beschwerde? . 274
Ausgleichungsanspruch des Veräußeres eines Grundstücks gegenüber dem gutgläub. Erwerber 292
Ausstattungsbesitz, seine Dauer u. sein Verlust 402
Außervertragliche Haftung der Eisenbahn bei Ausschluß der Haftung aus dem Frachtvertrag? 313
Außervertragliche Schadensersatzpflicht; verkehrsgefährdende Anlage 258
Außervertragliche Sorgfaltspflicht beim Schleppvertrag . . 121
Aussetzung des Verfahrens durch die Aufwertungsstelle . . . 83

B

Beamter; Verantwortlichkeit für Abhandenkommen einer in seine amtliche Obhut gelangten Sache; Beweislast 67
Beförderungstarife, Unklarheiten darin 268
Behördliche Genehmigung eines Kaufvertrags über das vom Eigentümer selbst zu schlagende Holz eines Waldgrundstücks 165
Bekanntmachung des Termins zur mündlichen Verhandlung (§ 520 ZPO.); an wen? . . . 183
Bereicherung; Aufrechnung noch nach Bezahlung der Schuld an den Gläubiger? 280
Beschlagnahme, polizeiliche, von Privatwohnungen zur Unterbringung von Obdachlosen 220
Beschwerde gegen Aussetzung des Verfahrens durch die Aufwertungsstelle; einfache oder sofortige B.? 83

Beteiligungsverhältnis; Umwandlung einer Forderung aus B. in eine Darlehensforderung; Aufwertungsgesetz 340
Beweis durch Eid; Umfang der selbständigen Prüfung des zur Erlassung des Läuterungsurteils berufenen Gerichts, wenn der Schwurpflichtige eine einzelne Tatsache zugesteht, im übrigen aber zur Eidesleistung bereit ist 91
Beweislast bei der Frage der Verantwortlichkeit eines Beamten für Abhandenkommen einer in seine amtliche Obhut gelangten Sache 67

C

Culpa in contrahendo s. Verschulden bei Vertragsverhandlungen.

D

Doppelehe; wann ist geschlechtlicher Verkehr des Mannes mit seiner nunmehrigen Frau ein die Scheidung der früheren Ehe rechtfertigender Ehebruch? . . 35

E

Eidesverweigerung, teilweise, s. Beweis durch Eid.
Eigentümergrundschuld, Übernahme einer solchen beim Kauf; Tilgung oder Sicherung der Kaufpreisforderung? . . 166
—, vorläufige; Eintragung ihrer Pfändung oder Verpfändung 110
Eigentumsvermutung (§ 1362 Abs. 1 BGB.) 107
Einstweilige Verfügung über Vornahme oder Unterlassung einer Amtshandlung durch das Grundbuchamt 118
Eisenbahnfrachtverkehr, Internationales Übereinkommen 268
Eisenbahnfrachtvertrag; Kostbarkeit; außervertragl. Haftung 313
Eisenbahn-Gütertarif, Tarifberechnung 101
Enteignungsentschädigung; Anspruch auf Zinsen bei der Aufwertung 174
Entschuldungsgewinne; Beteiligung des stillen Gesellschafters daran? 410
Erbbegräbnis, seine Instandhaltung; Geldentwertung . . 237
Erfüllungsgehilfe; der Bezirksdirektor einer Feuerversicherungs-Gesellschaft als ihr E. 182
Ersatzherausgabe wegen Unmöglichkeit der Leistung . . . 297
Erwerbsverbot durch einstweilige Verfügung; Anwendung des § 878 BGB.? 118

F

Feuerversicherungs-Gesellschaft; der Bezirksdirektor einer solchen als ihr Erfüllungsgehilfe . 182
Formzwang nach § 313 BGB., wenn Parteien bei einem Schwarzkauf nach Auflassung u. Eintragung einen Vergleich über Belassung des Grundstücks beim Käufer schließen? 114
Freizeichnung des Verfrachters von seiner Haftung für Reisetüchtigkeit des Schiffes gegenüber den Befrachtern 42
Fristhemmung s. Armenrechtsgesuch.

G

Garantieversprechen betreffend Verschaffung von Geschäftsanteilen eines Dritten; formpflichtig nach § 15 Abs. 4 GmbHG? 54

Gebrauchsmuster; Beurteilung v. Schutzansprüchen, die nach Eintragung eines G. eingereicht worden sind 224

Gebrauchsmusterschutz; allgemeine Voraussetzungen; Bestimmung des Gegenstands 224

Gefälligkeitsakzept s. Wechselrecht.

Gegenseitiger Vertrag; Verzug, Leistungsverweigerungs- und Zurückbehaltungsrecht s. Sukzessivlieferungsgeschäft.

Geldentwertung; Einfluß auf Erfüllung der durch Vermächtnis auferlegten Verpflichtung zur Instandhaltung eines Erbbegräbnisses? 237

Gemeindehaftung aus Art. 131 RVerf. 162

Genehmigung, behördliche, eines Kaufes s. behördliche Genehmigung.

— der Schuldübernahme im Aufwertungsverfahren . . . 151

Generalversammlungsbeschlüsse einer Akt.-Ges.; unheilbare Nichtigkeit 363

Geschäftsunfähigkeit (§ 104 Nr. 2 BGB.), Begriff 170

Geschmacksmustergesetz; fallen die Anwendungsbereiche des G. u. des UnlWG. zusammen? . 94

Gesellschaft m. b. H. Übertragung des Vermögens einer GmbH. i. Liqu. auf die Gesellschafter. Übernahme des Vermögens als Ganzen i. S. von § 3 Abs. 1 Nr. 8 AufwG.? 334

— Zusage der Verschaffung von Geschäftsanteilen eines Dritten; formpflichtig nach § 15 Abs. 4 GmbHG.? 54

— Verkauf sämtlicher Geschäftsanteile der Veräußerung des Unternehmens selbst gleichzustellen für Haftung wegen Sach- u. Rechtsmängel? 283

Gesetzliche Miete s. Miete.

Gewerblicher Rechtsschutz s. Unlauterer Wettbewerb.

Gewinnanteil; dessen Auszahlung an den Gesellschafter einer Kommanditgesellschaft; Klage hierauf gegen die Gesellschaft zu richten 135

Grundstücksgesellschaft m. b. H. Verkauf sämtlicher Geschäftsanteile s. Gesellschaft m. b. H.

Grundstückskauf; Ausgleichungsanspruch des Veräußerers gegenüber dem gutgläubigen Erwerber 292

Grundstücksverkäufe aus der Inflationszeit; Grundsätze darüber anzuwenden auf Kaufabschlüsse aus der ersten Zeit der Festwährung? 283

Gute Sitten; Verstoß durch vertragswidrige Rabattgewährung und durch Androhung von Liefersperre gegenüber dem vertragsuntreuen Abnehmer für den Fall der Nichteinhaltung von Markenpreisen? 47

— Verstoß durch entgeltlichen Verzicht eines gemeinnützigen Siedlungsunternehmens auf gesetzliches Vorkaufsrecht . . . 144

H

Haftung des Verfrachters für Reisetüchtigkeit des Schiffes; Freizeichnung von dieser Haftung 42
— des sachlich beteiligten Vertreters, der aus formalen Gründen für einen andern auftritt und abschließt 249
Halter und Führer von Kraftfahrzeugen s. Kraftfahrzeug.
Hemmung der Verjährung bei Aufwertungsansprüchen s. Verjährung.
Herausgabe des Ersatzes; Unmöglichkeit der Leistung . . . 347
Höchstbetragshypothek; Eintragung der Pfändung oder Verpfändung einer vorläufigen Eigentümergrundschuld . 110
— wann ist eine durch H. gesicherte Forderung eine durch Hypothek gesicherte Forderung i. S. von § 9 AufwG.? 398

J

Instanz (in §§ 176 u. 210a ZPO.); Begriff 183
Internationales Privatrecht s. Zwischenstaatl. Privatrecht.
Internationales Übereinkommen über den Eisenbahn-Frachtverkehr 268

K

Kirchengemeinde als Vermächtnisnehmerin (Vermächtnis unter Auflage) s. Vermächtnis unter Auflage.
Klagänderung bei Anfechtung nach der KO. 189
Kommanditgesellschaft; Auszahlung des Gewinnanteils an den Gesellschafter; Klage darauf gegen die Gesellschaft zu richten 135
Konkursverwalter; kann er aus eigenem Recht einen Schadensersatzanspruch geltend machen wegen einer unerl. Handlung, die der Gesamtheit der Konkursgläubiger Schaden gebracht hat? 189
Konkursvorrecht eines Mitglieds des Vorstands einer Akt.-Ges. wegen seiner Gehaltsansprüche gegen die Gesellschaft aus der Zeit vor Konkurseröffnung? 300
Kostbarkeit im Eisenbahnfrachtverkehr s. Eisenbahnfrachtvertrag.
Kraftfahrzeug; Begriff des Halters und Pflichten des Halters und Führers 154
Kündigungsvorbehalt; Anfechtung der Anstellung eines Reichsbeamten wegen Irrtums, wenn der K. versehentlich in die Anstellungsurkunde nicht aufgenommen? 63

L

Leistungsverweigerungsrecht beim Sukzessivlieferungsgeschäft 193

M

Miete; wann gilt die gesetzliche Miete? 21
Mietwucher 130
Ministerruhegehalt in Württemberg; Regelung mit der RVerf. vereinbar? 374

N

Nachfristsetzung (§ 326 BGB.); Erfordernisse 193
Nachweisfrist (Prozeßgebühr); Unterbrechung durch Tod des von einem Prozeßbevollmächtigten vertretenen Rechtsmittelklägers? 188

Nichtigkeit der Ehe, vollkommene und unvollkommene . . . 35
— von Rechtsgeschäften, teilweise; Anwendbarkeit des § 139 BGB. auch dann, wenn ein Rechtsgeschäft wegen Fehlens der erforderl. Genehmigung teilweise unwirksam ist? 126
— unheilbare, von Generalversf.-Beschlüssen einer Akt.-Ges. 363
Nichtigkeitsklage (§ 578 Abs. 1 ZPO.), gegen welches Urteil zu richten? 170

O

Obdachlose; polizeil. Beschlagnahme von Wohnungen zur Unterbringung von O. . . . 220
Offizier; wann verfassungsmäßig berufener Vertreter des Reichs? 304

P

Pachtinventar, Aufwertung seines Wertes bei Rückgabe der Pachtung 6
Pachtinventar-Preis, geschätzt in fester Währung; Rückzahlungsanspruch, wenn der Pachtzins in entwertetem Gelde gezahlt wurde 10
Patentverletzung zufolge Polizeivorschrift; Unterlassungsklage 264
Pfandindossament beim Wechsel, Begriff 205
Popularklage nach § 9 Abs. 1 Nr. 2 WZG. und Einrede der Arglist s. Warenzeichenrecht.
Prima facie-Beweis . . . 258
Prozeßgebühr; Armenrechtsgesuch, Fristhemmung, wenn Frist mit festem Endpunkt bestimmt ist 1
— Hemmung der Nachweisfrist; Armenrechtsgesuch . . . 142
— Unterbrechung der Nachweisfrist durch den Tod des von einem Prozeßbevollmächtigten vertretenen Rechtsmittelklägers? 188
Prozeßbevollmächtigter; Belehrungspflicht gegenüber dem Kanzleipersonal und persönliche Nachprüfungspflicht in Sachen der Zustellung nicht verkündeter Urteile 243

R

Rabattgewährung, vertragswidrige; Verstoß gegen die guten Sitten? 47
Rechtskraftwirkung, wenn ein Teilanspruch teilweise zugesprochen und teilweise abgewiesen wird? 317
Rechtsmittel, Zurücknahme unter Angabe des Grundes; Bedeutung einer solchen Erklärung 243
Reichsbeamte; Ruhegehalt; wohlerworbenes Recht 321
Reichsbeamter; Anfechtung seiner Anstellung wegen Irrtums, wenn Kündigungsvorbehalt versehentlich in die Anstellungsurkunde nicht aufgenommen? 63
Reisetüchtigkeit eines Schiffes s. Seetüchtigkeit.
Revisionsinstanz; Nachprüfbarkeit der Anwendung von Art. 15 hess. AG. z. BGB. 198
Rückständige Einlagen auf Aktien; ihre Umwertung 363
Rückwirkung des § 14 d. Aufwertungsnovelle s. Aufwertungsnovelle.
Ruhegehalt, wohlerworbenes Recht s. Reichsbeamte.

S

Satzungsbestimmungen einer Akt.-Ges., Frage ihrer Gültigkeit s.

Aktiengesellschaft, Gültigkeit von Satzungsbestimmungen.
Schadensersatz aus unerl. Handlung wegen Anordnungen auf Grund irrtümlich angenommener Vertragsbeziehungen? 304
Schadensersatzanspruch wegen unerl. Handlung, die der Gesamtheit der Konkursgläubiger Schaden gebracht hat; Geltendmachung durch den Konkursverwalter aus eigenem Recht? 189
Schadensersatzpflicht, außervertragliche, bei verkehrsgefährdender Anlage 258
Schleppvertrag; auch außervertragliche Sorgfaltspflicht f. d. geschleppten Kahn? . . . 121
Schuldschein-Darlehen einer preuß. Stadtgemeinde, für Kriegszwecke aufgenommen, u. § 30 Abs. 3 AnlAblG. 85
Schuldübernahme, ihre Genehmigung im Aufwertungsverfahren 151
Schutzansprüche, die nach Eintragung eines Gebrauchsmusters eingereicht worden sind; ihre rechtliche Beurteilung . . 224
Schwarzkauf, Vergleich; Formzwang nach § 313 BGB? 114
Seetüchtigkeit und Reisetüchtigkeit eines Schiffes; Haftung des Verfrachters 42
Seeversicherung; Schaden, entstanden aus mangelnder Seetüchtigkeit des Schiffes, die auf nicht gehöriger Beladung beruht 39
Siedlungsunternehmen, gemeinnütziges; Verzicht auf gesetzliches Vorkaufsrecht gegen Entgelt 144
Sparguthaben nach § 55 AufwG., Begriff 85
— Aufrechnung mit solchen gegenüber der Forderung des Aufwertungsgläubigers . . . 307
Spezialvollmacht des § 119 Abs. 2 preuß. Allg. Berggес.; fällt sie unter den Begriff der Vollmacht? Als solche zu versteuern? 59
Staatsangehörigkeit früherer Elsaß-Lothringer 198
Staatsgerichtshof für das Deutsche Reich; seine Zuständigkeit gegenüber dem Landes-Staatsgerichtshof von Mecklenburg-Schwerin 19*
Staatshoheitsakt u. Maßnahme der staatl. Vermögensverwaltung; Unterschied 304
Stempelsteuerpflicht der Spezialvollmacht des § 119 Abs. 2 preuß. Allg. Bergges.? 59
Stille Gesellschaft; Gewinnbeteiligungsrecht des stillen Gesellschafters 410
Sukzessivlieferungsgeschäft; Verzug; Leistungsverweigerungs- u. Zurückbehaltungsrecht . . 193

T

Tarifberechnung nach dem Eisenbahn-Gütertarif 101

U

Übernahme einer Eigentümergrundschuld beim Kauf; Tilgung oder Sicherung der Kaufpreisforderung? 166
Übertragung des Vermögens einer GmbH. in Liqu. auf die Gesellschafter. Übernahme des Vermögens als ganzen i. S. von § 3 Abs. 1 Nr. 8 AufwG.? . . 334
Umstationierung von Privatwagen, Begriff 268

Umwandlung einer Forderung aus Beteiligungsverhältnis in eine Darlehensforderung s. Beteiligungsverhältnis.

Umwertung rückständiger Aktieneinlagen 363

Unabwendbarer Zufall bei der Wiedereinsetzung in den vorigen Stand 183

Unerlaubte Handlung; Schadensersatz wegen Anordnungen auf Grund irrtümlich angenommener Vertragsbeziehungen? . . . 304

— die der Gesamtheit der Konkursgläubiger Schaden gebracht hat. Kann der Konkursverwalter einen Schadensersatzanspruch daraus aus eigenem Recht geltend machen? 189

Unfallversicherung; Begriff des Unfalls nach den allg. Vers.-Bedingungen eines Unfallvers.-Verbands 18

Unlauterer Wettbewerb; Unterlassungsklage eines Verbands (§ 13 UnlWG.); Verhältnis zur Klage des unmittelbar Verletzten 47

— unzulässige Aneignung eines mit Mühe und Kosten errungenen fremden Arbeitsergebnisses 94

— Zusammenfallen der Anwendungsbereiche des UnlWG. u. des Geschmacksmustergesetzes? 94

Unmöglichkeit der Leistung; Herausgabe des Ersatzes 297, 347

Unterlassungsklage eines Verbands nach § 13 UnlWG.; Verhältnis zur Klage des unmittelbar Verletzten 47

— gegen denjenigen, der zufolge polizeilicher Sicherheitsvorschrift in ein Patent eingreift? 264

V

Valutaschulden und Wertersatzansprüche im Zusammenhang mit dem Währungsverfall . 76

Vereinbarung über Aufwertung nach Versäumung der Anmeldefrist s. Aufwertung.

Verfassungsmäßig berufener Vertreter des Reiches; Offizier 304

Vergiftung durch Gas; Unfall im Sinne der allg. Vers.-Bedingungen d. Unfallvers.-Verbands? 18

Vergleich bei Schwarzkauf nach Auflassung und Eintragung; Formzwang nach § 313 BGB.? 114

Verjährung; ihre Hemmung bei Aufwertungsansprüchen, wenn deren gerichtl. Geltendmachung unmöglich ist 355

Verkehrsgefährdende Anlage; Schadensersatz 258

Vermächtnis unter Auflage; Geldentwertung 237

Vermutung des Eigentums nach § 1362 Abs. 1 BGB. . . 107

Verschulden bei Vertragsverhandlungen (culpo in contrahendo) 126, 249

Versicherungsansprüche, die auf Auslandswährung lauten; ihre Aufwertung 70

Vertretung ohne Vertretungsmacht; Übergang vom Erfüllungs- zum Schadensersatzanspruch? . 126

Verzicht auf die Aufwertung einer gelöschten Papiermarkhypothek; wirksam erst mit Eintragung ins Grundbuch? 230

Verzug beim Sukzessivlieferungsgeschäft 193

Vorbenutzung, bei Warenzeichen s. Warenzeichenrecht.

Vorläufige Eigentümergrundschuld; Eintragung ihrer Pfändung oder Verpfändung . 110

Vormerkung einer Hypothek s. Aufgewertete Hypotheken.

W

Währungsverfall; sein Einfluß auf Wertersatzansprüche u. Valutaschulden 76

Warenzeichenrecht; Verhältnis zwischen eingetragenem Warenzeichen und Vorbenutzung des Zeichens 325

— u. Ausstattungsbesitz. Popularklage nach § 9 Abs. 1 Nr. 2 WZG. Einrede der Arglist dagegen zulässig? 402

Wechselrecht; Einrede aus dem Schuldverhältnis eines andern; Wirkung der Zahlung durch den Wechselregreßschuldner; Gefälligkeitsakzept; Pfandindossament 205

Wertersatzansprüche und Valutaschulden im Zusammenhang mit dem Währungsverfall . . 76

Wettbewerbsgesetz s. Unlauterer Wettbewerb, auch Geschmacksmustergesetz.

Wiedereinsetzung in den vorigen Stand, unabwendbarer Zufall 183

— in den vorigen Stand gegen Ablauf der Berufungsfrist 243

Wiedereintragung des früheren Hypothekengläubigers; Rang der wiedereingetragenen Hypothek 211

Z

Zurückbehaltungsrecht beim Sukzessivlieferungsgeschäft . . 193

Zurücknahme eines Rechtsmittels unter Angabe des Grundes s. Rechtsmittel.

Zusammenstoß von Kraftfahrzeugen s. Kraftfahrzeug.

Zuständigkeit des Staatsgerichtshofs für das Deutsche Reich gegenüber dem Landes-Staatsgerichtshof von Mecklenburg-Schwerin 19*

Zustellung nicht verkündeter Urteile 243

Zwischenstaatliches Privatrecht. Anzuwendendes Recht, wenn zwischen deutschem Versicherer u. deutschem Versicherungsnehmer im Ausland eine Versicherung in Auslandswährung abgeschlossen ist 70

B. Gesetzesregister.

1. Reichsrecht.

a. Bürgerliches Gesetzbuch.

§ 26 61
§ 31 . . . 304—307
§ 60 Abs. 2 . . . 276
§ 73 Abs. 1 . . . 276
§ 89 . . . 304—307
§ 104 Nr. 2 170—174
§ 105 . . 170—174
§ 134 405
§ 135 . . 118—120
§ 136 . . 118—120
§ 138 . . 144—151
§ 139 .57, 126—130, 366
§ 157 .72, 166—170
§§ 167 flg. 60
§ 179 . . 126—130
§ 184 153
§ 185 312
§ 191 362
§ 196 Abs. 1 Satz 1 355—363
§ 198 . . .355—363
§ 201 . . .355—363
§ 202 . . .355—363
§ 203 153
§ 205 . 3, 355—363
§ 208 . . 355—363
§ 226 50
§ 242 6—10, 10—13, 70—76, 76—82, 86, 88, 91, 198, 291, 292—296, 357, 363—373, 410
§ 244 . . . .76—82
§ 249 . . 198, 406
§ 251 406
§ 254 253
§ 256 . . . .76—82
§ 257 208
§ 265 129
§ 267 . . .205—211
§ 268 211
§ 269 278
§ 273 6—10, 193—198
§ 276 126—130, 154—162, 249—253
§ 278 126—130, 162—164, 182—183
§ 281 297—300, 347—352
§ 286 198
§ 288 Abs. 2 . . 198
§ 306 405
§ 313 114—117, 120, 170, 255
§ 320 . . .193—198
§§ 320 flg 129
§ 323 . . .347—352
§ 326 .57, 126—130, 193—198
§ 364 . . .166—170
§ 371 89
§ 378 211
§ 388 282
§ 389 283
§ 398 281
§ 415 70—76, 151—153
§ 416 . . .151—153
§ 419 . . .334—336
§ 422 . . .207, 210
§ 426 207
§ 433 . . .284—292
§ 434 . 284—292, 295
§ 437 286
§ 439 . . .284—292
§ 459 . . .284—292
§§ 516 flg. 256
§ 518 255
§ 534 255
§ 607 89
§ 607 Abs. 2 . . 342
§ 670 76—82, 208, 400
§ 700 90
§ 770 Abs. 2 . . 283
§ 774 207
§ 781 . . 255, 258
§ 808 Abs. 1 . . 91
§ 812 . . .297—300
§§ 812 flg. 76—82
§ 813 . . .280—283
§ 817 149
§ 823 154—162, 190, 304—307
§§ 823 flg. .258—264
§ 826 58, 94—101, 190
§ 830 190
§ 831 123, 154—162, 304—307
§ 839 162—164, 305, 306
§ 840 190
§ 873 258
§ 875 232
§ 878 . . .118—120
§ 883 Abs. 3 . . 14
§ 892 14, 15, 333, 336, 354

§ 893 . . . . 14, 15
§ 952 Abs. 1 . . 89
§ 1163 . . .110—114
§ 1168 . . .230—237
§ 1176 217
§ 1190 . . 110—114, 398—402
§ 1292 . . .205—211
§ 1309 36
§ 1317 37
§ 1324 37
§ 1325—1328 . . 37
§ 1326 . . . 36, 37
§ 1329 37
§ 1362 Abs. 1 107—110
§ 1565 . . . .35—39
§ 1568 . . . .37, 38

b. Einführungsgesetz zum Bürgerlichen Gesetzbuch.

Art. 11 36
Art. 13 36
Art. 86—88 . . . 120
Art. 88 . . .198—205
Art. 213 . .237—243

c. Handelsgesetzbuch von 1897.

§ 15 . . . .363—373
§ 40 28—35, 363—373
§ 122 . . .135—142
§ 128 . . .135—142
§ 167 139
§ 169 . . .135—142
§ 211 . . . 365, 371
§ 227 . . .177—181
§ 235 302
§ 261 . . .363—373
§ 271 . 28—35, 367
§ 273 31
§ 287 371
§ 311 . . .363—373
§ 336 . . .410—412
§ 361 . . . .76—82
§ 368 210
§ 384 . . .297—300
§ 486 . . . .42—47
§ 513 . . . .42—47
§ 514 . . 41, 42—47
§ 559 . . . .42—47
§ 606 . . . .43, 44
§ 755 47
§ 756 47
§ 765 47
§ 771 47
§ 773 47

d. Zivilprozeßordnung.

§ 139 37
§ 151 37
§ 176 . . .183—188
§ 210a . . .183—188
§ 211 . . .243—249
§ 212 . . .243—249
§ 222 3
§ 232 Abs. 2 243—249
§ 233 . . .243—249
§ 233 Abs. 1 183—188
§ 234 . . .243—249
§ 246 . . .188—189
§ 249 3
§ 268 . . .189—192
§ 286 103
§ 313 Nr. 4 . . . 400
§ 322 . . .317—320
§ 462 . . . .91—94
§ 464 Abs. 2 .91—94
§ 469 Satz 1 .91—94
§ 515 . . .243—249
§ 519 Abs. 6 . 1—5, 142—144, 188—189
§ 520 Abs. 1 183—188
§ 521 275
§ 521 Abs. 1 . . 274
§ 527 161, 189—192
§ 529 Abs. 4 . . 140
§ 529 Abs. 5 . 6—10
§ 549 198—205, 262
§ 551 Nr. 7 400, 401, 404
§ 554 Abs. 7 188—189
§ 554a . . .170—174
§ 556 275
§ 578 . . .170—174
§ 579 . . .170—174
§ 584 . . .170—174
§ 585 . . .170—174
§ 590 172
§ 591 . . .170—174
§ 830 . . .110—114
§ 857 . . .110—114
§ 935 . . .118—120
§ 938 . . .118—120
§ 941 119

e. Konkursordnung vom 10. Februar 1877.

§ 54 Nr. 1 . . . 301

f. Konkursordnung in der Fassung der Bekanntmachung vom 20. Mai 1898.

§ 30 . . . .189—192
§ 31 372
§ 31 Nr. 1 189—192
§ 31 Nr. 2 . . . 108
§ 32 . . . .189—192
§ 32 Nr. 2 .107—110
§ 36 190
§ 37 190
§ 40 . . . .189—192
§ 61 Nr. 1 .300—304
§ 67 210

§ 68 . . . . 209, 210
§ 117 . . . 189—192
§ 239 190

g. Gesetz über die Angelegenheiten der freiwilligen Gerichtsbarkeit.

§ 1 276
§ 19 . . . . . 83—85
§ 22 . . . . 274—277
§ 28 84, 218, 275, 310, 335
§ 29 84
§ 60 276
§ 77 276

h. Grundbuchordnung.

§ 29 . 236, 353, 354
§ 40 . . . . 110—114
§ 41 105
§ 54 . . . . 110—114
§ 54 Abs. 1 . . . 18
§ 71 . . . . 18, 212
§ 79 . . 14, 232, 332
§ 79 Abs. 3 . . . 216

i. Wechselordnung (in der Fassung der Bekanntmachung vom 3. Juni 1908).

Art. 38 211
Art. 39 209
Art. 77 207
Art. 81 210
Art. 82 . . . 205—211

k. Strafgesetzbuch.

§ 49 337
§ 81 Abs. 1 u. 2 337, 338, 339
§ 81 Abs. 3 337—340
§ 82 337
§ 83 Abs. 3 . . . 339
§ 84 339
§ 90 Abs. 4 . . . 339
§ 94 Abs. 1 . . . 339
§ 95 Abs. 2 . . . 339
§ 171 36
§ 222 307
§ 230 307
§ 236 307

l. Einführungsgesetz z. Strafgesetzbuch.

§ 2 Abs. 1 . . . 338

m. Einzelne Gesetze und Verordnungen.

1870. 1. Juni. Gesetz über die Erwerbung und den Verlust der Bundes- und Staatsangehörigkeit (Bundes-Gesetzblatt S. 355) 201
§ 1 202
1871. 16. April. Verfassung des Deutschen Reichs (BGBl. S. 64).
Art. 2 338
Art. 36 . . . . Anhang 16
1873. 8. Januar. Gesetz, betr. die Einführung des Reichsgesetzes über Erwerbung und Verlust der Staatsangehörigkeit usw. in Elsaß-Lothringen (RGBl. S. 51) 201
1873. 31. März. Reichsbeamtengesetz, in der Fassung der Bekanntmachung vom 18. Mai 1907 (RGBl. 1907 S. 245).
§ 2 . . . . 63—67
1876. 11. Januar. Gesetz, betr. das Urheberecht an Mustern und Modellen (RGBl. S. 11).
§ 1 . . . . 94—101
§ 7 96
1879. 21. Juli. Gesetz, betr. die Anfechtung von Rechtshandlungen eines Schuldners außerhalb des Konkursverfahrens, in der Fassung der Bekanntmachung vom 20. Mai 1898 (RGBl. 1898 S. 709).
§ 11 191
1890. 14. Oktober. Internationales Übereinkommen über den Eisenbahnfrachtverkehr (RGBl. 1892 S. 793).
Art. 3 . . . . 313—317
Art. 4 270
Art. 11 . . . . . . 268—274
Art. 12 Abs. 4 . . . 268—274
Art. 16 Abs. 2 315
Art. 26 315
Art. 27 Abs. 3 . . . 268—274

Art. 29 . . . . 313—317
Art. 43 . . . . 313—317
1890. 14. Oktober. Ausführungsbestimmungen zu dem Übereinkommen über den internationalen Eisenbahnfrachtverkehr (RGBl. 1892 S. 874).
§ 1 Abs. 1 Nr. 1 . . 313—317
1891. 7. April. Patentgesetz (RGBl. S. 79).
§ 5 . . . . 264—268
§ 35 . . . . 264—268
1891. 1. Juni. Gesetz, betr. den Schutz von Gebrauchsmustern (in der Fassung der Bekanntmachung vom 7. Dezember 1923) (RGBl. 1923 II S. 444).
§ 1 . . . . 224—230
§ 2 . . . . 224—230
§ 6 . . . . 224—230
1892. 20. April. Gesetz, betr. die Gesellschaften mit beschränkter Haftung (in der Fassung der Bekanntmachung vom 20. Mai 1898) (RGBl. 1898 S. 370).
§ 13 287
§ 15 Abs. 4. . . . . . 54—58
§ 72 . . . . 334—336
1894. 12. Mai. Gesetz zum Schutz der Warenbezeichnungen (RGBl. S. 441).
§ 1 . . . . 406, 408
§ 4 Abs. 2 326
§ 9 . . . . 402—409
§ 12 . . . . 325—331, 409
§ 15 100, 325—331, 402—409
1895. 15. Juni. Gesetz, betr. die privatrechtlichen Verhältnisse der Binnenschiffahrt (in der Fassung der Bekanntmachung vom 20. Mai 1898) (RGBl. 1898 S. 868).
§ 3 . . . . 121—126
1899. 26. Oktober. Eisenbahnverkehrsordnung, (in der Fassung der Bekanntmachung vom 23. Dezember 1908) (RGBl. 1909 S. 93).
§ 6 . . . 101—104, 268—274
§ 56 . . . . 101—104
§ 60 . . . . 101—104
1904. 6. Juli. Gesetz, betr. Kaufmannsgerichte (RGBl. S. 266).
§ 14 303
1905. 5. Juni. Gesetz, betr. Änderungen der Zivilprozeßordnung (RGBl. S. 536).
275
1906. 5. Februar. Seestraßenordnung (RGBl. S. 120).
§ 25 261
§ 27 262
§ 29 262
1908. 30. Mai. Gesetz über den Versicherungsvertrag (RGBl. S. 263); s. 1920. Allgemeine Versicherungsbedingungen des Unfallversicherungsverbandes.
1909. 3. Mai. Gesetz über den Verkehr mit Kraftfahrzeugen (RGBl. S. 437).
§ 7 . . . . 154—162
§ 12 160
§ 17 . . . . 154—162
§ 18 . . . . 154—162
1909. 7. Juni. Gesetz gegen den unlauteren Wettbewerb (RGBl. S. 499).
§ 1 47—53, 94—101, 325—331
§ 13 Abs. 1 . . . . . . 47—53
1910. 3. Februar. Verordnung über den Verkehr mit Kraftfahrzeugen (RGBl. S. 389).
§ 18 156
1911. 19. Juli. Reichsversicherungsordnung (in der Fassung

der Bekanntmachung vom 15. Dezember 1924) (RGBl. 1924 I S. 779).
§ 3 303
§ 319 162
§ 404 . . . . 162—164
§ 536 303
§ 912 303
§ 1222 303
§ 1493 303
1913. 22. Juli. Reichs- u. Staatsangehörigkeitsgesetz (RGBl. S. 583). 198—205
§ 1 202
§ 2 203
§ 17 . . . . 201, 202
§§ 33—35 202
1915. 9. September. Bekanntmachung zur Entlastung der Gerichte (in der Fassung der Bekanntmachung vom 13. Mai 1924) (RGBl. 1924 I S. 552).
§ 7 . . . . 243—249
1916. 14. Dezember. Verordnung über die Geschäftsaufsicht zur Abwendung des Konkurses (RGBl. S. 1363).
§ 36 . . . . 209, 210
1917. 8. Februar. Bekanntmachung über den Zahlungsverkehr mit dem Ausland (Devisenverordnung) (RGBl. S. 105). 399
1918. 15. März. Bekanntmachung über den Verkehr mit landwirtschaftlichen Grundstücken (RGBl. S. 123).
§ 1 . . . . 165—166
1919. Allgemeine Deutsche Seeversicherungs-Bedingungen von 1919.
§ 33 Abs. 3. . . . . . . 39—41
§ 58 . . . . 39—41
1919. 28. Juni. Vertrag von Versailles (RGBl. S. 687).
Art. 79 (Anlage hinter diesem Art.) . . . . 198—205
Art. 296 298
Art. 296 Nr. 2 79
Art. 297 Nr. 2b 79
Art. 366 317
1919. 11. August. Reichsverfassung (RGBl. S. 1383).
Art. 13 . . . 222, Anhang 21
Art. 13 Abs. 1 338
Art. 13 Abs. 2 374
Art. 19 Anhang 6, 8, 10, 11, 14, 20, 21, 22
Art. 45 . . . . . . Anhang 12.
Art. 76 382
Art. 129 . . 321—325, 337, 338
Art. 129 Abs. 1 Satz 3 374—398
Art. 131 . . . . 162—164, 306
1919. 11. August / 1923. 7. Juni. Reichssiedlungsgesetz (RGBl. 1919 S. 1429/1923 S. 364).
§ 1 . . . . 144—151
§ 4 . . . . 144—151
§ 9 . . . . 144—151
§ 11a . . . . 144—151
1919. 30. August. Übereinkommen zwischen dem Reich und den Ländern, betr. Vorbereitung der Einführung der Reichsfinanzverwaltung.
Anhang 3, 4, 5, 6, 7, 8, 10, 11, 12, 13
Nr. 1 . . . . Anhang 12, 15
Nr. 2 . . . . Anhang 4, 12, 15, 17
Nr. 4 . . . . . . Anhang 12
Nr. 5 . . . . Anhang 4, 6, 9, 13, 14, 15
1919. 12. September. Gesetz, betr. Erhöhung der Pensionen von

Reichsbeamten, die das 65. Lebensjahr vollendet haben (RGBl. S. 1653).
§ 1 . . . . 321—325
1920. Allgemeine Versicherungsbedingungen des Unfallversicherungsverbandes (Veröffentlichungen des Aufsichtsamts für Privatversicherung 1920 S. 102).
§ 2 Abs. I u. Abs. II . . 18—20
1920. 30. April. Gesetz, betr. den Staatsvertrag über den Übergang der Staatseisenbahnen auf das Reich vom 31. März 1920 (RGBl. S. 773).
§ 28 Anhang 6, 7, 8, 9, 11, 15
1920. 30. April. Besoldungsgesetz (RGBl. S. 805) . . . 321
§ 22 Abs. 3 . . 321, 324, 325
§ 34 . . . . . 377, 382, 393
1920. 17. Dezember. Gesetz, betr. Änderungen des Besoldungsgesetzes vom 30. April 1920 (RGBl. S. 2075) . . . 321
1920. 21. Dezember. Gesetz, betr. Ergänzung und Regelung von Bezügen der Ruhegehalts- und Wartegeldempfänger sowie der Hinterbliebenen (Pensionsergänzungsgesetz) (RGBl. S. 2109) 321
1921. 9. Juli. Ausführungsbestimmungen zum Pensionsergänzungsgesetz vom 21. Dezember 1920 (RGBl. S. 886).
Nr. 24 . . . . . . Anhang 1
1922. 24. März. Reichsmietengesetz (RGBl. S. 273).
§ 1 . . . . 21—28
§ 2 . . . . 21—28
§ 3 25
§ 7 25
§ 10 25
§ 20 . . . . 25, 27
1922. 15. Mai. Deutsch-polnisches Abkommen über Oberschlesien (RGBl. II S. 238).
Art. 307, §§ 1, 2 . . 277—279
1922. 11. Juni. Gesetz über das am 15. Mai 1922 in Genf geschlossene deutsch-polnische Abkommen über Oberschlesien (RGBl. II S. 237) 277—279
1923. 15. März/1924. 18. April. Verordnung über Kraftfahrzeugverkehr (RGBl. 1923 I S. 175/1924 I S. 413).
§ 17 . . . . 154—162
§ 18 . . . . 154—162
§ 42 . . . . 154—162
1923. 1. Juni. Gesetz über Mieterschutz und Mieteinigungsämter (RGBl. I S. 353).
§ 49a (eingefügt durch das Gesetz vom 29. Juni 1926, RGBl. I S. 317) . . . . . 130—135
1923. 7. Juni. Gesetz, betr. Ergänzung des Reichssiedlungsgesetzes vom 11. August 1919 (RGBl. I S. 364) . . 150
1923. 13. Juli. Preistreiberei-Verordnung (RGBl. I S. 700).
§ 4 . . . . 130—135
1923. 20. November. Ausgleichsgesetz in der Fassung vom 20. November 1923 (RGBl. I S. 1135).
§ 7 79
§ 25 . . . . 79, 82
1923. 20. November. Liquidationsschädengesetz in der Fassung vom 20. November 1923 (RGBl. I S. 1148).
§ 2 82

1923. 28. Dezember. Verordnung über Goldbilanzen (RGBl. I S. 1253).
§ 2 . . . . 28—35, 363—373
§ 3 . . . . 28—35, 363—373
§ 4 . . . . 28—35, 363—373
§ 5 . . . . 28—35, 363—373
1924. 14. Februar. Dritte Steuernotverordnung (RGBl I. S. 74).
Art. I 219
§ 1 360
§ 1 Nr. 9 87
§ 7 87
§ 11 . . . . . 288, 289, 360
1924. 28. März. Zweite Durchführungsverordnung zur Goldbilanzverordnung (RGBl. I S. 385).
§ 2 34
§ 55 Abs. 1 366
1924. 15. April. Eisenbahn-Gütertarif Teil I Abteilung B. 101—104
§ 5 102
1924. 28. Mai. Angestelltenversicherungsgesetz (RGBl. I S. 563).
§ 339 303
1924. 30. August. Gesetz über die Deutsche Reichsbahn-Gesellschaft (Reichsbahngesetz) (RGBl. II S. 272).
§§ 44 flg. . . . . . . Anhang 3
1924. 23. Oktober. Internationales Übereinkommen über den Eisenbahnfrachtverkehr (RGBl. 1925 II S. 183) 268—274
Art. 42 § 1 271
Schlußprotokoll zu I (RGBl. 1925 II S. 285) . 268—274
1925. 15. Juni. Eisenbahn-Güter- und Tiertarif für den Verkehr zwischen den Stationen der deutschen Eisenbahnen einerseits und den Stationen der in Polen.... verwalteten Eisenbahnen anderseits, gültig vom 15. Juni 1925 an.
Abt. A. Abschnitt II . . . 270
Abt. B. Abschnitt V 269, 272, 273
1925. 16. Juli. Gesetz über die Aufwertung von Hypotheken und anderen Ansprüchen (Aufwertungsgesetz) (RGBl. I S. 117).
§ 1 . . 70—76, 88, 277—279
§ 2 Abs. 1 332
§ 3 Abs. 1 Nr. 1 . . . 332, 336
§ 3 Abs. 1 Nr. 2 u. 4 . . 312
§ 3 Abs. 1 Nr. 2—11 333, 335
§ 3 Abs. 1 Nr. 4 331—334, 335, 336
§ 3 Abs. 1 Nr. 7 . . 335, 336
§ 3 Abs. 1 Nr. 8 . . 334—336
§ 6 214
§ 6 Abs. 2 . . . . . . 13—18
§ 7 235
§ 7 Abs. 4 . . . . 14, 235
§ 8 . . . . 151—153
§ 9 . . . 151—153, 398—402
§ 10 346
§ 10 Nr. 6 . . . . . 401, 402
§ 12 . . 151—153, 401, 402
§ 14 233
§ 15 233, 284—292, 292—296
§ 16 104—106, 230—237, 253—258
§ 16 Abs. 1 . . . . 217—220
§ 20 14, 214, 234, 284—292, 292—296
§ 21 . . . . . 215, 216, 217
§ 21 Abs. 2 . . . . 211—217
§ 22 333
§ 22 Abs. 2 . . 13—18, 353
§ 25 . . . . 400, 401, 402
§ 55 . . . . 85—91

§ 59 . . . . 70—76
§ 60 . . . . 70—76
§ 61 . . . . 70—76
§ 62 . . . . 75, 88
§ 63 . . . . . 340—346, 371
§ 65 . . . . 340—346
§ 66 . . . . 340—346
§ 67 Abs. 2 . . . 83, 84, 85
§ 67 Abs. 3 . . . . 253—258
§ 69 . . . . 83—85
§ 71 84
§ 73 . . . . 83—85
§ 73 Abs. 1 . . . . 274—277
§ 74 . . . . . . 83—85, 310
§ 74 Abs. 1 218, 274—277, 335
§ 88 343
1925. 16. Juli. Gesetz über die Ablösung öffentlicher Anleihen (RGBl. I S. 137).
§ 30 243
§ 30 Abs. 3 . . . . . 85—91
§ 31 243
§ 34 243
§ 35 . . . . 238, 242
§ 40 Abs. 3 . . . . . 87, 88
1925. 1. August. Deutscher Eisenbahn-Gütertarif Teil I Abteilung B.
§ 53 Abs. 9 273
Bedingungen für die Einstellung von Privatwagen § 16. 273
1925. 29. November. Durchführungsverordnung zum Aufwertungsgesetze (RGBl. I S. 392) 75
Art. 7 . . . . 230—237
Art. 19 . . . . . . 307—313
Art. 95 . . . . 70—76
Art. 101 75
Art. 109 . . . . 70—76
Art. 126 220
Art. 128 . . . . . . 217—220
1926. 22. Mai. Verordnung über Aufwertung von Versicherungsansprüchen (RGBl. I S. 249) 75
Art. 3 75
1926. 1. Juni. Gesetz über den Geldentwertungsausgleich bei bebauten Grundstücken (RGBl. I S. 251). . . . 23
1926. 29. Juni. Gesetz zur Abänderung des Mieterschutzgesetzes (RGBl. I S. 317).
Art. I Nr. 21 . . . 132, 133
1926. 2. Juli. Zweite Verordnung zur Durchführung des Gesetzes über die Ablösung öffentlicher Anleihen (RGBl. I S. 343).
§ 16 Abs. 1 Nr. 3 90
1926. 19. Juli. Gesetz über die Aufhebung der Preistreibereiverordnung und damit zusammenhängender Verordnungen (RGBl. I S. 413).
Art. I 133
1926. 17. Dezember. Weiteres Gesetz zur Entlastung des Reichsgerichts (RGBl. I S. 503). 173
1927. 5. Juli. Gesetz über den Vergleich zur Abwendung des Konkurses (Vergleichsordnung) (RGBl. I S. 139).
§ 2 210
1927. 9. Juli. Gesetz über die Verzinsung aufgewerteter Hypotheken und ihre Umwandlung in Grundschulden usw. (RGBl. I S. 171).
Art. III § 14 . . . . 352—355
1927. 12. September. Verordnung zur weiteren Durchführung des Aufwertungsgesetzes und zur Durchführung des Gesetzes vom 9. Juli 1927 (RGBl. I S. 299).
§ 2 . . . . 230—237

2. Landesrecht.

Anhalt.

1911. 28. Dezember. Ministerialverordnung zur Ausführung der Reichsversicherungsordnung (Gesetzsammlung für Anhalt Nr. 1335, Bd. 20 S. 17). 162

Hamburg.

1897. 2. Juni. Hamburger Hafengesetz (Hamb. GesS. S. 26).
§ 30 . . . . 261, 262

Hessen.

1899. 17. Juli. Gesetz, die Ausführung des Bürgerlichen Gesetzbuches betreffend (Hess. Regierungsblatt S. 133).
Art. 15 . . . . 198—205

Mecklenburg-Schwerin.

1920. 30. April. Landtagswahlgesetz für Mecklenburg-Schwerin (Rbl. S. 489) in der Fassung vom 8. Mai 1926 (Rbl. 1926 S. 181).
§ 12 Abs. 2 . Anhang 19, 20
1920. 17. Mai. Verfassung des Freistaats Mecklenburg-Schwerin (Rbl. S. 653).
§ 45 Abs. 3 . . . Anhang 23
§ 66 . . Anhang 20, 21, 23
§ 67 . . . . . . Anhang 21
§ 68 . . . . . . Anhang 21
§ 70 . . . Anhang 20, 22, 23
1925. 3. August. Bekanntmachung zur Ausführung der Verordnung über die Einrichtung und das Verfahren der Aufwertungsstellen (Rbl. S. 303).
§ 1 Abs. 1 218
1926. 8. Mai. Gesetz über die Abänderung des Landtagswahlgesetzes vom 30. April 1920 (Rbl. S. 181).
Art. III § 12 Abs. 2 Anhang 19, 20
1927. 13. April. Gesetz zur Abänderung des Landtagswahlgesetzes (Rbl. S. 84).
Anhang 19, 24

Preußen.

a. Allgemeines Landrecht.

Einleitung.
§ 75 . . . . 264—268
Teil I Tit. 11
§§ 869 flg. 242
Teil I Tit. 12
§§ 508—515 . . . . 237—243
Teil II Tit. 17
§ 10 . . . . 220—224

b. Einzelne Gesetze und Verordnungen.

1838. 12. Dezember. Reglement, die Einrichtung des Sparkassenwesens betreffend (GS. 1839 S. 5). 90
1852. 21. Juli. Gesetz, betr. die Dienstvergehen der nicht richterlichen Beamten usw. (GS. S. 465).
§ 7 . . . . 337—340
§ 97 . . . . 337, 338
1855. 5. Mai. Konkursordnung (GS. S. 321).
§ 77 301
1856. 15. Mai. Städteordnung für die Rheinprovinz (GS. S. 406) 90
§ 53 Nr. 8 90

1865. 24. Juni. Allgemeines Berggesetz für die Preußischen Staaten (GS. S. 705).
§ 114 60
§ 119 . . . . 59—63
§ 120 . . . . 59—63
§ 128 . . . . 59—63
§ 196 . . . . 264—268
§ 197 . . . . 264—268

1874. 11. Juni. Gesetz über die Enteignung von Grundeigentum (GS. S. 221).
§ 36 . . . . 174—177

1899. 20. September. Ausführungsgesetz zum Bürgerlichen Gesetzbuch (GS. S. 177).
Art. 37 Nr. X 60

1918. 16. März. Ausführungsbestimmungen zur Bekanntmachung des Reichskanzlers über den Verkehr mit landwirtschaftlichen Grundstücken vom 15. März 1918 — RGBl. S. 123 — (JMBl. S. 69).
Nr. 1 165

1918. 27. März. Grundsätze für die Ausführung der Bekanntmachung über den Verkehr mit landwirtschaftlichen Grundstücken (LMBl. S. 109). 166

1920. 3. Februar. Ausführungsanweisung IV zu den Siedlungsgesetzen (Erlaß des Ministers für Landwirtschaft, Domänen und Forsten) — LMBl. 1920 S. 51 —. 147

1920. 7. Februar. Ausführungsanweisung III zu den Siedlungsgesetzen (Erlaß des Ministers für Landwirtschaft, Domänen und Forsten) — LMBl. 1920 S. 48 —. 147

1923. 10. Februar. Gesetz über den Verkehr mit Grundstücken (GS. S. 25).
§ 1 . . . . 114—117
§ 6 . . . . 114—117

1923. 4. August. Ausführungsbestimmungen zum Reichsmietengesetz (Verordnung des Ministers für Volkswohlfahrt) (GS. S. 382) . 21, 22, 27

1923. 7. November. Ausführungsanweisung des Ministers für Volkswohlfahrt zum Reichsmietengesetze (GS. S. 509). 22, 23

1924. 27. Oktober. Preuß. Stempelsteuergesetz in der Fassung vom 27. Oktober 1924 (GS. 1924 S. 627).
§ 3 62
Tarifstelle 19 . . . . . 59—63

1925. 23. Dezember. Bergpolizei-Verordnung des Oberbergamts Dortmund über die Anwendung von Gesteinstaub zum Schutz gegen Schlagwetter- u. Kohlenstaubexplosionen (Amtsbl. d. Reg. zu Münster 1926 S. 15). 265, 266, 267, 268
§ 1 266

Sachsen.

1920. 1. November. Die Verfassung des Freistaates Sachsen (Sächs. GesBl. S. 445).
Art. 28 13

1921. 22. Dezember. Ausführungsbestimmungen zum sächsischen Pensionsergänzungsgesetz vom 13. Dezember 1921 (Sächs. GesBl. S. 442).
Nr. 4c . . . . Anhang 1

1926. 15. Oktober. Verordnung über die Bezüge der Altruheständler (Sächs. GesBl. S. 408). Anhang 1—19

Thüringen.

1927. 14. September. Dritte Verordnung zur Durchführung der Aufwertung der Sparguthaben (GS. für Thüringen 1927 S. 179) 311

Württemberg.

1876. 1. Juli. Verfassungsgesetz, betr. die Bildung eines Staatsministeriums (RegBl. S. 275).
Art. 2 . . . . 375, 388
Art. 6 391

1912. 1. Oktober. Württembergisches Beamtengesetz (RegBl. S. 715).
Art. 1 . . . . . 374, 379, 388
Art. 2 . . . . 374, 388
Art. 8 389
Art. 22 388
Art. 23 388
Art. 23 Abs. 1 . . . 370, 380
Art. 28 380
Art. 29 . . . . 375, 389
Art. 30 381
Art. 47 . 375, 376, 389, 390
Art. 48 . 375, 377, 379, 381, 383, 385, 386, 387, 388, 389, 390, 396.

1919. 23. Mai. Verfassung des freien Volksstaates Württemberg (RegBl. S. 85).
§ 47 375
§ 48 375
§ 49 376
§ 55 . . . . 376, 395
§ 56 376
§ 57 376
§ 59 389
§ 60 . . . . 389, 390
§ 81 396

1919. 25. September. Die Verfassung Württembergs (RegBl. S. 281).
§ 6 391
§ 26 . . . . 376, 391
§ 27 376
§ 28 376
§ 31 . . . . 390, 391
§ 34 . . 376, 382, 383, 385, 386, 387, 395
§ 35 376
§ 36 . . . . 376, 391
§ 39 390
§ 62 . . 383, 385, 387, 396

1920. 31. Mai. Besoldungsgesetz für Württemberg (RegBl. S. 339).
Art. 2 . . . . 376, 390
Art. 30 . 376, 382, 385, 387, 388, 390, 393, 394, 396
Art. 34 . 377, 381, 382, 393, 394

1921. 17. Mai. Pensionsergänzungsgesetz (RegBl. S. 215). 392, 394
Art. 1 378
Art. 1 Abs. 1 . . . . . 377, 378
Art. 8 . . . . 377, 394

1923. 29. Dezember. Württembergische Personalabbauverordnung (RegBl. S. 537).
§ 11 378

1925. 23. Mai. Pensionsergänzungsgesetz für Württemberg (RegBl. S. 33) 394
Art. 1 Abs. 1 378
Art. 1 Abs. 5 . . . . 378, 392
Art. 2 Abs. 2 378

1927. 26. März. Gesetz über die Dienstverhältnisse der Minister (Ministergesetz)(RegBl. S. 123).

Art. 4 379
Art. 5 . . . . 379, 380
Art. 6 . . . . 379, 380
Art. 7 . . . . 379, 381
Art. 12 . . . . 374—398
Art. 13 . . . . 374—398

3. Ausländisches Recht.

Österreich.

1921. 30. September. Bundesgesetz über die Übertragung von Versicherungsbeständen (Bundesgesetzblatt 1921 Nr. 547 S. 1797) . . . . . 70—76

Schweiz.

1889. 11. April. Bundesgesetz über Schuldbetreibung und Konkurs (Amtl. Sammlung der Bundesgesetze, Neue Folge Bd. 11 S. 529).
Art. 217 209
1907. 10. Dezember. Schweizerisches Zivilgesetzbuch (Sammlung der Bundesgesetze, Neue Folge Bd. 24 S. 233).
Art. 121 37

C. Zusammenstellung der Entscheidungen nach der Zeitfolge.

Seite

1926. Urt. v. 7. Juli i. S. F. (Bekl.) w. L. (Kl.). III 410/25. 6

1927. Beschl. v. 5. Dezember in einer Verfassungsfrage. III Tgb. 68/27 374

1928. Urt. v. 10. Januar i. S. J. Versicherungs-Akt.-Ges. (Bekl.) w. Wwe. S. (Kl.). VII 462/27 18

„ Urt. v. 17. Januar i. S. W. (Bekl.) w. H. (Kl.). III 171/27. 21

„ Urt. v. 20. Januar i. S. Aktienbierbrauerei-A.-G. (Bekl.) w. H. u. Gen. (Kl.). II 281/27 28

„ Urt. v. 20. Januar i. S. Ehemann Th. (Bekl.) w. Ehefr. Th. (Kl.). II 348/27 35

„ Urt. v. 21. Januar i. S. Vereinigte F. E. u. S. Dampfschiffahrtsgesellschaft (Kl.) w. N. Versicherungsges. (Bekl.). I 190/27 39

„ Urt. v. 21. Januar i. S. D. Ll. (Kl.) w. Vereinigte F. E. u. S. Dampfschiffahrtsgesellschaft (Bekl.). I 133/27 . . 42

„ Urt. v. 24. Januar i. S. M. (Bekl.) w. Reichsverband des Deutschen Medizinaldrogen- u. Spezialitäten-Großhandels e. V. (Kl.). II 272/27 47

„ Urt. v. 24. Januar i. S. C. (Bekl.) w. Dr. B. (Kl.). II 334/27 54

„ Urt. v. 24. Januar i. S. Gewerkschaft R. (Kl.) w. Preuß. Staat (Bekl.). VII 490/27 59

„ Urt. v. 27. Januar i. S. B. (Kl.) w. Deutsche Reichsbahn-Gesellschaft (Bekl.). III 200/27 63

„ Urt. v. 27. Januar i. S. Deutsche Reichspost (Bekl.) w. O. (Kl.). III 191/27 67

„ Urt. v. 27. Januar i. S. St. Lebensversicherungsbank (Bekl.) w. K. (Kl.). VII 465/27 70

„ Urt. v. 27. Januar i. S. A. (Kl.) w. L. (Bekl.). II 331/27 76

„ Beschl. v. 30. Januar i. S. E. w. B. V B 36/27 . . . 83

„ Urt. v. 30. Januar i. S. J. (Kl.) w. Stadtgemeinde K. (Bekl.). IV 222/27 85

„ Urt. v 31. Januar i. S. Ehefrau H. (Bekl.) w. Ehemann H. (Kl.). VII 512/27 91

„ Urt. v. 31. Januar i. S. L. Metallwerk C. H. jun. (Bekl.) w. Metallwerk A. B. & Co. (Kl.). II 77/27 94

Seite

1928. Urt. v. 1. Februar i. S. Dr. R. A. & Co. (Kl.) w. Deutsche Reichsbahn-Gesellschaft (Bekl.) . I 198/27 101
" Urt. v. 2. Februar i. S. H. (Bekl.) w. M. (Kl.). VI 270/27 104
" Urt. v. 3. Februar i. S. Frau Sch. (Kl.) w. L. als Verwalter im Konkurse über das Vermögen des Sch. (Bekl.) VII 495/27 107
" Urt. v. 4. Februar i. S. B. u. Gen. (Kl.) w. Spar- u. Darlehenskasse in Sch. u. Gen. (Bekl.). V 238/27 110
" Urt. v. 4. Februar i. S. W. (Kl.) w. M. (Bekl.). V 343/27 114
" Urt. v. 4. Februar i. S. Sp. (Kl.) w. St. (Bekl.). V 117/27 118
" Urt. v 4. Februar i. S. Rh. Schiffahrtsgesellschaft J. & D. (Kl.) w. F. H. & Co. und Gen. (Bekl.). I 94/27 . . . 121
" Urt. v. 6. Februar i. S. Eheleute M. (Kl.) w. Eheleute Br. (Bekl.). VI 329/27 126
" Urt. v. 7. Februar i. S. Nordd. T. A.-G. (Kl.) w. Tr.-Werke A.-G. (Bekl.). III 225/27 130
" Urt. v. 7. Februar i. S. W. G. (Kl.) w. Kommanditgesellschaft G. & Ch. succ. u. Gen. (Bekl.). II 211/27 . . . 135
" Beschl. v. 8. Februar i. S. H. (Kl.) w. H. (Bekl.). III B 5/28 142
" Urt. v. 9. Februar i. S. H.'sche Siedlungsgesellschaft (Kl.) w. P. (Bekl.). VI 261/27 144
" Urt. v. 9. Februar i. S. B.-GmbH. (Bekl.) w. G. (Kl.) VI 238/27 151
" Urt. v. 9. Februar i. S. H. (Kl.) w. D. u. Gen. (Bekl.). VI 373/27 154
" Urt. v. 10. Februar i. S. Gemeinde H. (Bekl.) w. Allgem. Ortskrankenkasse des Kreises B. (Kl.). III 227/27 162
" Urt. v. 11. Februar i. S. P. (Bekl.) w. Papierfabrik M. GmbH. (Kl.). I 196/27 165
" Urt. v. 13. Februar i. S. Stadt E. (Bekl.) w. B. (Kl.). VI 333/27 166
" Urt. v. 13. Februar i. S. Kommanditgesellschaft N. & S. (Nichtigkeitsbekl.) w. O. (Nichtigkeitskl.). VI 317/27 . . 170
" Urt. v. 14. Februar i. S. Stadtgemeinde K. (Bekl.) w. H. u. Gen. (K.). VII 421/27 174
" Urt. v. 17. Februar i. S. G. (Kl.) w. Hamb. Fr.-Lagerhaus-Gesellschaft (Bekl.). II 275/27 177
" Urt. v. 17. Februar i. S. K. & Co. offene Handelsgesellschaft (Kl.) w. L. Feuerversicherungsanstalt Akt. Ges. (Bekl.). VII 529/27 182
" Urt. v. 18. Februar i. S. K. (Bekl.) w. B. (Kl.). I 280/27 183

Seite

1928. Beschl. v. 18. Februar i. S. M. (Antragsteller) w. H. (Antragsgegner). V B 1/28 274
" Beschl. v. 21. Februar i. S. D. w. L. u. Gen. II B 5/28 188
" Urt. v. 21. Februar i. S. Verwalter im Konkurs V. (Kl.) w. Sch. u. Gen. (Bekl.). VII 369/27 189
" Urt. v. 22. Februar i. S. G. (Kl.) w. Sch. & Co., Kommanditgesellschaft (Bekl.). I 219/27 193
" Urt. v. 22. Februar i. S. Frau F. u. Gen. (Bekl.) w. Eheleute Sch. (Kl.). V 45/27 198
" Urt. v. 24. Februar i. S. der Stadt B. (Kl.) w. Aktiengesellschaft Stahlwerk B. (Bekl.). II 420/27 205
" Beschl. v. 25. Februar in einer Karlsruher Grundbuchsache. V B 38/27 211
" Beschl. v. 25. Februar in einer Rostocker Aufwertungssache. V B 4/28 217
" Urt. v. 28. Februar i. S. M. (Kl.) w. Stadtgemeinde C. (Bekl.) III 263/27. 220
" Urt. v. 29. Februar i. S. K. & S. (Bekl.) w. B. (Kl.). I 258/27 224
" Beschl. v. 29. Februar in einer Bremer Grundbuchsache. V B 3/28 230
" Urt. v. 1. März i. S. der Kirchengemeinden der Jerusalems- und der Neuen Kirche (Bekl.) w. Erben R. (Kl.). IV 605/27 237
" Urt. v. 1. März i. S. H. (Bekl.) w. K. u. Gen. (Kl.). VI 374/27 243
" Urt. v. 1. März i. S. P. (Kl.) w. S. (Bekl.). VI 258/27 249
" Urt. v. 2. März i. S. v. B. u. Gen. (Bekl.) w. H. (Kl.). III 271/27 10
" Urt. v. 3. März i. S. N. (Bekl.) w. Ev. Kirchengemeinde in R. (Kl.). V 320/27 253
" Urt. v. 3. März i. S. 1. des Hamburgischen Staates, 2. der Hamburg-Amerika-Linie A.-G. (Bekl.) w. die Stadt Altona (Kl.). I 187/27 258
" Urt. v. 3. März i. S. U. GmbH. (Kl.) w. Bergbau A.-G. L. (Bekl.). I 242/27 264
" Urt. v. 3. März i. S. Deutsche Reichsbahn-Gesellschaft (Bekl.) w. Deutsch-Russische T. und Sch. Ges. (Kl.). I 264/27 268
" Beschl v. 5. März (Vereinigte Zivilsenate) i. S. L. (Kl.) w. M. (Bekl.). I B 1/18 1
" Urt. v. 5. März i. S. Landesversicherungsanstalt Schlesien (Kl.) w. Graf H. v. D. u. Gen. (Bekl.). IV 504/27 277
" Urt. v. 5. März i. S. D. L. A.-Fabrik AG. (Kl.) w. P. H.-GmbH. (Bekl.). IV 682/27 280

Seite

1928. Beschl. v. 7. März in einer Grundbuchsache des Amtsgerichts Schleswig. V B 5/28 13

" Urt. v. 9. März i. S. St. u. Gen. (Kl.) w. Immobilienbank B.-W. GmbH. (Bekl.). II 489/27 283

" Urt. v. 10. März i. S. G. u. Gen. (Kl.) w. Sch. u. Gen. (Bekl.). V 250/27 292

" Urt. v. 10. März i. S. M. (Kl.) w. K. & R. (Bekl.). I 228/27 297

" Urt. v. 13. März i. S. W. (Kl.) w. H. als Verwalter im Konkurs über das Vermögen der W. A.-G. (Bekl.). II 475/27 300

" Urt. v. 15. März i. S. Deutsches Reich (Bekl.) w. J. (Kl.). VI 413/27 304

" Beschl. v. 17. März in einer Gothaer Aufwertungssache. B V 9/28 307

" Urt. v. 17. März i. S. U. Versicherungs-Akt. Ges. (Kl.) w. Deutsche Reichsbahn-Gesellschaft (Bekl.). I 195/27 . . 313

" Urt. v. 19. März i. S. B. (Kl.) w. Stadtgemeinde E. (Bekl.). VI 266/27 317

" Urt. v. 20. März i. S. B. (Kl.) w. Deutsche Reichspost (Bekl.). III 260/27 321

" Beschl. v. 20. März in einer Blankenburger Grundbuchsache. V B 11/28 331

" Beschl. v. 20. März in einer Königsberger Aufwertungssache. V B 13/28 334

" Urt. v. 23. März i. S. v. J. (Kl.) w. Preuß. Staat (Bekl.). III 258/27 337

" Urt. v. 23. März i. S. Firma Fr. E. L. u. Gen. (Bekl.) w. C. (Kl.). II 300/27 340

" Urt. v. 24. März i. S. M. Cr.-Bank (Bekl.) w. J. (Kl.). I 3/28. 347

" Urt. v. 27. März i. S. Ho. (Bekl.) w. Ha. (Kl.). II 474/27 398

" Urt. v. 17. April i. S. B. (Kl.) w. St. (Bekl.). II 411/27 402

" Urt. v. 17. April i. S. K. u. Gen. (Kl.) w. Schn. (Bekl.). II 432/27 410

" Urt. v. 30. April i. S. W. (Kl.) w. J. (Bekl.). II 542/27 325

" Urt. v. 19. Mai i. S. Ch. u. Gen. (Kl.) w. G. (Bekl.). V 315/27 352

" Urt. v. 8. Juni i. S. L. Söhne (Kl.) w. H. u. Gen. (Bekl.). III 426/27 355

" Urt. v. 12. Juni i. S. G. als Verwalter im Konkurs über das Vermögen der Akt.-Ges. B. (Kl.) w. van M. (Bekl.). II 534/27 363

Entscheidungen des Staatsgerichtshofs.

Seite

1927, vom 3. Dezember, in der verfassungsrechtlichen Streitsache des Landes Sachsen gegen das Deutsche Reich. StGH. 5/26 . . . . Anhang 1

1928, vom 12. Mai, in der verfassungsrechtlichen Streitsache des Gaues Mecklenburg-Lübeck der Nationalsozialistischen Deutschen Arbeiterpartei gegen das Land Mecklenburg-Schwerin. StGH. 3/28. Anhang 19

Zusammenstellung

der

im 120. Bande

mitgeteilten Entscheidungen

nach

Oberlandesgerichtsbezirken.

(Die Zahlen bezeichnen die Nummern der Entscheidungen.)

Berlin	5. 6. 8. 11. 12. 15. 21. 24. 26. 29. 31. 34. 35. 51. 54. 64. 76. 84.
Breslau	39. 60. 62. 70. 79.
Celle	32. 44. 66.
Darmstadt	47.
Dresden	2. 17.
Düsseldorf	28. 45. 48. 63. 81.
Hamburg	30. 33. 41. 52. 67. 73. 77.
Hamm	14. 42. 71.
Jena	7. 20.
Kassel	3. 38. 55.
Kiel	9. 10. 58. 72. 83.
Köln	19. 27. 43. 46.
Königsberg	1. 37.
Marienwerder	57.
Naumburg a. S.	22. 25. 36.
Nürnberg	23. 78.
Rostock	56.
Stettin	40. 68.
Stuttgart	16. 80.

Landgericht Bochum	59.
Landgericht Braunschweig	74.
Landgericht Bremen	53.
Landgericht Darmstadt	61.
Landgericht Flensburg	4.
Landgericht Gotha	69.
Landgericht Güstrow	18.
Landgericht Heidelberg	65.
Landgericht Karlsruhe	49.
Landgericht Königsberg	75.
Landgericht Naumburg a. S.	13.
Landgericht Osnabrück	85.
Landgericht Rostock	50.
Reichsgericht unmittelbar (Verfassungsstreit)	82.
Staatsgerichtshof	1*. 2*.

Berichtigungen.

Hundertzwanzigster Band.

S. 59 Z. 10 v. o. statt „v.“ (bei der Sachbezeichnung) lies „w.“.
„ 217 „ 3 v. u. statt „Grundbuchsache“ lies „Aufwertungssache“.
„ 277 „ 20 v. o. statt „5. Mai 1922“ lies „15. Mai 1922“.
„ 307 „ 6 v. u. statt „Anrechnung“ lies „Aufrechnung“.

Bürgerliches Gesetzbuch nebst Einführungsgesetz vom 18. August 1896 mit Berücksichtigung der bis zum 1. Januar 1925 ergangenen Abänderungen. Textausgabe mit ausführlichem Sachregister. Sechzehnte Auflage. Taschenformat. 758 Seiten. 1928. Geb. 5.—

(Guttentagsche Sammlung von Textausgaben ohne Anmerkungen mit Sachregister.)

Die vorliegende Ausgabe zeichnet sich durch Vollständigkeit und besondere Ausführlichkeit des Sachregisters aus.

Lehrbücher und Grundrisse der Rechtswissenschaft, herausgegeben von den Professoren Dr. Hans Fehr-Bern, Dr. Heinrich Gerland-Jena, Dr. Justus Wilhelm Hedemann-Jena, Dr. Heinrich Lehmann-Köln a. Rh. und dem redaktionellen Leiter Professor Dr. Fritz Stier-Somlo-Köln a. Rh.

I. Band: **Allgemeiner Teil des Bürgerlichen Gesetzbuches.** Von Dr. Heinrich Lehmann, o. Professor der Rechte. Dritte Auflage. Oktav. 1928. 12.—, geb. 13.50

„Die Tiefe und Gründlichkeit, mit der die unendliche Fülle des Rechtsstoffes bearbeitet und zu einem einheitlichen Ganzen geformt ist, bieten einen glänzenden Beweis für die Unvergänglichkeit deutscher wissenschaftlicher Tatkraft."
Gesetz und Recht.

XIII. Band: **Grundzüge des deutschen Privatrechts.** Von Dr. Claudius Frhr. von Schwerin, ordentl. Professor der Rechte an der Universität Freiburg i. B. Zweite Auflage. Oktav. XII, 342 Seiten. 1928. 9.50, geb. 11.—

„Ein kurzgefaßtes Lehrbuch, insbesondere für Studenten berechnet, in seiner Knappheit, verbunden mit guter Systematik und Vielseitigkeit, wirklich vorzüglich ausgefallen." *Zeitschrift des Bernischen Juristen-Vereins.*

Mietrecht und Wohnungsmangelgesetzgebung im Reiche, in Preußen und in Berlin, einschließlich Hauszinssteuer, Kostenwesen und Rechtsentscheiden des Kammergerichts und des Obersten Landesgerichts. Zusammengestellt und mit ausführlichem Schlagwortregister versehen von Landgerichtsdirektor O. Krieg. Vierte Auflage. Taschenformat, etwa 580 Seiten. 1928. Geb. 10.—

(Guttentagsche Sammlung Deutscher Reichsgesetze Band 156.)

Durch die letzten wichtigen Änderungen des Mietrechts hat sich auch eine Neugestaltung dieser wohlbekannten Mietrechtssammlung notwendig gemacht, die mit größter Sorgfalt alle inzwischen eingetretenen Neuerungen berücksichtigt. Über ihre Bedeutung gibt am besten die folgende Besprechung der „Juristischen Wochenschrift" Aufschluß: „Eine solche Ausgabe zu besitzen, ist wertvoll. Sie verdient schon wegen ihrer Vollständigkeit besondere Beachtung. Ein vortreffliches Sachregister ist beigefügt."

Gewerbeordnung für das Deutsche Reich nebst Kinderschutzgesetz und Hausarbeitsgesetz sowie den für das Reich und Preußen erlassenen Ausführungsbestimmungen. Bearbeitet von Dr. Friedrich Hiller, Stadtrat, und Dr. Hermann Luppe, Oberbürgermeister. Einundzwanzigste, veränderte Auflage. Taschenformat. 931 Seiten. 1928. Geb. 11.—

(Guttentagsche Sammlung deutscher Reichsgesetze Band 6.)

Die hohe Auflagenzahl beweist wohl am besten die Güte und Zuverlässigkeit dieser Kommentierung der Gewerbeordnung. Die vorliegende Auflage berücksichtigt sämtliche Änderungen und die Rechtsprechung, die seit Erscheinen der letzten Auflage notwendig geworden sind; ferner wurden aufgenommen die Arbeitszeitverordnungen und das Mutterschutzgesetz.

Grundbuchordnung für das Deutsche Reich nebst den preußischen Ausführungsbestimmungen. Handausgabe mit Einleitung. Anmerkungen und Sachregister. Von Dr. Otto Fischer, o. planmäßiger Professor der Rechte an der Universität Breslau, und Dr. Norbert Fischer, Rechtsanwalt am Oberlandesgericht Breslau. Neunte, durchgearbeitete und ergänzte Auflage. Taschenformat. 322 Seiten. 1927. Geb. 5.—

(Guttentagsche Sammlung Deutscher Reichsgesetze Band 42.)

„Die vorliegende Handausgabe erfreut sich dank ihrer außerordentlichen Brauchbarkeit allseitiger Beliebtheit. Die Verfasser haben mit sicherem Blick für die Bedürfnisse der Rechtsanwendung die wichtigsten Auslegungssätze, insbesondere aus den Entscheidungen der höchsten Gerichte, herausgestellt.“

Leipziger Zeitschrift für deutsches Recht.

Preußisches Stempelsteuergesetz mit den gesamten Ausführungsbestimmungen. Unter besonderer Berücksichtigung der Entscheidungen der Verwaltungsbehörden und der Gerichte, herausgegeben von Geheimen Regierungsrat P. Loeck. Zehnte, neubearbeitete Auflage von Dr. K. Eiffler, Ministerialrat im Preußischen Finanzministerium. Taschenformat. 476 Seiten. 1928. Geb. 13.—

(Guttentagsche Sammlung Preußischer Gesetze Band 18.)

Die vorliegende Auflage legt das Schwergewicht auf möglichst restlose Erfassung aller in das Gebiet der Stempelsteuer fallenden möglichst neueren und neuesten Gerichts- und Verwaltungsentscheidungen.

Das „Finanz-Ministerialblatt“ schreibt: „Die zahlreichen Auflagen zeugen für die Güte und praktische Brauchbarkeit des Buches.“

Patentgesetz. Nebst Ausführungsbestimmungen, völkerrechtlichen Verträgen und Patentanwaltsgesetz, unter eingehender Berücksichtigung der Rechtsprechung des Reichsgerichts und der Praxis des Reichspatentamts. Von R. Lutter, Geh. Reg.-Rat im Reichspatentamt. Neunte Auflage. Taschenformat. XV, 467 S. 1928. Geb. 10.—

(Guttentagsche Sammlung Deutscher Reichsgesetze Band 22.)

„Der Kommentar wird in seiner Knappheit und Sparsamkeit dem ursprünglichen Zweck gerecht, überragt aber an wissenschaftlicher Durcharbeitung und Gründlichkeit die vorangegangenen Auflagen weit. Die jetzt vorliegende Auflage zeichnet sich durch Reichhaltigkeit, Genauigkeit und Klarheit aus.“

Gewerblicher Rechtsschutz und Urheberrecht.

Gesetz gegen den unlauteren Wettbewerb vom 7. Juni 1909. Textausgabe mit Anmerkungen, Einleitung und Sachregister. Von Justizrat A. Pinner und Dr. A. Elster. Achte, sehr vermehrte und umgestaltete Auflage von Dr. Alexander Elster. Taschenformat. 254 Seiten. 1927. Geb. 5.—

(Guttentagsche Sammlung Deutscher Reichsgesetze Bd. 37.)

„Der Kommentar ist ein Musterbeispiel der Kommentierungskunst; er ersetzt fast die großen Kommentare. Wer sich mit dem Gesetz zum ersten Male befaßt, kann dieses Werk nicht entbehren, aber auch der erfahrene Praktiker wird das Werk mit Nutzen zur Hand nehmen.“ Mitteilungen des Preußischen Richtervereins.

Bank- und Börsenrecht. Eine Sammlung von Gesetzen und Geschäftsbedingungen. Herausgegeben und eingeleitet von Dr. Arthur Nußbaum, Professor an der Universität Berlin. Taschenformat. XII, 622 Seiten. 1927. Geb. 11.—

(Guttentagsche Sammlung Deutscher Reichsgesetze Band 169.)

„Es gereicht dem Verfasser, wie auch dem Verlag zum großen Verdienst, den Bank- und Juristenkreisen eine so übersichtliche und umfassende Sammlung der deutschen Gesetze, Verordnungen und freien Rechtsbildungen über das Bank- und Börsenrecht darzubieten. Das Werk ist von hervorragender Brauchbarkeit.“

Schweizerische Juristen-Zeitung.

Das Reichsgesetz, betreffend die Erwerbs- und Wirtschaftsgenossenschaften. Kommentar zum praktischen Gebrauch für Juristen und Genossenschaften. Bis zur dritten Auflage herausgegeben von Ludolf Parisius und Dr. Hans Crüger. Elfte, neubearbeitete Auflage von Dr. Hans Crüger, Dr. Adolf Crecelius und Kammergerichtsrat Fritz Citron. Groß-Oktav. XV, 598 S. 1928. 28.—, geb. 30.—

Die „Juristische Wochenschrift" schreibt anläßlich der letzten Auflage über dieses Werk:

„Der bekannte Kommentar von Crüger-Crecelius, der sich seit längerer Zeit höchsten Ansehens und maßgebendsten Einflusses in Wissenschaft und Praxis erfreut, liegt in seiner zehnten Auflage vor. Der Umstand, daß diese Auflage bereits jetzt notwendig geworden ist, während die letzte Auflage erst im Juli 1924 abgeschlossen war, ist der beste Beweis für das Ansehen und die Verbreitung des Werkes. Je schwieriger es für den Praktiker ist, alle neuesten Bestimmungen zusammenzufinden, welche auf einem bestimmten Rechtsgebiet ergangen sind, um so wichtiger ist der Besitz der neuesten Auflage eines Werkes, welche ihn dieser schwierigen Aufgabe enthebt."

Das Reichsgesetz, betreffend die Erwerbs- und Wirtschaftsgenossenschaften. Textausgabe mit Anmerkungen und Sachregister. Von Ludolf Parisius und Dr. Hans Crüger. Neunzehnte, neubearbeitete Auflage (81. bis 86. Tausend) von Dr. Hans Crüger, Dr. Adolf Crecelius und Kammergerichtsrat Fritz Citron. Taschenformat. 299 Seiten. 1928. Geb. 4.—
(Guttentagsche Sammlung Deutscher Reichsgesetze Band 29.)

„Das Werk ist für den praktischen Juristen, welcher im Genossenschaftswesen tätig ist, und für die Genossenschaft unentbehrlich." Blätter für Genossenschaftswesen.

Arbeiterschutz und Arbeitsrecht. (Erste Auflage von Dr. Adolf Günther.) Zweite Auflage. I. Teil: Arbeitszeitschutz. Das Arbeitszeitnotgesetz und die übrige arbeitszeitrechtliche Gesetzgebung des Reichs seit 9. November 1918. Erläutert von Dr. Richard Schneider, Archivar beim Reichstag, unter Mitwirkung von Dr. Adolf Günther, o. Professor an der Universität Innsbruck. Taschenformat. 386 Seiten. 1927. Geb. 7.50
(Guttentagsche Sammlung Deutscher Reichsgesetze Band 138a.)

„Der Kommentar umfaßt die gesamte arbeitsrechtliche Gesetzgebung von der Staatsumwälzung bis zum Stande vom 31. Juli 1927, und zwar nicht nur die allgemeinen Bestimmungen für Arbeiter und Angestellte, sondern auch die für einzelne Gewerbezweige und Einzelbetriebe erlassenen Verordnungen. Ein Sachregister erleichtert den Gebrauch. Das Buch ist ein knapper und handlicher Führer durch das bereits weitverzweigte Gebiet der arbeitszeitrechtlichen Gesetzgebung." Köln. Zeitung.

Ein Reichsrahmengesetz für die Realsteuern? Von Dr. Gaertner und Dr. Arnd Jessen. Oktav. 140 Seiten. 1927. 5.—

„Dieses Buch ist eins von den wenigen, von denen man behaupten kann, daß es wichtig, notwendig und nützlich ist. Die Verfasser geben eine Darstellung des heutigen Zustandes auf dem Realsteuergebiet unter dem Gesichtspunkt, inwieweit eine Vereinheitlichung möglich ist und in welcher Weise die Vereinheitlichung zu erfolgen hätte. Es ist sehr zu begrüßen, daß das Buch durch seine streng wissenschaftliche Darstellung einer gerechteren Beurteilung die Wege ebnet." Deutsche Allgemeine Zeitung.

Die Zusammenhänge zwischen Steuerrecht und Handelsrecht und ihre Entwicklung, untersucht an dem Gewinn und an der Bewertung. Eine bilanzrechtliche und bilanzkritische Darstellung mit praktischen Beispielen. Von Dr. jur. Johannes Hein, Syndikus u. Steuersachverständiger in Berlin. Groß-Oktav. X, 280 S. 1928. 10.—, geb. 12.—

Das vorliegende Buch ist eine knappgefaßte praktische Gewinn- und Bewertungslehre nach steuerrechtlichen sowie bilanzrechtlichen und betriebswirtschaftlichen Gesichtspunkten. Sie faßt die bisherigen Ergebnisse der Gewinn- und Bewertungslehre im Steuer- und Bilanzwesen und ihre Zusammenhänge mit benachbarten Rechts-

und Wirtschaftsdisziplinen zusammen, wertet sie kritisch aus und vertieft sie nach einheitlichem Prinzip. Als Niederschlag umfassender Erfahrungen aus der Praxis stellt diese Arbeit einen Leitfaden für die juristische und geschäftliche Praxis sowie für das Hochschulstudium dar.

Nahrungsmittelgesetze mit Erläuterungen. Von Georg Lebbin. Zweite, stark vermehrte Auflage in zwei Bänden. Taschenformat.

I. Band: **Das Lebensmittelgesetz** vom 5. Juli 1927 mit Nebengesetzen (Margarine, Fleisch, Milch, Süßstoff, Essigsäure usw.). Erläutert von Dr. G. Lebbin, staatlich anerkannter und vereidigter Nahrungsmittelchemiker zu Berlin, und Dr. Richard Gießner, Regierungsrat a. D., Rechtsanwalt und Notar zu Berlin. XVI, 419 Seiten. 1928. Geb. 8.50

II. Band: **Getränkegesetze** und Getränkesteuergesetze (Wein, Bier, Branntwein, Mineralwasser). Unter Mitwirkung von Rechtsanwalt Dr. Kniebe erläutert von Dr. G. Lebbin, staatl. anerkannter und vereidig. Nahrungsmittelchemiker zu Berlin. XII, 401 S. 1926. Geb. 10.—

(Guttentagsche Sammlung Deutscher Reichsgesetze Band 54 a, b.)

„Beide Bände bieten eine lückenlose Sammlung der Nahrungsmittelgesetze. Die Anschaffung kann allen Interessenten nur warm empfohlen werden.“

Industrie- und Handels-Zeitung.

Luftrecht einschließl. Luftverkehrsgesetz und Pariser Luftverkehrsabkommen. Erläutert von Dr. jur. Rudolf Busse, Regierungsrat. Taschenformat. 460 Seiten. 1928. Geb. 10.—

(Guttentagsche Sammlung Deutscher Reichsgesetze Band 170.)

Das Luftrecht greift in die verschiedensten Gebiete der Rechtsprechung und Verwaltung ein, Eisenbahn, Zoll und Post stehen mit ihm in engster Verbindung. Diese Vielfältigkeit der Beziehungen verlangte in der Praxis bereits seit langem eine einheitliche Zusammenfassung und systematische Ordnung. Das vorliegende Buch kommt dieser Aufgabe nach. Es gibt in einem nationalen und internationalen Teil einen klaren Überblick über das gesamte Luftrecht; der neueste Stand der Rechtsprechung ist hierbei berücksichtigt. Den erläuterten Gesetzesabkommentexten ist eine systematische Einführung in das gesamte Luftrecht mit seinen vielseitigen Rechtsdisziplinen vorausgeschickt.

Deutsches Gerichtskostengesetz nebst Gebührenordnungen für Gerichtsvollzieher und für Zeugen und Sachverständige in den neuesten Fassungen. Auf der Grundlage der Sydow-Busch'schen Textausgabe mit Anmerkungen neubearbeitet in elfter Auflage von Dr. L. Busch, Reichsgerichtsrat i. R., und O. Krieg, Landgerichtsdirektor. Taschenformat. XI, 433 Seiten. 1928. Geb. 7.50

(Guttentagsche Sammlung Deutscher Reichsgesetze Band 15.)

Die vorliegende elfte Auflage dieser jedem Juristen bekannten Ausgabe des Gerichtskostengesetzes stellt eine vollkommene Neubearbeitung dar, da nach Eintritt stabiler Verhältnisse die ältere Rechtsprechung nur in beschränktem Maße verwertet werden konnte. Diese neue Auflage setzt sich zum Ziel, die Stichworte der neuen Paragraphen namentlich durch Klarstellung ihrer Bedeutung, Darlegung der Gesetzesvorschriften und durch Heranziehung anderer einschlägiger Gesetze für den praktischen Gebrauch übersichtlich zu erläutern.

Preußisches Gerichtskostengesetz (neueste Fassung). Nach dem Tode des früheren Herausgebers Kammergerichtsrat Dr. P. Siméon erläutert von Geh. Oberjustizrat Otto Lindemann, Ministerialdirektor im Preußischen Justizministerium. Achte, völlig umgearbeitete Auflage. Taschenformat. 439 Seiten. 1928. Geb. 8.—

(Guttentagsche Sammlung Preußischer Gesetze Band 17.)

Die vorliegende, nunmehr achte Auflage dieser bekannten Ausgabe des Preußischen Gerichtskostengesetzes ist entsprechend den bedeutsamen Änderungen der letzten Jahre völlig umgearbeitet. Die gesamte Rechtsprechung wurde eingehend berücksichtigt, so daß hier eine Erläuterung vorliegt, die Zuverlässigkeit und Vollständigkeit in sich verbindet.

Das deutsche Berufsbeamtentum und die parlamentarische Demokratie. Ein Beitrag zur Lehre von der Exekutive. Von Dr. Arnold Köttgen, Privatdozent an der Universität Jena. Groß-Oktav. VI, 275 Seiten. 1928. 9.—

Unter den mannigfachen politischen Kämpfen, von denen der Ausbau und die weitere Entwicklung der Weimarer Verfassung begleitet sind, steht der Kampf um das Berufsbeamtentum mit in vorderster Reihe. Wenn gerade hier die Gedanken der Verfassung, insbesondere das parlamentarische System, in der praktischen Politik auf stärkste Schwierigkeiten gestoßen sind, deren volle Bedeutung erst langsam sichtbar wird, so erklärt sich dies aus der Tatsache, daß den seit Weimar grundlegend veränderten staatsrechtlichen Verhältnissen im Ausbau des Beamtenrechts ungenügend Rechnung getragen worden ist. Es ist die Aufgabe dieser Schrift, die grundverschiedenen Voraussetzungen, die die konstitutionelle Monarchie und die parlamentarische Demokratie dem Berufsbeamtentum bieten, in ihrer Gegensätzlichkeit einander gegenüberzustellen, um hieraus, gestützt auf die Erfahrungen des Auslandes (England, Frankreich und Amerika), die für Deutschland im augenblicklichen Stadium der Dinge nach Ansicht des Verfassers gegebenen Schlüsse zu ziehen.

Die preußischen Baupolizeigesetze nebst den sonstigen einschlägigen Reichs- und Landesgesetzen. Erläutert von Dr. jur. H. Heine, Obermagistratsrat. Taschenformat. 404 Seiten. 1928. Geb. 8.—
(Guttentagsche Sammlung preußischer Gesetze Nr. 64.)

Diesem Band ist die Aufgabe gestellt, die in erster Linie in Betracht kommenden Gesetze und sonstigen Vorschriften und die im Zusammenhang hiermit entstehenden Rechtsfragen in übersichtlicher Weise zusammenzufassen und zu erörtern. Die Rechtsprechung des Oberverwaltungsgerichts und anderer Gerichte ist hierbei berücksichtigt worden.

Wassergesetz vom 7. April 1913. Mit Einleitung, Erläuterungen und Sachregister. Bearbeitet von Georg Wulff und Dr. Ferdinand Herold. Zweite, umgearbeitete Auflage von Georg Wulff, Rechtsanwalt und Notar in Dortmund. Taschenformat. XVI, 665 Seiten. 1928. Geb. 12.—
(Guttentagsche Sammlung Preußischer Gesetze Nr. 52.)

Diese zweite Auflage des Preußischen Wassergesetzes soll noch mehr als die erste mit ihren Anmerkungen und dem ausführlichen Sachregister als Wegweiser durch die teils schwierigen und verwickelten Fragen dieser Materie dienen und den Juristen über die einschlägige Rechtsprechung und das Schrifttum überall in ihrem neuesten Stande unterrichten.

Mit seiner Reichweite, Gründlichkeit und treffsicheren Kürze bildet dieser Kommentar ein Meisterstück.

Seewasserstraßenordnung. (Polizeiverordnung zur Regelung des Verkehrs auf den deutschen Seewasserstraßen vom 31. März 1927.) Erläutert von Dr. Julius Sebba, Rechtsanwalt am Oberlandesgericht, Dozent an der Handelshochschule in Königsberg i. Pr. Taschenformat. 493 Seiten. 1928. Geb. 8.50
(Guttentagsche Sammlung Deutscher Reichsgesetze Nr. 171.)

Die vorliegende Ausgabe bildet die erste juristische Kommentierung der wichtigen am 1. Dezember 1927 in Kraft getretenen Seewasserstraßenordnung. Sie ist für die an dem neuen Gesetz interessierten beiden Fachgruppen, die der Nautiker und der Juristen, von gleich großer Bedeutung, da der Verfasser sich zur Aufgabe gestellt hat, die Rolle eines Vermittlers zwischen den beiden Gruppen zu übernehmen, indem er dem Juristen die tatsächliche Bedingtheit aller nautischen Vorschriften und dem Nautiker den inneren Zusammenhang der rechtlichen Vorschriften vor Augen führt. Diese Verbindung zweier Kenntnisgebiete gibt dem vorliegenden Kommentar seine besondere Note und seinen großen Wert für sämtliche interessierten Kreise.

Metzger & Wittig, Leipzig

FSC
www.fsc.org
MIX
Papier | Fördert
gute Waldnutzung
FSC® C083411

Kolibri 360 GmbH
Ferdinand-Jühlke-Straße 7
99095 Erfurt, Deutschland
produktsicherheit@kolibri360.de